D1720415

Hilmar Hoffmann
Frankfurts Oberbürgermeister
1945 - 1995

Hilmar Hoffmann

Frankfurts Oberbürgermeister 1945 - 1995

Ein Beitrag zur Kulturgeschichte der Stadt

SOCIETÄTS
VERLAG

Alle Rechte vorbehalten • Societäts-Verlag
© 2012 Frankfurter Societäts-Medien GmbH
Satz: Nicole Ehrlich, Societäts-Verlag
Umschlaggestaltung: Jürgen Reineke, CORD Communication & Corporate Design
Druck und Verarbeitung: freiburger graphische betriebe
Printed in Germany 2012

ISBN 978-3-942921-89-3

Inhaltsverzeichnis

Vorwort

Für Menschen sind Lebensläufe die Behausung,
wenn draußen Krise herrscht. Alle Lebensläufe gemeinsam bilden
eine unsichtbare Schrift. Nie leben sie allein. Sie existieren in Gruppen,
Generationen, Städten, Netzen. Sie lieben Umwege und Auswege.

Alexander Kluge

Bücher über Frankfurts stolze Geschichte sind Legion. Sie halten große historische Figuren, weltbewegende Ereignisse und mythische Ewigkeitswerte in unserer Erinnerung lebendig: von Karl dem Großen, dem die Stadt ihre Geburtsurkunde verdankt, über die Blütezeit als „Freie deutsche Reychsstadt", die Napoleonischen Kriege und die erste Nationalversammlung in der Paulskirche, der Wiege der deutschen Demokratie, bis hin zur Okkupation Frankfurts durch die Preußen. Myriaden mit signifikanten Francofurtensien gespickte Folianten, die in den Regalen des Frankfurter Instituts für Stadtgeschichte versammelt sind, warten darauf, durch eifrige Lektüre in Besitz genommen zu werden. Sie sind ein unerschöpflicher Speicher, der mit der Frankfurter zugleich deutsche Geschichte erfahrbar macht. Frankfurt war immer der Kristallisationsort für alles Neue und Gewagte, die Stadt wurde schließlich zum Paradigma der jungen Bundesrepublik.

Die bitteren Jahre des „Dritten Reichs", dieses schrecklichste aller schrecklichen Kapitel unserer Stadthistorie, mit der Verfolgung und Vernichtung unserer jüdischen Mitbürger zu dokumentieren, haben dagegen vergleichsweise wenige Autoren unternommen. Mit diesem Kulturbruch sich auseinanderzusetzen gehört aber zur Kultur eines Frankfurter Bürgers. Die Gegenwart kann nur im Lichte speziell dieser jüngsten Vergangenheit begriffen werden, als Teil einer kritisch wertenden Geschichte im Werden. Es sind die Geschichtsreflexe des Autors aus eigenem Erleben, die neben den anderen Quellen Authentizität versprechen, deren Wertung aber nicht immer frei von subjektiver Akzentuierung sein kann.

Auch die unmittelbare Stadtgeschichte nach der totalen Zerstörung unserer historisch einzigartigen Altstadt im Bombenhagel jener beiden Todesnächte im März 1944 und die verleugneten physischen und seelischen Blessuren unserer um die Hälfte dezimierten Bevölkerung wurden bisher unzureichend literarisch reflektiert. Dies gilt auch für die Geschichte der schwankenden Frankfurter Bewußtseinslagen. Nur wenigen Stadthistorikern ist es gelungen, dieses immense Grabungsfeld freizulegen: Die beiden für die *Frankfurter Neue Presse* tätigen Journalisten Madlen Lorei und Richard Kirn waren die ersten, die unsere ersten drei Nachkriegsjahre in ihrem Buch *Frankfurt und die drei wilden Jahre 1945 bis 1948* mit ihren detaillierten Erinnerungen als Zeitzeugen erhellt haben. In feuilletonistischer Manier hat der Chef der *F.A.Z.*-Lokalredaktion Erich Helmensdorfer die Stadtgenese bis 1980 in seinem Buch *Frankfurt – Metropole am Main* jeweils kurz, aber dafür desto kurzweiliger Revue passieren lassen. Auch Günter Mick hat unser Wissen mit seinem Buch *Den Frieden gewinnen* mit einem politischen Spiegelbild der ersten sechs Jahre der Stadtentwicklung nach 1945 bereichert. Und die Redakteurin der *Frankfurter Rundschau* Margot Felsch hat uns mit ihrem amüsanten Buch *Aus der Chefetage des Römers* über ihre Begegnungen mit Frankfurter Regenten mehrfach zum Schmunzeln gebracht. Die historische Bedeutung dieser Publikationen ist keineswegs überholt. Sie alle wirken aus weiter Ferne ganz nah, wie das zweifellos profundeste Buch über Frankfurts politische Stadtgeschichte nach 1945, das wir der Historikerin Frolinde Balser verdanken, die viele Jahre als Stadtverordnete und zeitweise als Parlamentsvorsitzende in markanten Konstellationen bewußte Zeitzeugin war: Der von ihr gewählte spröde Titel *Aus Trümmern zu einem europäischen Zentrum* beeinträchtigt nicht die spannende Analyse dessen, was der Dichter einst „der Parteien Gunst und Hader" nannte.

In die Kategorie der parteipolitischen Retrospektive gehört auch die faktensichere Arbeit von Bettina Tüffers, die Frankfurts Stadtpolitik anhand der Aktenlage von Stadtverordnetenversammlungen und der durch die jeweiligen Parlamentsbeschlüsse realisierten Projekte unter dem Titel *Von der Römerkoalition zur Parteienkonkurrenz* behandelt. Ich habe auch jene Reden und Aufsätze der Frankfurter Oberbürgermeister im Buch ausführlich zitiert, die ihrerseits als aktive „Stadtschreiber" ihre Zeit und Frankfurts rasante Metropolenwerdung in kluge Gedanken zu fassen wußten.

Nach 1945 sind viele Einzelaspekte und viele Erfolge individueller Führungskräfte und Geistesgrößen durch Porträts entsprechend gewürdigt worden. Mit teils auch hoher literarischer Qualität wurden dabei aber nur bestimmte Teilaspekte unserer Stadtentwicklung benannt. Die vielen heterogenen, singulären Figuren und die ihnen geschuldeten partiellen Höhepunkte verknüpfen sich aber nicht zu einem homogenen ganzheitlichen Panorama der Frankfurter Nachkriegsgeschichte, die von zwölf Oberbürgermeistern sichtbar geprägt worden ist. Den Nachweis ihrer Erfolge und Niederlagen, ihrer Visionen und ihrer kulturellen, ökonomischen und politischen Versäumnisse möchte dieses Buch aus der Perspektive des involvierten Biographen führen. Biographie verstehe ich als ein Genre, das helfen kann, Barrieren zwischen Geschichtsschreibung und dem Publikum jenseits der Welt der Fachwissenschaft abzubauen.

Am Wiederaufbau der Stadt und ihrer rapiden Entwicklung waren aber nicht nur die jeweiligen Ensembles der Magistrate beteiligt, sondern auch die Stadtplaner, Architekten, Künstler, Ingenieure, Institutsleiter, Manager und natürlich auch viele Wirtschaftskapazitäten und Banker. Schon von alters her eine liberale Stadt, haben in Frankfurt auch die vielen hellen Köpfe einer „kritischen Masse" als produktives Potential die Stadtentwicklung entscheidend mitgeprägt. Durch sie wurde die Stadt zum Ort der Innovation und der Inspiration und damit zum Markt der Ideen und zum Raum des permanenten Diskurses. Die Porträts der Oberbürgermeister machen deutlich, wie stark diese ambivalente Stadt auch durch ihre Fehler geprägt worden ist.

Zum Wiederaufbau und zur Entwicklung gegenwärtiger Größe Frankfurts gehören aber nicht nur die repräsentativen Neubauobjekte, sondern auch Projekte wie die Beseitigung der Trümmer in unserer zu 70 Prozent zerstörten Stadt, an die jene legendären Fotos vom glatzköpfigen Walter Kolb mit Schaufel und Preßlufthammer als Prototyp des deutschen Wiederaufbaus erinnern. Kolb ist wohl auch der einzige, der den Menschen inzwischen historisch geworden ist.

Nicht nur das aus dem Nichts entstandene Wohnzentrum Nordweststadt oder die Bürostadt Niederrad, auch das „Jahrhundertprojekt U-Bahn", das Museumsufer oder der Wiederaufbau der Alten Oper sind unverwechselbarer Ausdruck eines fortschrittsversessenen modernen Frankfurts. Auch die neue Skyline als Symbol für die auch wirtschaftlich prosperierende europäische Bankenmetropole wurde zum Wahrzeichen der Stadt. Aber auch Versäumnisse und Fehlplanungen gehören zur Geschichte unserer Stadt, deren manche unsere Oberbürgermeister zu verantworten haben. Darüber ebenfalls zu berichten ist Biographenpflicht.

Mit Ausnahme jener beiden dem Vergessen entrissenen, posthum wiedergeborenen Bürgermeister Wilhelm Hollbach und Kurt Blaum, die nach Einmarsch der amerikanischen Truppen Ende März 1945 von der US-Stadtkommandantur berufen wurden, sind alle Frankfurter Oberbürgermeister nach 1945 demokratisch gewählt worden. 33 Jahre lang, bis zur Abwahl von Rudi Arndt im Jahre 1977, galt die SPD als gottgegebene Regierungsadresse. Erst dem christdemokratischen Bundestagsabgeordneten Walter Wallmann aus Marburg sollte es in der Rolle eines Deus ex machina gelingen, den Bann einer ewigen Mehrheit zu brechen. Hätte Kanzler Kohl Wallmann nicht 1986 in sein Kabinett berufen, er hätte wahrscheinlich länger als nur sieben Jahre den Römerthron für die CDU besetzt gehalten. Sein gluckloser Nachrücker Wolfram Brück mußte nach einer haushoch verlorenen Kommunalwahl den Stuhl schon nach drei Jahren wieder für die SPD räumen. Der Stabwechsel im Römer geriet in diesen Jahren zur beschleunigten Praxis. Innerhalb von neun Jahren haben sich die Frankfurter Wähler je nach Gunst und Laune vier neue Gesichter auserkoren, die den Ruhm ihrer Stadt mehren sollten: Brück, Hauff, von Schoeler, Roth. Nichts schien in Frankfurt dauernder als der Wechsel. Petra Roth war das erste nach neuem Wahlrecht direkt vom Volk gewählte Stadtoberhaupt und auch das erste mit drei Legislaturperioden im Amt.

Nur wenige Namen der großen Oberbürgermeister unserer Metropolen werden heute in Deutschland als Synonyme für die Städte erinnert, die nach 1945 von ihnen geprägt wurden: Ernst Reuter und Willy Brandt in Berlin, Ernst Rommel in Stuttgart, Wilhelm Kaisen und Hans Koschnick in Bremen, Andreas Urschlechter in Nürnberg, Georg Kronawitter und Jochen Vogel in München, Klaus von Dohnanyi in Hamburg. Auch außerhalb von Frankfurt gelten als Symbole für ihre Stadt die legendären Walter Kolb, Rudi Arndt und Walter Wallmann, deren Leben zu Allegorien der Frankfurter Nachkriegsgeschichte kanonisiert worden sind. In dieser Phalanx der Erfolgreichen wird Petra Roth folgen. Aber auch die nicht berühmt gewordenen Frankfurter Oberbürgermeister haben mit ihrer Energie und ihrem Ehrgeiz, ihrer Phantasie und ihrem Einfluß und vor allem mit ihrer Liebe zur Stadt wesentlich zu deren Entwicklung beigetragen. Frankfurt ist eine Stadt, auf die die einen als Wirtschaftsmetropole stolz sein möchten, andere identifizieren sich mit der Sportstadt, wieder andere mit Frankfurt als Kulturhauptstadt, der Stadt der „Kritischen Theorie" oder der Stadt mit dem größten Freizeitangebot. Für manchen ist die glitzernde Skyline das Logo, für manch anderen sind der Airport oder der Hauptbahnhof das Wahrzeichen, für wieder andere schöne alte Baurequisiten wie Kaiserdom, Paulskirche, Städel, Alte Oper oder Eiserner Steg. Der Leser wird vielleicht ganz neue Vorlieben entdecken, denn wie jeder Mensch hat auch eine Stadt viele Identitäten.

Das vorliegende Buch über die Frankfurter Oberbürgermeister nach 1945 zeichnet keine Stilleben, was nicht nur bei Rudi Arndt ein vergebliches Unterfangen wäre. Die Biographien breiten sich weniger über das Privatleben der Römerchefs aus, vielmehr wird darin versucht, ihr Lebenswerk zu zeichnen und zu ergründen, ob sie das Vertrauen gerechtfertigt haben, mit dem das Wählervotum sie ausgestattet hatte. Wer betrachtet, was während ihrer jeweiligen Ägide in Frankfurt entstanden ist, besichtigt in der Summe ein halbes Säkulum, ein Zeitalter. Da neben den sichtbar gebliebenen stolzen Vermächtnissen aber auch Nichtgelungenes, Versäumnisse oder Irrtümer zur Bilanz ihrer Amtszeit und damit zur Stadtgeschichte gehören, habe ich im vergleichenden Blick kritische Anmerkungen auch bei jenen nicht ausgespart, zu denen mir ein freundschaftliches Verhältnis nachgesagt wird.

Die hier ausgebreiteten Memorabilien zu Leben und Meriten der Oberbürgermeister zwischen 1945 und 1970 konnte ich nur retrospektiv mit Hilfe von heterogenen Materialien aus der städtischen Schatztruhe der Überlieferung, aus Zeitungsberichten und über Gespräche mit Zeitzeugen würdigen.

Seit 1970 selber Frankfurter Bürger, konnte ich mit meinen intimen Kenntnissen als handelnder Zeitzeuge die 20 Jahre Magistratsarbeit unter fünf Oberbürgermeistern verschiedener Couleur entsprechend heller ausleuchten und welchen kulturellen Horizont deren Zeit spiegelt. Dazu gehören auch die vielen Alltage hochtouriger Leerläufe. Mit dem Kapitel über Walter Möller beginnt die „Ich-Erzählung", ab hier kann ich auf Insiderwissen zurückgreifen. In meinen aufregenden zwei Dezennien als Kulturdezernent hatte ich das einzigartige Privileg, von Walter Möller, der mich 1970 von den tristen Ufern der Emscher an die „glücklichen Gestade des Mains" (Hölderlin) geholt hat, über Rudi Arndt, Walter Wallmann und Wolfram Brück bis zu Volker Hauff fünf Oberbürgermeister in beteiligter Verantwortung zu begleiten.

Nach meiner Magistratszeit habe ich das Wirken von Andreas von Schoeler und Petra Roth ab 1990 nur als ein neugieriger Frankfurter Bürger beobachtet, aber als einer, der durch viele Ehrenämter und als Autor von inzwischen sieben Frankfurt-Büchern besonders mit Petra Roth bis heute enge Verbindung halten durfte.

Petra Roth, die nach ihrem Rücktritt am 1. Juli 2012 das dienstälteste Stadtoberhaupt seit Franz Adickes gewesen sein wird, der von 1890 bis 1912 Frankfurts Geschicke geleitet hatte, wurde in diesem Buch nicht berücksichtigt. Ihre Singularität wäre mit einer ausschließlich ihrem Wirken gewidmeten Biographie auch quantitativ angemessen zu würdigen.

Ich danke den vielen guten Geistern, die mir mit ihrem Wissen, ihren Auskünften, Evaluierungen und anderen Diensten geholfen haben, dieses zeitgeschichtliche Kompendium zu vollenden; ich danke namentlich Armin Clauss, Dieter Bassermann, Rembert Behrendt, Ernst Gerhardt, Hans-Erhard Haverkampf, Dieter Kramer, Gerhard Liebig, Alexandra Menzel, Rolf Menzer, Friedrich Franz Sackenheim, Gerhard Seitz. Besonderer Dank gilt wie nun schon so oft dem Institut für Stadtgeschichte mit Evelyn Brockhoff an der Spitze und ihren Kollegen Volker Harms-Ziegler und Tobias Picard für die hilfreiche Öffnung authentischer Quellen, deren Inhalte als mahnende Kraft der Erinnerung auch für dieses Buch wieder in Anspruch genommen wurde. Ulrich Berkmann hat nun schon ein siebtes Mal meine Texte für den Societäts-Verlag lektoriert und den Autor wieder vor manch sprachlicher und sachlicher Unbill und den Leser vor Redundanzen bewahrt, wofür ich ebenfalls dankbar bin.

Nach der Besichtigung eines halben Jahrhunderts anhand der hier ausgebreiteten Memorabilien möchte sich der Leser wie die Historikerlegende Leopold Ranke am Ende vermutlich in dem sicheren Gefühl wiegen, nun zu wissen, „wie es eigentlich gewesen ist". Da die Farbigkeit einer Epoche und der Mythos der großen Figuren der Zeitgeschichte „eigentlich" immer auch eine Art von Fiktion erzeugt und die Legenden um so lebhafter wuchern, je weiter der betrachtete Zeitraum zurückliegt, habe ich mich darauf konzentriert, vorzüglich die realen Faktenlinien zu vermessen und das Fragliche als solches kenntlich zu machen. Eine uralte Erfahrung lehrt uns, daß nur das, was erinnert wird, wirklich geschehen ist. Manche Imponderabilie habe ich mit Hilfe von literarischen Zitaten oder einer Metapher leserfreundlich zu veranschaulichen versucht.

Ohne mich auf den Sicherheitsabstand des geschichtlichen Rückblicks berufen zu können, habe ich mich angesichts meiner verrinnenden Zeit gleichwohl entschlossen, dieses spannende Epochenpanorama von sechs Dezennien anhand der Würdigung der Oberbürgermeisterleistungen als Beitrag zur Kulturgeschichte der Stadt zu überliefern und sowohl den Weihrauch als auch die Zweifel gerecht zu verteilen.

Der Untertitel „Ein Beitrag zur Kulturgeschichte der Stadt" bezieht sich aber weniger auf die Vielfalt unserer über 100 Kulturinstitute und die Vermittlung ihrer reichen Ressourcen und Potentiale oder auf die vielen wissenschaftlichen und universitären Institutionen mit ihren Wissensspeichern. Die Kulturgeschichte Frankfurts nach dem Zweiten Weltkrieg gründet auf der Weiterentwicklung unserer ruhmreichen kulturellen Traditionen seit der ersten Erwähnung in den Annalen der Stadtwerdung. Die Kultur in den ästhetischen und ethischen, philosophischen und aufklärerischen Verzweigungen ihrer Wirkungsfelder durchwebt unsere Gegenwart als roter Faden, denn alle menschlichen Lebensformen sind kulturell definiert. Im übergreifenden Sinn vereint der erweiterte Kulturbegriff die Gesamtheit der Lebensbezüge, Ideen und Fakten in unserem Dasein, indem er diese Zeit zunächst einmal seziert. „Denn Kultur ist das eigentliche Leben. Sie liegt der Politik und Wirtschaft, dem Lokalen und dem Feuilleton zugrunde und verbindet sie. Kultur ist kein Vorbehaltsgut für Eingeweihte. Sie ist vielmehr unser aller Lebensweise. Sie ist folglich auch die Substanz, um die es in der Politik geht" (Richard von Weizsäcker). Kultur ist die Substanz erst recht der Kommunalpolitik. Wie Max Frisch verweigert sich auch die Frankfurter Kommunalpolitik einem Kulturbegriff, der die Künste von der Politik trennt. Ähnlich wie der Frankfurter Bürger seine Stadt als großes Gesamtkunstwerk erlebt und lieben lernt, so sollte der Extrakt aus der unendlichen Fülle der überlieferten Zeugnisse den Grund dafür sichtbar machen und auch für das Kontinuum unter dem Brüchen. Die ereignisreiche Zeit nach 1945 möchte als Geschichte im Plural gelesen werden, nicht im Singular von Einzelporträts von Oberbürgermeistern so unterschiedlicher Prägung und historischer Gewichtung.

Unter allen Frankfurter Oberbürgermeistern war die Zukunft nie einfach nur verlängerte Gegenwart, sondern stets ein *project in progress*. Die Progressivität als Treibsatz für neue Ideen ist Frankfurt, dieser Stadt im ewigen Futur, bis zum heutigen Tag erhalten geblieben. Die wechselvolle Frankfurter Geschichte enthält kaum eine Zeitschicht, die verlangte, ausgeklammert zu werden. Auch alles scheinbar Marginale wurde als Teil des Ganzen wesentlich.

Hilmar Hoffmann
im Frühjahr 2012

Unser schönes altes Frankfurt – von Bomben zerstört

Hindenburg ernennt Hitler zum Reichskanzler und besiegelt damit Deutschlands Schicksal

Frankfurt galt vor dem Krieg neben der Hauptstadt Berlin als die wohl bedeutendste deutsche Großstadt. Ihr vorläufiges Ende im totalen Chaos war die traurige Bilanz der zwölf Jahre seit Hitlers Ernennung zum Reichskanzler durch Reichspräsident Paul von Hindenburg am berüchtigten „Tag von Potsdam" im Schlüsseljahr 1933. Den 21. März notieren die Geschichtsbücher heute zu Recht als Schicksalsstunde der Nation. Am Grabe Friedrichs des Großen wurde die perverse Versöhnung von „Nationalsozialismus und preußischer Tradition" pompös als Camouflage dessen inszeniert, was als „Geist von Potsdam" negativ geschichtsträchtig werden wird. Der „Potsdamer Geist" ist schon für Theodor Fontane nichts weiter als „eine unheilvolle Verquickung von Absolutismus, Militarismus und Spießbürgertum". Die Glocken der Garnisonkirche intonierten am „Tag von Potsdam" beziehungsvoll jenen einst von Ludwig Hölty verfaßten Preußen-Oldie über die deutsche Treuherzigkeit: „Üb' immer Treu und Redlichkeit / Bis an dein kühles Grab". Als das greise Staatsoberhaupt mit versteinertem Gesicht unter der Pickelhaube per Handschlag Adolf Hitler im lächerlichen Cutaway zum Reichskanzler ernennt, beschwört er alle Deutschen, „in nationaler Selbstbestimmung und seelischer Erneuerung zum Segen eines freien stolzen Deutschlands" zusammenzustehen. Die Potsdamer Geisterstunde markiert heute nichts weniger als den Zivilisationsbruch der deutschen Geschichte.

Beide, Hitler und Hindenburg, sind vom Nazi-Oberbürgermeister Friedrich Krebs allergehorsamst gleich 1933 zu Ehrenbürgern der Stadt Frankfurt ausgerufen worden. Aber Adolf Hitler ging dieser Würde 1947 wieder verlustig. Seinem totalen Vernichtungskrieg sind in Europa mehr als 50 Millionen Menschen zum Opfer gefallen, darunter sechs Millionen Juden in den Todesfabriken der SS von Treblinka bis Auschwitz. Auch die ultimative Konsequenz des von britischen Bombern angerichteten Frankfurter Infernos vom 22. März 1944 geht letztlich voll auf Hitlers Konto: Die Schreckensspirale hatte mit der blitzkriegmäßigen Bombardierung der Stadt Warschau Mitte September 1939 und deren totalen Zerstörung ihren teuflischen Anfang genommen, hatte sich über Coventry, Dresden und Frankfurt fortgezeugt und kulminierte mit dem Abwurf der verniedlichend „Little Ben" genannten Atombombe auf Hiroshima am 6. August 1945 zum größten Weltenbrand der Menschheitsgeschichte. US-Präsident Harry Truman hatte das Massaker noch zu einem Zeitpunkt befohlen, als der Krieg in Europa schon beendet war. Drei Tage später mußten auch in Nagasaki Hunderttausende Japaner sinnlos sterben.

Die Zerstörung der Stadt Frankfurt am Main

Jene todbringende Frankfurter Nacht vom 22. März 1944 wurde derart „filmreif" eingeläutet, als hätte Francis Ford Coppola dabei Regie geführt. Mit seinem erschütternden Anti-Kriegsfilms *Apocalypse Now* (1979) läßt uns der amerikanische Oscar-Preisträger eintauchen in die Tiefen der Hölle. Mit seiner Ästhetik des Schreckens läßt er uns ins steinerne Herz der Feuerfurie blicken; er hat dem Krieg hier irreale, alptraumhafte Züge verliehen. Die gigantischen Napalmteppiche über Vietnam dürfen als offenkundigste Parallele zum Phosphorteppich über Frankfurt in Anspruch genommen werden, nur daß dort nicht Richard Wagners *Walkürenritt* pathetisch das Morden begleitet. Am Main waren es die letalen Schreie der vielen unschuldigen Opfer. Ein Baldachin aus unheilschwanger schwarzem Rauch überspannte in jener Schreckensnacht Frankfurts historische Altstadt: hochprekäre Rauchsignale der Apokalypse. Nach diesem Höllensturm vom 22. März ist diese furchtbarste Realität nur noch als Simulation vorstellbar und in Metaphern des Weltendes zu bannen. Die ganze Wahrheit ist nur den damals unmittelbar Betroffenen bekannt, die das Glück hatten zu überleben.

Die Piloten der Royal Air Force werden diese Brandnacht wie eine Aureole aus Feuer erlebt haben, vielen Frankfurtern aber wurde sie zum Requiem. Phosphor brannte die Gassen der Altstadt leer. Nach 50 Minuten starb mit dem Angriff von über 1.000 englischen Bombern auf den Lebensnerv der Stadt auch ihr Herz. Endzeitstimmung legte sich bleiern auf die Gemüter der in den Kellern ihrer Häuser noch einmal Davongekommenen. In Frankfurts wechselvoller Geschichte wird diese Horrornacht als der fürchterlichste Alptraum erinnert, seit Kaiser Karl der Große vor 1.200 Jahren unserer Stadt ihren stolzen Namen verlieh. Unsagbar das menschliche Leid, das mit Hitlers Pandämonium über die Welt gekommen war. Für die heillose Verlassenheit der Menschen wird Umberto Eco später den „Topos der Unsagbarkeit" zum beredten Begriff erheben.

Aus Frankfurts düstrem Wolkenhimmel donnern mit höllischer Präzision 42 Luftminen, über 1.000 teils zentnerschwere Sprengbomben, 1,2 Millionen Stabbrandsätze und 12.000 großdimensionierte Flüssigkeitsbomben auf die Stadt. Dieser desaströse Showdown vernichtet den schönsten aller mittelalterlichen Stadtkerne Europas. An Goethes freudlosem 112. Todestag, am 22. März 1944, sinken mit dessen Elternhaus am Hirschgraben auch Hunderte historische Fachwerkmauern in Schutt und Asche: „Wenn mich jemand früge, wo ich mir den Platz meiner Wiege bequemer, meiner bürgerlichen Gesinnung gemäßer oder meiner poetischen Ansicht entsprechender denke", hatte Goethe 1824 an Bettina von Arnim geschrieben, „ich könnte keine liebere Stadt als Frankfurt nennen. Sie hat das edelste Verhältnis und das bedeutendste zur Geschichte unserer Tage."

Auch die Geburtshäuser von Ludwig Börne, Adam Elsheimer und der Brentanos sowie Arthur Schopenhauers Wohnhaus an der Schönen Aussicht sowie das Rothschildsche Stammhaus in der Börnestraße verglühen über Nacht im Flammenmeer. Bei grellster Helligkeit versinken in dieser schwärzesten aller Frankfurter Nächte die Behausungen höchster ästhetischer Glückseligkeit in

Die zerstörte Frankfurter Altstadt 1944

Schutt und Asche. Der mittelalterliche Häuserkranz rund um den Domhügel wird dem Erdboden gleichgemacht. Große Teile von Bockenheim, der östlichen und nordöstlichen Stadtteile sowie die schönen alten Häuser am Grüneburgweg werden ausradiert. Die seit 1938 zweckentfremdete Westend-Synagoge an der Freiherr-vom-Stein-Straße brennt ebenso aus wie die historische Hauptwache, nur noch die Mauern ragen in den gottverlassenen Himmel. Unter den Trümmern dieses menschengemachten Höllensturms verloren in knapp einer Stunde 1.000 Frankfurter Bürger ihr Leben, 120.000 Menschen wurden obdachlos. Das Ausmaß der Zerstörung übersteigt jede Vorstellungskraft. Frankfurt war zur Geisterstadt geworden.

Am übernächsten Morgen, am 24. März gegen 8 Uhr früh, demütigt ein weiterer letaler Angriff, diesmal der „fliegenden Festungen" der Amerikaner, unsere Stadt und verwandelt ganze Stadtteile in lodernde Trümmerlandschaften. Mit diesem Inferno in Frankfurts Quartieren östlich des Oeder Wegs hielt der Tod mit 372 Frankfurtern eine weitere ungeheure Ernte. „In den öden Fensterhöhlen wohnt das Grauen": Die Ruinen wirken wie eine Chiffre des unbehausten Menschen. Totenstille herrscht in der einst so lebendigen Stadt. Die Schreckensbilanz dieses zweiten Bombardements mit über 2.500 schweren Flüssigkeitsbomben und 50.000 Brandbomben sind 5.000 weitere Obdachlose. Die Wasserzufuhr aus dem Vogelsberg und die Stromversorgung sind total versiegt. Auch vieles andere geriet aus den Fugen. Anders als die edle Ruinenromantik der Akropolis oder des römischen Kolosseums taugen die drastischen Ruinen der Frankfurter Oper oder der Paulskirche nicht als Touristenattraktion. Sie sind vielmehr höchst dramatische Menetekel eines menschenverachtenden Bombenterrors, einer unauflöslichen Irrationalität des Geschehenen, die viele an Gottes unendlicher Güte zweifeln lassen. Sogar religiöse Gewißheiten geraten hier ins Wanken. Doch selbst in der Totalität der Zerstörung gibt es Grenzen: Unseren gotischen Kaiserdom hat vielleicht seine Symbolik vor noch größeren Schäden bewahrt.

Im Verlauf der sechs Kriegsjahre beweinte Frankfurt über 5.000 bei Luftangriffen gnadenlos ausgelöschte Menschenleben. Der barmherzige Imperativ der Pfarrer an den vielen Gräbern „Ruhet in Frieden!" war bitterer Euphemismus. 22.000 Frankfurter wurden teils schwer verwundet.

Bereits Ende Januar 1944 waren 3.000 Wohnhäuser sowie die Oper, viele Museen, Schulen und Krankenhäuser ausgebrannt, zwischen Weihnachten und Silvester haben tonnenschwere Splitterbomben dann die Häuser im Nordend erbarmungslos zertrümmert. Die traurige Bilanz aller Höllennächte ist vom Quellenmaterial nüchtern belegt: Von 177.000 Wohnungen sind nur

43.500 von Bomben verschont geblieben, Frankfurts sämtliche Brücken sind in den Main versenkt worden, auch der Eiserne Steg. Das über 700 Kilometer lange Kanalnetz wurde durch 800 Bombentreffer zur Sickergrube leckgeschlagen. Die große Niederräder Kläranlage wurde beim Luftangriff schon im November 1944 unbrauchbar. Allein die Instandsetzung dieser Hygieneapparaturen wird über 30 Millionen Mark verschlingen.

12.700 Söhne Frankfurts haben als Soldaten auf der zum „Feld der Ehre" verklärten Schädelstätte eines Größenwahnsinnigen ihr Leben lassen müssen. Angesichts der Wundmale der Frankfurter Kriegsgeschichte darf vermutet werden, daß es das Schicksal mit der Stadt und seinen Bewohnern nicht immer nur gut gemeint haben kann. Viele der unmittelbaren Zeugen dieser traumatischen Nacht sollten den Brandgeruch nie mehr aus der Nase, das Geschrei nie mehr aus den Ohren verlieren.

In Deutschlands geschichtsträchtiger Wahlstätte der Könige und Kaiser, ehedem stolz pulsierendes Herz des Heiligen Römischen Reiches Deutscher Nation, hier, wo die älteste Messe der Welt schon Ende des 12. Jahrhunderts die Menschen aller Herren Länder beherbergte, wo in der Paulskirche 1848 die erste Nationalversammlung tagte, machte ein rational nicht faßbarer Feuersturm unsere Stadt zum verlorensten aller Orte. In pausenlosen Wellen ließen auch nach dem 22. und 24. März 1944 noch Hunderte von Bombern ihre tödliche Fracht auf unschuldige Menschen niederprasseln.

Auf Frankfurts Grund und Boden türmten sich 18 Millionen Kubikmeter Trümmerschutt auf. Was einmal der Stolz der Stadt gewesen war, wurde jetzt als Konkursmasse der Hitler-Diktatur auf dem Areal des alten Eintracht-Stadions am Riederwald entsorgt. Dort, in der neuen Eissporthalle, wird heute fröhlich Schlittschuh gelaufen.

Bei vielen Überlebenden wuchs erst mit der Zerstörung die Ehrfurcht vor der historischen und urbanen Größe ihrer Stadt. Die im März 1944 getroffene Paulskirche war ja nicht irgendein majestätischer Bau, von dem nur der gähnende Hohlraum übriggeblieben war; dies war auch die historische Wiege der deutschen Demokratie. Mit Spenden aus ganz Deutschland wiederaufgebaut, ist sie schon am 18. Mai 1948 wiedereröffnet worden, während noch zehn Jahre nach Kriegsende große Teile unserer Stadt verwundet daniederlagen.

Erst 1978 wird eine bronzene Tafel auf dem Römerberg in den Fußgängerbereich eingelassen, die an den Bombenterror im Frühjahr 1944 mit den lakonischen Worten erinnert: „Bei Kriegsende bedeckten 17 Mio. cbm Trümmer die Stadt, die um 14.701 Gefallene und 5.559 Bombenopfer trauert". Die schlichte Tafel hat der Frankfurter Bildhauer Willy Schmidt gestaltet.

Marie Luise Kaschnitz erlebt in der Wiesenau die Bombennächte

Die große Dichterin Marie Luise Kaschnitz hat viele Jahre in Frankfurt gewohnt, in dieser ihre Dichtung prägenden Stadt im ewigen Werden, die einen bedeutenden Teil ihrer Urbanität aus der Augenfälligkeit historischer Veränderungen bezieht. In einer jener nervenzehrenden Bombennächte war sie auf der Suche nach ihrer kleinen Tochter Iris Constanza stundenlang durch Frankfurts Trümmerlandschaft geirrt. Wie mit ihren vorausgegangenen Büchern stellt sich Marie Luise Kaschnitz auch in *Orte* (1973), ein Jahr vor ihrem Tod geschrieben, in die Tradition der Bekenntnisliteratur. Hier hält sie selbstkritisch Rückschau auf das, was sie distanziert „in ihr Inneres exilieren" nennt: „Eine wissenschaftliche Erkenntnis, eine gelungene Verszeile, auch eine nie gedruckte, konnten nach meiner damaligen Auffassung die Welt verbessern, verändern, das war unsere Art von Widerstand." Konkret auf Frankfurt bezogen schrieb sie in *Orte*:

Blick vom Domturm nach Westen 1944

26

Frankfurt im Krieg, und worin soll sie dann bestanden haben, unsere sogenannte innere Emigration? Darin, daß wir ausländische Sender abhörten, zusammensaßen und auf die Regierung schimpften, ab und zu einem Juden auf der Straße die Hand gaben, auch dann, wenn es jemand sah? [...] Nicht heimlich im Keller Flugblätter gedruckt, nicht nachts verteilt, nicht widerständlerischen Bünden angehört. [...] Lieber überleben, lieber noch dasein, weiterarbeiten, wenn erst der Spuk vorüber war. Wir sind keine Politiker, wir sind keine Helden, wir taten etwas anderes [...].

Marie Luise Kaschnitz hat für alles Ungeheuerliche, das uns so sprachlos macht, eine neue, unerhört poetische Sprache gefunden, die nicht nur die Zerstörung ihres Lebensraumes auslotet, sondern auch Abgründe des Herzens und des Verstandes. In ihrem Gedicht *Große Wanderschaft* verarbeitet Marie Luise Kaschnitz diese schreckliche Zeit in ihrer Wahlstadt Frankfurt zu einem in düstere Molltöne getauchten Requiem:

Das Ding zerbricht, das Haus zerfällt
Das heißt, daß uns kein Arm mehr hält
Verirrte Schar, verfolgt, gehetzt –
Seit langem sind wir ausgesetzt.

Die Kaschnitz vermag den Weltschmerz wie kein anderer ihrer Zeitgenossen in Poesie zu verwandeln; wohl nur im Gedicht kann die Annäherung an das Trauma gelingen. Kaschnitz' Lyrik ist ein Triumph über das Unsagbare. Sie ist nach eigenen Worten „das Sprachrohr der Ratlosigkeit" ihrer Zeit. In meiner Trauerrede auf Marie Luise Kaschnitz im Kaisersaal des Römer hatte ich am 14. Oktober 1984 gesagt: „Auf der Suche nach ihrer verlorenen Zeit liest sich Kaschnitz' Poesie als verallgemeinernder Ausdruck eines Heimwehs nach einer alten Unschuld in schuldbeladener Zeit. Für sie war Deutschland schuldig geworden vor der Welt." In Kaschnitz' Texten finden wir die Sicht ihrer Dichtung in vollendeter Sprache vermittelt, wie sie der Lebensfreude wie dem Todeswissen Ausdruck verleiht. Sie widerspricht damit auch dem höchst subjektiven Diktum des französischen Philosophen Alain Finkielkraut, der mit Blick auf Deutschland von einer „exaltierten Bekehrung der Tragödie des Krieges zum Heldengesang" fabulierte. Die Toten waren zum Heldentum nicht auserlesen, sie taugen auch nicht als Entlastungsmythos für die deutschen Bomben auf Coventry. Die geschändete Humanität auf beiden Seiten läßt sich nicht gegeneinander aufrechnen. Im Dschungelkrieg von Vietnam starben 58.000 GIs und zwei Millionen Vietnamesen.

Nach seinem ersten Frankfurtbesuch nach dem Kriege notiert Max Frisch mit analytischem Blick ins Tagebuch:

Wenn man in Frankfurt steht, zumal in der alten Innenstadt, und wenn man an München zurückdenkt: München kann man sich vorstellen, Frankfurt nicht mehr. Eine Tafel zeigt, wo das Goethehaus stand. Daß man nicht mehr auf dem alten Straßenboden geht, entscheidet den Eindruck: die Ruinen stehen nicht, sondern versinken in ihrem eigenen Schutt, und oft erinnert es mich an die heimatlichen Berge, schmale Ziegenwege führen über die Hügel von Geröll, und was noch steht, sind die bizarren Türme eines verwitterten Grates; einmal eine Abortröhre, die in den blauen Himmel ragt, drei Anschlüsse zeigen, wo die Stockwerke waren.

Mit eigener Zeugniskraft wurde unsere schöne Altstadt zum Sinnbild eines vielbeschworenen „Es war einmal".

Die jüdische Abstammung Valentin Sengers, des Autors von *Kaiserhofstraße 12*, wurde von seinen Freunden und sogar von einem ihn behandelnden SS-Arzt jahrelang nicht verraten; als nicht erkannter Jude wurde er 1944 sogar

Oberbürgermeister Brundert verleiht Marie Luise Kaschnitz an ihrem 65. Geburtstag die Goetheplakette

zum Kriegsdienst eingezogen. Er berichtet nach seiner Heimkehr aus der Gefangenschaft ins zerstörte Frankfurt über seine Empfindungen:

Mit klopfendem Herzen lief ich durch das Ruinenfeld und über Berge von Schutt, vorbei an der zerstörten Hauptwache, in Richtung Opernplatz. Noch die letzten Häuser der Altstadt lagen in Trümmern oder waren ausgebrannt, auch große Teile der Innenstadt gab es nicht mehr. Je mehr ich mich der Kaiserhofstraße näherte, desto zittriger wurde ich in den Knien. Ich ging langsamer. Da war der Milch-Kleinböhl, dann kam der Obst-Weinschrod, und da war schon die Ecke vom Käs-Petri. Ich schaute die Straße hoch, suchte das Haus Nr. 12, wo die Gaslaterne davor stand. Gott sei Dank, die Gaslaterne war noch da und das Haus auch noch […]. Da stand Papa hinter dem Fenster und blickte nach unten, genau auf das Tor zum Vorderhaus, wo ich herkam.

In Frankfurt ist der Krieg schon am 29. März 1945 zu Ende

Mit dem Diktum „Wo die Panzer stehen, ist die Front" beschrieb der deutsche Panzergeneral Heinz Guderian einst seine Wichtigkeit. Konfrontiert mit der höchst akuten Bedrohung durch die Übermacht der auf Frankfurts Gemarkungen vorrückenden Kettenpanzer und Artillerielafetten der U.S. Army, beschwören traumatisierte deutsche Militärärzte angesichts des blanken Elends in den überfüllten Frankfurter Lazaretten die kommandierenden Offiziere, auf eine ultimativ sinnlos gewordene militärische Gegenwehr zu verzichten. Daß sie Gehör fanden, ist vor allem den läuternden Selbstzweifeln des deutschen Kampfkommandanten Generalmajor Friedrich Stemmermann in der militärischen Stabsstelle im Palais Löwenstein zu verdanken, der am 25. März 1945 das Artilleriefeuer gegen die andrängende amerikanische Übermacht sofort einzustellen befahl, damit weiteres Blutvergießen unter Frankfurts Bevölkerung vermieden werde. Oberstleutnant Erich Löffler als Nachfolger des verwundeten Stemmermann hielt eine Verteidigung der Stadt ebenfalls für zwecklos, er schickte die teils angegrauten, teils blutjungen Volkssturmmänner einfach heim. Am 5. März waren noch Hitlerjungen des Jahrgangs 1929 zum Volkssturm eingezogen worden. Erich Löffler ist am 28. März auf Frankfurts Ruinenfeld gefallen.

Generalfeldmarschall Albert Kesselring hatte den Kommandeur des 84. Armeekorps, seinen Infanteriegeneral Baptist Knieß, am 26. März 1945 telefonisch angewiesen, den von Süden heranrückenden Sherman-Panzern der 3.

US-Armee des Generals George S. Patton die Überquerung des Mains durch Sprengung aller Brücken zu erschweren. Weil die Wilhelmsbrücke, an deren Stelle 1950/51 die heutige Friedensbrücke errichtet wurde, aufgrund einer falsch angebrachten Sprengladung nur leicht beschädigt worden war, konnten Pattons Panzer über die Brückentrümmer sowie mit Hilfe von Behelfsbrücken aus Pontons am 26. März gegen 17 Uhr ans andere Ufer übersetzen, ohne von Stemmermanns müden Landsern behelligt zu werden. Der militante Gauleiter von Hessen-Nassau, Jakob Sprenger, der noch am 23. März befohlen hatte, kein arbeitsfähiger Einwohner dürfe die Stadt verlassen, war selbst längst stiften gegangen. Er hatte sich schon am 25. März nach Kössen in Tirol abgesetzt. Dort ist der hitlergläubige Gauleiter, immerhin konsequent, pünktlich am letzten Tag des Dritten Reiches auf den Friedhof umgezogen: Am 7. Mai 1945 entzog sich Sprenger seinem irdischen Richter durch Selbstmord.

Nach pausenlosem amerikanischen Artilleriebeschuß auf den Westhafen, den Hauptbahnhof, Ginnheim und Heiligenstock war der „Held des D-Day" vom Frühsommer 1944, der Vier-Sterne-General George Smith Patton mit seiner 2. Panzerdivision, die er stolz als „Hölle auf Rädern" rühmte, bis an die strategisch wichtigen Frankfurter Punkte Hauptbahnhof und Polizeipräsidium sowie bis zum Schauspielhaus vorgestoßen. Die Nachhut der letzten deutschen Divisionen, statt mit Hölderlin-Lektüre mit nichts als Lebensangst im Gepäck, war längst über alle Berge; Hitlers wahnwitzigem Befehl zum Trotz, „jeden zu hängen, der den Amerikanern keinen Widerstand leistet", war der erschöpfte Rest über die Eschersheimer Landstraße ins Ungewisse getürmt. Als die Todesmaschinerie endlich gestoppt war, konnten die verängstigten Menschen ihre Luftschutzkeller für immer verlassen. Unter einem jetzt wieder lautlosen Himmel erlebten die Frankfurter in einer zwielichtigen Zone zwischen Krieg und Frieden eine wahrhaft kopernikanische Wende; die lange suspendierte Zuversicht bekommt in der Bewußtseinstiefe des betrogenen Volkes wieder eine die Sorgen besänftigende Chance.

Ohne großes Feldgeschrei durchkämmten am frühen Morgen des 29. März 1945 amerikanische GIs die Straßen von Ginnheim, während Pattons Panzer über die Eschersheimer Landstraße unbehelligt nordwärts rollten. Über der Stadt lag angespannte Ruhe; die schrillen Sirenengesänge waren verstummt, kein Schußwechsel ist zu hören, auf der verbrannten Erde ängstigt kein Panzerkettengerassel mehr die Überlebenden. An die 100 Panzer und Tausende Pontonpioniere biwakieren am Südufer des Mains und bei Griesheim und warten auf weitere Befehle. Am Abend des 29. März 1945 herrscht die amerikanische Militärregierung über die besiegte Stadt.

Frankfurts Stunde Null

Wegen seines „Versagens vor dem Feinde" wurde Generalmajor Stemmermann von Generalfeldmarschall Albert Kesselring kurzerhand seines Kommandos enthoben. Damit war der Kampf um die Stadt am Gründonnerstag, dem 29. März 1945 endgültig beendet – 40 Tage vor dem offiziell proklamierten Kriegsende. Der amerikanische Radiosender verkündet gegen 16 Uhr mit der Kapitulation der Stadt das Ende des Kampfes um Frankfurt am Main. Schon eine Stunde später, um 17 Uhr, konstituiert sich in Frankfurt die amerikanische Militärregierung unter dem kantigen Militärgouverneur Colonel Howard D. Criswell. Die kriegerische Eroberung ohne weiteres Blutvergießen war für die deutsche Oberste Heeresleitung ein Waterloo, aber in Frankfurt hatte das gewaltsame Sterben endlich ein Ende gefunden.

Zehn Jahre später wird sich Frankfurts erster Nachkriegsbürgermeister Wilhelm Hollbach in der *Frankfurter Neuen Presse* vom 29. März 1955 erinnern: „Frankfurt fällt der Armee wie eine reife, ja fast schon überreife Frucht zu. Während am 29. März zum ersten Mal amerikanische Panzer durch Frankfurts Straßen rollen, meldet das Hauptquartier General Dwight D. Eisenhowers von der gesamten Front: ,Die Deutschen befinden sich in wilder

Panzer der 3. US-Armee unter General Patton auf dem Vormarsch nach Frankfurt im März 1945

Flucht'." Eisenhowers knappe Einmarschparole „Wir kommen als ein siegreiches Heer; jedoch nicht als Unterdrücker" fand ein zwiespältiges Echo.

Nach der Machterosion des „Führers" hatten auch Goebbels' stramme Durchhalteparolen, wie er sie noch am 5. Februar 1945 den in Frankfurt stationierten Landsern und der Volkssturmreserve per „Kampfanweisung" über den Rundfunk ins Gewissen hatte trompeten lassen, kein Gehör mehr gefunden; er hatte gefordert, „alle Feiglinge, die nicht in Ehren auch zu sterben wissen, einem Tode in Unehren zu überantworten: durch Strang, Kugel oder Bewährungseinheit". Dieser schneidige Aufruf von Hitlers Seeleningenieur war kaum mehr geeignet gewesen, den kriegsmüden Soldaten, ja nicht einmal den unverdrossen führerfixierten „Volksgenossen" in Zivil das Fürchten zu lehren. Seit 1943 nicht mehr auf der Siegesspur, waren die meisten der auch seelisch zermürbten deutschen Landser längst abgetaucht, um wenigstens ihr blankes Leben zu retten. Sie hatten wenig Lust, jenes Dichterwort zu bestätigen, daß ihre Generation „auf kurzes Leben angelegt" sei. Und: „Wer spricht von Siegen? Überstehen ist alles" (Rilke).

Nach dem Einmarsch der Amerikaner geißelte Goebbels das pazifistische Verhalten der Frankfurter „Volksgenossen" mit zynischer Volte: „Allerdings scheint die Bevölkerung in Frankfurt sich außerordentlich feige und unterwürfig gezeigt zu haben. Der Feind bringt darüber Berichte, die einem die Schamröte ins Gesicht treiben. Aber wie kann einen das verwundern, wenn General Sprenger, bevor der Feind überhaupt in Sicht war, aus Frankfurt abgehauen ist und die Stadt ihrem Schicksal überließ. Gegen eine solche Entwicklung kann man nur durch die Werwolf-Gesinnung ankommen." Goebbels wird sich in Berlin acht Tage vor dem Zusammenbruch der Hitler-Diktatur feige durch Selbstmord der Verantwortung entziehen. Kein Heldentod mit propagandistischer Verklärung und Götterdämmerungsvorspiel. US-General Patton starb bei einem ganz gewöhnlichen Autounfall auf dem Weg zu einer Jagd auf Niederwild im Dezember 1945 bei Heidelberg.

Am 16. März hatte Eisenhower Frankfurt zur „Kampfzone" erklärt und verkünden lassen, er gedenke, falls Widerstand geleistet werde, erstmals „neuartige Kampfmittel" anzuwenden, um alles Leben zu vernichten. Diese Drohung dürfte ihre läuternde Wirkung nicht verfehlt und in Frankfurt wohl wesentlich zur kampflosen Kapitulation beigetragen haben.

Wie zielgenau die Piloten der Alliierten ihre Bomben detonieren ließen, belegt das weitgehend unbeschädigt gebliebene IG-Farben-Gebäude des Architekten Hans Poelzig, in dessen Räumen Eisenhower Ende Mai 1945 sein Headquarter errichten wird, das er von Reims nach Frankfurt verlegte. Warum aber ließ der Feldherr das unmittelbare Umfeld seines zukünftigen Hauptquartiers noch zu einem Zeitpunkt in eine Trümmerlandschaft verwandeln, als sich die deutschen Truppen schon aus den Mauern der Stadt abzusetzen begonnen hatten? Die von der Wehrmacht gesprengten Mainbrücken waren doch eindeutiges Indiz der heillosen Fluchtbewegungen nach der vermeintlich rettenden Westfront. Später wird Walter Kolb das strategisch absolut sinnlose Massaker an Frankfurts Bevölkerung, diese danteske Katastrophe, mit bitteren Worten geißeln: „Tausende Frankfurter Bürger wurden unter ihren zusammenstürzenden Häusern begraben oder mußten im brennenden Phosphor ihr Leben aushauchen."

In der gottverlassenen Ruinenwirklichkeit der alten, ruhmreichen Freien Reichsstadt wurde noch am 29. März die Zukunft zu erfinden begonnen. Erst sechs Wochen später, am 8. Mai 1945, schwiegen dann in ganz Europa endlich die Waffen und läuteten die Friedensglocken, nachdem Generaloberst Alfred Jodl einen Tag zuvor in Reims die bedingungslose Kapitulation unterschrieben hatte. Für Winston Churchill war die bedingungslose Kapitulation der Hitler-Armee „das Signal für den größten Freudenausbruch in der Geschichte der Menschheit". Den Tag der Kapitulation empfanden viele Deutsche nicht als Stunde der Niederlage, sondern der Befreiung.

Die gewalttätige NS-Ideologie, die eine moralisch heillos zermürbte Gesellschaft hinterließ, hatte ein für allemal ausgewütet. Der Verlust aller Legitimität als Erfahrung des letzten Jahrzehnts wurde zum kardinalen Erinnerungsfaktor. Am Ende war selbst den führergläubigen Seelen das Hakenkreuz zur bitteren Allegorie für ihren langen Leidensweg geworden. Immerhin hatten sie das Unheil der düsteren zwölf Jahre physisch überlebt.

Soldaten der 3. US-Armee in der Berger Straße in Bornheim am 29. März 1944

Wilhelm Hollbach

Bürgermeister vom 28. März bis 4. Juli 1945

US-Colonel Criswell ernennt Hollbach zum Bürgermeister

> *Wenn die Irrtümer verbraucht sind*
> *Sitzt als letzter Gesellschafter*
> *Uns das Nichts gegenüber.*
> Bertolt Brecht

Als der Frühling kam, war in Frankfurt der Krieg zu Ende. Am 29. März 1945 hatte die amerikanische Armee auch die letzten Winkel der Stadt okkupiert, das Kartenhaus der Nazi-Macht war in sich zusammengefallen. Jetzt trat US-Militärgouverneur Colonel Howard D. Criswell auf den Plan, als Schwert und Schild zugleich. Wie Zieten aus dem Busch zauberte er in den Räumen des Postamtes am Südbahnhof ein neues Stadtoberhaupt als Bevollmächtigten des Augenblicks aus dem Hut: Nachdem sich der Direktor der Metallgesellschaft Hermann Lumme verweigert hatte, wurde der Frankfurter Journalist Wilhelm Hollbach erster Nachkriegsbürgermeister. Schon einen Tag vor der endgültigen Befreiung der Mainmetropole hatte er ihn ohne langes Brimborium zum *temporary lordmayor*, zum vorläufigen Bürgermeister der Mainmetropole ernannt, ohne dessen Vita genauer zu kennen und ohne seinen Leumund groß hinterfragt zu haben. Den NS-Oberbürgermeister Friedrich Krebs hatten die Amerikaner ins Internierungslager nach Darmstadt entsorgt.

Mit 52 Jahren war Hollbach noch nicht zu alt für den täglichen 16-Stunden-Dienst, unter den Älteren war er einer der Jüngsten, der nicht NS-infiziert war. Trotz beruflicher Einschränkungen unter dem Nazi-Diktat war Hollbachs intellektueller Stachel keineswegs stumpf geworden. Dies wird auch Criswell schon nach wenigen Tagen zu spüren bekommen. Der Optimist Hollbach wollte Angst nicht zum Motor seiner Politik machen. Er war angetreten, das intakt gebliebene Leistungsvermögen der Frankfurter zu mobilisieren.

Colonel Criswell, diese Reckenfigur mit den blitzblauen Augen, war speziell für die US-Law-and-Order-Strategie in besetzten deutschen Gemeinden in der Kriegsakademie in Virginia für den Ernstfall ausgebildet worden. Die Unübersichtlichkeit der chaotischen Verhältnisse vor Ort und das entstandene Vakuum an der Epochenschwelle erforderten aber den Primat der Praxis, und das möglichst auf empirischer Basis statt auf der Grundlage akademischer Theorien. Das Wort „Vakuum" für die zwielichtige Zone zwischen Krieg und Frieden wurde zum Schlüsselbegriff für die kritische Frankfurter Situation, die auch mit Criswells administrativem Kommandosystem nicht aufzulösen war. Obwohl Criswell „seinem" Hollbach keinen Handlungsspielraum ließ, hat dieser doch jenen Benjaminschen „Funken der Hoffnung" entzündet und manches erfolgreich auf den Weg gebracht.

Mit seiner Ernennung hatte die Militärregierung Wilhelm Hollbach zugleich beauftragt, eine Zivilverwaltung aus dem Boden zu stampfen, nachdem der Nazi-Magistrat unter Oberbürgermeister Friedrich Krebs und eine noch halbwegs intakte Stadtverwaltung aufgehört hatten zu existieren:

Ich habe Herrn Hollbach zum vorläufigen Bürgermeister von Frankfurt ernannt. Die Beamten der Stadtverwaltung haben ihren Dienst sofort wieder aufzunehmen und seinen Weisungen Folge zu leisten. Der vorläufige Bürgermeister hat von mir Befehl erhalten, die deutsche Polizei in Frankfurt am Main wiederaufzustellen. Alle Polizeioffiziere und Polizeibeamten, die gewillt sind, loyal mit der Besatzungsmacht zusammenzuarbeiten, können in das neue Polizeicorps eingestellt werden. Sie haben den Anweisungen des von mir bestellten vorläufigen Bürgermeisters Folge zu leisten.

gez. Criswell

Am Ort verlöschenden Lebens war Hollbachs erstes Ziel, aus einer maroden Infrastruktur Prinzipien der kommunalen Souveränität zu vermitteln und Rechtsstaatlichkeit und Ordnung durchzusetzen. Das hegelianische Obrigkeitssystem mag einer als pedantisch beklagen, aber es half Hollbach immerhin, die Realien des Alltags zu organisieren. Die ausweglos scheinende Situation als Herausforderung begreifen hieß für ihn, entsprechend zu handeln. Es galt ja nicht nur, die Infrastruktur wiederherzustellen, sondern auch, angesichts grassierender Orientierungslosigkeit, den Menschen den Königsweg zur Demokratie finden zu helfen, den Weg aus der Resignation in die Morgenröte der individuellen Freiheit. Das hieß gleichzeitig aber auch, die „Angst vor der Freiheit" zu bannen, die Erich Fromm unter den Deutschen ausgemacht hatte. Den Inbegriff von Amerikas Demokratie-Definition, Abraham Lincolns Maxime „Government of the people, by the people, for the people", war so kurz nach der Diktatur aber nur schwer in die Lesart einer demokratischen Gebrauchsanweisung für die Deutschen zu übersetzen, solange es keine Wahlen gab und die Militärregierung das Sagen hatte.

Hollbachs Kompaß durch die gekappten Funktionszusammenhänge der öffentlichen Systeme in dieser kriegsversehrten Stadt war seine Moral der Verantwortung. Da ihm verwaltungsorganisatorischer Sachverstand nicht in die Wiege gelegt worden war, versammelte er im Hauptverwaltungsamt in der Siesmayerstraße 12 alsbald Vertreter der Stadtwerke und anderer Versorgungsbetriebe sowie der Stadtämter und gab seine Richtlinien bekannt, zu deren Überprüfung auf Realisierbarkeit er die Amtsträger ermutigte. Außerdem holte er den früheren Oberbürgermeister von Hanau, Kurt Blaum, als seinen Stellvertreter, und den Rechtsanwalt Ulrich Bürmann bat er, „alles, was die Justiz betreffe, in die Hand zu nehmen". Bürmann hatte im Dritten Reich Mandanten tapfer vor dem berüchtigten Volksgerichtshof verteidigt.

Zum neuen Polizeichef wurde am 1. April 1945 der politisch unbescholtene Kriminalrat Ferdinand Mührdel ernannt, den Nazi-OB Krebs 1933 in die Wüste geschickt hatte, weil er partout kein Parteimitglied werden wollte. Statt im alten Polizeipräsidium „residierte" Mührdel im Allianz-Gebäude im Kettenhofweg. Schon im Juni wird Leo Graf Lanckoronski von dem amerikanischen Major Hughes, der für die Gerichtsbarkeit zuständig war, zum Amtsgerichtspräsidenten berufen. Kriminalität kann wieder geahndet, wenn auch kaum verhindert werden.

Bürgermeister Hollbachs „Regierungserklärung"

Knapp einen Monat nach Amtsantritt wandte sich „der Bürgermeister auf Zeit" Hollbach mit folgender Erklärung an seine Mitstreiter:

An alle Amts- und Dienststellen einschließlich Stadtsparkasse, städtische Gesellschaften, öffentliche Stiftungen usw.:

Mitarbeiter und Mitarbeiterinnen!
Die amerikanische Militärregierung hat mich zum amtierenden Bürgermeister der Stadt Frankfurt bestellt. Dieses schwere und verantwortungsvolle Amt habe ich in dem Gauben und mit der Zuversicht übernommen, der Stadt Frankfurt und allen ihren Bürgern damit dienen zu können. Besonders bin ich bemüht, mit allen mir zur Verfügung stehenden Mitteln ein gutes Einvernehmen zwischen der Militärregierung und der Bürgerschaft herzustellen. Diese Aufgabe schließt die andere in sich, auch zwischen der Stadtverwaltung und der Bürgerschaft ein enges Band zu knüpfen. Zur Erfüllung dieser Aufgaben, die gelöst wer-

den müssen, wenn alle anderen großen, in die Zukunft weisenden, für das Schicksal und die Entwicklung Frankfurts wichtigen Fragen bewältigt werden sollen, brauche ich die Mitarbeit von Ihnen allen. Ich begrüße Sie als meine Mitarbeiter in der Erwartung, daß in dieser schweren und ernsten Zeit jeder alle seine geistigen und physischen Kräfte ohne Vorbehalt in den Dienst der Stadt, also seiner Mitbürger stellt. Wir müssen zu jeder Stunde dessen eingedenk sein, daß wir diesen Krieg verloren haben und als die Besiegten nur aus eigener Kraft und durch friedliche Arbeit wieder zu Ruhe und Ordnung kommen können. Das deutsche Volk ist falsch geführt worden. Eine verbrecherische Leitung des Staates hat uns an den Rand des Abgrundes gebracht. An uns liegt es, Einkehr zu halten und uns so in die Welt einzugliedern, wie es Vernunft und Überlegung, Besonnenheit und ein gesundes Maß erfordern.

Ich selbst bemühe mich, Ihnen, meine Mitarbeiter und Mitarbeiterinnen, ein Beispiel dafür zu sein, wie in Pflichterfüllung und Haltung die außerordentlichen Fragen unserer Zeit bearbeitet werden müssen. Ohne unsere Würde preiszugeben, müssen wir das erfüllen, was mit Fug und Recht von uns verlangt wird. Ihre Pflicht ist es, an Ihrem Arbeitsplatz zu leisten, was der Wohlfahrt der Bürger dient. Die Zeit ist voller Schwierigkeiten und Hemmnisse auf allen Gebieten, im täglichen Leben des Einzelnen und im öffentlichen Leben der Gesamtheit. Umsomehr müssen Sie Verständnis für die Wünsche und Sorgen der Bürger haben, die an Sie herantreten. Viele von ihnen sind zermürbt und entkräftet, und es ist möglich und verständlich, daß sich nicht jeder, der bei Ihnen Rat und Hilfe sucht, so verhält, wie man es in ruhigen Zeiten erwarten kann. Ich weise daher alle an, hier Nachsicht zu üben und – bei genauer Wahrung der Gesetze, Verordnungen und Vorschriften – volles Verständnis zu zeigen. Übergriffe von Privatpersonen gegenüber den Bediensteten der Stadt werden natürlich nicht geduldet; Beamte, Angestellte und Arbeiter werden meinen Schutz gegen Übergriffe haben.

Sobald es mir die Fülle der dringenden und wichtigen Geschäfte erlaubt, werde ich mich selbst zu den Amtsstellen und Dienststellen der Stadtverwaltung begeben. Im übrigen aber gilt es nicht, Worte zu machen, sondern zu handeln: unentwegt zum Wohle der von uns allen heiß geliebten, aus schweren Wunden blutenden Stadt Frankfurt. Ihr Wiederaufbau und die Wiedergesundung der Stadt sind für jeden eine Lebensfrage.

Hollbach (23.4.1945)

Hollbach wollte mit aller Kraft die Stadt aus ihrer Todesstarre reißen. Getreu der amerikanischen Unabhängigkeitserklärung vom 4. Juli 1776 galt es jetzt, deren Grundtenor in die Gegenwart des von den Amerikanern besetzten

Frankfurt zu prolongieren: „Life, liberty, and the pursuit of happiness". Der sich als journalistischer Beobachter einen Namen gemacht hatte, wollte sich in seiner neuen Rolle als Akteur bemühen, mit überzeugenden Argumenten bei der zu Bewohnern eines Alptraums mutierten Bevölkerung das notwendige Vertrauen bilden zu helfen, das die Anschlußfähigkeit an eine demokratische Zukunft herstellt und Liebe zur Freiheit entwickelt, beides Grundfaktoren für den *pursuit of happiness*, das Streben nach Lebensglück, das die Amerikaner 1776 im ersten Satz ihrer Unabhängigkeitserklärung als Grundrecht festgeschrieben hatten. Der Optimist Hollbach traute dem Individuum und damit in Summe der Frankfurter Bevölkerung genug Innovationskraft zu, um die Zukunft zu meistern.

Entnazifizierung

Als erstes hatte Hollbach den Befehl der US-Kommandantur auszuführen, die Stadtverwaltung von Mitgliedern der verschiedensten Nazi-Organisationen zu säubern. Schon Anfang August war die Entlassungswelle abgeschlossen. 3.449 Beamte und Angestellte waren vor die Tür gesetzt worden, darunter viele, die durch ihr bloßes Schweigen Teil des NS-Systems geworden waren. Deren viele mußten sich zur Strafe beim Schutträumen verdingen.

Der relativ gemäßigte Nazi-Oberbürgermeister Friedrich Krebs, der beim Einmarsch der Amerikaner festgenommen und in Darmstadt interniert worden war, hatte es seinen Beamten überlassen, ob sie jenen Befehl des knallharten Gauleiters von Hessen-Nassau, Jakob Sprenger, befolgen mochten, sämtliche Magistrats- und Parteiakten zu vernichten. Das umfangreiche Personalregister der Stadt hatte sich jedenfalls in Rauch aufgelöst. Krebs wurde später als „Minderbelasteter" eingestuft und kam mit einer zweijährigen Bewährungsstrafe davon. Treue Untergebene hatten als Entlastungszeugen für ihn ausgesagt, und er selbst hatte geltend gemacht, nicht nur jüdische Kunstsammlungen und „Millionenstiftungen" vor einer Arisierung bewahrt und somit der Stadt erhalten zu haben, er habe sich auch für politisch und rassisch Verfolgte eingesetzt.

Das „Eisenhowers Town" genannte Frankfurt mutierte „zur Nervenzentrale und zum Motor für die Umwandlung des nazistischen Deutschlands in ein freies, für die übrige Welt nicht mehr gefährliches Land". Im geflissentlich lakonischen Klartext der Reeducation-Philosophie verlautbarte die Militärregierung damals: „Wir wollen dafür sorgen, daß wieder freiheitliche Männer an die Spitze der Verwaltung kommen und daß die Frankfurter wieder lernen, was

Demokratie ist […]. Alles andere aber liegt in euren Händen." Politische Parteien blieben vorerst allerdings noch verboten.

Mit besonderer Strenge achteten die Militärs auf die Einhaltung des Fraternisierungsverbots und der *curfew*, der Sperrstunde, die von der Bevölkerung nicht gerade als vertrauensstiftende Maßnahme empfunden wurde. Lediglich für Ärzte, Hebammen und Geistliche galten Ausnahmeregelungen.

Der Bürgermeister unter Kuratel

> *Die Politik ist nur für den Politiker ein Beruf,*
> *für alle anderen ist sie hauptsächlich Notwehr.*
> Hans Magnus Enzensberger

Mit nur geringer Fachkenntnis, aber mit hohem ethischen Pflichtbewußtsein ausgestattet, hatte der Journalist Wilhelm Hollbach sein schwieriges Amt mit Zuversicht angetreten. Bei der Organisation ziviler Entscheidungsprozesse war er weitgehend auf sich allein gestellt, die hierfür nötigen Maßstäbe und Koordinaten hatte er selber hervorzubringen. Handlungsbevollmächtigt war der Bürgermeister aber nur unter strikter Einhaltung der eisernen Vorschriften der Militärregierung. So erwarb Hollbach in der Kunst des Improvisierens notgedrungen bald eine gewisse Meisterschaft. Seine Begabung für nicht alltägliche Blickwinkel und unkonventionelle Herangehensweisen konnte er freilich mangels offizieller Kompetenz nicht annähernd ausschöpfen; angesichts der oft ridikülen Regelungswut der Amerikaner und der entsprechend pedantischen Gängelung durch Colonel Criswell waren viele Vorhaben zum Scheitern verurteilt.

Fast auf den Tag genau zehn Jahre nach seiner Ernennung zum Bürgermeister wird Wilhelm Hollbach über seine damalige Situation in der *Frankfurter Neuen Presse* freimütig Auskunft geben. Der nur körperlich schmächtige Mann resümiert erstmals am 26. März 1955 mit charmantem Schalk in der Feder sein kompliziertes Verhältnis zum damaligen Stadtkommandanten Criswell, „einem riesigen Mann mit mächtigem Brustkasten", und sein eigenes Changieren zwischen dem Wohl der ihm anvertrauten Bevölkerung und dem Wohlwollen der oberen US-Garnitur. Sooft unter der Fuchtel des Colonels Unmögliches von Hollbach verlangt wurde und der Bürgermeister stereotyp antwortete: „That's impossible, Sir", habe der baumlange Hüne seinen gewaltigen Thorax aufgepumpt und dann losgebrüllt: „Nothing is impossible!" Der übereifrige Colonel habe „ganz Frankfurt bis ins kleinste Schreibwarengeschäftchen in Bornheim regieren, verwalten, denazifizieren" wollen – „und konnte doch seinen eigenen Laden nicht in Ordnung bringen". Da Criswell „bloß ein Colonel der Reserve" war, mangelte es ihm nach Meinung Hollbachs an strategischer Kompetenz, wofür *pars pro toto* folgendes typische Beispiel genügen mag: Als August Adelsberger, der Vertreter der Jüdischen Gemeinschaft, den Colonel bat, die Bankschalter wiederzueröffnen, fertigte Criswell den Bittsteller eiskalt ab: „Glauben Sie, daß Amerika verloren ist, wenn sie hier die Bankschalter nicht öffnen können?" Criswell hatte viel sarkastischen Witz, aber keinen Humor. Er war alles andere als das, was man sich unter einem *jolly good fellow* vorzustellen pflegt. In seinem Office thronte die Göttin Justitia, die er dreist vom Gerechtigkeitsbrunnen auf dem Römerberg requiriert hatte.

Das Ringen zwischen Besatzer und Besiegtem wurde fast immer zugunsten des Colonels entschieden. Der Boß war strikt darauf bedacht, Abstand zu halten: *no fraternisation*. In lebhafter Erinnerung an braune und schwarze Nazi-Kluft war Hollbach seinerseits allergisch gegen Uniformen und damit nicht unbedingt unvoreingenommen gegenüber dem jeweiligen Menschen, der in einer martialischen Montur steckte.

„Nothing is impossible!" Colonel Criswell nimmt Bürgermeister Hollbach ins Gebet

Weil nach der Befreiung Frankfurts von der NS-Diktatur nichts ohne den Segen der US-Kommandantur lief, ist Hollbach Criswell dennoch mit immer neuen Wünschen gehörig auf die Nerven gegangen. Unverzagt drängte der Bürgermeister, den die Not erfinderisch gemacht hatte, auf die Erfüllung seiner Forderungen, um die Stadt so schnell wie möglich wiederzubeleben, die Menschen wenigstens physisch gesunden zu lassen und die bis in die Poren der menschlichen Existenz steigende Alltagsangst zu dämmen. Das Kurieren seelischer Verwundungen und geistiger Nöte mußte in metaphysisch obdachloser Zeit einstweilen vertagt werden. Nach der Entzauberung von Hitlers „Endsieg"-Illusionen war das einzige sinnvolle Orientierungsmuster die platte Überlebensphilosophie.

Ohne selbstmitleidiges Lamento wird Hollbach später zu Protokoll geben, wie ihm der US-Kommandant in der angemaßten Rolle eines Präzeptors Germaniae noch kurz vor der Kapitulation Deutschlands am 8. Mai 1945 in einem Stil zum Rapport bestellt habe, der eher einer Vorladung glich. Mit Steckbriefschärfe im Ton hatte dieser Hollbach den Tod angedroht, falls je in Frankfurt auf GIs geschossen werde. Was für zweitrangige Klavierspieler das Pedal, war für Criswell der Versuch, mit aufgesetzter Lautstärke Wirkung zu erzeugen. Hollbach rekapituliert das ziemlich giftige Scharmützel zwischen den beiden ausgeprägten Charakterköpfen und Zwangspartnern, bei dem der Colonel öfter als notwendig die Contenance verlor, folgendermaßen:

„Was tun Sie dagegen, daß aus Fenstern auf durchziehende Truppen geschossen wird?"

„Dagegen könnte ich nichts tun, auch wenn wirklich …"

„Ihre Polizei geht spazieren?"

„Ich habe noch nicht einen Polizisten, aber ich garantiere Ihnen dafür, daß von deutscher Seite nicht ein einziger Schuß fallen wird. Der Bruchteil der Bevölkerung, der noch in Frankfurt blieb, ist froh, daß der Krieg für Frankfurt aus ist."

„Das wäre gut, auch für Sie persönlich. Ein Schuß, selbst wenn niemand getroffen würde – dann werden Sie erschossen und mit Ihnen die ganze Stadtverwaltung."

„Ich muß dann schon einsam sterben, weil es eine Stadtverwaltung noch gar nicht gibt." Morgen, so sagte ich, hoffe ich, zwei, drei Stadträte zu haben, die könnten mir dann an der Wand Gesellschaft leisten. Aber es werde, wie gesagt, nichts passieren.

Ich mag wohl gelächelt haben. Es war sicher nur ein sehr dünnes und schmerzliches Lächeln. Aber der Colonel wurde äußerst böse. Ich scheine den

damned bloody, den verdammt blutigen Ernst der Situation nicht zu kennen.
Ich versicherte ihm, daß ich ihn sehr wohl kenne. In den nächsten Tagen würden
hier Hunderte, dann Tausende von Einwohnern verhungern, wenn er mir nicht
Benzin für Lastwagen stellen könne, die Lebensmittel herbringen. Züge führen
nicht, wie er wisse.

Für wen in ungewisser Zeit der größte Luxus die eigene Meinung war wie
für Hollbach, in dessen Charakter waren auch Eigenschaften wie Kritik und
Zweifel verbürgte Grandeurs. Criswell dürfte wohl Hollbachs „aufrechten
Gang" (Bloch), sein ungebrochenes Rückgrat mit jener perennierenden
Erblast des deutschen Nationalcharakters verwechselt haben. Hollbach war
ein Mann ohne Phrasen, ohne Gestus, ohne Klischees. In Erwartung dessen,
was an Zumutungen des Colonels noch auf ihn zukommen könnte, empfand Hollbach sich im Zustand permanenter Bedrohung. Criswells Ausfälle
waren jedenfalls ernster zu nehmen als der sprichwörtliche Sturm im Was-
serglas.

Hollbach rekrutiert seine Mannschaft

Hollbach hatte zunächst einige Freunde sowie versprengte Individualisten aus
den Journalistenkohorten der Vergangenheit um sich geschart und als Mitstreiter im Chaos auserkoren. Sie verfügten über genügend Zeit, da es ausgerechnet
in Frankfurt monatelang keine Zeitungen gab, für die sie hätten schreiben können. Das bereits seit dem 21. April 1945 unter dem umständlichen Titel
Frankfurter Presse der amerikanischen 12. Heeresgruppe für die deutsche Zivil-
bevölkerung erscheinende Verlautbarungsorgan der Besatzungsmacht kam
dafür nicht in Frage. Die in der ersten Nummer dieses Armee-Wochenblattes
publizierte Nachricht „Von 31.000 einst in Frankfurt lebenden Juden gibt es
jetzt noch 140. Die anderen sind verschollen und ermordet: in Polen, in Rußland, in Konzentrationslagern" bestürzte nicht nur deren frühere Nachbarn.
Als das Blatt in seiner dritten Ausgabe am 3. Mai vom Tod Adolf Hitlers berichtete, dürfte dem Diktator wohl kaum einer der Leser eine Träne nachge-
weint haben.

    Die erste deutsche Zeitung, der die Amerikaner eine Lizenz erteilten, war
die *Frankfurter Rundschau*. In ihrer Erstausgabe vom 1. August 1945 heißt es
im Leitartikel: „Nach zwölf Jahren der Lüge werden wir unseren Beitrag leisten, um dieses Nazi-Übel radikal auszumerzen."

Diese Selbstverpflichtung auf ein unbestechliches journalistisches Ethos hatte sich auch Wilhelm Hollbach in seiner Funktion als Bürgermeister auf die Fahnen geschrieben, und so war es ihm gelungen, keine Geringeren als Walter Dirks, Werner Jaspert, Richard Kirn sowie den späteren Rundfunkintendanten Eberhard Beckmann als Mitarbeiter zu gewinnen. Diese Urzelle einer demokratischen Stadtverwaltung wurde denn auch als „Stadtverwaltung der Journalisten" gewürdigt, die nicht zuletzt den Jargon der Behördensprache wegfegte.

Nachdem die linientreuen Parteibeamten aus ihren Schlüsselpositionen getürmt waren, wäre es ohne jene pflichtbewußten Beamten, die zum Teil als einfache NSDAP-Mitglieder wohl „nur" Mitläufer gewesen waren, allerdings nicht möglich gewesen, den improvisierten Neubeginn gelingen zu lassen. Als analytische Köpfe erkannten diese Beamten mit meist grauen Schläfen besser als andere die neuralgischen Problemfelder ihrer geschundenen Stadt. „Es waren eine große Anzahl pflichtgetreuer Beamter in der Stadt geblieben, die sich schon am Tag nach der Besetzung dem eben verpflichteten neuen Stadtoberhaupt zur Verfügung stellten", erinnert sich Hollbach zehn Jahre später. Nach der permanenten Rechtsbeugung im Dritten Reich hätten ihm viele unter jenen streng das Recht anwendenden Beamten einen „Heidenrespekt" abgenötigt; sie seien keine subalternen Seelen, keine trägen Bürokraten gewesen, sondern unbescholtene, gesetzestreue Leute, die in der Industrie ein Mehrfaches hätten verdienen können. Sie haben Hollbach geholfen, mit dem Abhängen der Hitler-Konterfeis auch dessen Geist aus den Amtsstuben zu vertreiben.

Zu seinem „Circle of trust" stieß bald auch eine handverlesene Gruppe effizienzbewußter, von dissidentischer Haltung geprägter Akademiker, wie Dr. Friedrich Lehmann (als Stadtkämmerer), Dr. Karl Altheim, Dr. Bernhard Heun, Dr. Rudolf Keller, Dr. August Lingnau, Dr. Rudolf Prestel, Dr. Hellmuth Reinert oder Dr. Karl Schlosser, dieser als Stadtrat für das Gesundheitswesen. Diese promovierten Herren mußten nicht erst den Staub der Nazi-Ideologie aus ihren Anzügen bürsten. Ihr Alter macht zugleich das Fehlen der mittleren Generation augenfällig.

Die Männer des Neuanfangs haben sich über ihre Gegnerschaft zum NS-System definiert; in ihrem Bemühen, die Stadt Frankfurt aus dem Nachkriegs-Chaos herauszuführen, haben sie ihre Bestimmung gefunden. Ja, sie haben weit mehr geleistet, als nur am selben Strang des Aufbruchs zu ziehen. Auf der Grundlage ihrer ultimativen Erfahrungen haben sie in der diffusen Zwischenwelt der sogenannten „Stunde Null" im Neuanfang ihre Prioritäten definiert. Ihre Stadtverwaltung atmet einen völlig neuen, unpedantischen Geist.

Hollbachs Agenda

Weil der Römer niedergebrannt war, hatte Bürgermeister Hollbach sein „Rathaus" in der intakt gebliebenen Villa Bonn der Gesellschaft für Handel, Industrie und Wissenschaft in der Siesmayerstraße eingerichtet. Hier improvisierte er mit dem früheren Amtmann und späteren Marktdirektor Fritz Acker sowie mit seinem Stellvertreter Kurt Blaum erste Strukturen einer großstädtischen Behörde, die nicht nur Ordnung und Sicherheit zu gewährleisten hatte.

Unter dem Druck der extremen Verhältnisse galt es zunächst, die überlebensnotwendigen Grundbedürfnisse der Bevölkerung zu befriedigen, den Mangel und die leibliche Not zu besiegen. Da das nackte Dasein in Gefahr war, widmete Hollbach seine besondere Aufmerksamkeit dem Funktionieren des simplen Alltags: Ernährung, Wohnraum, Trümmer- und Müllentsorgung, Straßenverkehr, Schulen, Kliniken und Schulen hatten Priorität. Es waren die Probleme selbst, die schließlich den Fortschritt erzwangen: So waren von 116 Schulgebäuden 1945 nur noch fünf intakt, in nur 38 weiteren konnte notdürftig wieder Unterricht abgehalten werden. Ohne die Wirkung der Schule in Rechnung zu setzen, kann der Weg in eine bessere Zukunft aber nicht gelingen. Bildung als Sozialisationsfaktor wurde auch von der Militärregierung als Fortschrittsfaktor anerkannt, als ethischer Imperativ. Ethik ist nach Freud eine Art „Fahrordnung für den Verkehr unter den Menschen".

Auf Hollbachs Agenda der vordringlichsten Sofortmaßnahmen standen obenan die Räumung der zwölf Millionen Kubikmeter Trümmer sowie die Behebung der immensen Wohnraumnot. Von den 177.000 Wohnungen waren 80.500 komplett zerstört und 53.000 stark beschädigt. Auch bei der Wasser- und Stromversorgung sowie der Ernährung der Bevölkerung gab es erhebliche Defizite. Wasser mußte eimerweise, oft von weit her, von einer der wenigen Zapfstellen herbeigeschleppt werden, die Gas- und Stromleitungen waren in der Feuerhitze verglüht.

Über die unvorstellbare Situation, die damals in unserer einst blühenden Stadt am Main herrschte, berichtet als verläßlicher Augenzeuge der amerikanische Geheimdienstagent Robert Th. Pell:

Frankfurt ist zu 80 bis 90 Prozent zerstört, eine Toten-Stadt. Nach der Ausgangssperre um 19 Uhr schallen die Stiefel der GIs wie Schritte in einer Gruft. Man hört keine Hunde bellen und keinen Laut von anderen Tieren. Die Leute, die im Stadtgebiet bleiben, verkriechen sich in die Keller, haben vielleicht nur das Wasser, was sie in Kübeln von einer zentralen Zisterne holen, und haben kein Licht [...] Wir waren in den Überresten eines Hotels untergebracht […] und der Besitzer des Hotels stellte jedem von uns einen kleinen Kübel mit Wasser zur Verfügung. Andere Einrichtungen gab es nicht, und die GIs hatten in der ehemaligen Grünanlage vor dem Eingang provisorisch eine Grube gegraben. Die Einheimischen erledigten dieses Geschäft offenbar wie die Tiere, d.h. sie erledigten es irgendwo in den Trümmern und deckten nachher alles zu.

Die Reichen leben von all dem ziemlich unberührt in den Vororten oder den umliegenden Städten wie Bad Homburg oder Ursel; sie wohnen dort mit Dienern und haben fast allen Luxus. Ich weiß das, weil ich mehrere Direktoren und Techniker aus ihren Häusern abgeholt und die Gelegenheit wahrgenommen habe, mir die Häuser sehr gründlich anzusehen. Außerdem hat die Bourgeoisie anscheinend reichlich zu essen, frisches Gemüse, Eier und Milch, ausreichend Eingemachtes und Konserven aller Art.

Leben in Ruinen 1946

Die in den Städten zurückgebliebenen Armen stehen fast den ganzen Tag an, um das bißchen zu erhalten, was sie überhaupt bekommen können.

Offenbar hatte die „Stunde Null" keineswegs alle gleichgemacht.

Zum journalistischen Ethos des Redakteurs Hollbach gehörte es, Mißstände offenzulegen, und so bezeichnete er die Ernährungslage unverblümt als das, was sie war: eine humanitäre Katastrophe. Das oberste Militärkommando hatte folgende minimale Zuteilungsmenge pro Kopf und Woche für ausreichend befunden: 140 g Fleisch/Wurst, 50 g Fett, 200 g Nährmittel, 100 g Zucker oder Rübensirup. Hinzu kamen monatliche Rationen von 400 g Salz, 25 g Bohnenkaffee, 12 kg Kartoffeln und 9 kg Brot. Gnadenlos hatte die Potsdamer Konferenz der Siegermächte im Hochsommer 1945 entschieden, was sie im Siegesrausch offenbar für noch human hielt, und den Lebensstandard der Deutschen so niedrig wie gerade noch möglich angesetzt. Feldmarschall Viscount Bernard Montgomery, Befehlshaber der 21. britischen Heeresgruppe, hielt 1.000 Kalorien pro Tag und Kopf für ausreichend, während die medizinische Mindestnorm bei 2.500 Kalorien liegt. Herders barmherziges Wort „Menschlichkeit" gehörte nicht gerade zu des Viscounts Vokabular. Jede Hilfslieferung des Internationalen Roten Kreuzes für die posthitlerdeutsche Bevölkerung wurde von den Alliierten strikt unterbunden. Was mit der reduzierten Kalorientafel den Frankfurtern verweigert wurde, mußten sie an Wegrändern aufsammeln: Brennessel, Löwenzahn, Sauerampfer. Von den Feldern stibitzten die noch nicht strafmündigen Kinder: Steckrüben, Kartoffeln und von den reifenden Halmen Körnerfrüchte. Die Illustrierte *Frau von heute* druckte Rezepte, wie man aus Unkraut Überlebensmittel bereiten konnte wie Eichelkaffee, Brennesselpudding oder Löwenzahngemüse. Im Juni 1945 zwang die miserable Ernährungslage die Militärregierung, den unterernährten ehemaligen KZ-Häftlingen keine doppelten Rationen mehr zu verabreichen. Heinrich Böll hat uns in seiner Erzählung *Das Brot der frühen Jahre* (1955) die damalige seelische und materielle Not minutiös nachempfinden lassen. Die große humanitäre Hilfsaktion der Amerikaner unter dem Namen CARE (Cooperative for American Remittances to Europe), die im Juni 1946 anlief, brachte zwar nicht eben wenig Unterstützung, aber doch bei weitem nicht genug für alle.

Der Kölner Kardinal Josef Frings hatte den Mundraub seiner Gotteskinder von der Beichtpflicht suspendiert. Und die nachträglich gern romantisierten Hamsterfahrten waren für die unterernährten Frankfurter damals Überlebenstouren. Nichts tat den Menschen mehr weh als der Hunger, und Hunger erzeugt Aggressionen. Die Versorgungslage besserte sich nachhaltig erst mit der Währungsreform vom 20. Juni 1948.

Die höchst prekäre unterste Grenze des Existenzminimums wird Hollbach an Heinrich Heines großes Wort erinnert haben, das dieser der Französischen Revolution entlehnt hatte: Das alltägliche Brot sei „das Recht des Volkes". Die 26.000 Zwangsarbeiter in Frankfurt, vorwiegend aus Frankreich, Belgien und Holland, sowie kriegsgefangene Russen wurden in 14 Auffanglagern von den Amerikanern ausreichend beköstigt.

Neben der Beseitigung der Obdachlosigkeit und der Hungersnot zählte zu den vordringlichen Aufgaben die Wiederherstellung der unwegbar gewordenen Verkehrsstraßen. Um das im doppelten Wortsinn entstandene kommunikative Loch zu überbrücken, mußten Straßen und Bürgersteige schleunigst von ihren Trümmerlasten befreit werden, um damit nicht nur die Versorgung mit Gütern zu ermöglichen, sondern auch die zwischenmenschlichen Kommunikationswege wiederherzustellen. Auf Anordnung der Besatzer wurde im April 1945 eine eigene Abteilung „Straßenräumung" im Bauamt eingerichtet. Erst Ende Mai 1945 wird eine Pontonbrücke die City wieder mit Sachsenhausen verbinden.

Die anmaßende Umbenennung von Straßen, Plätzen und Brücken nach Namen von Nazi-Größen hat Hollbach schnell rückgängig gemacht: Die „Adolf-Hitler-Brücke" wurde wieder zur Untermainbrücke, die „Adolf-Hitler-Anlage" wieder zur Gallusanlage, das „Hermann-Göring-Ufer" wieder zum Untermainkai, der „Horst-Wessel-Platz" wieder zum Rathenauplatz und der „Platz der SA" heißt wieder Börsenplatz.

Am 5. Juli 1945 wurde erstmals wieder Post in die Briefkästen gesteckt und auch die ersten reparierten Straßenlampen beleuchteten wieder die Nächte.

Hollbach hat aber auch die Sorge um die Tiere im Zoo umgetrieben, für dessen Leitung er den damals schon berühmten Tierpsychologen Bernhard Grzimek hatte gwinnen können, nachdem dieser es abgelehnt hatte, sich von Criswells Gnaden zum Frankfurter Polizeipräsidenten zweckentfremden zu lassen. Obwohl der am 1. Mai 1945 zum Direktor ernannte Grzimek den Zoo noch nicht wiedereröffnen durfte, ließ er mit Hollbach Billigung dennoch Plakate drucken, die den 1. Juli frech als Zoo-Eröffnungstermin annoncierten. Wegen der großen Zustimmung der vielen Zoofreunde genehmigte Criswell schließlich doch die Öffnung des Tiergartens. Die bauliche Infrastruktur entstand buchstäblich aus zooeigenen Trümmermaterialien. So wurde der Zoo der erste trümmerfreie Ort Frankfurts. Dank vieler Spenden entstanden bis zur Währungsreform 25 Gehege und Tierunterkünfte neu. Die Kinder hatten mit ihren Eltern wieder ein Ausflugsziel vor Augen.

Die Wiedereröffnung der Universität war Hollbach ein ebenfalls dringendes Anliegen, das jedoch erst unter seinem Nachfolger Kurt Blaum verwirklicht werden kann. Auch liegt das kulturelle Leben noch vollends danieder. Von der Oper bis zum Schauspielhaus ragen nur noch Teile ihrer majestätischen Außenfassaden in den Himmel. Im transitorischen „Zirkus Holzmüller" gastieren die Städtischen Bühnen zunächst nur mit Arien-Matineen. Ein festes Ensemble wird Intendant Toni Impekoven erst Ende 1945 aufbauen können.

Hollbach heißt Frankfurter Juden aus Theresienstadt willkommen

Im Juni 1945 heißt Hollbach 139 aus ihrer Heimat vertriebene jüdische Frankfurter Bürger aus dem Konzentrationslager Theresienstadt willkommen, der Vorhölle von Auschwitz. Nur wenige hatten das Glück, den Gaskammern zu

Der Eiserne Steg 1945

entkommen und in ihre geliebte Vaterstadt am Main zurückzukehren. Schon einige Tage nach ihrer Heimkehr versammeln sie sich zum ersten Sabbat-Gottesdienst. Auschwitz ist nach André Glucksmann eine der „heiligen Stätten, an denen das 20. Jahrhundert seine metaphysische Frage entdeckte". Hitler hatte nicht nur die Vernichtung der Juden zum Ziel, sondern die Eliminierung des Judentums. Bürgermeister Hollbach verweist in seiner anrührenden Begrüßungsrede auf den großen Aderlaß unter den Frankfurter Juden in Hitlers „Tausendjährigem Reich", in dem Antisemitismus zur verordneten Konstante wurde. Vor Hitlers Exterminationsprogramm, das mit den sogenannten Judengesetzen 1935 die jüdischen Bürger zum Freiwild stempelte, war die Zahl der Frankfurter Juden auf 32.000 angewachsen. Ihrer Leistung, so Hollbach, habe „Frankfurt seine Entwicklung entscheidend mitzuverdanken". Nur vier Jahre zuvor, im März 1941, hatte sich Hollbachs Vorgänger, der Nazi-Oberbürgermeister Friedrich Krebs, nicht geschämt, bei der Eröffnung des Frankfurter „Alfred Rosenberg-Instituts zur Erforschung der Judenfrage" wüste Haßtiraden abzusondern.

Aus einem starken demokratischen Impuls und seiner historischen Verantwortung heraus hatte Hollbach am 13. Juni 1945 den Angehörigen der in Theresienstadt, Dachau und Buchenwald überlebenden Häftlinge aus Frankfurt geschrieben, er werde energische Schritte unternehmen, „daß alle Frankfurter

Insassen des Lagers zurückgeholt werden". Der Journalist Eberhard Beckmann wurde zum Referenten für die „Rückführung ehemaliger KZ-Insassen" und die Belange der jüdischen Bewohner Frankfurts ernannt. Die alte Definition der Polis als Gemeinschaft von Freien und Gleichen wird wieder Handlungsmaxime der Politik für legitime Formen gelingenden menschlichen Lebens im Bewußtsein persönlicher Freiheit.

Die *Frankfurter Presse der amerikanischen 12. Heeresgruppe für die deutsche Zivilbevölkerung* reagierte mit einem analogen Aufruf positiv auf Hollbachs Initiative: „In den letzten Wochen haben wir alle erfahren, was es heißt, in einem Konzentrationslager gewesen zu sein [...]. Die Überlebenden kehren zurück. Sie haben auch für uns gekämpft und gelitten." Unterzeichnet hatte den Aufruf ein „Ausschuß der Frankfurter Bürger", darunter die Unterschriften von Bürgermeister Hollbach, Polizeipräsident Mührdel sowie der Leiter von Arbeitsamt und Ärztekammer. Für das Hochstift unterschrieb deren langjähriger Direktor, Ernst Beutler. Sie baten für die Opfer um Spenden für Unterkunft, Verpflegung, Bekleidung, Medikamente und „zum Aufbau einer neuen Existenz".

Dem guten Beispiel Hollbachs, der Wiederbeheimatung jüdischer Bürger in Frankfurt Priorität zu geben und die Erinnerung an den Zivilisationsbruch unter der Chiffre „Holocaust" wachzuhalten, sind alle zwölf Frankfurter Oberbürgermeister nach 1945 gefolgt. Die Dankbarkeit hat schon Goethe als „Gedächtnis des Herzens" beschrieben. In der Rothschild- und Börne-Stadt stellten seit je besonders „die Juden eine Elite dar in der Schar der Geistigen" (Walter Benjamin).

Die Rückkehr in die Stadt ihrer bewußten Menschwerdung, in ihre verlorene Lebenswelt, versetzte freilich viele der im „Dritten Reich" gnadenlos verfemten jüdischen Mitbürger in eine kaum nachvollziehbare Spannung zwischen leidvollen Erinnerungen und alten Ängsten und der Freude über die wiedergewonnene Heimat. „Heimat" war über Jahre zum Sehnsuchtswort geworden, mit dem sie eine individuelle Bedeutung verbanden. Die deutsche Sprache wurde ihnen in Auschwitz oder Theresienstadt zu einer den Überlebenswillen stärkenden portativen Heimat. Wenn auch nur allmählich, so kehren doch alle Dinge wieder zu ihren Wurzeln zurück, zu ihrer ursprünglich eingewohnten Bedeutung, ihrem authentischen Lebensimpuls.

Thomas Mann hatte sich angesichts der in amerikanischen Zeitungen erstmals veröffentlichten Fotos aus Hitlers Konzentrationslagern bereits am 10. Mai 1945 in der *Frankfurter Presse* mit einem emotionalen Essay (*Die deutschen KZ)* direkt an seine Leser gewandt, „um dem deutschen Publikum wieder die Möglichkeit zu geben, einem freien Deutschen ohne Furcht vor der Gestapo zu lauschen". Thomas Mann zeigt sich erschüttert über die Bilder aus den Todesfabriken Hitlers:

Es tut wohl zu wissen, daß die überlebenden Insassen der deutschen Konzentrationslager, diese erbarmungswürdigen Reste von Massen unschuldiger Menschen, die an den Schandstätten, oft noch im letzten Augenblick, bevor der Retter kam, von der Hand vertierter Zöglinge des Nationalsozialismus einen gräßlichen Tod erlitten haben, und deren ausgemergelte Leichname und verkohlte Gebeine man gefunden hat nebst den ingeniösen Vorrichtungen, die zu ihrer Hinrichtung dienten, es tut wohl, sage ich, zu wissen, daß sie der Gewalt ihrer Quäler entrissen, den Gesetzen der Menschlichkeit zurückgegeben sind. Aber ganz andere Empfindungen noch mischen sich für den Deutschen in das Gefühl der Genugtuung. Der dickwandige Folterkeller, zu dem der Hitlerismus Deutschland gemacht hat, ist aufgebrochen, und offen liegt unsere Schmach vor den Augen der Welt, den fremden Kommissionen, denen diese unglaubwürdigen Bilder nun vorgeführt werden, und die zu Hause melden, dies übertreffe an Scheußlichkeit alles, was Menschen sich vorstellen können. Unsere Schmach, deutsche Leser. Denn alles Deutsche, alles, was deutsch spricht, deutsch schreibt, auf deutsch gelebt hat, ist von dieser entehrenden Bloßstellung mitbetroffen. Es war nicht eine kleine Zahl von Verbrechern, es waren Hunderttausende einer sogenannten Elite. Männer, Jungen und entmenschte Weiber, die unter dem Einfluß verrückter Lehren in kranker Lust diese Untaten begangen haben. Die Menschheit schaudert sich. Ja, vor Deutschland. Denn dieses hat das fürchterliche Beispiel gegeben, und auch der Deutsche, der sich beizeiten aus dem Bereich nationalsozialistischer Menschenführung davongemacht hat, der nicht, wie ihr, in der Nachbarschaft dieser Greuelstätten lebte, wie ihr in scheinbaren Ehren seinen Geschäften nachging und nichts zu wissen versuchte, obgleich der Wind ihm den Stank verbrannten Menschenfleisches von dorther in die Nase blies, auch ein solcher fühlt sich in tiefster Seele beschämt von dem, was im Land seiner Väter und Meister möglich geworden, freilich nur durch das Hitler-Regime möglich geworden war, erschüttert von einer menschlichen Gesunkenheit, die nur durch dies eine, die Nazi-Herrschaft, in einem von Hause aus guten, Recht und Gesittung liebenden Volk angerichtet werden konnte.

An das deutsche Volk gerichtet, schreibt Thomas Mann dann weiter:

Ihr konntet euch von dieser Herrschaft aus eigener Kraft nicht befreien; das war wohl nicht möglich. Die Befreier mußten von außen kommen, sie haben das zer-

brochene Land besetzt und müssen es auf Jahre hinaus noch verwalten. Die
Macht ist verspielt. Aber Macht ist nicht alles, sie ist nicht einmal die Hauptsa-
che, und deutsche Größe war nie eine Sache der Macht. Deutsch war es einmal
und möge es wieder sein, der Macht Achtung, Bewunderung abzugewinnen,
durch den menschlichen Beitrag zum freien Geist.

Die amerikanischen Militärs lassen Hollbach fallen

Hollbach hatte immer wieder Mittel und Wege gefunden, die Bevölkerung mit
den allernotwendigsten Lebensmitteln zu versorgen, Passierscheine zu beschaffen, um die eng gesetzten Grenzen der Bewegungsfreiheit zu erweitern. Es war
ihm schließlich gelungen, die Straßen passierbar zu machen, die Kliniken mit
Strom zu versorgen und die Reorganisation von Verwaltung und Polizei in die
Wege zu leiten. Für wohlfahrtsstaatliche Segnungen fehlten einstweilen noch
die entsprechenden Ressourcen. Hollbach hat sich nicht nur für das verantwortlich gefühlt, was er tat, sondern auch für das, was er, allein gelassen, alles
unterlassen mußte. Es war von heute aus betrachtet der zermürbende Leerlauf
eines Sisyphos. Wenn Criswell in einer erst im Entstehen begriffenen Demokratie ein ganzes Volk disziplinieren wollte, so ist dieses Ziel schon an einem
einzelnen Individuum wie Hollbach gescheitert. Dem Colonel ist es jedenfalls
nicht gelungen, Hollbachs Phantasie zu konfiszieren oder seinen unbürokratischen Elan auszubremsen.

Wer den Anfang der knirschenden Beziehung zwischen den beiden Antipo-
den Criswell und Hollbach und ihre asymmetrischen Rollen vom Ende her beleuchtet, dem offenbart sich ein Patt in der beider Eifer würdigenden Bilanz
unter der Devise „Der Feldherr und der Kärrner": Dem Kärrner Wilhelm
Hollbach ist wenig Spielraum und noch weniger Zeit geblieben, auch nur annähernd zu realisieren, was er für vordringlich hielt, um die Stadt wieder bewohnbar und lebenswert zu machen. Statt Hollbach für seinen beherzten Griff
nach dem Unmöglichen zu danken, ließ Feldherr Criswell getreu dem amerikanischen Prinzip *hire and fire* ohne jede Begründung den Bürgermeister seiner Wahl schon nach knapp vier Monaten wieder fallen. In einem Bericht der
Frankfurter Rundschau hieß es damals lapidar: „Trotz erheblicher Anfangser-
folge bei den verschiedenen Wiederaufbauarbeiten und Aufwand großer persönlicher Energie erachtete es die Militärregierung für notwendig, den amtierenden Bürgermeister durch einen auf verwaltungstechnischen Gebieten mehr
geschulten Mann zu ersetzen." Hollbach beherrschte nicht die Kunst, in den

Augen des Militärs Criswell ein guter Deutscher nach dessen Gusto zu sein, einer, der wie Hitlers braune Massen Gehorsam als oberste Pflicht akzeptiert.

Dem mit kolonialem Hochmut autokratisch agierenden Reserve-Colonel Criswell mögen Hollbachs gelegentliches *principiis obstat* und gewisse Formen der Selbstermächtigung mißfallen haben und auch, daß der Bürgermeister meinte, gegen eine allzu rücksichtslose Requirierung von privatem Wohnraum für die *happy few* des Offizierskorps oder gegen viel zu geringe Lebensmittelrationen für die Bevölkerung oder gegen eine allzu laxe Praxis der Entnazifizierung protestieren zu müssen. Sein nach dem Ende der Hitler-Diktatur wiedergewonnenes Recht, auch mal wieder Recht haben zu dürfen, fand er immer wieder kleinlich suspendiert; Hollbachs Naturell und sein unbeschädigtes Selbstbewußtsein widersprachen dem Untertanengeist. Ihrem unterschiedlichen Rollenverständnis entsprechend, sprach der eine die Sprache der Zwecke, der andere die des Herzens. Auch über den Begriff „Good governance" divergierten ihre Meinungen.

Hollbachs Refrain des Jammerns überdrüssig, hatte Criswell kurz vor seinem Aufstieg in ein höheres Kommando als Verbindungsmann zu den Briten in Düsseldorf seinem Nachfolger Colonel R. K. Phelbs anheimgestellt, den Bürgermeister zu feuern. Am 5. Juli 1945 hob der neue Colonel Hollbachs bisherigen Stellvertreter Kurt Blaum auf den Schild. Die Meriten Hollbachs sind wohl auch wegen der Kürze seines Wirkens in der bisherigen Geschichtsschreibung nicht zur verdienten Geltung gekommen. Für die Amerikaner hatte der Mohr nach vier Monaten seine Schuldigkeit getan und konnte gehen. Als *yesterday man* schien er ihnen nicht mehr nützlich. Das Kapitel Hollbach endet wie Hegels Buch der Weltgeschichte, in dem die Seiten des Glücks leer geblieben sind.

Kein Geringerer als Benno Reifenberg wird Wilhelm Hollbach später „den Ursinn des Journalisten" bescheinigen, gewußt zu haben, „was die rasche, exakte Nachricht für diesen Beruf bedeutet". Als ein dem skeptischen Blick verpflichteter Kritiker redete Hollbach Klartext auch mit Bürgern, die in den zwölf Jahren Diktatur mit objektiven Nachrichten nicht gerade verwöhnt worden waren. Wie zuvor als Journalist hatte er sich auch als Bürgermeister an den analytischen Verstand und zugleich an das Herz seiner Adressaten gewandt. Nach seinen Erfahrungen in diesem Amt hat Hollbach die Demarkationslinie zwischen journalistischer Moral und politischer Macht wohl neu vermessen müssen, wenn er wieder als Journalist tätig sein wollte.

Jahre später, in einem Brief des Direktors des Freien Deutschen Hochstifts an den Magistrat, wurde gemutmaßt, ein KPD-Mitglied habe Hollbach bei der US-Militärregierung denunziert. In den Akten der Stadtverwaltung findet sich unter dem Datum vom 6. Dezember 1951 der skurrile Vermerk: „Herr Hollbach ist in die Irrenanstalt Herborn eingeliefert worden". Erst nach diversen anderen Klinikaufenthalten soll sich sein Gesundheitszustand wieder stabilisiert haben. Rückschauend tappen wir bezüglich Hollbachs letzter Lebensphase auf dem Boulevard zwischen Wahrheit und wildwuchernden Gerüchten durch das Zwielicht aus Vermutung und Dokument. Wahrheit ist nach Nietzsche ohnehin meist nur ein „bewegliches Heer von Metaphern" aus Fakten und Fiktionen, die zu dechiffrieren nur selten gelingt.

Hollbachs Wirken vor 1945

Wilhelm Hollbach war kein gebürtiger Frankfurter, aber seit 1931 ein Frankfurter aus Leidenschaft. Er kam am 20. Dezember 1893 in Aachen zur Welt, sein Vater hatte seinen Lebensunterhalt als Gärtner verdient. Der ausgebildete Journalist, der im Ersten Weltkrieg, 1917, verwundet worden war, trat nach seiner Dekrutierung in seiner Vaterstadt Aachen der liberalen Demokratischen Partei bei und gründete später in Mannheim den Landesverband der Demokratischen Jugend. Aktiver Sympathisant des linken Spektrums der Parteienlandschaft, wird er 2. Vorsitzender des pro-republikanischen Reichsbanners Schwarz-Rot-Gold im Lande Dresden, der 1933 verboten wurde. Später wurde er Chefredakteur des *Kölner Tagblatts*. In der Domstadt war er als Stadtverordneter für kurze Zeit auch politisch aktiv.

Seine kulturelle Prägung hatte Wilhelm Hollbach als junger Journalist erfahren; nacheinander als Volontär bei der *Aachener Post* und bei der *Weimarschen Zeitung* und ab 1919 als politischer Redakteur bei der linksdemokratischen *Neuen Badischen Landeszeitung*. Nach seinen Jahren am Rhein als Chefredakteur des *Kölner Tagblatts* wechselte er 1931 an den Main und avancierte hier zum Leiter des Nachrichtendienstes der *Frankfurter Zeitung*. Noch im selben Jahr wurde Hollbach die Chefredaktion des Lokalteils der *Frankfurter Zeitung* anvertraut, für die er bis zu deren Verbot im Jahre 1943 tätig war. Daneben mutete sich der ehrgeizige Hollbach auch noch die Chefredaktion des *Illustrierten Blattes* zu. Für dieses Blatt initiierte er unter anderem die populäre Serie „Europäische Fürstenhöfe – damals". Hollbach war mit der Zeitung gewachsen wie diese mit ihm. Die *Neueste Zeitung* widmet Hollbach im Dezember 1940 zum Geburtstag einen ironischen Kollegengruß:

Wilhelm Hollbach ist wie jeder gute Journalist auch ein glänzender Dialektiker. Diese geistig-rhetorische Fähigkeit hat er aus einer hervorragenden Anlage durch Schulung zur Meisterschaft entwickelt. In wenigen Augenblicken kann aus Schwarz Weiß werden. Steht man vor seinem Tisch und glaubt zu Beginn des Re-

deduells noch im Recht zu sein, so geht man am Ende der Schlacht nach einem meist einseitigen Geschützfeuer leichter und schwerer Batterien mit der Überzeugung aus seinem Zimmer, daß man doch unrecht hatte.

Weil Hollbach im sogenannten Dritten Reich seine politische Einstellung nicht unverblümt ins Blatt rücken konnte, verzichtete er lieber darauf, eigene Beiträge zu publizieren. Nach der Fusion des *Frankfurter Generalanzeigers* mit den *Neuesten Nachrichten* zum *Frankfurter Anzeiger* im Jahre 1943 wurde er dessen stellvertretender Schriftleiter. Bei Einmarsch der U.S. Army in Frankfurt 1945 galt Hollbach, mittlerweile kommissarischer Geschäftsführer der Societäts-Druckerei und des Verlages *Frankfurter Zeitung*, als ein Mann ohne politische Eigenschaften. ³ Nach seiner Demission als Frankfurter Bürgermeister gründete Hollbach den Drei-Kreise-Verlag, dessen letztes Stündlein, bedingt durch die Währungsreform, allerdings schon 1948 schlug, obwohl es Hollbach bei seinen guten Kontakten zu den Edelfedern der schreibenden Zunft gelungen war, Schwergewichte der intellektuellen Arena vom Range eines Benno Reifenberg, Dolf Sternberger, Walter Dirks oder Erich Pfeiffer-Belli als Autoren zu verpflichten.

Kein Ehrengrab für Wilhelm Hollbach

Am 11. Dezember 1962 beendet ein Krebsleiden das Leben Wilhelm Hollbachs in Frankfurt am Main, kurz vor dem Aus auch des *Illustrierten Blattes*, seines geistigen Kindes. In seiner Grabrede lobt der katholische Pfarrer den Verstorbenen als „einen lebenslangen Ringer um den Glauben, einen Christen auf dem Weg". Und für den Magistrat dankt auf dem Hauptfriedhof Wilhelm Fay dem ersten Frankfurter Bürgermeister nach dem Kriege lapidar „für den Mut in den Tagen nach dem Einmarsch der Amerikaner, als es galt, in der zerstörten Stadt das Leben wieder in Gang zu setzen. Die Bürger sollten mit Ehrfurcht jenes Mannes gedenken, dem damals keine Mühe zuviel war". Um es mit Hölderlin poetisch zu sagen: So viel Anfang war nie wie mit Wilhelm Hollbach, der in Frankfurt das zivilisatorische Minimum in der Stadtgesellschaft sicherstellen und das individuelle Leben wieder ermöglichen wollte.

Der Name Wilhelm Hollbach ist aus den Annalen der Stadt zu Unrecht verdrängt worden. Aber wie er werden manche auch posthum geboren, wenn vielleicht auch nur in einer Kulturchronik wie dieser, die den ersten Bürgermeister Frankfurts nach 1945 dem endgültigen Vergessen entreißen helfen möchte.

Dr. Kurt Blaum

Oberbürgermeister vom 4. Juli 1945 bis 20. August 1946

Am 4. Juli tauscht der amerikanische Militärgouverneur, Criswells Nachfolger Colonel R.K. Phelbs, den ersten Nachkriegsbürgermeister Hollbach gegen den 61jährigen Verwaltungsjuristen Kurt Blaum aus und ernennt ihn umstandslos gleich zum Frankfurter Oberbürgermeister. Als OB von Hanau von 1921 bis 1933 hatte Blaum den Job von der Pike auf gelernt, empfohlen hatte ihn aber wohl auch sein jovial-gewitzter Umgang mit den Amerikanern als Hollbachs Stellvertreter in den zurückliegenden Monaten.

Kurt Blaum genoß bei den Amerikanern ein derart hohes Ansehen, daß man ihm sogar angeboten hatte, der ehemaligen Freien Reichsstadt Frankfurt in Analogie zur Hansestadt Bremen einen vergleichbar autarken Status zuzubilligen. Weil Blaum aber vom Staatsganzen her dachte, wollte er dieser preußischen Sicht auch sein politisches Apriori geben. Blaum war Anhänger jener vorneuzeitlichen Staatslehre, die an Hegels „Wirklichkeit der sittlichen Idee" anknüpft, wonach der Staat als höherrangig als die Gesellschaft gewichtet wird, weil er allein das Gemeinwohl hütet und garantiert. Da aber das Verhältnis von Staat und Zivilgesellschaft enorm spannungsgeladen ist, bedarf es eines komplizierten Aktes des Ausgleichs. Bismarck-Verehrer Blaum wird also versuchen, mit einer „Kommunalpolitik der freien Hand" diesen Ausgleich zu schaffen.

Den Prozeß des Epochenwechsels zu beschleunigen war für Kurt Blaum das ethische Grundmotiv für seine Bereitschaft, den Elan seines Vorgängers Hollbach zu prolongieren und seinem Aufbruch auf der mühseligen Strecke bis hin zur ersten demokratischen Kommunalwahl im Mai 1946 Flügel zu verleihen. Die Wiederauferstehung der Stadt Frankfurt hat den 61jährigen 16 Stunden täglich umgetrieben. Schon als Wilhelm Hollbachs Stellvertreter hatte Blaum beherzt in die Speichen des Räderwerks einer provisorischen Aufbaumaschinerie gegriffen, um neues Leben aus den Ruinen zu gewinnen. Man hat sich Sisyphos Blaum als glücklichen Menschen vorzustellen.

Die Zeit seines Wirkens als Frankfurter Oberbürgermeister wird er später bescheiden als „Reparaturperiode" bezeichnen.

Blaums Erfolgsjahre als Oberbürgermeister von Hanau

In den Jahren 1921 bis 1933 hatte Kurt Blaum als Oberbürgermeister von Hanau mit dem konsequenten Ausbau des Mainhafens und mit modernen Wohnungsbauten sich schon einen Namen gemacht, als ihn die Nationalsozialisten 1933 seines Amtes enthoben. Kurt Blaum zitiert in seinem 1933 geschriebenen Lebenslauf authentische Auskünfte über seine Verdienste um die Stadt Hanau, die 1929 in einem Buch des Deutschen Kommunal-Verlages akribisch aufgelistet worden waren. Die Fülle des Erreichten wird hier stark gekürzt wiedergegeben als Versuch der Annäherung an seine tatkräftige Persönlichkeit:

Blaum hat eine auf strenge Vereinfachung und Ersparnis an Verwaltungskosten eingestellte Neuorganisation der Verwaltung [...] sowie des Buchhaltungs- und Kassenwesens durchgeführt [...]; es wurde ein Industrie- und Handelshafen angelegt; [...] das vorhandene Gaswerk wurde modernisiert und durch Einrichtung einer Ferngasversorgung bis auf 35 km Entfernung ausgebaut; die Wasserversorgung der Stadt

Kurt Blaum

wurde in ihrer Leistungsfähigkeit und Qualität erheblich verbessert; die Elektrizitätswirtschaft wurde vollkommen neu geordnet [...]. Zahlreiche Industrien der verschiedensten Art wurden neu angesiedelt [...]; das Straßenbahnwesen wurde durch Einrichtung von Kraftverkehrslinien nach dem gesamten Umland [...] ausgebaut; die Stadtsparkasse wurde zum stärksten [...] Institut entwickelt; eine Reihe von Siedlungen an verschiedenen Teilen des Stadtgebietes [...] wurde geschaffen; das Kleingartenwesen wurde gefördert, [...] die Wohlfahrtspflege durch das Straßburger System [...] intensiviert; ein städtisches Gesundheitsamt [...] wurde eingerichtet; die Jugendfürsorge ist [...] ausgestaltet worden; [...] zahlreiche Kleinwohnungen [...] und eine Stadtbibliothek wurden eingerichtet; [...] das Verkehrsstraßennetz vollkommen neu gestaltet; [...] den Abschluss des Wiederaufbaus der Stadt Hanau bildete 1928 die Schaffung der Stadthalle [...].

Was zu beweisen war: Aus vielen kleinen und größeren Partikeln kann ein Mosaik entstehen, das eine leibhaftige Biographie spiegelt. Der Hanauer Praxis-Test Blaumscher Visionen sollte ihn für das Amt des Oberbürgermeisters von Frankfurt prädestinieren. Visionen, das wissen wir von Ernst Bloch, brauchen aber Fahrpläne. Solche Fahrpläne hat Blaum später auch für Frankfurt als Imperative der Zuversicht aufgestellt.

Blaum war nach Hollbach der zweite noch von der US-Militärregierung eingesetzte Bürgermeister. Vereidigt wurde er auf das Sternenbanner der Vereinigten Staaten, ein Hoheitsakt unter fremden Sternen.

Blaums Wirken vor 1945

Kurt Blaum hat die Epoche der Weltkriege und der Ideologien mit ihrem tiefgreifenden Wandel der Gesellschaft durchlebt. Am 10. April 1884 in Straßburg als Sohn eines Gymnasialprofessors geboren, studierte Kurt Blaum an den Universitäten Straßburg und Kiel Rechtswissenschaften und Nationalökonomie. In seiner Doktorarbeit untersuchte er die Hintergründe des Geldwesens der Schweiz, ein Thema, das offensichtlich schon damals, Anfang des letzten Jahrhunderts, die Gemüter beschäftigte. Seit 1912 Assessor, beginnt er seine Karriere als Verwaltungsdirektor des „städtischen Armenwesens" der Stadt Straßburg. Nach Absolvierung einer freiwilligen einjährigen Militärzeit kehrt er 1908 als frischgebackener Reserveleutnant in die zivile Verwaltung zurück. Mit Beginn des Ersten Weltkriegs dient er als Hauptmann der Reserve vorzüglich beim Deutschen Alpencorps in den Dolomiten. Schon bald schmückt seine Gebirgsjäger-uniform das Eiserne Kreuz Erster Klasse. Nach dem Krieg nimmt das Württembergische Ministerium des Innern Blaums Fähigkeiten unter dem Amtstitel „Vortragender Rat" in Anspruch. Mit seiner zutiefst moralischen Aufmerksamkeit entwirft er wie ein gesetzgebender Moses das Jugendamtsgesetz seines Landes, quasi ein Vorläufer des Reichsjugendwohlfahrtsgesetzes. Später hat er als Mitwirkender an der Gesetzgebung die universellen Werte des 1949 verabschiedeten Grundgesetzes zur Maxime seines politischen Handelns erhoben, also die irreversible Anerkennung der Menschenwürde als oberstes Verfassungsprinzip.

1921 war dem 37jährigen Blaum der Sprung auf die Führungsebene der Politik gelungen, als er zum Oberbürgermeister der hessischen Stadt Hanau gewählt wurde, einstimmig übrigens sowohl von den Deutschnationalen als auch von den Sozialdemokraten. Blaum hielt sich damals noch stolz zugute, parteilos zu sein. Er hatte die Verantwortung für eine Stadt übernommen, die wegen

ihrer damaligen „Unregierbarkeit" über Nacht ihres Oberbürgermeisters verlustig gegangen war. Die Stadt beherbergte eine bis „zu einem Drittel radikal-
kommunistische" Bevölkerung „und lag durch finanzielle Mißwirtschaft tief
danieder" (Blaum), so daß der preußische Staatsminister die Stadtverordnetenversammlung sogar auflösen mußte. Also bestand für Blaum die Herkulesauf-
gabe zunächst einmal darin, die demokratische Regierbarkeit wiederherzustellen. Couragiert nahm Blaum den Kampf gegen die kommunistische Kamarilla
auf – ein Attentat auf ihn, den Oberbürgermeister, war dann die Folge solch
klarer Haltung.

Als Meister des geschliffenen Wortes veröffentlichte Blaum nicht nur in diversen Zeitungen, sondern auch in der Zeitschrift *Wille und Wege* Essays und
Leitartikel; sein Fachbuch *Die Jugendwohlfahrt* (1921), ein vieldiskutierter
Kommentar zum Reichsjugendwohlfahrtsgesetz, erregte nicht nur die Aufmerksamkeit der Wohlfahrtsorganisationen. Eine besondere Affinität hegte
Blaum zum Sparkassen- und kommunalen Kreditwesen, seine Kenntnisse auf
diesem Gebiet qualifizierten ihn bald zum Vorsitzenden des Hessen-Nas-
sauischen Sparkassenverbandes und zum Verwaltungsratsmitglied der Deutschen Girozentrale. Dabei stellte Blaum seine Fachkenntnisse und seine Arbeitskraft ganz in den Dienst höherer sozialer Zwecke. Er gehörte nicht zu
jenen Beamten, die die Bedeutung ihrer Aufgabe mit ihrer eigenen Bedeutung
verwechseln, sein Wirken ist hier als individueller Ausdruck lebendiger Humanität zu würdigen. Das Magazin *das rathaus* gibt in Nummer 6/1985 nachle-
senswerte Textproben aus Blaums Feder aus dem Jahre 1929, wobei jedes nur
erdenkliche Politikfeld auf den Prüfstand kommt. Im folgenden zwei Beispiele
dafür, daß Blaum nicht alles unter den Primat der Ökonomie stellt. Über die
kommunale Kulturpolitik schreibt er:

*Es steht auch in den Aufgaben einer Stadt die Pflicht geschrieben, der seelischen
Entwicklung ihrer Bevölkerung Wege zu bahnen, Linien zu ziehen, Richtung zu
geben. Wie eine Stadt ihre Vergangenheit pflegt [...], wie sie Bauten und Anlagen
in die Natur ihrer Landschaft hineinkomponiert, welche Ziele sie ihrem Kon-
zert- und Theaterleben stellt [...], das gibt ihrer Bevölkerung den Wesenszug
ihres Charakters neben stimmlicher und geschichtlicher Entwicklung.*

Und zur kommunalen Sozialpolitik heißt es:

*Die älteste Aufgabe der Gemeinden ist die gegenseitige Hilfe [...] Es wird immer
als Aufgabe kommunaler Sozialpolitik verbleiben, die Sorge für alle die Men-*

schen und für alle die Bedürfnisse, die bei der entscheidenden Bedingtheit menschlicher Verhältnisse durch die körperlichen, geistigen und moralischen Zustande nicht restlos im Wege großer Gesetzgebungen und Institutionen erfaßt werden können.

Sozial, das war für Kurt Blaum weniger ein juristischer Begriff als ein normativer politischer Orientierungswert. Blaum wollte „für die Erhaltung der seelischen Spannkraft kulturelle (und soziale) Einrichtungen, einfach und schlicht, wieder verwendbar" machen.

Obwohl Kurt Blaum nach den Märzwahlen 1933 von den neuen Machthabern als „nicht tragbar" aus dem Amt des Hanauer Oberbürgermeisters entfernt worden war, hat er später, vom Oktober 1941 bis September 1942, als Reservehauptmann dem „Rüstungskommando Frankfurt" gedient. Schließlich hat er in den Kriegsjahren 1942 bis 1944 sogar als dienstverpflichteter Betriebsführer ein Entwicklungswerk für Flugzeugmotoren von Klöckner, Humboldt und Deutz, die Motorenfabrik Oberursel AG, ehrgeizig

Blaum spricht vor dem Eingang der Paulskirche zu den Teilnehmern des „Tages der Jungen Generation" am 19. Mai 1946

und straff geleitet, das an der Verlängerung des Krieges nicht unwesentlich beteiligt war. Als Nachfolger des tödlich verunglückten Reichsministers Fritz Todt hatte Albert Speer 1942 die Rüstungsindustrie zur totalen Kriegswirtschaft umgerüstet. Die seitdem trotz zerbombter Fabriken und Zechen im Ruhrgebiet „ingeniös" verdoppelte Industrieproduktion hätte nicht ohne die skrupellos ausgebeutete Arbeitskraft von Tausenden KZ-Häftlingen und Kriegsgefangenen gelingen können. Der Vorwurf einer – wenn auch zwangsweisen – Kollaboration mag auch dazu beigetragen haben, daß für die im Juli 1946 anstehende Oberbürgermeisterwahl statt Kurt Blaum der Düsseldorfer Walter Kolb zum Kandidaten nominiert wurde.

Blaums beeindruckende Aufbauleistung

In seiner vom Frankfurter Radiosender übertragenen Antrittsrede vertraute Blaum allgemeinen Appellen offensichtlich mehr als handfesten Ankündigungen: „Als langjähriger kommunaler Verwaltungsmann und alter Demokrat in Südwestdeutschland trete ich mein Amt an. Wir stehen vor der schweren Aufgabe des Wiederaufbaus der alten Freien Reichsstadt. Es gilt, die Hoffnungen und Erwartungen auf das Erreichbare zu beschränken. Laßt uns auf dem Boden von Gerechtigkeit und Freiheit zusammenstehen." In drastischer Notlage erzeugte das Abspulen solcher Floskeln beim Radiohörer aber zunächst eher Enttäuschung über den neuen Ersten Mann, der bis dahin unter Bürgermeister Hollbach die zweite Geige gespielt hatte.

In Reaktion auf diesen Unmut wird Kurt Blaum in der *Frankfurter Presse* vom 26. Juli 1945 dann schon wesentlich konkreter:

So bleibt, sagt man mir vorwurfsvoll, also zunächst der traurige Zustand weiter bestehen! Ja, – man muß die harten Tatsachen nüchtern erkennen! – es ist leider festzustellen, daß, außer einiger privater Selbsthilfe mit Material, das der eine oder andere Hauseigentümer oder Mieter in kleineren Mengen zufällig irgendwo beschaffen konnte, eine größere Aktion nicht starten kann. Es bleibt jedermann überlassen, durch die Bauunternehmerfirma, den Bauhandwerker, den Architekten usw., mit dem er zu arbeiten gewohnt ist, an das Stadtbauamt z. Hdn. der Wiederaufbaustelle – in der Glauburgschule – den Antrag zu richten, ihm die Wiederinstandsetzung seines Hauses oder seiner Wohnung zu gestatten.

Er muß gleichzeitig nachweisen, daß ihm das für die Bauarbeiten erforderliche Geld restlos zur Verfügung steht, und muß dies durch Sperrung von Guthaben oder durch Kreditzusage eines Geldinstituts belegen. Schließlich muß er natürlich auch den vorgeschriebenen Antrag bei der Baupolizei der Stadt Frankfurt am Main einreichen.

Es kann jeder Hausbesitzer oder ein etwa hierzu berechtigter Mieter denjenigen Architekten, Bauunternehmer oder Bauhandwerker hiermit betrauen, der sein Vertrauen genießt. Es findet keinerlei Zwang zur Inanspruchnahme etwa bestimmter Firmen usw. für bestimmte Stadtbezirke oder ähnliches statt. Es soll der freien Initiative breitester Spielraum gewährt werden. Daher habe ich angeordnet, daß an erster Stelle bei dieser ‚Notstandsaktion 1945 für beschädigte Wohnungen' große Doppelhäuser mit Zwei- und Drei-Zimmerwohnungen erstellt werden. Sie ergeben nicht nur die größte Zahl von Räumen für die Unter-

bringung unserer eng zusammengedrängten Mitbürger, sondern auch die höchste Zahl an abgeschlossenen Wohnungen.

Verschärft wurde die Wohnraumnot noch dadurch, daß nach Kriegsende 70.000 Menschen zusätzlich als Wohnungssuchende ins besetzte Frankfurt eingeströmt waren: Flüchtlinge, Heimkehrer, entlassene Landser. Im Oktober 1945 wohnten 319.000 angemeldete Bürger in der Stadt. Wie schwierig es damals war, Häuser wieder bewohnbar zu machen, ist heute kaum mehr vorstellbar. So ist nachzuvollziehen, wie sehr die Frankfurter sich darüber erbosten, daß die Amerikaner riesige, das IG-Farben-Hochhaus umgebende Areale kur-

Einweihung des Opferdenkmals am 18. April 1946

zerhand zum Sperrbezirk erklärten und auch noch die gesamte Römerstadt für ihre Wohnbedürfnisse requirierten.

Das einzig verfügbare Material für den physischen Wiederaufbau der Stadt Frankfurt fand Kurt Blaum einstweilen in den Trümmern dieses „größten Steinbruchs" aller Zeiten. Am 18. Oktober 1945 ruft er die Trümmerverwertungsgesellschaft (TVG) ins Leben, um aus den Ruinenschuttmassen Aufbausteine zu gewinnen und mit deren Hilfe gebautes neues Leben erblühen zu lassen. Bis zum Sommer 1946 konnten 5.200 Gebäude mit 32.000 Wohnungen menschenwürdig wiederhergestellt oder sogar neu gebaut werden. Viele tausend Menschen hatten endlich wieder ein Dach über ihren vier Wänden.

Auch bei der Wiederherstellung der Infrastruktur hatte Kurt Blaum beachtliche Erfolge vorzuweisen. Im Sommer 1946 waren bereits 108 Kilometer Verkehrswege vom Trümmerschutt freigeschaufelt worden. Die am 15. April 1946 erstmals erscheinende *Frankfurter Neue Presse* bilanziert in ihrer ersten Ausgabe folgende weitere eindrucksvolle Aufbauleistungen: 80 Prozent der Straßenbahnstrecken konnten wieder in Gang gesetzt werden, täglich werden 290.000 Fahrgäste befördert. Frankfurts Elektrizitätswerke erzeugen drei Mil-

Trümmerbeseitigung in der Waldschmidtstraße 1946

lionen Kilowatt Strom und 115 Eisenbahnzüge fahren von Frankfurt in alle Himmelsrichtungen. 1938 waren es 900 gewesen.

In Frankfurt fahren 6.000 Motorfahrzeuge. Blaums Vision einer U-Bahn für Frankfurt, damals noch „Unterpflasterbahn" genannt, sollte sich dagegen erst Jahrzehnte später verwirklichen lassen.

Wohl weniger aus Schikane als vielmehr zum Zweck der Kontrolle wurde Blaum von der Besatzungsmacht gezwungen, in den 14 Monaten seiner Amtszeit insgesamt 38 penible Zwischenberichte über seine Maßnahmen, Erfolge wie Mißerfolge, vorzulegen. Diese im *Archiv für Frankfurts Geschichte und Kunst* dokumentierten Blaum-Texte gewähren teils erschütternde Einblicke sowohl in die deprimierenden Lebensumstände als auch in die Tristesse, die sich der Menschen der Stadt bemächtigt hatte. Blaums Bericht Nr. 1 vom 20. August 1945 beginnt mit dem Satz: „Die Bevölkerung befindet sich in stärkerer Bedrückung durch die beginnende Hungersnot infolge der geringen Ernährung, den lang dauernden Mangel an Kleidern und die immer engere Belegung der Wohnungen durch Zuwanderung und die Räumung von Wohnungen für die Besatzung."

Wer nicht in der Lage war, auf den sogenannten Hamsterfahrten über den Umweg des asymmetrischen Tauschgeschäftes Lebensmittel vom Bauernhof zu beschaffen, war auf die mageren Wochenrationen angewiesen, die auch im April 1946 das Existenzminimum noch weit unterschritten: 100 Gramm Margarine, 600 Gramm Nährmittel, 62,5 Gramm Käse, 62,5 Gramm Butter, 200 Gramm Fleisch, 1.600 Gramm Brot, 200 Gramm Kaffee-Ersatz, 250 Gramm Hülsenfrüchte. Im Sommer 1946 linderten die Care-Pakete aus Amerika die Hungersnöte; im Mai hatten schon schweizerische Wohlfahrtsorganisationen mit Schulspeisungen dafür gesorgt, daß die Schüler nicht mehr mit knurrenden Mägen lernen mußten. Anfang September beginnt dann mit tatkräftiger Unterstützung der US-Militärregierung in Frankfurt die Massenspeisung mit täglich 75.000 Rationen, die im damaligen Chaos zu organisieren eine enorme humanitäre Leistung war.

Ein streitbarer Oberbürgermeister

Kurt Blaum hatte sein Büro in der Villa Bonn in der Siesmayerstraße, die übrigen Verwaltungsstellen waren weit über die Stadt verstreut. Als erstes hatte der neue Besen Blaum acht Referentenstellen ausgekehrt, anders als Vorgänger Hollbach wollte er lieber mit den Stadträten direkt verhandeln. Aufgrund seiner stark begrenzten Befugnisse durfte er aber vieles nicht ohne den Colonel absegnen, was den Wiederaufbau hätte beschleunigen können.

Wie schon Hollbach ging auch Blaum keinem Streit mit der Militärkommandantur aus dem Weg, wenn dies im Interesse der Stadt unvermeidlich war. Anders als sein Vorgänger verstand es Blaum aber, den Kommandojargon der Militärs in gleichmütig-gemäßigtem Ton zu parieren. Wie streitbar der von Natur aus eigentlich harmoniesüchtige Kurt Blaum sein konnte, zeigen seine irrationalen Breitseiten gegen die seit 1. August 1945 erscheinende *Frankfurter Rundschau,* die erste deutsche Tageszeitung nach dem Kriege in der amerikanischen Zone. Am 4. März 1946 machte Blaum seinem aufgestauten Frust Luft und qualifizierte das Blatt ungeniert apodiktisch als „kommunistisches Hetzblatt, das in geschickter Tarnung durch einzelne Aufsätze […] seine Leser in eine falsche Meinung über die eigentlich zerstörerischen Absichten der Schriftleitung" zu setzen versuche. Das Maß des Erträglichen hatte eine „diversante" *Frankfurter Rundschau* nach Einschätzung von Kurt Blaum überschritten, als sie ihm „mangelndes Durchsetzungsvermögen" attestierte. Auch den Vorwurf einer „willkürlichen Entnazifizierung" fand er ungerecht, weil es doch die Amerikaner gewesen seien, die hier eine gewisse Laxheit an den Tag gelegt hätten. Blaum konnte zu seiner „Entlastung" einige Monate später immerhin auf die Tatsache verweisen, daß US-General Joseph T. McNarney am 24. Dezember 1946 800.000 Deutsche unterer Gehaltsgruppen als Mitläufer amnestiert hatte.

Wer von Kurt Blaum Auskünfte über „Deutschland und die Deutschen" hören wollte, hatte dazu schon am 17. Oktober 1945 Gelegenheit. In seinem Vortrag im Neuen Bund für Volksbildung sprach Blaum viel über die Verschiebung der Wertepräferenzen nach der Befreiung vom diktatorischen NS-Regime und reflektierte kritisch über das permissive Verhalten der „Volksgenossen", mit dem Verlust ihrer elementaren Freiheit auch die Selbstachtung und die individuelle Würde preisgegeben zu haben.

Auch in seiner Weihnachtsansprache 1945 unterstrich er die Notwendigkeit auch eines moralischen Wiederaufbaus und des Bekenntnisses zur Demokratie:

Für ein bequemes und ruhiges Dasein wird in dem Deutschland der nächsten Jahrzehnte kein Platz sein. Entscheidend wird die Neugestaltung unseres Lebens von dem Geist abhängen, von dem sie getragen wird. Wir wollen das Wertvolle und Gute aus der Geschichte unseres Volkes, insbesondere unserer Städte, weiter ausbauen, das Fehlerhafte und Schädliche aus unserem Volksleben entfernen. Unser Staatsleben müssen wir in ehrlicher deutscher Demokratie, das unserer Städte auf bewährter deutscher Selbstverwaltung aufbauen. Wir wollen dankbar

Fährbetrieb auf dem Main 1946

die Gaben, die auch dem deutschen Volke in reichem Maß von Gott geschenkt sind, nützen und werten, dann wird unsere Arbeit gesegnet sein und auch die innere Freude geben, die wir in den vergangenen Jahrzehnten so oft schmerzlich entbehren mußten!

Blaum wollte mit seinem säkularen Hirtenbrief der Zukunftsangst der Menschen Tröstliches entgegensetzen und so verhindern, daß die Frankfurter beim Blick ins Ehedem und ins „Noch nie" angesichts der Nöte in Lethargie versinken und den Aufbruch in eine bessere Zukunft versäumen.

Die Frankfurter Polizei verdient ihren Namen noch nicht

Die Frankfurter Ordnungshüter sind 1945 eine rudimentäre Truppe buchstäblich ohne Schlagkraft. Junge Männer sind ein knappes Gut, und die wenigen, die in eine Polizeiuniform schlüpfen möchten, klagen über die mickrige Besoldung: 138 Mark monatlich während der Probezeit.

Bereits kurz nach ihrem Einmarsch hatten die Amerikaner aus der ehemaligen Schutzpolizei eine Ordnungspolizei gebildet. Sie war zunächst unbewaffnet gewesen und hatte ihren Dienst in ziviler Kleidung mit weißer Armbinde versehen. Im Mai 1945 hatte dann der von Colonel Criswell und Bürgermeister Hollbach zum Polizeipräsidenten ernannte Ferdinand Mührdel mit Genehmigung der Militärregierung die blaue Uniform und die Bewaffnung mit einem Gummiknüppel eingeführt, im Oktober erhielt dann jedes Revier und Kriminalkommissariat einen Colt mit drei Schuß Munition. Ende 1945 betrug die Stärke der Ordnungspolizei 1.451 Beamte.

So verfügte über viele Monate jedes der 24 Reviere über nur eine einzige Waffe im Spind, zu einer Zeit, wo durch Arbeitslosigkeit und vagabundierende *displaced persons* die Kriminalität nur so wucherte: Im ersten Nachkriegsjahr wurden in Frankfurt 68 Morde, 1.287 Raubüberfälle und 24.000 Diebstähle aktenkundig. Die Kriminalität hatte ihr Zentrum rund um den Hauptbahnhof, der zum Heerlager der Heimatlosen und Entwurzelten geworden war. Razzien waren an der Tagesordnung. Der Hauptbahnhof war die filmreife Kulisse des wilden Jahres 1945/46. Die unterbesetzte Polizei war machtlos. Das Bahnhofsviertel drohte in einem Morast von *crime and blackmarket* zu versinken. Die Währungseinheit bildeten damals Camel und Lucky Strike.

Kaum zu begreifen, daß erst nach der Währungsreform, also nach dem 20. Juni 1948, die erste Notrufzentrale in Frankfurt installiert werden konnte.

Frankfurt ohne Kultur ist ein Selbstwiderspruch

Um auch dem kulturellen Leben wieder auf die Beine zu helfen, gibt Kurt Blaum dem 1905 geborenen Theaterkritiker Eberhard Beckmann ab September 1945 Gelegenheit, sein Know-how in der Position einer Art Kulturstadtrat unter anderem beim Wiederaufbau der Städtischen Bühnen und des Konzertwesens einzubringen. Beckmann ist quasi Frankfurts erster Manager eines Kulturamtes, dessen Aufbau er mit seinem Erfahrungsschatz als Germanist, Kunsthistoriker und Journalist organisiert. Beckmann, der sich mit den Kunstidealen einer gelenkten Kultur im Dritten Reich nicht arrangieren mochte, war Anhänger des Humboldtschen Prinzips der Einheit von Wissenschaft und Kultur, Lehre und Forschung.

1946 ernennt die amerikanische Besatzungsmacht Beckmann zum Leiter von „Radio Frankfurt", in dessen großem Sendesaal eine Weile Theater gespielt werden durfte, bis die IHK ihren ehemaligen großen Börsensaal den Städtischen Bühnen überließ, auch für Opernaufführungen. Noch als „Kulturstadtrat" hatte Eberhard Beckmann den Handwerkersaal in der Braubachstraße für die Bühnen requirieren können. Am 28. Januar 1949 wird der amerikanische General Lucius D. Clay höchstselbst Beckmann die Ernennungsurkunde zum Rundfunkintendanten des neu gegründeten Hessischen Rundfunks und die entsprechende Sendelizenz in die Hand drücken. Beckmann wird später viele Jahre die ARD-Fernsehkommission leiten. Die Büste Beckmanns in den Säulenhallen des Hessischen Rundfunks schuf kein Geringerer als Hans Mettel.

Im Mai 1946 tritt als Leiter der vereinigten Bibliotheken der bald berühmt gewordene Hanns Wilhelm Eppelsheimer als Buchverweser auf den Plan. Von den 650.000 Bänden der öffentlichen Bibliotheken waren 400.000 gerettet worden, darunter die 130.000 Bände in den Regalen der Rothschildschen Bibliothek sowie das Schopenhauer-Archiv, die Manskopfsche Theatersammlung und andere wichtige Francofurtensien: „In dieser Armut welche Fülle"! Die Volksbüchereien in Sachsenhausen, Schwanheim und Höchst nehmen in provisorischen Domizilen ihre Ausleihe wieder auf, jetzt ohne NS-kontaminiertes Lesefutter. Noch 1946 initiiert Eppelsheimer die Gründung der Deutschen Bibliothek in Frankfurt am Main, deren erster Direktor er von 1947 bis 1959 sein wird.

Am 25. März 1946 wird die Amerikanische Bücherei von US-General McClure und Kurt Blaum in der Taunusanlage Nr. 11/Ecke Mainzer Landstraße wiedereröffnet. Die kleine Bibliothek, die zuvor an der Frankfurter Börse beheimatet ge-

Die Camillo-Mayer-Truppe auf dem Roßmarkt 1946

wesen war, war so gut besucht gewesen, daß man sich nach einem größeren Quartier hatte umsehen müssen. Zeitgleich mit der Neueröffnung als eines der ersten neuen Kultur- und Informationszentren in Deutschland erhielt die Bücherei einen neuen Namen: „Amerika Haus". Im Sinne einer deutschlandfreundlichen amerikanischen Politik der ausgestreckten Hand können sich hier künftig deutsche und angloamerikanische Denktraditionen in Literatur und Philosophie als gleichberechtigte Größen in kritischen Reflexionen miteinander messen. Neben der Wiederentdeckung von Klassikern wie Herman Melville oder Mark Twain ermöglicht die Bibliothek der deutschen Leserschaft, vor allem auch die Vertreter der amerikanischen Moderne kennenzulernen, wie William Faulkner, Thomas Wolfe, Ernest Hemingway, Thornton Wilder, J. D. Salinger und John Steinbeck.

Die Kunstszene liegt einstweilen noch danieder. Der ehemalige Lehrer an der Städelschule vor 1933, der Maler Willi Baumeister, notierte in sein Tagebuch: „Das Jahr 1945 brachte nicht die allgemeine künstlerische Wiedergeburt in Deutschland, wie sie sich 1919 ereignete. Der Elan der Schaffenden war durch die vielen Jahre der Irreführung und Einschüchterung gehemmt."

Auch im Bereich der Bildung geht es nur in kleinen Schritten voran: Im September 1945 nehmen zunächst 21 Volksschulen ihren Lehrbetrieb wieder auf. Am 7. Januar 1946 beginnt dann endlich der Unterricht an den notdürftig renovierten Gymnasien, am 5. Februar eröffnet der neu ernannte Rektor der Frankfurter Universität Georg Hohmann in sechs Seminarräumen in Häusern an der Schumannstraße, Feldbergstraße und Bockenheimer Landstraße das erste Nachkriegssemester mit 58 Professoren und Dozenten und 3.015 Studenten. Die letzteren mußten sich pro Semester zwölf Tage beim Schutträumen nützlich machen, ohne entsprechendes Testat gab es keine Zulassung.

Max Planck, Nobelpreisträger für seine Leistungen in der Entwicklung der Quantentheorie, erhält 1945 den Goethepreis der Stadt Frankfurt, den der Nazi-Gauleiter dem notorischen Gegner des Hitler-Regimes 1944 noch verweigert hatte. Blaum: „Die Ehrung gilt dem Mann, der in einer Zeit geistiger Knechtschaft die Freiheit des Gewissens und das Recht des Glaubens mutig verteidigte."

Frankfurts erste Kinos und die amerikanische Filmkontrolle

Vor dem Hintergrund vorerst nur eingeschränkt arbeitsfähiger Kulturinstitute bleibt es einstweilen noch dem Kino überlassen, die gähnende kulturelle Leere mit Filmkunst zu überbrücken, bis dann Theater, Musik und Kunst das Leben des auch ästhetisch ausgehungerten Publikums verschönern und bereichern wird.

Die amerikanische Militärregierung hatte schon wenige Tage nach ihrem Einmarsch in die zerstörte Stadt ihren Captain Charles R. Dent zum Chief of the Information Control Division (ICD) ernannt, um das wichtigste Medium einer breiten Meinungsbildung rechtzeitig unter ihrer Kontrolle zu wissen. Dents Abteilung schlug im Industriehaus Taunusstraße 52/60 in der Nähe des Hauptbahnhofes ihre Zelte auf. Er organisiert von Frankfurt aus die Kinolandschaft der gesamten amerikanischen Besatzungszone und genehmigt oder untersagt westdeutsche Filmproduktionen. Dent und sein Sergeant Walther Jacks entscheiden auch, welche Filme von den Verleihern ins Programm genommen werden dürfen und welche nicht.

Der Frankfurter Militärkommandant Colonel R. K. Phelbs überreichte im Januar 1946 die erste Lizenz zur Herstellung von Dokumentar- und Spielfilmen an den Kameramann des Stummfilmklassikers *Die freudlose Gasse* (1925) Curt Oertel. Ende 1946 beehrte Carl Zuckmayer in seiner damaligen Funktion als Sonderbeauftragter des War Departments Washington das US-Filmkontrollbüro in Frankfurt mit seinem Besuch. Als Leiter der Film- und Theaterabteilung sollte er sich einen Überblick über die deutschen Verhältnisse des Kinobetriebs und der Filmproduktion verschaffen: „Deutschland ist kein agrikulturelles Land, sondern vor allem ein geistiger Faktor in Europa. Das Programm der ‚Branch of Re-Orienteering‘, für dessen Durchführung der amerikanische Kongress die finanziellen Mittel bewilligte, will erzieherische und kenntnisfördernde Möglichkeiten ohne indoktrinäre Nebenabsichten erschließen.“

Auch der Ufa-Produzent so berühmter Filme wie *Der blaue Engel* (1930), Erich Pommer, ließ sich nach dem Kriege von den Amerikanern als Filmproduction Control Officer in die Pflicht nehmen. Bei seiner Frankfurt-Visite steuert er seine tieferen Einsichten über den erzieherischen Charakter der Filmkunst bei: „In der Möglichkeit, den Film als Brücke der Völkerverständigung in dem Sinne einzusetzen, daß die deutschen Zuschauer auch mit den Problemen, Nöten, Zeitverhältnissen jenseits der eigenen Grenzen vertraut werden, läge eine seiner wesentlichsten erzieherischen Aufgaben.“

In Frankfurt zogen schon Ende Juli 1945 die ersten drei Kinos ihre Leinwände wieder hoch und ließen ihre alten Projektoren alte Filme aufblenden: die „Lichtburg“ am Hauptbahnhof, die „Schauburg-Lichtspiele“ in der Berger Straße in Bornheim und in Höchst die „Casino-Lichtspiele“. In der „Schau-

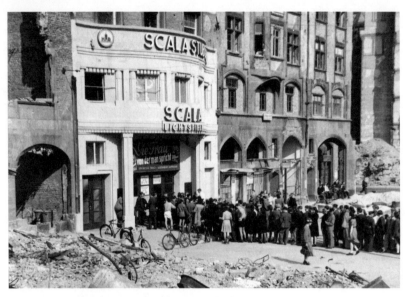
Die Scala Lichtspiele in der Schäfergasse 1946

burg" erlebte auf Betreiben der Amerikaner das erschütternde Filmdokument *Die Todesmühlen* (1945) über Hitlers Konzentrationslager im November 1945 seine deutsche Erstaufführung: die Kamera als unbestechlicher Augenzeuge der Geschichte. Der unter Hanuš Burgers Regie von Billy Wilder montierte Dokumentarfilm wurde vom Office of Military Government for Germany United States (OMGUS) der Alliierten als Beitrag zur Reeducation produziert: „Wir zeigen einen Film über die Konzentrationslager, die ein Bestandteil des Nazi-Regimes seit seinem Anfang im Jahre 1933 bildeten. Alle Aufnahmen in diesem Film wurden zur Zeit der Befreiung von beglaubigten Kameraleuten der Alliierten Armeen gemacht." Noch nicht in deutscher Sprache synchronisiert, sahen die Frankfurter *It Started with Eve* (1941) von Henry Koster und *Tales of Manhattan* (1942) von Jules Duvivier. Die ersten synchronisierten amerikanischen Filme im Herbst 1946 waren *Lebenskünstler* (1938) von Frank Capra, *Verdacht* (1941) von Alfred Hitchcock und *Laura* (1944) von Otto Preminger. Wie sehr es die Frankfurter nach Ablenkung dürstete, läßt sich an der hohen Besucherfrequenz ablesen. Die kulturell verarmte Bevölkerung wollte wenigstens für ein paar Stunden die Tristesse ihrer in Trümmer liegenden Stadt vergessen.

Bald öffnet auch das Kino Scala in der Schäfergasse seine Pforten und nahe dem Hauptbahnhof das Luxor, auf dessen Leinwand zunächst hauptsächlich

Westernhelden in Erscheinung traten, von denen man damals noch nicht wußte, daß sie nur als Fiktion existieren. Gegen Ende des Jahres 1946 verfügte Frankfurt bereits über 20 Kinos mit 6.687 Sitzplätzen. Die Stadt avancierte mit Hilfe der Amerikaner damals auch zum führenden Verleiherzentrum Westdeutschlands.

Im Kontrast zu den von Hollywood vorgegebenen Orientierungslinien thematisiert der erste deutsche Nachkriegsfilm von Wolfgang Staudte *Die Mörder sind unter uns* (DEFA, 1946) die Nazivergangenheit. Auf einem Berliner Trümmergrundstück erleben wir eine bewegende Auseinandersetzung mit Schuld und Gewissen. In Erinnerung geblieben ist eine symbolbefrachtete lange Kamerafahrt über eine gespenstische Gräberlandschaft. Der Protagonist, ein Chirurg, versucht durch einen verzweifelten Akt der Selbstjustiz sich von den quälenden Eindrücken der Vergangenheit zu erlösen.

In Westdeutschland wurden 1946 lediglich vier Spielfilme produziert.

Die Bühnen melden sich zurück

Im transitorischen „Zirkus Holzmüller" waren die Städtischen Bühnen zunächst nur mit Arien-Matineen in Erscheinung getreten. Erst Ende 1945 konnte Intendant Toni Impekoven ein festes Ensemble aufbauen, das zunächst im großen Sendesaal des Rundfunks auftritt. Mit O'Neills stärkstem Drama *Trauer muß Elektra tragen* läutet Impekoven eine neue Ära mit bis dahin verbotenen Stücken aus Amerika, England und Frankreich ein. Für *Elektra* hatte sich O'Neill an die *Orestie* des Aeschylus angelehnt, umgedeutet in die psychologische Auffassung des 20. Jahrhunderts mit Spurenelementen von Nietzsche, Freud und Ibsen. Die drei Akte „Heimkehr", „Die Gejagten", „Die Verfluchten" wendet Impekoven ins Zeitkolorit des ersten Nachkriegsjahres.

Im Sendesaal des Rundfunks wurde als erstes Stück die Komödie *Ingeborg* von Curt Goetz in der Regie von Alf von Sivers gespielt. Als mit Stückverträgen Bühnenstars vom Kaliber einer Ellen Daub, Else Knott, Claire Kaiser oder eines Martin Held, Otto Rouvel, Konrad Georg oder Wolfgang Büttner verpflichtet wurden, fand das Theater schnell wieder Resonanz bei entwöhntem Publikum und Presse. Anfang 1946 zogen die Bühnen weiter und fanden im Börsensaal ein wiederum vorläufiges Asyl, weil der Rundfunk aus seinem Kriegsexil in Bad Nauheim an die Bertramswiese zurückgekehrt war. Im neuen Domizil der Börse begann Toni Impekoven mit Georg Kaisers *Gärtner von Toulouse*. Fritz Rémond als Gast inszeniert Thornton Wilders *Unsere kleine*

Stadt. Am 19. Juli 1946 knüpft das Theater im Innenhof des Karmeliterklosters mit Shakespeares *Was ihr wollt* in der Regie von Robert Michael an die alte Tradition der Römerberg-Sommerfestspiele erfolgreich an. Im August folgt Hofmannsthals *Jedermann.*

Mit Dramen wie Anouilhs *Eurydice* (1942) mit Otto Rouvel und Ingeborg König im Börsensaal am 30. Mai 1946 vermittelte die Schauspielbühne eine geradezu gespenstisch anmutende Analogie zu zeitgenössischen Unheilszenarien, ohne die Leiden der Menschen zu sakralisieren.

Am 15. Juni 1946, zehn Wochen vor dem Ende seiner Amtszeit, eröffnet Kurt Blaum das Kleine Komödienhaus in der Sachsenhäuser Veitstraße, eine umgebaute Turnhalle, mit dem regenbogenbunten Lustspiel *Krampus und Angelika* von Paul Helwig. Nun, wenn die Sonne der Kultur niedrig steht, werfen sogar Zwerge große Schatten. Vielleicht aber waren solche Etüden über die schwierige Leichtigkeit des Seins gerade das richtige kulturelle Aphrodisiakum. Im Winter mußten die Besucher außer Eintrittsgeld Briketts oder Holzscheite zu den Aufführungen mitbringen, um nicht zu frieren.

In der notdürftig wieder zurechtgeflickten Aula der Universität bringt Ende Mai 1946 der berühmte Tenor Franz Völker Lieder und Arien bestürzend schön zu Gehör, in trostloser Zeit eine kulturelle Verheißung auf ein künftiges Opernhaus. Die Nostalgie vereint Künstler und Publikum.

Mit noch stark dezimiertem Orchester hatten im umgerüsteten Börsensaal bereits auch wieder erste Symphoniekonzerte stattgefunden. Doch schon bald gelang es Oberbürgermeister Kurt Blaum, den Dirigenten Bruno Vondenhoff dafür zu gewinnen, trotz widrigster Bedingungen ein professionelles Symphonieorchester aufzubauen und den traditionsreichen Cäcilienchor wiederzubeleben. Damals mußten auch die Sänger noch Briketts zu den Proben mitbringen, damit ihre Stimmen auftauten. Bereits am 26. September 1945 liefert die Oper mit Puccinis *Tosca* den ersten Nachweis ihres Könnens ab, mit der unvergleichlichen Aga Joesten in der Titelrolle und Jean Stern als Cavaradossi. Ljubomir Romansky dirigiert, Walter Jokisch führt Regie.

Eröffnet haben Bruno Vondenhoff und sein erlesenes Orchester und Sängerensemble die erste reguläre Spielzeit 1945/46 am 9. Dezember 1945 mit einer Neuinterpretation von Beethovens Ideendrama *Fidelio.* Auf der Behelfsbühne des Börsensaals entsorgten Dirigent Bruno Vondenhoff und Regisseur Walter Jokisch den Biedersinn des erhabenen Librettos in die Asservatenkammer schicksalsmächtiger Schrecknisse. Beethovens sogenannte „Menschheitsoper" wurde als Parabel auf den Polizeistaat inszeniert. Mit der Entstaubung der traditionell heroischen Inszenierungspatina wird das in der Partitur ange-

Erstes Konzert in der Aula der Universität mit Ljubomir Romansky (links) und Rudolf Gonszar (rechts)

legte Prinzip Hoffnung auf eine Zukunft in Freiheit und der Menschenliebe entfaltet. Die *Frankfurter Rundschau* bescheinigte der Frankfurter Oper, mit der Neuinszenierung des *Fidelio* das Thema der Befreiung aus politischer Unfreiheit auf den Punkt gebracht zu haben.

Dirigent Ljubomir Romansky serviert in der Spielzeit 1945/46 mit populären Operetten wie Lehárs *Land des Lächelns*, Lortzings *Zar und Zimmermann* oder mit der *Fledermaus* von Johann Strauß vorwiegend leichtere Kost. Er beherrschte jedoch die hohe Kunst, im Seichten nicht zu ertrinken. Mit *Figaros Hochzeit* brachte Romansky im unübertrefflichen Melos der Terzette und Quartette nicht nur ein schön klingendes Ensemble zu Gehör, sondern verhalf musikalisch-seelischen Gruppenbildern zu lebendigem Ausdruck.

Die erste freie, demokratische Wahl in Frankfurt seit 1932

Um die Bürgerschaft an Entscheidungsprozessen zu beteiligen, hatte Oberbürgermeister Kurt Blaum auf Anweisung der Militärregierung am 5. September 1945 zunächst einen sogenannten „Bürgerrat" aus 28 Mitgliedern berufen, der bis Mai 1946 insgesamt 19 Sitzungen abhielt, aber weder eine legislative noch eine exekutive Kompetenz besaß. Die Kommunisten und die Christdemokraten waren mit je acht Delegierten vertreten, die Liberalen mit sieben und die Sozialdemokraten mit fünf.

Inzwischen in die früheren Schreckenskammern der Gestapo in die Lindenstraße 27 umgezogen, konnte Blaum im Frühjahr 1946 dann endlich die erste freie, demokratische Wahl in Frankfurt nach 1932 organisieren. Sein Aufruf zur Kommunalwahl am 26. Mai 1946 wurde zu einem historischen Dokument, das verdient, in Erinnerung gerufen zu werden:

Mitbürger! Am kommenden Sonntag wählt Frankfurts Bürgerschaft zum ersten Male seit dreizehn Jahren wieder in freier und gleicher Wahl eine Stadtverordnetenversammlung.

Männer und Frauen Frankfurts! Damit ist euch nicht nur ein Recht, sondern auch eine Pflicht gegeben. Zeigt der Welt durch möglichst vollständige Beteiligung an dieser Wahl, daß ihr gewillt seid, eure neue staatsbürgerliche Freiheit zu gebrauchen und damit den ersten Schritt zu einem Wiederaufbau Deutschlands in freiheitlichem Geiste zu tun! Niemand, der seiner Wahlpflicht nicht genügt, kann sich über Mängel und Mißstände beklagen.

Es wird zwar nicht möglich sein, in wenigen Jahren die furchtbaren Folgen des totalen Zusammenbruchs zu überwinden. Nur wenn das Ausland eine allgemeine Bereitwilligkeit unseres Volkes zu einer freiheitlichen Lebensgestaltung und opferbereitem Aufbau feststellt, wird es gewillt sein, uns Erleichterungen und Hilfe zu gewähren. Auf diese Hilfe aber sind wir angewiesen; ohne sie können wir uns weder ernähren noch bekleiden, noch unsere zerstörten Häuser wiederherstellen.

Wahlfähige Männer und Frauen Frankfurts! Geht am Sonntag zur Wahlurne!

Von den 395.000 registrierten Frankfurtern waren aber nur 267.000 wahlberechtigt, davon waren zwei Drittel Frauen. Nur noch 95.000 Männer lebten zu dieser Zeit in der Stadt, viele waren gefallen, viele andere harrten noch in Kriegsgefangenschaft sehnsüchtig ihrer Repatriierung. Diese Statistik verweist zugleich auf den Generationenriß, wie er besonders gravierend durch die Frankfurter Bevölkerung ging. Im Frühjahr 1946 war die politische Großwetterlage der Republik für die Wähler weniger wichtig als die kommunalen Belange und ein sicheres Dach über dem Kopf.

Nachdem im „Tausendjährigen Reich", das lediglich zwölf Jahre währte, nur eine einzige Staatspartei hatte gewählt werden können, die regelmäßig 99

Prozent Stimmen auf sich vereinigte, war der 26. Mai 1946 ein historischer Freudentag. Mit SPD, CDU, KPD und LPD hatten sich an diesem Sonntag vier Parteien bei der ersten freien Wahl in Frankfurt seit 1932 um die Gunst der Wähler beworben, die mehrheitlich für die Sozialdemokraten votierten. Weil die damalige 15-Prozent-Hürde verhinderte, daß die KPD mit 11,6 Prozent und die LPD mit 11,3 Prozent ins Parlament einzogen, setzte sich die erste Stadtverordnetenversammlung ausschließlich aus Sozialdemokraten und Christdemokraten zusammen, die 39,9 bzw. 33,6 Prozent der Stimmen auf sich hatten vereinigen können. Damit war das System der „Römerkoalition" geboren, das auch nach der Aufhebung der 15-Prozent-Hürde bis 1972 Bestand haben sollte. Das neue Stadtparlament konstituierte sich am 21. Juni 1946, also erst über ein Jahr nach der Befreiung der Stadt vom Nazi-Regime.

Inzwischen CDU-Mitglied, fühlte Blaum sich durch sein aufopferndes Engagement für die Stadt ermutigt, seinen Hut in den Ring der Bewerber für die anstehende Wahl zum Oberbürgermeister zu werfen. Seine Erfolge hatten ihn schließlich einigermaßen populär gemacht, so daß sogar die örtlichen Sozialdemokraten zunächst Zustimmung signalisierten, wohl auch, weil sie keinen sehr viel besseren Frankfurter zu präsentieren hatten. Dann mischte sich der oberste Genosse Kurt Schumacher ein, dem Frankfurt ein strategisch viel zu wichtiger Ort war, um ihn kampflos der Union zu überlassen. Also zog er den schwergewichtigen Oberstadtdirektor von Düsseldorf Walter Kolb aus dem Hut, von dem der Frankfurter Dichter Fritz von Unruh 1953 sagen wird: „Dieser Mann wird immer unter Tausenden auffallen. Nicht wegen seiner Bal-

Offizielle Wiedereröffnung des Eisernen Stegs durch Blaums Nachfolger Walter Kolb im November 1946

zacschen Leibesmasse, sondern weil er aus der ‚Masse Mensch' in strotzender Individualität herausragt."

Am 25. Juli 1946 wird Walter Kolb zum Oberbürgermeister gewählt, am 1. August in der Aula der Universität in sein Amt eingeführt, am 1. September tritt er seinen Dienst an. Sein oberstes gemeinschaftsstiftendes Ziel wird sein, daß sich die Stadt in ihrem Streben nach Gemeinwohl und sozialem Frieden legitimiert. Die Berufung auf das Gemeinwohl als Maßstab politischen Handelns bedeutet für Kolb eine Art Selbstbindung, deren Einlösung schließlich öffentlicher Beobachtung unterliegt. Kolb wird als die populäre Verkörperung des Wiederaufbaus in die deutsche Nachkriegsgeschichte eingehen.

Abschied aus dem Amt

Daß der populäre Blaum trotz seiner umfassenden Verdienste um den Wiederaufbau die Wahl zum Oberbürgermeister gegen einen hierorts völlig Unbekannten verlor, zeigt einmal mehr, daß es in der Politik weniger darauf ankommt, recht zu haben, als vielmehr darauf, recht zu bekommen. Kurt Blaum trug diese Erkenntnis mit gefaßter Melancholie, ohne sich eine Flucht in den Fatalismus zu erlauben.

Was die beiden ersten – einander herzlich abgeneigten – Frankfurter Bürgermeister Hollbach und Blaum in der entscheidenden Phase der Wiederaufbaus unserer in Trümmern liegenden Stadt an herkulischer Anstrengung geleistet haben, hat vor der Geschichte Bestand. Das Geheimnis von Hollbachs und Blaums Führungsqualitäten in schier auswegloser Zeit war ihr eiserner Durchhaltewille und ihre Liebe zur Stadt Frankfurt am Main und ihren Menschen. Hollbach schätzte seinen Nachfolger Blaum allerdings nicht so hoch, wie es in öffentlichen Verlautbarungen den Anschein hatte; in einem Brief an Walter Kolb vom 14. September 1956 bekennt er: „Von all den Ernennungen, die ich vornehmen mußte, war Blaum der einzige Versager, und gar als Oberbürgermeister auf der Ebene von Frankfurt war er so sehr Subalterner, daß es in allen Fugen krachte."

In dem damaligen Stadtmagazin *Die Neue Stadt* vom Oktober 1947 gibt Kurt Blaum Ratschläge zur Erhaltung dessen, was er die „seelische Spannkraft" nennt, und empfiehlt, den Wiederaufbau „mit Verantwortungsgefühl und Wirklichkeitssinn, mit künstlerischer Phantasie und feinem Takt" fortzusetzen. In leicht pathetischem Ton ruft er den Verantwortlichen in den Kommunen zu: „Der Städte Würde wurde in eure Hand gegeben – bewahret sie."

Zehn Tage vor Blaums Abschied wurde endlich der Eiserne Steg wieder begehbar. Beide Stadthälften waren, wie Blaum es sich immer gewünscht hatte, wieder miteinander verbunden.

Nach seinem Ausscheiden aus dem Oberbürgermeisteramt am 20. August 1946 wirkt Kurt Blaum als Berater an der Konstituierung der Währungsreform mit, und auch als Präsident der Polytechnischen Gesellschaft von 1946 bis 1962 kann er noch mancherlei Gutes tun. Seine „Pflicht zur Einmischung" (Camus) wird Blaum auch nach seiner Pensionierung eifrig wahrnehmen, zum Beispiel in den fünfziger Jahren als Vorsitzender des Bürgerausschusses „Rettet das Opernhaus". Seine ehrenamtlichen Verdienste würdigte die Stadt 1954 mit der Ehrenplakette, nachdem er 1952 schon das Große Bundesverdienstkreuz erhalten hatte.

Blaum findet seine letzte Ruhe in Hanau

Kurt Blaum wurde am 3. Dezember 1970 auf dem Hanauer Hauptfriedhof unter liebevoller Anteilnahme der Bevölkerung beigesetzt. Nach der Trauerrede von Ernst Gerhardt in Vertretung des Frankfurter Oberbürgermeisters lauschte die große Trauergemeinde ergriffen dem zweiten Satz aus Josef Haydns *Kaiser-*

Kurt Blaum in seinem Arbeitszimmer

quartett. Auf dem Weg zur Ehrengrablegung wehte eine eisige Brise das hymnische Deutschlandlied über den Gottesacker, das wenigstens die Herzen wärmte; dem musischen Blaum zu Ehren hatte man die Nationalhymne in der sublimeren Haydn-Version ausgewählt. Weil bedeutende Tote es nicht verdienen, unter Phrasen bestattet zu werden, hat der gläubige Katholik Ernst Gerhardt dem Freund kluge Worte ins Grab gestreut, damit ihm die Erde leicht werde: Den Philosophen Ernst Tugendhat paraphrasierend, empfahl Gerhardt, doch einmal darüber nachzudenken, ob nicht das, was das Leben ausmacht, den eigenen Tod überdauere, weil doch dieses Denken als ein entscheidender Schritt über die gängige Todesmystik hinausgeht.

Dr. h.c. Walter Kolb
Oberbürgermeister vom 1. September 1946 bis 20. September 1956

Walter Kolb ist der erste frei gewählte OB

Ein Gegenstand des Staunens für kommende Geschlechter
Albert Schweitzer 1956 über Walter Kolb

Walter Kolb wird als einziger Frankfurter Nachkriegs-Oberbürgermeister als Legende erinnert. Er gehört zu den singulären Figuren der Epoche. Würden auswärtige Zeitgenossen danach befragt, welche Namen der zwölf Frankfurter Oberbürgermeister nach 1945 ihnen spontan einfielen, die meisten würden außer Petra Roth und vielleicht Walter Wallmann wohl nur das volkstümliche Schwergewicht Walter Kolb nennen.

„Geht dir Rat aus, geh aufs Rathaus", diesen Sinnspruch an der Römer-Fassade hatte der 21jährige Walter Kolb an Pfingsten des Jahres 1923 gelesen und offenbar nachhaltig verinnerlicht. Für den Jurastudenten war dies eine Art politisches Erweckungserlebnis, seitdem hatte sich der Wunsch seiner bemächtigt, dermaleinst selber Stadtoberhaupt zu werden. 23 Jahre später, am 25. Juli 1946 war es soweit, Kolb wurde einstimmig zum Oberbürgermeister der ehemaligen Freien Reichsstadt Frankfurt gewählt. Seinen Dank hat er in die Worte gefaßt: „Ich darf Ihnen sagen, daß ich diesem ehrenvollen Ruf gern gefolgt bin, denn die große demokratische, freiheitliche, wirtschaftliche und soziale Tradition Frankfurts ließ mich schon seit meiner Jugendzeit eine tiefe Verehrung für diese Stadt empfinden."

Walter Kolb war der erste demokratisch frei gewählte Oberbürgermeister Frankfurts nach dem Krieg. Er symbolisiert den Epochensprung in die Ära der Demokratie, der die Freiheit rückerstattet. Kolb wurde nicht wie seine beiden kurzzeitigen Vorgänger Wilhelm Hollbach und Kurt Blaum von der amerikanischen Militärkommandantur freihändig nach Gutsherrenart bestimmt, sondern 1946 von der ersten demokratisch gewählten Frankfurter Stadtverordnetenversammlung nach dem Krieg zum Stadtoberhaupt erkoren und 1948 von der Frankfurter Bevölkerung in diesem Amt bestätigt. Damals spielte das Fernsehen noch keine Rolle, wurde Wahlkampf noch „romantisch" mit Lautsprecherwagen gemacht, die durch die zerstörte Stadt fuhren und lauthals ihre Parolen absonderten. Der Mangel an neuen Leitbildern gab Walter Kolb die große Chance, seine singuläre politische Haltung aus seiner eigenen Substanz zu entwickeln. Für den Juristen Kolb war der Rechtsstaat historisch wie systematisch die Voraussetzung der formalen und gestaltbaren Demokratie. Ohne handlungsfähigen Staat ist die Freiheit, das höchste demokratische Gut, gefährdet. Als er vor 1.000 Genossen sein kommunalpolitisches Konzept entfaltet, appelliert Kolb an den demokratischen Sinn aller Bürger, sich dessen bewußt zu sein, „daß Frankfurt in der Geschichte ohne Papst und Kaiser, ohne die Gunst von Landesfürsten, nur getragen vom aufrechten Sinn der Bürger groß geworden sei".

Kolbs Amtssitz befand sich zunächst in der Lindenstraße 27 in einer 1897 erbauten schloßartigen Villa. Die großzügigen Räume hatten vormals Patrizier-Damen als Refugium gedient. Hier residierte Kolb ab morgens um sieben, die Lehnen eines extrabreiten Sessels umrahmten sein krankheitsbedingt aus der Fasson geratene Statur, ein Format, das gern und immer wieder verklärt worden ist. Wie seine Sekretärin sich erinnert, verstaute Kolb Schokolade diebessicher in einer abschließbaren Schreibtischschublade. Sie rühmte an ihm besonders seine Herzensbildung, ein inzwischen aus der Mode geratener sympathischer Begriff, der wie für Kolb geschaffen scheint.

Die Stadtverordnetenversammlungen fanden die ersten sechs Jahre im Handwerkersaal im Souterrain des späteren Gesundheitsamtes in der Braubachstraße statt. Der kommunale Apparat und seine Nebenagenturen waren über die ganze Stadt verstreut.

Am 1. August 1946 wurde Walter Kolb in der Aula der Universität von Regierungspräsident Martin Nischalke in sein Amt eingeführt. Dies war der große konstitutionelle Augenblick der ersten Vereidigung eines demokratisch gewählten Oberbürgermeisters seit 1932.

Kolbs damaliges Bekenntnis lautete klipp und klar:

Es ist ein Grundsatz der Gerechtigkeit und Objektivität, den wir Deutschen lernen müssen, einander zu achten, auch dann, wenn wir in anderen politischen Lagern stehen. Aus dieser Grundhaltung heraus, aus diesem eindeutigen und klaren Bekenntnis zur Demokratie, die eine sozial vernünftige Fundierung erfahren muß, wenn alle Volksschichten sich wohl fühlen sollen im Vaterhaus, betrachte ich meine Arbeit, der ganzen Bürgerschaft und nicht einem Teil derselben gewidmet. Für mich spielt es in der alltäglichen Arbeit keine Rolle, welcher Partei, welcher Konfession oder welcher Rasse der einzelne angehört. Für mich sind alle Bürger gleichen Rechts, die mit Sorgen zu mir und zu meinen Mitarbeitern kommen und dann in sachlich anständiger, wohlwollender und kameradschaftlicher Weise beraten werden.

Weil Kolb Toleranz zur obersten Bürgerpflicht erklärte, hatte er zur Macht ein eher lakonisches Verhältnis. Er wollte vielmehr durch persönlichen Stil in der Politik Akzente setzen. Dazu gehörte seine unverkrampfte Freundlichkeit als subkutaner Fundus. Kolbs öffentlicher Raum zerfällt nicht in Parteiengunst und -hader, nicht in Haß und Mißtrauen zwischen diversen politischen Lagern.

Die folgende programmatische Passage aus seiner Antrittsrede beeindruckte auch die anwesenden amerikanischen Würdenträger: „Es ist eine große Aufgabe, die Weltanschauungen der Arbeiterbewegung und des Christentums zu verbinden, eine Aufgabe, die mir als religiösem Sozialisten am Herzen liegt. Alle aufbauwilligen Kräfte gilt es zusammenzufassen, um im Geist der Paulskirche für das neue Deutschland zu arbeiten, das wir alle im Herzen tragen." Ein zu neuer Freiheit vorstoßendes politisches Denken. Walter Hallstein, seit April 1946 Rektor der Universität und späterer Schöpfer der Hallstein-Doktrin, relativierte die Wahl Kolbs mit der Bemerkung, es müsse „jedem zur Ehre gereichen, die Nachfolge eines Franz Adickes anzutreten". Daß Walter Kolb mehr als nur geeignet war, dieses Erbe anzutreten, sollte sich sehr rasch erweisen.

Die Idee der Demokratie war der unverrückbare Fixpunkt in Kolbs politischem Leben. Es war dieses im Bewußtsein des romantischen Sozialdemokraten tief verankerte unbedingte Ethos, das ihm so hohe Anerkennung über Parteigrenzen hinweg gesichert hat. Seiner Devise „Seid einig für unsere Stadt!" wurde während seiner Aufbau-Ära unbedingt gefolgt.

In diesem Sinne strebte er einen „Mehrparteienmagistrat" an, eine Art Große Römerkoalition, die auch nach seinem Tode, bis zum März 1972, Bestand haben sollte. Es war sein liberales Credo, das einen großen Zauber auch auf Mitstreiter anderer politischer Couleur ausübte. „Walter Kolb als Sozialdemokraten nimmt kaum jemand zur Kenntnis. Auch dies ist ein Zeichen seiner Popularität, die nicht zuletzt auf einer Zuneigung zu überparteilichen Betätigungen beruht", urteilte *Die Zeit* am 22. April 1954. Aber auch sein Stellvertreter, Bürgermeister Eugen Helfrich, und Stadtkämmerer Georg Klingler, beide CDU, agierten überparteilich.

Als schichten- und parteienübergreifendes politisches Phänomen gilt Walter Kolb weit über Frankfurt hinaus als Symbolfigur für die gewaltige Anstrengung der Wiederaufbauleistung unserer von Bomben pulverisierten deutschen Städte. Nach der Zerstörung der Frankfurter Altstadt verstand es Kolb sechs Wochen nach Amtsantritt, am 17. Oktober 1946, den geretteten Rest der Frankfurter Bevölkerung zu mobilisieren, zwei Tage lang freiwillig und ohne Löhnung mit ihm und den Magistratsmitgliedern und allen Stadtverordneten die Wege, Straßen und Plätze vom Trümmerschutt freiräumen zu helfen. Das Foto des glatzköpfigen, 1,90 Meter großen, 115 Kilo schweren Oberbürgermeisters Walter Kolb mit dem Preßlufthammer in beiden Händen ging um die Welt – als Sinnbild für ein neues Deutschland im steinigen Aufbruch in die Demokratie. Die ihm anvertrauten Menschen waren von der Größe solch uneitler Einfachheit beeindruckt. Kolbs Wesen hatte, was Thomas Mann einmal die „organische Fülle" genannt hat.

Walter Kolbs Vorleben

Walter Kolb erblickt am 22. Januar 1902 in der Beethovenstadt Bonn das Licht der Welt, in deren Stadtteil Poppelsdorf der Sohn des Kaufmanns Eduard Kolb und der Försterstocher Clementine Stichter auch aufwächst und seine Jugendzeit verbringt. Nach dem Abitur am humanistischen Gymnasium Bonn studiert er Jurisprudenz und Staatswissenschaft an der dortigen Universität und der Maximilians-Universität München. Kolb hat seine habituelle Prägung in den entscheidenden Jahren des Studiums erfahren. Als Gerichtsreferendar und Assessor sammelte er zwischen 1924 und 1930 erste kommunalpolitische Erfahrungen im rheinischen und westfälischen Behördenalltag. 1931 zieht es Kolb als Regierungsrat ins Landwirtschaftsministerium nach Berlin. 30jährig wird Kolb schon ein Jahr später der jüngste Landrat im damaligen Preußen, im Landkreis Schmalkalden, Regierungsbezirk Kassel.

Schon als Obersekundaner war Walter Kolb im März 1920 der SPD und auch der Gewerkschaft beigetreten; als Student gründet er als Anhänger eines rationalen Sozialismus 1922 den Deutschen Republikanischen Studentenbund, dessen Reichsvorsitzender er wird. Ein Jahr später nimmt der junge Student aktiv am sogenannten „Ruhrkampf" teil, den die Bevölkerung damals mit Sympathie begleitet, weil er gegen eine „Politik der produktiven Pfänder" und die exorbitanten Reparationsforderungen der Siegermächte Widerstand leistete; mit Beginn der Inflation versandete der „Ruhrkampf"-Elan schließlich im finanzpolitischen Chaos. 1924 wird Kolb Mitglied des linken Reichsbanners Schwarz-Rot-Gold. Bald nachdem die Nazis am 30. Januar 1933 an die Macht gekommen waren, wurde Walter Kolb aus politischen Gründen auf Grundlage von Artikel 4 des am 7. April 1933 erlassenen Gesetzes zur Wiederherstellung des Berufsbeamtentums als „untragbar" aus dem öffentlichen Dienst entfernt und stand seitdem auf der schwarzen Liste der braunen Diktatur.

Seinen Lebensunterhalt bestritt Walter Kolb in den Jahren 1934 bis 1941 in einer Bonner Anwaltskanzlei mit Schwerpunkt Verwaltungsrecht. „Im übrigen unterlag ich, wie jeder aufrechte Deutsche, in jenen Jahren mancherlei Verfolgungen und Verhaftungen durch die NSDAP und Gestapo", wird er später zu Protokoll geben. Während seiner Anwaltzeit hat Kolb von den Nazis Verfolgte juristisch unterstützt. Während des Krieges diente er ab 1941 als einfacher Obergefreiter bei der Flakartillerie auf verschiedenen Kriegsschauplätzen, bis ihn 1943 die deutsche Militärverwaltung nach Frankreich, in die Normandie dienstverpflichtet.

Nachdem die deutschen Truppen vor der Übermacht der Invasionstruppen den Rückzug aus Frankreich angetreten hatten, wird Kolb im Zusammenhang mit dem Hitler-Attentat vom 20. Juli 1944 von der Gestapo aufgegriffen und in vier verschiedenen Gefängnissen und Konzentrationslagern unter wenig humanen Haftbedingungen eingesperrt. Während einer Gefangenenüberführung von Köln nach Berlin im März 1945 kann Kolb schließlich bei Gummersbach vom LKW in die Freiheit springen: „Beim Abtransport zur Dienststelle des Reichsführers SD Berlin gelang mir im Bergischen Land die Flucht, sonst lebte ich heute nicht mehr." Kolb wurde von Martin Herter im Bonner Haus Roonstraße 23 bis Kriegsende versteckt und unter Lebensgefahr versorgt. Der Durst des korpulenten, damals schon zuckerkranken Kolb war so groß, „daß er pro Tag einen ganzen Eimer Wasser getrunken hat". Kolb hat dem Retter später dadurch seinen Dank abstatten können, daß er dessen spät aus der Kriegsgefangenschaft heimgekehrtem Sohn in Frankfurt einen Job verschaffte.

Im Herbst 1945 beruft der Oberpräsident der neu vermessenen Nord-Rheinprovinz Walter Kolb zum Regierungsvizepräsidenten des Regierungsbezirks Düsseldorf. Noch im selben Jahr wählt die britische Militärregierung Kolb in den vorläufigen Rheinischen Provinzialrat und Anfang 1946 in den Deutschen Wirtschaftsrat. Bereits im Oktober 1945 war Kolb der Sprung auf die oberste kommunale Führungsebene geglückt, als er in Düsseldorf Oberbürgermeister wurde und nach Einführung des englischen Gemeinderechts am 1. Februar 1946 Oberstadtdirektor der Heinrich- Heine-Stadt. Schon hier war die Politik vor Ort, insbesondere die Sozialpolitik sein Lebenselixier. Kolb verstand sich als Advokat für die konsequente Gleichheit aller Bürger, für soziale Gerechtigkeit und damit für das allumfassende Gemeinwohl. Im Rekurs auf die kluge Sozialgesetzgebung des alten Bismarck knüpfte er die ersten Knoten eines Netzes, das Schwache auffangen sollte, eine Maxime später auch für Frankfurt.

Der überschwengliche Jungsozialist

Der Gründer und somit auch Reichsvorsitzender des Deutschen Republikanischen Studentenbundes Walter Kolb, Jurastudent in Bonn, verfaßt sechs Jahre nach den Versailler Verträgen eine flammende Botschaft an die deutsche Jugend auf ihrer Suche nach einer neuen Identität. Während Talmiglanz die „goldenen" zwanziger Jahre überstrahlte, wollte der junge Kolb mit seinem idealistischen Konzept eines autonomen Individuums und angetrieben von seiner schon frühen Lust an der Einmischung sich mit den katastrophalen Folgen eines verlorenen Weltkrieges gegen den „Erbfeind Frankreich" und den sich daraus ergebenden Leiden für die deutsche Bevölkerung nicht arrangieren. Anstatt die grassierende Nachkriegsdepression zu beschweigen, schreibt er gegen die Fortzeugung des Traumas der Deutschen an und formuliert, ganz der nationalen Zukunft verpflichtet, 1924 ein vom sozialen Gewissen beseeltes Pamphlet für die *Jungsozialistischen Blätter*. Empathische Begriffe wie „Bollwerk deutscher Kultur" schrammen gelegentlich hart an der Demarkationslinie zum Rechtspopulismus vorbei, ein aus heutiger Sicht eher gewagtes Navigieren auf dem Feld der Identitätspolitiken, während von der Kette gelassene rechtsnationalistische Parteien unerschrocken mit reaktionären Schlagworten wie „Schanddiktat von Versailles" oder „Dolchstoßlegende" um die Wählergunst buhlen. Kolb bediente mit seiner zum Teil heiklen vaterländischen Begriffswahl mehr die nationalliberale Schicht unserer deutschen Ideengeschichte, statt sozialistisch getränkte Maximen gegen einen völkischen Chauvinismus ins Feld zu führen, wie er das sehr viel eindeutiger dann nach 1945 tat. Weil nicht nur Kolbs spätere Redebeiträge, sondern auch seine schon in jungen Jahren pointiert ausformulierten Texte aufschlußreich für seine Gradlinigkeit sind und für sein Credo, daß Politik ohne moralische Implikationen keine sei, wird hier der um die Anfangspassage gekürzte Text des 22jährigen aus den *Jungsozialistischen Blättern* nachgedruckt. Der vergilbte Artikel liest sich heute wie ein Manifest:

Freilich wird dieser Kampf heute nicht mehr mit Gasgranaten und Maschinengewehren geführt. Nur dann, wenn wir deutschen Kulturwillen französischem Zivilisationsstreben entgegensetzen, werden wir ihn gewinnen. Würden wir Rheinländer den Großsprechereien der völkischen Gesellen aller Rechtsparteien folgen, so wäre das Schicksal des Deutschen Reichs besiegelt: In den Flammenbränden der Städte und Dörfer des Westens würde die staatliche Einheit des Vaterlandes zunichte. Das Heidelberger Schloß, das Schicksal Speyers und Triers, der Name Mélac seien uns, gleich wie die Ruinen Nordfrankreichs, Fanale, brutaler Gewalt und ihrer Ideologie zu entsagen und geistige Macht anzustreben. Doch ebenso unwürdig und gefährlich wie öder Nationalismus, und darum zu bekämpfen, ist die Gleichgültigkeit weitester Bürger- und Arbeiterkreise, die nur dem eigenen Kleinen leben, zwar ständig schimpfen und kritisieren, im übrigen in satter Behaglichkeit oder hungriger Verzweiflung nicht Anteil nehmen an den Kämpfen und Leiden ihrer Volksgenossen an des Reiches Grenzen. Von beiden Fehlern müssen wir Deutschen uns frei machen. Setzt an Stelle wahnvoller Phrase vom „Rachekrieg gegen den Erbfeind" das feste Bekenntnis, daß nicht Leidenschaft und Gefühlsmäßigkeit, daß zielklarer Wille, Selbstbeherrschung und unzerstörbarer Glaube an das eigene Volk und an die Menschheit Deutschland retten können. Dann, und nur dann, werdet ihr dem kämpfenden Vortrupp des deutschen Volkes dauernde moralische Hilfe bringen! Fegt die schlaffe Trägheit der anderen hinweg, rüttelt die Wankenden auf, laßt durch das ganze Land den sammelnden Ruf erschallen: Steht fest in der einheitlichen geistigen Linie mit euren Schwestern und Brüdern an der Saar, Ruhr, Pfalz, Rhein! Kämpft um Deutschland, kämpft um des Völkerfriedens willen, stark in neuer Gesinnung, daß unser Volk eins werde, unser Staat nicht zerfalle! Höchste Aufgabe des rheinischen Menschen aber wird es sein, unter Wahrung deutscher Kultur die naturgegebenen engen Verbindungen über die staatlichen Grenzen hinweg zu pflegen, den Völkern durch die Tat zu zeigen, daß diesseits der schwarz-rot-goldenen Grenzpfähle bei allen Gutgesinnten – und die bilden auch heute noch die große Mehrheit des Volkes – der Wille stark ist, „das Reich in Freiheit und Gerechtigkeit zu erneuern und zu festigen, dem inneren und dem äußeren Frieden zu dienen und den gesellschaftlichen Fortschritt zu festigen".

Möchte die deutsche Sozialdemokratie, möchten vornehmlich unsere Jungsozialisten den Sinn der Aufgabe, die Deutschland am Rhein gestellt ist, begreifen. Möchten sie die rechte Einstellung zu Volk und Vaterland gewinnen, gleich entfernt von jeglicher Überschätzung der eigenen Nation und schwächlicher Staatsverneinung zugunsten internationaler Ideale! Ich weiß, daß solches Bekenntnis und dieser Wunsch bei vielen der Unseren noch nicht verstanden wird; man mag uns ruhig „nationale Kleinbürger" heißen: die tiefe, reine Liebe zum deutschen Menschen, die natürliche Freude an der Schönheit deutschen Landes, die innerliche Ehrfurcht vor den Werken deutscher Kultur, wir lassen sie uns nicht nehmen. Man hat uns rheinische Sozialisten oft getadelt ob unserer volksbejahenden Einstellung: Die Tausende unserer Genossen, die als Ausgewiesene oder Gefangene schweigend ihr Schicksal tragen, die Millionen, die geschlossen aufstanden gegen jeden Versuch, Rhein und Reich zu trennen, fanden die Kraft zur Tat im Bewußtsein, als gute Sozialisten auch gute Deutsche zu sein. Gerade hier, wo viele pflichtvergessene Unternehmer ihre vaterlandslose Gesinnung bewiesen, sind Not und Entbehrungen der schaffenden Schichten doppelt groß, wird oft der Klassenkampf in schroffen Formen geführt: Um so mehr wird künftige Geschichtsschreibung den rheinischen Arbeitern das Verdienst zollen müssen, daß sie, allen anderen voran, das erste und stärkste Bollwerk deutscher Kultur an Deutschlands Grenzen gewesen und mit selbstloser Hingabe für die Volksgesamtheit, der Einheit des Reichs und dem Frieden der Völker Vorkämpfer geworden sind.

In der *Monatszeitschrift der Arbeiterjugend* veröffentlichte der konfliktbereite Walter Kolb bereits 1923 einen vom idealistischen Überschwang getragenen hymnischen Text über Kampfgeist und Kampfbereitschaft der „neuen Jugend" als Antwort auf den „neidischen Haß der Feinde vom Hakenkreuzbanner". Dabei schöpft der juvenile Kolb mit großer Kelle aus dem Jungbrunnen des deutschen Idealismus:

Kampfgeist und Kampfbereitschaft neuer Jugend gegen alles, was wider die republikanisch-demokratischen Formen des neuen Deutschland Sturm läuft; scharfer Kampf insbesondere gegen all das politische Unkraut, das in der „Ordnungszelle" so frech aufwachsen konnte! Positiv aber Bekenntnis zu steter sozialistischer Arbeit in Stadt und Land, im Denken und Empfinden. Wir Sozialisten sind bewußt international, Glieder einer großen Menschheitsbrüdergemeinde, über Staats- und Sprachengrenzen hinweg; vergessen gerade wir jungen Zukunftsträger aber nie, daß stets die Nation die Keimzelle aller Kultur und allen Fortschritts ist und daß die Arbeiterjugend mit ihrem selbstverständlichen Bekenntnis zur Internationale auch zugleich ihr starkes Verwurzeltsein mit Volk und Heimat leben und künden muß.

Die Coda dieses Textes weist den jungen Kolb als glühenden Sozialisten aus, der aber nicht radikal war. Seine politische Heimat war nicht Karl Marx, sondern die Weimarer Republik: „Und wir Sozialisten halten dazu fest an unserem Glauben, unserem Wissen. Frei Heil!" Natürlich hatte der wißbegierige Jungsozialist ohne missionarischen Eifer *Das Kapital* von Marx gelesen, ein Buch mit vielerlei idealistischen und ideologischen Inhalten, worin der Mensch aber durch Abwesenheit glänzt. Aber genau darum geht es Walter Kolb: um die menschliche Komponente der Politik.

Auch mit diesem Traktat hatte Walter Kolb jenen hohen nationalen Ton getroffen, der in den zwanziger Jahren ein begeistertes Echo fand. Der individualistisch sozialisierte Jungsozialist Kolb lehnte dagegen jene Marxsche Vorstellung von der klassenlosen Gesellschaft strikt ab, weil sich dahinter die totale Herrschaft einer Klasse und auch deren als wesenhaft bestimmte Klasseninteressen verbergen würden, zumal diese jede Art von Individualität ersticke. Mit seinem ewig jungen Herzen ist Kolb bis an sein jähes Lebensende seinem Credo treu geblieben, denn Respekt vor dem Individuum gehörte gerade für ihn zum geistigen Erbe der Antike, der Aufklärung und des klassischen Humanismus.

Der Wiederaufbau der Paulskirche hat Vorrang

Der Bau der Paulskirche ist die erste Aufgabe, die für die geistige Haltung des deutschen Volkes vor der Welt Zeugnis ablegen muß.
Walter Kolb

Weil der neue Oberbürgermeister die Frankfurter Stadtgeschichte auch als Emanzipationsgeschichte verstand, war es sein Bestreben, die Paulskirche als *das* Signum der Demokratie so rasch wie möglich wiederaufzubauen. Für den vom liberalen Reformeifer ergriffenen Walter Kolb war der elliptische Rundbau der Paulskirche Sinnbild auch der Freiheit, ähnlich wie die Statue of Liberty am Hudson River für Amerika zum Symbol geworden ist.

Die im Jahr des Zusammentretens der Nationalversammlung 1848 als Wiege der deutschen Demokratie säkularisierte Paulskirche als „Nationalheiligtum" wiederaufzubauen, im „Stein wie im Geiste", und sie im alten Glanz erstrahlen zu lassen, erklärte Kolb rundheraus zu einer gesamtdeutschen Pflicht. Für ihn war dies ein Akt der Umsetzung von Gefühlen in Orte. Bei der Grundsteinlegung in der schon bald mit freiwilliger Bürgerhilfe entrümpelten Paulskirchen-Ruine sagte Walter Kolb am 17. März 1947: „Heute beginnen wir mit dem Wiederaufbau der Paulskirche. Sie wurde zerstört, weil wir die sittlichen Gesetze mißachteten. Mögen unsere Nachkommen sich selbst überwinden und über die Grenzen hinaus allen Völkern die Hand in Eintracht reichen. Das ist unser Wunsch und unser Vermächtnis."

Ein besonders hoher Leitwert für Kolbs politisches Handeln war der Frieden. Wie selbstverständlich wurden nach Kolbs Appell aus allen vier Besatzungszonen enorme Sachleistungen gestiftet: Holz, Zement, Bausand, Glas,

Eisen, Werkzeuge. Der Wiederaufbau kostete vier Millionen Reichsmark, sogar das Ostberliner ZK der SED ließ sich nicht lumpen und beteiligte sich mit immerhin 100.000 Reichsmark daran.

Am 18. Mai 1948, pünktlich zum 100jährigen Jubiläum des ersten Zusammentretens der Nationalversammlung, konnte die Paulskirche von Theodor Heuss und Walter Kolb angemessen feierlich wiedereröffnet werden. Bruno Vondenhoff umrahmte die Feier mit Beethovens Leonoren-Ouvertüre, deren symphonisch überschwengliche Schlußstretta mit der Magie des Raumes gut korrespondierte. Viele großstädtische Bürgermeister, auch aus der sowjetischen Besatzungszone, kamen zur Eröffnungsfeier und teilten die Ergriffenheit der historischen Stunde.

Der Philosoph Karl Jaspers hatte sich 1947 zum originalen Wiederaufbau der Paulskirche noch mit kritischem Soupçon geäußert: „Die Wiederherstellung der Paulskirche würde in der Tat so etwas wie der Aufbau einer Reliquie, etwas Äußerliches, im Grunde für die Sache des Frankfurter Parlaments als Raum Gleichgültiges." Der verantwortliche Architekt Rudolf Schwarz dagegen wird sich zwei Jahre später zu Recht selber loben: „Der Bau dient heute geistigen Dingen von hohem Rang und er ist von solch nüchterner Strenge, daß darin kein unwahres Wort möglich sein sollte." Die Doppeltreppe hatte er „als tiefgründiges Symbol" entworfen: Jeder, der seitdem aus dem dämmrigen Foyer in die lichte Rotunde aufsteigt, „vollzieht den Weg der Deutschen aus dem Dunkel der NS-Tyrannei in die erlösende Helle der Demokratie" (Dieter Bartetzko). Der majestätische Ort vermittelt ein Gefühl jener Ehrfurcht, die „alles an Kirche ist, was wir haben" (John Burnside). Zur Erinnerung: Die Paulskirche war 1833 ursprünglich als protestantisch-schlichte Alternative zum mächtigen katholischen Kaiserdom errichtet worden.

Für das Gelingen des zügigen Wiederaufbaus des symbolträchtigen Gebäudes promovierte die Frankfurter Universität Kolb zum Dr. h.c. Zu Recht, denn es hatte einigen Geschicks bedurft, um die Ziellinie zu erreichen: Als die Bauarbeiter Streik androhten, weil sie nicht länger unterhalb des Niveaus der Kollegen des „Bizonen-Aufbauprogramms" malochen wollten, hat Kolb, um keine kostbare Zeit zu verlieren, erfolgsgewohnt interveniert und dafür gesorgt, daß sie ebenso große Freßpakete und andere Vergünstigungen erhielten.

Um aufmüpfige Bevölkerungsteile ruhigzustellen, die Kolbs Favorisierung eines teuren Symbolprojektes mit dem Argument nicht teilen mochten, in solcher Not sei es doch wohl wichtiger, Wohnraum zu schaffen, organisierte der Oberbürgermeister ebenso entschlossen den gleichzeitigen Wiederaufbau der Friedrich-Ebert-Siedlung im Gallusviertel. Noch am Vortag der Paulskirchen-

Ministerpräsident Christian Stock und Oberbürgermeister Walter Kolb bei der Grundsteinlegung für den Wiederaufbau der Paulskirche

Feierlichkeiten, dem 17. Mai 1948, wird Walter Kolb kaum minder feierlich 171 Wohnungen an überglückliche Mieter übergeben und so deren Sehnsucht nach bergenden Räumen befriedigen – ein weiteres typisches Beispiel für Kolbs Kunst der Versöhnung divergenter Interessen.

Als Nachfolger von Eugen Blanck gründet Kolbs neuer Baudezernent Moritz Wolf 1948 das Amt für Wohnungsbauförderung und Siedlungswesen. Mit Sozialwohnungen versorgen die Bevölkerung zahlreiche gemeinnützige Wohnbaugesellschaften wie die AG für kleine Wohnungen, die Frankfurter Aufbau AG, die Hellerhof AG. Die Nassauische Heimstätte schuf an der Ecke Homburger Landstraße/Marbachweg dem OB zu Ehren die Walter-Kolb-Siedlung mit 215 Wohneinheiten.

Weil mit diversen Sitzungsterminen viel kostbare Zeit bei der Neuplanung des Altstadtkerns vergeudet worden war, setzte Kolb am 27. März 1950 im Magistrat einen „Ideenwettbewerb zur Erlangung von Vorschlägen für den Aufbau des Altstadtkerns zwischen Römer und Dom" durch: Das geschichtsträchtige, altehrwürdige Römerberg-Areal sollte als „kulturelles Herz" der Kernstadt von der verkehrlichen Hektik verschont bleiben, auf daß es keine Rhythmusstörung erleide. Nachdem 71 Planer ihre Vorschläge fristgerecht eingesandt hatten, kürte die Jury unter dem Vorsitz von Stadtbaurat Moritz Wolf im Juni 1950 drei gleichrangige Preisträger. Doch das Herzstück der Altstadt blieb dabei wieder mal ausgespart; der den Römerberg umzingelnde Neuaufbau umfaßt nur das Areal zwischen Zeil und dem rechten Mainufer. So kläglich vernachlässigt wird sich der Raum zwischen Dom und Römer bis in die siebziger Jahre hinein den kritischen Blicken aussetzen als ein blamables Zeugnis planloser Bauplanung in Politik und Verwaltung der Stadt Frankfurt am Main.

Fritz von Unruh in der Paulskirche 1948

Es war mehr als bloß eine schöne Geste, als Walter Kolb mit ausgebreiteten Armen den Frankfurter Dichter Fritz von Unruh nach 16jähriger Emigration am Hauptbahnhof willkommen hieß. Es war für den Oberbürgermeister ein hochsymbolischer Akt und „der wohl größte Tag in meinem Leben als Politiker". Fritz von Unruh war von Kolb eingeladen worden, zum 100jährigen Jubiläum des Einzugs der Volksvertreter der ersten Paulskirchen-Versammlung die Festrede zu halten. Am 18. Mai 1848 hatte sich hier die erste Garde deutscher Dichter wie Ernst Moritz Arndt, Ferdinand Freiligrath, die Brüder Grimm und Ludwig Uhland versammelt, auch Robert Blum, Carl Schurz, Heinrich von Gagern und Turnvater Jahn waren prominente Mitglieder des ersten demokratisch gewählten deutschen Parlaments. Aus Anlaß des Jubiläums werden drei Frankfurter Schulen nach prominenten Parlamentariern der Nationalversammlung von 1848 benannt: die Carl-Schurz-Schule, das Heinrich-von-Gagern-Gymnasium und die Robert-Blum-Schule.

Auf Kolbs Einladung hatte Fritz von Unruh geantwortet: „Ich nehme Ihr Schreiben als ein Zeichen, daß der Rattenfänger Hitler bei jener Bücherverbrennung damals auf dem Römer die Seele vieler Bürger Ihrer Stadt nicht mit verbrennen konnte." Er versprach: „Wenn ich komme, dann werde ich die Leuchte, die uns das klassische Zeitalter entzündete, versuchen, wieder aus den Trümmern zu erheben."

In seiner ergreifend emotionalen Rede am 18. Mai 1948 sprach Fritz von Unruh über die Geschichte der deutschen Nation, über die deutsche Schuld nach 1933, aber auch über seinen eigenen tragischen Lebensweg, der ihn in seinen Überzeugungen letztlich nur bestärkt habe: „In meiner Brust hat die Einsamkeit und Qual all der vergangenen Jahre nichts verdunkelt." Er bekennt sich zur Freiheit und Demokratie und zu einer Dichtung, die nicht länger nur sich selbst genügt, sondern zur verändernden Tat drängt. Die Erfahrung zweier

Weltkriege habe ihn gelehrt, daß der Dichter mit der Kraft seines Wortes in das politische Geschehen eingreifen müsse. „Ja, es dünkte mir inmitten dieser Schlächterei im Schlachthaus der Schlachten plötzlich jedes, wenn auch noch so glanzvoll gedichtete Wort […] fragwürdig, wenn es dies ‚wirkliche Leben‘ nicht zu schützen vermag vor der despotischen Willkür verantwortungsloser Abenteurer! Darum wollte ich von nun an nicht mehr l'art pour l'art, sondern l'art pour action." Neben diesem Plädoyer für eine „Dichtung der Tat" enthält die Rede einen Appell an die Zuhörer, sich aus dem Dasein der Massenmenschen zu erheben und wieder unverwechselbare Persönlichkeiten zu werden. „Was erwarteten Sie zu hören von mir, dem Ausgebürgerten, dem Flüchtling, der heute seit 16 Jahren zum ersten Mal wieder auf deutschem Boden steht? Oder verlangte Sie etwa, durch mich zu erfahren, daß die deutsche Raubtiermoral vergeben und vergessen ist? Keiner erinnert sich mehr, wie schlecht er es machte, als er noch handeln konnte". Nach diesem Satz ist Fritz von Unruh am blumengeschmückten marmornen Rednerpult ohnmächtig zusammengebrochen. Die mehr als 30.000 Menschen, die auf den Ruinen rund um die Paulskirche seiner *Rede an die Deutschen* ergriffen gelauscht hatten, waren irritiert über das abrupte Ende, das nur die Festversammlung im überfüllten Saal sehenden Auges und bangenden Entsetzens miterlebte.

Ein Jahr später wird von Unruh seine damalige Ohnmacht mit den Worten reflektieren: „So mächtig wurde in mir die Vorstellung, daß nicht ich, sondern durch mich jene Stimme laut wurde, jener Ruf, der so lange allüberall von dem ‚Heil-Hitler‘-Geschrei überbrüllt worden war, daß mir die eigenen Worte nicht mehr vom Munde wollten."

Der Goethepreisträger von 1948, der sich von 1952 bis 1955 erneut in Deutschland aufhielt, mochte sich hier zunächst nicht dauerhaft niederlassen – er verabscheute den restaurativen Zug der Adenauer-Republik. Erst als 1962 ein Hurrikan sein Haus und sein gesamtes Hab und Gut an sich riß, folgte er der erneuten Einladung Frankfurts, aus den USA ganz in die wahre Heimat, in die seiner Muttersprache, zurückzukehren. Einen angemessenen Wohnsitz hat Fritz von Unruh im mittelalterlichen Rententurm am Fahrtor gefunden. Im Frankfurter Schauspiel war schon 1918 Fritz von Unruhs Antikriegsdrama *Ein Geschlecht* uraufgeführt worden. Dieses Hauptwerk des Expressionismus geißelt Krieg und autoritäre Macht und ist in der Verknüpfung von denkerischer und dichterischer Substanz ein Vivat für die Brüderlichkeit. Hitlers Propagandaminister hat das Stück später auf den Index gesetzt und am Tag der Bücherverbrennung alle deutschen Schriftsteller im Exil zynisch als „Kadaver auf Urlaub" verunglimpft.

Das Schicksal der Westend-Synagoge

Am 9. November 1938 sind mit deutscher Gründlichkeit in einer perfekt organisierten „Pogrom-Nacht" in Hitler-Deutschland über 1.400 Synagogen, Betstuben und sonstige jüdische Versammlungsräume zerstört worden. Mit Ausnahme der ausgebrannten Westend-Synagoge, deren Außenwände die Schergen des Systems stehenließen, um das riesige Gotteshaus für profane Zwecke zweckentfremden zu können. Provisorisch überdacht, wurde die Westend-Synagoge Kulissenlager für die Oper, später Möbellager für „fliegergeschädigte Volksgenossen". Von den mehr als 11.000 deportierten Frankfurter Juden konnten nur erschreckend wenige den Gaskammern von Auschwitz und Lublin-Majdanek entkommen.

Jahrhundertfeier der ersten deutschen Nationalversammlung: Ansprache Fritz von Unruhs in der Paulskirche

Im Juni 1948 begannen im Rahmen eines beinah zynisch klingenden „Wiedergutmachungsprogramms" die ersten Wiederaufbauarbeiten an der Freiherr-vom-Stein-Straße. Schon im September 1945 waren einige der wenigen überlebenden Frankfurter Juden mit jüdischen GIs aus dem rhein-mainischen Besatzungsraum in der notdürftig hergerichteten Westend-Synagoge zusammengetroffen, unter ihnen der aus Theresienstadt zurückgekehrte Rabbiner Leopold Neuhaus, der mit dem Neuaufbau einer jüdischen Gemeinde in Frankfurt beauftragt wurde.

Am Vorabend des jüdischen Neujahrsfestes, am 6. September 1950, konnte Leopold Neuhaus in Anwesenheit von Walter Kolb die Westend-Synagoge nach vollendetem Wiederaufbau neu einweihen. In seiner Ansprache gedachte Neuhaus besonders jener 2.400 jüdischen Kinder aus Frankfurt, die am Tage des jüdischen Neujahrsfestes 1944 in Hitlers Gaskammern ihre unschuldigen Leben verloren haben. Viele Deutsche hatten nicht zu hoffen gewagt, daß ihnen auf deutschem Boden je einmal wieder Juden begegnen würden. Die jüngere Generation hatte noch nie einem Juden gegenübergestanden, geschweige denn mit ihm gesprochen.

Zwischen 1980 und 1984 wird die legendäre Kultstätte der Jüdischen Gemeinde durch die Aktion „Rettet die Westend-Synagoge" die Renovierung ihrer majestätischen Außenarchitektur erleben. 1988 erfährt die Synagoge eine Teilrekonstruktion. Im Oktober 2010 resümiert Salomon Korn: „In Stil und Bauformen dem Eklektizismus des neunzehnten Jahrhunderts verhaftet, errichtet, geschändet, erneuert und teilrekonstruiert im zwanzigsten Jahrhundert, ist die Westend-Synagoge mit nunmehr beiden religiösen Hauptrichtungen des Judentums, der orthodoxen und liberalen, unter einem Dach im 21. Jahrhundert zu einer einzigartigen Einrichtung in Europa, vermutlich sogar weltweit geworden."

Walter Kolb baut auf

In der Agonie der Trümmerjahre und der sie begleitenden Mutlosigkeit hat sich Kolb als der „Aufbau-Oberbürgermeister" in die Stadtanalen eingeschrieben. Mit einer die Stadt durchwaltenden dynamischen Baubewegung kehrt ins Dunkel der trostlosen Verhältnisse allmählich wieder das Licht der Hoffnung zurück. Beim Bemühen, die *conditio humana* zu verbessern, stand die Wiederbewohnbarkeit der Stadt auch auf Kolbs Prioritätenliste ganz oben. Allein in seinem erstem Amtsjahr wurden 4.000 neue Wohnungen errichtet, so daß 1948 ca. 36.000 von 80.500 total zerstörten und 53.000 stark beschädigten Wohnungen wiederhergestellt waren. 1954, zwei Jahre bevor Kolb sein Zepter endgültig aus der Hand legen wird, hatte Frankfurt mit 170.000 Wohnungen fast schon wieder deren genauso viele wie vor Kriegsbeginn. Es war Kolb gelungen, die einengenden normativen Kategorien der Baugenehmigungsbürokratie aus der Nazizeit zu lockern, um keine kostbare Zeit zu verlieren. Die ganze Stadt war eine riesige Baustelle. An Baumaterial arm, aber reich an Konfliktpotential, brauchte es außer viel Phantasie einen eisernen „Willen zur Tat" (Kolb). Ein Herkules war nötig, um die Stadt wieder bewohnbar und lebenswert zu machen.

Um die notwendigen Mengen an Baumaterial für Wohnungsbau und Industrieansiedlung herbeizuschaffen, war schon unter OB Blaum im Oktober 1945 die Trümmerverwertungsgesellschaft (TVG) gegründet worden, die die mühsame Flickschusterei der ersten Aufbaujahre durch neue, großdimensionierte Verfahren beenden sollte. Eine spöttisch „Hitler-Gedächtnis-Expreß" genannte Feldbahn karrte die traurigen Ladungen fünf Kilometer weit zum Ostpark, wo die Trümmerberge recycelt wurden. Am 20. Dezember 1945 hatte Kolbs Vorgänger Blaum sämtliche Gebäudetrümmer vorsorglich beschlagnahmen lassen, eine kluge Maßnahme, die später durch das Trümmerbeseitigungsgesetz des Landes Hessen legalisiert wurde. Bis zum Juli 1955 sind mehr als 9,5 Millionen Kubikmeter Trümmer beseitigt worden. So wurde aus der Not die Tugend der Wiederverwertung geboren: Die TVG produziert allein aus den Altstadttrümmern insgesamt 490.000 Dachziegel und 540.000 Backsteine. 1954 bilanziert der TVG-Vorsitzende Kolb das Verwertungsvolumen mit 23 Millionen Vollsteinen, 6,6 Millionen Hohlblocksteinen und 300.000 Quadratmetern Decksteinen.

Im lähmenden Schwebezustand zwischen einem Nicht-mehr und einem Noch-nicht hat es Kolb angesichts der Zerstörungen in der Infrastruktur unternommen, die Struktur der urtümlichen Frankfurter Verkehrsführung an die Notwendigkeiten einer zukünftigen Entwicklung anzupassen. Der in die Zukunft hochgerechnete Autoverkehr erforderte, was Kolb als Vision einer „autogerechten Stadt" proklamierte. Um den künftigen Kraftfahrzeug-Andrang in fließende Verkehrsströme zu kanalisieren, schlugen Kolb und sein „Napoleon der Fluchtlinie" genannter Tiefbaudezernent Adolf Miersch zwei breite Schneisen vor: die Ost-West-Achse, die heutige Berliner Straße, und die Kurt-Schumacher-Straße. Mit der Umstrukturierung des Verkehrsnetzes wollte Kolb einer modernen Großstadtentwicklung Rechnung tragen, die sich auf die gewaltigen Ströme von Hunderttausenden von automobilisierten Ein- und Auspendlern einzurichten hatte. An der Hauptwache ließ Visionär Kolb das erste öffentliche Parkhaus in Deutschland erbauen, das zu eröffnen seine letzte größere Amtshandlung zwei Tage vor seinem Tod sein sollte.

Am 13. September 1947 weiht Walter Kolb die Alte Brücke zwischen Hibbdebach und Dribbdebach neu ein, im Juni 1948 die Obermainbrücke und im Juli 1948 die Untermainbrücke. Am 1. März 1951 wird auch die in Friedensbrücke umbenannte alte Wilhelmsbrücke endlich wieder dem Verkehr übergeben. Die Autofahrer freuen sich, der Massenverkehr hat Ventile bekommen. Kolb wünscht sich aus diesem feierlichen Anlaß, „daß die Brücken ein Zeichen unserer Selbstbehauptung und unseres Willens zum Frieden mit allen Ländern setzen möge".

Während von 140 Turnhallen bei Kriegsende nur noch neun bespielbar und zwei Drittel der Sportplätze verödet gewesen waren, standen am Ende von

Kolbs Regiment den rund 200 Sport- und Turnvereinen wieder 60 Turnhallen und 65 Sportplätze zur Verfügung. Das von den Besatzern okkupierte Waldstadion hatte Deutschlands oberster Sportfunktionär Kolb durch hartnäckiges Insistieren 1950 wieder zurückbekommen, das er als damals zweitgrößte Sportarena der Republik für 87.000 Fans 1955 mit gehörigem Stolz eröffnet hat.

Neben Berlin, Köln, Hamburg, Leipzig, Dresden und Frankfurt am Main waren auch viele andere Groß- und Mittelstädte Orte der Verwüstung geworden. Mindestens 400 Millionen Kubikmeter Schutt zeugten als Symbol der Katastrophe von der ruinierten deutschen Kulturnation. Innerhalb von nur zwei Jahrzehnten verwandelte der Überlebenswille der deutschen Bevölkerung das kaputte Land in funktionierende Wiederbewohnbarkeit. Im Sauseschritt der Wiederaufbaueuphorie wurden besonders in Frankfurt allerdings manch arge Bausünden begangen, die aus bloßer städtebaulicher Notdurft entstanden. Obwohl OB Kolb den Stadtraum als Sozialraum begriff, konnte er bei der angestrebten „glücklichen Synthese zwischen Altem und Neuen" gewisse zeitgeschmäcklerische Verirrungen der Bauästhetik offenkundig nicht verhindern.

Modern sein bedeutet nach Roland Barthes zu wissen, was nicht mehr möglich ist; auf Frankfurt gewendet, bedeutet Modernität außer ständiger Entwicklung und Überraschung vor allem Verzicht auf nostalgische Reminiszenzen. Wie an der wechselvollen Geschichte der Römerberg-Bebauung erweislich, war es am Ende nicht immer Phönix, der aus der Asche stieg.

Nebenagentur Hotel „Monopol"

Das festliche Diner zur Amtseinführung Walter Kolbs hatte am 31. Juli 1946 im Hotel „Monopol" gegenüber dem Südeingang des Hauptbahnhofs stattgefunden, dem damals einzigen unversehrten Hotel auf Vorkriegsniveau am Ort. An der langen Tafel flankierten den OB Walter Kolb der damalige Bürgermeister Karl Altheim und Stadtverordnetenvorsteher Johannes Rebholz. Unter den 25 exklusiven Gästen prosteten Kolb freundlich zu: Bernhard Grzimek, Eberhard Beckmann, die drei Fraktionsvorsitzenden sowie Ernst Beutler, Colonel Francis Sheehan und weitere Nobilitäten aus Politik und Gesellschaft wie der Bierbrauer und spätere Ehrenbürger Bruno H. Schubert. Das „Monopol" war der gesellschaftliche Ort, wo vieles von dem entschieden wurde, was offiziell nicht auf den Tagesordnungen stand.

Anders als in dem berühmten Berlin-Film *Hotel Adlon* (1955), in dem der Regisseur Josef von Báky mit dafür beispielhaften Akteuren 40 Jahre deutsche

Der 1950 geschaffene nüchtern-sachliche Innenraum der Westend-Synagoge vor seiner Teilrekonstruktion ab 1988

und europäische Geschichte Revue passieren läßt, hat das Hotel „Monopol" aus den ersten vier Nachkriegsjahren manche spannende Frankfurter Geschichte zu erzählen. Während die schillernden *Adlon*-Figuren Nadja Tiller, Werner Hinz und René Deltgen in fiktiven Konstellationen Kinospannung erzeugen, war im Hotel „Monopol" jeder einzelne Gast ein ganz realer Hauptdarsteller, besonders wenn er genügend Geld oder großen Einfluß besaß.

In den Jahren 1945 bis 1949 spielten sie hier in vielen Rollen, Nebenrollen und Chargen ihren jeweiligen Part. Da die unzerstört gebliebene Nobelherberge „Monopol" durch die Zwei-Zonen-Behörde unterhalten wurde, fanden hier nächtens nur VIPs Aufnahme oder auch solche Zeitgenossen, die von den Amerikanern dafür gehalten wurden. Über politisches Blockdenken hinweg gewährten die Besatzungsmächte besonders gern jenen Verhandlungspartnern hier eine kurzfristige Heimstatt, die ihnen für den Wiederaufbau nützlich schienen.

Die Bewirtschaftung des Hotels hatte Albert Steigenberger übernommen, der Vater von Egon Steigenberger. Die geschäftliche Leitung oblag dem Organisationstalent Hilde Ringelmann, Tochter des späteren *Tatort*-Produzenten.

In den Verhandlungsräumen des „Monopol", beim Frühstück oder abends in der mit exquisiten Getränken ausgestatteten Bar, haben Gespräche über den

Wiederaufbau, die Rohstoffbeschaffung oder über die Rückführung von ausgelagerten Firmen nach Frankfurt oft zum Erfolg geführt. Auch mit Blick auf den Wiederaufbau der Republik wurde hier an dispensierte Handelsbeziehungen als wichtigen Kristallisationspunkt für künftige globale Geschäfte angeknüpft.

Unter schierem Handlungsdruck stand bei diesem Netzwerk aber die allernächste Zukunftsplanung im Vordergrund: Es galt, in das Beziehungsgeflecht ganz neue Fäden einzuweben, um in Frankfurt neue Unternehmen, Kredithäuser und ausländische Firmen anzusiedeln. Dabei hatten amerikanische Besatzer und Frankfurter Magistratsvertreter das große Ziel einer deutschen Wirtschaftsmetropole Frankfurt immer klar umrissen vor Augen. Ziel war es vor allem aber auch, einem moralisch, wirtschaftlich und kulturell ruinierten Land insgesamt wieder Normalität zu verschaffen.

Da nicht nur die Spitzen der amerikanischen Besatzungsmacht im „Monopol" verkehrten, sondern Politiker und Wirtschaftsmagnaten auch aus den USA, sind hierorts auch erste Gespräche über das große humanitäre Projekt des Marshallplanes geführt worden, jenes gigantische, nach US-Außenminister George Catlett Marshall benannte Hilfsprogramm zum Wiederaufbau Europas, das am 3. April 1948 vom Kongreß der Vereinigten Staaten verabschiedet wurde. Der Marshallplan diente außer seinem humanitären Zweck dem Ziel der Westmächte, Westdeutschland als Bündnispartner gegen die bolschewistische Hemisphäre zu stärken und den sowjetischen Einflußbereich in Europa insgesamt in Grenzen zu halten. Die USA haben 13 Milliarden Dollar in das „Zuckerbrot" genannte Megaprojekt investiert.

Bereits im Jahr der katastrophalen Mißernte 1947 hatte die deutsche Bevölkerung eine höchst willkommene Hilfe aus den USA erhalten. Walter Kolb hatte in seiner Rede zur Einweihung der wiedererstandenen Alten Brücke am 13. September 1947 die Frankfurter auf die vorausgesagte Hungersnot im kommenden Winter rechtzeitig vorbereitet. Mit der Wohltat aus dem „Land der unbegrenzten Möglichkeiten" wurde außer den leiblichen Bedürfnissen auch jenen der Massenseele entsprochen. General Lucius D. Clay, kluger Psychologe unter militärischen Betonköpfen, wußte, daß „mit einem hungernden Volk keine Demokratie zu errichten" sei. Bereits am 26. Dezember 1945 hatten sich 22 Wohlfahrtsorganisationen Amerikas unter dem Namen CARE zusammengeschlossen: Bis 1949 wurden allein für die Deutschen in der amerikanischen Besetzungszone 1,74 Millionen CARE-Pakete mit Lebensmitteln, Kleidung und Medikamenten geliefert.

Im „Monopol" hat schon früh auch Ludwig Erhard gewohnt, der die amerikanische Besatzungsmacht in wirtschaftlichen Fragen beriet. In Gesprächen mit Kolb und Wirtschaftsgrößen wollten sie eine Konjunktur nicht lediglich herbeireden, sondern sie mit Hilfe des mächtigen Frankfurter Wirtschaftsrats auch bewerkstelligen. Das griechische Wort „Monopol" übersetzt der Duden mit „Recht auf Alleinhandel" und mit „Vorrecht und alleiniger Anspruch". Insofern stimmt die Definition mit der damaligen Wirklichkeit im Kern überein, als von hier aus ökonomische und politische Entscheidungen mit einer offensiven Zuversicht ins Neue getroffen wurden. So erklärte der damals 50jährige Ludwig Erhard am 20. Juni 1948 gegen den Widerstand der Besatzer kurzerhand das Ende der Zwangswirtschaft und verkündete selbstbewußt die Währungsreform, deren Ziel es war, den Geldüberhang von rund 250 Milliarden Reichsmark zu beseitigen und damit die Reichsschuld auf ein für die Volkswirtschaft erträgliches Maß zu reduzieren.

Mit der Währungsreform sollte sich die Versorgungslage nachhaltig verbessern. Das Datum des 20. Juni 1948 markierte zugleich auch das Ende von Tauschhandel und Schwarzmarkt, dessen Preise der Mangel diktiert hatte: Ein halbes Pfund Butter kostete jetzt keinen Perserteppich mehr, sondern nur noch knapp 2 D-Mark. Als in der Lohntüte wieder harte Währung steckte, verschwand bald auch das Gespenst der Arbeitslosigkeit. Und nun konnte einer für seinen Lohn auch wieder etwas kaufen. Erst mit der Währungsreform beginnt der Wohlstand seine Arme auszubreiten.

Heute einer der mythischen Gründungsväter der Republik, galt Ludwig Erhard schon 1949 als unersetzbar wie kein anderer Ressortminister. Die Alliierten konnten ihn nicht absetzen, die CDU brauchte seine Kompetenz, und die SPD hatte keinen Besseren und schon gar nicht die Mehrheit, um Erhard aus dem Amt zu jagen. Erhard verdanken wir auch die freie Berufs- und Konsumwahl. Stur beharrte er auf seinem Entscheidungsmonopol, wie man heute weiß, zum Segen des wirtschaftlichen Aufschwungs, der später den Namen „Wirtschaftswunder" tragen und von linken Nörglern als „Fetisch" verächtlich gemacht werden sollte. Erhards notorische Zigarre war eine Art verdinglichtes Prinzip Hoffnung.

Auch einer der letzten Repräsentanten des universal gebildeten Bürgertums, der im Vollsinn des Begriffs als Homme de lettres hochgeachtete Carlo Schmid lebte hier im „Monopol" unter exponierten Größen aus Wirtschaft und Politik. Theodor Heuss nannte den sozialdemokratischen Feingeist Carlo Schmid freundlich-ironisch „Silberbesteck im Proletarier-Haushalt". Schmid gehörte 1948/49 zum „ausgewählten Beraterkreis" für die Ausformulierung des Grundgesetzes. Für viele Monate durfte Schmid im „Monopol" Quartier beziehen. Als mediterrane Figur war er unter einfach gestrickten Gemütern gefürchtet, weil sich sein Wissen oft in einem Lavastrom von kultivierten Zitaten und Fremdwörtern ergoß. Carlo Schmids Reden setzten bereits voraus, was eigentlich erklärt werden sollte. Der Baudelaire-Übersetzer, Völkerrechtler und spätere SPD-Bundestagsabgeordnete (1949 bis 1972) hatte ab 1953 an der Goethe-Universität den Lehrstuhl für Politische Wissenschaften inne und war von 1969 bis 1972 als Vizepräsident des Bonner Bundesparlaments dessen intellektueller Vorzeigegenosse.

Die amerikanische Wagenburg „Monopol" beherbergte aber nicht nur seriöse Herren aus Handel, Gewerbe und Kunst, sondern gelegentlich auch eine skurrile Mischung von marginalen und unsteten bourgeoisen Existenzen. Hotel hier verstanden auch als Metapher des Unbehaustseins einsamer Individuen. Kein Geringerer als der von den Nazis aus Frankfurt vertriebene Philosoph Siegfried Kracauer nannte Hotelhallen einmal Stimmungskanonen für die Gäste, die zerstreut werden müßten, denn sie befänden sich am Schauplatz derer, „die den Gesuchten weder suchen noch finden". Anders als in Vicki Baums traurigem Roman *Menschen im Hotel*, war das gepflegte Interieur des „Monopol" für das erlebnisoffene Individuum aber auch Quelle eines neuen Lebensgefühls nach den Zwängen der Diktatur, partiell auch ein Sittenbild aus den drei wilden Nachkriegsjahren. Am Ende ihres Romans schreibt Vicki Baum, daß vieles von dem, was Menschen im Hotel erlebten, „keine runden, vollen, abgeschlossenen Schicksale" seien, sondern nur Bruchstücke, und daß hier Glückseligkeit und Katastrophe Wand an Wand wohnten.

Die ersten Nachkriegsjahre im Frankfurter Hotel „Monopol" samt ihren hier verschwiegenen Herrenpartien, ihren Kuriosa und Petitessen sowie manch leicht irregulären Typen taugten gut für einen höchst spannenden Gesellschaftsroman.

Kolbs geplatzter Hauptstadt-Traum

Welche Stadt im geteilten Deutschland schien nach dem Hitler-Krieg am ehesten legitimiert, als Hauptstadt der neuen Bundesrepublik sich zu empfehlen? Selbstbewußt hatte Frankfurts Oberbürgermeister Walter Kolb diese Frage mit der Nominierung seiner Stadt beantwortet. Obwohl in Bonn geboren, kämpfte Rheinländer Kolb am Main dagegen, daß ein Provinznest wie der idyllische Beethoven-Ort mit den vier Buchstaben zur deutschen Kapitale avancierte. Er wollte die Gegenspieler mit Frankfurts großartiger Geschichte ins Abseits verweisen. Hessens Ministerpräsident Christian Stock hatte Kolb in einem Ge-

Der „Hitler-Gedächtnis-Expreß" im Baumweg 1946

spräch im Sommer 1948 sogar schon empfohlen, sich über die Unterbringung der Bundesinstitutionen Gedanken zu machen, die Kosten werde das Land tragen.

Kolb rühmte Frankfurt als Wahlort der Kaiser und Könige des einstigen Heiligen Römischen Reiches Deutscher Nation, als Geburtsstätte der Demokratie und als Tagungsort der ersten Nationalversammlung in der Paulskirche 1848/49; mit diesen und anderen historischen Pfunden und der Aura des glorioisen Stadtnamens versuchte Kolb erfolgreich zu wuchern. Als einer der ältesten Messeorte seit dem Mittelalter Treffpunkt der Welt und mit dem größten Flughafen Kontinentaleuropas und einem Bahnhof mit täglich über 50 D-Zügen in alle Himmelsrichtungen war Frankfurt auch damals schon unbestrittener Verkehrsknotenpunkt Deutschlands und die Drehscheibe des Kontinents.

Nicht von ungefähr hatten die Alliierten sogar ihr Hauptquartier in der Mainmetropole aufgeschlagen. Die legendäre amerikanische Luftbrücke nach Berlin startet am 26. Juni 1948 ihren ersten „Rosinenbomber" in Frankfurt. Und hier haben am 1. Juli 1948 die Militärgouverneure der drei Westzonen allen anwesenden Ministerpräsidenten der damals elf Bundesländer jene „Frankfurter Dokumente" überreicht, welche auf der Grundlage der Londoner

Sechs-Mächte-Konferenz die Gründung eines westdeutschen Bundesstaates empfahlen, womit allerdings auch die politische Teilung Deutschlands sanktioniert wurde. Schließlich hatten sich schon im Sommer 1947 in Frankfurt die Zentralbehörden des Vereinigten Wirtschaftsgebietes der amerikanischen und britischen Besatzungszonen (Bizone) etabliert.

Die im Potsdamer Abkommen geregelte Behandlung Deutschlands als wirtschaftliche Einheit war zunächst an den Franzosen gescheitert, die gegen jede Art deutscher Zentralbehörden protestierten, während vor allem den Amerikanern daran gelegen war, Deutschland wirtschaftlich wieder auf eigene Füße zu stellen. Um die Versorgungsschwierigkeiten im Winter 1946/47 in den Griff zu bekommen, legten die USA und Großbritannien ihre Besatzungszonen im Januar 1947 zur Bizone zusammen. Besonders die Furcht vor einer Ausbreitung des Kommunismus in den wirtschaftlich noch desolaten Zonen spielte bei dieser Entscheidung keine geringe Rolle.

In der neuen Bizone werden Ämter für Post, Verkehr, Wirtschaft, Finanzen, Arbeit sowie Ernährung und Landwirtschaft eröffnet. Ludwig Erhard wird im März 1948 Direktor der Wirtschaftsverwaltung mit Sitz Frankfurt. Frankreich tritt erst im April 1949 der Bizone bei, die sich damit zur Trizone erweitert. Karl Berbuers Karnevalsschlager *Wir sind die Eingeborenen von Trizonesien* verhohnepipelt die Deutschlandvermessung der Alliierten entsprechend. Bizone und Trizone und ihre diversen Institutionen werden während des Kalten Krieges quasi zu Vorläufern der föderalen Bundesrepublik Deutschland, die damit den virtuellen Vorgriff auf die Ambition Frankfurts als Hauptstadt legitimieren.

Föderalismus, diese Lieblingsformel der konservativen deutschen Staatslehre, findet auch bei Sozialdemokraten wie Walter Kolb oder Wilhelm Kaisen (Bremen) Anklang, weil die Einheit im föderalen Gefüge von den beiden Kernprinzipien Subsidiarität und Solidarität gestaltet wird. Oberstes Prinzip des Föderalismus ist die Bundestreue; das Bundesrecht genießt dabei Vorrang gegenüber dem Landesrecht.

Als Kernstadt des zweitgrößten Ballungsraumes Deutschlands galt Frankfurt schon damals als unbestritten führende Wirtschaftsmetropole und speziell als Zentralort der europäischen Handelsbeziehungen mit den USA. Bereits im Februar 1948 war der bizonale Wirtschaftsrat in Frankfurt mit einer erweiterten gesetzgeberischen Kompetenz ausgestattet worden. Außerdem bestehen die Amerikaner im März 1948 auf der Ansiedlung der „Bank deutscher Länder", der späteren Bundesbank, in Frankfurt, womit auch die dynamische Entwicklung zum europäischen Bankenzentrum angestoßen wurde. Hier wird auch die

Währungsreform in Gang gesetzt, die am 20. Juni 1948 die D-Mark als stabile Währung einführt. Frankfurt wird von den Westalliierten auch als Sitz für die Kreditanstalt für Wiederaufbau auserkoren. Sie wird Anfang 1949 unter Leitung des Frankfurter Bankiers Hermann Josef Abs als Schaltstelle für die vielen Marshallplan-Dollars ihre Arbeit aufnehmen.

Walter Kolb konnte den Bundestagsabgeordneten und Vorsitzenden des Bundestags-Hauptausschusses Carlo Schmid für seine große Hauptstadtpassion gewinnen, weil es auch diesem um die Errettung vor deutscher Provinzialität ging. Schmid vertrat emphatisch die Meinung, daß mit all seinen Vorzügen und Vorteilen Frankfurt schon längst der Charakter einer provisorischen Hauptstadt eigne und die Ernennung der Stadt zur westdeutschen Kapitale so gut wie sicher sei. Offenbar hatte aber Carlo Schmid kaum mit den schnell wachsenden Ressentiments von Provinzgemütern gegen den Weltstadtnimbus Frankfurts gerechnet.

Frankfurts auch symbolisches Kapital in Rechnung stellend, verkündete in der Stadtverordnetenversammlung am 4. November 1947 ein leidenschaftlicher Optimist Walter Kolb noch siegesgewiß, keine andere Stadt werde Frankfurt „noch den Rang ablaufen" können. Außerdem habe ihm der amerikanische Botschafter Robert D. Murphy versichert, daß „Frankfurt im Scheinwerferlicht Washingtons" stehe. Kolbs Vision war sehr konkret: In der Paulskirche solle künftig das Parlament tagen, das damals noch „Volkskammer" hieß, und in der Lindenstraße Nr. 27, im schloßähnlichen Gebäude der früheren Gestapo-Zentrale, könne der Bundespräsident angemessen residieren. Mit seiner Charmeoffensive hatte ein ubiquitärer Kolb das Füllhorn der Frankfurter Vorzüge ausgeschüttet, und mit einer Kaskade von Zukunftsbildern hatte er diese in vielen politischen Gremien und Einzelgesprächen derart souverän und anschaulich an den Mann gebracht, daß eigentlich nichts mehr aus dem Ruder laufen konnte. Kolbs Frankfurtbegeisterung folgte in ihrer soliden Argumentation einer unbeirrbaren Logik.

Inzwischen waren aber die Befürworter Bonns mit Konrad Adenauer an der Spitze und dem Ministerpräsidenten von Nordrhein-Westfalen Karl Arnold im Troß nicht müßig gewesen, unter der Neidgenossenschaft vieler künftiger MdB-Kollegen für ihre staatspolitische Ranküne die Bataillone zu sammeln.

Im eleganten Generals-Outfit empfingen am 15. April 1949 die drei Militärgouverneure Lucius D. Clay, Brian H. Robertson und Pierre Koenig die Repräsentanten des Parlamentarischen Rates mit Konrad Adenauer an der Spitze im unbeschädigt gebliebenen IG-Farben-Hochhaus. Die Besatzungsgouverneure hatten sich in Frankfurt darauf geeinigt, den neuen westdeutschen Staat als „Bundesrepublik Deutschland" firmieren zu lassen. Ein weiterer Punktsieg für Frankfurt. Am 30. September 1949 steht dann das Thema „Frankfurt als Hauptstadt" auf der Tagesordnung des Bundestages. Der entsprechende Bericht des Hauptausschusses ist für die Bonner Ambitionen höchst ungünstig: „Mit Ausnahme des Sitzungssaales für das Parlament werden alle Einrichtungen Frankfurts für besser und kostengünstiger gehalten, einschließlich der Wohnungssituation." Als der Vorsitzende Adenauer dann das Wort ergreift, wendet sich das Blatt durch die ausgesucht zynische Volte, Frankfurt sei nicht „besatzungsfrei", denn die Amerikaner requirierten für mindestens 2.000 Mitarbeiter Wohnraum und Büros, und sämtliche Kosten habe die Bundesregierung zu tragen. Das sei „eine glatte Fälschung der alliierten Auskünfte, aber Adenauer kommt mit seiner Rabulistik durch", kommentiert die *F.A.Z.*

Die Reihen der CDU dürfte jenes Gerücht geschlossen haben, SPD-Boß Kurt Schumacher habe herumposaunt, falls Frankfurt zur Bundeshauptstadt auserkoren werde, ließe sich das als ein sozialdemokratischer Triumph über die Christdemokraten gut verkaufen. Der Parlamentarische Rat entschließt sich schließlich mit 33 zu 29 Stimmen gegen die ehemalige Freie Reichsstadt am Main und für die ehemals kurkölnische Residenzstadt am Rhein. Konrad Adenauer hatte lange vergeblich versucht, auch den Frankfurt-Befürworter Carlo Schmid mit dem Argument auf seine Seite zu ziehen, „in Frankfurt würden Parlament und Regierung unter dem massiven Druck der Bürokratie der Militärregierung geraten und die bürokratische Wand der Verwaltungen des ehemaligen Wirtschaftsrates werde uns den Blick auf die eigentlichen, die politischen Probleme verstellen", wie Schmid in seinen *Erinnerungen* (1979) berichtet. Am 3. November 1949 entscheidet sich auch der Deutsche Bundestag mit 200 zu 176 Stimmen für Bonn und gegen die Goethestadt.

Mit dem blitzartigen Zuschlag für Bonn war Walter Kolb tief vom hohen First der Hoffnung gefallen. Der speziell für den Bundestag errichtete sogenannte Rundbau an der Bertramswiese wurde für viereinhalb Millionen D-Mark an den Hessischen Rundfunk verschleudert.

Die Einladung zur Reflexion auf die historische Bedeutung Frankfurts war folgenlos geblieben. Konrad Adenauer durfte seine Rosen weiterhin am Rhein züchten. Das lehrt die kalte Logik des Scheiterns: daß sich auch an den Großen der Politik die Vielschichtigkeit menschlich-egoistischer Handlungsmotive exemplifizieren läßt. Das Kabarett hat in diesen Jahren spießiger Politik Hochkonjunktur.

Zu Kolbs Niederlage fällt mir ein treffliches Zitat aus Ludwig Marcuses Studie *Der Philosoph und der Diktator* ein: „Das Erbauliche ist nicht, was einer erreicht hat, sondern was er zu erreichen versucht hat. Das Traurige an unserer

Zeit ist aber nicht, was sie nicht erreicht, sondern was sie nicht versucht. Im Versuchen aber liegt der echte Idealismus." Anstatt die Flinte ins Korn zu werfen, nahm der ewige Idealist Walter Kolb unverzüglich viele andere große Projekte in Angriff. Mit Erfolg.

Kolbs vorsorgliche Radio-Ansprache als Hauptstadt-OB

Felsenfest davon überzeugt, in Kürze Hauptstadt-Oberbürgermeister zu sein, hatte Kolb vorsorglich für den Tag X eine Rundfunkrede aufnehmen lassen, damit die Erfüllung seines Traumes in einer dem Anlaß angemessenen staatsmännischen Rede in den Geschichtsbüchern Eingang fände. Nach der Lektüre wird ihm niemand einen Mangel an Euphorie und Zuversicht nachsagen können:

Liebe deutsche Mit-Landsleute, liebe Frankfurter Mitbürger, unsere Stadt Frankfurt hat die Nachricht, daß sie zur Bundeshauptstadt gewählt wurde, keineswegs mit dem Gefühl irgendeines Triumphes gegenüber anderen deutschen Städten, die gleichfalls zur Wahl standen, aufgenommen. Sie gibt vielmehr ihrer Freude Ausdruck, daß der Parlamentarische Rat in Bonn nach rein praktischen und sachlichen Gesichtspunkten entschieden und damit dem Wunsche des größten Teiles der deutschen Bürger der Westzonen entsprochen hat. Für sie geht es nicht darum, daß die vorläufige Bundeshauptstadt aus irgendwelchen Ressentiments oder nach Bequemlichkeitsgründen gewählt wird, sie verlangen, daß das Steuergeld der Bürger so sparsam und so gut wie möglich verwandt wird. Und da nun einmal hier in Frankfurt fast alle Einrichtungen bereits geschaffen sind, die eine Bundeshauptstadt benötigt, und außerdem diese Bundeshauptstadt so außerordentlich verkehrsgünstig gelegen ist, konnten es weite Kreise nicht verstehen, daß diese Wahl soviel Kopfzerbrechen verursachte. Nun aber hat die Vernunft gesiegt. Möge der Geist dieser Entscheidung auch die künftige Arbeit der Bundesorgane bestimmen. Wir in Frankfurt wollen jedenfalls unser Allerbestes tun, um der Bundeshauptstadt jenen äußeren Rahmen zu geben, den sie für ihre Arbeit und ihr Ansehen braucht. Wir fühlen uns um so mehr hierzu verpflichtet, als unsere Stadt wie kaum eine andere in Deutschland auf eine große demokratische Tradition zurückblicken kann. Hier in der Frankfurter Paulskirche wurde vor 100 Jahren der Versuch unternommen, eine deutsche Demokratie zu gestalten. Dem Bestreben des ersten deutschen Parlaments in der Paulskirche war kein Erfolg beschieden. Es darf jedoch nicht vergessen werden, daß hier die Wiege der deutschen Demokratie gestanden hat und daß die von der Paulskirche ausgegangenen demokratischen Ideen in Deutschland niemals wieder verloren gegangen sind.

Auch in den Jahren des politischen Niederganges unseres Volkes zwischen 1933 und 1945 ist der demokratische Geist in dieser Stadt lebendig geblieben. Wir empfinden es deshalb auch aus politischen Gründen als einen nationalen Erfolg, daß Frankfurt, aus dem die deutsche Demokratie ihren Ausgang nahm, dazu ausersehen wurde, Bundeshauptstadt des nun wieder neu aufzubauenden und zu gestaltenden deutschen demokratischen Staates zu werden. Wir wissen, daß uns auch hier in dieser Hinsicht eine bedeutungsvolle Verantwortung auferlegt wurde.

Wenn wir nun im Westen eine neue Bundeshauptstadt errichten, dann sind wir uns dessen bewußt, daß dies nur eine vorläufige Regelung sein kann, bis einstmals alle Zonengrenzen niedergerissen werden und die Deutschen wieder frei und ohne Zonenpässe ihr Vaterland bereisen können, bis der Tag kommen wird, an dem die Deutschen wieder selbst über ihre Geschicke bestimmen und nach ihrem Willen und ohne Hindernisse ihre Bundeshauptstadt endgültig wählen können. Jeder Deutsche sehnt mit heißem Herzen diesen Tag herbei. Frankfurt als vorläufige Bundeshauptstadt will sein Bestes geben, um seine Aufgabe bis zu diesem Zeitpunkt zu erfüllen.

Der erste Gruß der neuen Bundeshauptstadt im Westen gilt unserer alten Reichshauptstadt Berlin und ihrer tapferen Bürgerschaft. Sie hat mit einer Standhaftigkeit und Vorbildlichkeit, die ihresgleichen suchen, den schweren Lebenskampf in der Zeit der Blockade durchgehalten und darf nun nach der Aufhebung der Blockade mit Freude und Genugtuung die Glückwünsche der ganzen Welt für diese Haltung entgegennehmen. Es ist uns Menschen im deutschen Westen und Süden und insbesondere der Bevölkerung der demokratischen Stadt Frankfurt gerade am heutigen Tage ein Herzensbedürfnis, euch, liebe Berliner und Berlinerinnen, unsere aufrichtigsten Grüße und Wünsche zu übermitteln und euch zu sagen, wie wir es immer wieder getan haben, daß wir uns lediglich dazu berufen fühlen, eure Stelle zu vertreten, bis ihr einstmals wieder eure Rechte geltend machen könnt. Wir gedenken am heutigen Tag auch unserer Brüder und Schwestern in der Ostzone Deutschlands und versichern ihnen, daß wir alles daransetzen, um jenen Tag herbeizuführen, an dem wir uns wieder ungehindert und frei vereinigen können.

Die neue Bundeshauptstadt Frankfurt und ihre Bürger gehen nun mit Verantwortung und ehrlichem Bemühen an diese neue große Aufgabe heran. Wir bitten die zu uns kommenden Parlamentarier, Regierungsmitglieder, Vertreter der Behörden und Wirtschaftsorganisationen, nur diejenigen Ansprüche zu stel-

len, die eine deutsche Stadt, die so schwer im Krieg gelitten hat, in der heutigen Zeit erfüllen kann. Im Rahmen dieser Möglichkeiten aber wird unsere Stadt und ihre Verwaltung sich auf das Ernsteste bemühen, ihr Bestes zu geben. Die Frankfurter Bürgerschaft wird, dessen bin ich gewiß, mit der alten Frankfurter Herzlichkeit und Gastfreundschaft allen Hierherkommenden und Zuwandernden begegnen. Lassen sie uns alle dem gemeinsamen Ziele dienen, unser Vaterland neu aufzubauen und ihm zu unserem Teil eine bessere Zukunft zu erarbeiten.

Es war Walter Kolb nicht gelungen, wie weiland dem Wohltäter der Menschheit Prospero in Shakespeares *Sturm* den Bosheiten des Caliban Einhalt zu gebieten, der in unserem Fall Konrad Adenauer hieß: Dessen Ränke hatten sich am Ende als erfolgreich erwiesen.

Wirtschaftszentrum Frankfurt

Im Bewußtsein der Entwicklungschancen, die sich Frankfurt als künftiger Bundeshauptstadt bieten würden, hatte ein hochgemuter Walter Kolb alles Menschenmögliche versucht, die Mainmetropole als Sitz des Parlaments, der Bundesregierung und des Bundespräsidenten durchzusetzen. Nach dem Scheitern seiner großen Hauptstadtmission wandte sich Kolb mit ungebrochenem Elan dem Nächstliegenden zu: den ungelösten Problemen der Frankfurter Kommunalpolitik. Schließlich war es wichtiger, die wahren Schlachten um die Zukunft Frankfurts vor Ort zu gewinnen. Jetzt würde er eben Frankfurt statt zur Bundeshauptstadt zur international angesehenen Finanz-, Handels- und Wirtschaftsmetropole machen. Nach der Entscheidung gegen Frankfurt als Bundeshauptstadt vom 3. November 1949 erklärte Walter Kolb:

Wir werden nun, noch stärker als es bisher geschehen konnte, Frankfurt zum Wirtschaftszentrum ausgestalten und den bereits hier vorhandenen und durch intensive Werbung noch hinzutretenden Industrie- und Gewerbezweigen unsere stärkste Unterstützung und Förderung angedeihen lassen. Damit wird Frankfurt schon bald wieder im deutschen und internationalen Wirtschaftsleben seine führende Stellung einnehmen.

So hat Kolb nicht nur den Haus- und Siedlungsbau vorangetrieben, sondern zunehmend auch die Ansiedlung neuer Unternehmen und den Ausbau alteingesessener Firmen wie Degussa, Hoechst, Metallgesellschaft, Adler und die Neckermann Versand KG. Die AEG verlegt 1951 ihre Zentralverwaltung nach Frankfurt. Neben der Chemie prägen der Maschinenbau und die Elektroindustrie die Wirtschaft der Mainmetropole. Deren Ruf als „Stadt der Rauchwaren und Kürschner" geht ebenfalls auf Kolbs Habenkonto. Im Bahnhofsviertel konzentrierten sich 400 Händler und Konfektionäre, die sich aus Leipzig an den Main hatten locken lassen.

Die Serie von Firmen-Neugründungen war nicht nur für die Erhöhung der Steuereinnahmen wichtig, sondern auch für die Schaffung von Arbeitsplätzen. Mit dem Ausbau des Dienstleistungssektors als zunehmend florierendem Wirtschaftsfaktor ist Frankfurt auf dem besten Weg zur pulsierenden modernen Wirtschaftsmetropole. Während die Zahl der Erwerbslosen 1950 in Westdeutschland noch bei 1,8 Millionen lag – eine Quote von 11 Prozent –, war die Arbeitslosenquote in Frankfurt bereits auf 3,7 Prozent gesunken. Mit der Eröffnung des neuen Kaufhofs als eines architektonischen Markenzeichens für Deutschlands teuerste Einkaufsmeile Zeil kündigt sich eine Verstetigung des wirtschaftlichen Aufschwungs an. Die Zeil flankieren heute fast ausschließlich die verspiegelten Flächen von Großkaufhäusern; auch die Fassaden der Berliner Straße spiegeln steingewordene Tristesse und sehen so aus, als seien in den sechziger Jahren die Uhren angehalten worden. Architektonisches Mittelmaß dominiert die Stadtplanung insgesamt.

Unter Walter Kolb nahm auch das Gestalt an, was Frankfurt zum Spitznamen „Bankfurt" verhelfen wird. Nach dem Ende des Zweiten Weltkrieges waren die deutschen Großbanken von der Militärregierung zerschlagen und in ihrer Geschäftstätigkeit auf die Besatzungszone eingeschränkt worden; eines der Nachfolginstitute, die Mitteldeutsche Creditanstalt, hatte ihren Sitz in Frankfurt. Erst als den Großbanken 1952 eine Teilrezentralisierung erlaubt wurde, entschieden sich viele Geldinstitute für Frankfurt als Hauptsitz. Noch im selben Jahr gründete ein Konsortium aus 30 Banken hier die Ausfuhrkredit AG. 1957, ein Jahr nach Walter Kolbs Tod, verlegen schließlich auch die Deutsche Bank und die Dresdner Bank ihre Zentralen an den Main. Die in Düsseldorf ansässige Commerzbank wird ihnen erst 1990 folgen. Im Jahr 2010 werden schließlich 63 inländische und 152 ausländische Banken in Frankfurt vertreten sein und die Stadt zur kontinentalen Finanzmetropole gemacht haben, und die Börse, der Nukleus des Finanzplatzes, wird ihr 425jähriges Jubiläum feiern. Das gute Verhältnis zu den Banken gründete vielleicht auch auf der Freundschaft Kolbs mit Hermann Josef Abs, mit dem er in Bonn einst die Schulbank gedrückt hatte.

Frankfurt ist aber nicht nur Wirtschaftsmetropole und Bankenhauptstadt; die Stadt ist auch die Hochburg der Gewerkschaften. Die großen fünf der 17 Einzelgewerkschaften des DGB wählten Frankfurt als idealen Konfrontationsort mit den Arbeitgebern. Die IG Metall als mit 2,3 Millionen Mitgliedern im Jahr 2010 weltweit größte organisierte Arbeitnehmervertretung erreicht mit ihrem 1970 errichteten Hochhaus am Main zwar nicht die späteren Höhen von Deutscher Bank und Dresdner Bank; die Gewerkschaftsbosse tauschen gleichwohl auf Augenhöhe mit den Bankenchefs ihr Vokabular der moralischen Selbstverständigung aus. Auch die GEW, die Gewerkschaft Erziehung und Wissenschaft, verfügt über ein entsprechend progressives Agitationspotential. Die IG Bau-Steine-Erden, die Deutsche Postgewerkschaft und die Gewerkschaft der Eisenbahner Deutschlands (GdED) organisierten ebenfalls von ihren Frankfurter Zentralen aus ihre Tarifrunden und falls notwendig auch ihre Streiks.

Ausgerechnet die gewerkschaftseigene Hausbank für Gemeinwirtschaft (BfG) war mit ihrem von den Architekten Richard Heil und Johannes Rahn komponierten und 1977 fertiggestellten 40geschossigen Hochhaus die ursprüngliche Speerspitze der neuen Frankfurter Spitzenbanken-Skyline. Seit 1998 ist die im selben Jahre gegründete Europäische Zentralbank (EZB) der neue Besitzer des inzwischen Eurotower genannten Gebäudes mit 46.600 Quadratmetern Nutzfläche. Das seit einem halben Jahrhundert existierende Nebeneinander von Banken, Wirtschaft und Gewerkschaften in Frankfurt spiegelt zugleich die wirtschaftlichen und sozialen Aufschwünge der Bundesrepublik.

Auch für den Auf- und Ausbau des Frankfurter Flughafens hat sich Walter Kolb eingesetzt. Da die schon kurz nach Kriegsende gebaute Startbahn unter den Abertausenden Hilfsflügen der Luftbrücke nach Berlin schwer gelitten hatte, wurde der Bau einer zweiten Startbahn notwendig. Die Arbeiten an der 2.150 Meter langen Startbahn 2 begannen am 28. April 1949, am 22. Dezember konnte sie dem Verkehr übergeben werden. Am 27. Mai 1950 wehte erstmals die Bundesflagge über dem Flughafengebäude, der Flughafen wurde bereits wieder von elf Fluggesellschaften angeflogen. 1951 wurden teilweise die Restriktionen für deutsche Flugteilnehmer aufgehoben, und dies sorgte für eine rapide Steigerung des zivilen Luftverkehrs. 1952 wurden über 400.000 Passagiere gezählt, 1953 bereits über eine halbe Million. Im Schnitt starteten und landeten auf „Rhein-Main" täglich 100 bis 120 Maschinen. Dies erfordert eine ständige Erweiterung der Anlagen: Von Frühjahr 1951 bis Januar 1952 wird das Empfangsgebäude mit einem zweiten Obergeschoß aufgestockt, außerdem werden Tanklager, Gebäude für Post und Feuerwehr gebaut. Von dem 1955 neu gebauten, überdachten Restaurant blickt man auf eine 2.000 Besucher fassende Freiterrasse mit Grünanlagen und Wasserspielen. Im gleichen Jahr werden auch die Besitzverhältnisse der Flughafen Frankfurt/Main AG neu geregelt: Das Land Hessen besitzt nun 45 Prozent der Anteile, Frankfurt 29 Prozent und der Bund 26 Prozent der FAG-Aktien.

Bereits im Herbst 1948 hatte Walter Kolb zur ersten Messe nach dem Kriege eingeladen; sie war ein voller Erfolg, und so fanden nun wieder regelmäßige Frühjahrs- und Herbstmessen statt. Zur ersten Frankfurter Buchmesse der Nachkriegszeit vom 18. bis 23. September 1949 versammelten sich 205 deutsche Aussteller in der Paulskirche. Die Buchmesse entwickelte sich in den nächsten Jahren zum wichtigsten alljährlichen Treffen von Verlegern, Buchhändlern und Autoren aus aller Welt. 1950 findet in Frankfurt erstmals die Pelzmesse statt, 1951 öffnet hier die erste Internationale Automobilausstellung ihre Tore.

Gehörigen Anteil an dieser Entwicklung hatte zweifellos Walter Leiske, Kolbs Dezernent für Wirtschaft und Verkehr seit 1948 und als Bürgermeister auf CDU-Ticket Kolbs Stellvertreter. Wie der OB war auch Leiske der Meinung, die Entscheidung für Bonn als Bundeshauptstadt sei zugleich „die Geburtsstunde einer erneuten Wirtschaftsförderung für Frankfurt". Als promovierter Volkswirt und vormaliger Hauptgeschäftsführer der Frankfurter Industrie- und Handelskammer verfügte Leiske nicht nur über das hierfür notwendige Fachwissen, sondern kannte auch die in dieser Stadt herrschende Mentalität, die als vertrauensbildendes Klima ihre Wirkung auf die Ansiedlung von Handel und Gewerbe, Banken und Versicherungen nicht verfehlte. Es war Leiske, dem es gelang, die Messen der Pelzwirtschaft und des Buchhandels von Leipzig nach Frankfurt zu importieren. Von 1953 bis 1961 MdB in Bonn, hat Walter Leiske jede Gelegenheit zur Knüpfung wichtiger Kontakte für Frankfurt zu nutzen gewußt. Das Duo Kolb/Leiske wurde bundesweit als Paradebeispiel für eine gelingende überparteiliche Allianz im Interesse urbaner Stadtentwicklung gesehen. Die beiden fühlten sich über jenes gemeinsame ethische Bewußtsein auch persönlich eng verbunden, leidenschaftliche Diener ihrer Stadt zu sein.

Unter Kolbs Ägide haben außerdem über 50 Nationen in Frankfurt Konsulate und Generalkonsulate eröffnet, ein weiterer Beweis für die wachsende internationale Strahlkraft des neuen Frankfurt.

So kann Walter Kolb zehn Jahre nach seinem Amtsantritt eine positive Bilanz ziehen:

Wer heute durch die Straßen Frankfurts geht und 1945 nicht hier gewesen ist, kann sich keinen Begriff von dem Ausmaß der Zerstörungen machen, die ein sinnloser Krieg verursachte. Kein Mensch glaubte damals, daß diese Stadt in einer Generation, geschweige denn in zehn Jahren, wieder aufgebaut sein könnte. Wir Demokraten, die wir das grauenvolle Erbe der braunen Tyrannei zu übernehmen hatten, wußten zuerst selber kaum, wo wir mit dem Aufräumen anfangen sollten. Wir gingen aber mit Mut und Gottvertrauen ans Werk.

Frankfurt war seit Jahrhunderten eine in aller Welt angesehene Handels- und Bankenstadt, deren Bürger einen weltweiten, freiheitlichen und sozialen Geist besaßen. Der gleiche Geist, verbunden mit Ideenreichtum, zähem Fleiß und unbeugsamem Willen zum Leben, beseelte ihr schweres Aufbauwerk nach 1945. Der Erfolg blieb nicht aus. Das Ergebnis nach zehn Jahren härtester Arbeit: Frankfurt ist zum großen Teil wieder aufgebaut. Dieser schnelle und interessante Wiederaufbau findet die Bewunderung und Anerkennung des In- und Auslandes. Die Zahl der früheren Arbeitsplätze ist nicht nur längst wieder erreicht, sondern auch erheblich vergrößert worden, so daß es in Frankfurt kaum Arbeitslosigkeit gibt. 100.000 Heimatvertriebenen konnten wir Zuflucht und Arbeit geben. Industrie, Handel, Banken und Handwerk haben wieder ein blühendes Leben und konnten zusammen mit allen schaffenden Menschen in unserer Stadt großartige Aufbauleistungen vollbringen.

Natürlich – das Gesicht unserer Stadt hat sich geändert. Das liebe, alte, von gediegenem und gewachsenem Reichtum zeugende Frankfurt ist nicht mehr. Nicht durch unsere Schuld. Entstanden ist eine moderne Großstadt mit Bauten, die dem Geiste unserer Zeit Ausdruck geben, und eine Stadt, die ein gewaltiger Verkehr durchflutet. Unveränderlich bleibt aber die Tradition dieser Stadt: Mittelpunkt eines internationalen Handels-, Wirtschafts- und Geldwesens zu sein und im freiheitlichen, demokratischen und sozialen Geiste weiter zu wirken.

Ähnlich wie der Bundesadler als Phönix aus der Asche aufgestiegen war, hat auch Walter Kolb den Frankfurter Adler von 1428 wieder in seine symbolischen Rechte eingesetzt. Zur heraldischen Semantik ist zu sagen, daß bis zum Wiener Kongreß im Jahr 1815 noch ein Kaiserporträt das Frankfurter Stadtwappen schmückte, bis dieses dann durch das Signet eines flügelschlagenden Adlers abgelöst wurde. Mit der vom Kolb-Magistrat erlassenen Hauptsatzung vom 5. Juni 1952 wurde auch das Farbenspiel ein für allemal geregelt, Frankfurts Stadtfahne flattert in strahlendem Rot-Weiß bei Wind und Wetter und besonders schön bei Sonnenschein.

Kolbs Ehrgeiz blieb aber nicht aufs Repräsentative beschränkt, ganz im Gegenteil wird er ja nicht von ungefähr als der volkstümlichste aller Oberbürgermeister erinnert. So wurde etwa das 1952 eröffnete Haus der Jugend am Schaumainkai mit 550 Betten zu einer der meistfrequentierten Jugendherbergen Deutschlands.

Einweihung der Friedensbrücke am 1. März 1951

Die Saalbau und ihre Bürgergemeinschaftshäuser

Die im Januar 1859 von engagierten Frankfurter Bürgern wie Wilhelm Peter Metzler und Wilhelm Speyer gegründete Saalbau-Actiengesellschaft konnte ihr in einer Presseerklärung verlautbartes Ziel, „ein Gebäude mit einem großen Fest- und Concertsaal sammt den hierzu gehörenden Localitäten zu errichten", in Rekordzeit verwirklichen: Der vom Architekten Heinrich Burnitz entworfene und nach nur einem Jahr Bauzeit fertiggestellte prächtige Saalbau in der Junghofstraße mit 1.750 Plätzen wurde am 18. November 1861 mit Joseph Haydns *Schöpfung* eröffnet. 1863 hält Ferdinand Lassalle hier seine große Rede zum „Arbeitertag im Saalbau". Die später weltweit hochberühmte Akustik des großen Festsaales wurde von ebenso berühmten Künstlern auf die Probe gestellt: Hier musizierten und dirigierten keine Geringeren als Clara Schumann, Gustav Mahler, Max Bruch, Max Reger, Peter Tschaikowski, Paul Hindemith und Richard Strauss. Strauss' symphonische Dichtung *Also sprach Zarathustra* wurde am 27. November 1896 unter Leitung des Komponisten hier sogar uraufgeführt. Das für den 30. Januar 1944 angesetzte Konzert von Hitlers Lieblingspianistin Elly Ney, in dem unter anderem Beethovens Klavierkonzert Nr. 4 G-Dur erklingen sollte, konnte nicht mehr stattfinden: Der Saalbau wurde am 29. Januar 1944 von Fliegerbomben zerstört.

Es sollte fast zehn Jahre dauern, bis die Saalbau AG einen adäquaten Ersatz für größere Konzertveranstaltungen anbieten konnte. 1952 wurde das Trümmergrundstück in der Junghofstraße verkauft, den Erlös verwendete man für den Erwerb des Volksbildungsheims am Eschenheimer Tor. Bei seiner Wiedereröffnung am 18. Dezember 1953 verfügte das renovierte Gebäude über eine Kapazität von 1.000 Plätzen im großen Saal und je 180 Plätzen in den drei kleineren Sälen. Hier fand die Landesbühne Rhein-Main einen festen Spielort, die unter dem neuen Namen Theater am Turm Ende der sechziger Jahre unter der Leitung von Peter Stein und Claus Peymann der deutschen Theaterlandschaft neue Impulse geben wird.

Es war Walter Kolb, der schon Anfang der fünfziger Jahre anregte, als erste deutsche Stadt ein Programm für Bürgergemeinschaftshäuser aufzulegen, als typische Saalbauten eines modernen 20. Jahrhunderts. Unter seinem Nachfolger Werner Bockelmann wurde die Saalbau AG 1959 in eine städtische Betriebsgesellschaft umgewandelt, 1960 konnte das erste neu erbaute Frankfurter Bürgergemeinschaftshaus am Dornbusch eingeweiht werden. Am Ende der Amtszeit von Willi Brundert hatte sich die Zahl der von der Saalbau GmbH betriebenen Bürgergemeinschaftshäuser durch die Übernahme des

Volkshauses Sossenheim am 1. April 1970 auf 15 Häuser erhöht. Die Entwicklung der Saalbau unter den bisher drei Geschäftsführern Ernst Winterberg (ab Januar 1960), Ludwig Müller (ab 1968) und seit 1986 Andreas Eichstaedt hat ein glänzendes Stück Frankfurter Sozial- und Kulturgeschichte geschrieben. Die Kommunikation der Frankfurter untereinander und mit den vielen Nicht-Frankfurtern ist mit Hilfe der Bürgerhäuser bedeutend verbessert worden.

Remedur des Innenstadtverkehrs und die Rettung der Wallservitut

Der rasant gestiegenen Begeisterung für den Wohlstandsfetisch Auto mußte durch den Ausbau eines großen Verkehrswegenetzes Rechnung getragen werden, das Frankfurt mit der weiten Welt verbinden sollte. Schon im Februar 1951 hatte Kolb sich vom Stadtparlament seine Vorlage absegnen lassen, mit dem komplizierten Fluchtlinienplan für den Altstadtkern die stadtnahe Frankfurter Aufbau AG zu beauftragen.

Der bedeutendste deutsche Städteplaner Albert Speer bescheinigt der Ära Kolb rückblickend nicht nur insgesamt eine „bedeutende Wiederaufbauleistung", sondern bewertet in diesem Kontext auch die Verkehrsplanung Kolbs positiv:

Es entstanden mit dem Ziel einer autogerechten Stadt die Ost-West-Achse Berliner Straße und in Verlängerung der Alten Brücke die Nord-Süd-Achse Kurt-Schumacher-Straße/Konrad-Adenauer-Straße. Die einmalige Chance einer großzügigen Neukonzeption wurde aus der Sicht der damaligen Zeit weitestgehend genutzt. Frankfurt wurde Beispiel für neuzeitliches Bauen und Besuchsort für Architekten, Stadtplaner und Siedlungs- und Sozialpolitiker. Der Wiederaufbau war der schnellste aller deutschen Städte.

Im ersten bautrunkenen Nachkriegsjahrzehnt war Walter Kolb schließlich an einem Punkt angelangt, wo es seine Pflicht war, die Aufbaueuphorie gelegentlich auch zu bremsen. Als die Verkehrsfanatiker versuchten, auch noch die Areale der Wallservitut für ihre Asphalt-Ambitionen anzuknabbern, hat er solchen Versündigungstendenzen energisch ein *principiis obstat* entgegengesetzt.

1804 hatte der Rat der Stadt beschlossen, die unsere Kernstadt umschließende militärische Stadtbefestigung aus der Zeit des Dreißigjährigen Krieges zu schleifen und die ebenfalls nutzlos gewordenen Wehrgräben aufzufüllen, um diese vier Kilometer lange und 23 Hektar umfassende Ringstrecke zu einer grünen Oase zu kultivieren. 1810 wurde die bis heute gültige Wallservitut rechtsverbindliche Stadtsatzung, quasi das Urmeter für alle folgenden Landschaftsschutzgesetze im übrigen Deutschland. Freilich war es die Stadtregierung höchstselbst, die sich später immer wieder an ihren eigenen Beschlüssen und buchstäblichen Blütenträumen versündigte, indem sie mit Prestigebauten das Tabu der Grunddienstbarkeit durchbrach und das grüne Band perforierte: Mit Opernhaus (Alte Oper), Schauspielhaus, Stadtbibliothek, Heilig-Geist-Hospital, Hilton Hotel oder mit Flächen rund um das Friedberger Tor wurde der sakrosankte Servitutsgedanke durchkreuzt. Auch verstetigte die U-Bahn-Linie 5 über eine innerhalb des geschützten Anlagerings ans Tageslicht geführte Rampe den Tabubruch.

Als die blühenden Wallanlagen als grüne Schneise auch für frische Luft noch beliebtes Ausflugsziel nicht nur der Frankfurter waren, erkannte des Philosophen Arthur Schopenhauers Mutter Johanna darin „das friedliche Walten des Ordnung und Reinlichkeit liebenden Bürgersinns", und Goethes Mutter, Frau Aja, schrieb ihrem Wolfgang nach Weimar, daß „bey dem kleinsten Sonnenblick die Menschen ohne Zahl vor den Thoren" lustwandelten. „Die Anlagen und Promenaden von Frankfurt suchen ihresgleichen", schwärmte Mitte des 19. Jahrhunderts der Komponist der romantischen *Frühlingssinfonie* in B-Dur Robert Schumann.

Kolb hat für breite Durchgangsstraßen und dazugehörige Abzweigungen rigoros lieber bebautes Areal geopfert, als die grüne Lunge zu kränken, die viele Frankfurter als ihr Refugium und als Ort der Begegnung diverser Milieus entdeckt hatten: als Flucht aus dem Dickicht der Häuserriegel ins lichte Stadtgrün. Konsequentes Handeln aus freiem Entschluß, das war es, was den Menschen Kolb ausmachte. Die Sachsenhäuser Walldistrikte sind von der Wallservitut damals leider nicht erfaßt und für würdig befunden worden, gerettet zu werden.

Zwei Monate bevor Walter Kolb am 20. September 1956 die politische Bühne für immer verlassen wird, hat er noch das „Frankfurter Kreuz", den größten und modernsten Verkehrsschnittpunkt Deutschlands, mit eingeweiht. Die Einwohnerzahl der Stadt war mittlerweile auf über 600.000 Menschen angewachsen. Vor Beginn des Hitler-Krieges hatte Frankfurt etwa 550.000 Einwohner gezählt, im letzten Kriegsjahr war die Bevölkerungszahl bis auf 259.000 zusammengeschrumpft. Auch diese Statistik beglaubigt Walter Kolbs staunenswerte Weitsicht, die Modernisierung der

Stadt möglichst schnell voranzutreiben. Kolb hat wesentlich zur neuen Physiognomie Frankfurts beigetragen, aber eben leider auch zu deren defizitärer Architekturästhetik, die Alexander Mitscherlich in seinem am Beispiel Frankfurts exemplifizierten Standardwerk *Die Unwirtlichkeit unserer Städte* (1965) anprangern wird. Die sterile Eintönigkeit der neuen „Baukultur" erzeugt mit ihrer trostlosen Langeweile Einsamkeit mit der Gefahr psychischer Probleme als Langzeitfolge. Die ästhetischen Kapazitäten der Tradition, wie bei Goethehaus, Paulskirche oder Römer, hat Kolb immerhin gerettet. Frankfurts Dignität rührt schließlich von seinen historischen Bauten her und eben nicht von dem, was rationalistische Stadtplaner gern als funktionelle Stadt schönreden.

Walter Kolb gegen Fachwerknostalgie

Walter Kolbs vom ästhetischen Urteil unabhängige architektonische Vorstellungen hatten Gewicht. Als Oberbürgermeister war er gegen „eine sklavische Rekonstruktion" des zerstörten Altstadtareals, weil dies „einer Kopie gleichkäme". Der große Vorsitzende der SPD Kurt Schumacher hatte schon 1945 „Neubau, nicht Wiederaufbau" proklamiert. Kolb wollte keine Stadt aus Faksimiles. Altstadt als putziger Reliquienschrein von anrührender Authentizität war seine Sache nicht. Am 15. Mai 1952, als er den Grundstein für eine moderne Bebauung der Trümmergrundstücke in der Töngesgasse legte, gab er zwar zu Protokoll: „Wir selbst und unsere Zeit sind erfüllt von Achtung und Ehrfurcht vor dem, was war und wie es war." Dieses Bekenntnis sollte aber lediglich durch den originalgetreuen Wiederaufbau der drei Symbolorte Paulskirche, Römer und Goethehaus in die Tat umgesetzt werden. Gegen die Verfechter des Althergebrachten unterstützte der Publizist Walter Dirks seinen Freund Walter Kolb in dessen politischem Argument, eine historisierende Rekonstruktion bedeute, den „Traditionsbruch nach der zerstörerischen Nazipolitik unkenntlich zu machen".

Das kulturelle Erbe darf nicht entmündigt werden durch dessen Musealisierung. Tatsächlich ist die Gefahr der „Topolatrie" nicht von der Hand zu weisen, wenn Innenstädte zu Stellflächen ihrer eigenen Vergangenheit werden; dann verschwinden ihre Abgründe und Narben hinter den aufpolierten Fassaden – wie später unter OB Rudi Arndt zum Beispiel bei den Repliken der Ostzeile mit ihren mittelalterlichen Fachwerkhäusern im „Freiluftmuseum" auf dem Römerberg. Die Frage, ob Fachwerk und But-

zenscheibenromantik denn tatsächlich zum Inventar der deutschen Kultur-
seele gehören, bestimmt den Diskurs. Statt ein Recycling der Objekte zu
betreiben, wollte Kolb den Wiederholungszwang durchbrechen. An die
Stelle des gefälligen Bilderdienstes sollte die aktive Vergegenwärtigung des
Vergangenen treten, damit die wahre Welt nicht zur Fabel werde. Rekonstruktion war für Kolb eher eine Altlast denn eine Traditionssubstanz. Mit
Traditionen pflegte Kolb freilich einen legeren Umgang. Denn die Identität einer Stadt haftet an der Verfügbarkeit ihrer gebauten Überlieferung,
weshalb die Altstadtarchitektur nicht in einem geschichtstilgenden Rekon-
struktivum entstellt werden darf.

Weil sich die Stadtpolitik über die Bebauung der 240 Hektar großen
Trümmerfläche des Altstadtkerns zwischen Römerberg und Dom nicht einigen konnte, blieb dieses zentrale Areal als offene Kriegswunde fast eine Dekade lang ein deprimierender Anblick. Erst Ende des Jahres 1952 wurde in
der Altstadt das erste Richtfest gefeiert. Bis 1955 sind hier unter der Ägide
Kolbs für 6.000 Familien moderne Wohnungen entstanden, in Häusern, die
mit ihren mittelalterlichen Vorgängern nichts gemein hatten und zur Identifikation mit der Geschichte der Stadt schlecht taugten. Aber die vielbe-
schworene Identität ist ohnehin eine unsichere Kantonistin, wann immer es
um bauästhetische Rückgriffe geht, also auch um sentimentale und nostalgische Urteile, zumal wenn sie an Parametern des schnelllebigen Zeitgeistes
vermessen werden. Historische Entwicklungssprünge korrespondieren besonders in der Architektur immer auch mit ästhetischen. Baudezernent
Hans Kampffmeyer hatte bereits im März 1950 einen „Ideenwettbewerb zur
Erlangung von Vorschlägen für den Aufbau des Altstadtkernes zwischen
Dom und Römer" ausgeschrieben, was der „Bund der Altstadtfreunde" zu
Recht zu der empörten Entgegnung veranlaßte, es sollten nicht noch mehr
freudlose Häuser gebaut werden. Gegen den Raubbau am historischen Erbe
setzten sie ihre Sehnsucht nach der Wiederauferstehung des hergebrachten
Altstadtbildes mit dem Bedürfnis der alten Frankfurter nach Heimat gleich.
Kampffmeyer wollte mit einem „aufeinander bezogenen Organismus" aus
Wohnhäusern, Ateliers, Buchhandlungen, Gastronomien den Sprung in die
Moderne schaffen. Von den über 70 eingereichten Arbeiten wurde keine
einzige realisiert.

Albert Speer verteidigt rückblickend den lakonischen Baustil der fünfziger
Jahre. Während die eintönigen Fassaden von vielen als häßlich empfunden
werden, rühmt er die aus der Not der Zeit geborene Schlichtheit der Bauten
ebenso wie die Gestalt des öffentlichen Raumes.

Beliebt, beleibt: Sportfunktionär Walter Kolb

Politiker pflegen unter ihren Vorlieben besonders solche mit Inbrunst, die mit mitgliederstarken Organisationen bei Wahlen ein größeres Deckungssegment garantieren als solche mit exklusiverer Klientel. Die Meister der Zielgruppendemokratie kultivieren daneben gern ein von rein privatem Interesse geleitetes Protektionsfeld, dem sie glaubhaft sogar ihre knapp bemessene Freizeit opfern. Obwohl Kolbs wahrhaft Falstaffsche Leibesfülle welchem Lieblingssport auch immer *prima vista* zu widersprechen schien, schenkte ausgerechnet er der hochvirtuosen Disziplin Turnen seine Aufmerksamkeit. Doch seine beachtliche Statur brachte Kolb bei der großen Masse der Sportfans sogar zusätzliche Sympathie ein: „Laßt wohlbeleibte Männer um mich sein, mit glatten Köpfen", wünschte sich schon Shakespeares Julius Cäsar. Der sympathieheischende Leibesumfang des kahlköpfigen Walter Kolb konnte die Menschen leicht dazu verführen, auch seine Amtsführung mit Wohlgefallen zu betrachten.

Den ersten Kontakt zur Sportdisziplin Turnen hatte Eugen Eichhoff, der damalige Vorsitzende des Deutschen Arbeitsausschuses Turnen (DAT), hergestellt, als er Walter Kolb die Schirmherrschaft über das erste große Turnfest nach dem Kriege antrug, das vom 19. bis 23. August 1948 in Frankfurt stattfand. Die 4.000 Teilnehmer lauschten im Waldstadion mit Stolz den Worten des Oberbürgermeisters: „Die Turnerinnen und Turner sollen in jede große und kleine Stadt den Ruf hineintragen: Wir Deutsche wollen leben, wir wollen in Frieden und Freiheit arbeiten, wir wollen mithelfen beim Aufbau einer friedlichen und fortschrittlichen Welt." Im Jahre 1880 hatte in Frankfurt bereits das fünfte Deutsche Turnfest stattgefunden und mit dem elften anno 1908 war einst die Frankfurter Festhalle eingeweiht worden. Nach der Gleichschaltung aller Sportverbände im „Dritten Reich" hatten diese im maßlosen Kollektivismus des Sports unter der obersten Maxime der „Manneszucht" mehr einer vormilitärischen Ausbildung gedient als der freien Entfaltung körperlicher Energien. Der NS-Sport war hinter den humanen Auftrag der sportlichen Ertüchtigung zurückgefallen, indem er die Sportler aufs Siegen um jeden Preis einschwor. Schon im Kaiserreich hatte Turnen dazu taugen sollen, Werte wie „Brauchbarkeit, Gemeinschaft, richtige Haltung und nationale Orientierung" zu vermitteln.

Nach einer verpfuschten Adoleszenz unterm Hakenkreuz sollte jetzt, nach dem Untergang der braunen Diktatur, jeder entsprechend seiner Leistungsfähigkeit und seinen Bedürfnissen individuelle Vorlieben ausleben dürfen, ohne dabei gleich zur Anarchie eines grenzenlos freien Willens disponiert zu werden.

Jetzt galt es, sportliche Disziplin als Option für eine gelingende Selbstverwirklichung zu begreifen. Für Kolb waren Sport und Turnen körperlich wie seelisch als Ressource für Lebenssinn und als Freude am Spiel wichtig. In den 15 Jahren seit 1948 erhöhte sich die Zahl der im Sportkreis Frankfurt registrierten Sportvereine von 125 auf 330, die Zahl ihrer Mitglieder stieg von 30.000 auf 125.000 an. Das noch von Kolb initiierte, aber erst 1960 fertiggestellte Stadtbad Mitte empfahl sich damals als bundesweites Vorzeigeprojekt zur Nachahmung.

Erst nachdem Walter Kolb 1950 zum ersten Vorsitzenden des Deutschen Turner-Bundes gewählt worden war, hat sich auch das Turnen zum Breitensport entwickelt. Der Deutsche Turner-Bund residiert dank Kolb seit dessen Wiedergründung im gleichen Jahr in Frankfurt am Main. Die Wiedergeburt des Deutschen Turner-Bundes war damals ein Politikum, weil dem die Direktive 23 des Alliierten Kontrollrates vom 17. Dezember 1945 widersprach, die eine radikale Entmilitarisierung des Sports zum Ziel erklärt hatte. Deshalb waren alle Sportvereine zunächst verboten. Die Gründung des DTB wurde denn auch durch das Veto der Franzosen verzögert. Erst am 2. September 1950 feiert Kolb mit der Gründungsversammlung in der Paulskirche seinen Triumph über die restriktive Direktive 23.

Kolbs großes Herz für das Turnen im besonderen und für den Sport im allgemeinen hat ihn in viele Ehrenämter des Sports katapultiert: Er wurde Vorsitzender des Sportausschusses des Deutschen Städtetages, in welcher Funktion er die erste Tagung des Deutschen Sportbundes in Duisburg-Wedau eröffnete. Bundesweit beachtet wurde Kolbs charisma-

Aktion Trümmerbeseitigung: Walter Kolb greift am 17. Oktober 1946 höchstpersönlich zum Preßlufthammer

tische Rede auf dem Kölner Sportkongress, in der er die Bedeutung der Leibesübungen im Leben der Städte und Gemeinden hervorhob und eine Art Magna Charta für die Entwicklung des Spitzensports als Destillat des Breitensports für alle vorlegte.

Frankfurt avancierte dank Kolbs unermüdlichem Engagement bald zur „Hauptstadt des bundesdeutschen Sports"; auch der Deutsche Sportbund und der Deutsche Fußballbund ließen sich hier nieder. 1949 wurde Walter Kolb sogar Mitglied des Nationalen Olympischen Komitees. Er verstand Sport als grenzüberschreitendes Medium der Annäherung, als möglichen Beginn einer Art großer Fortschrittserzählung der europäischen Integration. Für Kolb war der Gipfel der Sportkultur Fairneß, seine Maxime bekanntlich auch in der Politik.

Die Eröffnung des Deutschen Turntages an Pfingsten 1950 in der Frankfurter Paulskirche signalisierte einen geradezu frühlingshaften Aufschwung, den die Anwesenheit von Bundespräsident Theodor Heuss zu beglaubigen schien. Auch der anwesende Alliierte Hochkommissar gab solchem Optimismus seinen Segen. Die große Turnerriege des DTB gratulierte Kolb mit den Worten: „Der von Außenstehenden oft bewitzelte ‚Turnbruder Kolb' ist zu unserer großen Freude auf dem besten Wege, ein ‚Turnvater' zu werden." Der alte Turnvater Jahn wird den Vergleich in seiner himmlischen Sportarena hoch über dem Sternenzelt eher mit gemischten Gefühlen vernommen haben. Jedenfalls hat Walter Kolb wie sein verblichener berühmter Kollege Jahn die Herzen der Menschen mit seinem Enthusiasmus berührt. An seinem 50. Geburtstag hörte man ein Unisono der Hochschätzung für Walter Kolb. Eher beiläufig bemerkt: Dieser Anchorman des deutschen Sports hatte als Schüler im Zeugnisfach Sport eine glatte Fünf!

Nach zähen Verhandlungen mit der Militärregierung konnte Walter Kolb am 1. Juli 1950 das Waldstadion und das Freibad des Stadions an die Bevölkerung zurückzugeben. 1955 beschließt sein Magistrat, das Waldstadion mit 87.000 Sitzplätzen zur damals zweitgrößten deutschen Sportarena zu erweitern.

Im Kontext der Würdigung Kolbs als oberster Sportinstanz dürfen auch die Verdienste der Sportler beim Beseitigen der Schutthalden im zerstörten Frankfurt nicht unerwähnt bleiben: Nachdem Kolb mit gutem Beispiel vorangegangen und am 17. Oktober 1946 bundesweit pressewirksam mit Preßlufthammer und Schippe auf dem Römerberg den Trümmerbergen zu Leibe gerückt war, haben sich über 200 Mitglieder der Eintracht Frankfurt am Roßmarkt als Aufbauhelfer verdingt, während die Kollegen vom Sportclub 1880 den Kaisersaal vom Schutt befreiten. Schließlich greifen auch noch die Mitglieder des Sportvereins Rot-Weiß am Eschenheimer Tor zu den Schaufeln. Kolbs Charisma ließ ohne großes rhetorisches Tamtam Solidargemeinschaften entstehen.

Während Ressorts wie Schule oder Kultur immer einen „eigenen" Dezernenten hatten, rangierte der populäre Sport immer unter „ferner liefen", integriert in eines der anderen Dezernate. Erst 1989 wird es mit der früheren Olympiasiegerin Sylvia Schenk eine autonome Sportdezernentin in Frankfurt geben. Gleichwohl bekam der Sport in der Mainmetropole die Ausstattung, die dazu nötig war, den ihr von Kolb verliehenen Titel „Stadt des Sports" mit Stolz bis in die nächsten Jahrzehnte zu tragen. Es waren die Sportfans unter den Stadtverordneten, die für die entsprechenden Vorlagen sorgten, weil sie den Sport als prägende Kraft für eine demokratische Gesellschaft begriffen.

Der brillante Redner Walter Kolb

Gespreizter Politikerreden überdrüssig, in der Mehrzahl abgelesene Referenten-Entwürfe, empfinden unsere Ohren und unser Gemüt frei gehaltene Reden als Labsal, jedenfalls sofern die Texte sich aus fundiertem Wissen speisen. Einge-

Walter Kolb im antiken häuslichen Ambiente

denk der Kantschen Mahnung, daß Begriffe ohne Anschauung leer und diese ohne Begriffe blind seien, redete Kolb mit großer Klarheit, anschaulich und strikt *to the point*, ohne ideologischen Ballast oder Pathos. Kolb verabscheut die Euphemismen besonders der politischen Klasse. Wer wie er über Charisma verfügt und seinen überreichen rhetorischen Fundus mit spontanem Witz zu würzen weiß, erreicht unfehlbar auch ein noch so großes Publikum. Selbst in der ehrwürdigen Paulskirche hat er die Konventionen der Festrede gern mißachtet und ohne Spickzettel extemporiert und mit lebendiger, volkstümlicher Sprache das „reine Redevergnügen" auf den Begriff gebracht. Walter Kolb war weniger die Emphase seiner Reden wichtig als ihre mundgerechte Wahrhaftigkeit. Für ihn war Sprache im Sinne von Karl Kraus das Medium der Moral. Mit seinen wärmenden Worten und feinen Nuancen des Tonfalls erzeugte er eine umhüllende, bergende Atmospäre in der Menge seiner Zuhörer, auch und besonders für jene Menschen am Rande, „die ohne Stimme sind". Kolb konnte es sich leisten, entehrte Begriffe wie „Vaterland" unbekümmert in seinen politischen Wortschatz aufzunehmen.

Seinen imposanten Schädel ohne Scheitel schob er beim Reden gern in den gut genährten Nacken. Bei wichtigen Aussagen redeten auch seine Hände und Arme mit. „Und während er sprach, dachte er nach. Mit oft geschlossenen Augen, natürlich, weil er ja in seinem Inneren suchte, entdeckte, dann formulierte und sich dabei sich selbst zuwandte", erinnert sich ein Zeitzeuge. Kolb beherzigte Kleists Essay *Über die allmähliche Verfertigung der Gedanken beim Reden*, seine Vorträge waren nicht nur inhaltlich und rhetorisch brillant, sie waren meist auch folgenreich und konstitutiv für seine Position als affirmative Führungsgestalt. Kolbs Reden zeugten von einer dynamischen Antriebskraft und von einer großen Beweglichkeit im Denken, aber auch von seiner Lust zu überzeugen. Ja, „wen solche Reden nicht erfreun", ließe sich, leicht abgewandelt, mit dem Sarastro aus Kolbs Lieblingsoper *Die Zauberflöte* sagen, „verdienet nicht, ein Mensch zu sein."

Als OB hat sich Walter Kolb selbst eher als Teil der Gesellschaft wahrgenommen denn als Subjekt der Politik. Er befleißigte sich einer Art auf die niederen kommunalen Gefilde übertragenen Staatskunst; in angemessener Diktion gelang es ihm, die demoralisierten Bürger der in Trümmern liegenden Stadt mit positiven Perspektiven aufzurichten, sie aus der Umklammerung der Angst und mangelnden Zuversicht zu befreien. Das mächtigste Instrument der politischen Sprache ist schon seit Aristoteles die wirkungsorientierte freie Rede. Als Meister der apodiktischen Sätze, der zungenflink das Wort ergreifen konnte, waren ebendiese bei Kolb auf Motivierung angelegt. Manchmal re-

dete unser gern auch listenreicher Walter Kolb mehr durch das, was er verschwieg, besonders in parteipolitischen Klausuren und Kungelkreisen. Sein
Schweigen begleitete seine Mimik mit unendlich vielen Schattierungen. Ja,
wenn es um das Gute, Wahre, Schöne ging, konnte man Kolb mit seinem rhetorischen Anspielungsreichtum schon mal für einen buchstäblichen Bauch-
redner halten.

„Wie hältst Du's mit der Religion?"

Beim Verfassen von Biographien ist die Frage nach Gott oder nach religiösen
Überzeugungen eine der heikelsten, weil der Autor meist auf Vermutungen angewiesen bleibt. Über ihr wahres Verhältnis zu Gott oder zu einer höheren metaphysischen Instanz zeigen sich in Zeiten der Entideologisierung und der massiven Kirchenaustritte gerade Politiker mit Blick auf die Wählerschaft eher
zugeknöpft. Weil sie befürchten, mit ihrem Outing mehr potentielle Wähler zu
vergraulen als neue zu gewinnen, verschanzen sich die meisten lieber hinter der
Ausrede, ihr Glaube und ihr Verhältnis oder Nichtverhältnis zu Gott sei reine
Privatsache.

Walter Kolb war einer der wenigen seiner Zunft, der sich nicht scheute, öffentlich über seine Gläubigkeit zu reflektieren. So ist der einer großen aufklärerischen Tradition verpflichtete Frankfurter Oberbürgermeister einer Einladung ausgerechnet der Illustrierten *Kristall* gefolgt, die prominente
Persönlichkeiten dazu aufforderte, unter der Rubrik *Daran glaube ich* „die
Menschen in ihr Herz schauen zu lassen und ihre Gesinnung zu offenbaren,
aus der heraus sie ihre Arbeit verrichten". Hier hat er folgendes kristallklares
Bekenntnis abgelegt:

*Für mich waren es die Ereignisse des sogenannten „Dritten Reiches", die mich
zum tiefen Nachdenken veranlaßten; damals, als die Gewalt über das Recht, die
Grausamkeit über die Liebe triumphierten. Mein Elternhaus und die Schule
hatten die Ehrfurcht vor Gott und allem von ihm geschaffenen Leben tief in meinem Herzen verankert. Der Glaube an das Gute im Menschen und die Verpflichtung, dem Nächsten zu helfen, waren die Grundpfeiler meiner Erziehung.
Im frohen Wandern durch Gottes weite Welt, in der Gemeinschaft der Jugendor-
ganisationen, lernte ich die Kameradschaft kennen. […] Jesus predigte die Nächstenliebe und tat nur Gutes. Dafür kreuzigten sie ihn. Aber seine Lehre ist heute
zweitausend Jahre alt und von nie versiegender Stärke. In ihr finden die Men-*

schen Kraft, Hoffnung und Trost. [...] Nur auf diesem Fundament „Liebe deinen Nächsten wie dich selbst" finden wir Frieden und Freundschaft in der kleinsten Gemeinschaft, in der Familie, im Staat und unter den Völkern. [...] Das ist mein Lebensbekenntnis – gewonnen aus tiefstem Leid. Aus diesem Leid erwuchs die Stärke zum Leben. Zu einem Leben, das in dieser Erkenntnis alles Leid überwindet.

Dieser Text ist geeignet, selbst Agnostiker und Atheisten zu Assoziationen mit dem Göttlichen zu verführen. Doch lesen wir aus ihm auch heraus, daß Kolb ähnlich wie Immanuel Kant, der die Existenz Gottes für unbeweisbar hielt, alles Metaphysische als unerforschlich lieber dahingestellt sein läßt. Gleichwohl bleibt Gott letztlich der Orientierungspunkt für Kolbs Handeln.

Walter Kolbs „Evangelium" spricht weniger von Erlösung als von Gnade, Vergebung und Trost. Ein beinahe antikonfessioneller Gestus, ähnlich jener Tradition, die Goethe als eine Art „Weltfrömmigkeit" beschreibt und aus der heraus später auch der Philosoph Martin Heidegger den Schöpfungsgedanken verweltlichte. Für Kolb war die Religion jedenfalls keine Flucht aus den nur wenig erhellten Räumen zwischen Menschsein und Transzendenz in die Transparenz. Kolb ermangelte eines besonderen Interesses an den Zumutungen orthodoxer Glaubenssätze, er schöpfte seine Kraft aus dem reichen Reservoir christlicher Werte.

Wie waren die in der Nazi-Ideologie stumpf gewordenen Seelen zu retten, wie die epidemische Sehnsucht der Menschen nach Transzendenz? Nach Hannah Arendt ist das eigentliche Grundübel der Neuzeit ja weniger die „Verweltlichung" als vielmehr jene „Innerlichkeit", die ohne Gemeinschaft auszukommen glaubt, also auch ohne die *communio religio.* Weniger in der Transzendenz des kirchlichen Glaubens als im abgeschotteten Ego suchen jetzt viele ihr Seelenheil. Die himmlische Währung hat an Kredit verloren. Nach Nietzsches gedanklicher Ermordung des christlichen Gottes bekommt sein Wort von der Umwertung aller Werte in der wiedergewonnenen Freiheit eine neue Bedeutung.

Nach dem großen Exodus aus unseren Gotteshäusern und der alarmierenden Flucht vor erhabenen Kanzelworten sind manche Menschen in der gehobenen Literatur auf der Suche nach jener „eigentümlichen metaphysischen Tätigkeit" (Nietzsche) und nach einer griffigen Moral fündig geworden. Bei ihrer Konzentration aufs private Glück wurden metaphysische Bücher vielen Lesern zum Rohstoff für ihren eigenen Gedankenhimmel. In Frankfurts langer Geschichte hatte religiöses Schwärmertum zu keiner Zeit Konjunktur.

Frankfurter Kommunisten verleumden Walter Kolb

In erkennbar denunziatorischer Absicht versuchte die KPD-Fraktion im Frankfurter Stadtparlament über die ihr nahestehende Wochenzeitung *Die Tat* am 21. Oktober 1950 mit dem Abdruck eines Briefes von Walter Kolb aus dem Kriegsjahr 1941 die Büchse der Pandora zu öffnen, um den Frankfurter Oberbürgermeister kurz vor der Landtagswahl ins politische Zwielicht zu ziehen. Kolb habe mit seinem Brief vom 22. Februar 1941 versucht, jüdische Mieter aus seinem Bonner Haus Koblenzer Straße 74 auszuquartieren, das er 1939 von einer verwitweten Jüdin Steinfeld für 40.000 Reichsmark erworben hatte. Ihm wurde unterstellt, er habe im Interesse der „arischen" Mietparteien seines Hauses verhindern wollen, daß diese durch Zwangszuweisung weiterer jüdischer Mieter zum Auszug veranlaßt würden. Mit wilden Spekulationen wollte die KPD Kolbs Integrität mit der Disqualifizierung als „unverschämter Nazihausbesitzer" aus wahltaktischem Kalkül beschädigen. Nachdem auch der Jagdinstinkt der Boulevardjournalisten geweckt war, sah sich der Oberbürgermeister genötigt, sich am 1. November 1950 gegen die ehrabschneidenden Mutmaßungen der KPD öffentlich energisch zur Wehr zu setzen.

Weil die Quellenlage keine eindeutigen Rückschlüsse erlaubt und aus heutiger Sicht die Wahrheit der strittigen „Causa Kolb" nicht weiter zu erhellen war, wird hier Kolbs glaubwürdiger Biograph Thomas Bauer mit einer entsprechenden Passage aus seinem Buch *Seid einig für unsere Stadt* (1996) zitiert:

Das Haus Koblenzer Straße 74 habe Kolb 1939 keineswegs zur eigenen Bereicherung, sondern zu einem weit über dem Einheitswert liegenden Preis erworben, um der jüdischen Witwe Steinfeld die Auswanderung zu ermöglichen. Zu dem Vorgehen gegen die jüdischen Mieter hätten ihn die „arischen" Hausbewohner gezwungen. Eben erst aus Gestapohaft entlassen, konnte Kolb gegenüber den „Ariern" kein Risiko eingehen. Kolb hatte sich nichts vorzuwerfen: „Im übrigen muß man sich in meine damalige Lage hineinversetzen. Von 1933 war ich fortgesetzter Überwachung, Vernehmung und Verfolgung ausgesetzt und mußte bei notwendigem Schriftwechsel an Behörden mich tarnen. In Wirklichkeit haben meine Frau und ich unter größter Lebensgefahr Dutzenden jüdischer Bekannter weitgehend Hilfe geleistet, was jederzeit erhärtet werden kann.

Nicht nur engere Parteifreunde, auch eine breite Öffentlichkeit und die veröffentlichte Meinung gaben ihrem Walter Kolb moralischen Flankenschutz; sie ließen die kommunistische Verleumdungsstrategie ins Leere laufen. Der ehemalige Vorsitzende der Jüdischen Gemeinde Bonns, Arthur Samuel, verwies die Vorwürfe gegen den Frankfurter OB ins Reich der Legende, er verbürgte sich von New York aus für Kolb, der den in Not geratenen verfolgten Juden, wo immer er konnte, mutig beigestanden habe. Auch die Tatsache, daß Kolb die seit 1933 zur Emigration gezwungenen Juden eingeladen hatte, in ihre alte Heimatstadt Frankfurt zurückzukehren, nahm die Jüdische Gemeinde als Indiz für die moralische Integrität Walter Kolbs.

Der SPD-Direktkandidat Kolb wurde, wie nicht anders erwartet, von den Wählern am 19. November 1950 in den Hessischen Landtag berufen. Auf der Rednerliste des Wiesbadener Parlaments ist Walter Kolb allerdings während seines ersten Mandatsjahres kein einziges Mal vertreten. Kurz vor Kolbs Tod, im August 1956, wird die KPD verboten.

Kulturdezernent Karl vom Rath als Glücksfall

Kolbs hoher Respekt vor Wissenschaft und Kunst als wichtigste Produktivfaktoren und als Konstitutive für das geistige Profil der Stadt war 1950 in der lange überfälligen Entscheidung zum Ausdruck gekommen, dem Magistrat einen hauptamtlichen Stadtrat für Kultur und Wissenschaft beizugesellen. Die Wahl fiel auf den promovierten Kunsthistoriker Karl vom Rath, Mitglied der FDP, die damals noch sagenhafte 23,6 Prozent der Wählerstimmen auf die politische Waage häufte. Karl vom Rath werden für die kulturelle Entwicklung der Stadt Frankfurt wichtige Impulse und Weichenstellungen zu verdanken sein.

Mit dem Gütesiegel seiner vormaligen kunstwissenschaftlichen Wirkungsstätten in Berlin, Paris und Florenz kosmopolitisch hervorragend ausgewiesen, wurde Karl vom Rath von Frankfurts Bildungsbürgern mit offenen Armen empfangen. Er neigte der konservativen Kulturkritik zu, wie sie der Kunsthistoriker Hans Sedlmayr in seinem auflagenstarken Kultbuch *Verlust der Mitte* (1948) vertreten hatte, teilte jedoch nicht dessen pauschale Kritik an der modernen Kunst.

Als vernünftige Variante einer nicht parteipolitischen Politik favorisierte Kolb einen Allparteienmagistrat. Kluge Köpfe waren ihm im Interesse der Stadt allemal wichtiger als das Parteibuch, die Dezernenten sollten sich nicht über politische Gegnerschaft profilieren, sondern über ihr Wirken für das Gemeinwohl. So wurde neben der Ernennung Georg Klinglers (CDU) zum Stadtkämmerer 1946 die Entscheidung für Karl vom Rath (FDP) im Jahre 1950 Kolbs folgenreichste Personalie, die entscheidend dazu beitrug, den Wiederaufbau der kulturellen Infrastruktur der Stadt voranzutreiben und an Frankfurts einstige Größe wieder anzuknüpfen. Mit dieser Einstellung konnte er intellektuelle Insuffizienzen in seinem politischen Führungspersonal weitgehend vermeiden.

Als Walter Kolb 1956 stirbt, hatten er und sein Kulturdezernent den Kulturetat mit sechs Prozent Anteil am Gesamtetat zum damals höchsten aller deutschen Städte gesteigert, ein Rekord, der unter Bockelmann und Brundert wieder verspielt werden sollte, obwohl zehn Jahre nach Kriegsende eine Entwicklung eingeläutet war, die noch immer um einen gültigen Ausdruck sowohl im Leben wie in der Kultur rang. Kultur in diesem Zusammenhang verstanden auch als unverzichtbares ethisches Regulativ. Um so weniger durften die Kulturinstitute unter den Druck städtischer Finanzengpässe geraten und einer ökonomischen Rechtfertigung bedürfen. CDU-Bürgermeister Walter Leiske lenkte mit der Versicherung ein, daß „die Existenz einer Wirtschaftsmetropole undenkbar ist ohne ein starkes geistiges, kulturelles Eigenleben".

Karl vom Rath erfüllte auch jenes Desiderat Kolbs, alle auffindbaren Dokumente über die Judenverfolgung in der NS-Zeit im Stadtarchiv zu versammeln und öffentlich zugänglich zu machen. Gleichzeitig nahm die Kommission zur Erforschung der Geschichte der Frankfurter Juden ihre Arbeit auf.

So sehr der Sinnenfreund Walter Kolb, dieser unverwechselbare Typus des Lebensästheten, gepaart mit leicht biedermeierlicher Sentimentalität, saftige Arien und herzwärmende Opern auch liebte – zum Wiederaufbau der Alten Oper konnte ihn gleichwohl auch Karl vom Rath nicht überreden; dieses dezidierte Desinteresse haben viele Frankfurter dem OB zu Recht nicht verziehen.

Vom Rath wird sich gegen Ende seiner Amtszeit nicht nur zum Scherz mit seinem Vorschlag weit aus dem Fenster lehnen, durch Verzicht auf einen Kilometer U-Bahn den Wiederaufbau der Alten Oper zu finanzieren: Musikkultur kontra Asphaltkultur. Doch auch Kolbs Nachfolger Werner Bockelmann und Willi Brundert werden Kolbs Desinteresse leider teilen.

Mit dem Wiederaufbau des Goethehauses setzt Kolb ein kulturelles Signal

> *Die Menschheit hat ihre Würde verloren, aber die Kunst*
> *hat sie gerettet und aufbewahrt in bedeutenden Steinen.*
> Friedrich Schiller

Inmitten der Trümmer am großen Hirschgraben legt der Oberbürgermeister am 5. Juli 1947 den Grundstein für den Wiederaufbau des Goethehauses, für das Seelenleben der Frankfurter Bewohner eines Alptraums ein wichtiger Akt in dieser bleiernen Zeit der Unübersichtlichkeit. In der Schreckensnacht vom 22. März 1944 war Goethes Elternhaus bis auf die Grundmauern zerstört worden. In seiner leicht melancholischen Rede verlieh Kolb der Hoffnung Ausdruck, das Haus Goethes möge eine Stätte des Friedens sein, der Verständigung der Nationen sowie des Glaubens an die völkerverbindende Kraft der Kunst und der menschlichen Gesinnung. Vorausgegangen war ein legendärer Pro-und-Kontra-Disput unter intellektuellen Großkalibern: Während Hermann Hesse, Karl Jaspers, Hans Carossa oder Max Planck einem originalen Wiederaufbau applaudierten, hielten der Deutsche Werkbund samt Kolbfreund Walter Dirks mit dem dialektischen Argument in übertrieben harter Diktion dagegen: Schon aus politisch-historischen Gründen solle man nicht „die Städte unserer Großväter" wiedererrichten, „sondern die für unsere Kinder bauen". „Wäre das Volk der Dichter und Denker nicht vom Geiste Goethes abgefallen, vom Geist des Maßes und der Menschlichkeit, so hätte es diesen Krieg nicht unternommen und die Zerstörung dieses Hauses nicht provoziert. Es hat seine

Einweihung des Goethehauses am 10. Mai 1951: Bundespräsident Theodor Heuss, der Direktor des Freien Deutschen Hochstifts Ernst Beutler, Oberbürgermeister Walter Kolb und der französiche Hohe Kommissar André François Poncet im Arbeitszimmer von Goethes Vater

Richtigkeit mit diesem Untergang", fügt Dirks sarkastisch hinzu. „Deshalb sollte man ihn auch anerkennen. " Außer Stadtbaurat Eugen Blanck hatten alle übrigen Magistratsmitglieder, die Sehnsucht der Bürger nach einem „Erinnerungsort" in Rechnung stellend, für eine originalgetreue Restitution plädiert. Schließlich sind es die tradierten Identifikationsmuster, aus deren plastischer und geistiger Größe sich Zugehörigkeit entwickelt.

Das Goethehaus wurde in seiner alten Pracht am 10. Mai 1951 in Anwesenheit von Bundespräsident Theodor Heuss den vielen Goethefreunden aus aller Welt feierlich zur Inbesitznahme zurückgegeben – eine Art symbolischer Wertschöpfung durch die originale Wiederherstellung des Dagewesenen. Heuss bezog sich in seiner fast wehmütigen Eröffnungsrede auf Goethe, der von diesem Haus in die weite Welt hinausgezogen sei: „Das Haus steht da, die Leistung spricht und wirbt für sich selber. Die Möbel und Bilder, die einmal darin gewesen waren und gerettet werden konnten, suchten und brauchten den ihnen gemäßen Raum. Das ist es! Das darf ich ganz gewiß sagen: ‚Ungoethisch' ist die Wiederherstellung dieses Raumes nicht. Denn Goethe selber war ein Liebhaber des Antiquarischen, ein leidenschaftlicher Sammler."

Heute nutzen über 200.000 Besucher jährlich die Möglichkeit, die berühmte Küche von Goethes Mutter, der „Frau Rat Goethe", zu bestaunen, ein offenbar besonders attraktives Objekt, das mehr oder weniger sentimental wahrgenommen wird. Kolb hatte die Frankfurter richtig als eine Bürgergesellschaft eingeschätzt, die von jenem erlesenen Vermögen lebt, Traditionen zu kennen, sie entsprechend zu achten und zu würdigen. Wichtig war für Kolb, die Aura des Goethehauses zu erhalten. Bürgerliche Werte zu restituieren bedeutete dem Bildungsbürger Kolb nicht einfach nur, Traditionen ins Jetzt hinüberzuretten, er wollte damit auch ihre Überprüfung sichern.

Mit Hilfe des legendären Ernst Beutler, seit 1925 Direktor des Freien Deutschen Hochstifts und Leiter des Goethemuseums, hatten im Krieg die wichtigsten Sammlungen des Instituts gerettet werden können, darunter die Handschriften von Goethe, Clemens und Bettina Brentano, Novalis und Achim von Arnim, wertvolle Bestände von Eichendorff, Ludwig Tieck, Friedrich Schlegel und Karoline von Günderrode sowie das Archiv Hugo von Hofmannsthal.

Kolb pflegte nach des Tages Last und Müh gern bei klassischer Lektüre sich zu entspannen; auch jene stilistisch brillante politische Literatur fand sein wißbegieriges Interesse, die Sphären berührte, in der gesellschaftliche Widersprüche ihre Virulenz entsprechend dramatisch entfalten. Auch politisch-revolutionäre Verse sollen ihm begeistert von der Zunge geflossen sein, etwa jene aus dem *Bundeslied* (1846) von Georg Herwegh, dessen leidenschaftliches Pathos und treffende Rhetorik ihn ansprachen: „Mann der Arbeit, aufgewacht! / Und erkenne deine Macht! / Alle Räder stehen still, / Wenn dein starker Arm es will." Der traditionsbewußte Walter Kolb, der in seinen Vorträgen seinen Hang zu metaphysischen Exkursen nicht immer unterdrücken mochte, ließ es sich denn auch nicht nehmen, 1952 das Schopenhauer-Denkmal von Friedrich Schierholz in der Obermainanlage mit philosophisch-festlicher Nachdenklichkeit zu enthüllen.

Im Juni 1955 wurde auch der Kaisersaal im Römer mit seinen 52 Kaiserbildern als Frankfurts mittelalterliche Renommiergalerie wieder in Gebrauch genommen, feierlich eröffnet von Bundespräsident Heuss.

1956 wurde im Großen Hirschgraben das Haus des Deutschen Buchhandels als Sitz des Börsenvereins eingeweiht und gleich nebenan wird dessen Cantate-Saal für die Frankfurter Bevölkerung geöffnet, in dem Theater, Konzerte, Vorträge der unterschiedlichsten Veranstalter stattfanden. Seit 1975 gewährt die Stadt Liesel Christs Volkstheater hier ein dauerhaftes Domizil.

Allzu kurzes Gastspiel von Heinz Hilpert

Den in Kolbs erstem Amtsjahr amtierenden Intendanten der Städtischen Bühnen, den populären Frankfurter Komödianten Toni Impekoven, hatte im Herbst 1945 noch Oberbürgermeister Kurt Blaum reaktiviert und zum vorläufigen Theaterleiter berufen.

Der von Kolb zum Nachfolger Impekovens Ernannte trägt einen großen Namen: Heinz Hilpert. Der neue „Chefintendant" bläst ab Oktober 1947 frischen Wind in die Segel des Aufbruchs. Mit seiner psychologisch differenzierenden Inszenierung des Dramas *Des Teufels General* (1946) macht Hilpert bundesweit auf die hohe Qualität des jetzt wieder prominent besetzten Frankfurter Ensembles aufmerksam. Das zeitdiagnostische Theaterstück von Carl Zuckmayer thematisiert die ebenso aktuelle wie überzeitliche Fragestellung, wem denn der Mensch zu gehorchen habe, seiner Eidespflicht (in diesem Fall dem Diktator Hitler) oder seinem eigenen Gewissen. Unter seinem weitgespannten zeitgeschichtlichen Horizont bildet Hilpert in Thornton Wilders *Wir sind noch einmal davongekommen* (1942) den Mikrokosmos einer Durchschnittsfamilie ab. Indem Hilpert den kollektiven Befindlichkeiten der unmittelbaren Nachkriegsphase auch in diesem Stück dicht auf den Fersen bleibt, bestätigt er dessen ebenso zeitkritischen wie zeitenthobenen Rang. Die Vorgänge auf der Bühne sah Hilpert, indem er die dienende Rolle der Interpretation betont, stets in Verbindung mit der Zeit und ihrer Gesellschaft. Auch Kolb ging es schließlich doch darum, Theater in einem ästhetischen und zeitgeschichtlichen Kontext zu erleben, ein Theater, das gegen die Perfektionierung der Illusionen anspielt, gegen das gleisnerische Air des unverzagten Nazi-Herrenmenschentums wie in *Des Teufels General*. Das von allen deutschen Bühnen aufgeführte Heimkehrer-Drama *Draußen vor der Tür* (1947), „das kein Theater spielen und kein Publikum sehen will", wie Wolfgang Borchert, der 25jährige Autor, mutmaßte, ist als letztes Echo des Expressionismus ohne Nachfolge geblieben. Als letztes Stück in Frankfurt inszeniert Hilpert Gressiekers *Der Regenbogen* als fröhlichen Gruß ans neue Jahr 1948.

Aufklärung begriff Heinz Hilpert als Signum der Epoche. Mit Hilfe des Theaters wollte er vor den Augen und Ohren der amerikanischen Besatzer und der Welt demonstrieren, daß wieder ein freier Geist durch ein nun demokratisiertes Deutschland wehe. Wahrscheinlich hielt Oberbürgermeister Kolb den Wiederaufbau der Stadt für so dringlich, daß er meinte, darüber das Theater vernachlässigen zu dürfen – wie sonst hätte er mit erstaunlicher Kurzsichtigkeit dem genialen Heinz Hilpert die notwendige Fürsorge verweigert? Er und andere Stadtnotable hatten offensichtlich nicht begriffen, welch schwergewichtiges Kapital sie verschleuderten, indem sie durch ihre Ignoranz den entnervten Intendanten dazu brachten, am 1. April 1948 vorzeitig sein Amt niederzulegen? Hatte man Hilpert etwa geholt, nur um Impekovens Lustspielambitionen auf eine höhere Ebene zu transponieren? Man hätte wissen müssen, daß ein Mann vom Format Heinz Hilperts, dem das Frankfurter Schauspiel einen exorbitanten Niveausprung verdankte, das Theater nicht mit einer „bürgerlichen Erholungsstätte" verwechseln würde. Ohne sorgfältig nach einem gleichwertigen Nachfolger zu suchen, hat Kolb Heinz Hilpert durch Richard Weichert ersetzt, der unter Hilpert bereits Leiter des Ensembles gewesen war. Wäre Kulturdezernent Karl vom Rath schon im Amt gewesen, wäre der Stadt dieses Fiasko sicher erspart geblieben. Sogar die amerikanische Militärbehörde bedauerte Hilperts Rückzug.

Harry Buckwitz rettet Frankfurts Kulturrenommee

Als eine von Walter Kolbs nachhaltigsten Personalentscheidungen gilt die Berufung von Harry Buckwitz zum Generalintendanten der Städtischen Bühnen. Nicht nur ein großer Theaterregisseur, sondern auch ein versierter Theatermanager, sollte es sich in den kommenden Jahren als wahrer Glücksgriff erweisen, Buckwitz von München nach Frankfurt am Main geholt zu haben.

Nachdem Harry Buckwitz schon 1949 eingeladen worden war, als Gastregisseur Carl Zuckmayers *Des Teufels General* (1946) und Brechts *Dreigroschenoper* (1928) zu inszenieren, offerierten ihm Kolb und sein Kulturdezernent Karl vom Rath im Herbst 1950 den Posten des Generalintendanten der Städtischen Bühnen Frankfurt. Buckwitz nahm die Herausforderung gerne an: „Ich halte es für eine im Endresultat dankbare Aufgabe, den Wiederaufbau des Frankfurter Theaters zu übernehmen. Die Gesamtorganisation gibt mir die seltene Chance, erprobte Prinzipien einer unkonservativen und großstädtischen Theaterführung anzuwenden". Und mit weltläufiger Noblesse fügte er hinzu: „Das internationale Gepräge Frankfurts, seine Aufgeschlossenheit und Modernität macht es zu einem Schwerpunkt Europas. Auf solch vielschichtigem Boden muß eine interessante hochrangige Bühne florieren und einen ganz besonderen Theatertypus entwickeln." Buckwitz hat Wort gehalten.

Als Buckwitz im Herbst 1951 als Generalintendant die Zügel von Oper, Schauspiel, Kammerspiel und Ballett übernahm, wurde noch auf vier provisorischen Bühnen gespielt: im großen Börsensaal, im großen Handwerkersaal in der Braubachstraße, in der Turnhalle an der Veitstraße in Sachsenhausen und im Innenhof des Karmeliterklosters. Der Wiederaufbau des im Krieg beschädigten Schauspielhauses, mit dem 1949 begonnen worden war, war noch nicht

Harry Buckwitz (links) mit Thornton Wilder

vollständig abgeschlossen. Mit dem intimen Kenner von Bühnenstrukturen Harry Buckwitz hatte man glücklicherweise jedoch zugleich einen kompetenten Bauherrn engagiert. Buckwitz konnte an die Vorleistungen von Generalmusikdirektor Bruno Vondenhoff nahtlos anknüpfen, zumal die Bühne des neuen Schauspielhauses für eine längere Übergangszeit zugleich auch Spielort für die Oper sein würde. Die verabredete asymmetrische Nutzungsregelung zuungunsten des Sprechtheaters – mit zwei Spieltagen pro Woche für das Schauspiel und fünf Tagen für die Oper – sollte sich dann allerdings als Problem erweisen: Die Schauspieler werden öfter spazierengehen müssen als sie spielen dürfen.

Knapp ein Jahr nach Buckwitz' Amtsantritt, am Tag vor Heiligabend 1951, wird das wiederhergestellte Schauspielhaus als gemeinsame Spielstätte für Oper und Sprechtheater feierlich eröffnet. Richard Wagners *Meistersinger von Nürnberg* (1868) unter der musikalischen Leitung des damaligen Generalmusikdirektors Bruno Vondenhoff inszeniert Werner Jacob als zeitloses Denkmal deutschen Bürgertums mit all seinen Stärken (Stolzing) und Schwächen (Beckmesser). Gemeinsam mit Vondenhoff entschlackt er diese komplexeste, avancierteste und zugleich auch wohl heikelste Partitur Richard Wagners von den obligaten Momenten des Chauvinismus und der notorischen Deutschtümelei. Walter Kolb wird sich besonders mit Stolzings Preislied identifiziert haben: „Verachtet mir die Bürger nicht!"

Das Schauspiel beginnt seine neue Zeit zwei Tage später, am 26. Dezember 1951, mit einer lokalpatriotischen Verbeugung vor dem größten Sohn der Stadt: Lothar Müthel inszeniert Goethes Trauerspiel in fünf Akten *Egmont*, das Schiller als „Salto Mortale in eine Opernwelt" bezeichnet hatte, mit Starschauspielern vom Range eines Bernhard Minetti, Hannsgeorg Laubenthal, Klausjürgen Wussow, Karl Lieffen, Otto Rouvel und Solveig Thomas. Müthel gab den in Goethes Werk angelegten Widersprüchen – Zwangsherrschaft und Freiheitsliebe, Weltpolitik und Kleinbürgerlichkeit – zeitbezogene Relevanz. Nach enthusiastischen Kritiken in den Feuilletons wird Lothar Müthel Chef der Sparte Schauspiel. Als hedonistischer Verfechter einer radikalen Individualisierung Schillerscher Figuren transponierte Müthel die Welt der Ideale über ihre Titelhelden auch im *Fiesco, Don Carlos* und *Wallenstein* in geschichtsphilosophische Dimensionen.

Während der Buckwitz-Ära von 1951 bis zum Jahr der Studentenrevolte 1968 hat sich das „Schauspiel Frankfurt" in der deutschen Theaterlandschaft zum Pilgerort gemausert. An den Main mußte einer gehen, um anschaulich zu erfahren, welchen Zauber und welche Wirkung Theater haben kann, welche

Denkräume große Regisseure eröffnen können. Zwar hat Buckwitz mit Lust und Leidenschaft jenes Diktum aus Brechts *Kleinem Organon für das Theater* (1948) mit kulinarischen Mitteln umgesetzt, wonach „Vergnügung die nobelste Form des Theaters" ist. Viel mehr noch nutzte Buckwitz die Bühne aber als Tribüne und nicht selten auch als Tribunal, und zwar in des Wortes verwegenster Bedeutung. Denn er war angetreten, die elitäre Genußkultur des bürgerlichen Establishments aufzubrechen. Als Exeget und Regisseur vor allem von Brechts reichem Lehrstückrepertoire hoffte Buckwitz, die aristotelische Katharsis wiederzubeleben, um damit das kritische Bewußtsein des Publikums zu schärfen, es die Welt als eine veränderbare begreifen zu lassen. Buckwitz selbst umreißt sein „künstlerisches Progamm" mit den Worten, er wolle dem Zuschauer „dichterische Botschaften übermitteln. Ihn durch das Wort von der Bühne her zu einer Stellungnahme aufrufen. Ihm das Vergnügen der Beteiligung an einem geistigen Dialog suggerieren".

Buckwitz und Brecht galten in der intellektuellen und der parteipolitischen Welt als Synonyme. Auch wenn es pathetisch klingt, darf es gesagt werden: Nicht zuletzt durch die Frankfurter Aufführungen leuchtet Brechts Werk in der Vollendung bis heute. Höhepunkte der Buckwitzschen Brecht-Exegese waren 1952 *Der gute Mensch von Sezuan*, 1955 *Der kaukasische Kreidekreis*, 1957 *Die Geschichte der Simone Machard*, die als bedeutendste deutsche Uraufführung des Jahres gepriesen wurde, 1958 *Mutter Courage* mit Therese Giehse und 1961 *Das Leben des Galilei* mit Hans Dieter Zeidler. Der Dichter selbst äußerte überschwenglich: „Die Arbeit am Frankfurter Theater ist mit die großartigste, die ich je erlebte." Zur Aufführung des *Guten Menschen von Sezuan* war Brecht höchstselbst in den unwirtlichen Börsensaal gekommen und auch bei den Proben zu *Der kaukasische Kreidekreis* war er zugegen. Die Uraufführung der *Geschichte der Simone Machard* bekam der Autor freilich nicht mehr zu sehen: Sein Tod im August 1956 machte die Vorstellung zu einer posthumen Huldigung an sein Genie.

In der gegen alles „Linke" allergischen, restaurativen Adenauer-Republik stand ein marxistischer Autor wie der geniale Stückeschreiber und Lyriker Bertolt Brecht natürlich unter ideologischem Generalverdacht. Als nach dem Aufstand vom 17. Juni 1953 in Ostberlin und mehr noch nach dem Mauerbau 1961 in vorauseilendem Gehorsam gegenüber städtischen oder staatlichen Geldgebern etliche westdeutsche Bühnen Brecht zu spielen sich verboten, avancierte der couragierte Harry Buckwitz mit seinen insgesamt fünfzehn Brecht-Inszenierungen zu einer fast mythischen Größe. Wer damals Buckwitz sagte, meinte auch Brecht – und umgekehrt:

Die gebetsmühlenartig vorgetragene Polemik gegen den „marxistischen Dichter aus der sowjetischen Besatzungszone" versuchte die CDU im Frankfurter Stadtparlament schließlich auch Harry Buckwitz anzuheften. Obwohl Brecht sich durch die Utopie des Sozialismus intellektuell der DDR verbunden fühlte, hat jedenfalls das seriöse westdeutsche Feuilleton gleichwohl seine Bühnenwerke als die besten der deutschen Nachkriegsdramatik gegen alle politischen Verdächte zu würdigen gewußt: Sie laden ein zum ästhetischen Vergnügen, auch wenn Brecht gelegentlich dabei das Individuum aus den Augen verlor. Für Walter Benjamin war Brecht der erste bedeutende Dichter, „der etwas vom städtischen Menschen zu sagen wußte", auch deshalb war Brecht für Buckwitz das Alpha und Omega. Walter Kolb und Karl vom Rath haben tapfer zu ihrem Generalintendanten gehalten, als die CDU-Fraktion im Stadtparlament gegen die Ikone der Aufklärungsästhetik und dessen „Agitationstheater" ins schrille Horn der Verleumdung stieß.

In der pubertierenden Bundesrepublik zog Buckwitz, der Unzeitgemäße, ebenso hellsichtig wie unnachsichtig mit den Mitteln seiner Bühne gegen reaktionäre Strömungen und gegen die alten Seilschaften der Hitler-Diktatur zu Felde. Mit Stücken von Brecht, Wolfgang Borchert und Carl Zuckmayer hat er mit dramatischer Verve zum Nachdenken über die Nazi-Zeit angestiftet. Die restaurative Adenauer-Zeit war gekennzeichnet von einer kollektiven Bewußtlosigkeit, einem Gedächtnisschwund, der nicht nur die Nazi-Jahre entsorgen, sondern auch den grassierenden Konformismus legitimieren sollte. Buckwitz' Nonkonformismus stand als absolute Größe dagegen wie eine auratische Säule.

Bald sollten sich auch die Autoren der „Gruppe 47" wie Günter Grass, Heinrich Böll, Martin Walser und Alfred Andersch ohne ideologische Verengungen mit entschieden antiautoritärer Einstellung in den gesellschaftlichen Diskurs einmischen, der ihnen von allzu reaktionärer Gesinnung dominiert zu sein schien. Die Stimme der Dichter und Autoren als Gewissen der Nation war viel zu lange stumm geblieben oder blieb in verschlüsselter Formensprache ohne Resonanz wie bei Ingeborg Bachmann, Paul Celan oder Arno Schmidts Roman *Leviathan*, in dem die Naturwissenschaft als einziger Halt in einer erbarmungslosen, sinnlosen Welt beschworen wird. Bölls Trümmerliteratur bewegt zwar die Leser, aber in ihrer Beschränkung auf den moralischen Impetus ist sie wenig zukunftsoffen.

Nach der Beseitigung der Trümmermassen begann man dann endlich, auch die von der Vätergeneration hinterlassenen „Trümmer des Gewissens" (Hans Henny Jahnn) wegzuräumen; nun thematisieren unsere jüngste Geschichte Schriftsteller von Rang wie Günter Grass, Heinrich Böll, Uwe Johnson oder

Martin Walser: Mit *Die Blechtrommel* (1959), *Billard um halb zehn* (1959), *Mutmaßungen über Jakob* (1959) und *Halbzeit* (1960) haben sie jene heillose Welt voll Gewalt, Rassismus und Ängsten analysiert und mit hohen Auflagen die Seelenruhe der Bürger gestört.

Mit Blick auf die dramatische Kunst schrieb Günther Rühle in der *F.A.Z.* über jene Zeit: „Dieses Jahrzehnt [1953 bis 1963] hatte auf dem Theater sein eigenes Signet. Es war das Jahrzehnt nach dem großen Ansturm der ausländischen Stücke, nach dem Aufraffen der neuen Stoffe und Formen, von denen man so lange abgeschnitten war. Es war das Jahrzehnt neuer Stilfindung und neuer geistiger Grundlegung".

Freilich gehörte zu Buckwitz' Repertoire-Dramaturgie auch die Vermittlung von Werken ausländischer Bühnenautoren, die während der zwölf Jahre der Nazi-Diktatur nicht gespielt werden konnten, Stücke von Jean-Paul Sartre, Albert Camus, Jean Marie Anouilh und Jean Giraudoux, von Tennessee Williams, Arthur Miller, Eugene O'Neill oder Thornton Wilder, Christopher Fry und John Priestley, T.S. Eliot oder Harold Pinter. Auch mit deutschsprachigen Dichtern vom literarischen Range eines Max Frisch, Friedrich Dürrenmatt, Carl Zuckmayer, Hans Henny Jahnn wollte Buckwitz Gedanken und Geist der Nachkriegszeit sinnlich veranschaulichen. Er sah ferner auch darin seine Mission, das unter Propagandaminister Goebbels ideologisch kontaminierte klassische Repertoire zu entgiften.

Buckwitz hat nicht nur für die Kultur unserer Stadt, sondern für das deutsche Nachkriegstheater nachhaltige Maßstäbe gesetzt. Mit Hilfe des Theaters hoffte er, das ramponierte Bild der Nation korrigieren zu helfen. Buckwitz wehrte sich auch gegen Adornos Zweifel an Sinn und Funktion des gängigen Theaterbetriebs und gegen den Vorwurf der „perfekten Unproduktivität". Schließlich verstand Buckwitz Theater als Teil unserer permanenten Selbstvergewisserung, unserer Selbstbildung und Selbstfindung. Buckwitz sah sich als Chronist der Zeit, der die Gegenwart aus der Vergangenheit erklärt und ihr eine Perspektive auf Zukunft gibt. Ein lebendiges Theater gehörte für ihn zum moralischen Gewissen der Nation. Die Bühne war ihm eine moderne Agora, auf der die *conditio humana* verhandelt wird.

Buckwitz hat den an sich selber gestellten Anspruch als Intendant in seinen 18 bejubelten Frankfurter Jahren voll erfüllt: „Haupterfordernis ist Vielseitigkeit und Faszination. Er darf sich nicht mit dem Hergebrachten und Gefälligen begnügen. Er muß das Wagnis zu geistigen Dingen einbeziehen." Buckwitz' kardinales Wagnis war Brecht, mit dessen Repertoire er uns nicht nur in menschheitliche Abgründe blicken läßt; er hat auf seiner Brecht-Bühne die

Epochenbrüche sichtbar gemacht. Besonders vom Rath hielt sein schützendes Schild über Harry Buckwitz' politisch-ästhetisch enorm wirkmächtiges Brecht-Theater, dessen epochaler Rang weit über die Stadt hinaus von Frankfurts neuem kulturellen Profil kündete. Weil aus der Perspektive eines Oberbürgermeisters Kultur sich auch als Mehrwert für das Ansehen einer Stadt bilanziert, bedeutete diese Nützlichkeitserwägung eine gewisse Bestandsgarantie für Frankfurts Theaterzukunft.

Die mit Solti beginnende große Zeit der Oper

Bruno Vondenhoff hat in seinen glanzvollen fünf Frankfurter Jahren 26 Opern einstudiert, darunter selbstverständlich viele aus dem klassischen Repertoire, insbesondere Werke von Wagner und Verdi. Mit seinem unerschütterlichen Glauben an die Macht der Musik hat Vondenhoff in den Jahren 1945 bis 1951 einem der Moderne entwöhnten Publikum aber auch zeitgenössische Opern so manches im „Dritten Reich" verfemten Komponisten vorgestellt: 1947 Strawinskys *Geschichte vom Soldaten* und Hindemiths *Mathis der Maler*, 1948 Sutermeisters *Romeo und Julia*, 1949 Honeggers *Johanna auf dem Scheiterhaufen* und 1951 Menottis *Konsul* und Kreneks *Das Leben des Orest*. Unter Bruno Vondenhoff galt die Frankfurter Oper nach dem Kriege schon als das Forum für zeitgenössische Komponisten, als Ort des beglückenden Kulturtransfers zwischen Vor- und Nachkriegszeit.

Dennoch ist die Vondenhoff-Ära des Neuanfangs auf der Notbühne der Börse von Walter Kolbs neuem Generalintendanten Harry Buckwitz rigoros beendet worden, sobald er mit dem schon damals international reüssierenden Georg Solti eine Trumpfkarte ziehen konnte. Beim Flanieren über die Münchner Maximilianstraße hatte Buckwitz zufällig Georg Solti getroffen und ihn eher beiläufig gefragt, ob er einen ingeniösen Generalmusikdirektor für Frankfurt vorzuschlagen wüßte. Da der Pultstar aus Ungarn sich selber als einzigartig begriff, beantwortete er Buckwitz' Frage mit einer selbstanzeigenden Geste auf seine Brust. Harry Buckwitz war glücklich einverstanden, und so begann mit dem Wechsel Georg Soltis von der Münchner Staatsoper nach Frankfurt hier eine neue Zeitrechnung des Musiktheaters. Die Stadt hatte mit Solti das große Los gezogen und Solti sein Billett zum Weltruhm.

Der ansonsten mit Lob nicht geizende Oberbürgermeister Walter Kolb verabschiedete Bruno Vondenhoff 1952 mit jener Standardfloskel, die einem brav am Schreibtisch ergrauten Beamten zum Abschied nachgerufen wird: Er habe sich „um die Stadt verdient gemacht". Als ich mich dreißig Jahre später verpflichtet fühlte, Vondenhoffs Verdienste zum 80. Geburtstag wenigstens nachträglich mit der Verleihung der Goetheplakette zu würdigen, erinnerte sich der Geehrte mit gelassener Wehmut an seine Frankfurter Sturm- und Drangzeit und gab seiner Hoffnung Ausdruck, „daß niemals wieder aus Trümmern ein neues Kulturleben aufzubauen sein werde".

Die große Zeit der Oper während der Ära Kolb waren die Jahre ihrer Befreiung aus dem Korsett der Aufführungskonventionen hinein in das Wagnis des modernen Musiktheaters. Georg Solti und Regisseure vom Rang eines Günther Rennert, Josef Gielen, Werner Jacob, Rudolf Noelte haben Frankfurt in Soltis neunjähriger Glanzzeit von 1952 bis 1961 zum Mekka der Opernpilger gemacht.

Soltis Ruhm beginnt im September 1952 mit einer traumhaften Interpretation von Verdis Altersoper *Otello*. Die kongeniale Regie von Werner Jacob

transformiert das meist als vordergründiges Eifersuchtsdrama gegebene Stück in eine psychopathologische Studie über den Verlust von Freiheit und Individualität. Ihm gelingt dabei eindrucksvoll die Balance zwischen Orchester-Partitur und Gesangsmelos, die bei diesem komplizierten Werk als besonders schwierig gilt. Wiederum mit Jacobs Regieteam studiert Solti im selben Jahr Mozarts Dramma giocoso *Don Giovanni* ein, wobei er dem Oberflächenreiz der genial orchestrierten Verführungskünste im Milieu einer degenerierenden Gesellschaft psychologisch tiefere Bedeutung abzugewinnen vermag.

Mit dem Wiener Regisseur Josef Gielen, dem Vater des späteren Frankfurter Opernchefs Michael Gielen, produziert Solti zwei Strauss-Opern: 1953 *Arabella* und 1955 den *Rosenkavalier*, der sich zum Publi-

Sir Georg Solti beim Mozart Fest Frankfurt im Juni 1984

kumsmagneten entwickelt. Strauss-Exeget Solti dirigiert 1953 und 1961 auch *Salome*. Die an der Met und an der Scala gefeierte Titelheroine Inge Borkh garantiert mit der Fülle ihres dramatischen Wohllauts und ihrer einzigartigen Darstellungskunst ausverkaufte Vorstellungen.

Georg Solti studiert aber auch moderne Opern ein, Paul Hindemiths *Cardillac* und Rolf Liebermanns *Penelope* werden im März 1953 und im Dezember 1954 auch ohne kulinarische Schmeicheltöne große Publikumserfolge.

Daß die Städtischen Bühnen Frankfurt mit Harry Buckwitz und Georg Solti Anfang der fünfziger Jahre Weltgeltung erlangen konnten, ist nicht zuletzt Walter Kolb zu danken, der gemeinsam mit Karl vom Rath dem künstlerischen Wagnis den notwendigen Freiraum garantierte. Für beide war das Frankfurter Theater nicht weniger als eine Polis im Kleinen, deren Wirkung den regionalen Horizont weit überstrahlt. Weil Buckwitz und Solti die subalternen Sehnsüchte einer kunstkonservativen Klientel zu bedienen sich weigerten, gaben sie in ihrem Repertoire dem Seichten à la Wildenbruchs *Haubenlerche* und platter Operetten-Seligkeit keine Chance. Die Städtischen Bühnen sollten, solange Buckwitz und Solti Verantwortung dafür trugen, ihre Erstrangigkeit nicht preisgeben. Solti lebte von der Lust, Solti zu sein, Buckwitz von der, Buckwitz zu sein.

Außerhalb der „Musentempel" räkelt sich im Bereich der Populärmusik die leichte Muse im Konsumentenglück und im Kommerz. Sie beherrscht den Markt zu fast 90 Prozent. Die Musikimporte besonders aus den USA werden von jugendlichen Ohren willig aufgesogen. Die Rockmusik wird ab Mitte der fünfziger Jahre das Ausdrucksideal der westlichen U-Musik gehörig verändern: Rock'n'Roll und Beat gehören bald zum Habitus des Emanzipationsstrebens der sich parallel dazu ausbildenden jugendlichen Protestkultur. Auch in Westdeutschland wurde sie zur Leitmusik einer rebellischen Jugend. Im Lauf der Jahre wurde deren Protestpotential durch Kommerzialisierung entschärft, nicht zuletzt auch durch die Dauerberieselung durch den Rundfunk.

Der deutsche Nachkriegsfilm der Kolb-Jahre

„Mach dir ein paar schöne Stunden – geh' ins Kino!" Dieser das Kino boulevardisierende Slogan kennzeichnet als Motto den gesamten deutschen Nachkriegsfilm. Die Filmindustrie bediente sich dieses Werbespruchs plakativ aber erst ab Mitte der fünfziger Jahre. In großangelegten Kampagnen hoffte man, massenhaft Zuschauer in ihre prächtigen neuen Kinopaläste zu locken, die mit ihren Glitzerfassaden jenes „Treibhaus" bildeten, dessen klaustrophobische Enge Wolfgang Koeppen in seinem Roman (1953) gleichen Titels geißelt.

Ob sich in den Jahren unmittelbar nach Kriegsende der Vorhang für einen der sogenannten „Trümmerfilme" hob, ob es später die Streifen aus dem Heimat-, Schlager-, Arzt- oder Förstergenre waren, stets galt: „Fast nichts, das ist der ganze Stoff des Daseins" (Hofmannsthal). Egal ob Krimis, Komödien oder Ehedramen, der Zuschauer wähnte sich gut getröstet, sein Seelenhaushalt erhielt sentimentalen Proviant. Die im Kinopalast verbrachten Stunden blieben vielen als wahrhaft „schön" in Erinnerung. Nicht anders verhielt es sich bei Filmen, die sich auf die jüngste Vergangenheit einließen, wie zum Beispiel *Und über uns der Himmel* (1947) von Josef von Báky oder *Zwischen gestern und morgen* (1947) von Harald Braun. Hier wurde das Publikum darüber belehrt, das Unheil jener Jahre sei nicht verursacht worden durch persönliche Schuld oder durch individuelles Versagen, sondern durch das Walten eines unausweichlichen Schicksals. Der Zuschauer konnte das Kino erhobenen Hauptes verlassen. In Filmen mit „Gegenwartsproblematik" ließ sich der Kinogänger davon begeistern, wie seinesgleichen mit anpackte, aufbaute und über das Vergangene hinweg optimistisch nach vorn schaute. Alexander Mitscherlich hat diese Projektion als Ausdruck einer kollektiven narzißtischen Kränkung durch den Führerverlust analysiert.

Das oft und gern beschworene „Menschliche" war in diesen Filmen schließlich wieder im Lot. Auch wenn die Hirne der Deutschen vorübergehend vernebelt worden waren, so waren sie im Grunde ihres Herzens doch immer anständige Leute geblieben. Immerhin setzte nun eine gedankliche Differenzierung ein, die zwischen den schlechten Deutschen, also den Nazis, und dem „eigentlichen, dem anständigen Deutschland" zu unterscheiden empfahl.

Daß sich der Film bald nach Kriegsende wieder auf den ausgetretenen Pfaden traditionsreicher deutscher Ufa-Ästhetik bewegte, war so nicht geplant, weder von den alliierten Besatzungsmächten, die aus schlimmer Erfahrung die propagandistische Schlagkraft des Nazi-Films psychologisch richtig einzuschätzen wußten, noch von den jungen Filmemachern, die einen ganz anderen deutschen Film wollten. Weil die Alliierten hautnah erlebt hatten, welch effiziente Wirkung die Indoktrination durch die Kultur- und Spielfilme aus der Goebbelsschen Propagandamaschinerie gehabt hatten, erließen sie im Mai 1945 die „Nachrichtenkontrollvorschrift Nr. 1", in der sie „Druckschriften, Rundfunk, Film, Theater und Musik" ihrer Aufsicht unterstellten. Sie galt nicht nur in der amerikanischen, sondern auch in den anderen beiden westlichen Besatzungszonen. Allein im sowjetischen Herrschaftsbereich war dem Film eine grundsätzlich andere Entwicklung vorgezeichnet. In der DDR produzierte das staatliche Babelsberger DEFA-Studio nach 1945 die filmästhetisch und inhaltlich besten deutschen Spielfilme, die bei internationalen Festivals reichlich Preise abräumten.

Der erste deutsche Nachkriegsfilm überhaupt und einer der besten ist denn auch eine DEFA-Produktion: Wolfgang Staudtes *Die Mörder sind unter uns* (1946). Das Thema kann als programmatisch für die Entwicklung des DEFA-Films gelten; dessen engagierte Auseinandersetzung mit deutscher Vergangenheit bleibt bis in die achtziger Jahre wesentlicher Bestandteil der DDR-Produktion.

Als paradigmatisch gelten hier die drei DEFA-Filme von Kurt Maetzig *Ehe im Schatten* (1947), *Die Buntkarierten* (1949) und *Rat der Götter* (1950). Der erstgenannte thematisiert das Schicksal des Schauspielers Joachim Gottschalk und seiner jüdischen Frau, die von Nazi-Schergen in den Selbstmord getrieben wurden; Maetzigs *Rat der Götter* reflektiert die Verstrickung von Politik und Großindustrie im „Dritten Reich" – in der Bundesrepublik war dieser Film jahrelang mit Aufführungsverbot belegt. Mit der Gegenwart der DDR beschäftigt sich Maetzigs *Die Buntkarierten.* Hier gewinnt das Schicksal einer Arbeiterfamilie von der Wilhelminischen Zeit bis in die unmittelbare Gegenwart seines Entstehens Gestalt. Von den Konflikten in einer Arbeiterfamilie handelt auch Slátan Dudows *Unser täglich Brot* (1949). Dudow knüpft darin an die kritische Analyse der sozialen Situation an, durch die schon seine Filme *Kuhle Wampe* (1932) oder *Wem gehört die Welt* (1929) charakterisiert sind. Neben solchen politisch befrachteten Sujets erfreuen sich allerdings Historienfilme, Literaturverfilmungen und Biographien aus Babelsberg allergrößter Beliebtheit. Allein die Staudte-Filme *Die Mörder sind unter uns* (1946) und *Der Untertan* (1951) repräsentieren den „neuen" deutschen Film auch im Ausland mit Qualitätssiegel.

Mit Hilfe der Fragebögen der alliierten Filmkontrolle und der Branchenkenntnisse ihrer Nachrichtenoffiziere war es anfangs gelungen, die Vertreter der braunen Regie-Elite wie Veit Harlan oder Alfred Weidemann, für die die Ziffer 1945 ein Synonym für Amnesie bedeutete, vom Nachkriegsfilm fernzuhalten. Gleichwohl kann insgesamt von einem fliegenden Wechsel von den Filmen der Nazi-Zeit zum Film der ersten Nachkriegsjahre gesprochen werden, und nicht nur in Bezug auf die personelle Kontinuität, sondern auch im Blick auf die ungeschmälerte Präsenz von originären Nazi-Filmen in unseren Nachkriegskinos. Rückgriffe auf früher populäre Massenware bestimmen die Kinogegenwart. Die alte Gemütlichkeit verborgenen Grauens wurde durch neuen Wohlstandsfrohsinn ersetzt. Und so war es kein Zufall, daß sich beim ersten internationalen Filmball in Nachkriegsdeutschland, der unter der Schirmherr-

Helmut Käutner, Maria Schell und Jean Marais auf dem Filmball 1956

schaft von Walter Kolb am 15. Januar 1949 im Palmengarten veranstaltet wurde, ausgemusterte Ufa-Stars wie Zarah Leander, Viktor de Kowa, Carola Höhn, Evelyn Künnecke oder Michael Jary ein Stelldichein gaben.

Ironischerweise hatten die Nazis diese Entwicklung durch ihre geschickte Filmpolitik selbst ermöglicht. Das läßt sich noch bis in unsere Gegenwart hinein verifizieren, in der ein Großteil der Streifen aus dem Filmdepot des „Dritten Reiches" ständig von den Fernsehanstalten wiederholt wird. Wie massiv auch immer der Propagandacharakter einzelner Filme gewesen sein mag, beim Gros der „großdeutschen" Produktion handelt es sich um harmlos-unverbindliche Trivialkunst. Schließlich war es der erklärte Wille des Propagandaministers gewesen, die „Kinofreudigkeit" des deutschen Volkes zu erhalten, das heißt, die Gunst der Kinogänger nicht durch übermäßige Bombardierung mit Propaganda zu verprellen.

Prima vista jedenfalls schien die Mehrzahl der NS-Filme absolut harmlos, offensichtlich auch nach der dilettantischen Einschätzung alliierter Kunst-Sergeanten. Das beweist nicht nur die große Zahl der sogenannten „Überläufer"-Filme, die noch zu Nazi-Zeiten begonnen, aber erst danach vollendet wurden und schließlich ohne Vorbehalte in den Kinos landeten wie Helmut Käutners *Unter den Brücken* (1944/45).

Helmut Käutner war nach dem Kriege zweifellos der erfolgreichste Regisseur; er hatte schon im „Dritten Reich" mit seiner Maupassant-Verfilmung *Romanze in Moll* (1943) Furore gemacht. Seine Stärke im Nachkriegsfilm war sein poetischer Realismus, den er in Filmen wie *In jenen Tagen* (1947) und *Der Apfel ist ab* (1948) zur Perfektion entwickelt hat. In *Die letzte Brücke* (1954), *Des Teufels General* (1955) und *Himmel ohne Sterne* (1956) wendet Käutner sich erstmals Themen zu, in denen die Schrecken der Nazi-Zeit thematisiert werden. In den hier gewürdigten Jahren, als Walter Kolb Oberbürgermeister war, zwischen 1946 und 1956, bleiben außer Käutners ästhetischem Leinwandproviant noch als erinnerungswerte Filmarbeiten zu rühmen: Rudolf Jugerts *Film ohne Titel* (1947) und *Nachts auf den Straßen* (1951) sowie R. A. Stemmles *Berliner Ballade* (1948), in dem Gert Fröbe als „Otto Normalverbraucher" brilliert. Im Januar 1951 läuft im Frankfurter Turmpalast Willi Forsts *Die Sünderin* (1949) mit Hildegard Knef. Zu diesem Film läßt Erzbischof Josef Krings im März 1951 ein Mahnwort von den Kanzeln verlesen: „Ich erwarte, daß unsere katholischen Männer und Frauen, erst recht unsere gesunde katholische Jugend in berechtigter Empörung und in christlicher Einmütigkeit die Lichtspieltheater meidet, die unter Mißbrauch des Namens der Kunst eine Aufführung bringen, die auf eine Zersetzung der sittlichen Begriffe unseres christlichen Volkes hinauskommt." Während Walter Kolb sich vehement gegen einen Boykott des Forst-Films ausgesprochen hatte, empfahl die örtliche CDU, den Film als unmoralisch abzusetzen. Damals war auf die Scheuklappen der CDU noch Verlaß. Als wichtige Filme bleiben noch zu ergänzen Herbert Veselys *Nicht mehr fliehen* (1955) und Georg Tresslers *Die Halbstarken* (1956) mit Horst Buchholz als Hollywood-Anleihe und als Publikumshit natürlich Ernst Marischkas heroischer *Sissi*-Film (1955).

Mehr als ein Fünftel der in den Kolb-Jahren produzierten bundesdeutschen Filme haben sich dem betont unpolitischen Genre „Heimatfilm" verschworen: Richard Häußlers *Die Martinsklause* (1951) nach dem gleichnamigen Roman von Ludwig Ganghofer, der erste Farbfilm nach dem Krieg *Das Schwarzwaldmädel* (1950) von Hans Deppe und die ebenfalls von Deppe gedrehte Schnulze *Grün ist die Heide* (1951) mit Sonja Ziemann und Rudolf Prack ließen auch in Frankfurt die Kassen klingeln.

Heimat im Heimatfilm ist freilich nie dort, wo die Mehrheit der Bundesbürger tatsächlich lebt. Die reale Heimat, das sind die großen und kleinen Städte, die immer noch von den Spuren der Kriegszerstörung geprägt sind. Aber keiner unserer Spielfilme zeigt den smogverhangenen Himmel über Ruhr und Emscher. Der Begriff „Heimat" wird nicht etwa in Castrop-Rauxel oder Gelsenkirchen vermessen. Heimat, das ist bevorzugt vor allem der sonnige Süden mit seinen „ewigen" Bergen: Schwarzwald und Oberbayern, das Salzkammergut und das Allgäu – „und zärtlich tönten ihrer Berge Quellen" (Hölderlin). Im Dezember 1952 bekommt das Kino Konkurrenz: Der Nordwestdeutsche Rundfunk (NWDR) strahlt ein regelmäßiges Fernsehprogramm aus. Die Krönung des Fernsehjahres 1953 ist die gravitätische Inthronisation von Königin Elisabeth II. von Großbritannien: „Sie winkt mit der rechten Hand und es war in diesem Augenblick, als ob dieses Lächeln nur uns allein galt", schwärmt *Die Welt.*

Frankfurt – Mekka des Jazz in Deutschland

Als deutsche Hauptstadt der amerikanischen Besatzungszone avanciert Frankfurt bald auch zum Mekka des Jazz in Deutschland. Der Jazz brauchte hierzulande eine Weile, um sich von der Tradition amerikanischer Vorbilder zu lösen; diese Zäsur markiert in Frankfurt der Name Albert Mangelsdorff, mit dem das „Goldene Zeitalter" des Jazz am Main begann. 1952 eröffnete der legendär gewordene „Jazzkeller" in der Kleinen Bockenheimer Straße mit seiner Spielstätte auch „seine Pforten zur Wahrnehmung", wie Wolfgang Sandner sich erinnert. Hier spielten die großen Legenden Dizzy Gillespie, Chet Baker oder Gerry Mulligan. Der Jazzkeller war der Mittelpunkt einer in den fünfziger Jahren aufblühenden Szene rund um die Jazzgasse, wozu auch das alte Jazz-Haus in der Kleinen Bockenheimer, wo der Jazz vom Band gespielt wurde, und die Galerie Olaf Hudtwalckers gehörten, Trefforte auch der „Aficionados". Gefördert wurde der Jazzeifer von Carlo Bohländer und Horst Lippmann, aber noch nicht von der Stadt. Gegen den importierten Mainstream wurde 1953 in Frankfurt das „Deutsche Jazzfestival" mit Hilfe des Hessischen Rundfunks gegründet, der ein eigenes „Jazz-Ensemble" finanziert und später mit der „Frankfurt Jazz Big Band" Furore machen wird.

In den siebziger Jahren bis Anfang der Achtziger werden der Gitarrist Volker Kriegel, der Saxophonist Christof Lauer und der Schlagzeuger Thomas Cremer eine führende Rolle spielen. Die populäre „Barrelhouse Jazz Band" war aus dem Kulturleben der Stadt bis spät in die siebziger Jahre hinein nicht mehr wegzudenken, ihrem Rang gemäß wurde diese Band mit der Ehrenbürgerschaft der Jazzmetropole New Orleans gewürdigt.

Seit 2005 belegt unser Frankfurter Albert Mangelsdorff einen ultimativen Platz im Pantheon des internationalen Jazz.

Die Wiedergeburt der Kunstszene

Kunst ist der Zweck der Kunst, wie die Liebe Zweck der
Liebe und gar das Leben selbst Zweck des Lebens ist.

Johann Wolfgang von Goethe

Zwei große Umwälzungen in der Mitte des letzten Säkulums haben Frankfurt
vor allem geprägt: In einem existentiellen Vakuum der unmittelbaren Nachkriegszeit hatte sich mit der politischen auch die künstlerische Welt radikal verändert und jegliche Orientierung verloren. Schon 1946, gegen Ende der Amtszeit von Kurt Blaum, stellte die neu gegründete „Freie Künstlerschaft" in der
Riederwaldschule ihre aktuellen avantgardistischen Bilder zur Diskussion. Dieser Initiative verdankt sich die Gründung der „Gruppe junge Kunst", die in
den Galerieräumen im Haus Marienstraße 10 mit Werken von Fred Brosius,

Albert Mangelsdorff 1972 auf dem 15.
Deutschen Jazzfestival in Frankfurt

Georg Heck, Arthur Fauser und
Georg Dickenberger Aufmerksamkeit erregte. Sprachrohr Dickenberger brachte die Ziele der Gruppe
rückblickend so auf den Punkt: „Was
wir beabsichtigten […] war der Versuch, durch die Anknüpfung an die
vom Nazi-Regime zerschlagene
Kunst der zwanziger Jahre eine Verbindung herzustellen. Die Kunst der
zwanziger Jahre, das war für uns vordringlich die Kunst des Expressionismus, das waren Max Beckmann und
die Avantgarde." Die Expressionis-
ten wollten wohl weniger dem Publikum dienen als der Kunst.

Der ersten auch über die Stadt-
grenzen hinaus beachteten Vernissage im Oktober 1949 mit Werken
wiederum von Dickenberger, Heck,
Fauser sowie mit den prominenten
Gästen Heinz Kreutz, HAP Griesha-
ber und Willi Baumeister verdankt
sich der Gründungsritus der „Werk-

144

hof"-Künstler, die in der Vilbeler Straße 29 ihre Ateliers eingerichtet hatten. Ihre Arbeiten versuchen mit der Unbeugsamkeit ihrer ästhetischen Sprache zu fesseln.

Der 21. Mai 1947 wird in der Chronik der Frankfurter Kunstszene als markantes Datum notiert: Hanna Bekker vom Rath, diese unermüdliche Pfadfinderin der Moderne, hatte mit dem Œuvre der im „Dritten Reich" verfemten Käthe Kollwitz ihren ersten großen ästhetischen Auftritt. Mit den von tiefem menschlichen Mitgefühl und sozialem Engagement geprägten Radierungen hat sie ihre später legendär gewordene Galerie ins Gespräch gebracht. Schon bald folgten Ausstellungen mit Exponaten der von Goebbels diffamierten Protagonisten des Expressionismus. 1949 präsentiert Bekker vom Raths dauerhaft kitschresistentes „Kunstkabinett" eine Auswahl der vom Expressionismus und Kubismus beeinflußten starkfarbigen Bilder von Ernst Wilhelm Nay. Die obdachlos gewordene Avantgarde sollte – wo auch sonst? – in Frankfurt wieder beheimatet werden. Dabei hat es die kluge Kunstdiplomatin Hanna Bekker vom Rath verstanden, der Umarmung durch den Kommerz, der kaltblütig die Kunstwelt zu korrumpieren versuchte, tapfer zu widerstehen.

Jene zweite Kunststation, die ebenfalls Kulturgeschichte schreiben wird, war die 1949 gegründete „Zimmergalerie Franck", die sich ausschließlich der sich munter fortzeugenden Avantgarde und speziell einer Kunst als Wesensausdruck der Zeit verschrieben hatte. Legendär geworden ist die von Visionär Franck geförderte „Quadriga" mit Karl Otto Götz, Otto Greis, Heinrich Kreutz und Bernard Schultze, die mit ihrem experimentellen Furor exzellierten und allesamt als Wegbereiter des Informel gelten. Damit hatte die Frankfurter Kunstszene sich in den vom westlichen Ausland einströmenden Avantgardetrend eingefädelt und eine Entwicklung angestoßen, die bis in die Städelschule hinein ein produktives Echo fand.

Nachdem das Domizil der Städelschule an der Neuen Mainzer Straße im März 1944 niedergebombt worden war, konnte deren neu ernannter Leiter Professor Heise mit Hilfe Kolbs schon am 1. Dezember 1946 in dem schwerbeschädigten Haus Bornheimer Landstraße 55 die ersten Ateliers für zwei Malklassen eröffnen. Da sich die Stadt Frankfurt noch unter Kurt Blaums Regiment im November 1945 bereiterklärt hatte, die Städelhochschule voll zu alimentieren, obwohl sie den Status einer staatlichen Hochschule besaß, konnte 1947 mit dem Neubau der Städelschule an der Dürerstraße begonnen werden, der im Sommer 1955 von Walter Kolb feierlich eröffnet wurde.

Die bekanntesten Lehrer der Städelschule waren zu Zeiten Kolbs die medienumschwärmten Avantgardekünstler Georg Meistermann und Hans Mettel, nach deren Ästhetikbegriff Kunst erst in der Differenz zum Leben entsteht. Die Meisterlehrer der Städelschule verkörperten nicht nur das wache Bewußtsein ihrer Zeit, sie hatten auch das Format, es zu beeinflussen. Für den musisch gebildeten Kolb bedeutete Ästhetik sowohl die Aufmerksamkeit der Sinne als auch die Lehre vom Schönen, die geistiges und sinnliches Vermögen als einander bedingende Größen vermittelt. Für Kolb waren es die Künstler und Schriftsteller, die der Physiognomie der Stadt ihr wahres Profil geben. Der Nietzsche-Leser Kolb teilte in einer seiner vielen Reden dessen Credo, daß wir die Kunst brauchen, „damit wir an der Wahrheit nicht zugrunde gehen".

Die Kunstszene erhielt durch immer neue Gruppen, wie 1953 etwa der „Frankfurter Sezession", viele auch über die Grenzen der Stadt hinaus wirkende Impulse: „Diese werden umstritten sein – aber gerade aus dem Widerstreit erwarten wir neue Impulse für unsere Arbeit." Kolb und Kulturdezernent vom Rath wollten einer „lebensmächtigen Kunst" den Weg in die Galerien ebnen helfen. Hierbei waren vom Raths biographische Anfänge in Paris und Florenz im Dunstkreis der internationalen Avantgarde hilfreich. Er beherrschte die Diskursgrammatik der Moderne schon aus früher Praxis, die ihn wohl gelehrt haben dürfte, auch eine vermeintlich nutzlose Kunst mit allen Mitteln zu verteidigen. Kunst sollte fragwürdig sein im Sinne von fragenswert.

Am 20. August 1955 wird das Liebieghaus am Schaumainkai mit seiner wertvollen Skulpturensammlung wiedereröffnet. Endlich erhalten das „Bärbele von Ottenheim" (1463), der „Apoll vom Belvedere" (1498) und die „Negervenus" (um 1600) wieder den ihnen angemessenen Auftritt.

Horkheimer und Adorno kehren heim

Eines der größten Verdienste Walter Kolbs in theoriemüder Zeit nach dem Krieg ist zweifellos die geglückte Vertrauenswerbung mit seiner Neujahrsbotschaft von 1947, mit der er die im Exil überlebenden jüdischen Emigranten eingeladen hatte, „trotz aller Not und allem Mißtrauen" in ihr Frankfurt heimzukehren. Der Philosoph Max Horkheimer reagierte als erster positiv und suchte schon im Mai 1948 Frankfurt auf, um das neue geistig-moralische Klima zu erkunden und die daseinsdienlichen Denklinien der pubertierenden Demokratie zu überprüfen: „Ich versuchte herauszufinden, ob unter deutschen Menschen, vor allem unter deutschen Studenten, noch einige sind, um die es sich lohnt", schrieb er an seine Frau nach Los Angeles. Kolb konnte Horkheimer schließlich bewegen, das 1933 in die USA emigrierte Frankfurter Institut für Sozialforschung zu repatriieren. Es wurde am 14. November 1951 an der Senckenberg-anlage wiedereröffnet. Als „Träger des fortschrittlichen Geistes" wird Horkheimer im gleichen Jahr auch zum Rektor der Goethe-Universität gewählt.

Kolb hoffte mit der Rückkehr der beiden Großen der „Frankfurter Schule", Max Horkheimer und Theodor W. Adorno, seinen Traum von Frankfurt als Kulminationsort einer künftigen Geistesrepublik zu erfüllen. Diesen beiden Philosophen wie auch ihrem Umfeld verdankt Frankfurt das einzigartig hohe Diskussionsniveau der fünfziger Jahre, das nicht nur im *Abendstudio* des damals intellektuell noch bedeutsamen Hessischen Rundfunks sein Echo fand. So gelang es, die Grenzen des akademischen Sperrbezirks zu überschreiten. Die

ersehnte Rolle der intellektuellen Galionsfigur im Nachkriegsdeutschland ist Horkheimer verwehrt geblieben, sie ist seinem Freund und Rivalen Adorno zugewachsen, dem wohl brillantesten Kopf seiner Generation. Herbert Marcuse hat in Frankfurt dagegen eine eher marginale Rolle gespielt.

Gemeinsam mit dem in Frankfurt geborenen Theodor W. Adorno hat Max Horkheimer im kalifornischen Pacific Palisades die folgenreiche *Dialektik der Aufklärung* (1947) geschrieben, das meistgelesene Buch zu Zeiten der Studentenbewegung. Ausgehend von der Philosophie Hegels und Kants, aber auch von den Erkenntnissen Freuds und Karl Marx' und den Maximen der Aufklärung, trachteten die beiden Mandarine der Kritischen Theorie danach, mit der ihnen eigenen Urteilsschärfe den Widerspruch zwischen der Rationalität der technisch-industriellen Gesellschaft und ihrer allgemeinen Irrationalität aufzuhellen. Mit ihrer ideologiekritischen Reflexion von

Universitätsfest im Juni 1952: Bundes-kanzler Konrad Adenauer mit Universi-tätspräsident Max Horkheimer, dahin-ter Oberbürgermeister Walter Kolb

kulturellen und gesellschaftlichen Prozessen verfolgten sie in den frühen Jahren der Bundesrepublik das Ziel einer Gesellschaftsordnung, die Freiheit und Gerechtigkeit verwirklichen hilft. Auch wenn in der *Dialektik der Aufklärung* der Versöhnung von Natur und Gesellschaft das Wort geredet wird, so vollzog Horkheimer später die Wende zu einer Art negativer Theologie. Er versuchte, die „menschliche Sehnsucht nach dem ganz anderen" absolut zu setzen, indem er für eine humanitäre Praxis den Boden bereitete. Denker gegen den Strom, sind Horkheimers und Adornos Arbeiten durch die Motive einer sich selbstkritisch reflektierenden Aufklärung stimuliert. Bei bewußter Vermeidung metaphysischen Schauers vermittelten sie Wissenschaft und Kultur als Fermente des realen Lebens ganz auch im Sinne Walter Kolbs, für den Philosophie ein produktiver Faktor zur Gestaltung unserer Zukunft und für eine zeitgenössische Ethik der Verantwortung sein sollte.

Kolb hatte die Wiedereröffnung des Instituts für Sozialforschung wohl auch mit Blick auf Frankfurts Bewerbung als Bundeshauptstadt betrieben, um mit dieser Trumpfkarte das geistig-weltstädtische Format der Stadt gegen Bonn auszuspielen. „Deutschland ist ja wieder einmal das Land der Zukunft und es ist kräftiger und lebensfroher und -böser als je", hatte Max Horkheimer 1948 bei seinem Besuch in der alten Heimat geurteilt. Beim gemeinsamen Auftritt mit OB Walter Kolb in der Paulskirche aus Anlaß des 100. Jahrestages des Zusammentretens der Nationalversammlung äußert er, er habe „an der Richtigkeit seines Urteils zu zweifeln keinen Anlaß".

Wie einst Platon eine Art Königtum der Philosophie favorisierte, mag Kolb von einem Frankfurter Reich der Philosophie geträumt haben, dessen Ideal die „Frankfurter Schule" mit Horkheimer und Adorno sowie Leo Löwenthal, Herbert Marcuse, Friedrich Pollock und später auch Jürgen Habermas das intellektuelle Gravitationszentrum politisch-moralischer Prägung sein könnte. Max Horkheimer sah, wie er es bei der Wiedereröffnung des Instituts für Sozialforschung formulierte, in der Sozialforschung ein Element jenes aktuellen Humanismus, mit dessen Entfaltung die Frage nach der Zukunft der Menschheit heute verbunden ist: „Das Wort sozial steht – in der deutschen Sprache – in einer inneren Beziehung zum Begriff Gerechtigkeit." Adornos *Minima Moralia. Reflexionen aus dem beschädigten Leben* (1951) haben eine ganze Studentengeneration bewegt und geprägt. Aus diesen aphoristisch zugespitzten Texten seines wohl schwärzesten Werkes wurde der Satz „Es gibt kein richtiges Leben im falschen" als moralische Maxime verstanden. Walter Kolb betrachtete Adornos Werk als das wichtigste Gedankengebäude des 20. Jahrhunderts.

Walter Kolb hat es verstanden, ein freundschaftliches Verhältnis zu Horkheimer aufzubauen. Adorno und Horkheimer haben sich hin und wieder bei einer Flasche Rotwein in Kolbs bescheidenem Gartenhaus hinter dem Höchster Bolongaro-Schloß in dialektische Diskurse mit dem OB eingelassen, wobei Adorno schon mal seine Meinung zum „beschädigten Leben" mit einem Zitat aus den *Minima Moralia* zum besten gegeben haben dürfte: „Die Seele schwinget sich wohl in die Höh', juchhe, / der Leib, der bleibet auf dem Kanapee" – axiomatischer Schlüssel zu den fünfziger Jahren mit Adorno als Genius loci. Kolb verstand Philosophie als Beitrag zur Gestaltung der Zukunft. Er war intellektuell durchaus in der Lage, auf der Paßhöhe der aktuellen philosophischen Diskurse auch über alles zu diskutieren, was die beiden Granden der Kritischen Theorie als Analyse der westlichen Gesellschaft im Angebot hatten. Trotz exquisiten Rotweins soll sich aber keine metaphysisch verklärte Gemütlichkeit ihrer Sinne bemächtigt haben.

Kolb verleiht sechs Goethepreise

Mit dem ersten Goethepreis der Stadt nach dem Kriege würdigt Walter Kolb 1946 frei von kulturüblichem Pathos den Nobelpreisträger für Literatur des gleichen Jahres, Hermann Hesse. In seinem Roman *Der Steppenwolf* (1927) wird die innere Zerrissenheit des Menschen und ein Unbehagen gegenüber einer untergehenden Kultur kritisch reflektiert. *In Narziß und Goldmund* (1930) konfrontiert Hesse genialisch Geist und Natur. Kolb hob besonders Hesses Gewissensschärfe in seinem bekanntesten Roman *Das Glasperlenspiel* (1943) als Preiskriterium hervor, in dem abendländische mit morgenländischer Philosophie, Kunst und Leben zur Synthese gebracht werden. Dessen zwei Bände bieten ein einzigartiges Beispiel für ein Genre, das die Literaturkritik einen gehobenen Bildungsroman zu nennen pflegt.

Damals noch in der „Kleinen Komödie" in Sachsenhausen erhält zu Walter Kolbs Zeit einen Goethepreis der Philosoph und Psychiater Karl Jaspers für seine philosophischen Hauptwerke: für die schlicht *Philosophie* genannten drei Bände des Jahres 1932 und für sein zweites Hauptwerk *Von der Wahrheit*, worin er Existenz und Vernunft als Pole des menschlichen Seins definiert; das Buch ist 1947, im Jahr der Preisverleihung erschienen. Jaspers hat mit seiner Dankrede unter dem Titel „Auflehnung gegen Goethe" eine heftige Diskussion angestoßen, in der er die These aufstellte, Goethe habe den Bereich des Tragischen gemieden, „weil er sich zerbrochen fühlte, wenn er sich nahe an diese Grenze

Verleihung des Goethepreises 1947
an Karl Jaspers (links)

wagte, weil er selbst nicht scheitern wollte". Daß Jaspers die „Egalité", eine der drei Forderungen der Französischen Revolution, kulturell als Nivellierung verstand, verschwieg Laudator Walter Kolb geflissentlich.

Vom Goethepreisträger des Jahres 1948, Fritz von Unruh, war an anderer Stelle bereits ausführlich die Rede.

1949 erhielt Thomas Mann den Goethepreis in der Paulskirche. Dessen zwei Jahre vorher publizierter Künstlerroman *Doktor Faustus* schien den Vorsitzenden der Preis-Jury Walter Kolb nachhaltig fasziniert zu haben. Der emigrierte Dichter setzt die im Teufelspakt mit Faust bewältigte Situation der modernen Musik mit dem Schicksal Deutschlands in Beziehung. In seiner Begrüßungsrede hat Kolb drauf verzichtet, auf Thomas Manns umstrittene Schrift *Betrachtungen eines Unpolitischen* (1918) einzugehen, obwohl es ihn doch gereizt haben müßte, Thesen wie jener elitären zu widersprechen, die Demokratisierung des Geistes käme dessen Abschaffung gleich. Thomas Mann leitet seine Frankfurter Paulskirchenrede *Goethe und die Demokratie* als Antwort auf die Ehrung im positiven Sinne aus Goethes „praktischer Vernunft" ab sowie aus seinem „Brückenwurf nach Amerika", verstanden als „Verlangen fort aus der altersmüden Kompliziertheit, dem Gedankenraum, der mit geistiger und historischer Tradition überbürdeten und schließlich vom Nihilismus bedrohten europäischen Welt in eine Welt der Voraussetzungslosigkeit, der Natürlichkeit, Einfachheit".

1952 hatten die bekennenden Bildungsbürger Kolb und Karl vom Rath sich für die Verleihung des Goethepreises an den Emigranten Carl Zuckmayer stark gemacht, dessen Theaterstück *Des Teufels General* (1946) von Heinz Hilpert im Frankfurter Schauspiel aufgeführt worden war. Auch die bereits 1945 nach Europa zurückgekehrte Schriftstellerin Annette Kolb, die sich in ihren Essays um die Annäherung des französischen und deutschen Geistes bemühte, erhielt 1955 den Goethepreis, wohl auch für ihre geistvollen Romane über das Leben der aristokratischen Gesellschaft hüben und drüben.

Parallel zur Einweihung der wiederaufgebauten Paulskirche findet am 18. und 19. Mai 1948 im großen Handwerkersaal in der Braubachstraße der zweite gesamtdeutsche Schriftstellerkongreß statt. Die politisch brisanten Reden von Fritz von Unruh, Theodor Plivier, Günter Weisenborn, Kasimir Edschmid, W. E. Süsskind, Elisabeth Langgässer, Rudolf Hagelstange und Hans Mayer füllen die Feuilletonseiten. Frankfurts geballten kulturellen Ambitionen wird Beifall nun auch in ausländischen Gazetten zuteil.

Kolb hat mit dem Institut für Sozialforschung nicht nur Adorno und Horkheimer nach Frankfurt zurückgeholt; er hat 1947 auch die Initiative von Hanns Wilhelm Eppelsheimer und der beiden Buchhändler Heinrich Cobet und Georg Kurt Schauer erfolgreich unterstützt, eine deutsche Nationalbibliothek in Frankfurt anzusiedeln. Die Deutsche Bibliothek wurde gegründet vom Börsenverein des Deutschen Buchhandels, der Stadt Frankfurt, dem Land Hessen und der britischen und amerikanischen Besatzungsmacht als politisches Gegenstück zur Deutschen Bücherei in Leipzig. Kolb hat sich mit Erfolg auch darum bemüht, für die Stadt- und Universitätsbibliothek ein angemessenes Grundstück an der Bockenheimer Landstraße 134 in Uni-Nähe zu reservieren; der Neubau wurde aber erst 1965 eröffnet.

Am 18. September 1949 eröffneten Walter Kolb und Theodor Heuss die erste Buchmesse in der Paulskirche noch inmitten der Trümmer. Mit dem Standgeld von über zweihundert Verlagen werden die Kosten in Höhe von 35.000 Mark gedeckt. Seitdem hat der Börsenverein des Deutschen Buchhandels die Buchmesse auch finanziell unter seine Fittiche genommen.

Während seiner Amtszeit hat Walter Kolb zwei Persönlichkeiten zu Ehrenbürgern der Stadt Frankfurt ernannt: 1950 Georg Hartmann und 1956 Richard Merton.

Kolb und die Denkmalpflege

Die Wissenschaft der Kunst ist ihre Geschichte.
Friedrich Schiller

Mit ausgeprägtem Sinn für Erinnerungsorte galt Kolbs nicht geringstes Augenmerk der sogenannten Gedächtniskultur auch außerhalb von Museumsmauern und Archivdepots. Erinnerung ist das einzige Paradies, aus dem Heroen nicht vertrieben werden können, sofern sie als Standbilder einen festen Sockel unter die Füße bekamen. Kolb legte großen Wert auf die Pflege der schon vorhandenen skulpturalen Denkmäler von Geistesgrößen, deren Namen sich mit Verdiensten um die Stadt assoziieren. Die meisten erheischen auf dem grünen Rasen des Anlagenrings vergeblich die Aufmerksamkeit der vorüberschlendernden Passanten: die vielfach anthologisierten Dichter Goethe, Schiller, Börne, Heine, Stoltze, Lessing, Schopenhauer. In der Tat: „Was aber bleibet, stiften die Dichter" (Friedrich Hölderlin). Eine ästhetisch meisterliche figürliche Skulptur soll den Spagat schaffen, Leben zu zeigen, ohne selbst welches zu haben.

Im Dezember 1947 hat Walter Kolb das 1913 von Georg Kolbe geschaffene Heine-Denkmal „Schreitender und Ruhende" in der Taunusanlage wiedererrichten lassen, das 1933 von den braunen Machthabern vom Sockel gestoßen worden war. Ebenfalls in der Taunusanlage hat er im Sommer 1951 auch die von Georg Kolbe „Dem Genius Beethovens" gewidmete überlebensgroße Figurengruppe eingeweiht.

Die von Ludwig von Schwanthaler 1844 gestaltete klassizistische Goethe-Skulptur, die 1944 beschädigt und ab 1948 im Liebieghaus gelagert worden war, ließ Walter Kolb am 28. August 1952, am 203. Geburtstag des Dichters, in der Gallusanlage wieder aufstellen. Kolb wollte Goethes geistige Aura nicht nur an dessen Wiegenfest verbal in lebendiger Erinnerung halten, sondern durch seine in Bronze gegossene leibhaftige Präsenz ganzjährig visuell vergegenwärtigt wissen. Seit 2007 steht das Goethe-Denkmal wieder an seinem angestammten Ort, dem Goetheplatz.

Walter Kolb hat zum 150. Todestag Friedrich Schillers am 9. Mai 1955 das Schiller-Denkmal von Johannes Dielmann in der Taunusanlage neu eingeweiht, das die Nazis 1938 symbolversessen auf den Horst-Wessel-Platz versetzt hatten, dem heutigen Rathenauplatz.

Pünktlich zum 92. Todestag Arthur Schopenhauers, der 30 Jahre in Frankfurt gelebt hatte, hat Walter Kolb am 21. September 1952 die restaurierte Schopenhauer-Büste von Friedrich Schierholz der Öffentlichkeit zurückgegeben. Für Schopenhauer war „Ehre" freilich nichts als „objektiv die Meinung anderer von unserem Wert und, subjektiv, unsere Furcht vor dieser Meinung".

Arthur Schopenhauer ist erst mit seinen *Aphorismen zur Lebensweisheit* die verdiente Anerkennung auch der Frankfurter zuteil geworden. Das gewaltige Œuvre des aus Danzig stammenden Philosophen sollte als ein universales Bildungsangebot durch eifriges Lesen endlich gewürdigt werden. Was Philosophie sei, zwingt Schopenhauer in einer hermeneutischen Spirale in einen einzigen Satz: „Das ganze Wesen der Welt abstrakt, allgemein und deutlich in Begriffen zu wiederholen und so als reflektiertes Abbild in bleibenden und stets bereitliegenden Begriffen der Vernunft niederzulegen: Dieses und nichts anderes ist Philosophie." Mehr als jedes physische Denkmal hält der Wissensspeicher der Universitätsbibliothek die Erinnerung an Arthur Schopenhauers als ein in sich abgeschlossenes vollkommenes Universum lebendig. Die Kreise, die Schopenhauers Philosophie zog, erweiterten mit der Berufung der „Frankfurter Schule" auf sein Werk ihren nachhaltigen Wirkungsradius.

Nicht alle der in Frankfurt errichteten Denkmäler gelten als absolute Meisterwerke der Erinnerungskultur. Und sie sollen nicht nur unsere Geisteselite ins Gedächtnis rufen, sondern auch die vielen jungen Männer, die in Deutschlands Kriegen als unbekannte Soldaten ihr Leben verloren. Die deutsche Andenkenkultur ist opferzentriert. So ist der künstlerisch bedeutendste dieser Opferaltare von Benno Elkan charakterisiert durch ein gewisses Pathos, das die Figur einer trauernden Mutter emotional am eindringlichsten abbildet. Da diese Skulptur von einem jüdischen Künstler entworfen worden war, hatte ein

Goethefeier in der Paulskirche am 27. Mai 1949: Walter Kolb, Thomas und Katja Mann

antisemitisches Kommando die Plastik kurzerhand in den Luisenhof entsorgt. Als ein Ewigkeitsversprechen der Kunst ist die restaurierte Marmorskulptur schon am 18. April 1946, noch unter Oberbürgermeister Kurt Blaum, an der Gallusanlage wieder aufgestellt worden.

Als wichtige Initiative zur Entwicklung eines allgemeinen Bewußtseins für Frankfurts Frühgeschichte hat Walter Kolb 1953 die Ausgrabungen in der Altstadt vorangetrieben und die Reste der Grundmauern der Königshalle der karolingischen Pfalz zu Tage fördern lassen, um sie vor weiterer Erosion zu bewahren und als Frankfurts Ursprung wieder ins Gedächtnis zu rufen. Die Königshalle (Aula regia) hatte König Ludwig der Fromme um 822 anstelle eines Könighofes dortselbst errichten lassen. Auch Rudimente eines Verbindungsweges zur Pfalzkapelle wurden freigelegt, die im 9. Jahrhundert im Zentrum des heutigen Kaiserdoms angesiedelt war. Dieser als „Archäologischer Garten" öffentlich zugängliche Ort unter freiem Himmel gammelt heute still vor sich hin, wenn nicht gerade das Volkstheater in solch theatralischer Kulisse auf gut hessisch schöne Sätze aus Hofmannsthals *Jedermann* zwischen Dom und Schirn erschallen läßt.

Am Ende seiner Ära war Walter Kolb selbst bereits zum Denkmal des Frankfurter Wiederaufbaus geworden.

Verleihung des Goethepreises 1952 an Carl Zuckmayer (rechts)

Marginalien, Petitessen

Kolb war kein Kind von Traurigkeit. Anstatt Trübsal zu blasen, amüsierte sich der Rheinländer gern in froher Runde und war gelegentlich auch selber Anlaß zum Amüsement. Das ungeschminkte Ich eines universellen Lebens präsentierte sich sympathisch auf seiner privaten Lebensbühne. Die folgenden Episoden habe ich nicht selber erlebt, sondern nur die Zeugenberichte darüber gelesen. Aus dem reichen anekdotischen Material habe ich vier Beispiele ausgewählt, die das Laissez-faire seines eigenen Lebens erhellen und dessen satte Fülle, die Kolb mit Weisheit und Humor zu genießen pflegte.

I. Der frankophile Kolb hatte sich nach des Tages Arbeit aufgerafft, mit seiner opulenten Präsenz die Premiere eines Pariser Balletts zu beehren, das in einem Zirkuszelt auf der Zoowiese gastierte. Der Tourneedirektor dieses eher zweitklassigen Corps de ballet glaubte, sich für die Ehre des „Staatsbesuchs" dadurch am besten zu revanchieren, daß er Kolb auf die Bühne komplimentierte, zwischen zwei attraktiven Ballerinen plazierte und ihn aufforderte, wie weiland Paris ein Urteil zu fällen, welche der beiden Damen die schönere sei. In dieser Kleinbürgermenagerie war diese Aufgabe insofern politisch besonders heikel, als Mutter Natur die Haut der einen Schönen arg weiß und die der anderen arg schwarz gefärbt hatte. Mit entspannter Souveränität entschied sich Kolb diplomatisch für den Balanceakt der Political Correctness, indem er beide Tänzerinnen, Orient und Okzident, gleichberechtigt an seine stattliche Leibesfülle drückte. Daraufhin entpuppten sich die beiden Mademoiselles als laszive Femmes fatales und ließen choreographisch synchron auch noch ihre allerletzten Hüllen fallen, um ihre „süße Haut" (*La Peau douce* nannte François Truffaut einen seiner Filme) der allgemeinen Bewunderung preiszugeben. Nach einem quälend langen Moment entzog sich Kolb mit verlegenem Lächeln dem Allotria, indem er, als sei nichts Ungewöhnliches passiert, beide Grazien artig auf die weißen und schwarzen Wangen küßte. Während die Presse diese Marginale anderntags als skurrile Anekdote einordnete, befand ein prüdes CDU-Sprachrohr den „Vorfall" für „unmöglich". Der liberale Kolb aber hatte Verständnis auch für die extravaganten Auftritte auf der Lebensbühne.

II. Als im zerstörten Frankfurt die danniederliegende Industrie noch keine giftigen Abwässer erzeugte, die später im Main die Fische sterben ließen, konnten die

Frankfurter in den sanften Fluten noch unbekümmert baden. Walter Kolb mischte sich auch in Badehose gern unters Volk. Allein schon mit seiner gewaltigen, baumlangen und 115 Kilo schweren Gestalt lenkte er die Blicke auf sich, erst recht aber, sooft er dann als Frankfurts populärer Oberbürgermeister identifiziert wurde. Am Kahler See wurden im Sommer 1949 Badegäste Zeugen jenes pikanten Moments, als „Wasserratte" Kolb bei einem Wettschwimmen gegen zehn Journalisten der *Frankfurter Rundschau* eines geplatzten Haltegummibands wegen seiner Badehose verlustig ging und nicht so schnell, wie diese im Wasser unter die Gürtellinie gesunken war, nach einem Handtuch greifen konnte. Kolb hatte nicht nur als erster das Ziel erreicht, nur zwei der zehn Journalisten hatten die Strecke überhaupt durchgestanden. Ob er den Applaus der Badegäste als respektvoll oder als schadenfroh empfunden hat, ist nicht überliefert. Ein Wäschefabrikant und Witzbold von der Wupper schickte Walter Kolb eine Rolle „bewährten und wirklich widerstandsfähigen Gummibandes" ins Haus, das ihn vor künftiger Unbill bewahren sollte.

Die beiden Freunde Theodor Heuss und Walter Kolb

Überliefert ist ferner, wie gern das Augenwesen Kolb seine „Blicke über den dunklen Fluß" schweifen ließ, „in dem er an Sommerabenden so gerne schwamm" (*Frankfurter Neue Presse*). Kolb hatte sogar einen eigenen Schlüssel, der ihm auch nächtens das Tor zum Stadionbad öffnete, um schwimmend seine Kreise zu ziehen und dabei seine Gedanken zu sortieren.

III. Auf der Heimreise aus dem Winterurlaub in Garmisch kehrt Kolb im Januar 1952 in Murnau im zünftigen bayerischen Gasthof Haller ein, unter dessen Stammgästen auch der Bürgermeister von Hechendorf, Seb Geiger, seine Brotzeit genießt. Bei der Suche Kolbs nach einem freien Tisch fragt Seb Geiger die Kellnerin: „Fanny, hast koa Grammophon, daß mer die Plattn dieses Herrn abspieln kann?" – mit dem Wort „Plattn" meinte er den kahlen Kopf des ihm unbekannten Gastes –, worauf Kolb den Geiger Seb anraunzte, ohne seinerseits zu wissen, wer dieser war: „Für Sie immer noch der Oberbürgermeister von Frankfurt!" – „So, a Oberbürgermeister bist aa noch", scherzte der Seb, „dann samma ja Kollegen, i bin nämlich der Unterbürgermeister von Hechendorf." Nachdem Kolb seinen Humor wiedergefunden hatte, hat er mit der Bonhomie eines Sanguinikers seinen dörflichen Amtsbruder freundlich in die Goethestadt eingeladen. Dieser ist hier aber nie angekommen.

IV. Als Bundespräsident Theodor Heuss 1950 die Frankfurter Frühjahrsmesse mit einer Festrede eröffnete und Walter Kolb in der ersten Reihe ungeniert mit Ministerpräsident Georg August Zinn zu tuscheln beliebte, wurde er vom Ehrengast im charmanten schwäbischen Jargon gerüffelt: „Ja, mein lieber Kolb, wenn Sie net aufhöre zu schwätze, kann i net weiterrede." Das war der Beginn einer auf Respekt gebauten politischen Freundschaft. Kolb hatte Heuss schon über zwei Jahrzehnte vorher kennengelernt, im Frühjahr 1923, als der forsche Jungsozialist die liberale Geisteskeule couragiert angesprochen hatte, um ihn einzuladen, vor dem Deutschen Republikanischen Studentenbund zum Thema „Republik und Volksnot" einen Vortrag zu halten. Heuss hatte damals seine Sympathie für den jungen Kolb dadurch zum Ausdruck gebracht, daß er nach seinem Referat in Kolbs Elternhaus in der Bonner Kurfürstenstraße 82 nächtigte und mit der Familie frühstückte.

Walter Kolb 1949 beim Interview nach dem Wettschwimmen mit FR-Redakteuren, bei dem seine Badehose verloren ging. dem Radioreporter sagte er, die Ersatzhose sei unterwegs

Die Frankfurter haben Walter Kolb verehrt und geliebt

Herr, es ist Zeit. Der Sommer war sehr groß.
Rainer Maria Rilke

Im Herbst 1956, am 20. September, ist Walter Kolbs Lebensuhr vorzeitig stehengeblieben. Sein Lebensfaden war nach einem längeren Klinikverbleib in Bad Nauheim dünner geworden. Der Glutkern seines strahlenden Lebensoptimismus war erloschen. Der schwer an Diabetes mellitus erkrankte Kolb war um 80 Pfund abgemagert, als er fünfzigjährig an den Folgen eines Herzinfarkts starb. Kein Oberbürgermeister der Nachkriegszeit war ähnlich populär wie der leutselige Sozialdemokrat Walter Kolb, und wie kein anderer wurde er so auch von Herzen geliebt. Wie weiland Wagners König Marke war Kolb den Frankfurtern „der freundlichste der Freunde" gewesen. Hunderttausende säumten Kolbs letzten Weg durch seine Stadt zum Hauptfriedhof. „Er wurde zu Grabe getragen wie ein Fürst, den seine Untertanen vergötterten", formulierte leicht pathetisch die *Frankfurter Neue Presse*: „Ein Gefühl des Glücks, daß es noch soviel Zuneigung für einen Politiker geben kann, der aller persönlichen Verherrlichung so abhold war. […] Fast alle trugen die Zeichen tiefer Ergriffenheit im Gesicht, viele weinten." Auch die anderen Zeitungen und nicht nur die Lokalpresse fanden überschwengliche Worte der Verehrung und der Trauer für diese einzigartige Frankfurter Symbolfigur, den charismatischen Patriarchen aus dem Volk.

Am Ort der Trauer, in der Paulskirche, haben der SPD-Vorsitzende Erich Ollenhauer, Kirchenpräsident Martin Niemöller, Bundespräsident Theodor Heuss, Ministerpräsident Georg August Zinn, die Berliner Nachkriegsbürgermeisterin Louise Schröder und Paul Löbe, der ehemalige Reichstagspräsident, dem großen Walter Kolb in der ersten Reihe die letzte Ehre erwiesen: „Die Bürger haben diesen barocken Oberbürgermeister geliebt wie einen kumpelhaften König. Sein Tod trifft alle tief" (*Frankfurter Rundschau*).

Häufiger Gast in Frankfurt, beklagte Albert Schweitzer den frühen Tod Walter Kolbs in einem Brief an Witwe Aenne und Kolbs Sohn Walter: „Es hat eine Bedeutung in Frankfurts Geschichte, daß dieser Mann der Stadt, die in Trümmern lag, zur Verfügung stand und ihr eine Auferstehung bereitete, die

Enthüllung des wiederaufgestellten Goethe-Denkmals in der Taunusanlage 1952

denjenigen, die sie miterlebten, wie ein Wunder anmutete und ein Gegenstand des Staunens für die kommenden Geschlechter bleiben wird."

Martin Niemöllers trauerfeierliche Paulskirchenpredigt hat die 1.200 Gäste aus dem In- und Ausland tief bewegt:

Gott hat ihn aus unserer Mitte genommen, Gott in seinem verborgenen und unerforschlichen Ratschluß, und wenn wir es lange haben kommen sehen und wenn wir zeitweilig geradezu von einem Tag zum anderen gefürchtet haben, es würde kommen, nun ist es geschehen in einem Augenblick, da wir es nicht meinten, da wir wieder Hoffnung geschöpft hatten, er würde uns noch Jahre erhalten bleiben. Uns, wer sind wir denn, die Gott mit dem Tode Walter Kolbs getroffen hat, so getroffen hat, daß wir noch heute wie betäubt dastehen und uns erst langsam wieder zurechtfinden müssen in einer Welt, die seit jener Nachricht vom Donnerstagmorgen anders aussieht, und in einem Leben, das irgendwie aus dem gewohnten Gleichgewicht gebracht wurde. Sie wissen es, liebe, verehrte Frau Kolb, und Ihr Sohn, sein Sohn, weiß es, daß in diesen Tagen Freunde und Bekannte und Mitarbeiter Ihres heimgerufenen Mannes Ihre Trauer und Ihren Schmerz mitempfinden, daß Tausende und Abertausende, daß die gesamte Bevölkerung dieser Stadt und daß darüber weit hinaus Menschen in Deutschland und jenseits der Grenzen im Geiste diese Stunde des Abschiednehmens mit Ihnen durchleben und mit Ihnen durchleiden. Sie alle, wir alle, sind mit Ihnen getroffen nicht nur im Sinne der Anteilnahme und des Mittrauerns, sondern als nicht minder, wenn auch anders Getroffene, als höchst unmittelbar Beteiligte.

Frankfurts Opernchef Georg Solti hat als Dirigent des Museumsorchesters mit der empfindungsreichen Melodik von Bachs Air in D-Dur die Totenfeier mit unbeschreiblicher Klangschönheit eingestimmt. Im Sog der unserer Paulskirche eigenen Magie wurde jene andachtsvolle Verehrung der Trauernden geradezu physisch spürbar. Draußen spannte sich ein strahlender Himmel über Kolbs geliebte Stadt.

Bis zum Staatsaktbeginn in der Paulskirche lag Walter Kolb in den Römerhallen, in der Nische neben der Kaisertreppe, in einem schweren Eichensarg aufgebahrt. Der trauernden Bevölkerung wurde so Gelegenheit zum Abschiednehmen gegeben, um ihm an seinem offenen Sarg die letzte Ehre zu erweisen. 800 Kränze und ein riesiger Blütenkorso füllten Räume und Treppen des Römers. An diesem sonnengetränkten Sommertag sind 50.000 Frankfurter ins Rathaus gepilgert, um ihre Trauer zu bekunden. „Weinend und still zogen die Menschen, junge und alte, an seinem Sarg vorüber, um noch einmal in das liebe, gütige und im Leben oft so humorvolle Antlitz zu schauen. Viele legten kleine und große Sträuße an seiner Bahre nieder", vermelden die *Mitteilungen der Stadtverwaltung.* Um 14 Uhr an diesem 22. September trugen Kolbs Turner im Zeitlupengang den nun geschlossenen Sarg zur Paulskirche hinüber.

Aus Respekt vor der Größe Walter Kolbs wurde die Paulskirche nicht zu einer verbalen Kranzdeponie herabgewürdigt. Nach der Trauerfeier mit der schnörkellosen Rede des Bundespräsidenten zogen vier mit schwarzem Samt umhangene Rappen die sterbliche Hülle auf einem mit weißen Blumen geschmückten Katafalk durch die Stadt, über die Große Eschenheimer Straße, den Oeder Weg und die Eckenheimer Landstraße hinauf zum Hauptfriedhof. Wie die Glocken der Innenstadt gaben vom Main her auch die Schiffssirenen das akustische letzte Geleit. Hinter Kolbs Sarg folgten mit der Familie auch seine beiden Neufundländer Alf und Teddy. Bundeskanzler Konrad Adenauer zollte seinem politischen Widersacher Respekt mit der Beileidsbekundung, Frankfurt habe mit dem Tod von Walter Kolb „einen schweren Verlust erlitten". Der SPD-Vorsitzende Erich Ollenhauer beließ es in seinem Telegramm an die Witwe bei spröden Dankesfloskeln: „Walter Kolb hat [...]

Frankfurter Bürger erweisen Oberbürgermeister Walter Kolb die letzte Ehre

hervorragende kommunalpolitische Arbeit geleistet und sich dadurch in einem außerordentlichen Maße das Vertrauen der Bevölkerung erworben [...]. Die Partei ist ihm für seine Leistungen zu außerordentlichem Dank verpflichtet." Die CDU-Zentrale dankt konkreter: Der Tod dieses Kommunalpolitikers von Format reiße beträchtliche Lücken, „sein Standpunkt als sozialdemokratischer Politiker war klar umrissen, Verständnis und Toleranz schufen überall dort Kontakte und die Möglichkeit fruchtbarer Zusammenarbeit, wo diese profilierte Persönlichkeit mit anderen zusammentraf, deren von ihrer Eigenart geprägte Haltung die gleiche Klarheit aufwies." Das Präsidium des Deutschen Städtetages meinte, „unter den Männern des Wiederaufbaus der deutschen Städte verdiente Kolb, an erster Stelle genannt zu werden." Ministerpräsident Georg August Zinn formuliert sein Beileid allgemein gesellschaftspolitisch, also entsprechend unpersönlich: „Dr. Kolb wußte, daß der soziale Charakter eines Staates im wesentlichen von den Gemeinden her geformt wird und daß der gesellschaftliche Fortschritt nur so lange gewährleistet ist, als er aus den tausendfachen Quellen der gemeindlichen Selbstverwaltung strömt."

Ohne übertriebenes Menschheitspathos formulierte Bundespräsident Theodor Heuss seine tiefe persönliche Zuneigung zu einer der großen Gestalten der Nation. Von dessen herzmächtiger Rede kann hier nur der Schlußteil in Erinnerung gerufen werden:

Daß er uns vorzeitig verlassen würde, verspürten wir alle, die wir ihm in dem letzten Jahr begegnet sind, etwa an dem Tag, auf den er sich so freute: Eröffnung des Kirchentages. Ich glaube, er selber spürte es längst. Denn über dem schier kindhaft Naiven, das bei aller Klugheit seines Wesens uns seine im Religiösen begründete optimistische Gläubigkeit an das Gute so rührend machte, und das doch eine Grundkraft seiner Erfolge und Wirkungen war, lag ein Schatten der Resignation, ein vorsichtiges Wägen: Werde ich das, werden wir das noch gemeinsam erledigen, schaffen können? Aber der Pflichtsinn, der durch sein ganzes Leben ging, nicht nur amtlich, sondern eben auch menschlich, wie er spürte, wo die seelische Not beim Anderen eingekehrt war, band ihn. Wir trösten uns damit, daß er in diesem nun ,In-den-Sielen-Sterben' vielen, vielen ein Erbe übergab, das als Beispiel fruchtbar bleiben wird.

Mit dem ebenfalls pathosfrei intonierten Adagio für Streicher KV 546 von Mozart ließ Georg Solti die Trauerfeier entsprechend andachtsvoll ausklingen.

Der amerikanische Botschafter James Conant telegraphierte, alle Amerikaner, die sich wie Kolb für die deutsch-amerikanische Freundschaft einsetzten, betrachteten dessen Tod als unersetzlichen Verlust nicht nur für die Stadt Frankfurt, sondern auch für ganz Deutschland und die gesamte freie Welt.

Im relativierenden Nachruf der *F.A.Z.* lesen wir, daß Kolb

bisweilen die harte Faust fehlte, die auf den Tisch niedersaust und zum Schweigen bringt. Weil solches Handeln seinem Wesen nicht entsprach, galt er im riesigen Apparat der Großstadtverwaltung nicht immer als die letzte, entscheidende Instanz; nicht in dem Sinne, daß er der Gefangene seiner Partei gewesen wäre, aber auch in dem Sinne, daß seine wohlmeinende und versöhnende Art nicht immer verstanden, zuweilen sogar mißbraucht worden ist.

Der Solitär Walter Kolb entsprach dem Rollenideal des tatkräftigen Alleskönners und Allbezwingers, auch dem des gebildeten Universalisten. Er hat für Frankfurts Metropolenzuschnitt die entscheidenden Grundsteine gelegt, auf die seine Nachfolger aufbauen konnten. Das Ergebnis der Kommunalwahl in Kolbs Todesjahr war mit 54,5 Prozent das höchste Ergebnis, das die SPD je in Frankfurt erreicht hat. Das Leben Walter Kolbs und sein säkularer Rang spiegeln sich in seinem Lebenswerk. Kolbs zehnjährige Amtszeit wurde zur Ära. Kolb wurde selber zur Botschaft.

Auf die Heraufkunft neuer vorbildlicher, deutlich konturierter Gestalten seines Ranges mußten die Bürger Frankfurts lange warten.

Walter Kolbs Nachruhm

> *Wer den Besten seiner Zeit genug getan,*
> *der hat gelebt für alle Zeiten.*
> Friedrich Schiller

Der Ruhm des wahrhaft großen Oberbürgermeisters Walter Kolb wurde nicht mit ihm beerdigt. Westlich „seiner" Paulskirche wurde 1957 eine nach ihm benannte Eiche gepflanzt – eine Deutsche Eiche, seit den alten Germanen ein Sinnbild für Stärke und Heldentum für Volk und Vaterland. Außer der Eiche, die bei guter Pflege 700 Jahre alt werden kann (die Bismarck-Eiche am Oberräder Waldfriedhof hat inzwischen immerhin fast 100 Jahresringe angesetzt), halten seinen Namen in Erinnerung: die Walter-Kolb-Straße in Sachsenhausen, die Walter-Kolb-Stiftung, die vielen später prominent gewordenen Absolventen das Studium ermöglicht hat, die Walter-Kolb-Schule in Unterliederbach, die Walter-Kolb-Siedlung an der Homburger Landstraße/Marbachweg, das Walter-Kolb-Studentenheim am Beethovenplatz, die Walter-Kolb-Halle auf dem Messe-Gelände, die Walter-Kolb-Gedächtnismünze. Auch die Höchster Mainfähre schmückt sich mit Kolbs Namen, und einige Bürger rühmen sich der Ehre, ihn noch gekannt zu haben. In der Ahnengalerie des Römers auf dem Flur vor dem Magistratssaal hält sein von Wilhelm Runze verfertigtes Konterfei ihn in lebensnaher Erinnerung.

Walter Kolb hat sich mit großen Lettern ins 20. Jahrhundert eingeschrieben. Er hat den Nachruhm geerntet, der ihm zusteht. Ehrenbürger ist er aber nicht geworden! Sei's drum: Aureolen waren für Walter Kolb allemal schlechte Beleuchtungskörper, im Bewußtsein seiner Frankfurter war er ihr Ehrenbürger der Herzen. Ja, „das schönste Denkmal, das einer bekommen kann, steht in den Herzen der Menschen" (Albert Schweitzer über Walter Kolb).

Gäbe es ein Walhall für Politiker, man würde Walter Kolb dort wiederfinden.

Dr. h.c. Werner Bockelmann
Oberbürgermeister vom 4. April 1957 bis 29. Juni 1964

Bewerbung um den Frankfurter Spitzenjob

Walter Kolb im Amt nachzufolgen hieß ein schweres Erbe anzutreten. Kolbs Vermächtnis hatte Gewicht nicht nur durch seine beispiellose Energie, mit der ihm der Wiederaufbau des zerstörten Stadtgebildes gelungen war, sondern auch durch seine gewichtige und sympathische Präsenz im Bewußtsein der Bevölkerung. Seine charismatische Ausstrahlung, sein hoher Popularitätsgrad sind von keinem seiner Nachfolger je wieder erreicht worden, mit Ausnahme von Spätnachfolgerin Petra Roth, der ersten Frau im Frankfurter Spitzenamt.

In einer damals noch weitgehend patriarchalisch strukturierten Gesellschaft war selbstverständlich auch die Politik eine reine Männerdomäne, und so hatten sich um den Frankfurter Spitzenjob 14 ehrenwerte Herren verschiedener Qualifikationen und Couleur beworben. Bockelmann war erst in letzter Sekunde aufgefordert worden, auf das Bewerbungskarussell aufzuspringen, nachdem die Vorschläge der Kungelrunde unter dem alten Fuchs und SPD-Vorsitzenden Ewald Geißler keine große Gegenliebe bei anderen wichtigen SPD-Größen gefunden hatten und schon gar nicht bei den Partnern der Römerkoalition. Die leicht befremdliche Tatsache, daß die SPD-Fraktion sich schon vor Ablauf der öffentlichen Ausschreibungsfrist für Bockelmann entschieden hatte, konnte die übrigen Fraktionen gleichwohl nicht davon abhalten, ihn ohne Gegenstimme am 4. April 1957 zu inthronisieren.

In seiner sachkundigen Antrittsrede präsentiert sich Werner Bockelmann vertrauenerweckend nobel und angemessen bescheiden:

Es ist schwer, Dr. Walter Kolb zu ersetzen, unter dessen tatkräftiger Führung in den zehn Jahren seines Wirkens sich der Aufbau dieser Stadt vollzogen hat und von dessen Persönlichkeit so viele Impulse auf allen Gebieten des öffentlichen Lebens ausgegangen sind. Aber auch die Reihe der großen Oberbürgermeister, unter denen wir die Namen Miquel, Adickes und Landmann finden, fortzusetzen, ist eine schwere und große Aufgabe. Möge mir Gott die Kraft geben, sie zu erfüllen.

Die Anrufung des lieben Gottes sollte ihn jedoch nicht von der Mühe entlasten, seine frommen Wünsche auch umzusetzen. Bürgermeister Walter Leiske,

Amtseinführung von Oberbürgermeister Werner Bockelmann, rechts Stadtverordnetenvorsteher Erwin Höcher

der nach Kolbs Tod die Stadt in der schrecklichen, der kaiserlosen Zeit seit Ende September 1956 repräsentiert hatte, erkannte in Bockelmann immerhin den Willen, „einen Abglanz der Welt Walter Kolbs, den Geist der Einigkeit, in dem dieser zehn Jahre lang in Frankfurt gearbeitet hatte, fortzuzeugen". Bockelmann habe nun die schwere Aufgabe, dessen großes Werk des Wiederaufbaus zu vollenden.

Bockelmanns rühmenswerte moralische Ansprüche und seine legalistische Prinzipientreue waren beharrende Momente seines Charakters, die er nicht aufgeben mochte, die nicht selten aber auch seine Kompromißbereitschaft behinderten. Dieser Inkarnation der Solidität fehlte zum Volkstribun ganz einfach die rhetorische Verve und das zündende Temperament; sein Mangel an Verstellungskunst macht ihn sympathisch. Was er in seinen Reden sagt, sagt er differenziert und klar. Seine Körper- und Gebärdensprache hatte indes wenig Überzeugungskraft, aber wer Ohren hatte zu hören, hat seine sprachliche Knappheit und Schnörkellosigkeit jenem laut tönenden Tremolo des Jargons der Eigentlichkeit vorgezogen, wie er der politischen Klasse eignet. Selbst seine Laudationes verzichteten wohltuend auf deklamatorische oder pathetische Finali, ihnen fehlte das letzte Quantum an Geschmeidigkeit und Glanz der Sprache. Tief im Begriff der Vernunft verankert, schöpfte Bockelmann sein Selbstbewußtsein aus dem Fonds seiner Geradlinigkeit und Integrität.

Wohl weil Werner Bockelmann die Selbstinszenierung haßte, mit deren Hilfe heutzutage eitle Aufsteiger vom Schlage eines von und zu Guttenberg gleich auf Anhieb den Spitzenplatz auf der Beliebtheitsskala erringen, gewann der neue Oberbürgermeister öffentlich nur langsam an Statur.

Ab Anfang 1957 in Frankfurt, wohnen Bockelmann und seine Frau Rita mit ihren drei Söhnen Martin, Thomas und Andreas in der Ginnheimer Ludwig-Tieck-Straße mit Blick auf die Nidda-Auen. Sohn Michael war 1946 beim Hantieren mit einer Flakgranate ums Leben gekommen.

Werner Bockelmanns Vorleben

Werner Bockelmann wurde als Sohn eines deutschen Bankiers am 23. September 1907 in Moskau geboren. Acht Jahre später, als die Zarenmonarchie zu wanken begann, wird mit dem Vater auch die Familie aus Rußland ausgewiesen. Bankiers hatten im Land der Roten Garden keine Zukunft mehr. Die Familie übersiedelt ins liberale Schweden, kehrt aber erst 1920 aus Stockholm endgültig nach Deutschland zurück. Nach dem Abitur in Barendorf bei Lüneburg studiert Werner Bockelmann zunächst Maschinenbau an der TH Dresden, um schon bald mit der Fakultät die Unis zu wechseln und in Hamburg, Göttingen und Graz Jura und Staatswissenschaften zu studieren. Nach dem Staatsexamen 1931 und der üblichen Referendarzeit läßt Bockelmann sich 1935 als Anwalt für Wirtschafts- und Steuerrecht in der Hansestadt Hamburg nieder.

Werner Bockelmann absolvierte seinen Wehrdienst erst während des Krieges. Ab 1941 kämpft er an verschiedenen Kriegsschauplätzen, zuletzt an der Ostfront gegen die Rote Armee. 1944 ist er als Oberstabsintendant bei der Kriegsmarine tätig. Bald nach Kriegsende wird Bockelmann mit dem Leumund eines Nichtsympathisanten des Nazi-Regimes nacheinander zum Oberbürgermeister und zum Oberstadtdirektor der Heidestadt Lüneburg gewählt. Zehn Jahre später, 1955, kürt ihn das Ludwigshafener Stadtparlament zum Oberbürgermeister.

Noch in seiner Eigenschaft als Lüneburger Oberbürgermeister hatte ihn Walter Kolb im Oktober 1953 zur Jahreshauptversammlung des Hessischen Städtetages nach Bad Homburg eingeladen, um in der Auseinandersetzung um die geplante Verstaatlichung der hessischen kommunalen Polizei eine Rede dagegen zu halten. „Wir sind kein revolutionäres Volk! In unserer Geschichte scheint die größere Gefahr nicht von unten, sondern immer nur von oben zu kommen. Es besteht keine Veranlassung, die obere Macht zu verstärken", gab Bockelmann zu bedenken. Scharfzüngig verurteilte er das Vorhaben der Landesregierung – mit dem seiner überzeugenden Argumentation geschuldeten Erfolg, daß der Hessische Ministerpräsident seinen Gesetzentwurf zurückzog. 1959 hat Bockelmann am legendären Godesberger Programm der SPD mitgeschrieben.

Bockelmanns Bekenntnis zum Theater

Bockelmanns wichtigster Satz als Fazit seines ersten Frankfurter Jahres weist den Oberbürgermeister als kulturfreundlich aus, denn er findet zu Recht, daß „die Theaterspielerei im Börsensaal auf die Dauer unerträglich" sei. Und in seiner Etatrede vom Januar 1960 befindet er selbstkritisch, es könne keine Rede davon sein, „daß die Vorhaben, die die Stadt Frankfurt auf kulturellem Gebiet durchzuführen beabsichtigt, ein vernünftiges Maß überschreiten. Es ist eher ein zuwenig als ein zuviel und stellt ein Mindestprogramm dar". Ja, das kulturelle Leben sei doch der eigentliche Gradmesser für die Bedeutung einer Stadt in der Geschichte. Allerdings sollten noch drei weitere Jahre vergehen, bis Kulturdezernent Karl vom Rath im Verein mit Generalintendant Harry Buckwitz sein großes Desiderat verwirklichen konnte: die Theaterdoppelanlage für Schauspiel und Oper. Am 27. November 1958 genehmigen Magistrat und Stadtverordnetenversammlung die Errichtung eines Schauspiels und eines Kammerspiels auf dem Gelände des ehemaligen Faustgartens. Die feierliche Grundsteinlegung erfolgt am 7. Mai 1960. Vom Rath wollte die vielen weißen Flecken der kulturellen Landkarte der Stadt endlich mit Farbe versehen. Entstanden ist am heutigen Willy-Brandt-Platz aber ein Mahnmal städtebaulicher Stupidität.

Statt mit einer geistreichen Rede das Herz der Premierengäste zu wärmen, betrat Oberbürgermeister Werner Bockelmann am 14. Dezember 1963 die Bühne im Chor der Mimen, um im *Widmung an das Theater* genannten Bühnenspiel leider nur belanglose Allgemeinplätze abzusondern: „In welch unoberbürgermeisterliche Gefilde wurde ich entführt?" Zum Auftrag des Theaters keine einzige Silbe. Das neue Haus eröffnete er schließlich mit einem angestrengt wirkenden Impromptu: „So beginne dieses Haus mit dem heutigen Tage ein Leben, das ewig währen möge. Die Stadt hat ihre Pflicht getan,

Theater, tu du die deine." So war es für Generalintendant Harry Buckwitz ein leichtes, das nüchtern deklamierte Pathos des OB in seiner emotional aufgeladenen Eröffnungsrede grandios zu übertreffen und ins Hymnische zu steigern:

Nicht Besitz ergreifen wollen wir von diesem Theater, sondern wir wollen es wie eine kostbare Leihgabe in unsere Obhut nehmen. Es wird uns nur so lange anvertraut bleiben, als es uns gelingt, das Pandämonium unserer Welt auf diese Bühne zu beschwören.

Wir müssen wissen: Hier wird geheiligt, exekutiert, ins Schwarze getroffen oder aus den Fugen geraten. Das Vergnügen, ob schwarz oder rosa, es muß in jedem Falle ein exorbitantes sein. Für uns Schauspieler bedeutet das: mit inbrünstiger Energie dem Werke und nur dem Werke dienen.

Für Sie, unser Publikum, bedeutet es: Mut haben zum Sprung über den eigenen Schatten und so die Freiheit gewinnen, den Dingen wirklich auf den Grund zu gehen. Erkennen, daß das grandiose Laboratorium, in dem die Tapferkeiten und die Erbärmlichkeiten unserer Lebensversuche analysiert werden, die Bühne des Theaters ist.

Mit solch drastisch inszenierten Analysen wollte Buckwitz die Reizbedürfnisse des Publikums befrieden und dessen gepflegte Langeweile überlisten, jenen „Hauptfeind des menschlichen Glücks" (Schopenhauer).

Die Grundsteinlegung für die neue Theaterdoppelanlage war zweifellos die folgenreichste kulturelle Tat der Bockelmann-Jahre. Jetzt hat Harry Buckwitz für seine hochfliegenden ästhetischen Ambitionen endlich ein eigenes Schauspielhaus zur Verfügung. Die Schauspielbühne ist 24 Meter breit, 23 Meter tief und der Architrav schwebt in 26 Meter Höhe über dem Breitwandbühnenboden. Mit nur 911 Sitzplätzen ist das Schauspiel gegenüber der Oper, in der seinerzeit 1.430 Zuschauer Platz finden, freilich im Nachteil. Die schöne alte Frontfassade aus dem Jahre 1903 wurde leider komplett entsorgt.

Der Neubau schließt unmittelbar an die Brandmauern des bisher gemeinsam von Oper, Schauspiel und Ballett genutzten Großen Hauses an. Die optische Verbindung beider Spielorte dieses von Architekt Otto Apel konzipierten, fabrikähnlich proportionierten Baukörpers der Nachkriegsmoderne wurde durch einen 115 Meter breiten Glastrakt geschaffen, der in den Pausen fortan als ideale Flanierzone genutzt wird. Am 14. Dezember 1963 wird das Schauspiel lokalpatriotisch angemessen mit Goethes *Faust* eröffnet, Regie führt nicht der Hausherr, sondern der Goethes klassizistischer Ästhetik verpflichtete neue Schauspieldirektor Heinrich Koch.

Um die seelenlose gläserne Airport-Architektur mit ihren Kristallscheiben ästhetisch aufzuhübschen, hatte Karl vom Rath den ungarischen Objekt-Künstler Zoltán Kémeny eingeladen, einen goldmetallenen Wolkenhimmel als Dach über den flanierenden Pausengästen zu gestalten. „In seinen Höhen rollen die Metallelemente unseres grandiosen Kémeny, als wären sie vor den Sonnenwagen des Gottes Helios gespannt", schwärmt Hausherr Harry Buckwitz. Auch für das wandfüllende Theaterbild *Commedia dell'arte* von Marc Chagall im Pausensaal wob Buckwitz enthusiastische Wortgirlanden: Es biete sich wie „die seraphische Landschaft der Komödianten Gottes" dar: „Es ist Signum und Herzstück dieser Theaterinsel."

In der Tat ist Chagalls Gemälde „nicht irgendein Bild, das an einem beliebigen Ort aufgehängt werden kann; es ist vielmehr für einen ganz bestimmten Raum, für eine bestimmte Gelegenheit, für eine bestimmte Stadt geschaffen" (Karl vom Rath). Das Werk war 1959 eigens beim Künstler in Auftrag gegeben worden, um das Foyer der Städtischen Bühnen zu schmücken. Die Adolf und Luisa Haeuser-Stiftung hatte den Ankauf ermöglicht.

In unmittelbarer Nachbarschaft zu den Städtischen Bühnen, in der Neuen Mainzer Straße 18, öffnet 1963 die „Die Komödie" ihre Pforten, die Nachfolgebühne des 1950 von Helmut Kollek gegründeten „Theaters am Roßmarkt". Wie das Privattheater von Fritz Rémond, das bereits 1947 auf Anregung von Bernhard Grzimek gegründete „Kleine Theater im Zoo", erhält auch Helmut Kolleks „Komödie" finanzielle Zuwendungen aus der Stadtkasse. Freude zu bereiten hielt Bockelmann nicht für den schlechtesten Zweck des subventionierten Theaters.

Unter der Ägide von Bockelmann/vom Rath wurde am 9. März 1963 mit Heinrich Heyms Atomdrama *Asche im Wind* auch die 1951 gegründete Landesbühne Rhein-Main unter neuem Namen wiedereröffnet: Wegen ihrer Nachbarschaft zum Eschenheimer Turm firmiert die Bühne nun als „Theater am Turm", das in der zweiten Hälfte der sechziger Jahre – in der Amtszeit von OB Willi Brundert – unter der Leitung von Claus Peymann und Peter Stein als Experimentierbühne mit ihrer Effektdramaturgie bundesweit berühmt werden sollte.

Was den Wiederaufbau der Alten Oper betrifft, so war in der letzten Parlamentssitzung des Jahres 1959 endlich ein Gutachten in Auftrag gegeben worden, um die „Aufbaufähigkeit der Opernhaus-Ruine" prüfen zu lassen. Die Wiederaufbaukosten wurden damals mit 25 Millionen Mark eher zu gering beziffert. Aber mit Bockelmanns Totschlagargument, allein der Rohbau werde rund zehn Millionen verschlingen, wurde dem Projekt prompt der Garaus gemacht. Dieses Versagen war das erste welke Blatt an seinem Vorschußlorbeer.

Kulturdezernent Karl vom Rath vor dem großen Chagall-Bild bei der Pressekonferenz zur Einweihung der Theaterdoppelanlage im Dezember 1963

Aus rein finanziellen Erwägungen wurde das Vorhaben nach heißen Diskussionen über die Alternativen des Gutachtens *ad calendas graecas* vertagt. Für das als Ruine vor sich hin gammelnde kulturelle Signet der Vorkriegszeit, die in den stolzen Formen der italienischen Renaissance sich präsentierende Frankfurter Oper, von der Kaiser Wilhelm 1880 neidvoll schwärmte, das könnten sich nur die Frankfurter leisten, ist von anderen vermeintlich dringlicheren Investitionsprojekten wie dem Bau von Kliniken und Straßen kein Pfennig abgezweigt worden. Walter Möller blieb es vorbehalten, mit seiner Magistratsvorlage im Jahre 1971 den Stein des Wiederaufbaus ins Rollen zu bringen und das Schillerwort aus dem *Tell* zu realisieren: „Und neues Leben blüht aus den Ruinen".

Für die erste Städtepartnerschaft Frankfurts hat der frankophile Werner Bockelmann die drittgrößte französische Stadt Lyon gewinnen können, die Unterzeichnung der Urkunde wurde im Oktober 1960 in der Paulskirche festlich als politischer Akt der Aussöhnung gefeiert. Zwei Jahre später hat Karl vom Rath unsere Stadt mit einer Frankfurter Kulturwoche mit Oper, Schauspiel und Kunst-Highlights an der Rhône brillieren lassen.

Bockelmann und vom Rath waren beide aktiv daran interessiert, kulturelle Beziehungen auch mit dem übrigen europäischen Ausland zu knüpfen. Die

Oper gastierte außer in Lyon im Théâtre des Nations in Paris, im Théâtre Royal de la Monnaie in Brüssel, in Florenz und auf den Athener Festspielen. Das Frankfurter Kunstkabinett Hanna Bekker vom Rath zeigte in Beirut moderne deutsche Kunst von 1910 bis zur Gegenwart.

Und nach des Tages Müh' in die Oper

Meist in Begleitung seiner Ehefrau Rita sahen die Premierengäste ihren Oberbürgermeister regelmäßig in der ersten Reihe der Frankfurter Oper sitzen. Die Bockelmanns spendeten nicht nur aus Höflichkeit begeisterten Beifall: Sie waren stolz darauf, daß unter Georg Solti und Nachfolger Lovro von Matačić der Ruf des Frankfurter Musiktheaters weit über die Stadt hinausstrahlte.

In Werner Bockelmanns ersten vier Frankfurter Jahren konnte Georg Solti sein Glücksversprechen mit Einstudierungen vorzüglich von Mozart-, Strauss- und Wagner-Opern einlösen. Im Januar 1959 erntete der Ungar mit der Oper aller Opern *Don Giovanni* stürmische Ovationen, Ende März 1959 lauschte das Ehepaar Bockelmann dem von Soltis Dirigat beseelten *Parsifal*, jener obskuren Heilsbotschaft Wagners, die Ernst Bloch ein „methaphysisches Adagio" nannte. Der Wagnerianer Bockelmann wird aber auch beim *Rheingold* auf seine Kosten gekommen sein, das im Mai 1963 von Lovro von Matačić dirigiert und von Erich Witte wagnertreu inszeniert worden war. Matačić gehörte noch einer Epoche an, deren theatralischer Gestus und Kult um die „wonniglich schwellenden" Heroinen nach den Weltkriegserfahrungen freilich als überholt galten.

Im Mai 1961 verabschiedet sich Georg Solti spektakulär mit einem grandios gelingenden *Falstaff* aus Frankfurt, um seine vom Weltruhm besonnte Karriere in London fortzusetzen. Diese letzte Oper Verdis konnte auf glamouröse Arien verzichten, um desto gewisser den Eindruck zu vermitteln, als könne Falstaff die ganze Welt mit seinen Possen einfangen: „Tutto del mono è burla" – „Alles ist Spaß auf Erden", so lautete auch Soltis Lebensmotto. Der magyarische Magier hat sich mit seinen Welterfolgen in Frankfurt, in Covent Garden (1961 bis 1971) und schließlich in Chicago (1969 bis 1991) fest ins Jahrhundert eingeschrieben. Seine unzähligen Opern- und Konzerteinspielungen hatten Millionenauflagen. Der Name Solti wurde zur Botschaft für die Musik als Weltsprache. Mit Frankfurt im Sinn, erklärt Solti: „Gemeinwesen, die sich für das Glück ihrer Bürger eine Oper leisten, adeln sich damit selber."

In seinen neun Frankfurter Jahren eines ästhetischen Aufbruchs war es Solti gelungen, die Oper zu einem der tonangebenden Musiktheater Europas zu machen. Mit seinem weltweiten Renommee als genialischer Dirigent hat er die allererste Sängergarde nach Frankfurt geholt, die mit ihren Stimmbändern die Abonnenten aus ihrer Lethargie erweckten: Anny Schlemm, Elisabeth Höngen, Anja Silja, Inge Borkh, Sonja Cervena, Martha Mödl, Daniza Mastilovic, Claire Watson, Rosl Zapf sowie Theo Adam, Ugo Benelli, Georg Stern, Ernst Kozub oder Wolfgang Windgassen. Sie sorgten mit der „Fülle ihres Wohllauts" für magische Momente, wie Thomas Mann ästhetische Katastasen gern beschrieb, und beglückten damit ihre zahlreichen Fans. Regisseure vom Rang eines Rudolf Noelte, Oscar Fritz Schuh, Günther Rennert oder Harry Buckwitz erfanden in Frankfurt das Musiktheater neu.

Die letzten drei Frankfurter Jahre Werner Bockelmanns verschönert mit seinen Operndirigaten der frühere Belgrader Opernintendant Lovro von Matačić. Er wird als Dirigent zwar nicht ähnlich berühmt werden wie sein Vorgänger Solti oder wie sein Nachnachfolger Christoph von Dohnányi. Aber zwischen diesen beiden Bergmassiven wird Matačić kein musikalisches Jammertal hinterlassen; spätestens mit der Aufführung von Verdis Nationaloper *Troubadour* im Juli 1964 hat er seine Klasse gezeigt. Als Generalmusikdirektor wollte er Erfolg aber nicht allein auf der Ebene der „holden Kunst" mit immergrünen Bravourarien gründen, mit Sängern, die den Schnürboden als siebten Himmel ansingen. In seinen Aufführungen sollten statt Rollentypen auf einer wagnertypischen Weltenscheibe vorzüglich individuelle Konturen in Erscheinung treten.

Matačić war nicht nur wegen des mediterranen Charmes eines Herzensdiebes Liebling der Damen unserer gehobenen Frankfurter Gesellschaft, sondern vor allem wegen des „großen Tonglanzes", den er laut der *Frankfurter Neuen Presse* durch „seine breit und zyklopisch wuchernden Dirigierbewegungen" erzielte, die „tief beeindruckt" haben sollen. Als Mahler- und Mozartinterpret schon vor seiner Frankfurter Zeit gefeiert, hat er am Main mit der *Zauberflöte* 1962 und der *Entführung aus dem Serail* 1963 seine Popularität gefestigt. Bockelmann hat nur selten die Zeit gefunden, auch noch Konzerte zu genießen. Besonders gefallen hat ihm Gustav Mahlers von Matačić dirigierte *5. Sinfonie cis-Moll*.

Mach dir ein paar schöne Stunden, geh' ins Kino

Bockelmanns zeitraubender Job ließ ihm kaum die Muße, im Kino deutsche Filmkunst zu entdecken. 1957, in seinem ersten Frankfurter Arbeitsjahr, hat er angesichts seichter Streifen wie Ernst Marischkas *Sissi – Schicksalsjahre einer*

Kaiserin oder Erich Wingels' *Witwer mit fünf Töchtern* mit Heinz Erhardt auch nichts versäumt, das nach der Phase trister „Trümmerfilme" jener Verheißung hätte entsprechen können, die das Volk in ein Lichtspielhaus locken sollte. Die sogenannte breite Masse wähnte sich vom deutschen Schnulzenkartell jedoch ganz gut getröstet; sentimentalen Proviant erhielt ihr Seelenhaushalt jedenfalls genug. Diese Filmkategorie unterschob der Vorstellung der Menschen eine Welt, die mit ihren damaligen Wünschen korrespondierte.

Hollywood hatte in diesen Jahren mit Otto Premingers *Bonjour tristesse*, die Japaner mit Akira Kurosawas *Das Schloß im Spinnwebwald* und der Sowjetfilm mit Michail Kalatosows *Wenn die Kraniche ziehen* in Frankfurt bereits vorgeführt, was großes Kino kann.

Bereits 1958 kündigen ästhetisch und inhaltlich gelungene Filme wie Rolf Thieles *Das Mädchen Rosemarie* und Kurt Hoffmanns *Wir Wunderkinder* das „Jahrzehnt des neuen deutschen Films" an; 1959 setzen Filme wie Bernhard Wickis *Die Brücke* und Wolfgang Staudtes *Rosen für den Staatsanwalt* diesen Trend fort. Auf dem Gebiet der kritischen Reflexion der damals sogenannten „unbewältigten Vergangenheit" hatte sich das Frankfurter Theater zu dieser Zeit mit seinem vielbestaunten Repertoire der Aufklärung über die Diktatur längst einen guten Ruf erspielt.

Das eigentliche Geburtsjahr des „Neuen deutschen Films" datiert aber auf das Jahr 1962, in dem das „Oberhausener Manifest" mit der radikal formulierten Absage an „Opas Kino" (*Und ewig singen die Wälder, Freddy unter fremden Sternen*) das erste deutsche Filmgesetz erzwungen hat.

In und nach der Bockelmann-Zeit haben einige bemerkenswerte Filmereignisse des „Jungen deutschen Films" das Massenmedium im Frankfurter Kulturbetrieb als unverzichtbare Quelle ästhetischer Information ins allgemeine Bewußtsein gehoben: Herbert Veselys Böll-Verfilmung *Das Brot der frühen Jahre* (1961), Peter Schamonis *Schonzeit für Füchse* (1966), Volker Schlöndorffs *Der junge Törless* (1966), Edgar Reitz' *Mahlzeiten* (1966/67), Johannes Schaafs *Tätowierung* (1967), Werner Herzogs *Lebenszeichen* (1968), Rainer Werner Fassbinders *Liebe ist kälter als der Tod* und *Katzelmacher* (beide 1969) und *Warum läuft Herr R. Amok* (1970). Um exemplarische Vergleiche mit neuen Ästhetiken und Techniken ausländischer Filmproduktionen ziehen zu können, sorgen viele damals noch in Frankfurt beheimatete große und mittlere Verleihfirmen für entsprechende Kinostarts von der Mainmetropole aus.

Der Verleiherverband hatte Ende der sechziger Jahre seinen Sitz ebenso in Frankfurt wie der Film- und Theaterverband und die Export-Union der Filmwirtschaft. „Der liberale Kaufmannsgeist, der in Frankfurt herrscht, macht diesen Platz für eine Zentrale filmpolitischer und filmwirtschaftlicher Bemühungen und Betrachtungen besonders geeignet. […] Von Frankfurt aus sind viele wichtige Impulse der Filmwirtschaftsverbände auf filmpolitischen Gebiet ausgegangen", schreibt der Präsident der Deutschen Filmwirtschaftsverbände Horst von Hartlieb in *Kino in der Stadt.*

Quasi-Vorläufer des 1971 gegründeten Kommunalen Kinos war die systematische filmwissenschaftliche Arbeit des bereits 1951 gegründeten Studentenkinos „Pupille" an der Goethe-Universität und des assoziierten Kinos „Kamera" in der Gräfstraße, wo Filme oft bis drei, vier Uhr früh gezeigt wurden. Die Studenten hatten die Frankfurter Autoren Siegfried Kracauer und Adorno gelesen und aner-

Oberbürgermeister Bockelmann mit Kulturdezernent Karl vom Rath

kannten Film als geistiges Ereignis, sie kannten sich auch in der Filmsoziologie bestens aus. Ihr cineastisches Interesse mündete in der eigenen Frankfurter Filmzeitschrift *Strandgut*, die in einer Auflage von 4.000 Exemplaren im Buchhandel gut angenommen wurde.

Werner Bockelmann höchstselbst hat sich aktiv eingeschaltet, als es 1961 darum ging, dem Verband der deutschen Filmclubs angemessene Räume zu beschaffen, damit die tausend Filmclubs in Westdeutschland von Frankfurt aus angemessen betreut werden konnten.

Um sich ein paar schöne Stunden zu gönnen, ging Werner Bockelmann dann aber doch lieber ins Waldstadion, wenn die Eintracht spielte. Mit besonderem Stolz gratulierte er der Elf, nachdem sie am 28. Juni 1959 im dramatischen Kampf gegen die Offenbacher Kickers im Berliner Olympiastadion mit 5:3 Deutscher Meister geworden war.

Bockelmann unterstützt Kulturdezernent vom Rath

Mit seiner kunstrelevanten Kompetenz war Karl vom Rath für die Entwicklung der Frankfurter Kunstszene ein schierer Glücksfall. Aus seiner Abneigung gegen jene Biedermeierlichkeit der Adenauerschen Kunstverehrung und dessen spießige Moral machte er nicht nur keinen Hehl, vielmehr hat er daraus sein kulturpolitisches Gegenprogramm entwickelt. Dank der Spannweite der kulturellen Interessen des Oberbürgermeisters konnte der Kulturdezernent eine Reihe wichtiger Investitionen durchsetzen.

Beim Wiederaufbau des Städel, der 1963 abgeschlossen werden konnte, und der Umgestaltung des Senckenberg ab 1962, die beide längst zu den bedeutendsten europäischen Museen gezählt wurden, zeigte sich die Stadt mit finanzieller Hilfe nobel von ihrer besten Seite, obwohl es sich um Häuser in privater Trägerschaft handelte. Dem 1829 gegründeten und ebenfalls privat organisierten Frankfurter Kunstverein überließ Bockelmann das 1464 errichtete Steinerne Haus als neues ständiges Domizil, das mit einer spektakulären Münzausstellung Ende 1962 eröffnet wurde. Bereits im Januar 1958 war am Schaumainkai das Bundespostmuseum eingeweiht worden. Museen sind für Bockelmann Orte, an denen mittels reflektierter Anschauung eine Gesellschaft sich ein Bild von sich selbst macht und lange verborgene Traditionen wieder sichtbar werden. Das Museum für Vor- und Frühgeschichte hatte bereits 1953, noch unter OB Walter Kolb, ein neues Domizil erhalten, im allerdings viel zu kleinen Holzhausenschlößchen.

Für den „Rückkauf" jener „entarteten" Bilder der Moderne, die der Bildersturm der Nazis aus den Museen in die Verbannung versenkt hatte, um damit die Pioniertaten der modernen Kunst auszulöschen, läßt Bockelmann 1962 500.000 Mark in den Etat einstellen. Die Wiedereinbürgerung der Moderne in Frankfurts Museen und in das Bewußtsein seiner Bürger nahm seitdem einen erfreulichen Verlauf.

Nachdem der Nordtrakt des Karmeliterklosters mit dem Kreuzgang von 1955 bis 1957 wiederaufgebaut worden war, erhielt das Stadtarchiv 1959 im Konventsgebäude zunächst ein provisorisches Domizil. Mit Beschluß der Stadtverordnetenversammlung vom 30. August 1962 wurde der einstige Sakralbau dann dauerhaft zur Aufnahme der städtischen Archivalien bestimmt.

In Erinnerung an die zweijährige Leidenszeit Hölderlins als Hauslehrer bei den Gontards in deren „Haus zum weißen Hirschen" im Großen Hirschgraben und seiner unerfüllten Liebe zur Bankiersgattin, die er in seiner Dichtung als „Diotima" unsterblich machte, hat der Bildhauer Hans Mettel ein Hölderlin-Denkmal aus Bronze geschaffen. Das Kunstwerk wurde am 31. August 1957 an der Bockenheimer Landstraße von Oberbürgermeister Bockelmann mit ungewohnt lyrischen Zwischentönen feierlich eingeweiht. Im Oktober 1963 enthüllt er in der Taunusanlage den von Toni Stadler geschaffenen Marshall-Brunnen, der an den 1959 verstorbenen US-Außenminister George C. Marshall erinnern soll, dem die Deutschen die milden Gaben des Marshallplans verdanken.

Gegen Ende von Bockelmanns Amtszeit wurde die Restaurierung des idyllischen Willemer-Häuschens auf dem Mühlberg in Angriff genommen. Von hier aus hatte Goethe zusammen mit Marianne von Willemer, der „Suleika" in seinem *West-östlichen Divan* (1819), mit dem Fernglas fasziniert die Freudenfeuer auf den Taunushöhen angeschaut, die dort zur Erinnerung an die Völkerschlacht bei Leipzig entzündet wurden.

Als eines der wichtigsten, weil auch nachhaltigsten Projekte der Bockelmannschen Investitionsliste muß der von Ferdinand Kramer entworfene Neubau der Stadt- und Universitätsbibliothek an der Bockenheimer Landstraße in unmittelbarer Nähe zum Uni-Campus genannt werden, der in der Stadtverordnetenversammlung am 18. Januar 1962 beschlossen wurde. Nach zweieinhalbjähriger Bauzeit war die Bibliothek bezugsfertig und konnte am 29. Mai 1965 von Bockelmanns Nachfolger Willi Brundert der Öffentlichkeit übergeben werden. Mit über einer halben Million Bänden, mit Manskopfscher Theatersammlung und einer nahezu lückenlosen Francofurtensien-Kollektion sowie zahlreichen Nachlässen bedeutender Geistesgrößen wie Arthur Schopenhauer, Max Horkheimer, Herbert Marcuse und Alexander Mitscherlich, also einem grandiosen Inventar der deutschen Geisteskultur, verfügt Frankfurt über eine der signifikantesten Forschungsinstitute und Bibliotheken der Republik.

Die Bestände hatten jahrelang in den Räumen des Rothschildpalais am Untermainkai überwintert. In der Eingangshalle des Neubaus begrüßt die Plastik *Prometheus* des russischen Skulpteurs Ossip Zadkine die wißbegierige Klientel der Bibliothek. Für Zadkine war Prometheus ein Sinnbild des sich gegen Gewaltherrschaft aufbäumenden Menschen; für Goethe war er bekanntlich der Retter des von Zeus zum Untergang bestimmten Menschengeschlechts, dem er das Feuer brachte und ihm damit die Kultur bescherte. Für Willi Brundert war Prometheus der Wahrheitssucher und ein Symbol des duldenden Menschen.

Im Jahr 1957, als Bockelmann Oberbürgermeister wurde, besaßen mehr als 50 Prozent der bundesdeutschen Haushalte kein Buch. Der neue OB hatte von der Literatur die hohe Meinung, daß sie den Charakter des Menschen nicht nur prägen, sondern vielleicht auch positiv verändern könne. Wie aber kann die gewünschte Selbstbegegnung in der Literatur bei jenen bildungsfernen Schichten gelingen? Hier hat der 1890 gegründete Frankfurter Bund für Volksbildung versucht, mit Hilfe der 1956 ins Leben gerufenen Volkshochschule durch entsprechende Kurse diese Lücke zu schließen. Werner Bockelmann hat deren Direktor Walter Möller, den späteren Oberbürgermeister nach Kräften in seiner Arbeit unterstützt. Bildung war für Möller das Fundament jeder Identitätsfindung.

Poetikdozentur an der Goethe-Universität

In Analogie zum Lehrstuhl für Dichtung an der Oxford University hat der S. Fischer Verlag 1959 die Initiative des Frankfurter Anglistikprofessors Helmut Viebrock aufgegriffen und eine Stiftungsprofessur für Poetik eingerichtet. Diesen Anstoß hat die Goethe-Universität als Chance begriffen, die Tore der Alma mater weit in die Stadt hinein zu öffnen. Damit wollte sie zugleich dem Vorwurf begegnen, eine exterritoriale Enklave des Wissens inmitten einer weltläufigen Metropole zu sein, die sich von der interessierten Öffentlichkeit abkapselt. Die Lektoren des S. Fischer Verlages haben durch ihre Wahl hochkarätiger Autoren wie Ingeborg Bachmann (1959), Marie Luise Kaschnitz (1960), Karl Krolow (1961) und Helmut Heißenbüttel (1963) ein Niveau vorgegeben, das

Einweihung des Marshall-Brunnens in Anwesenheit der Witwe des 1959 verstorbenen US-Außenministers George C. Marshall

nicht mehr unterschritten werden durfte. Wolfgang Borchert mit seinen expressiven Szenen *Draußen vor der Tür* (1947), diesem bedeutendsten Werk der sogenannten Trümmerliteratur, konnte nicht mehr eingeladen werden. Er ist 1947 gestorben. Oberbürgermeister Bockelmann hat 1964 den „Literaturdozenten" Heinrich Böll noch persönlich empfangen, um damit nicht nur Frankfurts Interesse als Literaturstadt zu dokumentieren, sondern auch, um mit dem „repräsentativen Schriftsteller der Bundesrepublik Adenauers" (*Der Spiegel*) ein politisches Zeichen zu setzen.

In seinen Romanen *Und sagte kein einziges Wort* (1953) und *Haus ohne Hüter* (1954) schildert Heinrich Böll milieugetreu die materielle und seelische Not der ersten Nachkriegsjahre. *Billard um halb zehn* (1959) und *Ansichten eines Clowns* (1963) polemisieren unerschrocken gegen Mitläufertum in den Nazi-Jahren und gegen restaurative Tendenzen der Adenauer-Zeit, gegen Wohlstandsideologie und Konformismus. Werner Bockelmann und Karl vom Rath identifizierten sich öffentlich mit Bölls gesellschaftskritischen Analysen, auch wenn sie das eine oder andere Buch als allzu mundgerechte Lektüre rezipiert haben werden. Franz Josef Strauß, Ludwig Erhard, Edmund Stoiber und Karl Carstens werden sich später von Bölls Werken derart provoziert fühlen, daß sie ihn und die Mitglieder der Gruppe 47, dieser Lebensader einer epochal fruchtbaren Schriftstellergeneration, als „Pinscher" und „Ratten und Schmeißfliegen" verunglimpfen. Insbesondere *Die verlorene Ehre der Katharina Blum* (1974), das im Sinne von Sartres „littérature engagée" bis heute als paradigmatisch für das Genre der politischen Literatur gilt, war ihnen ein Dorn im Auge. Karl Carstens forderte die Bevölkerung auf, sich von Böll zu distanzieren, „der unter dem Pseudonym Katharina Blum ein Buch geschrieben hat, das eine Rechtfertigung von Gewalt darstellt". Sic!

Im Jahr 1979 hat der Suhrkamp Verlag die Finanzierung der Poetikdozentur übernommen und die Auswahl handverlesener Autoren ebenso erfolgreich fortgeführt.

Die Debatte, ob nicht nonfiktive Bücher wie jene der seit Mai 1963 erscheinenden edition suhrkamp oder der Fischer-Taschenbuchreihe dieses „innere Aufklaren" eher zu leisten vermöchten als die Bellestristik, beherrschte die Debatten auch mancher Poetikvorlesungen vor einer erkenntnishungrigen Studentenschaft. Wer die Suhrkamp-Lektüre verinnerlichte, hat damals jedenfalls anders denken gelernt.

Bockelmann hat auch die Entscheidung des Börsenvereins des Deutschen Buchhandels begrüßt, die Deutsche Buchhändlerschule 1963 von Köln nach Frankfurt-Seckbach zu verlegen.

Bockelmanns weichgespülte Verwaltungsreform

Bockelmann hatte bei Amtsantritt eine Schuldenlast von 400 Millionen Mark geerbt, die er für die folgenden Jahre vorsorglich auf 600 Millionen hochrechnet. Weil als Stiefkinder der öffentlichen Finanzen die westdeutschen Gemeinden im Jahre 1957 mit mehr als sieben Milliarden verschuldet waren, blieb nach Bockelmanns Prognose nicht der mindeste Spielraum mehr zwischen dem Wünschenswerten und dem Allernotwendigsten. Als dringend notwendig qualifiziert Bockelmann die Ausgaben für Schulen in Höhe von 40 Millionen Mark und von 80 Millionen allein für die Universitätskliniken. Zu Recht klagte Bockelmann die längst überfällige Verwaltungsreform ein, die den Städten größere finanzielle Spielräume für die Gestaltung infrastruktureller und kultureller Urbanisierung garantierten. Mit seinem Diktum, er könne sozialpolitische Forderungen nicht erfüllen, wenn dadurch „die Finanzpolitik auf einen besorgniserregenden Kurs" gerate, hat Bockelmann gleich im ersten Amtsjahr die Genossen stutzig gemacht.

Schon bei seinem Wechsel nach Frankfurt hatte Werner Bockelmann, der den Primat des Gesetzmäßigen über alles Zufällige stellte, als vordringlichste Aufgabe die Verwaltungsreform genannt. Der neue Oberbürgermeister rekuriert dabei auf die Reichsfreiherr vom Steinschen Pläne einer umfassenden Gemeindereform aus dem Jahre 1808 mit dem bis heute gültigen Ziel, die Demokratie dort stärker zu verwurzeln, wo auch der einzelne nichtorganisierte Bürger die Möglichkeit ergreifen können sollte, bei der Gestaltung seines Gemeinwesens mitzuwirken. Demokratie sollte nicht mit ihrer Selbstverwaltung ausgelastet sein. In habitueller Nähe zum vorzüglich staatsskeptischen Bürgertum und dessen pluralistischen Freiheitspotentialen folgte Bockelmann der vom Steinschen Hoffnung, durch die Mitwirkung mündiger Individuen die Diktatur des Mittelmaßes etwa in Parteigremien zu brechen. Das gilt besonders für jene, die über das imperative Mandat die Freiheit der Meinung einschränken. Ich denke, er wollte auch durch die Erlangung der relativen Selbständigkeit und der Selbstverwaltung der Kommunen und Kreise gegenüber dem damals altpreußischen Traditionsdenken die Basis der Demokratie stärken. Denn die Menschen wohnen in der Mehrheit schließlich dort, wo die Demokratie den Individuen eine freie Welt garantiert: In den Städten, in deren Mauern sie sich kulturell und emotional beheimaten möchten. Denn „durch was sonst ist der Staat groß und ehrwürdig, als durch die Kräfte seiner Individuen", erinnert uns mit seinem emphatischen Freiheitsideal schon Friedrich Schiller in seinen *Briefen über die ästhetische Erziehung des Menschen.*

Um es leicht pathetisch auszudrücken: Der Idealist Bockelmann begriff Demokratie als eine Art Gesamtkunstwerk. Da aber das Unbehagen an der Demokratie beinahe ebenso alt ist wie die Zuneigung zu ihr, sollte Bockelmanns Verwaltungsreform nur sehr partiell gelingen, wie zum Beispiel in jenen schmalen Handlungsspielräumen, die den Verwaltungschefs zur Verfügung stehen: in der Enthierarchisierung der Bürokratie, der Schaffung einer größeren Transparenz bei Entscheidungsvorgängen oder bei der Mitwirkung von Ortsbeiräten. Nicht zuletzt mit dem 1960 erstmals veranstalteten „Tag der offenen Tür" wollte Bockelmann die Verwaltung und Kommunalpolitik transparenter machen.

Das Grundgesetz der Bundesrepublik bekräftigt übrigens jene Reformen der kommunalen Selbstverwaltung ausdrücklich, die vom Stein und Hardenberg weit vorausschauend schon Anfang des 19. Jahrhunderts definiert hatten und die auch die Judenemanzipation mit legalen Mitteln befördern halfen. Als Anhänger der Stein-Hardenbergschen Reformen gab sich Werner Bockelmann besonders in seinem Bemühen zu erkennen, alle Bürger sogar rechtsgleich an der Mitgestaltung des Stadt- und Staatslebens zu beteiligen. Aber jenen guten Rat, die Fraktionsgenossen zu beteiligen, den Bismarck in seiner berühmten Reichstagsrede am 9. Mai 1884 einst gegeben hatte, wurde von Bismarckverehrer Bockelmann dann doch öfters als erwünscht in den Wind geschlagen: *Vivat fractio pereat mundus* (Es lebe die Fraktion, wenn auch die Welt darüber zu Grunde geht).

Obwohl im Jahre 1958 die 45-Stunden-Woche auch für Kommunalbeamte eingeführt wird, kommt Bockelmann ohne zusätzliches Personal über die Runden.

Bockelmanns Nordweststadt-Planung

Die Idee der Großsiedlung „Nordweststadt" wurde in der Aufbruchstimmung des prosperierenden Sozialstaats Bundesrepublik Ende der fünfziger Jahre geboren, in der es zum ersten Mal in der deutschen Geschichte keine im Stich gelassene Armut mehr gab. Aus dem 1959 ausgeschriebenen städtebaulichen Wettbewerb gingen zwar die Architekten Apel, Becker und Beckert als Sieger hervor, mit der Planung beauftragt werden aber die Träger des dritten Preises: Nachdem die Architekten Walter Schwagenscheidt und Tassilo Sittmann ihren Entwurf überarbeitet haben, nimmt mit Hilfe auch von Planungsdezernent Hans Kampffmeyer Bockelmanns Sozialutopie realistische Gestalt an. Auf der

150 Hektar umfassenden Freifläche des „Heidenfelds" zwischen Niederursel, Praunheim und Heddernheim hatte einst der Hauptort der Civitas Taunensium, die römische Siedlung Nida gestanden.

An der Realisierung dieses Megaprojektes waren beteiligt: die Nassauische Heimstätte, die Aktiengesellschaft für kleine Wohnungen und die Gewobag. Vierhundert Baulandbesitzer mußten enteignet werden, um das hochgesteckte Ziel von 7.500 neuen Wohneinheiten für ca. 25.000 Menschen zu erreichen und damit ein gehöriges Plus an Lebensqualität. Im Herbst 1962 waren die ersten 130 Wohnungen bereits bezugsfertig. Ursprünglich waren die Wohnungen sozial gebunden an Mitarbeiter von Bahn, Post, Polizei oder Stadt.

Für den „Nordweststadt" genannten Mikrokosmos galt es vor allem, eine entsprechende Infrastruktur zu schaffen: So entstanden bis 1968 ein riesiges Einkaufszentrum mit zahlreichen selbständigen Geschäften und einer Tiefgarage im Souterrain, eine Schwimmhalle, eine Sozialstation, eine Stadtklinik, Apotheken, Kindergärten, ein Gymnasium (die Ernst-Reuter-Schule), eine Fachhochschule, fünf Kirchen und ein modernes Bürgerhaus mit Festsaal.

Als das Projekt mit der Einweihung des Nordweststadtzentrums am 4. Oktober 1968 abgeschlossen war, galt dieser Quantensprung in die „Raumstadt" genannte urbane Zukunft als vielbestauntes Vorzeigemodell für eine futuristische Städteplanung in der Bundesrepublik. Hier war ja nicht nur auf individuelle Bedürfnisse zugeschnittener Wohnraum mit menschenwürdigem Maß für 25.000 Bewohner entstanden, die hier ihre anheimelnde Heimstatt mit Garten und Blick über die nahen Nidda-Auen genießen können sollten. Eine Art Sudermannsches

Bockelmanns Nachfolger Willi Brundert und Ministerpräsident Georg August Zinn eröffnen im Oktober 1968 das Nordweststadtzentrum

„Glück im Winkel" hatte ähnlich schon Ernst Mays mit wenigen Grundelementen operierende Architektur der großen Gartensiedlung „Römerstadt" versprochen: als bürgerliche Alltagsgeborgenheit und glückende Nachbarschaft. Die Vollendung dieses markanten Bauprojektes verglichen May-Bewunderer damals mit der Bezwingung des Mount Everest. Mays gebaute Sozialpolitik in Zeiten der Industrialisierung markierte höchst augenfällig den gesellschaftlichen Aufbruch der Stadt in die Moderne.

Die in der Nordweststadt angesiedelten neuen Fernheizwerke garantieren die optimale Versorgung mit Wärme. Die Verbrennungsanlage für den Wohlstandsmüll galt damals als die modernste Europas. Deren Schornstein war der einzige in der Nordweststadt, er ragt entsprechend stolz in die Höhe. Den Hauptverkehrszeiten minutiös angepaßte Verkehrswege mit kreuzungsfreien Straßen und 17 Fußgängerbrücken helfen, Zeit zu sparen und Unfälle gering zu halten.

Die zum Volksfest geratene Übergabe des Zentrums am 4. Oktober 1968 hat die Nordweststädter für die lange Erduldung dieser „ewigen Baustelle" entschädigt. Im gleichen Jahr weiht Oberbürgermeister Willi Brundert auch die U-Bahn-Station „Nordweststadt" ein. Mit der neuen U-Bahn-Linie, die geradewegs zur Hauptwache führt, können die Bewohner der Trabantensiedlung die acht Kilometer entfernte Frankfurter City ohne Umwege in 20 Minuten erreichen.

Der Spiegel wird 2010 die Nordweststadt freilich mit „Wohnbau-Dinosauriern" wie dem Märkischen Viertel in Berlin, der Mammutsiedlung Chorweiler in Köln, der Großsiedlung Hannibal in Stuttgart oder Neuperlach in München vergleichen. Den Ideengebern und Realisatoren der Norweststadt ist allerdings das Kompliment zu machen, die übliche Tristesse andere Trabantenstädte vermieden zu haben.

Bürostadt Niederrad – eine Fehlplanung

Nach 1945 leidet die Stadtentwicklung unter dem Diktat der neuen Dienstleistungsgesellschaft mit ihren unbestimmten multiplen räumlichen Vorgaben der buchstäblich beispiellosen Entwicklungstrends. An alten Traditionslinien der Baufunktionen und Bauästhetik sich zu orientierten, war anachronistisch geworden. Entsprechend eintönig und ästhetisch einfallslos bildet die neue Architektur der Bürorauminflation der fünfziger und sechziger Jahre ein extrem unwirtliches Konglomerat.

Die 1962 gefällte Entscheidung, im Süden Frankfurts eine exklusive Bürostadt zu errichten, dürfte der ökonomischen Entwicklung geschuldet gewesen sein, die unsere Bundesrepublik in den fünfziger Jahren an die dritte Stelle der weltweit größten Exporteure hinter den USA und England katapultiert hatte. Die auf dem Reißbrett entworfene „Geschäftsstadt vor dem Stadtwald" in Niederrad, eine künstliche Stadt auf einer 80 Hektar großen, nun nicht mehr grünen Wiese, gilt als Negativbeispiel der Baueuphorie der frühen sechziger Jahre. Im großen Stil hatten Stadtplaner 1960 ähnlich schon Brasiliens artifizielle Hauptstadt Brasilia als Kopfgeburt geplant; in der Mitte Brasiliens, im extrem luftfeuchten Hochland des Binnenstaates Goiá. Wohl nur weil kein Geringerer als Oskar Niemeyer genial den Palacio da Alvorada, den Palacio Itamaraty und die Kathedrale entworfen hatte, wurde Brasilia von der UNESCO zum Weltkulturerbe erklärt. In Niederrad gibt es aber kein einziges Bauwerk von ästhetisch ähnlich hohem Rang zu bewundern.

Die von der Ideologie der strengen Segregation von Wohnen und Arbeiten inspirierte Vorgabe der Frankfurter Planer lautete lapidar: „Auf den Baugrundstücken dürfen nur Büro- und Verwaltungsgebäude mit den funktionell erforderlichen Nebenanlagen errichtet werden: oberirdisch sind 5/10, unterirdisch 4/10 der Grundstücksfläche von jeglicher Bebauung freizuhalten." Auch die Bauformen waren genormt: Rechtwinkligkeit im Grundriß und Flachdächer sowie uniformierte Büro- und Verwaltungsgebäude verpassen dem Dienstleistungsgewerbe eine Art Corporate Identity. Ein kleinkarierter Beitrag zur Verhäßlichung der Welt.

Der fixen Idee, die berufliche Welt des Büroalltags von der heilen Wohnwelt Nordweststadt zu trennen und mit einer Million Quadratmeter Büroflächen ans andere Ende der Stadt nach Niederrad zu verbannen, hat Frankfurts ohnehin schon gewaltige Verkehrsprobleme potenziert. Die „grünen Witwen" brauchten ein Zweitauto und halfen, parallel zum rasant wachsenden Wohlstand der Menschen den Autoverkauf anzukurbeln. Angesichts der rapiden Verkehrsentwicklung muß die Tatsache, daß die Bürostadt Niederrad mit ihren 20.000 hier Beschäftigten abseits des Liniennetzes des öffentlichen Nahverkehrs gebaut worden war und jahrzehntelang keinen Autobahnanschluß bekam, nur als eklatante Fehlplanung bezeichnet werden. Auf- und Ausfahrten gab es schließlich nur im Süden, die Auf- und Abfahrten zur A 5 im Norden fehlten; auch die S-Bahn-Station wurde erst Jahre später in Betrieb genommen. Schon Ende der neunziger Jahre arbeiten in den Niederräder Bürosilos über 35.000 Menschen. Von denen wohnte hier aber so gut wie keiner.

Verantwortlich für diese verfehlte Stadtplanung sind außer dem Oberbürgermeister die diensthabenden Planer der Stadt. Sie waren offenbar damit überfordert, die Kontextbedingungen zu berücksichtigen und die kolateralen

Nebenwirkungen vorauszusehen, die mit dem fliegenden Wechsel Frankfurts von einer Industriestadt zur Stadt des Dienstleistungsgewerbes mit Banken, Versicherungen und in Niederrad mit Computerfirmen (Olivetti, Nixdorf, Wang, Atex, Commodore) einhergingen und ganz neuen urbanen Orientierungszwängen unterworfen waren.

Die radikale räumliche Trennung klassischer Stadtfunktionen wie Wohnen, Arbeiten, Freizeit, die schon in der berühmten Fibel *Charta von Athen* (1933) empfohlen worden war und seitdem zum akademischen Repertoire der Stadtplaner gehörte, ist auch nach deren überarbeiteten Fassung von Le Corbusier aus dem Jahr 1943 eine Illusion geblieben. Denn „der Mensch als Person existiert notwendig in sozialen Bezügen", wie auch das Bundesverfassungsgericht zu bedenken gibt. Eine „surreale Idylle in einer postmodernen Formenwelt" sei hier entstanden, urteilt die *F.A.Z.*, ein eher abschreckendes Exempel seelenloser Monotonie aus Glas und Beton. Nach 19 Uhr ist jedenfalls die Bürostadt Niederrad eine Geisterstadt. Wahrlich kein Ort wie aus dem Bilderbuch glücklicher Menschen. Bei der Flut von negativen Reportagen über diese Fehlplanung fällt auf, daß der Name Bockelmann kaum erwähnt wird, auch der damals noch gern magistratskritische SPD-Parteitag hat sich angesichts der Verkehrsmisere nicht wirklich zu Wort gemeldet.

Erst rund 50 Jahre später, im Jahre 2010, wird „aufgrund ökonomischer Zwänge" eine „räumliche Umformung" in Gang gesetzt, nachdem ein Drittel (!) der Nutzfläche der Bürostadt inzwischen gähnend leer steht. Jetzt soll wenigstens das Areal an der Lyoner Straße endlich bewohnbar gemacht werden: Der 62 Meter hohe Büroklotz der Nr. 19 wird für 22 Millionen Euro von einem privaten Investor zu einem Mietshaus mit 98 Wohnungen umgerüstet. Von dessen Penthousehöhe im 17. Stock ist der Panoramablick auf Taunus und Odenwald bei schönem Wetter garantiert. Insgesamt sollen dereinst 3.000 Wohnungen im jetzt „Lyoner Viertel" genannten Bezirk helfen, die einer fatalen monostrukturellen Fehlplanung geschuldete Bürostadt-Malaise wenigstens partiell durch nachfolgende Korrekturen menschengerechter abzumildern. Echte Urbanität, diese identitätsstiftende, lebensdienliche Mischung aus Läden zur täglichen Bedarfsdeckung, naturgrünen Tönen zwischen seelenloser Glasfassadenmonotonie und heimeligen Verweilplätzen, läßt sich in einer in den sechziger Jahren verbauten Zukunft mit kosmetischen Remeduren aber kaum erreichen.

Der berühmte Verfasser der kultursoziologischen Studie *Die Großstädte und das Geistesleben*, der Soziologe und Philosoph Georg Simmel, hätte mit seiner Analyse der alltäglichen Erscheinungsformen antagonistischer gesellschaftlicher Bewegungen und politischer Kräfteverhältnisse am Beispiel der Bürostadt Niederrad eine exemplarische Alltagsbestätigung seiner Theorie der Entfremdung durch Verdinglichung gefunden.

Walter Möllers U-Bahn bewahrt die Stadt vor dem Verkehrsinfarkt

Unter allen deutschen Großstädten ist es die Stadt Frankfurt, die mit ihrem Massenverkehr die größte Verkehrsdichte als unmittelbare Folge des neuen Phänomens Großstadtwucherung ausweist. Neben der radikalen Trennung von Wohnung und Arbeitsplatz habe vor allem die Motorisierungswelle zu den Verkehrsproblemen geführt, gibt Bockelmann in einem Versuch der Selbstentlastung zu Protokoll. Auf zwei Einwohner kommt ein PKW, und täglich überschwemmen weit über 100.000 Berufspendler unsere Straßen; 1955 rollt der millionste VW Käfer vom Fließband. Frankfurt galt damals als das mit Abstand größte Pendler-Konzentrat Westdeutschlands. Was also mußte geschehen, um Frankfurt vor einem Verkehrsinfarkt zu schützen? Eine U-Bahn war die einzige Möglichkeit, einem sonst bald noch hoffnungsloseren Verkehrschaos vorzubeugen. Für diese Alternative hatte sich Werner Bockelmann rechtzeitig entschieden und 1961 eigens ein Verkehrsdezernat installiert, das er dem damaligen Fraktionsvorsitzenden der SPD Walter Möller überantwortete. Vorausschauend hatte Möller schon in seiner parlamentarischen Funktion mit einem entsprechenden Par-

Erster Rammschlag für den U-Bahn-Bau durch Verkehrsdezernent Walter Möller in der Eschersheimer Landstraße am 28. Juni 1963

lamentsbeschluß vom 4. Juli 1961 die Weichen für ein künftiges flächendeckendes Verkehrsnetz gestellt. Mit Möller war auch der unsägliche Streit beendet, ob das Projekt nun als Unterpflasterbahn, als Tiefbahn, Alwegbahn, unterirdische Straßenbahn oder schlicht als U-Bahn der Bevölkerung schmackhaft gemacht werden sollte.

Der neue Verkehrsdezernent war schon in seinen vorherigen exponierten Positionen als hemdsärmeliger Mann der Tat gefürchtet. Auch dieses Megaprojekt, das in Deutschland allein in Berlin und Hamburg vor 1945 schon Vorläufer hatte, wurde buchstäblich aus dem Boden gestampft. Im April 1960 hatte das städtische Planungsbüro dem Professor Kurt Leibbrand aus Zürich den Auftrag erteilt, zu den möglichen Vor- und Nachteilen von Alwegbahn, Unterpflasterbahn und U-Bahn konkrete Entscheidungshilfen vorzuschlagen. Man einigte sich auf das Modell „Tiefbahn", bald schon populärer „U-Bahn" genannt. Daß der Professor aus Zürich auf dem Frankfurter Airport verhaftet wurde, weil ihm Kriegsverbrechen zur Last gelegt wurden, tat dem Vorhaben keinen Abbruch: Seine Pläne wurden, weil genial, im Juni 1961 abgesegnet.

Der sogenannte Rammschlag für den ersten Stadtbahntunnel erfolgte am 28. Juni 1963: „Das größte Projekt aller Zeiten" (*F.A.Z.*) nahm seinen Lauf. In der Innenstadt als Tunnelsystem geführt, kamen die Gleise der Stadtschnellbahn dort ans Tageslicht, wo sie mit der S-Bahn der Deutschen Bundesbahn zu einem integrierten Nahverkehrsnetz verbunden werden sollten. Fünf Jahre später, am 4. Oktober 1968, wurde die U-Bahn auf der neun Kilometer langen Strecke zwischen Hauptwache und Nordweststadt mit großem Tamtam in Betrieb genommen.

Mit seinem Bauvolumen lag Frankfurt schon 1960 an der Spitze aller deutschen Gemeinden; die Stadt konnte ihren Bauehrgeiz aber nur deshalb befriedigen, weil sie bereits damals über eines der höchsten Steueraufkommen pro Kopf der Bevölkerung verfügte.

Bockelmanns Baupolitik

Bockelmann hatte mit Baudezernent Hans Kampffmeyer nicht nur einen durchsetzungsfreudigen Planer, sondern auch eine „Altlast" aus Kolbs Magistrat übernommen. Manches als Fehlentscheidung wahrgenommene Projekt muß bei aller persönlichen Sympathie auf dessen Konto gebucht werden. Er hatte die Großstadt Frankfurt völlig planlos auswuchern lassen, sie in den Augen vieler zur „Musterstadt der Bausünden" gemacht. Auf der vergeblichen

Suche nach der Wahrheit zwischen den Extremen „schön" und „häßlich" war Kampffmeyer beim Facelifting der Stadt in ästhetische Beliebigkeit verfallen. Mit kritischem Blick legt Bockelmann seine Stirn in Falten, als er gesteht, das Planungschaos sei „das Kummervollste für jeden Oberbürgermeister, und es steht auch an der Spitze meiner Sorgenliste". Bockelmann disqualifiziert im Mai 1963 als Frankfurter Fehlentwicklung alles, was sich bislang ohne jedes System vollzogen hatte: die Zerstörung der Landschaft, die Teilung der Gemeinde in reine Wohnbezirke und reine Bürozentren. „Das darf nicht ohne Konzept so weitergehen", gibt der OB in der *Frankfurter Neuen Presse* zu Protokoll. Ohne Namen zu nennen, räumt Werner Bockelmann ein, daß auf diesem Sektor „viele Fehler gemacht" worden seien. Unser aller Goethe hatte schon 1808 seiner Vaterstadt „Bauen nach Zufall und Willkür" attestiert.

Eine wichtige Schönheitsreparatur ist Bockelmann im Juni 1959 mit dem Beschluß gelungen, die Alte Brücke Richtung Kurt-Schumacher-Straße umzubauen. Das ursprüngliche Brückenwerk ist bereits in der zweiten Hälfte des 12. Jahrhunderts entstanden, damals im wesentlichen noch als raffinierte Holzkonstruktion. Nach der zerstörerischen Hochwasserflut 1342 dann solide in Stein wiedererrichtet, wurde sie 1926 mit rotem Sandstein verschönert. Goethe hat sich auf seinem Ritt zur Gerbermühle am Brückengeländer gern mal eine Pause gegönnt, denn „der schöne Fluß zog auf- und abwärts meine Blicke auf sich. Und wenn auf dem Brückenkreuz der goldene Hahn im Sonnenschein glänzte, so war er mir immer eine erfreuliche Erscheinung." Goethes schöne Worte haben die Alte Brücke nachhaltig mit Bedeutung aufgeladen.

Weil Bockelmann erkannt hatte, daß angesichts des sprunghaft steigenden Bedarfs an Bürofläche das vorhandene Terrain nicht genügend hergibt, spricht er sich 1960 bei der Einweihung des ersten „Wolkenkratzers" Frankfurts, des Zürich-Hochhauses am Untermainkai für einen avancierten Hochhausstil als künftiges stadtbildbestimmendes Bauelement für unsere traditionelle Handels- und Bankenstadt aus. Mit ihren über zwanzig Skyscrapern wird die Stadt bis zum Ende des Jahrhunderts weiter über sich hinauswachsen. Für 3,5 Millionen D-Mark war unter Walter Kolb in Frankfurt auch das erste Parkhochhaus Deutschlands errichtet worden. Nichts gekostet hat die Stadt der 1961 eingeweihte 120 Meter hohe Henninger-Turm, dieses gigantische Getreide-Silo für 16.000 Tonnen Gerste mit drehbarem Restaurant auf dem Sachsenhäuser Berg, das bis 1974 das höchste Gebäude Frankfurts bleiben sollte.

Den Wiederaufbau Frankfurts hält Bockelmann laut *FNP* schon im Mai 1963 fälschlich „für längst beendet". Der Nachholbedarf beim Bau von Schulen und Kliniken erkläre sich daraus, „daß diese Stadt eigentlich arm ist". Und hochverschuldet obendrein. Aber ein Trost bleibt, versichert Bockelmann: „Wenn Frankfurts dynamische Zeit einmal vorbei ist, dann bedeutet die Tilgung dieser Schulden kein Problem mehr."

In den ersten fünfzehn Jahren der Nachkriegszeit sind mit hohem städtischem Geldfluß 70.000 Wohnungen errichtet worden. Erhebliche Mittel wurden für den Ausbau des Flughafens zum größten kontinentalen Airport und den Ausbau des Frankfurter Hafens aufgewendet, der inzwischen mehr Güter umschlägt als die Bahn. In einem Vortrag in der Industrie- und Handelskammer weist OB Bockelmann darauf hin, daß sich gegenüber dem Jahr 1936 die Gaserzeugung verdoppelt und auch die Wasserversorgung erheblich verbessert habe. Allein in die neue Wasseraufbereitungsanlage im Stadtwald wurden 9,8 Millionen D-Mark investiert. Seit der Währungsreform im Jahre 1948 hatte die Kommune allein für die Erweiterung ihrer Stadtwerke 150 Millionen Mark aufgewendet. Mit einem gewissen Stolz bezifferte OB Bockelmann die Höhe der Investitionsmittel seit der Währungsreform mit 750 Millionen DM. Für diese rechtzeitigen, nachhaltig wirkenden Investitionen in die Zukunft sollten wir Heutigen dankbar sein.

Zu Bockelmanns großen Verdiensten zählt auch, Walter Kolbs Anregung aufgegriffen und mit dem Bau des ersten Bürgergemeinschaftshauses, dem Saalbau Dornbusch, 1960 den Grundstein für ein ausgedehntes Netz von Bürgerhäusern gelegt zu haben, das Ende des Jahrhunderts mit 24 Saalbauten die Spitze in Deutschland behaupten wird. Im Mai 1960 eröffnet OB Bockelmann nahe dem Eschenheimer Turm das „Stadtbad Mitte" mit einer beeindruckenden Glasfront mit Blick auf grüne Wallanlagen.

1957 wandelt Bockelmanns Magistrat die herrlichen Obstgärten am Waldrand auf dem Sachsenhäuser Berg zu Bauland um, dort oben, wo einst die Lerchenfänger dem Areal den romantischen Namen *Lerchesberg* gaben. Friedrich Stoltze erinnert sich lyrisch an die einstige Blütezeit des heutigen exklusiven Bungalow-Parks: „Weit höher noch als in de Kerch / Erhebt sich Dei Gemit / Steihst De enuff zem Lerchesberg / Un guckst die Kerscheblit". Die „Enklave der Reichen" dokumentiert nicht nur die soziale Segregation zwischen bürgerlichen und proletarischen Siedlungen, sondern auch die Modernisierungswut der sechziger Jahre. Ob die einen Bewohner glücklicher sind als die anderen, ist schwer zu ermitteln, weil Glück keine Kategorie des Materiellen ist, sondern eine des Selbstwertgefühls und der häuslichen Geborgenheit. Wohnen mit Wonne wie etwa in den an den sozialen Bedürfnissen ihrer Bewohner orientierten Häusern von Ernst May.

Bockelmanns soziales Herz hat an jenem Tag im Mai 1960 bestimmt höher geschlagen, als die Stadtverordneten den vom Magistrat vorgelegten „Altenplan" beschlossen, der den Bau von Altenwohnanlagen, Alters- und Pflegeheimen ermöglichte.

Zu ihrem hundertjährigen Firmenjubiläum schenken die Farbwerke Hoechst sich selber und den Frankfurter Bürgern die 1963 vom Architekten Friedrich Wilhelm Kraemer auf der Pfaffenwiese entworfene Jahrhunderthalle Hoechst mit einer illustren Kuppel, unter der bis zu 4.800 Personen Platz finden. Tatsächlich steht die Halle aber statt in Höchst im Stadtteil Unterliederbach und der Gemarkung Sindlingen.

Als einer der Flughafenaktionäre war die Stadt Frankfurt auch mit von der Partie, als im September 1959 die längste Landepiste Europas auf dem Rhein-Main-Flughafen in Betrieb genommen wurde.

J. F. Kennedy, Ernst Bloch und Albert Schweitzer im Kaisersaal

Oh! Möge dieses Raumes neue Würde
Die Würdigsten in unsere Mitte ziehn.
Friedrich Schiller, Prolog Wallenstein

Während Bockelmanns sieben Amtsjahren von 1957 bis 1964 haben sich im Kaisersaal des Römers zahlreiche bedeutende Figuren der Zeitgeschichte im Goldenen Buch verewigt, wie besonders eindrucksvoll die inflationäre Ehrenbürgerriege Theodor Heuss, Otto Hahn und Albert Schweitzer allein im Jahre 1959, Max Horkheimer 1960 und Friedrich Dessauer 1961. Dem hektischen Wesen aller Zelebrität eher abhold, schaut auf den überlieferten Schnappschüssen mit goldener Amtskette Oberbürgermeister Bockelmann den Geistesheroen beim Signieren mit eindeutiger Mimik über die Schulter, die seine Fähigkeit zur Bewunderung enthüllt. Das Goldene Buch war 1903 von dem Bankier Simon Moritz von Bethmann gestiftet worden. Die mit Blattgold legierte Vorderseite schmücken das Stadtwappen und Frankfurts treuherziger Wahlspruch „Stark im Recht". Wer zu den 52 romantisierten Kaiserbildern von Karl dem Großen bis zu Kaiser Franz II. an den Wänden des Kaisersaals kritisch hinaufschaut, spürt den Abstand zwischen historischer Fiktion und der konkreten Realität der heutigen Geehrten-Galerie.

Verleihung der Ehrenbürgerwürde an Albert Schweitzer 1959, rechts Stadtverordnetenvorsteher Erwin Höcher

Als am 25. Juni 1963 auch John F. Kennedy die festlich geschmückte Stadt Frankfurt am Main besucht, läßt das Flair des illustren Gastes den Puls Bockelmanns höherschlagen: „Dies ist ein besonders bewegender Tag für mich", bekennt der Oberbürgermeister, der den amerikanischen Präsidenten im Triumphzug und mit sichtbarem Stolz durch die Straßen der Stadt geleitet. Hunderttausende Neugierige säumen die Straßen. In der Paulskirche hält Kennedy eine weltweit beachtete Rede:

Vor 115 Jahren hat in diesem historischen Saal ein Parlament der erlauchtesten Geister Deutschlands getagt. Sein Ziel war ein geeinter deutscher Bundesstaat. Dieses Parlament bestand aus Dichtern und Professoren, aus Rechtsgelehrten und Philosophen, aus Ärzten und Geistlichen, die in allen Teilen des Landes frei gewählt worden waren. Und keine Nation spendete seiner Arbeit wärmeren Beifall als meine eigene, keine parlamentarische Versammlung hat jemals größere Anstrengungen unternommen, etwas Vollkommenes ins Werk zu setzen. Und obwohl ihre Bemühungen letzten Endes scheiterten, kann kein anderes Gebäude in Deutschland begründeten Anspruch auf den Ehrentitel „Wiege der deutschen Demokratie" erheben.

Noch nie war soviel politische Prominenz Zeuge bei einer Autogramm-Minute fürs Goldene Buch im Römer wie bei Kennedy. Dankbar wird noch im selben Jahr im Dezember die alte Forsthausstraße in Kennedyallee umbenannt. Im Sommer 1978 wird dann mit Walter Wallmann auch Jimmy Carter die lange Treppe des Römers hinaufsteigen und sich im Goldenen Buch verewigen.

Im März 1964 läßt Bockelmann für seinen Stockholmer Parteifreund Tage Erlander den roten Teppich ausrollen, für den Ministerpräsidenten des skandinavischen Vorzeige-Wohlfahrtsstaates. Auch der Philosoph und Goethepreisträger Carl Friedrich Freiherr von Weizsäcker (1958), dessen kluge Exegese der Philosophie Platons und Kants besonders gewürdigt wurde, und der marxistische Philosoph Ernst Bloch (1961) haben im Römer das Goldene Buch mit ihrer Signatur bereichert. Ohne selber Marxist zu sein, faszinierte Bockelmann Blochs Konzept eines nichtdoktrinären freiheitlichen Sozialismus, besonders die im Buch *Das Prinzip Hoffnung* aufgezeigten Möglichkeiten zu einem besseren, humanen Leben. Mit seinem Versuch, die Quantentheorie philosophisch zu erklären und verständlich zu vermitteln, provoziert von Weizsäcker die Auseinandersetzung über die Struktur der Zeit als Bedingung der Möglichkeit objektivierbarer Erfahrungen. Später potenzieren beide noch den Glanz des Ortes Paulskirche, indem sie dort den begehrten Friedenspreis des Deutschen Buchhandels entgegennehmen. Mit dieser illustren Phalanx internationaler Geistes- und Politgrößen hält die Stadt der Kritischen Theorie ihren guten Ruf als geistige Hochburg der Republik wenigstens medial à jour. Die Blitzlichtorgie sorgt im Kaisersaal für eine übersteigerte Aura.

Bockelmann war es nicht nur gelungen, im August 1959 die erste Deutsche Funk- und Fernsehausstellung nach Frankfurt zu holen, sondern auch den Jubiläumskongreß des internationalen P.E.N. In Anwesenheit von Schriftstellern aus 38 Ländern der Welt lauschte schon im Juli 1959 das Plenum der Paulskirche den goldenen Worten von Bundespräsident Theodor Heuss, der sich in der Geburtsstadt Goethes an die Dignität seiner Worte aus den *Maximen und Reflexionen* erinnerte: Beim Übersetzen müsse man „bis ans Unübersetzliche herangehen; alsdann wird man erst die fremde Nation und die fremde Sprache gewahr". Bockelmann soll über die weltweite publizistische Resonanz „mächtig stolz" gewesen sein. Seine eigenen staatstragenden Reden waren oft aus der Leitartikelperspektive verfaßt. In der Überdehnung des Begriffs „Menschheit" verschwindet manchmal der Mensch.

Mit der Verleihung des Goethepreises 1961 an den international hochrenommierten Architekten Walter Gropius rundet Bockelmann seine intellektuel-

John F. Kennedy besucht am 25. Juni 1963 Frankfurt am Main

len Ambitionen ab. Später wird es selbstgefälliger Usus auch einiger seiner Nachfolger sein, die als Oberbürgermeister gern medienwirksam wahrgenommen werden möchten, mit hohen Ehrungen nach den Sternen zu greifen. Denn „wen jemand lobt", klärt uns schon Goethe auf, „dem stellt er sich gleich".

Den von Bockelmann noch empfohlenen Goethepreis für den Schriftsteller und Feuilletonchef der *F.A.Z.* (1924 bis 1930), Benno Reifenberg, wird sein Nachfolger Willi Brundert pünktlich an Goethes Geburtstag 1964 mit den Worten verleihen: „Der Goethepreis gilt den Leistungen eines ganzen Lebens." Daß in „Goethes Umfänglichkeit jeder das Seine" fände, hatte Thomas Mann einmal ironisch geargwöhnt.

Der Tod der Nitribitt und die Wirtschaftskriminalität

Nicht ursächlich, aber symbolisch enden die „frühen Jahre" (Böll) der Bundesrepublik mit der Ermordung der Edelhure Rosemarie Nitribitt im November 1957. Die Nachricht von deren Tod verbreitet sich dank der Medien und der inzwischen über 100.000 Telefone in der Stadt in Windeseile. Rolf Thieles Erfolgsfilm *Das Mädchen Rosemarie* aus dem Jahre 1958 zeigte vor der zwielichtigen Hintergrundkulisse des Frankfurter Bahnhofsviertels das Ende der Adoleszenz der jungen Demokratie. Mit einer probaten Mixtur aus Satire, Moritat und Kabarett brachte der Film mit Nadja Tiller in der schlüpfrigen Titelrolle die Doppelmoral der Nachkriegsgesellschaft auf den neuralgischen Punkt und die Wohlstandskriminalität auf den Begriff. Der Wandel des Zeitgefühls durch immer neue Innovationen, politische Experimente und einen grassierenden Wirtschaftswunderegoismus verunsicherte die Menschen.

Im Jahr 1961 hat Herbert Vesely, der Virtuose der Milieuschilderung, Heinrich Bölls Erzählung *Das Brot der frühen Jahre* verfilmt. Das Werk zeigt realistisch jene Nachkriegsjahre, als Brot und Zigaretten unter der Hand noch die Währungseinheit bildeten. Brot war zur Metapher geworden sowohl für Selbstlosigkeit und Nächstenliebe als auch für deren genaues Gegenteil, für Gleichgültigkeit und brutale Härte. Der Moralist Böll beurteilt anhand der Fähigkeit eines Menschen, Brot verschenken zu können, dessen sittlichen und metaphysischen Wert. Was die Soziologie einmal soziale Verwerfungen nennen wird, hatte in diesen Jahren ihren politischen Ursprung.

Ende der fünfziger Jahre hatte die Kriminalität in Frankfurt mit 14.500 angezeigten Straftaten die Rekordmarke der Bundesrepublik erreicht; der Anteil der Jugendlichen daran betrug 26 Prozent. Polizeipräsident Karlheinz Gemmer beliebte damals, Frankfurt zum Tabellenführer der „Bundesliga des Verbrechens" abzuqualifizieren. Damals war die Polizei in Hessen administrativ und disziplinarisch noch den Oberbürgermeistern und den Landräten unterstellt.

Frankfurt genoß in jenen Jahren nicht nur unter Kabarettisten den zweifelhaften Ruf, ein „Klein-Chicago" oder die „Drehscheibe der Kriminellen" zu sein; auch in der seriösen Presse wird der Magistrat immer wieder dafür getadelt, zu wenig Verbrechensprävention zu leisten und die Polizei materiell schlecht ausgerüstet und personell sträflich unterbesetzt zu lassen. Der Paragraph 4 der Hessischen Gemeindeordnung regelt „die Voraussetzungen und den Umfang des Weisungsrechts und hat gleichzeitig die Aufbringung von Mitteln zu regeln". Genau über diese Mittel werden Bockelmann-Nachfolger Willi Brundert und sein Stadtkämmerer Hubert Grünewald Anfang Januar 1969 mit dem Land heftig streiten, als der hessische Innenminister Heinrich Schneider im Büro des OB die viel zu geringen Landesmittel von nur einem Drittel der Gesamtkosten zur Diskussion stellt. Die Stadt kostete der Polizeiapparat im Jahr 1969 43 Millionen Mark. Der Streit um diese einseitige Belastung des Frankfurter Etats wurde seit Jahren immer wieder neu aufgelegt, bis unter dem Regiment von OB Rudi Arndt der Gordische Knoten endlich durchschlagen und die Polizei zu 100 Prozent vom Land finanziert und auch befehligt wird. Auch die in Frankfurt stationierte Polizeiflotte schmückt sich seitdem mit dem Kfz-Kennzeichen WI für Wiesbaden.

Bockelmanns Verhältnis zu Israel und den Juden

Ich hatte einst ein schönes Vaterland.

Heinrich Heine

Werner Bockelmanns Reden zeugten nicht nur an der marmornen Paulskirchen-Rostra von intellektuellem Zuschnitt; er hat auch an weniger magischen Orten sein geistiges Niveau selten unterschritten, vor allem nicht als Botschafter deutscher Kultur im Ausland, wie etwa im Herbst 1958 bei seinen diversen Reden im Staate Israel zu je verschiedenen Anlässen. Die Eindrücke seiner achttägigen Israel-Reise vermittelt er später in einem Vortrag im Audimax der Frankfurter Universität, den er mit einem Rekurs auf die noch junge Geschichte des am 14. Mai 1948 gegründeten Staates Israels einleitet. Bockelmann hatte nicht nur die Ausbildung einer einheitlichen, dem modernen Leben zugewandten hebräischen Umgangssprache imponiert; auch der Aufbau von 450 neuen Dörfern in nur zehn Jahren hatten ihn beeindruckt, genauso wie jene Philosophie, der sich die Gründung der Kibuzim verdankte: Anders als die sozialistischen Zwangskollektive in der Sowjetunion basierten die israelischen Siedlungen auf dem Prinzip der Freiwilligkeit. Bockelmann zeigte sich vom asketischen Geist der israelischen Arbeiterbewegung beeindruckt, und als OB der Stadt mit dem deutschlandweit größten Stadtwald faszinierte ihn besonders die ökologische Leistung, den trockenen Boden Israels innerhalb nur einer Dekade mit 34 Millionen Bäumen begrünt zu haben.

Werner Bockelmann, dem zwischen Israel und Deutschland eine Art Luftbrücke der Kultur vorschwebte, hat auch nach seiner Frankfurter Zeit regelmäßig privat das Heilige Land besucht. Er und seine Frau Rita pflegten ein freundschaftliches Verhältnis zur Witwe des ersten israelischen Staatspräsidenten Chaim Weizmann, aber auch mit israelischen Feldarchäologen in der planen Wüste, denen sie beim Buddeln in historisch geweihter Erde über die Schulter schauten.

1957 ehrt der Magistrat die in Frankfurt geborene Jüdin Anne Frank durch eine Gedenktafel an ihrem Geburtshaus Ganghoferstraße 24. Werner Bockelmann hält am 9. November 1958 eine vielbeachtete Rede am jüdischen Mahnmal in der Friedberger Anlage, eben dort, wo bis 1938 die Synagoge der Israelitischen Religionsgesellschaft die Gläubigen zum Gebet versammelt hatte. Die Singularität der Shoah zu beschreiben und über die im kollektiven Gedächtnis gespeicherten Ängste zu reden, dazu fehlten unserer Sprache die Worte. Für Werner Bockelmann war der Holocaust das ungeschriebene Gründungsdokument unserer demokratischen Verfassung. Der OB dankte den jüdischen Bürgern für ihr historisches Engagement zum Wohle ihrer Stadt Frankfurt am Main. Bockelmann erinnerte an die berühmten Worte von Bundespräsident Theodor Heuss, der von der „Kollektivscham" gesprochen hatte, die jeder Deutsche empfinde, wenn er an die schlimmen Ereignisse jenes 9. November 1938 zurückdenke. Für Landesrabbiner Isaak Emil Lichtigfeld war der Synagogenbrand nur das Fanal für den Weltenbrand, aus dem die ungeheuren Leiden für die Menschheit und das deutsche Volk im Zweiten Weltkrieg entstanden. Frei von Rachegedanken, schloß der Rabbiner seine Kaddish-Rede mit den Worten: „Wir vertrauen auf die Gerechtigkeit Gottes. Unser einziger Wunsch ist, daß die Erinnerungen an die furchtbaren Geschehnisse der Vergangenheit allen anständigen Menschen den Mut geben mögen, eine Wiederholung für alle Zeit zu verhindern." Es war Bockelmanns Bestreben, über die Erinnerung an die Opfer mit Hilfe einer rationalen Geschichtsschreibung Integration ermöglichen zu helfen. Erinnerung auch an den untilgbaren Schandfleck, den Martin Walser später in der Paulskirche „die unvergängliche Schande Auschwitz" nennen wird: der Holocaust als das „radikal Böse" im Sinne Immanuel Kants.

Eine Belastung im Verhältnis der Adenauer-Regierung zum jungen Staat Israel war das unbeirrte Festhalten am Chef des Kanzleramts Hans Globke, der gemeinsam mit Wilhelm Stuckart den offiziellen Kommentar zu den Nürnberger Rassegesetzen des Jahres 1935 verfaßt hatte, welche die antisemitische Ideologie der Nationalsozialisten auf eine juristische Grundlage stellen und letztlich den millionenfachen Genozid an den Juden legitimieren sollten. Hitlers Hyänen sind unter Adenauer Vegetarier geworden oder pensionsberechtigte Staatssekretäre.

Der Frankfurter Auschwitz-Prozeß

Der spektakuläre erste Frankfurter Auschwitz-Prozeß wurde am 20. Dezember 1963 im Plenarsaal des Römers eröffnet, im neu erbauten Bürgerhaus Gallus fortgeführt und am 19. August 1965 nach 183 Verhandlungstagen mit der Verkündung der Urteile abgeschlossen. Die Initiative, die Verbrechen von 22 Tätern unter der Wachmannschaft des nationalsozialistischen Vernichtungslagers Auschwitz aufzuklären und vor dem Schwurgericht Frankfurt zu verhandeln und abzuurteilen, kam vom Hessischen Generalstaatsanwalt Fritz Bauer; er wollte „Gerichtstag halten über uns selbst". Der Frankfurter Prozeß hat die internationalen Medien zwei Jahre lang beschäftigt und somit viel zur reflektierten Bewußtwerdung des lange Zeit verdrängten Traumas der Deutschen beigetragen.

Verleihung des Goethepreises an Carl Friedrich von Weizsäcker 1961

Daß die Frankfurter Justiz, die selbst keinen Raum von der erforderlichen Größe besaß, den Prozeß durchführen konnte, ist nicht zuletzt Werner Bockelmann zu danken, der sich dafür eingesetzt hatte, den Saal des Stadtparlaments im Frankfurter Rathaus für die Auftaktsitzung und das Bürgerhaus Gallus für die folgenden Prozeßmonate zur Verfügung zu stellen.

Die philosophische Frage nach dem Warum des Holocaust, die Theodizee, begleitete den Prozeß in den Medien. Margarete und Alexander Mitscherlich versuchten mit ihrem Buch *Die Unfähigkeit zu trauern* (1967) den Holocaust mit psychoanalytischen Begriffen zu erklären. Peter Weiss hat über den Auschwitz-Prozeß mit seinem Stück *Die Ermittlung* (1965) beklemmende Auskunft gegeben, um über die vom Nebel des Vergessens umschleierte Shoah mit den Mitteln des dokumentarischen Theaters aufzuklären. Außer Weiss hat nur Marie Luise Kaschnitz den Auschwitz-Prozeß aktuell begleitet. In ihrem Gedichtzyklus *Zoon Politikon* (1964) finden sich die eindrücklichen Verse: „So werden wir / Du Bruder und ich / Hinüber gehen / Schuldig." In ihrem autobiographischen Prosaband *Steht noch dahin* (1970) greift Kaschnitz ihr Trauma von der eigenen Schuld erneut auf: „Ich sah, im Traum, mit an, wie Juden mißhandelt wurden, ich hätte einschreiten, zum mindesten protestieren können und tat keines von beiden."

Den Frankfurter Auschwitz-Prozeß dokumentiert eine DVD-Rom mit 49.000 Computerbildschirmseiten, die Vernehmungsprotokolle, Zeugenaussagen, Anklageschrift sowie Urteilsbegründung enthalten.

Genossenzwist im Römer

Anfang 1957 von seinen Genossen wie auch von den übrigen Fraktionen mit offenen Armen empfangen, hoffte Werner Bockelmann auf diesem starken Fundament des Vertrauens frei agieren zu können, um für die vom Krieg gebeutelte Stadt eine bessere Zukunft zu gewinnen. Wie sich bald herausstellen wird, war diese Zuversicht aber auf Sand gebaut. Bockelmann hatte den guten Rat enger Freunde in den Wind geschlagen, in Frankfurt jene Imponderabilien in Rechnung zu stellen, die als „Frankfurter Verhältnisse" genauso berüchtigt wie berühmt waren. Besonders die Genossen der SPD Hessen-Süd, der linken Speerspitze der Partei, haben Bockelmanns empfindsames Sensorium irritiert. Er hatte nicht für möglich gehalten, daß unter Parteifreunden derart rauhe Sitten herrschen könnten und die divergierenden Interessenlager mit solch harten Bandagen in den Streit ziehen würden. Versunken in Grabenkämpfen hat Bockelmann aber gelegentlich berechtigte Kritik mit Ressentiment verwechselt.

Auch mit kontraproduktiven Reaktionen mancher Magistratskollegen hatte Bockelmann nicht gerechnet. Weil die Hessische Gemeindeordnung den Dezernenten eine famos autarke Position einräumt, hat der Oberbürgermeister als *primus inter pares* jedenfalls formal keine Weisungsbefugnis. Bei seiner Neigung zu letzter Grundsätzlichkeit hat Bockelmann gleichwohl versucht, die Richtlinien der Stadtpolitik ähnlich autokratisch zu bestimmen, wie es ihm die Gemeindeordnungen in Lüneburg und in Ludwigshafen zuvor gestattet hatten. In Hessen aber ist allein der Innenminister des Landes der Disziplinarvorgesetzte kommunaler Dezernenten; der OB kann einem hauptamtlichen Stadtrat keine Weisungen erteilen.

Das war 1970 für mich der entscheidende Grund, die beiden nordrheinwestfälischen Angebote aus Bochum und Köln zugunsten der hessischen Stadt Frankfurt auszuschlagen. Nach der hessischen Kollegialverfassung des Magistrats ist der jeweilige Oberbürgermeister „nur" der Erste unter Gleichen. Was dem OB die Gemeindeordnung allein zu entscheiden erlaubt, ist die Dezernatsverteilung. Nur charismatische Stadtoberhäupter sind in der Position, sich das Recht herauszunehmen, einen Dezernenten ihren Direktiven unterwerfen zu wollen, was bei unsicheren Kantonisten ja durchaus auch gelingen kann, manchmal sogar zum Segen der Stadt. Intellektuell autonome Dezernenten mit eigenem Kompetenzgewicht lassen sich aber nicht so leicht an die Kandare nehmen, es sei denn über den Umweg der mühsam mahlenden Mühlen der Konsensfindung im Magistrat, die ihn durch Beschlüsse binden können. Für diese produktiv genutzte Autonomie haben der geniale Stadtbaurat Ernst May in den zwanziger Jahren und Walter Möller als Verkehrsdezernent Ende der sechziger Jahre nachhaltige Exempel statuiert.

Das Bild Werner Bockelmanns hatte schon in seinem zweiten Amtsjahr Risse bekommen, als er mit seiner, wie ich finde, sympathischen Favorisierung der pazifistischen Kampagne „Gegen den Atomtod" grandios gescheitert war. Dabei mußte ihm klar gewesen sein, den vorhersehbaren Widerstand seiner Dezernenten zu riskieren. Obwohl als gewiefter Stratege bekannt, folgte er unbeirrt seinen Obsessionen und eröffnete damit eine weitere Angriffsfläche. Wohl erst mit dem grandiosen Ausmaß so mancher Niederlage ist ihm seine formale Machtlosigkeit bewußt geworden. Schließlich verbietet das Bundesverfassungsgericht im Juni 1958 eine von Bockelmann gewünschte Volksbeteiligung an der „Atomtod"-Kampagne. Diese mit Reibungsverlusten gespickte ernüchternde Erfahrung war der Beginn einer schleichenden Entfremdung gegenüber seinen Magistratskollegen nicht nur der eigenen Partei. Differenzen bei einer Flasche Hochheimer Spätlese aufzulösen, lehnte Bockelmann als unappetitliche Nähe zur Prostitution ab, der Norddeutsche Bockelmann eignete sich nicht für eine gemütliche hessische Kungelrunde. Wohlfeile Zwangssolidaritäten widersprachen seiner Mentalität, Gebote zur umarmenden Versöhnung gehörten nicht zu seinem Repertoire. Der Schopenhauer-Kenner Bockelmann hat wohl dessen Weisheit wörtlich genommen, wonach die Überlegenheit im Umgang mit anderen allein daraus erwachse, „daß man des anderen in keiner Art und Weise bedarf und ihn dies sehen läßt". Bockelmann hat die Brüchigkeit von Allianzen aber nicht nur einseitig erlebt.

Die Juristen Kolb, Arndt, Wallmann hatten kraft ihrer reflektierten politischen Ordnungsvorstellungen und ihrer starken persönlichen Autorität keine gravierenden Probleme, Dezernenten auf bestimmte Richtlinien ihrer Stadtpolitik jovial einzuschwören, auch weil alle drei, klug genug, die fundierteren Planungen ihrer Dezernenten zu würdigen wußten. Sie haben, wie weiland Ludwig Landmann die Planungen von Ernst May, die besseren Ideen anderer vorzüglich zu ihren eigenen gemacht und entsprechend populär auch zu verkaufen gewußt, ohne das originale Copyright immer zu verschleiern. Weil manche seiner Magistratskollegen dem Kalkül des OB nicht immer folgen mochten, hat Bockelmann als beleidigte Majestät mit jenem unsäglichen hegemonialen Anspruch reagiert, „keine Obstruktion im Magistrat zu dulden". Einige seiner SPD-Stadträte hatten damit gedroht, diese eigentlich doch parteiinterne Kontroverse auf die Tagesordnung des Magistrats zu setzen.

Als Beispiel für die ständigen Auseinandersetzungen des Oberbürgermeisters mit seiner eigenen Mehrheitsfraktion sei hier nur jene Abstimmungsniederlage im Juli 1960 angeführt, als die SPD in einer Stadtverordnetensitzung gegen Bockelmanns Magistrat für die Alwegbahn stimmte, die CDU hingegen mit dem Magistrat für die unterirdische Straßenbahn. Bockelmanns Handicap im Umgang mit den Genossen ist wohl auch auf seinen mangelnden „Stallgeruch" zurückzuführen. Die Erfolge, die Bockelmann ganz zweifellos vorzuweisen hatte, verdanken sich aber nicht zuletzt jener gemeinsamen Währung, die „soziales Gewissen" heißt. Aber Erfolge, die sich publizistisch nicht niederschlagen, sind im Bewußtsein der Wähler keine.

Bei seinem Amtsantritt hatte Bockelmann versäumt, die Führung der damals alles entscheidenden SPD-Magistratsgruppe, die jeweils vor den Magistratssitzungen die Weichen für Mehrheiten stellte, an sich zu ziehen. Freitags morgens schmiß hier der knorrige SPD-Bürgermeister Rudolf Menzer den Laden autoritär, und er war es auch, von dem sich der OB das Wort erteilen lassen mußte. Wer hier Koch und wer Kellner war, war manchmal nicht auszumachen. In Situationen ähnlicher Art wähnte Bockelmann pessimistisch die Hegelsche „Arbeit des Negativen" am Werk. Er hat den Realitätstest besonders in der Zeit nach seiner Wiederwahl nicht bestanden.

Auschwitz-Prozeß: Blick in den Gerichtssaal im Bürgerhaus Gallus

Als Bockelmanns Partei die Investitionspläne für den Etat 1963 veröffentlichte, bezeichnete der OB deren Vorschläge kühl als „irreale Zahlenspielerei".

Obwohl er öffentlich über das „mit gepumpten Geld überreich gefüllte Portemonnaie der Stadt" räsonierte, erreichte die Stadtverschuldung am Ende seiner Amtszeit Rekordhöhe: Im letzten Bockelmann-Jahr ist Frankfurt mit 1,3 Milliarden Mark Schulden die höchstverschuldete Stadt der Bundesrepublik. Das kommunale Finanzvolumen hatte sich seit 1956 von 345 Millionen Mark auf 1,4 Milliarden Mark im Jahr 1964 vervierfacht. Der außerordentliche Haushalt war im gleichen Jahr auf 670 Millionen geklettert: Nordweststadt, Stadtbahn, der Klinikausbau in Sachsenhausen und der Neubau zweier Fakultäten am Niederurseler Hang sowie die Gesamtverkehrsplanung trieben die Kosten ins Gigantische. Der überparteilich geschätzte CDU-Stadtkämmerer Georg Klingler warnt vergeblich vor „unbezähmbarer Schuldenlast".

Andererseits hat Bockelmanns beherzter Griff in den Investitionshaushalt zum Aufstieg Frankfurts zur Finanz- und Wirtschaftsmetropole beigetragen. Und dank Klinglers energischen Verhandlungskünsten gelang es auch, den für die Stadt äußerst günstigen Universitätsvertrag abzuschließen, der die Kommune von den immensen Kosten der Kliniken entlastete.

Es war ein offenes Geheimnis, daß Bockelmann mit den Erwartungen und dem Kalkül seiner Partei nur so lange konform ging, wie er sich als linientreuer Genosse darstellen mußte, um bestimmte Ideen verwirklichen zu können. Sobald er aber versuchte, seine Handlungsfreiheit als Oberbürgermeister zurückzugewinnen, war eine merkliche Abkühlung seines Verhältnisses zur Partei die nachhaltige Folge. Die *F.A.Z.* schloß aus diesem Zwiespalt zwischen Pflicht und Kür messerscharf, daß er dem Machtanspruch der Funktionäre, die bis tief in die Verwaltung und selbst bis zur Verteilung der Diensträume hineinreichte, auf die Dauer nicht gewachsen war. An dem kleingeistigen Parteigezänk ist Bockelmann am Ende gescheitert. Er hat den mentalen Rückzug ins Überschaubare angetreten: geregelte Dienstzeit, Alleinherrscher, Familie, Eigenheim.

Werner Bockelmann stand bis an sein Lebensende fest auf dem Boden des im November 1959 verabschiedeten Godesberger Programms und ist für dessen Grundsätze auch im Streit eingestanden: für einen auch von „den Südhessen" mitgetragenen demokratischen Sozialismus, der in christlicher Ethik, im Humanismus und der klassischen Philosophie verwurzelt ist.

Der approbierte Jurist Bockelmann erhielt aus der Hand des Dekans Walter Rüegg denn auch zu Recht den Ehrendoktor der sozialwissenschaftlichen Fakultät der Goethe-Universität.

Bockelmanns Flucht aus der Frankfurter Verantwortung

Ich hab es getragen sieben Jahr,
Und ich kann es nicht tragen mehr
Theodor Fontane

Kein guter Apologet seiner selbst, hat Werner Bockelmann seiner Melancholie mit dem 29. Juni 1964 einen endgültigen Termin gesetzt: Schon anderthalb Jahre nach seiner einstimmigen (!) Wiederwahl am 22. November 1962 hat er plötzlich die goldene Amtskette an den Nagel gehängt. Er tat dies noch rechtzeitig genug, um sich nicht auf ewig im Selbstmitleid einrichten zu müssen. Trotz eines ermutigenden Wahlergebnisses der SPD von 50,7 Prozent bei den Kommunalwahlen im Jahr 1960 machte er sich einfach aus dem Staub des Molochs Metropole. Weil seine Nerven blank lagen, hatte er nicht die Elastizität, die einer braucht, um sich in den sprichwörtlichen Frankfurter Verhältnissen zu behaupten. Bockelmanns Rückzug aus der Verantwortung objektiv zu analysieren, fällt nach über vier Jahrzehnten nicht leicht. Daß er den Schleudersitz des Oberbürgermeisters mit dem bequemeren Stuhl beim Deutschen Städtetag in Köln als dessen Hauptgeschäftsführer und Präsidialmitglied tauschte, erzeugte jedenfalls ein gehöriges Rauschen im Blätterwald. Sein Abgang wurde mit Vokabeln wie „Treulosigkeit" und „Fahnenflucht" begleitet, weil nicht alle Blütenträume gereift waren. Als Folge seines manifesten Ressentiments litt Bockelmann offensichtlich unter dem Burn-out-Syndrom; er hatte jedenfalls in seiner subjektiven Wahrnehmung seinen Zenit mit 55 bereits überschritten.

Aus Anlaß des unsäglichen Hals-über-Kopf-Rücktritts Horst Köhlers vom höchsten Staatsamt, das unsere Republik vergibt, hat Bundestagspräsident Norbert Lammert in gewohnt unmißverständlichen Worten jener Kohorte der politischen „Weicheier" folgenden klaren Satz ins Stammbuch geschrieben: „Niemand muß öffentliche Ämter übernehmen. Wer aber kandidiert und gewählt wird, übernimmt Verantwortung, die er mit all seiner Kraft, nach bestem Wissen und Gewissen wahrzunehmen hat." Politik ist kein Beruf für hypersensible Wackelkandidaten. Das gilt auch für Kommunalpolitiker: Flachwurzler sind sowohl schweren Stürmen als auch der Schäbigkeit des Alltags nicht gewachsen.

Weil Werner Bockelmann sich nicht als „Volkstribun" verstand und sympathisch wenig von Fensterreden und wohlfeilen „Worten zum Sonntag" hielt, die schwierige Verhältnisse schönreden, konnte er kein Liebling der Massenseele werden, wie seinem Vorgänger Walter Kolb dies gelungen war. Bockelmann fehlte auch Kolbs Fortune, obwohl er vermutlich weniger unter mangelnden Sympathiewerten zu leiden hatte als unter gesundheitlichen Problemen: „Es war der nachdrückliche Rat meiner Ärzte und meine eigene schmerzliche Erfahrung, die mich vor der ungeheuren physischen Belastung scheitern ließ", gibt Bockelmann zu Protokoll. Die *Frankfurter Neue Presse* zitiert ihn mit der Selbsteinschätzung: „Meine Gesundheit konnte die Strapazen in Frankfurt einfach nicht mehr aushalten." Und er vertraut der Zeitung sogar an, wie schwer es ihm gefallen sei, „in Frankfurt klar werden zu lassen, daß ich für das Amt des OB zu krank war, aber auch wieder nicht zu krank, um die Position beim Städtetag ausfüllen zu können." Während er in Frankfurt für 22.000 Beamte, Angestellte, Arbeiter, Theaterkünstler und Orchestermusiker zu sorgen hatte, waren es bei gleicher Besoldung in Köln lediglich 50 Mitarbeiter. Was für Bockelmann aber wahrscheinlich wichtiger war: „des Dienstes immer gleich gestellte Uhr". Seine Arbeit in Köln garantierte ihm eine geordnete und relativ größere hierarchische Autonomie als die hessische Magistratsverfassung und sehr viel mehr freie Zeit.

Werner Bockelmann ermangelte nicht nur der notwendigen Energie und der ausdauernden Hingabe an das schwierige Frankfurter Spitzenamt, das erforderte, diese als schwer regierbar berüchtigte Stadt mit zündenden Ideen in die Zukunft zu führen. Nach einer gut gelungenen Römer-internen Verwaltungsreform haben Bockelmanns nachlassende Inspiration und eine gewisse Handlungsarmut wohl seine Selbstzweifel genährt. Eigentlich hätte ihm das hessische Kollegialsystem der unechten Magistratsverfassung den Job erleichtern müssen. Aber offenbar siegte nach mancherlei Niederlagen sein Selbstmitleid schließlich über den Treueeid gegenüber der Stadt und ihren Bürgern. Loyalität gegenüber den Wählern ist meines Erachtens ein unkündbares Versprechen.

Für Werner Bockelmann waren sieben Jahre in dieser ewig unfertigen Stadt offensichtlich mehr als genug, auch weil er mit seinen Genossen nie richtig warm werden konnte oder wollte. Bei aller politischen Nähe hat er persönlich stets eine gewisse Distanz zu ihnen gehalten. Bockelmann trug schwer an seiner mentalen Doppelrolle, zugleich involviert und distanziert zu agieren. Entscheidend für seinen Abgang war aber wohl die Selbsterkenntnis, daß er in Frankfurt keine Wurzeln geschlagen und keine spektakulären Erfolge eingefahren hatte. Ohne den Mut zum Risiko war hierorts eine historische Bedeutung auch nicht zu erlangen.

Während ein fast schon mythisch verklärter Walter Kolb heiß geliebt wurde, genoß zunächst auch Werner Bockelmann die Sympathie der Bevölkerung, die jedoch bald einer lauen Indifferenz Platz machte. Außerdem hatten die Wähler die Dauer-Querelen in der Stadtführung satt, die sie von der Lokalpresse schon zum Frühstück aufgetischt bekamen. Es machte sich in der Stadt bald ein Bedauern darüber breit, daß Bockelmanns Anfangskapital an Sympathie, das auf seiner klassischen Allgemeinbildung beruhte, auf seinem gelebten Altruismus und vor allem auf seiner hohen administrativen Kompetenz, sich in keiner größeren Erfolgsbilanz niedergeschlagen hatte, die eine Ära hätte begründen können.

Immerhin haben ihm in seiner siebenjährigen Bilanz auf der Haben-Seite die folgenden Bauvorhaben einen Platz in den Annalen der Stadtgeschichte gesichert, die er im wesentlichen aber seinen Dezernenten verdankte: das Nordweststadt-Projekt (gemeinsam mit Hans Kampffmeyer), das große U-Bahn-Projekt (gemeinsam mit Walter Möller) und zusammen mit Karl vom Rath die Optimierung der kulturellen Infrastruktur (Theaterdoppelanlage, Stadt- und Universitätsbibliothek). Um so mehr bedauerten viele von Bockelmanns unentwegten Sympathisanten sein Schicksal, sich schon lange vor Ablauf seiner zweiten Wahlperiode entbehrlich gemacht zu haben, ein Schicksal, das drei seiner Nachfolger schon nach jeweils nur zwei bis drei Jahren im Amt teilen mußten: Wolfram Brück, Volker Hauff, Andreas von Schoeler. Bei allen dreien hat kein Wehmutshauch sich in den Abschied gemischt. Erfolge und Niederlagen in der Politik laufen eben nicht nach den Gesetzen der aristotelischen Dramenlehre ab, sondern nach den Imponderabilien der politischen Fortune. Bei einer Umfrage des Instituts für Demoskopie in Allensbach im Jahre 1980 wird in der Beliebtheitsskala OB Kolb mit 20,7 Prozent als erster genannt, während Werner Bockelmann mit 1,8 Prozent an letzter Stelle steht.

Nachdem Werner Bockelmann ab 1964 am Rhein offensichtlich neue Zuversicht und ein entspannteres Verhältnis auch zu sich selbst gefunden hatte, soll er beim Städtetag einen guten Job gemacht haben. In dieser Funktion potenzierten sich sein akademischer Fundus und sein reiches Erfahrungswissen zu einer neuen Managerqualität. Mit seinen neuen Mitarbeitern verbindet ihn schon bald ein handlungsleitender Konsens. Sein widriger Umstände halber in Frankfurt gezeigter Hang zur Melancholie hat sich in Bonn bald verflüchtigt. Als damaliger Oberhausener Kulturdezernent Mitglied im Kulturausschuß des Deutschen Städtetags, habe ich Werner Bockelmann als einen auch in Fragen der Kulturentwicklung höchst kompetenten Gesprächspartner schätzen gelernt. Kein Mann der großen Worte, aber der geprüften Sätze.

Bevor sich die SPD bei der Nominierung des Nachfolgers von Werner Bockelmann für Willi Brundert entschied, den damaligen Leiter der Hessischen Staatskanzlei, gab es um „das begehrteste Amt in der Republik" (F.A.Z.) in den Hinterzimmern der Partei manch munteres Gerangel und Gemauschel. Die Spitzengenossen favorisierten zunächst ein Triumvirat aus dem bisherigen Bürgermeister Rudolf Menzer, SPD-Mitglied seit 1919, als künftigem Oberbürgermeister, dem Verkehrsdezernenten Walter Möller als Bürgermeister und dem ehrenamtlichen Stadtrat und mächtigen SPD-Unterbezirksvorsitzenden Emil Berndt als Libero. Ein „unschlagbares Team"? Als die öffentlichen Wellen der Empörung gegen diese Verlegenheits-Troika immer heftiger aufbrandeten und die Lokalpresse unisono ihren Unmut äußerte (*Frankfurter Rundschau:* „miserables kommunalpolitisches Lehrstück"), zog Rudolf Menzer mannhaft seine Kandidatur zurück: „Für mich war das ein großes Opfer", gibt er zu Protokoll. Mit Willi Brundert hatte man schließlich einen vielseitig versierten allgemeingebildeten Spitzenbeamten mit Dr.-jur.-Prädikat auserkoren, der sich in Hessen mit seiner hohen Verwaltungskompetenz und charakterlichen Geradlinigkeit einen guten Ruf erworben hatte. Die Entscheidung des Parteivorstands, Willi Brundert zu inthronisieren, darf auch als eine Option auf eine verbesserte sozialdemokratische Selbstdarstellung gelesen werden.

In die rheinische Idylle geflohen, ereilte Bockelmann am 7. April 1968 ein jäher Unfalltod auf der Autobahn A 8 auf dem Weg nach Friolzheim. Am Tag seiner Beerdigung wurden in seiner Wahlheimat Lüneburg und am Römer die Fahnen auf Halbmast gesetzt.

Hat er „nichts für die Unsterblichkeit getan" wie Schillers Don Carlos? Immerhin wurde in Niederrad eine Straße nach ihm benannt und in der Ahnengalerie des Römers hält ein lebensnahes Porträt der Darmstädter Malerin Ricarda Jakobian Werner Bockelmann in Erinnerung.

Bockelmanns Nachfolger Willi Brundert würdigte dessen Verdienste mit noblem Gestus:

Werner Bockelmann war ein hochbegabter Mensch, ein hervorragender Jurist mit einem ausgeprägten Sinn für systematisches Arbeiten. Und diese Fähigkeiten hat er nach 1945 in den Dienst der Kommunalpolitik und Kommunalverwaltung gestellt [...]. In vielen Nachrufen standen die Worte: er war ein kühler Intellekt, er war ein nüchterner Jurist. Solche Aussagen mögen einen Teil seines Wesens treffen, im ganzen sind sie im hohen Maße ergänzungswürdig. Wer Werner Bockelmann erlebt hat in Diskussionen, spürte etwas von dem Feuer, das in ihm brennen konnte, wenn es um die Entscheidung von Fragen ging, die er für sich positiv entschieden hatte. Und ich glaube, daß mit dieser Fähigkeit des leidenschaftlichen Kämpfens – aber immer auf der Grundlage der Sachkenntnisse und der Sachlichkeit – verbunden war ein im Grunde empfindsames Wesen. Diese seine Empfindsamkeit war wohl auch die Quelle seiner Aufgeschlossenheit und seines Sinns für alles Musische.

Prof. Dr. Willi Brundert

Oberbürgermeister vom 27. August 1964 bis 7. Mai 1970

Willi Brunderts erste fünf Lebensdekaden

Es waren nicht immer nur freundliche Parzen, die Willi Brunderts Lebensfäden spannen. Sein wahrlich ereignisträchtiger Lebensweg spiegelt exemplarisch ähnlich tragische Schicksale im Deutschland nach dem Epochenbruch des Jahres 1933. Aber kaum einer hat wie er die Komplexität der zweiten Hälfte des 20. Jahrhunderts so sehr am eigenen Leib erlebt. Seine Vita ist deshalb keiner biographischen Kategorie zuzuordnen.

Willi Brundert hat am 12. Juni 1912 in Magdeburg unter einem glücklichen Planeten das Licht einer noch schönen alten Welt erblickt. Er ist in Magdeburg zur Schule gegangen, und in Halle an der Saale und in Frankfurt am Main hat er Rechts- und Staatswissenschaften studiert. Hier, am Frankfurter Oberlandesgericht absolviert Willi Brundert auch das Erste juristische Staatsexamen, und 1935 verleiht ihm die Hamburger Universität den Doktortitel. Mit also guten Aufstiegschancen tritt er im selben Jahr als Referendar am Amtsgericht Schönebeck/Elbe in den Staatsdienst ein. Doch schon 1936 mußte der Fachjurist für Steuer- und Wirtschaftsrecht den Dienst quittieren, weil er sich in Nazi-Deutschland als Anhänger des demokratischen Sozialismus allzu weit aus dem Fenster gelehnt hatte. 1939 verpflichtete ihn in Berlin die Deutsche Treuhand AG als Leiter ihrer Steuerabteilung. Schließlich kehrt Brundert als Steuerfacharbeiter an seinen Geburtsort zurück.

Geimpft auf die Lehren des sozialdemokratischen Urvaters Ferdinand Lassalle, ist er schon mit 18 Sozialdemokrat geworden: 1932 wurde Willi Brundert Vorsitzender der sozialistischen Studentenschaft an Halles Alma mater und Mitglied des Reichsbanners. Schon sein Vater war überzeugter Sozialdemokrat gewesen; dessen Parteiausweis hat der Sohn wie ein kostbares „Erbstück" als Lizenz für eine politische Karriere aufbewahrt. Verdeckter Sympathisant der Widerstandsbewegung „Gegen die Hitlerdiktatur", arbeitete Brundert später mit Köpfen aus dem Kreisauer Kreis wie Carlo Nierendorff und Theo Heubach eng zusammen. Für Willi Brundert war das Versagen gegenüber dem Nationalsozialismus zuvörderst einem moralischen Defizit geschuldet.

Der unter Verdacht stehende Brundert tauchte aus der öffentlichen Wahrnehmung in die Anonymität eines randständigen Lebens ab und verdiente seinen Lebensunterhalt als unauffälliger Leiter einer Wirtschaftsprüfungs-Societät in Berlin. Im September 1941 ruft ihn die deutsche Kriegsmarine zu den Waffen. Als frischgebackener Leutnant gerät er 1944 für zwei Jahre in britische Gefangenschaft.

Nach einer Assistentenzeit im englischen Reeducation-Camp Wilton Park wird Brundert im August 1946 in seine Heimat repatriiert, die man jetzt Sowjetische Besatzungszone nennt. Von Ende 1946 bis Anfang 1947 stellt er seine steuerrechtliche Kompetenz zunächst den Industriewerken Sachsen-Anhalt als Hauptabteilungsleiter für „Revision und Steuer" zur Verfügung.

Mit der ehrenvollen Berufung gleich zum Ministerialdirektor des Wirtschaftsministeriums von Sachsen-Anhalt hat sich Willi Brundert ab März 1947 wieder für den staatlichen Frondienst entschieden. Als externer Experte wird Willi Brundert schließlich zum Professor mit Lehrauftrag in der Rechts- und Staatswissenschaftlichen Fakultät an die Martin-Luther-Universität Halle-Wittenberg berufen.

Als Hauptangeklagter im Dessauer Schauprozeß 1950

Heile Welt? Im Gegenteil! Obwohl inzwischen SED-Mitglied, wird Willi Brundert am 28. November 1949 in aller Herrgottsfrühe aus heiterem Himmel von der Stasi aus dem Bett geholt und in Handschellen abgeführt. Vorläufig steckt man ihn in ein kleines Gefängnis in Gommern bei Magdeburg, später wird er in das berüchtigte Zuchthaus Brandenburg-Görden überstellt. Konkret angeklagt wird der im Wirtschaftsministerium für die Deutsche Gasgesellschaft zuständige Ministerialdirektor Brundert wegen angeblicher Wirtschaftssabotage und Agententätigkeit. Ihm wird unterstellt, er habe die Umwandlung der Kontinentalen Gasgesellschaft (Kontigas) in einen volkseigenen Betrieb behindert und versucht, Teile des Werks ins feindliche Westdeutschland zu verlagern.

Brundert und der ehemalige Arbeitsminister von Sachsen-Anhalt, Leo Herwegen (Ost-CDU), werden nicht etwa in einem ordentlichen Gerichtssaal angeklagt, sondern auf der ausladenden Bühne des Anhaltischen Theaters Dessau mit Hilfe des modernen Prangers, der Kamera, öffentlich regelrecht vorgeführt; das Haus mit 1.500 Plätzen schien für den Zweck eines politischen Schauprozesses enorm medienwirksam. Die nicht nur im westlichen Ausland als „feministischer Freisler Ulbrichts" übel beleumundete Anklägerin Hilde Benjamin braucht für dieses als „Dessauer Schauprozeß" vom 24. April 1950 geschichtsträchtig gewordene Spektakel die große Bühneninszenierung; wie in Schillers *Maria Stuart* wurden hier

„Gedanken selber vor Gericht gestellt". Mit eiserner Infamie spannte ein gewisser Fritz Lange vom Politbüro im sardonischen Ton die Schicksalsfäden: „Glauben Sie nicht", raunzte er Willi Brundert an, „daß wir den Prozeß gegen Sie aus Gerechtigkeit führen. Den führen wir aus Zweckmäßigkeit und den führen wir so lange und so weit, bis der Zweck sichergestellt ist. Wenn Sie weiter so verstockt bleiben, kommt für Sie nur die Todesstrafe in Frage." Karl Eduard von Schnitzler, diese Miniaturausgabe von Joseph Goebbels, kommentierte mit haßerfülltem Tenor den Prozeß täglich im staatlichen DDR-Rundfunk.

Als Brundert mit der Würde eines Todgeweihten furchtlos sein Verteidigungsplädoyer formuliert, erheischt seine geschliffene Rhetorik unbedingter Aufrichtigkeit gespannte Aufmerksamkeit. Der Generalstaatsanwalt rügt ihn mit der Ermahnung, gefälligst eine Sprache zu wählen, „die das Volk versteht". Der Prozeß gerät zum Tribunal, das demonstrieren soll, daß in der DDR die Rechtsprechung nicht das Maß aller Politik ist, sondern ihr ultimatives Mittel. Ohne Entlastungszeugen befragt zu haben, lautet das Urteil des Richters über die „Kreaturen des Monopolkapitals" und „Konzernhyänen": 15 Jahre Zuchthauskerker für Brundert und Herwegen. Das harte Urteil „im Namen des Volkes" sollte der Abschreckung dienen und helfen, Ulbrichts Enteignungspolitik zu legalisieren. Verwegenen Widerspruch gegen staatliche Maßnahmen der roten Diktatur galt es schon im Keim zu ersticken. Derart eingeschüchtert, sollten Systemkritiker ein für allemal mundtot gemacht werden. Die prätentiösen Vorgaben für den Prozeßverlauf hatte der Chef der Kontrollkommission bereits im Februar 1950 diktiert: „Der Prozeß ist so zu führen, daß die Rolle des Monopolkapitals, seine Zersetzungsarbeit mit Hilfe käuflicher Agenten und deren verbrecherische Tätigkeit in der Deutschen Demokratischen Republik deutlich zu Tage tritt."

Brundert erinnert sich detailliert an „meine Hölle", seine Zelle und die Haftbedingungen, die von erlesener seelischer Grausamkeit zeugten: „In einer Ecke stand ein völlig verrostetes Bett, auf dem ein feuchter Strohsack und drei Wolldecken lagen. In einer anderen Ecke stand ein Kübel. Das war das ganze Inventar. Nicht einmal ein Schemel wurde genehmigt." Der Raum maß vier Schritte, nachts blieb die Zelle grell erleuchtet. Die Isolierung war total. Diese erbarmungslose „russische Sonderbehandlung" hat Häftling Brundert mit rühmenswerter Selbstdisziplin neun Monate lang durchgestanden und den allgegenwärtigen Todesgedanken in eine gewaltige Überlebenskraft verwandelt.

Die psychische Folter der beklemmenden, qualvollen Einzelhaft vermag Willi Brundert nicht zu brechen. Ganz Rocher de bronze, weigert er sich, mit den Russen zu kollaborieren. Zur Strafe wird er in eine sogenannte „Schmal-

Empfang im Rathaus: Oberbürgermeister Willi Brundert (Mitte) mit den Frankfurter Ehrenbürgern Max Horkheimer (links) und Otto Hahn (rechts); stehend: Hanns Wilhelm Eppelsheimer (links) und Benno Reifenberg (rechts)

zelle" verbracht. Hier vegetiert der Unbeugsame monatelang unter geradezu viehischen Haftbedingungen, ohne jede Kommunikation mit anderen Gefangenen. Brundert fühlte sich „quasi lebendig begraben". Ein chronisches Leberleiden war die lebenslange bittere Folge. Sein Kerkertrauma wird sich bis ans Lebensende nicht mehr verlieren. Wie allein sein starker Charakter und sein unbedingter Überlebenswille ihm geholfen haben, bei aller Drangsal seine Würde und seinen Stolz zu wahren, beschreibt er in scharf gezeichneten Bildern individuellen Widerstands in seinem 1958 erschienenen Buch *Es begann im Theater. „Volksjustiz" hinter dem Eisernen Vorhang.* Als Drehbuch gefaßt, überträfe Willi Brunderts Biographie selbst Steven Spielbergs Phantasie. Über seine Leidenszeit im Unrechtsstaat DDR hat Willi Brundert hier einen anrührenden Text geschrieben, ohne die Schilderung dieser bitteren Etappe seines Lebensweges ins Rührstück abgleiten zu lassen.

Nach sieben Jahren vorzeitig aus der Haft entlassen, flieht Brundert unterm „geteilten Himmel" aus der DDR über Berlin in die Bundesrepublik Deutschland nach Hessen. Nur wer wie er ein Echo auf eine vergangene Epoche formulieren und alles in Frage stellen kann, hat am eigenen Leibe erfahren, was Freiheit wirklich bedeutet – im westlichen Nachkriegsdeutschland politische Freiheit nach amerikanischem Vorbild. Brunderts leibhaftiges Lehrstück ist eine Hommage an die Freiheit und an die Sehnsucht danach. Seit Sommer 1957 ist er wieder Mitglied der SPD. Von den Vertretern aller Parteien wird der unbedingte Sozialdemokrat Willi Brundert einstimmig sogleich in den honorigen Königsteiner Kreis aufgenommen.

Das Land Hessen braucht charismatische Männer

Mit approbierter Finanzkompetenz und seinem kompakten Erfahrungswissen als Wirtschaftsprofessor übernimmt Willi Brundert 1958 die Leitung der Landesfinanzschule Hessen in Rotenburg an der Fulda, die er bis 1963 innehat. Brundert wird diese Jahre später einmal als seine „schönsten Berufsjahre" rühmen. Zuvor hatte er sich ein Jahr lang im Hessischen Ministerium der Finanzen als juristischer Fachreferent schon für Höheres qualifizieren können. In gehobeneren Positionen wird er später stets auch ein Justitiar mit eminenter Metiersicherheit bleiben.

Weil Ministerpräsident Georg August Zinn die Hilfe charismatischer Männer braucht, um den am 1. Dezember 1946 zum Land Hessen konstituierten Flächenstaat zum Primus unter den mittelgroßen deutschen Ländern zu machen, holt er Brundert 1963 in die Landeshauptstadt Wiesbaden zurück: Als neuer Chef der Hessischen Staatskanzlei im Range eines Staatssekretärs verschieben sich die Koordinaten seiner Karriereplanung. In dieser Position untersteht ihm auch das personalpolitisch wichtige Ressort des Landespersonalamtes, des Talentreservoirs für die Besetzung wichtiger Schaltstellen. Folgerichtig wird 1964 auch der bisherige SPD-Fraktionsvorsitzende Rudi Arndt zum Wirtschafts- und Verkehrsminister in Zinns Kabinett ernannt – kein Mann, der sich deshalb dankbar in machtpolitischer Abstinenz üben wird.

Die personalen Auswahlprozesse und Ausleseprozeduren der Parteien sollten nicht länger diffamiert werden können als jene sprichwörtlichen Ochsentouren vom Kassierer zum Kandidaten; es sollte in Zinns Führungselite der Fachverstand und die darauf gründende politische Qualifizierung den Maßstab bilden. Auf glatt geschliffene Karrieretypen sollte Zinns Kabinett und dessen Führungsriege künftig verzichten können. Diese vernünftige Praxis hat jedoch leider keine Schule gemacht, auch nicht in den anderen Parteien. In Georg Zinns Landeskabinett waren Kultusminister Ernst Schütte, Wirtschafts- und Verkehrsminister Rudi Arndt und Staatssekretär Willi Brundert Beispiele dafür, daß es zumindest teilweise auch erfreulich anders läuft. In der zweiten Hälfte der sechziger Jahre galt die SPD unzweifelhaft noch als reformorientierte Fortschrittsbewegung, angetrieben von Willy Brandts mitreißender Zauberformel: „Wir wollen mehr Demokratie wagen."

Willi Brundert wird 1964 Frankfurter Oberbürgermeister

Seit Heinrich Mumm von Schwarzenstein, jenem legendären Frankfurter Oberbürgermeister von 1868 bis 1880, war keiner seiner Nachfolger mehr in Frankfurt am Main geboren worden; eine skurrile Tatsache, die unserer Stadt mit ganz wenigen Ausnahmen aber nicht geschadet hat. Im Gegenteil, mit der Wahl des Magdeburgers Willi Brundert im Jahre 1964 hatte Frankfurt wie schon mit dem Düsseldorfer Walter Kolb erneut ein großes Los gezogen. Brundert hatte sich nicht einmal um dieses Spitzenamt beworben, er wurde von Georg August Zinn in diesen Kärrnerjob hineingedrängt. Im Spätsommer auf Dienstreise in Lateinamerika, erreichte ihn in einem Hotel in Guatemala ein Telegramm seines Frankfurter Ministergenossen Rudi Arndt, dessen Botschaft aber derart verstümmelt durch den Äther über den Atlantik kam, daß keine plausible Nachricht daraus zu entziffern war.

Zurück in Frankfurt, hörte er die ehrenvolle Botschaft wohl, doch ohne impulsiven Drang zur Kandidatur als OB-Nachfolger Bockelmanns. Als Brundert immer noch schwankte, diesen mörderischen Job im „bundesdeutschen Nervenzentrum" anzunehmen, half ihm, unterstützt vom damaligen Vorsitzenden der SPD-Landtagsfraktion Rudi Arndt, sein Chef und Mentor Georg August Zinn mit einem väterlichen Appell auf die Sprünge: Er möge den Chefsessel im Römer doch als eine Chance für die Sozialdemokratie begreifen zu beweisen, daß deren Führungskräfte selbstverständlich in der Lage seien, auch die schwierigsten Aufgaben zum Segen der Bevölkerung hervorragend zu meistern. „Gut, dann werde ich eben in den sauren Apfel beißen", gab Brundert schließlich klein bei. Nachdem er am 2. Juli 1964 mit 63 Ja-Stimmen bei 4 Nein-Voten zum OB gewählt worden war, sagte er dann aber, „es kommt kein Mißmutiger, es kommt einer, der ein volles Ja sagt". Im Verlaufe seiner schnell liebgewonnenen Tätigkeit wird er Frankfurt später „die Stadt meines Herzens" nennen. Ministerpräsident Zinn hat mit Brundert zwar seinen einzigartigen Staatssekretär verloren, dafür glaubte er aber, mit ihm als Frankfurter Oberbürgermeister einen Mann gewonnen zu haben, der „einen mäßigenden Einfluß auf die radikale SPD Südhessens und damit auch im Frankfurter Bereich ausüben" (*F.A.Z.*) werde. Für Brundert ruhten die Werte des Grundgesetzes auf den Säulen der griechisch-römischen Philosophie, der Aufklärung und der christlich-jüdischen Kultur.

Nachdem der neue Oberbürgermeister vereidigt worden war, wurde ihm eine Schallplatte mit dem Titel *Frankfurter Herz* überreicht, auf daß der Magdeburger das Frankfurter Idiom schneller verinnerliche. Was nicht unbedingt nötig gewesen wäre, denn Willi Brundert kannte Frankfurt ja gut aus seiner Studentenzeit, an die er sich später im nostalgischen Rückblick erinnern wird: „Wie viele Frankfurter habe ich vor dreißig Jahren als Student im Universitätsviertel die baumreiche Bockenheimer Landstraße, den Opernplatz, die intim wirkende Freßgass und nicht zuletzt die anmutige Altstadt geliebt. Deshalb habe ich Verständnis dafür, daß vor allem alte Bürger mit Wehmut an diese Zeit gern zurückdenken." Das Frankfurt der sechziger Jahre war noch ein Gemisch aus kleinbürgerlichen Lebensweisen, bildungsbürgerlichen Erwartungen mit mentaler Vielfalt und einer kritischen Masse des intellektuellen Milieus. Er sei damals gern den von Platanen flankierten Weg von der Uni durch die „herrliche Bockenheimer Landstraße hin zum Café Laumer" geschlendert, schwärmt Brundert. Seitdem hat sich die dieser Stadt innewohnende Dynamik in ihrem ehrgeizigen Drang zur Weltstadt noch gehörig beschleunigt.

Brunderts Mentor Zinn ist auch dem neuen Oberbürgermeister der gute Geist geblieben, denn der Ministerpräsident wußte, wie wichtig gute Beziehungen zur größten Stadt Hessens für das Ansehen des ganzen Landes waren. Umgekehrt hat auch die ehemals freie Reichsstadt von diesen guten Beziehungen profitiert. Sooft Brundert vom „Chef" sprach, konnte kein anderer als Georg August Zinn damit gemeint sein.

Mit dem Bockelmann-Nachfolger werden die kommunalpolitischen Währungen im Sozialen, Kulturellen und Sportlichen nicht wechseln. Den Lackmustest seiner Durchsetzungsstärke hat Willi Brundert schon in der ersten Sitzung der SPD-Magistratsgruppe bestanden; um die unitarische Schraube stärker anzuziehen, hat der politisch wetterfühlige Brundert gleich zu Beginn unmißverständlich klargestellt, daß wie im Magistrat auch in diesem Gremium der Oberbürgermeister den Vorsitz führen werde, den bisher Rudolf Menzer unangefochten behauptet hatte. SPD-Bürgermeister Menzer, ein Sozialdemokrat von altem Schrot und Korn, wäre selber gern OB geworden. Auch hat sich Brundert mit seiner Forderung durchgesetzt, künftig zu allen Vorstandssitzungen der Partei eingeladen zu werden.

Als künftiges Haupt der großen Familie Frankfurt hatte Willi Bundert in seiner Antrittsrede wenige Monate vor der Kommunalwahl 1964 seine Überzeugung geäußert, das Amt eines Oberbürgermeisters dürfe „trotz seines politischen Hintergrunds wesensmäßig nicht als Parteiamt aufgefaßt werden, es muß vielmehr erfüllt sein von der steten Bereitschaft, für alle Bürger in gleicher Weise und ohne Ansehen der Person wirken zu wollen", ein Versprechen, das er in der Tat eingelöst hat. Diese moralische Haltung begründet auch Brunderts Popularität. Obwohl glühender Sozialdemokrat von Jugend an, hat er sich in seiner Frankfurter Zeit nie dem Verdacht ausgesetzt, Regieanweisungen aus der Fischerfeldstraße zu empfangen. Die SPD-Zentrale hat Brundert auch nur selten betreten.

Brunderts Selbstverpflichtung, sein stolzes Amt überparteilich zu führen, findet allgemein großen Widerhall: „Des neuen Oberbürgermeisters Feststellungen über die Aufgaben seines Amtes im Interesse aller Bürger fernab von Parteipolitik und seine Zusicherung, sich nicht in den Wahlkampf ziehen zu lassen, waren demokratisch, klug und selbstbewußt gesprochen. Der Bürger hört sie gern, und diesmal fehlt ihm nicht der Glaube", kommentiert die *Frankfurter Neue Presse*. In seinem Reformplädoyer hatte sich der Jurist Brundert zum Ziel gesetzt, die Rechtsgemeinschaft in eine Werte-Entente umzugestalten und den aufgeblähten Behördenapparat zu verschlanken.

Die Frankfurter hatten den leutseligen, immer freundlichen Oberbürgermeister Brundert schnell ins Herz geschlossen. Intuitiv praktiziert er „Freundlichkeit gegenüber jedermann" als „die erste Lebensregel, die uns manchen Kummer ersparen" hilft (Goethe, *Maximen und Reflexionen*). Bei einer Umfrage vier Jahre später, im September 1968, wußten von 100 Bürgern immerhin schon 96, daß Brundert ihr OB ist, und 92 von 100 wußten sogar, daß er der SPD angehört. Die Bürger schätzten seinen Humor und lobten seine menschlichen Qualitäten, viele fanden schließlich auch Brunderts politischen Stil sympathisch. Er selbst charakterisierte seine Arbeitsweise mit den Worten: „Mir liegen keine großen Dienstbesprechungen am Konferenztisch. Ich greife da lieber auf das altbewährte Prinzip der persönlichen Rücksprache zurück." Brundert hat in seinem Terminkalender auch die repräsentativen Auftritte stark zurückgestutzt: 80 Prozent der nichtstädtischen Empfänge und Eröffnungen, bei denen die Präsenz des OBs bisher üblich gewesen war, hat er als Zeitverschwendung konsequent gestrichen; Ehren- und Goetheplaketten oder Bundesverdienstkreuze am Bande werden statt „großspurig" im Kaisersaal nur noch im kleinen Kreis im Dienstzimmer des Oberbürgermeisters überreicht.

Brunderts größtes Kapital war seine Glaubwürdigkeit, in der Politik ein seltenes Gut. Selbst als schon bald nach seinem Amtsantritt bekannt wurde, daß er sich als Sozialdemokrat auf dem „Lerchesberg der Neureichen" auf Kosten der Stadt ein 2,5 Millionen D-Mark teures Haus hatte bauen lassen, konnte das seinem guten Ruf nicht nachhaltig schaden.

Brunderts Antrittsrede als OB

Den guten Rat Mark Twains ignorierend, nach dem eine gute Rede einen guten Anfang und ein gutes Ende haben und beide möglichst dicht beieinanderliegen sollten, rollte Willi Brundert anläßlich seiner Inthronisation einen ellenlangen Wortteppich aus. Aus seiner 15 Buchseiten umfassenden Antrittsrede vom 27. August 1964 hier nur die wichtigeren Passagen:

Ich bin fest überzeugt, daß eine parlamentarische Demokratie, die Volksstaat sein will, nur dann innere Stabilität haben kann, wenn ihr Unterbau selbständige und gesunde Gemeinden sind. Umgekehrt können freier Bürgersinn und städtisches Selbstbewußtsein nur dann entwickelt werden, wenn der Staat den Gemeinden durch Verfassung das Recht der Selbstverwaltung garantiert. Beide Forderungen sind bei uns durch Verfassungsvorschriften erfüllt worden. Nach § 1

Willi Brundert in der Stadtverordnetenversammlung

der Hessischen Gemeindeordnung werden die Gemeinden als Grundlage des demokratischen Staates bezeichnet. *Und durch Artikel 137 der Verfassung des Landes Hessen wird den Gemeinden und Gemeindeverbänden das Recht der Selbstverwaltung ihrer Angelegenheiten vom Staat ausdrücklich gewährleistet. Dieses Zusammenfallen von politischer Forderung und Verfassungstext ist im Grunde das Ergebnis einer langen verfassungsgeschichtlichen Entwicklung, die seit Beginn des 19. Jahrhunderts eine politische Schwerkraft besonderer Art erhalten hat.*

Im begrenzten Rahmen meiner Rede können geschichtliche Zusammenhänge wesensgemäß nur angedeutet werden. Trotzdem möchte ich eine summarische Aussage in jedem Fall vorwegnehmen: Diejenigen Phasen unserer deutschen Geschichte nämlich waren eindeutig schöpferisch, in denen die Städte aktives Eigenleben entwickeln konnten. Ich erinnere als erstes nur an die Rolle der deutschen Städte im Mittelalter, insbesondere in der Zeit vom 13. Jahrhundert bis zur Mitte des 16. Jahrhunderts, dem Beginn des Niedergangs des Städtewesens. In diesen Zeitabschnitt mit seinen vielseitigen Leistungen fällt nicht zuletzt die Blütezeit der deutschen Hanse, die in ihrer kraftvollen Entwicklung ohne freien Bürgersinn und städtisches Bewußtsein nicht möglich gewesen wäre. Auf die mitwirkende Rolle der Städte in Bezug auf die gesamtwirtschaftliche Entwicklung der damaligen Zeit kann ich hier nicht eingehen. Wichtiger für meine Darlegungen dagegen ist der Hinweis auf den Einfluß, den die Städte auf die deutsche Rechtsentwicklung ausgeübt haben [...].

Uns aber interessiert in diesem Zusammenhang die aus der gleichen Zeit stammende Frankfurter Reformation aus dem Jahre 1509, die eine nicht unbedeutende Kodifikation des Zivilrechts gewesen ist und die mit den selbstbewußten Worten beginnt ‚Wir der rat der statt Frankenfurt an den Meyen gelegen tun allen und yeden unsern bürgern und inwonern, auch denjenigen, so hie rechtlich handeln wöllen, kunt und zu wissen ...‘.

Für die Bedeutung unserer gegenwärtigen Verfassungslage ist aber entscheidender als das Mittelalter die Kenntnis der politischen Vorgänge, die zu Beginn des 19. Jahrhunderts einsetzten. Das Jahr 1806 beinhaltet nicht nur die große militärische Niederlage Preußens bei Jena und Auerstädt, auch nicht nur die endgültige Auflösung des ‚Heiligen Römischen Reiches Deutscher Nation‘; sondern das Jahr 1806 kann mit Recht als Wendepunkt vom Polizei- zum Rechtsstaat angesehen werden. [...] Nach 1806 haben politisch tragende Kräfte in Deutschland, darunter der große Reformer Freiherr vom Stein, begriffen, daß der Absolutismus nur durch eine Entwicklung vom ‚Untertan zum Bürger‘ überwunden werden konnte. Durch ihn und andere wurde die Umwandlung der feudalen Gesellschaftsordnung in eine Gesellschaft gleichberechtigter Bürger mit eingeleitet. Darin liegt meines Erachtens auch der eigentliche Ansatzpunkt für die Städtereform von 1808. Die Beteiligung der Bürger an den Verwaltungsangelegenheiten des überschaubaren Gemeindebereichs sollte Verantwortungsbewußtsein und echten Bürgersinn wecken. [...]

Daneben hat sich Frankfurt als bedeutende Messestadt entwickelt. Ich erinnere an die Frühjahrs- und Herbstmessen, die Interstoff, die Internationale Automobilausstellung, die Achema und an die Frankfurter Buchmesse, die in ihrer Besonderheit einen weit über Deutschland hinaus wirkenden Ruf erlangt hat. Gleichlaufend mit dieser Entwicklung mußte Frankfurt zwangsläufig zu einem immer wichtigeren Verkehrszentrum werden. Das Frankfurter Kreuz ist der wohl markanteste Knotenpunkt im Netz der deutschen Autobahnen. Der Rhein-Main-Flughafen ist der größte Flughafen in der Bundesrepublik und gleichzeitig nach London und Paris der drittgrößte Flughafen in Europa. Im Jahre 1963 sind hier rund 3,5 Millionen Passagiere angekommen und abgeflogen. Bezüglich des Gepäck- und Güterumschlags steht der Rhein-Main-Flughafen sogar an zweiter Stelle in Europa. [...]

Sie erwarten in diesem Zusammenhang möglicherweise von mir auch eine Stellungnahme zu dem Schicksal der Opernhausruine. Ich habe in meinen anfänglichen Bemerkungen schon angedeutet, daß ich sehr viel echtes Verständnis für das Empfinden Frankfurter Bürger bezüglich des alten Frankfurt habe. Von hier aus verstehe ich auch den Wunsch mancher Bürger nach dem Wiederaufbau der Opernhausruine. [...]

Doch nur unter der Perspektive des bisher Gesagten ist das Problem nicht lösbar. In Ansehung der großen finanziellen Belastungen und anderer wichtiger Aufgaben unserer Stadt, auf die ich noch zu sprechen kommen werde, ist es nicht zu rechtfertigen, für die Herstellung eines Kongreß- und eines Konzertsaales aus dem öffentlichen Haushalt einen Betrag von rund 50 Millionen DM zur Verfügung zu stellen. Heute ist der Wiederaufbau nach der vorgesehenen Planung nur dann gerechtfertigt, wenn die wesentliche Finanzierung durch die Aktivität der Bürger, das heißt außerhalb der öffentlichen Haushaltsmittel, garantiert werden kann. [...]

Als Ausdruck demokratischer Haltung werde ich mich stets zu meiner Partei, der SPD, der ich seit früher Jugend angehöre, bekennen, wenn politische Interessen es erfordern. Genauso offen erkläre ich aber, daß nach meiner Überzeugung auf der kommunalen Ebene in der Regel keine machtpolitischen Entscheidungen zu treffen sind. Hier geht es vielmehr in erster Linie um sachgerechte Verwaltungsentscheidungen, bei denen das Interesse der Bürgerschaft im ganzen maßge-

bend sein muß – ganz gleich, ob wir Schulen bauen, Krankenhäuser einrichten oder beispielsweise Verkehrsplanungen durchführen.

Ich habe diese Probleme deshalb etwas pointiert herauszuarbeiten versucht, um daraus eine Schlußfolgerung für das Amt des Oberbürgermeisters abzuleiten. Dieses Amt kann trotz seines politischen Hintergrundes wesensgemäß nicht als Parteiamt aufgefaßt werden. Das Amt des Oberbürgermeisters muß vielmehr erfüllt sein von der steten Bereitschaft, für alle Bürger in gleicher Weise und ohne Ansehung der Person wirken zu wollen. Von dieser Auffassung werde ich mich auch nicht durch etwaige polemische Auseinandersetzungen in dem nächsten beginnenden Kommunalwahlkampf abbringen lassen.

Aus schierer Neugier, ob sie am Ende von Brunderts redseligem Auftritt doch noch visionäre oder wenigstens alternative Botschaften zu hören bekommen würden, quälten sich die Stadtverordneten durch die redundante Wolkigkeit seiner Suada. Die CDU-freundliche *Frankfurter Neue Presse* kommentierte den Start entsprechend kritisch: Brundert habe „kein klares Konzept" und gebe auch „kein Marschziel" an. Das Blatt moniert weiter, Brundert habe über „rentierliche und nicht-rentierliche Investitionen, über Güterumschläge und Verkehrstote" gesprochen, aber „kein Wort über kulturpolitische Aspekte" verloren, jene „von ihm anfangs sogar noch als entbehrlich erkannten Aufgaben". Das Ganze sei „zu abstrakt" formuliert worden, meinte auch die damals noch SPD-freundliche *Frankfurter Rundschau*. Kein Hinweis der Journalisten wenigstens auf die hohe Musikalität seiner Sprache, die später viele als Genuß empfinden werden, oder auf die Kunst, sein enormes Basiswissen spontan abrufen zu können. Das Monitum „abstrakt" für Brunderts Reden sollte wohl im Hegelschen Sinne verstanden werden können als das, was der Philosoph des Deutschen Idealismus einmal pejorativ „Zusammenhanglosigkeit" genannt hatte.

Brundert habe sich wie in seinen vorherigen Ämtern auch als Frankfurter Oberbürgermeister der Lust hingegeben, viel zu reden und dabei wenig zu sagen, befindet die *Frankfurter Neue Presse* rückblickend: „Magistratskonferenzen konnten zur Qual werden, Empfänge im Kaisersaal gerieten zu stereotyp verabreichten Allerweltssprüchen." Wer die gesammelten Reden und Aufsätze Brunderts, die der Verlag für Literatur und Zeitgeschehen 1970 unter dem Titel *Verpflichtung zur Demokratie* publizierte, aufmerksam liest, wird freilich ein positiveres Fazit aus den pointiert formulierten Reflexionen dieser Texte ziehen können, die immerhin von der *F.A.Z.* als wichtige Beiträge zur Zeitgeschichte gewürdigt wurden: „Seine Reden vor einem größeren Kreis suchen mehr durch klaren Intellekt als durch schmückende Formulierungen oder Vorstöße in die Empfindungswelt der Hörer zu wirken." Carlo Schmid hat ein schönes Vorwort zu diesem Buch geschrieben, in dem er resümiert:

Wo auch immer er politisch Stellung bezog, schuf er Wirklichkeiten, die an die Stelle des Untertanen den Bürger setzten, der sein Dasein nicht mehr einem – gelegentlich gütigen und wohlwollenden – Vormund anvertraut, sondern der das Wagnis der Freiheit auf sich nimmt und den süßen wie den bitteren Tropfen aus dem Kelch der Geschichte mit dem stolzen Bewußtsein trinkt, daß er den Wein seines Schicksals selbst gekeltert hat.

Präsident des Städtetags und des Deutschen Bühnenvereins

Im Widerspruch zu seiner Maxime, ein „Oberbürgermeister soll sein Amt im wesentlichen in seiner Stadt ausüben, in seinem Rathaus", übernimmt Willi Brundert gleich zwei weitere wichtige und zeitraubende Ämter: Im Juni 1967 wird er in Bremen als Nachfolger von Alfred Dregger einstimmig zum neuen Präsidenten des Deutschen Städtetags berufen. Wegen seiner hohen Sachkompetenz wird er 1969 für drei Jahre wiedergewählt. Auf dieser Hauptversammlung der Großstadtkommunen in der Hansestadt an der Weser war das zentrale Thema wieder einmal die von der Großen Koalition versprochene Finanzreform. Die den Kommunen vom Bund gesetzlich aufgebürdeten Ausgaben besonders im Sozialbereich konnten nicht länger diesen allein aufgehalst werden, ohne daß bei anderen, meist freiwilligen Ausgaben wie für die Kultur oder den Sport radikal gespart werden mußte. Brundert ist es im Verlauf seiner beiden Wahlperioden gelungen, ein kulturfreundliches Klima unter den Stadtoberen zu schaffen, das sich aber nur in einigen Städten buchstäblich ausgezahlt hat.

Am Ende seiner ersten Wahlperiode konnte Willi Brundert jenen ins schöne Kompliment verpackten Dank Willy Brandts entgegennehmen, „Gralshüter der kommunalen Selbstverwaltung" zu sein, eine Einschätzung, die sich mit dem Beispiel „seiner" Stadt Frankfurt eindrucksvoll beglaubigen ließ. Für den obersten Repräsentanten aller bundesdeutschen Oberbürgermeister war der Mensch das Maß aller Entscheidungen.

Willi Brundert hat in der Tat segensreich auf der Autonomie der Städte gegenüber legislativen Einschränkungsversuchen der Länder und des Bundes bestanden. Ihm ging es konkret um die Priorisierung der Kultur als substantielles

Ferment der Urbanisierung unserer Städte im Sinne auch der Steigerung von Lebensqualität. Dafür sollte der Städtetag ihm als bundesweit vernetztes Instrument für die Durchsetzung kultureller Impulse dienen. Im Sommer 1968 hat Brundert der Kultusministerkonferenz und dem Bundesinnenminister die Einrichtung eines neuen Gremiums vorgeschlagen, das sich der progressiven Entwicklung der Sparten Literatur und Musik, Oper und Theater und auch des vernachlässigten Mediums Film annehmen sollte: „Denn in der Stadt begegnen und durchdringen sich Kultur und Gesellschaft wie in keiner anderen Lebensform. Die Stadt ist aber auch nur dann lebensfähig, wenn sie ein kultureller Mittelpunkt und ein Zentrum geistiger Aktivität bleibt."

Die von Brundert und Städtetag geforderte Kommission für die Finanzreform wurde tatsächlich mit dem Segen der Regierung Kiesinger/Brandt einberufen. Diese hat das sogenannte Troeger-Gutachten in Auftrag gegeben, das den Reformbedarf der Gemeindefinanzen dann zwar für dringlich befand, letztendlich aber vom Städtetag als unbefriedigend verworfen wurde. Denn die entscheidende Forderung des Städtetags, die Gewerbesteuer als Haupteinnahmequelle der Kommunen zu verbessern, war wieder nicht durchsetzbar gewesen. Den Gemeinden wurden lediglich 15 Prozent als Abschlag aus den örtlichen Einnahmen aus der Einkommensteuer zugebilligt und im Gemeindefinanzreformgesetz von 1969 entsprechend festgeschrieben. Zur Erinnerung: In der Weimarer Republik erhielten die Kommunen noch 30 Prozent der gesamten Steuereinnahmen des Staates.

Durchgesetzt auf Druck des Städtetages unter Präsident Brundert wurde das Städtebauförderungsgesetz, das in Frankfurt die Gemüter auf kommunalpolitischer Ebene gehörig erhitzte: Die Probleme im Westend schrien förmlich nach gesetzlichen und sozialverträglichen Lösungen. Das Westend der 68er Jahre spiegelte die politische Stimmung der Zeit. Frankfurt wurde zum Ort der Gegenöffentlichkeit. Weil der Erhalt des Sozialstaates für Brundert die Grundbedingung für den Bestand der Bundesrepublik schlechthin bedeutete, wollte er hier im Mikrokosmos des Westends ein Exempel statuieren. Anhand der Lebenswirklichkeit und der Sorgen und Nöte auch der vielen anderen Gemeinden hat Brundert erkannt, daß sich die Bürger leichter mit ihrer Stadt als mit der überpersonalen Idee der Nation identifizieren. Aus dieser Erkenntnis leitete er die große Bedeutung seiner Präsidentschaft des Deutschen Städtetags ab, freilich auch im Sinne des Nutzens für „seine" Stadt Frankfurt.

Die 15. Hauptversammlung des Deutschen Städtetags in Mannheim eröffnet Brundert am 27. Mai 1969 mit einer „programmatischen Rede" zum Thema „Im Schnittpunkt unserer Welt: die Stadt". Ich war damals als Delegierter der Stadt Oberhausen dabei, als Brundert sich darin zur Stadt als Forum moderner Demokratie bekannte, die den Fortschritt der Wirtschaft im Auge haben müsse. Die Stadt bestimme auch ihr kulturelles Klima, ja, die Stadt sei die Basis einer freien Gesellschaft. Und schließlich, folgerte Brundert weiter, „brauchen wir alle die Stadt". Denn „die Städte sind die unentbehrlichen Zentren der Kommunikation, ohne die die Zivilisation schlechterdings nicht denkbar ist". Wie schwer es Brundert auch in dieser Rede fiel, konkrete Ziele zu formulieren, mag deren doch sehr allgemeiner Schluß demonstrieren:

In den Mittelpunkt der diesjährigen Hauptversammlung haben wir die Stadt gestellt als einen Schnittpunkt der Lebensinteressen des einzelnen Menschen, des Bürgers, und der vielfältigen Bereiche des öffentlichen Lebens. Wir haben analytisch und pragmatisch hingewiesen auf die Funktion der Stadt als die Grundzelle des demokratischen Staates, als den entscheidenden Träger des wirtschaftlichen und kulturellen Fortschritts, auf die funktionierende und lebendige Stadt als die Grundlage einer freien Gesellschaft, so daß ich mit folgenden Feststellungen abschließen möchte: Die Stadt von heute ist zu einem empfindlich reagierenden Organismus geworden, der die Entwicklungstendenzen in allen öffentlichen Bereichen vielfältig widerspiegelt und verstärkt. Diese Reaktionen zu erkennen und zur rechten Zeit politisch zu reflektieren, ist unsere wichtigste Aufgabe. Sie bildet den wesentlichen Inhalt unseres Mandats, das wir von unseren Bürgern im Rahmen der kommunalen Selbstverwaltung erhalten haben. Die Erfüllung aller Einzelaufgaben aus den Erkenntnissen des Fortschritts und zugleich der demokratischen Verantwortung ist der sicherste Weg, der kommunalen Selbstverwaltung innerhalb unserer Gesamtordnung den ihr adäquaten Rang zu gewährleisten. Aus diesem Geist und in der Hoffnung auf optimale Erfolge werden wir daher unsere Arbeit unbeirrt fortsetzen.

Im Juni 1966 wählten auch die Mitglieder des Deutschen Bühnenvereins den Frankfurter Oberbürgermeister Willi Brundert zu ihrem Präsidenten. Die Vollversammlung setzt sich zusammen aus den Intendanten der Staats- und Stadttheater und den Kulturdezernenten der Theaterstädte. Der Frankfurter Kritik, daß er zu allem Überfluß und trotz gesundheitlicher Probleme nun auch noch dieses Amt übernehme, begegnete er mit dem Hinweis, er habe von seinen 30 zeitraubenden Ehrenämtern die Hälfte schon zurückgegeben. Obwohl kein Liebhaber der Göttin Thalia, verteidigt er die Übernahme des Bühnenamtes mit dem Argument, nur in dieser Schlüsselposition die schwierige finanzielle Lage der deutschen Theater verbessern und Schließungen verhindern zu können. Außerdem sei dieses Amt „eine gut sichtbare Demonstration dafür, wie ernst wir in Frankfurt das Theater nehmen".

Präsident des „Hilfswerks Berlin" ist Brundert ebenfalls geblieben, ansonsten hat der Oberbürgermeister aber sein Wort gehalten, „dem Moloch Repräsentation" zu Leibe zu rücken. Die von Bockelmann noch wahrgenommenen über 500 repräsentativen Veranstaltungen jährlich hat er auf die Hälfte reduziert, nicht nur, um Zeit und Kosten zu sparen, sondern schlicht auch seiner Gesundheit zuliebe.

Kulturpolitik der Brundert-Zeit

Seinen ersten großen kulturpolitischen Auftritt hatte der neue OB Willi Brundert in der Paulskirche: Am 28. August 1964 verlieh er Benno Reifenberg den Goethepreis der Stadt. Die Resonanz auf Brunderts bildungsbürgerliches Traktat geriet eher zwiespältig; die einen beglückte der traditionsverhaftete kulturelle Gestus seiner Rede, andere vermißten einen auch sprachlich vermittelten kulturpolitischen Aufbruch und kritisierten den von Adorno gegeißelten „Jargon der Eigentlichkeit", der seinen Ausführungen phasenweise eignete.

Erst sechs Jahre später, nach seiner Wiederwahl im März 1970 (bei nur elf Nein-Stimmen), mahnte Brundert endlich „die Aktivierung der Kulturpolitik" an. Frankfurt dürfe nicht nur als Finanzzentrum und Handelsstadt wahrgenommen werden, die Bürger wollten „vielmehr ihre Stadt auch als ihren Daseinsbereich im Ganzen empfinden" können. In einem Brief an die Stadtverordneten bezeichnet er die Kulturpolitik sogar als „die wichtigste Aufgabe der Zukunft", an deren Entwicklung „unsere Bürger mit erkennbar wachsendem Interesse im letzten Jahr Anteil genommen" hätten, sie wünschten sich „die Intensivierung des geistigen, sozialen und kulturellen Lebens".

Ob sich die Schätze der Kunstwelt einem breiten Publikum aber erschließen, darüber entscheidet die Befähigung zur Wahrnehmung bei jenen Menschen, die sich an den Erzeugnissen der Kultur erfreuen und über deren Inhalte ihr Wissen mehren möchten. Oft fehlen dieser potentiellen Klientel, die unsere Theater und Museen mit ihren Angeboten neugierig machen möchten, aber die ästhetischen Grundkenntnisse und damit auch die Motivation, die ihnen zu vermitteln Elternhaus und Schule versäumt haben. Es ist die Schule, die als „zentrale soziale Dirigierungsstelle" (Helmut Schelsky) wesentlich darüber befindet, was einer werden kann und was nicht. So entscheidet sie nicht zuletzt auch über die künftige kulturelle Partizipation, die künftigen Konsummöglichkeiten hinsichtlich auch der Künste, die bedeutende Faktoren der Persönlichkeitsentfaltung sind. Diese beeinflussen die Entwicklung von Wahrnehmung, die wiederum die Grundlage menschlicher Erkenntnis und damit der Bewußtseinsbildung und der Verhaltensprägung ist. Diese Voraussetzungen von Lebensqualität sind aber nur dann gegeben, wenn schon in der Adoleszenz die wesentlichen ästhetischen Felder erschlossen wurden.

In seinem Vorwort zu Willi Brunderts Buch *Verpflichtung zur Demokratie* schreibt Carlo Schmid:

Willi Brundert wußte, daß Freiheit vornehmlich ein Erziehungs-, ein Bildungsproblem ist, weil nur der mündige, der erzogene, der gebildete Mensch auf die Dauer in der Lage sein wird, mit sich selber und seiner Welt fertig zu werden. Denn nur wenn er aus der arbeitsfreien Zeit erfüllte Zeit zu machen versteht – und nicht nur leere Zeit werden läßt –, wird er dem Fluch der Langeweile entgehen können, die das Leben den Surrogaten überliefert und damit schließlich entmenschlichen wird. Dieses Ethos hat Willi Brunderts Leben bestimmt.

Der Ausstieg aus dem Mittelmaß und der Chancenlosigkeit gelingt nur durch die individuelle Verfügbarkeit der Güter Bildung und Kultur. Um die Defizite im Bildungssektor auszugleichen, brauchte Brundert aber die Kompetenz seines Kulturdezernenten.

Karl vom Rath, der an die Belehrbarkeit des Menschen und seine Vervollkommnung durch die Kraft der Künste glaubte, stand vor der schwierigen Aufgabe, jenes Dilemma aufzulösen, daß der Reichtum seiner Museen und hochkarätigen Theater- und Opernaufführungen so lange keinen größeren Zuspruch haben würden, wie ästhetische Erziehung und musische Bildung nicht als Schulfächer fest im Curriculum verankert wären.

In der DDR war die musische Bildung zwar ein Pflichtfach, das aber zur Indoktrination mit standardisierten politischen Gedankengütern mißbraucht wurde, zum Beispiel mit ideologisch kontaminiertem Liedgut, das im kollektiven Gesang des „großen Haufens" (Kant) im Gleichschritt unter die Haut gehen sollte.

Nach seinen Erfahrungen mit einer staatlich gelenkten Kultur in der DDR wollte Willi Brundert in Frankfurt eine Kulturpolitik der freien Entfaltung und unbedrängten Autonomie fördern. Aus traumatischer Erinnerung an zwei Diktaturen wußte Brundert, wie sehr das Gedächtnis selektiert, indem es rein politisch nach den Kategorien „wichtig" und „unwichtig" sortiert; also sollten sich die Museen gefälligst überlegen, was weniger für ihre Kustoden als vielmehr für ihre Besucher wichtig sei.

Trotz glaubhaft bekundeter Präferenzen für die Kultur lassen sich auf Brunderts kulturpolitisches Habenkonto gleichwohl nur relativ wenige, aber dafür große Verdienste buchen. So hat der Magistrat 1968 sich für vom Raths Vorlage entschieden, in der Saalgasse einen Neubau für das 1878 gegründete Historische Museum zu errichten, um dessen 800.000 Objekte von der Antike bis zur Gegenwart ihrer Bedeutung entsprechend zu präsentieren. Die Museumsleute sollten die Erinnerungskultur in angemessenen Räumen endlich neu justieren können. Sie hatten in Karl vom Rath einen idealen Mentor, der seinen Amtseid auf jenes von Goethe geprägte Bildungsideal aus protestantischem Wort und katholischer Bildkultur geschworen hatte. Leider hat er nicht durchsetzen können, für den Bau des Historischen Museums einen Wettbewerb auszuschreiben.

Da der Magistrat auf einen kostenintensiven Architektenwettbewerb meinte verzichten zu können, wurde von wackeren Beamten im Hochbauamt eine klotzige und wie für die Ewigkeit in Beton gegossene Architektur entworfen. Deren abweisende Fassaden waren grandios geeignet, mit diesem Beitrag zur Ästhetik des Häßlichen gehörigen Unmut bei der Bevölkerung zu stiften, statt mit ästhetischem Behagen Besuchsanreize zu erzeugen. Der Saalhof mit Pallas und Saalhofkapelle aus dem 12. Jahrhundert, das älteste erhaltene Bauwerk der Stauferzeit in Frankfurt, der Rententurm (1456), das Fahrtor (1460), der Bernusbau (1717) und der Burnitzbau (1842) werden dem Neubau des Historischen Museums auch funktional einverleibt.

Auch gegen die inhaltliche Gestaltung des erst 1972 fertiggestellten Museums hat es gepfefferte Proteste gegeben, über die im Kapitel über Rudi Arndt noch zu reden sein wird. Immerhin wird das Historische Museum als ein höchst essentieller Baustein ins spätere Gefüge des Frankfurter Museumsufer-Konzepts als eine herausragende Komponente der Geschichtsvermittlung integriert werden. Aber schon 40 Jahre später wird Petra Roths Kulturdezernent Felix Semmelroth die massiven Betonmauern des Historischen Museums wieder sprengen lassen und durch einen ästhetisch ansprechenden Neubau ersetzen, in den die obengenannten einzigartigen historischen Bauwerke wieder originalgetreu integriert und besser zur Geltung kommen sollen.

Am 18. Oktober 1964 übergibt Brundert das Willemer-Häuschen auf dem Sachsenhäuser Mühlberg der Öffentlichkeit, dessen Restaurierung noch von seinem Vorgänger Werner Bockelmann auf den Weg gebracht worden war. Brundert weiß nur zu genau, wie sehr Denkmäler das historische Gedächtnis einer Stadt widerspiegeln.

1965 hat Willi Brundert das 1877 gegründete Museum für Kunsthandwerk, das heutige Museum für Angewandte Kunst, aus der Enge seines Provisoriums erlöst; die Museumsschätze erhielten ihr neues Domizil in der Villa Metzler am Schaumainkai Nr. 15 und konnten am 26. Dezember 1967 auf 580 Quadratmetern Fläche der Öffentlichkeit erstmals in angemessenem Rahmen präsentiert werden. Die Villa Metzler war 1961 auf Initiative noch von Werner Bockelmann von der Stadt erworben worden. Die 60.000 Objekte dieser bedeutendsten Spezialsammlungen Deutschlands zur europäischen, islamischen und ostasiatischen angewandten Kunst brauchten dieses wiederum notdürftige Gastrecht nur so lange in Anspruch zu nehmen, bis 1985 der einzigartige Richard-Meier-Bau eine Zukunftsperspektive eröffnet.

Erst nach seiner Wiederwahl im März 1970 proklamierte Willi Brundert neben der Neuplanung für den Römerbergbereich jenes Ziel endlich zur „moralischen Pflicht", den Ausbau der Opernruine in Angriff zu nehmen, aber ohne den notwendigen Impetus, entsprechende Vorlagen im Magistrat einzubringen; er fürchtete, die SPD-Fraktion, die massiv dagegen war, werde ihm nicht folgen. Das Geldsammeln überließ der OB lieber dem Lautsprecher der „Aktionsgemeinschaft Alte Oper" Fritz Dietz, der 1984 mit der eitlen Übertreibung von seiner Lebensbühne abtreten wird, 11,5 Millionen D-Mark gesammelt zu haben. Als ich als zuständiger Dezernent später dem Magistrat die Rechnungslegung vorzutragen hatte, schrumpfte dieser Betrag auf ein gutes Viertel: Es waren lediglich drei Millionen, die Herrn Dietz' Aktion zu den insgesamt 200 Millionen DM Baukosten beigesteuert hatte. Als sein unbestrittenes Verdienst bleibt aber die unbeirrte Hartnäckigkeit zu würdigen, mit der er den Magistrat immer wieder an seine Pflicht erinnert hatte. 1976 wird schließlich ausgerechnet OB Arndt, der „Dynamit-Rudi", im Magistrat grünes Licht für den Wiederaufbau der Alten Oper geben.

Die unserer Goethe-Universität blicknah benachbarte Deutsche Bibliothek, in deren Verwaltungsrat Brundert Sitz und Stimme hat, wird 1969 kraft eines neuen Bundesgesetzes in eine „Bundesunmittelbare Anstalt des öffentlichen Rechts" umgewandelt. Das 1947 gegründete und vom legendären Hanns Wilhelm Eppelsheimer lange hochkompetent geleitete Institut definiert sich als „Gesamtarchiv des deutschsprachigen Schrifttums" und als nationalbibliographisches Informationszentrum der Bundesrepublik. Die Frankfurter Spezialsammlung „Deutsches Exilarchiv 1933–1945" dokumentiert Schicksale und Werke deutscher Emigranten aus jenen verlorenen Jahren und hilft den Soziologiestudenten bei der Analyse der faschistischen Synthese von Krieg, Ästhetik und Virilität Goebbelscher Prägung. 1990 werden die „Deutsche Bibliothek" und die Leipziger „Deutsche Bücherei" unter dem Namen „Die Deutsche Bibliothek" vereinigt. Im Mai 1997 bezieht die Frankfurter Abteilung den Neubau des Architekten Günter Behnisch an der Ecke Eckenheimer Landstraße/Adickesallee. Als Nachfolgerin von Klaus-Dieter Lehmann ist heute die gleichfalls hocheffiziente Elisabeth Niggemann Generaldirektorin der 2006 in „Deutsche Nationalbibliothek" umbenannten Institution mit den Standorten Frankfurt und Leipzig.

Der Frankfurter Lyriker Horst Bingel organisiert 1965 das Frankfurter Forum für Litaratur und trägt verwegen unkonventionell in vollbesetzten Straßenbahnen mit Hilfe eines Megaphons nicht nur eigene Gedichte vor. Per Tonband überbrücken die Rolling Stones mit *Satisfaction* Bingels Atempausen. Über das Telefon konnte man sich Bingels und anderer Autoren Lyrik auch zu Hause bequem im Ohrensessel zu Gemüte führen, zwischendurch versorgen Beatles-Platten den Telefonpartner mit akustischem Zeitkolorit.

Die schon 1961 unter Werner Bockelmann eingeführten „Tage der offenen Tür" erfreuen sich immer größerer Beliebtheit; sie ermöglichen es den Bürgern, hinter die Kulissen der städtischen Ämter und Institutionen zu schauen. Bei den Städtischen Bühnen war das sogar ziemlich wörtlich zu nehmen, hier konnte der neugierige Besucher unter den Brettern, die die Welt bedeuten, bis zur Drehbühne vorstoßen.

Was ein ewiges Rätsel bleiben wird: Warum hat in der Brundert-Ära Kulturdezernent Karl vom Rath, offenbar im Anflug einer gewissen Naivität, ein Dutzend Bilder von Max Beckmann widerstandslos nach Köln ins Wallraf-Richartz-Museum abwandern lassen? Diese hatten Jahrzehnte an den Wänden der engen Frankfurter Beckmann-Freundin Lily von Schnitzler darauf gewartet, eines Tages im Städel einer größeren Öffentlichkeit präsentiert zu werden. Als ich meinen geschätzten Vorgänger später befragte, warum er diesen Exodus nicht verhindert habe, argumentierte er moralisch: Weil Lily seine Tante sei und er Dienstliches und Privates strikt voneinander zu trennen wisse, habe er sich „nicht eingemischt", als sie mit dem Kölner Kulturdezernenten Kurt Hakkenberg verhandelt habe. Da die Mehrzahl von Beckmanns wichtigen Werken eines „trotzigen Vitalismus" in den Jahren von 1925 bis 1933 in Frankfurt entstanden ist, wären diese Bilder für das Städel eine enorme Bereicherung gewesen. Da unter Ernst Holzingers Ägide nur bis zu den „Brücke"-Malern gesammelt wurde, hätte dieser Zuwachs des historischen Massivs der Moderne eine ideale Verklammerung mit der Avantgarde darstellen können. Den Forderungen der Zeit genügten nach Holzingers Ausscheiden dann immerhin seine Nachfolger. Noch heute ist denen, die um den vermeidbaren Verlust wissen, die Verwunderung darüber anzumerken, denn „die Lily" war außer mit vom Rath auch mit Hermann Josef Abs verwandt.

Als der „Kulturbürger Brundert" 1969 als potentieller Nachfolger des Hessischen Kultusministers Ernst Schütte gehandelt wurde, dementierte er dies umgehend, zumal mit diesem Gerücht jenes andere die Runde machte, Walter Möller wolle ihn wegloben, um dann selber auf dem OB-Sessel Platz zu nehmen.

Harry Buckwitz' unwürdiger Abgang

Die große legendäre Theaterfigur Harry Buckwitz wurde im Kapitel Walter Kolb ausführlich gewürdigt. Sie ragt drei Spielzeiten noch hinein in die Amtszeit von Willi Brundert. Es war Walter Kolb, der 1950 mit der Berufung von Harry Buckwitz einen großen Coup gelandet hatte, als er ihn aus München nach Frankfurt holte. Als energischer Generalintendant der Städtischen Bühnen sollte er deren Neuanfang organisieren. Die Berufung dieser einzigartigen Theaternatur an die Spitze von Oper und Schauspiel hat sich als Glücksfall für unsere damals immer noch ziemlich kaputte Stadt erwiesen. Wie erfolgreich Buckwitzens kommunismusbereinigtes Brecht-Theater wurde, ist ausführlich in den Kapiteln über Walter Kolb und Werner Bockelmann nachzulesen; im Zusammenhang mit der Kulturpolitik der Ära Brundert interessiert hier nur die schmähliche Gleichgültigkeit, mit der Brunderts Magistrat meinte, mit dem kulturellen Symbol der Stadt, dem Theatergenie Harry Buckwitz umspringen zu dürfen.

Im besonders prekären Haushaltsjahr 1967 beklagte Stadtkämmerer Hubert Grünewald „die erschreckende Haushaltsentwicklung" ausgerechnet in einer der steuerstärksten Großstädte der Bundesrepublik. Also zog Grünewald im Magistrat die Notbremse: Die 50 Millionen DM teure Bundesgartenschau wurde als erstes gestrichen, die Straßenbahnkarten wurden teurer und die Gewerbesteuer heraufgesetzt. Ein sogenannter Überleitungsvertrag mit dem Land Hessen entlastet die Stadt endlich von den horrenden laufenden Kosten der damals noch aus dem Stadtsäckel alimentierten Universität. Nach einer wenig intelligenten Rasenmähermethode werden pauschal zehn Prozent aller Zuschüsse ohne Ansehen der Verdienste oder Verluste gekürzt.

Frankfurts Finanznot hatte auch für die kulturellen Subventionen ruinöse Folgen. Obwohl auch Brundert das Theater als unverzichtbares Medium gilt, auf dessen Bühne sich das Leben manifestiert und das so zugleich ein elementares Lebensmittel ist, hat er doch zugelassen, daß der Etat für die Städtischen Bühnen auf 14,7 Millionen Mark eingefroren wurde. Buckwitz hatte verzwei-

Oberbürgermeister Brundert und Kulturdezernent vom Rath mit dem neuen Generalintendanten der Städtischen Bühnen Ulrich Erfurth (links)

felt darum gekämpft, wenigstens 200.000 DM für den Gäste-Etat zu retten, um das hohe Niveau von Oper und Schauspiel einigermaßen halten zu können. Ach, leider vergebens. Ein großes „Ach" war auch das vieldeutige Schlußwort der Alkmene in Harry Buckwitz' klassischem Lieblingsstück, Kleists *Amphitryon*. Tief enttäuscht vom OB, vom Kulturdezernenten und vor allem von den SPD-Parlamentariern, die den Brecht-Exegeten bis dahin doch so sehr umschmeichelt hatten, zog Buckwitz die Konsequenzen, er stellte sein singuläres Lebenswerk zur Disposition: Bürgerstolz vor Königsthronen. Im Januar 1967 legte er sein Amt als Generalintendant nieder und kehrte mit Vertragsende 1968 Frankfurt den Rücken.

Nachfolger von Harry Buckwitz wurde Ulrich Erfurth, jener ewig zweite Mann von Gustaf Gründgens' Gnaden. Daß ausgerechnet der Präsident des Deutschen Bühnenvereins Willi Brundert Harry Buckwitz schnöde im Stich ließ, hat unter Deutschlands Theatern zwar keine öffentlichen Mißfallenskundgebungen hervorgerufen, aber doch allgemeines Kopfschütteln. Erfurths Größe existierte nur in den Köpfen konservativer Bewunderer, die ihn im Hauruckverfahren an Land gezogen hatten.

Die verflixten sieben Opernjahre der Brundert-Zeit

Mit Georg Soltis Karrieresprung vom Main an die Themse ins Royal Opera House in Covent Garden im Jahre 1961 begann in Frankfurt „die schreckliche, die kaiserlose Zeit". Kulturdezernent Karl vom Rath verpflichtet im selben Jahr den in Fiume, dem heutigen kroatischen Rijeka, geborenen Lovro von Matačić, der seine Karriere als Wiener Sängerknabe begonnen hatte.

Mit den beiden riskanten Opern *Jenufa* von Leoš Janáček und *Chowanschtschina* von Modest Mussorgski erringt Matačić 1963 die Sympathien des Publikums, und auch die Presse reagiert auf die beiden fulminanten Dirigate des Solti-Nachfolgers mit freundlichen Kritiken. Für die Wagner-Opern *Die Meistersinger* und *Rheingold* erntet Matačić dagegen wütende Totalverrisse, während sein *Tannhäuser* 1965 wieder laut beklatscht wird.

Bundesweite Beachtung findet die Premiere von Alban Bergs *Wozzeck* in der sensationellen Inszenierung des „Neubayreuthers" Wieland Wagner, dirigiert statt vom Hausherrn Matačić von Pierre Boulez. Wieland Wagner inszeniert 1965 hier auch Verdis *Otello*, diesmal mit André Cluytens am Pult. Mit Monteverdis *Die Krönung der Poppea* widmet sich Matačić mit großer Sensibilität der Barockmusik. Dieses 1642 in Venedig uraufgeführte Dramma per musica zeigt den schrecklichsten aller schrecklichen Cäsaren als einen Liebeswerber, der mit herrlich schöner Tenorstimme die Geliebte Poppea becirct: „Und doch kehre ich zurück, hierher wie die Linie zum Mittelpunkt, wie der Brennpunkt in den Kreis, wie der Bach zum Meer".

Lovro von Matačić hat sich 1966 mit einer souveränen Aufführung des *Freischütz* von Frankfurt nach Monte Carlo verabschiedet. Harry Buckwitz erweist seinem Sparringspartner höchste Referenz, indem er bei dieser Weber-Oper selber Regie führt. Für Matačić war die Romantik vor allem eine geistesgeschichtliche Epoche und deshalb eine seit den revolutionären Aufbrüchen des 18. Jahrhunderts bis heute nachwirkende Denkhaltung.

Bei objektiver Revaluierung der sechs Spielzeiten des Generalmusikdirektors Lovro von Matačić überwiegt zwar als dessen positiver Saldo die gelungene Popularisierung des Mediums Oper in unserer Stadt. Im Vergleich zu den Maßstäben, die Vorgänger Georg Solti und die späteren Nachfolger Christoph von Dohnányi und Michael Gielen für das Musiktheater weltweit in Frankfurt setzen, wird diese Zwischenphase aber als eine Zäsur bilanziert werden müssen, weil den provinziellen Horizont zu überschreiten letztlich doch mißlungen war.

Die Solti-Meßlatte weit unterschreiten wird Matačić-Nachfolger Theodore Bloomfield. Den Amerikaner hatten Brundert und vom Rath 1966 von der

Staatsoper Hamburg eingekauft, wo er als kleiner Repetitor von einer großen Karriere als Generalmusikdirektor träumte. Nach einer total vergeigten *La Bohème* blieb ihnen keine andere Wahl, als Bloomfield wieder vor die Tür zu setzen:

Da sich das künstlerische Personal der Oper der Städtischen Bühnen Frankfurt am Main und der Personalrat der Städtischen Bühnen weigern, weiterhin mit Ihnen zusammenzuarbeiten, sieht sich die Stadt Frankfurt im Interesse der Aufrechterhaltung des Theaterbetriebes genötigt, Ihr Dienstverhältnis mit sofortiger Wirkung aufzukündigen. Wir bedauern diese Entwicklung außerordentlich, konnten aber nur zwischen einer Unterbrechung des Opernbetriebes und der vorgezeichneten Kündigungsentscheidung wählen.

Das Orchester wollte sich nach Soltis Höhenflügen und Matačićs musikalischer Solidität nicht im Althergebrachten einrichten. Nachdem Oberbürgermeister Willi Brundert sich zum Fürsprecher des Orchesters aufgeworfen hatte, wird Bloomfield mit Einschreiben vom 13. November 1967 fristlos gekündigt. Der ultimative blaue Brief des OB wurde ihm netterdings an seinem Ferienort zugestellt. Die Kündigungsepistel wirft Bloomfield vor, „die deutschen Bühnenrechtsverhältnisse nicht respektiert und die Rechte der Bühnenvorstände mißachtet" zu haben. Außerdem, man höre und staune, ermangele Bloomfield der „für die Leitung einer Oper notwendigen menschlichen Qualitäten". Aber dies war noch nicht aller Tage Abend: Das Bühnenschiedsgericht verdonnert die Stadt Anfang 1968 dazu, die fristlose in eine ordentliche Kündigung umzuwandeln, um Bloomfield vom berufsschädigenden Odium des sofortigen Rauswurfs freizusprechen. Die Stadtbürokratie sah sich nach dem Urteil sogar verpflichtet, „mit einer Ehrenerklärung zur Fortsetzung seiner beruflichen Laufbahn wirksam beizutragen".

Und wie nur hatte ausgerechnet dem Präsidenten des Deutschen Bühnenvereins und juristisch versierten Oberbürgermeister von Frankfurt der blamable Fehler unterlaufen können, Christoph von Dohnányi als neuen Generalmusikdirektor schon unter Vertrag zu nehmen, als der alte „General" Bloomfield noch gar nicht rechtsgültig gekündigt worden war?

Christoph von Dohnányis musikalisches Genie hatte Georg Solti 1952 entdeckt, als er ihn für eine Monatsgage von 250 DM als Korrepetitor mit Dirigierverpflichtung an die Frankfurter Oper geholt hatte. Beide wird später eine Art Seelenverwandtschaft verbinden. Bevor Ulrich Erfurth, seit 1968 Generalintendant der Frankfurter Bühnen, Dohnányi hierher als Operndirektor verpflichtet, war dieser mit 27 Jahren in Lübeck der jüngste Generalmusikdirektor Deutschlands gewesen; in gleicher Position hatte er seit 1963 das Orchester am Staatstheater Kassel erfolgreich dirigiert.

So konnte sich Willi Brundert in der Spielzeit 1968/69 in seinem angestammten Opernsessel endlich wieder entspannt zurücklehnen, nachdem Christoph von Dohnányi mit der *Zauberflöte* das Publikum ans Herz gerührt hatte: Die Aufführung von Mozarts letzter Oper in der Regie von Filippo Sanjust entwickelte sich zum Kassenschlager. Sanjust hatte bei der Inszenierung dieses vom Humanismus durchdrungenen Ideendramas Emanuel Schikaneders nicht mit heiteren Einfällen gespart. Unvergeßlich auch die glockenreinen Koloraturen der Königin der Nacht, gesungen von Edda Moser, deren angenehmes Timbre munter durchs Weltall tönt, seit die NASA sich ihres strahlendsinnlichen Glanzes versicherte.

Auch mit Verdis grandiosem *Rigoletto* und mit Debussys *Pelleas et Mélisande* rief Christoph von Dohnányi wahre Beifallsstürme hervor. Nicht nur lagen ihm die angestammten Frankfurter Opernhabitués zu Füßen, auch die jüngere Generation bevölkerte endlich das Haus. Bevor Willi Brundert von seiner Lebensbühne abtreten wird, beeindruckt ihn im Jahr 1969 die provokante Regie des Tschechen Václav Kašlík mit orgiastischen Bildern des libidinös-liberalen Justemilieus in Sergej Prokofjews *Der feurige Engel* unter Christoph von Dohnányis kongenialem Dirigat. Kašlík und Dohnányi erzeugen mit faunisch überglänzten Eruptionen neugieriges Interesse für das Musiktheater. Ähnlich wie in der katholischen Ikonographie gelingt es dem Zusammenspiel von Regie und Orchester, die glühenden Ausschweifungen der Leidenschaften bild- und musikästhetisch zu manifestieren. Während für Solti der Primat des musikalischen Stils galt, rangierte für Solti-Verehrer Dohnányi der Stoff, also das Libretto, gleichberechtigt neben der Partitur, und erst die Symbiose aus beiden erzeugte den neuen Stil des Frankfurter Musiktheaters.

Spekulanten zerstören das Westend

„Eigentum verpflichtet. Sein Gebrauch soll zugleich dem Wohle der Allgemeinheit dienen". So unmißverständlich definiert unser am 23. Mai 1949 in Kraft gesetztes Grundgesetz die „Sozialpflichtigkeit" des Eigentums, die damit als „Sozialbindungsklausel" auf den moralischen Begriff gebracht wurde. Den Blickwinkel des Juristen Willi Brundert bestimmte wie schon bei Immanuel Kant zentral die Balance zwischen Recht und Moral, die, wie am Beispiel der

Westendproblematik erweislich, nicht immer zur Deckung zu bringen sind. Am Beispiel Westend läßt sich die gesellschaftliche Verantwortung der Politik an ihren Versäumnissen und an den zu faulen Kompromissen weichgespülten Magistratsbeschlüssen anschaulich machen. Brundert schien letzten Endes die Suggestion von Lösungen wichtiger als die Lösung selbst.

Weil sich mit Frankfurt-typischer Dynamik hierorts Probleme und Konflikte schon immer sehr viel früher und auch schärfer ankündigen als in anderen deutschen Großstädten, entdeckte und „kultivierte" hierorts auch die zwielichtige Spezies der Bodenspekulanten ihr Talent zum Unwesen früher als anderswo, als sich im relativ homogenen sozialen Milieu des schönen westlichen Westends die Möglichkeit der schnellen Geldvermehrung bot. Die Namen der Missetäter, die mit ihrer schrankenlosen Erwerbsgier das Westend stigmatisiert haben, sind stadtbekannt. Das dubiose Mehrwert-Einmaleins haben sie ebenso leicht gelernt, wie die Lücken der Legalität zu entdecken und gnadenlos auszuschöpfen. Mit Krediten wurden leerstehende Bürgervillen aufgekauft und „entmietet", um sie so lange vor sich hin rotten zu lassen, bis dafür Abbruchgenehmigungen erteilt wurden, um Gefahren für Leib und Leben vorzubeugen. Bald waren die Preise für die begehrten Filetstücke im vornehmen Ambiente derart in die Höhe geschnellt, daß sie nur noch von potenten Firmen und solventen Societäten und natürlich erst recht von den Spekulanten und Lobbyisten erworben werden konnten. Lobbyismus als eine der Geiseln der Demokratie war über Nacht salonfähig geworden. Die Haus- und Bodenkäufe wurden aber nicht nur für die neuen Verwertungsinteressen der Spekulanten zur Goldgrube, sondern auch für manchen Altbesitzer. Es waren nicht zuletzt diese Ambivalenzen der Interessen, die es schwierig machten, die Schuldigen dingfest zu machen und an den Pranger zu stellen.

In der Phase der großen marxistischen und pseudomarxistischen Theoriebildungen Ende der sechziger Jahre verdient die ideologiefreie und pragmatisch orientierte, gleichwohl lautstark agierende „Aktionsgemeinschaft Westend" (AGW) hier besonders gewürdigt zu werden: Sie hat diese Mißstände energisch angeprangert und dabei die frühen Versäumnisse der Stadtverwaltung in ihre Kritik schonungslos einbezogen. Die Aktionsgemeinschaft bestand aus autonomiefähigen Bürgern, deren heiliger Zorn von den kommunalen Planern bald auch ernst genommen wurde. Die Spuren der Westend-Zerstörung reichen aber bis tief in die Zeit der skrupellosen Arisierungspolitik der Nazis zurück, die jüdisches Eigentum gnadenlos enteigneten. Damals ist der Stadt zum Beispiel der Rothschildpark zugefallen, dessen blühende Flächen 1812 von Amschel Mayer Rothschild erworben worden waren. Auf dessen der Alten

Demonstration der „Aktionsgemeinschaft Westend" im Oktober 1970 an der Hauptwache

Oper zugewandten über 100 Meter breiten Servitutstreifen hat die Stadt hoher Verkaufsrendite wegen Büroklötze zu bauen erlaubt, wie das 1961 von den Architekten Udo von Schauroth und Werner Stückeli hochgezogene Zürich-Hochhaus. Dies war der Beginn des Niedergangs dessen, was im Westend einmal als heile Wohnkultur der Stolz der Stadt und ihrer Bürger gewesen war.

„Westend" wird jenes Areal genannt, das begrenzt wird vom Reuterweg, der Bockenheimer Anlage, der Taunusanlage, Teilen der Mainzer Landstraße, der Friedrich-Ebert-Anlage, der Senckenberganlage, dem südlichen Rand des Palmengartens und des Grüneburgwegs. Aufgrund einschränkender bundesgesetzlicher Vorgaben vom 1. Januar 1968 waren der Stadt Frankfurt juristisch die Hände gebunden, legal gegen die Zweckentfremdung von Wohnraum einzuschreiten. Erst drei Jahre später, mit dem „Gesetz zur Verbesserung des Mietrechts" vom 4. November 1971, verfügte die Stadt endlich über juristische Handhaben gegen derlei Umtriebe. Eine effiziente Strategie gegen Korruption und Bauspekulation hat der Magistrat aber viel zu spät entwickelt. Gier, diese neue Koordinate in unserem Werte- und Verwertungssystem, läßt sich gesetzgeberisch nicht unter Strafe stellen. Und so gleicht der Westend-Krimi Alfred Hitchcocks aufwühlendem Film *Vertigo* (1958), in dem am Ende Vergangenheit und Zukunft die Plätze tauschen, im Westend: Bürgervillen versus Hochhäuser.

Meisterschüler der „Frankfurter Schule", haben Alexander Kluge und Edgar Reitz mit ihrem gesellschaftskritischen Film *In Gefahr und höchster Not bringt der Mittelweg den Tod* (1974) die Räumung besetzter Häuser und die Ideologie der Abrißbirnen im Westend radikalkritisch thematisiert. In atemberaubender Schnittfolge bilddokumentarischer und kommentierender Analyse ist ihnen ein Panorama bundesdeutscher Befindlichkeit und eine überaus sensible Wirklichkeitsforschung mit visueller Anschauung gelungen. Die Hoffnung, daß aus dieser politischen Botschaft auch die politischen Schlußfolgerungen gezogen würden, versandete allerdings im öffentlichen Debattenzirkus (den Filmtitel hat Kluge übrigens von dem Epigrammatiker des Barock Friedrich von Logau wortwörtlich übernommen).

Das Jahr der Studentenrevolte 1968 und die Hausbesetzungen im Westend

Den „Mai der Anarchie" 1968 erlebte ich als Filmjournalist an der feudalen Croisette. Die ebenso kabarettreife wie gewaltsame Besetzung der Filmbühne in Cannes durch Pariser Studenten und deren linke Sympathisanten aus dem cineastischen und intellektuellen Milieu schien zunächst mehr Happening-Charakter als revolutionärer Ernst zu begleiten. Mit der Besetzung des Festivalpalais an der Côte d'Azur wurde nicht nur dem Filmfest der Garaus gemacht, die vielen Kamera-Augen sendeten ein wirksames Mediensignal für weit schärfere Eskalationen nach Frankfurt, Berlin und in andere Universitätsstädte mit hochgradig erregten Kulturszenen. Damit hatte die studentische Protestbewegung, die sich von Paris bis in die USA unter der neuen Formel „Gegenkultur" sammelte, auch in Frankfurt militante Formen angenommen. „1968" war für Ralf Dahrendorf „ein Reformbeschleuniger". Die Protagonisten der Gegenkultur sahen sich in den Worten von Anatole France als „Gebildete ohne politisches Mandat", die den „Ausbruch aus dem begrenzten Raum eines spezifischen Berufs zu dem offenen Raum allgemeiner Politik" wagen wollten. Für die Anarchisten war das Grundgesetz mehr pure Lyrik als geltendes Recht. Gegen Ende der Brundert-Zeit begann ein nachhaltiger Paradigmenwechsel in Politik, Kultur und Philosophie. Der zivile Ungehorsam hatte zwar in Mahatma Gandhi sein Vorbild, dessen Konzept des gewaltfreien Widerstandes wurde jedoch nicht immer befolgt.

Im Frühjahr 1968 befaßte sich in Frankfurt der 16. Deutsche Soziologentag mit der gesellschaftstheoretischen Kontroverse „Spätkapitalismus oder Industriegesellschaft". Während Theodor W. Adorno als Vertreter der Kritischen Theorie den Herrschafts-Charakter der spätkapitalistischen Produktionsverhältnisse in der Bundesrepublik kritisiert, wodurch der Mensch zum bloßen Anhängsel der Produktionsmaschinerie herabgewürdigt werde, die sein Bewußtsein „verdingliche" und „gesellschaftliche Entfremdung" zeitige, vertritt Ralf Dahrendorf die gegensätzliche Position: Der Pessimismus Adornos verbarrikadiere den Weg des Menschen zu einer allmählichen Verbesserung unserer Industriegesellschaft. Jürgen Habermas kritisiert den Zerfall der liberalen Öffentlichkeit und entlarvt die sogenannten Sachzwänge der Industriegesellschaft als „technisch-wissenschaftliche Ideologie". Energischer Gegenpol zur „Frankfurter Schule", hält Karl Popper die Frage nach der Wahrheit einer Theorie für nicht entscheidungsfähig; er unterstellt, daß die menschliche Vernunft fehlbar sei, weshalb jede Theorie in Teilaussagen seziert werden sollte, die an der Erfahrung überprüft werden müßten. Auch Adornos Frankfurter Studenten halten dessen philosophische Idee der Herrschaftsfreiheit für einen Traum, der sich von der gesellschaftlichen Wirklichkeit entferne und deshalb praxisuntauglich sei.

Das Enfant terrible der Studentenbewegung: Daniel Cohn-Bendit mit Günter Amend (links) und Karl Dietrich Wolff (rechts)

Nach dem Attentat auf Rudi Dutschke am 11. April 1968 in Berlin erlebte am Ostermontag die Stadt im Gallus die wohl gewalttätigsten Auseinandersetzungen seit Kriegsende. Am Main wurden die 68er weitgehend von der außerparlamentarischen Opposition der Studenten gesteuert. Man protestierte generell gegen einen wildwüchsigen Kapitalismus, gegen ein menschenmordendes militärisches Engagement der USA in Vietnam und hier in Deutschland speziell gegen die Notstandsgesetze der Großen Koalition unter Kurt Georg Kiesinger und Willy Brandt sowie die Springer-Presse. In Frankfurt zündete die Revolte außer auf dem Campus selbst vor allem im benachbarten Westend ihre verbalen Brandsätze. Die illegale Besetzung von Wohnraum war weniger aus der Not geboren, als vielmehr dem Kampf gegen ökonomische Verwertungsmodelle gewidmet. „Es handelt sich bei diesem radikalen Vorgehen um eine Mischung von ideologiegesteuertem Handeln, spielerischer Aktivität und bequemer und billiger Selbstversorgung mit Wohnraum", urteilte Frolinde Balser. Die Bündelung der „revolutionären Kräfte" in einem sogenannten „Häuserrat" hat diese Jugendlichen weiter politisiert. Frankfurt galt als Beispielort dessen, was als „Gegenöffentlichkeit" mit einer neuen Variante der Politikverdrossenheit die Politiker zur Überprüfung ihrer Handlungen zwingen sollte. Sie wollten die Coda aus Slátan Dudows Film *Kuhle Wampe oder Wem gehört die Welt* (1932) in Realität umschlagen: „Verändern wollen nur diejenigen etwas, denen diese Welt nicht gefällt."

Einer der Köpfe des Sozialistischen Deutschen Studentenbunds (SDS), Jürgen Krahl, nahm am 18. April 1968 speziell OB Willi Brundert ins Fadenkreuz seiner aggressiven Polemik. Als kranker Mann aus einer Reha-Klinik im Salzburgischen couragiert vorzeitig ins Zentrum der Osterunruhen nach Frankfurt geeilt, hat sich Brundert mit offenem Visier und gewohnt scharfzüngig einer giftigen Konfrontation mit den opponierenden Studenten gestellt. Deren Protestaktion richtete sich nunmehr ganz konkret gegen den Mordversuch an dem mit einem sympathisierenden Presse-Echo zum Idol aufgestiegenen Rudi Dutschke. Allein weil Brundert sich beherzt mit den „Staatsfeinden" auf eine Diskussion überhaupt eingelassen und im Getümmel der Debatten keine schlechte Figur gemacht hatte, hagelte es Kritik der CDU. So mußte der OB in der Parlamentssitzung am 21. Mai 1968 zwischen den Positionen von FDP und CDU changieren. Während die FDP den Polizeiknüppel für ein martialisches Argument hielt, sprach Hans-Jürgen Moog von der CDU vom „Landfriedensbruch" militanter Extremisten. Die SPD fand, die *cause célèbre* sei kein Heldenstück und qualifizierte den Polizeieinsatz als unangemessen. Von der Presse befragt, fühlte sich Frankfurts SPD-Vorsitzender Walter Möller auf den Plan gerufen und sprach Brundert das „volle Vertrauen" aus. Dieser habe sich „auf erfolgreiche Weise bemüht, das Recht auf Meinungs- und Versammlungsfreiheit mit den Interessen der Bürger an der Erhaltung der öffentlichen Ordnung zu verbinden." Den Studenten und versprengten linken Intellektuellen riet der SPD-Unterbezirk: „Macht Schluß mit dem Terror, macht einen neuen Anfang." Die diversen Versammlungen und Demonstrationen, oft mit fröhlichem Event-Charakter, stifteten ein Gemeinschaftsgefühl von hoher Attraktivität für junge Leute mit vielfältigen Lebensstilen einer individualisierten Gesellschaft. Daniel Cohn-Bendit wurde ihr Idol und avancierte bald zum Prototyp des gegenkulturellen Intellektuellen. Der zum Enfant terrible Geadelte, dessen politische Karriere in Frankfurt begann, hat es verstanden, mit seinen Wortkünsten Emotionen freizusetzen, wie im Kino sein Idol Dennis Hopper. Auch die Beatles waren nicht nur die populärste Popgruppe, sie veranschaulichen mit ihren Songs auch den gesellschaftlichen Wandel.

Im Deutschen Bundestag wurde am 30. Mai 1968 das Siebzehnte Gesetz zur Ergänzung des Grundgesetzes verabschiedet; es enthielt Regelungen für äußerste Notsituationen im „Verteidigungs- und Spannungsfall" sowie bei inneren Notständen wie Unruhen oder Katastrophen, die unter dem Begriff „Notstandsgesetze", jener Konstante des damaligen linken Diskurses, bekannt und berüchtigt waren. Damit konnte alles, was sich als Verstoß gegen die verfassungsmäßige Ordnung interpretieren ließ, mit dem rohen Gewaltpotential des Staates handgreiflich geahndet werden. Im Vorfeld der Bonner Beratungen versammelten sich bereits im Oktober 1966 Tausende zu einer Protestaktion vor dem Frankfurter Römer, die sich wesentlich aus ihrem Widerspruch definierten. „Notstand droht durch Notstandsgesetze" schrieben sie in roten Versalien auf ihre Transparente. Unter den Demonstranten sah man die erste Garde der Intellektuellen, darunter Alexander Mitscherlich und viele andere Professoren und Studenten, auch führende Gewerkschafter. Sie forderten vom Vorsitzenden der IG Metall, Otto Brenner, einen Generalstreik gegen die Notstandsgesetze auszurufen. Die Politik zeigte sich indessen unfähig, an die seriösen Anhänger des Utopismus der 68er ihrerseits Gegenentwürfe zu adressieren.

Am 14. September organisierte der SDS eine Bundesdelegierten-Konferenz in der Stadt der Kritischen Theorie. Nachdem sie tagelang die Uni lahmgelegt hatten, überklebten die Studenten die Portalinschrift der Goethe-Universität mit den roten Lettern „Karl Marx-Universität". Das meistgelesene Buch in der damaligen Studentengeneration war aber nicht *Das Kapital*, sondern Adornos folgenreiche *Dialektik der Aufklärung* (1947). Sie war gedacht als ideologiekritische Reflexion der Krise der europäischen Zivilisation. Auch Adornos Opus magnum *Minima Moralia* (1951) hat diese Generation bewegt und geprägt: „Es gibt kein richtiges Leben im falschen", heißt es in diesen „Reflexionen aus dem beschädigten Leben", einer aphoristisch zugespitzten Sammlung kürzerer und härterer Analysen und sozialpsychologischer Spekulationen über die moderne Gesellschaft. Diese „Lehre vom richtigen Leben" redet nicht zuletzt auch einer Rettung der Transzendenz ins Ästhetische das Wort. Bei allem gebührenden Respekt vor dem großen, aber eben auch irrenden Philosophen Adorno scheitert dieser in Frankfurt letztlich ausgerechnet an jenen Studenten, die ihn einst auf ihren Schild gehoben hatten. Auch linksliberale Hochschullehrer vom Range eines Jürgen Habermas oder Ludwig von Friedeburg blieben von den Verbalattacken der Aufrührer nicht verschont. Sie hatten es schlicht versäumt, akademische Denkmuster in die Sprache derer zu übersetzen, die davon Gebrauch machen sollten.

Die gegen die Väter-/Tätergeneration aufbegehrende neomarxistische Protestbewegung der prinzipiell widerständigen 68er, die sich in willkürlicher Exegese zwar mit Adornos Gesellschaftsanalyse identifizierten, auf der anderen Seite seine ästhetische Theorie aber als hermetische Sprachbarrieren errichtende und deshalb für die politische Praxis untaugliche Philosophie verurteilten, hielt die Dualität von ästhetischer und lebenspraktischer Sphäre für unauflösbar. Die Studenten machten ihrem Frust buchstäblich leibhaftig Luft: Barbusig umtanzten Kommilitoninnen im großen Hörsaal der Goethe-Universität ihr Idol am Katheder, um es zu entzaubern. Daß ihnen die Argumente fehlten, versuchten sie mit Entblößungen zu verdecken. Diese waren quasi die vulgarisierten Wirkungen großer Ideen. Konsequent hat sich nach diesem „Busenattentat" Adorno ein für allemal von der Alma mater verabschiedet. Der große Mandarin der „Frankfurter Schule" starb am 6. August 1969 während eines Urlaubs fernab seines Geburtsortes Frankfurt in den Walliser Alpen.

Auch nachdem die Barrikaden passé waren, hatte die revolutionäre Stimmung in Frankfurt noch für mehrere Jahre Konjunktur wie die Klingeltöne der 68er mit „Phantasie an die Macht". Radikale wie Andreas Baader und Gudrun Ensslin hatten am 2. April 1968 in Frankfurt zwei Kaufhäuser in Brand gesteckt. Beide Brandstifter mutierten später zu Exponenten der Roten Armee Fraktion (RAF). Der gemeinsame Nenner der RAF-Mitglieder war deren Paranoia.

Im „Jahr der Anarchie" mußte Willi Brundert im Westend eines seiner wohl schwierigsten Probleme lösen. Nachdem die Gesellschaft individualistischer und die Individuen autonomer geworden waren, drohte die in viele Milieus mit vielfältigen Lebensstilen und Zukunftsentwürfen aufgefächerte Gesellschaft auseinanderzufallen. Die diffuse gemeinsame Motivation vieler war ihr Mißtrauen gegenüber jeder Art von politischer Autorität. Brundert hat versucht, jenes Minimum an Zivilität zu retten, weil ohne dieses Minimum ein gemeinschaftliches Leben nicht gelingen konnte.

Frankfurt galt schon immer als die deutsche Stadt, in der sich politische Entwicklungen und gesellschaftliche Veränderungen zuerst ankündigen. Diese Gewißheit wurde in den unruhigen sechziger Jahren für den Oberbürgermeister zur Bewährungsprobe seiner politischen Sensibilität und eine zugleich ultimative Herausforderung, der Willi Brundert bewundernswert souverän mit seiner schärfsten Waffe, seinem exzellenten Verstand, begegnen konnte. Für ihn galt der Staat und seine Rechtskultur als wichtigster Produzent einer Sicherheit, die unsere Freiheit garantiert. Dies war nichts weniger als ein Plädoyer für eine ernste deutsche Staatsräson: „Das Gesetz nur kann uns Freiheit geben", heißt es in einem Gedicht des Juristen Goethe.

Im Mai 1970 hat sich Brundert öffentlich für die Durchsetzung einer „Ordnung der Grundstückspreise" mit dem Ziel eingesetzt, „die ungehemmte Bodenspekulation zu bekämpfen" und „wichtige Sanierungen" durchzuführen, weil die Kumulation all dieser Tatbestände „dringend gesetzlicher Regelungen" bedürfte, um die „moderne Stadtentwicklung" nicht länger zu behindern. Die AGW (Arbeitsgemeinschaft Großer Wohnungsunternehmen) publizierte eine faktengenaue Zustandsbeschreibung unter dem Titel „Ende der Wende. Westend"; der Text war kritisch und konstruktiv und hat durch probate Alternativen zur Versachlichung wesentlich beigetragen.

Viele der selbstermächtigten Hausbesetzer im Westend waren Studenten und militante Sympathisanten der 68er, die mit antibürgerlichem Ingrimm auf höchst anschauliche Weise gegen das Spekulantentum im Westend zu Felde zogen. Die Inkunabel der Hausbesetzung war am 20. September 1970 das Haus Nr. 47 an der Eppsteiner Straße, nachdem zwei Tage vorher der Magistrat eine Veränderungssperre für das Westend erlassen hatte. Das Haus hatte lange leergestanden, obwohl die Wohnungsnöte nach wie vor groß waren. Ich habe im Nachbarhaus von Heinz Ungureit die Hausbesetzung aus nächster Nähe miterlebt, nachdem ich in derselben Woche dort Quartier bezogen hatte, um mich als designierter Kulturdezernent den verschiedensten Gremien und „Entscheidungsträgern" vorzustellen. Das aggressive politische Klima hatte mich nicht abgeschreckt, Walter Möllers Einladung anzunehmen, von Oberhausen nach Frankfurt zu wechseln. Im Gegenteil hat diese Herausforderung meine Entscheidung für die Mainmetropole beflügelt.

Ausgerechnet im Jahr der Studentenrevolte 1968 erhält der senegalesische Staatspräsident und Philosoph Léopold Sédar Senghor in Frankfurt den Friedenspreis des Deutschen Buchhandels, der sein ramponiertes Image durch diesen Preis zu heben hoffte: Kurz zuvor hatte er noch die kritischen Geister der senegalesischen Studentenbewegung brutal niederknüppeln lassen. Senghor erhielt diese Ehrung als „Schriftsteller und Verfechter der Négritude", worunter jenes neue Selbstbewußtsein verstanden wird, das mit der ehemaligen Kolonialmacht Frankreich Frieden geschlossen hat. Senghor plädiert für eine „Métissage culturel", für eine stärkere Verbindung der afrikanischen mit der europäischen Kultur. Hauptsache: „die in Frankfurt vor der Paulskirche protestierenden Studenten hatte die Polizei fest im Griff" (*Die Zeit*).

Die Causa Littmann und das imperative Mandat

Nach „brutalen Übergriffen der Polizei" (*Frankfurter Rundschau*) gegen die Hausbesetzer im Westend und nach martialischen Wasserwerfereinsätzen gegen dreiste Steinewerfer bei Demonstrationen hat der SPD-Parteitag auf einer Sondersitzung im Januar 1970 den Magistrat ultimativ aufgefordert, den promovierten Polizeipräsidenten Gerhard Littmann schleunigst in Rente zu schicken. Da zu jener Zeit der militanten Nachwirkungen der 68er-Revolte einen Polizeipräsidenten noch der Status eines kommunalen Wahlbeamten vor sozialer Unbill schützte, war eine Entlassung in den einstweiligen Ruhestand jedenfalls juristisch kein Problem. Für den Magistrat allerdings erwies sich der Fall insofern als Crux, als vor den Schranken der Verfassung ein imperatives Parteitagsmandat deshalb keinen Bestand hat, weil damit kein Rechtsanspruch geltend gemacht werden kann. Der Magistrat hat nach einem zügig nachfolgenden Sonderparteitag der SPD im Februar 1970 die Causa Littmann aber vor allem deshalb zunächst nicht mehr auf die Tagesordnung gesetzt, weil Oberbürgermeister Brundert zu dieser Zeit in der Uniklinik das Bett hüten mußte.

Hinter vorgehaltener Hand wurde sogar gemunkelt, es werde ein Junktim zwischen der Zustimmung zur Entlassung Littmanns und der anstehenden Wiederwahl Brunderts zum OB diskutiert. Der Fraktionsvorsitzende der CDU Jürgen Moog hatte zwar mit gehörigem Unmut gegen die bevorstehende Entlassung des Prügelknaben Littmann gewettert. Da die CDU aber die damals noch gut funktionierende Römerkoalition deshalb nicht gleich aufkündigen wollte, beließ man es beim unmißverständlichen Protest. Den SPD-Parteitagsbeschluß begrüßt hatte dagegen die Deutsche Friedens-Union. Sie hielt

Demonstration gegen die „Notstandsgesetze" in Frankfurt 1967

dem Polizeipräsidenten vor, er habe „wesentlichen Anteil an faschistoiden Polizeipraktiken gegen demonstrierende Studenten" und sei auch noch dafür verantwortlich, „daß NPD-Schläger ungehindert friedliche Demonstranten niederschlagen konnten". Die *Frankfurter Rundschau* sprach von einem „glatten Verstoß gegen das Gesetz und gegen die Hessische Gemeindeordnung".

SPD-Vorsitzender Willy Brandt hat in der Bonner SPD-Baracke den Frankfurter SPD-Parteivorsitzenden Walter Möller zum Komplex Littmann danach befragt, ob womöglich die bundesweit diskutierte Entlassung des Polizeipräsidenten die Wiederwahl Brunderts gefährde. Nachdem Möller diese Befürchtung hatte zerstreuen können, habe Willy Brandt ihm geraten, „den Fall Littmann auf ordentliche Weise zu bereinigen". Daß Littmann bei einer Diskussion der Satz entschlüpft war, er habe genauso wenig Vertrauen zu Herrn Möller wie dieser zu ihm, dürfte die Lösung des Problems nicht erleichtert haben.

Daß sich Willi Brundert in der Littmann-Affäre nicht wie sonst zum Herrn des Verfahrens aufwerfen mochte, schadete seiner Reputation. Auf dem ersten Parteitag des SPD-Bezirks Hessen-Süd nach dem beschlossenen Aus für den ungeliebten Polizeichef wurden OB Brundert und Walter Möller nicht wieder in den Bezirksvorstand gewählt, was nach Meinung der *Frankfurter Neuen Presse* aber wohl weniger mit der Causa Littmann zu tun hatte: In diesem demonstrativen Akt der Abwahl der beiden Frankfurter Spitzengenossen hätten vielmehr die unzufriedenen Landräte ihren Unmut darüber zum Ausdruck bringen wollen, daß die Stadt von der Landesregierung „in Sachen U-Bahn-Bau, Wohnungsbau und hinsichtlich des Ausbaus des Stadions für die Fußball-Weltmeisterschaft" Millionenbeträge erhalten habe, während das Umland darbe. „Das ist der Neid derjenigen", konterten die aufgeschreckten Frankfurter Spitzenfunktionäre, „die über ihren Kirchturm nicht hinausschauen können".

Auf dem lokalen SPD-Unterbezirksparteitag im Bürgerhaus Nordweststadt wurde Willi Brundert dann aber von immerhin 246 von 335 Genossen für eine zweite Amtszeit als Oberbürgermeister vorgeschlagen. Bei Verdacht auf eine Lungenentzündung hatte Brundert an der Veranstaltung allerdings selber nicht teilnehmen können.

Brundert wird im März 1970 mit beeindruckenden 67 von 81 Stimmen als OB wiedergewählt. Er verdankt diese breite Zustimmung wohl auch seiner Bündnistreue gegenüber der CDU und der Tatsache, daß er sein Versprechen eingelöst hat, die Opposition als demokratisches Korrektiv zu respektieren, indem er ihre Einsprüche ernsthaft unter die Lupe nahm.

Erst nach Willi Brunderts Tod hat der Magistrat dann unter dem energischen Vorsitz seines Nachfolgers Walter Möller am 13. Juli 1970 mit Mehrheit entschieden, Gerhard Littmann in den Dauerurlaub zu schicken.

1968 firmiert die Frankfurter Alma mater für einige Tage unter „Karl Marx-Universität"

Warum tagen die Parlamentsausschüsse nicht öffentlich?

Neun Monate vor seiner Wiederwahl bringt ein Leitartikel der *F.A.Z.* den Oberbürgermeister in Erklärungsnöte. Es geht um die Frage, ob – wie seit Jahren in Bayern erfolgreiche Praxis – auch in Hessen Parlamentsausschüsse öffentlich tagen dürfen oder verfassungsgemäß sogar öffentlich tagen müßten. Einerseits begrüßt Brundert diese Öffnung für eine an der Parlamentsarbeit interessierte Bevölkerung, andererseits votiert er gegen die Öffentlichkeit der Ausschußsitzungen als Regel. Denn sooft vertrauliche Dinge zur Debatte stünden, müsse die Öffentlichkeit jedes Mal wieder ausgeschlossen werden, die Bürger hätten den Sitzungsraum dann zu verlassen. Wenn Brundert weiter argumentiert, daß die Ergebnisse der Beratungen in den Ausschüssen unter öffentlichen Druck geraten und so die Entscheidungen des Plenums beeinflussen könnten, „so nötigt das dem halbwegs informierten Bürger nur ein müdes Lächeln ab", schreibt die *F.A.Z.* Das Blatt fordert Brundert auf, bitte einen einzigen Fall zu nennen, in dem das Plenum je gegen die Empfehlung eines Ausschusses entschieden habe, und gibt außerdem zu bedenken: „Es würde, um ein aktuelles Beispiel zu nennen, den Bürger weit mehr interessieren, aus einer öffentlichen Sitzung des Schulausschusses die Bedenken der Fachleute des Revisionsamtes gegen die Ausgabe einer halben Million für die Schulfernsehanlage in der Gesamtschule Nordweststadt zu erfahren, als aus der öffentlichen Stadtverordnetensitzung Auszüge des Monologs, mit dem Schuldezernent Rhein dieses sein Lieblingsspielzeug verteidigt hat. Die Öffentlichkeit als Regel dort abzulehnen, wo Verwaltung den Stadtverordneten gegenüber in permanentem Dialog ist, in den Ausschüssen nämlich, steht einem Verwaltungchef schlecht an."

Erst mit der Änderung der Hessischen Gemeindeordnung durch Ministerpräsident Roland Koch im Jahre 2005 wird die Öffentlichkeit kommunaler Parlamentsausschüsse gesetzlich geregelt werden. Ein wichtiger Beitrag zur Demokratisierung der Politik, die transparenter wird, indem sie das Bürgerinteresse an der Städteentwicklung steigert. Dem meinungsoffenen Brundert galt Information als Währung der Demokratie.

Frankfurt als Banken- und Wirtschaftszentrum der Republik

In der „traditionellen Mission dieser Stadt als eines seit Jahrhunderten gewachsenen Zentrums vielschichtiger Wirtschaftsgebarung" erkannte Willi Brundert seinen Auftrag für Frankfurts Zukunft. Schon zu Beginn seiner Amtszeit galt die Mainmetropole nicht nur als eines der wichtigsten Finanzzentren der westlichen Welt: „Das Wesentliche an der heutigen Frankfurter Wirtschaft ist ihre Vielfalt. Ihre Struktur findet in dieser Tatsache allein ihre plausible, von allen Konjunkturschwankungen unabhängige Begründung. Zugleich ist dieser Umstand für die Stellung der Stadt zu ihrer Umgebung von ausschlaggebender Bedeutung. Frankfurt am Main ist die Metropole des rhein-mainischen Wirtschaftsgebietes." Der damit einhergehenden großen Aufgabe der „Sicherung bestehender und Schaffung neuer Arbeitsplätze sowie die Stärkung der finanziellen Leistungskraft der Stadt zur Durchführung sozialer, städtebaulicher und kultureller Zwecke" fühlte der neue Oberbürgermeister sich zutiefst verpflichtet. Zur Durchsetzung dieser Ziele wurde sogar ein spezielles Amt für Wirtschaftsförderung geschaffen.

Der Name Brundert stand als Garant für eine sozial unterfütterte, freiheitliche Marktwirtschaft im Sinne von Adam Smith, der Marktwirtschaft als ein System der natürlichen Freiheit interpretiert, in dem das vom Selbstinteresse geleitete Handeln der Individuen wie durch eine „unsichtbare Hand" in einem sozialökonomischen Optimalzustand zu einer neuen Morgenröte geführt werde.

Wegen des notorischen Arbeitskräftemangels werden auch in Frankfurt verstärkt ausländische Arbeitskräfte angeworben. Wir erinnern uns: 1964 betritt der einmillionste Gastarbeiter deutschen Boden. In den sechziger Jahren malochten noch 50 Prozent der Berufstätigen als Arbeiter in diversen Blue-Collar-Berufen, heute sind es in Frankfurt keine zehn Prozent mehr.

Brundert und die Bibel

Vor den Gläubigen der Evangelischen Ostergemeinde offenbarte in vornehmer Dosierung Willi Brundert sein Seelenleben. Am Buß- und Bettag des Jahres 1966 handelt er in einer Vortragsreihe unter dem betulichen Titel „Zur christlichen Sittenlehre und den zehn Geboten" das Thema „Wie ein Politiker die Bibel versteht" ab. Die zehn Gebote seien für einen der christlichen Weltanschauung verpflichteten Politiker „im Sinne des Absoluten" verbindlich. Mit anderen Worten, eine individuelle Auslegung der Bibel ist nicht tolerabel.

Brundert widersprach der gängigen Meinung, das Leitbild von Politikern dürfe sich im sittlichen Bereich nicht vom Leitbild anderer Berufe unterscheiden. Ein Politiker könne zwar keinerlei Privilegien in einer Kirchengemeinde in Anspruch nehmen, er habe dieselben Rechte und Pflichten wie jedes andere Gemeindemitglied auch. Ein Politiker sei jedoch berufen, jene Normen zu setzen, die in einem Staate das Zusammenleben der Menschen ermöglichen. Politiker dürften zwar ein Gefühl für Macht haben, doch ohne sie zu mißbrauchen.

Es sei eine vordringliche Mission der Kirche, meinte Brundert, dem schleichenden „Entseelungsprozeß" entgegenzuwirken, der sich etwa aus der Anbetung der Technik und der Überbewertung der Technologie ergeben könnte. In dieser Bewunderungshaltung erliege der Mensch leicht der Versuchung, alles andere geringer zu schätzen und das Materielle als Fetisch anzubeten: In Erinnerung an seine leidvollen Jahre in der DDR bezieht Brundert sich in seiner Argumentation auf die kommunistische Hemisphäre, in der die Bibel als anachronistisch verbannt und samt der christlichen Religion in Frage gestellt werde. Alle Menschen christlicher Kultur, vom einfachen Gemeindemitglied bis zu den großen Repräsentanten, seien aufgerufen, ihr Verhältnis zur Bibel zu überprüfen und deren Gebote zur Maxime ihres Handelns zu machen. Der Kirche obliege es, neue Wege zu suchen, aber ohne dabei ihren sittlichen Auftrag zu vernachlässigen. Dem Genossen Willi Brundert dient die Religion als höhere Instanz des Gewissens. Religion ist für ihn mehr als bloß eine Ansamm-

Unterzeichnung der Vereinbarung zwischen dem Land Hessen und der Stadt Frankfurt zur Finanzierung von Verkehrsbauten (von links): OB Willi Brundert, Wirtschaftsminister Rudi Arndt und Verkehrsdezernent Walter Möller

lung unbeweisbarer transzendentaler Postulate; sie ist ihm vor allem eine wichtige soziale Quelle und eine politische Kraft: ein Universum der letzten Dinge.

Die bruchstückhafte Bebauung des historischen Dom-Römerberg-Bereichs

Ausgerechnet die im März 1944 durch Bomben komplett ausradierte historische Keimzelle unserer Stadt zwischen Kaiserdom und Römer erhielt über viel zu viele Jahre nicht die ihr gebührende Aufmerksamkeit der Kommunalpolitik. Immerhin zählte der Römerberg bis zu seiner Zerstörung zu den bedeutsamsten geschlossenen Fachwerkensembles Deutschlands, im Volksmund als „Gut Stubb" bezeichnet.

Dem Anspruch, auf diesem 6.000 Quadratmeter umfassenden Areal mit einer der historischen Bedeutung angemessenen Planung eine Zukunft zu bauen, ist die Politik nicht gerecht geworden. Weder das Technische Rathaus im Norden noch das Historische Museum im Süden ließen eine besonders hohe Wertschätzung der Architektur erkennen; sie werden 2010 und 2011 wieder abgerissen.

Am 19. März 1970 beschließt die Stadtverordnetenversammlung die Magistratsvorlage M530 über die Bebauung des Dom-Römerberg-Bereichs. Der in dieser Sitzung in Abwesenheit wiedergewählte OB Willi Brundert bedankt sich aus der Klinik nicht nur für seine Wiederwahl, sondern auch für die Verabschiedung seiner Vorlage: Damit „kann die uns optisch und psychologisch stark belastende große Wunde des letzten Krieges endlich geschlossen werden. Damit muß ich allerdings aus gegebenem Anlaß die Anregung verbinden, die Diskussion der Bebauung nicht ausschließlich auf das Technische Rathaus zu begrenzen."

Den Bau des Technischen Rathauses haben letztlich Brunderts Vorgänger OB Bockelmann und Baudezernent Kampffmeyer zu verantworten, die 1963 einen internationalen Dom-Römer-Wettbewerb ausgeschrieben hatten, an dem sich 54 Architekten beteiligten: Das schließlich 1972 bis 1974 unter OB Rudi Arndt errichtete, abschätzig „Elefantenfüße" genannte dreitürmige Beamtensilo an der Braubachstraße blieb das einzige gebaute Ergebnis dieser kostspieligen Ausschreibung für das gesamte Areal. Auch die 1974 fertiggestellte U-Bahn-Station „Römer" und die sogenannte „Substruktion" einer Tiefgarage „Römer", deren Stahlröhren durch die Betondecke gespenstisch in die Lüfte stoßen und prompt als „Höckerzone" bewitzelt werden, sollten sich in ihrer unüberbietbaren Häßlichkeit als permanentes ästhetisches Ärgernis erweisen, das einen weiteren Tiefpunkt miserabler Planung markiert.

Die CDU hatte für eine Wohnbebauung, Rudi Arndt für einen den Platz abschließenden Riegel gotisch-historisierender Bebauung, genannt „Ostzeile", plädiert, während die FDP einen großen unbebauten Freiraum vor dem Dom bevorzugte. Nach Willi Brunderts Tod wird OB Walter Möller den Kulturdezernenten beauftragen, in der Mitte des Römerbergs ein platzgreifendes Kulturzentrum zu konzipieren, für das ihm in Analogie zum Stockholmer „Kulturhuset" eine Mehrzwecknutzung vorschwebt. Nach dem Tod von Walter Möller setzt sich Rudi Arndt aber mit seiner „Ostzeile" durch; unter dessen Nachfolger Walter Wallmann entsteht statt einem großdimensionierten Kulturhuset eine Miniaturausgabe unter dem Namen „Schirn", heute als „Kunsthalle Schirn" ein international renommierter Ort für die sich rapide wandelnde Avantgarde.

Eckdaten der sieben Brundert-Jahre

Diese kursorische Chronik der Brundert-Jahre 1964 bis 1970 erfaßt alle wichtigen Ereignisse und Daten, die in den einzelnen Kapiteln nicht genügend gewürdigt werden konnten, gleichwohl aber seine Bilanz als beeindruckend erscheinen lassen.

- 8. Oktober 1964: Richtfest der Siedlung Fechenheim Südwest
- 18. Dezember 1964: Einweihung der Kaiserleibrücke
- Ende 1964 wird die Trümmerverwertungsgesellschaft liquidiert.
- Im März 1965 wird für die größte Müllverbrennungsanlage der Republik in der Nordweststadt das Richtfest gefeiert (Inbetriebnahme im August 1968).
- Am 29. Mai 1965 wird der Neubau der Stadt- und Universitätsbibliothek an der Bockenheimer Warte eröffnet.
- Mai 1965: Weihe der wiederaufgebauten Deutschordens-Kommende
- Am 14. Juli 1965 legt Willi Brundert den Grundstein für das Großprojekt Kultur- und Geschäftszentrum der Nordweststadt, das im Oktober 1968 den Nordweststädtern übergeben wird.
- Im August 1965 wird die „Regionale Planungsgemeinschaft Untermain" gegründet.
- Am 15. September 1965 wird die neue „Alte Brücke" dem Verkehr übergeben.
- Am 1. Oktober 1965 wird das Café Hauptwache wegen des U-Bahn-Baus für zwei Jahre geschlossen.
- Nach Ende des Auschwitz-Prozesses wird am 1. November 1965 das Bürgerhaus Gallus wieder seiner ursprünglichen Bestimmung übergeben.
- 30. November 1965: Grundsteinlegung für das Niederräder Heizkraftwerk

- 9. Dezember 1965: Richtfest für das mit 85 Metern bis dahin höchste Bürohaus am Nibelungenplatz
- In den Jahren 1965 und 1966 inflationiert OB Brundert die Verleihung der Ehrenmedallie: 41 Bürger erhalten die Auszeichnung.
- Im April 1966 wird mit der Lichtigfeld-Schule die erste jüdische Grundschule Nachkriegsdeutschlands in Frankfurt eröffnet.
- Am 10. Mai 1966 wird die 80. Kindertagesstätte von Schuldezernent Peter Rhein eingeweiht.
- Brundert eröffnet im Mai 1966 das umgebaute Brentanobad in Rödelheim mit 830 Quadratmetern Wasserfläche und 1968 das Hallenbad im Nordwestzentrum. Das Freibad Eschersheim wird im Mai 1971 von Walter Möller eingeweiht.
- Am 7. Juni 1966 wird Ministerpräsident a. D. Georg August Zinn Ehrenbürger Frankfurts.
- OB Brundert und Dezernent Möller erwirkten im Juni 1966 mit Wirtschaftsminister Rudi Arndt einen günstigen Deal zur Finanzierung der Frankfurter Verkehrsbauten. Statt 10 Millionen hat Ministerpräsident Zinn 20 Millionen Mark aus dem Landeshaushalt beigesteuert.
- Im September 1966 gewinnt im ausverkauften Waldstadion Cassius Clay den Boxkampf gegen Karl Mildenberger.
- Im Herbst 1966 wird im Rahmen des von Peter Iden, Karlheinz Braun und Claus Peymann gegründeten „experimenta"-Festivals Peter Handkes legendär gewordene *Publikumsbeschimpfung* im TAT uraufgeführt.
- 1966 Städtepartnerschaft mit Birmingham
- 1966 Wiederherrichtung des Limpurgsaales im Römer
- 1966 spricht Brundert anerkennend von einer Ära, die mit der Verabschiedung der Dezernenten Rudolf Menzer, Georg Klingler, Rudolf Prestel und Karl Blum zu Ende gehe.

Cassius Clay in Frankfurt am Main 1966

- 1967 setzt Brundert seine Unterschrift unter den endgültigen Vertrag mit dem Land Hessen zur Übernahme der Goethe-Universität durch das Land als alleiniger Kostenträger. Zusatzvertrag mit dem Land Hessen, der das Rebstockgelände freigibt und den weiteren Ausbau der Universität am Niederurseler Hang ermöglicht
- 1967 eröffnet Willi Brundert das Bürgerhaus in Nied.
- 1967 erhält Carlo Schmid an Goethes Geburtstag den Goethepreis, im Oktober bekommt Ernst Bloch den Friedenspreis des Deutschen Buchhandels.
- 1968 ist der 1961 begonnene Bau der Nordweststadt weitgehend abgeschlossen; damit hat Frankfurt die modernste Satellitenstadt Deutschlands für rund 25.000 Einwohner aus dem Boden gestampft.
- 1968 wird im TAT unter Regie von Claus Peymann Peter Handkes Sprechstück *Kaspar* uraufgeführt.
- 1968 wird die U-Bahn-Strecke von der Hauptwache zur Nordweststadt eröffnet.
- Brundert weist im Jahr der Studentenunruhen den Dezernenten für Recht und Ordnung Hans Kiskalt an, den auf dem Airport festgesetzten Studentenführer Rudi Dutschke freizulassen.
- Im August 1969 stirbt der in Frankfurt geborene Philosoph Theodor W. Adorno im Urlaub in den Walliser Alpen.
- John Neumeier wird 1969 Ballettdirektor der Städtischen Bühnen.
- Der Main steigt am 15. Januar 1970 über die Ufer und löst die schlimmste Hochwasserkatastrophe seit Kriegsende aus. Das Wasser reicht bis zum Römerberg.
- Die noch von Brundert eingefädelte Städtepartnerschaft mit Mailand wird im Oktober 1970 abgeschlossen.
- Gegen Ende von Brunderts Amtszeit ist die Zahl der Arbeitslosen auf ihren bisherigen Tiefststand abgesunken: Nur noch 1.713 Frankfurter leben in der Stadt ohne Job.
- 1970 zählt Frankfurt 669.630 Einwohner, darunter 40.000 Gastarbeiter.
- Nach Jahren ungetrübter Ausgabenfreude ist Frankfurt bei Brunderts Abgang von allen deutschen Großstädten am höchsten verschuldet: Besonders exorbitant hohe Zinsen und extrem hohe Personalkosten verschlingen allein die Hälfte des ordentlichen Haushalts.
- Bundesinstitutionen wie Bundesrechnungshof, Deutsche Bundesbank, Hauptverwaltung der Bundesbahn sowie die Zentralen von IG Metall, der Lufthansa und von über 100 Großbanken haben ihren Sitz in Frankfurt.
- Nach Hamburg mit Kiez und Reeperbahn hat sich in Frankfurt der größte Amüsierbetrieb breitgemacht. Ja, *Epoca* apostrophiert Frankfurt in ihrer

Märzausgabe 1966 als „das zentrale Sündenbabel Westdeutschlands" mit der „Nitribitt als Volksausgabe".

- Brundert verringert die Zahl der hauptamtlichen Dezernenten von zwölf auf zehn.

Trotz manch gelungener Reform und zukunftsträchtiger Innovation ist die Brundert-Ägide aber keine Ära geworden.

Willi Brundert stirbt in den Sielen

Die Nachricht vom Tode Willi Brunderts verbreitete sich am 7. Mai 1970 wie ein Lauffeuer bis in die letzten Winkel der Stadt. Wie das Infas Institut ermittelte, war Brundert in Frankfurt beliebter als der damalige deutsche Bundeskanzler Willy Brandt. Die Mehrzahl der Befragten lobte besonders Brunderts menschliche Qualitäten und seinen sympathischen Politikstil. „In dieser Stadt und in dieser Partei, in der es nicht immer nett zuging", sei Brundert „der Netteste" gewesen, resümiert die *Frankfurter Neue Presse*. Brundert hatte stets ein offenes Ohr für die Sorgen und Wünsche des einzelnen Bürgers.

Der 57jährige Willi Brundert ist am Versagen der Leberfunktion – eine Spätfolge seiner in siebenjähriger Haft erlittenen Unterernährung – sowie an den kräftezehrenden Zumutungen seines mörderischen Jobs in den sprichwörtlichen Sielen gestorben. In seinem Buch *Es begann im Theater* hatte er betont sachlich beschrieben, wie er im Zuchthaus morgens und abends mit nur je einer Schnitte Brot mit Marmelade und mittags einem Liter Suppe abgespeist worden ist, „wobei die lediglich in Wasser gekochten Sauerkohl- und Rote-Beete-Suppen wechselten". Willi Brunderts besorgniserregender Gesundheitszustand war schon Monate vor seiner Wiederwahl am 19. März 1970 evident geworden. Er hatte die gute Nachricht aus der Parlamentssitzung in der Klinik empfangen und seinen Dank für das ungebrochen große Vertrauen schriftlich formuliert.

Willi Brunderts Tod erschüttert die ganze Stadt. In ihrer kollektiven Betroffenheit drückt die Frankfurter Bevölkerung ihren hohen Respekt vor einer einzigartigen Lebensleistung aus, die in Frankfurts Aufschwung ihren sichtbaren Ausdruck gefunden hatte. Trotz heftiger Regenschauer säumten Tausende den drei Kilometer langen Weg des Trauerkondukts zum Hauptfriedhof. Es läuteten die Glocken aller Kirchen, die auf dem Weg des 600 Meter langen Trauerzuges durch die Hasengasse, die Stiftstraße und den Oeder Weg lagen.

In der Trauerfeier in der Paulskirche, vor der sich die Fahnen mit Stadtwappen und Trauerflor im Winde blähten, hat die Republik mit ihren politischen und kulturellen Repräsentanten Brundert die letzte Ehre erwiesen. Bundeskanzler Willy Brandt sagte mit bewegter Stimme: „Der Oberbürgermeister dieser Stadt ist von uns gegangen als ein großes Beispiel für die Aufrichtigkeit und die Tatkraft eines Mannes, der sein ganzes Leben dem Streben nach Freiheit, sozialer Gerechtigkeit und Frieden gewidmet hat. […] Er verwaltete die Stadt nicht im Sinne einer Routine." Ministerpräsident Albert Osswald nannte den verstorbenen OB treffend „einen Bürger unter Bürgern", und Bürgermeister Wilhelm Fay entwarf das Bild eines Mannes, der rastlos für Frankfurt tätig gewesen sei. Seine Popularität habe er nicht zuletzt auch seinem Humor zu verdanken, mit dem er die Herzen aufzuschließen vermochte. „In seinem Sinne wollen wir morgen wieder an unsere Arbeit gehen, um auch weiterhin das Beste für diese Stadt zu erreichen." Kirchenpräsident Helmut Hild würdigte Brunderts „auf tiefer Frömmigkeit gegründete Standhaftigkeit" und hob besonders sein Verantwortungsgefühl und seine „immerwährende Freundlichkeit" hervor. Brunderts Leben sei eine Antwort auf die Güte Gottes gewesen. Sein demokratischer Sozialismus, sein Widerstand gegen die Diktaturen seien auch Ausdruck eines Glaubens gewesen, der auf Gottes Segen gründe.

Neben den SPD-Größen Willy Brandt, Georg Leber, Albert Osswald, Rudi Arndt und Carlo Schmid, die per Hubschrauber vom Parteitag in Saarbrücken eingeflogen worden waren, und der Geistesgröße Max Horkheimer waren auch

Verleihung des Goethepreises an Carlo Schmid 1967

viele Großstadtoberbürgermeister gekommen, zu Brunderts Ehren feierlich geschmückt mit ihren goldglänzenden Amtsketten. Am Tage der Beerdigung setzten alle deutschen Städte ihre Fahnen auf Halbmast. Vor dem mit Frankfurts Fahne und weißen Nelken geschmückten kupferbeschlagenen Eichensarg eröffnete das Kammerorchester der Bühnen die Gedenkfeier mit Händels *Air* aus dem *Concerto grosso Opus 6 Nr. 10*. Bürgermeister Wilhelm Fay sprach ganz im Sinne seiner Magistratskollegen, als er Willi Brundert als „leidenschaftlichen und kompromißlosen Demokraten" bezeichnete. Mit dem für einen Politiker größten Kompliment, er habe den Dienst am Menschen als seine höchste Aufgabe empfunden, wurde Willi Brundert das gebührende Epitaph gesetzt.

An Willi Brundert erinnert keine Straße, kein Park, kein Platz: Ohne Not wurde sein Name ins Reich des Vergessens versenkt. Nur die schon im Rahmen eines damaligen Arbeitslosenprogramms 1928 errichtete Hausener Siedlung im Nordwesten der Stadt, die lange vergeblich einen Namenspatron suchte, wurde schließlich im Jahre 1971 „Willi-Brundert-Siedlung" getauft. *Sic transit gloria mundi.*

Willi Brunderts Vita liest sich wie ein wahrhaftiges Lebensbuch über eine Zeitgenossenschaft, die jeden, der sie kannte, tief beeindruckt. Dieses Panorama eines deutschen Schicksals erzählt uns vom moralischen Gewissen eines leibhaftigen Chronisten der *conditio humana.*

Die Presse würdigt Willi Brunderts Leistung

Frankfurter Rundschau:

Brundert, der alte Sozialdemokrat, war nicht nur ein Aushängeschild seiner Partei; er wollte auch eine Art Gewissen sein. So rieb er sich auf, weil er glaubte, es seiner Stadt, ihren Bürgern und seinem Amt schuldig zu sein. […] Vielleicht fehlte ihm ein wenig der diktatorische Zug, vielleicht glaubte er zu stark an die Kunst und den Erfolg des Taktierens, mangelte ihm die Gabe, einen manchmal heilsamen Zwang auszuüben. So hat er mancher Entwicklung, mancher Strömung nicht zu steuern vermocht.

Die Zeit:

Dem gebürtigen Magdeburger Brundert fehlten einschlägige Merkmale. Gewiß, er konnte jovial und fröhlich wirken. Aber er war hölzern in der Rede, mitunter sogar ermüdend. Die Formalien schienen ihm oft wichtiger, als dies anderen Temperamente einleuchtete. Geachtet haben ihn alle. Aber den Konservativen

Hochwasser in Frankfurt am Main im Februar 1970

war er verdächtig, nur ein Aushängeschild der Sozis zu sein, den Linken schien er ein verkappter Stehkragenbürger. [...] Auch der steile Aufstieg im Westen, die Ämterhäufung [...], die Sorge und die Macht eines Frankfurter Oberhauptes haben diesen Mann darin nicht verändert. Er blieb all den Leuten gegenüber mißtrauisch, die ihm große, angeblich einfache Lösungen anbieten wollten, auch wenn sie von links (wo auch sein Herz schlug) kamen. So klärt sich auf, was manche Willi Brundert zu Lebzeiten als Formalismus angekreidet haben: das standhafte Beharren auf dem Recht, und sei es nur das geschriebene.

Frankfurter Allgemeine Zeitung:

Ein Herr unter Genossen [...]. Sein früher plötzlicher Tod war ein Schock für die Stadt, der er in ihren politischen Unausgeglichenheiten und gelegentlichen Radikalitäten das Orientierungslicht des gesunden Menschenverstandes zu geben wußte. Er gewann nicht die Volkstribunen-Popularität des Vorvorgängers Kolb. Doch die Frankfurter mochten den ihnen in manchem wesensverwandten Magdeburger Brundert gern, sie respektierten den Professor und den Mitbürger – vielleicht gerade, weil sie von ihm keine politischen Kraftakte zu erwarten hatten, statt dessen aber die Arrangements des Vernünftigen mit dem Möglichen. Brundert trug daher der SPD in der Stadt beträchtliche Stimmen ein. [...] Es war ein konsequentes, integres Leben, von menschenfreundlicher Humanität erfüllt, mit einer Schicht von Skepsis darüber.

Walter Möller
Oberbürgermeister vom 9. Juli 1970 bis 16. November 1971

Ein Charakter ist ein vollkommen gebildeter Wille.

Novalis

Das erste Vierteljahrhundert im Leben Walter Möllers

Nach Heinrich Mumm von Schwarzenstein, gestorben 1880, war Walter Möller der erste wieder in Frankfurt geborene Oberbürgermeister unserer Stadt. Als Sohn eines Meisterschmieds wurde er am 7. April 1920 im Haus Burgstraße 13c in Bornheim in ein politisch links orientiertes Milieu hineingeboren, als jüngstes von vier Kindern. Sein Vater arbeitete in den Revolutionsjahren nach dem Ersten Weltkrieg als Gewerkschaftssekretär; er war Mitglied der Sozialdemokratie und avancierte schließlich zum besoldeten Frankfurter Stadtrat mit der Zuständigkeit für das Arbeitsamt. Nach dem frühen Tod seines Vaters in Spätfolge einer Verwundung in den Schützengräben an der Marne-Front zog Walter Möllers Mutter mit ihren Kindern in das Bauerndorf Bierbergen bei Hildesheim, den Heimatort ihres Vaters, wo alte familiäre Bande Asyl anboten. Als Schüler des Hildesheimer Realgymnasiums und später im Berlin-Neuköllner Ober-Realgymnasium interessierte sich Walter Möller schon früh besonders für die Fächer Geschichte und Musik; er soll ganz gut Gitarre gespielt haben.

Nachdem die Mutter 1932 nach Berlin übergesiedelt war, hat der 12jährige Walter dort das nach Karl Marx benannte Gymnasium deshalb gern besucht, weil der Direktor den Schülern ein Mitspracherecht eingeräumt hatte. In den sogenannten Kampfjahren 1932/33 erlebte Walter Möller bewußt die Straßenschlachten zwischen roten und braunen Bannerträgern und die Machtergreifung der Nationalsozialisten am 30. Januar 1933. Als die Nazis seiner Mutter aus politischen Gründen 1934 die Rente streichen, bleibt kein Geld mehr fürs Studium übrig. Walter Möller findet mit Hilfe der Freunde seines Vaters 1935 eine Lehrstelle bei einer Frankfurter Druckerei.

Wer seine pazifistische Moral kannte, war verwundert zu hören, Walter Möller habe sich in seinem jugendlichen Tatendrang mit 17 freiwillig zur Luftwaffe gemeldet. In Görings Elitekorps erhielt er eine funktechnische Spezialausbildung, die ihm als Unteroffizier während des Krieges in Nordafrika fürs blanke Überleben nützlich werden sollte. Zuvor war er von Mai bis Anfang Juni 1941 als Fallschirmjäger bei der Eroberung Kretas an verlustreichen Kämpfen beteiligt. Im Herbst 1945 wurde er aus viermonatiger amerikanischer Gefangenschaft entlassen. Sein Bruder Wilhelm war in Stalingrad gefallen. Walters Schwester Adelheid heiratet Georg Stierle, einen kämpferischen Sozialdemokraten. Ihn hatten die Nazis im Konzentrationslager Buchenwald viele Jahre drangsaliert, bis die US Army das Lager auf dem Ettersberg bei Weimar im Frühjahr 1945 befreit.

Als späterer SPD-Bundestagsabgeordneter hatte Georg Stierle gehörigen Einfluß auf die politische Prägung seines jungen Schwagers Walter. Von ihm hat Möller die Bedeutung der Selbsterkundung mittels der Kultur als lebenslangen Prozeß zu begreifen gelernt. In den Bücherregalen des Onkels fand der erwachsene Walter in den Werken von Marx, Engels, Hegel, Kant oder Descartes für die intellektuelle Reflexion und die politische Aneignung praxistaugliche Lektüre. Und wer wie er später auch noch Adorno gelesen und verstanden hat, hatte früh anders denken gelernt. „Wir alle sind, was wir lesen" (Eichendorff). Für Möller war Lesen Lebenselixier schlechthin. Allerdings wird der spätere Kulturpolitiker Möller nicht Adornos modernskeptische Diagnose in seiner *Dialektik der Aufklärung* teilen, und der quasireligiöse Theorieglaube, den die edition suhrkamp bei manchen erzeugte, hat sich seiner nicht bemächtigt. Alle diese Bücher stehen später in den Regalen in Walter und Helga Möllers Reihenhaus in der Nordweststadt, in dem die beiden mit ihren Kindern Lutz und Helen auch nach Möllers Wahl zum OB wohnen blieben. Der sozialdemokratische Kodex sittlicher und sozialer Fundamentalwerte war über Generationen hinweg auch in Walter Möllers Dasein eingeboren.

Walter Möller

Durch seine Sozialisation im proletarischen Milieu einer Handwerkerfamilie wußte Walter Möller von klein auf um die Befindlichkeiten, Sorgen und Nöte dieser geringverdienenden Mehrzahl unserer Bevölkerung, und er hat dabei zwischen Wohlfahrt und Gerechtigkeit zu unterscheiden gelernt. Aber er schöpfte seinen eisernen Willen auch aus der Quelle seines natürlichen Ehrgeizes und der Mitgift einer hohen Intelligenz, womit es ihm gelang, den sozialen und kulturellen Aufstieg aus eigener Kraft zu schaffen. In den Schoß gefallen war ihm nichts. Weil Emanzipation kein leeres Wort bleiben sollte, entwickelte er einen unstillbaren Wissensdurst. Selbstvertrauen und Selbstbewußtsein beflügeln in einem lebenslangen Lernprozeß die Selbstverwirklichung und formen seine individuelle Eigentümlichkeit. Je öfter er mit öffentlichen Reden in Erscheinung tritt, um so mehr wird die verblüffende Universalität seines Wissens deutlich.

Hätte Walter Möller sich je zwischen seiner Partei und seinen privaten Ambitionen entscheiden müssen, er hätte gewiß die erste Option gewählt. Er hat die besten Traditionen der deutschen Arbeiterbewegung in sich vereint. Die Münze seines demokratischen Sozialismus hatte zwei Seiten: Die theoretisch-abstrakte dient normativ einer Therapie der Gesellschaft und die andere, empirische weiß sich konkret den gesellschaftlichen und sozialen Gruppen und solidarischen Zielen verpflichtet. Möller war der Prototyp einer sozialdemokratischen Generation von jener Unbedingtheit, der Gerechtigkeit als ein ehrwürdiges politisches Ziel vorschwebte. Gerechtigkeit, dieser Schlüsselbegriff der alten Sozialdemokratie, sollte die Gesellschaft zusammenhalten. Seiner Ansicht nach hat die SPD es verschlafen, den Humus ihres klassenbewußten linken Erbes zeitgemäß aufzubereiten und modern durchzudeklinieren.

Absolvent des ersten Jahrgangs der Frankfurter Akademie der Arbeit nach dem Kriege, wo er seinen Heißhunger auf Wissen stillte, verzichtete er gleichwohl auf eine ihm nahegelegte Gewerkschaftskarriere; der wort- und redegewandte Walter Möller wollte lieber mit seinem publizistischen Talent als mit Tarifstreiks die Gesellschaft verändern. Also begann er als Freelancer zunächst beim Schulfunk des Hessischen Rundfunks, für den er auch Hörspiele verfaßte. Möller, für den Heinrich Heine der Urahn des Journalismus war, hat mit einem allzu radikalen Hörfunkbeitrag wegen angeblich „klassenkämpferischer Ideologie und marxistischer Geschichtsbetrachtung" gehörige Kontroversen ausgelöst. Als ihn 1949 die hessische SPD-Zeitung *Volksstimme* als festangestellten Redakteur anheuerte, konnte er sein Talent für eine flotte Feder vervollkommnen. Er wollte die Herzen seiner linken Leser mit dem wärmen, was bei Karl Marx Gefühlssozialismus heißt. Aus seiner Sicht hatten Analytiker wie

Marx mit ihren Diagnosen zwar recht behalten, ihre Utopien aber waren gescheitert.

Seine erste große Auslandsreise führte den Journalisten 1955 in die Sowjetunion der Post-Stalin-Zeit. Gemeinsam mit anderen westdeutschen Journalistenkollegen führte er im Kreml Gespräche mit handverlesenen russischen Gesprächspartnern.

1956 berief ihn Carl Tesch, der Chef des Frankfurter Bundes für Volksbildung, zum Direktor der inkorporierten Volkshochschule, die er in seinen fünf Leitungsjahren zum größten Weiterbildungsinstitut Hessens ausbauen konnte.

Seine Devise der lebenslangen Weiterbildung „Wissen ist Macht" bezog Möller nicht von Karl Marx, sondern wie dieser von Francis Bacon.

Möllers Marsch durch die Institutionen

Seit 1945 Sozialdemokrat mit unverbrüchlichem Glauben an den demokratischen Sozialismus, betritt Walter Möller seine politische Lebensbühne mit der Gründung der ersten sozialdemokratischen Jugendorganisation in Frankfurt. Schon bald erklimmt er als Vorsitzender der südhessischen Jungsozialisten die erste Sprosse seiner politischen Karriereleiter. Von seinem Ortsverein Bornheim vorgeschlagen, startet Walter Möller nach erfolgreicher Kommunalwahl 1948 28jährig als Benjamin des Stadtparlaments seine kommunalpolitische „Ochsentour". Die Stadtverordnetenkollegen des Sozialausschusses wählen ihn zu ihrem Vorsitzenden. In dieser Funktion hat er gehörigen Anteil daran, daß die restlichen Luftschutzbunker endlich geräumt werden und das Programm für freie Jugendhäuser ebenso realisiert wird wie der Plan für eine moderne Betreuung älterer Bürger. Später wird er Vorsitzender des wichtigen Haupt- und Finanzausschusses, der sämtliche Vorlagen des Magistrats und die Voten aller Parlamentsausschüsse auf den Prüfstand stellt, bevor die Stadtverordnetenversammlung den Daumen hebt oder senkt. Mit disziplinierter Befolgung der Parteiräson gelingt Walter Möller schon mit 30 der Karrieresprung in den Unterbezirksvorstand der SPD, und 1953 steigt er als stellvertretender Fraktionsvorsitzender in die oberste Hierarchie der Frankfurter Genossen und des Stadtparlaments auf. In den Gremien war sein eingreifendes Denken gefürchtet, besonders wenn es galt, Schlimmeres zu verhindern. Er war zupackend, volksnah, populär – eine perfekte Mischung aus Großmütigkeit und Autorität.

Als gegen Ende der fünfziger Jahre die Probleme der Verkehrsplanung in Frankfurt zur Krise eskalierten, erkennt der erfahrene Techniker der Macht

Walter Möller seine große Chance: Mit seinem Ideenüberschuß, seinem Elan, seinem rhetorischen Überzeugungstalent und seinem Insiderwissen wollte Möller auf diesem Sektor mit konkreten Alternativen und nachhaltigen Innovationen die große Remedur schaffen. Zielstrebig sorgte der Spitzengenosse dafür, daß für diesen komplizierten Bereich ein eigener Sonderausschuß installiert wurde, für dessen Vorsitz kein anderer geeigneter war als dessen Erfinder. Diese Wende vom retardierenden Tohuwabohu in konkrete Planung war der Beginn von Walter Möllers unaufhaltsamem Marsch durch die Institutionen nach ganz oben, zum hauptamtlichen Mitglied des Magistrats mit einem maßgeschneiderten Verkehrsdezernat im Mai 1961. Möller, dem Verwaltung immer ein mehr oder weniger gesteuertes Experiment der institutionellen Evolution war, ließ sich sofort Verantwortungsbereiche anderer Magistratskollegen übertragen, von der Straßenplanung über die Planung des Nahverkehrs bis hin zur Straßenbahn. 1964 unterstellt er sich auch noch die Stadtwerke. Möller wollte eine Reduktion der Kommunalpolitik auf die Zwänge der Betriebswirtschaft verhindern. Er war ein Irrwisch, der ohne Arbeitsinbrunst nicht er selber war. Auch wenn Möllers Curriculum vitae nicht das große Latinum zierte, so wußte er doch sehr genau, was das Arkanum ist, jenes Geheimnisrepertoire eines innersten Herrschaftswissens, dessen Besitz den Inhaber überlegen macht.

Nachdem auf dem kürzesten SPD-Parteitag, den es in Frankfurt je gab, im Mai 1970 im Bürgerhaus Nied mit 276 gegen nur 43 Stimmen Walter Möller als OB-Kandidat formal bestätigt worden war, wurde er am 11. Juni 1970 vom Stadtparlament mit 64 Ja-Stimmen bei 13 Gegenstimmen zum Frankfurter Oberbürgermeister gewählt: seine berufliche Krönung. Ausgerechnet der illiberale CDU-Landesvorsitzende Alfred Dregger polterte mit der schrägen Einlassung dagegen, „Möller stehe nicht in der liberalen Tradition eines Frankfurter Oberbürgermeisters". Auch wenn Möller kein Exeget der Bibel war, wie Dregger vorgab einer zu sein, so beherzigte er doch den Aufruf an die Christen: „Fürchtet euch nicht!"

Am 11. Juni 1970 nimmt Walter Möller die Würde des Oberbürgermeisters in einer Stadt auf sich, die Max Frisch unverblümt eine „schreckliche, erkleckliche, amorphe Stadt" nennt. Einen Monat später beantwortet er in seiner Antrittsrede als Oberbürgermeister am 9. Juli 1970 ganz ohne Larmoyanz die selbstgestellte Frage: „Wie können und wollen wir in den nächsten Jahrzehnten innerhalb der Verdichtungsgebiete leben?" In keiner anderen Stadt der Republik wachsen die Superlative schneller und drängen gleichzeitig stärker auseinander wie in der deutschen Banken- und Handelsmetropole. Die *Frankfurter*

Rundschau alliterierte dazu: „Geld, Gangster, Goethe, Gastarbeiter und GIs". Dem robusten, stiernackigen, kurzgeschorenen, handfesten Kämpfer gegen das Chaos war als personifiziertem Rammpflock nicht nur der Respekt der Untertagemalocher im U-Bahn-Schacht gewiß, sondern auch der der Bevölkerung.

Möller hielt seine Antrittsrede noch mit goldener Amtskette. Dieses Requisit eines Decorum officiale aus dem Jahre 1903 mit 850 Gramm schweren 18 Gliedern aus 14karätigem Gold wird erst wieder von seinem Nachfolger aus dem Panzerschrank geholt und für große Auftritte aufpoliert werden. Möller war der ganze Budenzauber der Rituale zuwider. Als erstes gestaltete er symbolisch für den versprochenen frischen Wind das Büro des OB völlig um: So hielt die Moderne auch optisch ihren Einzug in der Stadt. Auch wenn Möllers Amtszeit nur 16 Monate währt, so wird er für seine Stadt doch nachhaltigere Akzente hinterlassen als mancher seiner Vorgänger und Nachfolger, denen eine längere Lebensfrist vergönnt war. Als unerbittlicher Verfechter eines soliden Realitätsprinzips in der Politik war Walter Möller ein exemplarisches Gegenbild zu jener mediokren politischen Klasse, die statt ihre Stadt nur ihre eigene Karriere im Sinn haben. Möller hat sich seine Karrierebrücken selbst gebaut.

Mir gefiel Walter Möllers pragmatische Nüchternheit und sein altmodisches Begriffspaar Loyalität und Solidarität. Seit eineinhalb Jahrhunderten gehörte die Tugend Solidarität, auch und erst recht die innerparteiliche, zum Markenkern der SPD und damit zu Walter Möllers Moral. Er handelte nach Ludwig Feuerbachs Maxime, daß allein „das Menschliche das Vernünftige ist".

Walter Möllers sozialdemokratische Überzeugungen wurzelten so tief wie eine Religion. Seiner Tugend der persönlichen Anspruchslosigkeit entspricht seine Entscheidung, auch nach der Wahl zum Oberbürgermeister einer Metropole in seinem Reihenhaus in der Nordweststadt wohnen zu bleiben und nicht auf den Lerchesberg in die Villa seines Vorgängers umzuziehen.

Dankrede nach der Wahl zum OB

Nachdem Walter Möller am 11. Juni 1970 zum Oberbürgermeister der explodierenden Mainmetropole gewählt worden war, hielt er keine blankgeputzte Dankrede, sondern sprach frei von der Leber weg über die Zukunftschancen seiner Stadt:

Sie werden sicher verstehen, daß mich diese Stunde und auch diese Abstimmung sehr bewegt [...]. Ich möchte meinen Dank zunächst den Vertretern der CDU-

Stadtverordnetenvorsteher Heinrich Kraft gratuliert OB Walter Möller zur Wahl

und der FDP-Fraktion sagen, die sich mit ihrem Ja zu einer langjährigen und guten Tradition in unserer Stadt bekannt haben. Es ist eine Tradition der fairen Zusammenarbeit aller Demokraten in diesem Hause, und eine derartige Haltung und ihre Bekräftigung ist ja keineswegs in unserer heutigen Zeit selbstverständlich.

Als neugewählter [...] Oberbürgermeister möchte ich Ihnen und allen Bürgern ganz offen bekennen, daß mir die Suche nach Wegen der gemeinsamen Arbeit wertvoller und sinnvoller erscheint, als die manchmal empfohlene Strategie begrenzter Konflikte, sei es aus Vorsatz, sei es aus politischem Kalkül oder sei es nur aus Vorurteil.

Begrenzte Konflikte geraten [...] leicht außer Kontrolle, die wir nunmehr seit den Tagen Walter Kolbs zum Wohle der Stadt in diesem Hause erlebt haben.

Meine Kandidatur zum Oberbürgermeister wurde mit einigen Kommentaren versehen, in denen darauf hingewiesen wurde, daß ein linker Sozialdemokrat für diese Position zur Wahl steht. Nun, mit dem Begriff ‚links‘ verbindet sich in der politischen Landschaft auch unseres Landes unterschiedlicher Inhalt. Für mich persönlich heißt ‚linke Politik betreiben‘, immer nur eine fortschrittliche und auch eine volksnahe Politik zu betreiben.

Es gab in diesem Zusammenhang nicht nur Kommentare, sondern zum Teil recht abenteuerliche Spekulationen. Manche hofften offenbar auf so etwas wie ein reinigendes Gewitter, das ihnen notwendig erschien, und andere fürchteten um die Ernte sehr langjähriger Aufbauarbeit.

Nun, ich finde, daß derartige Wettervoraussagen selbst in unserer technisierten Zeit mit viel Skepsis aufzunehmen sind. Auf diesem sehr spekulativen Gebiet möchte ich eigentlich bewußt schon heute am Tage der Wahl Klarheit schaffen und möchte deutlich erklären: Frankfurt am Main wird auch weiterhin eine Stadt sein und bleiben, die sich mit berechtigtem Stolz nicht nur auf eine demokratische, soziale und liberale Tradition, sondern sich auch künftig auf eine solche Praxis berufen kann. Im Rathaus wird es auch künftig keine einseitige Parteiherrschaft geben.

Es entspricht sicher einer guten Übung, wenn ich im übrigen zu den Formen und auch zu den Schwerpunkten der gemeinsamen Politik zum Zeitpunkt meiner Amtseinführung noch im einzelnen eingehe.

Und nun noch ein Wort an meine Parteifreunde. Sie haben mich vor allem durch ihr Vertrauen in dieses Amt berufen, und ich habe vor allem ihnen herzlichst dafür zu danken.

Es wird nunmehr meine Hauptaufgabe sein, in gleicher Weise und vielleicht mit auch gleicher Mühe das Vertrauen der ganzen Bürgerschaft für dieses von mir neu zu übernehmende Amt zu erwerben.

Sie wissen, daß diese Stadt Frankfurt am Main meine Heimatstadt ist. Sie wissen auch, ich komme aus einem einfachen Arbeiterhaus und kann mich künftig auch nur als einfacher Bürger dieser Stadt begreifen und fühlen.

Wenn ich nunmehr durch Ihr Vertrauen der höchste Beamte und damit zugleich Repräsentant dieser Stadt und ihrer Bürger sein werde, dann meine ich, können wir gemeinsam überzeugt sein, daß sich in Frankfurt wieder etwas Bedeutsames ereignet hat, denn es wäre damit ein Beispiel gegeben für die zahlreichen Chancen, die jeder in unserer Stadt bekommen und nutzen kann. Und der Oberbürgermeister sollte der erste sein, der das tut."

Walter Möller hat mit intellektueller Ehrlichkeit allzu bequeme Denkmuster aufgebrochen. Sein Plädoyer für ein „Sofortprogramm für eine menschliche Stadt" richtet sich an jene Menschen, die Standards der Gesellschaft nicht nur erfüllen, sondern auch selbständig setzen können. In seinem angekündigten Vorgehen gegen die Bürokratie und den gelegentlichen Absolutismus des Berufsbeamtentums sah er keinen Kampf gegen Windmühlen, sondern einen „ethischen Auftrag", die entsprechenden Erwartungen der Bürger nicht zu enttäuschen. Durch sein beharrendes Moment der sozialen Gerechtigkeit und sein entschiedenes Bekenntnis zur Aufklärung als humane Errungenschaft sichert sich Möller den noblen Applaus des Parlaments zum Einstand, einerseits trotz, andererseits gerade wegen der Erschütterung konservativer Gewißheiten. Den über 20.000 städtischen Bediensteten hatte er sich mit frischem Wind sympathisch als „technokratischer Reformmann" präsentiert, dessen Türen für jeden Mitarbeiter offenstünden.

Möller schickt Polizeichef Littmann in Pension

Gleich in seiner ersten Magistratssitzung als neuer Oberbürgermeister hat Walter Möller die Causa Littmann auf die Hörner genommen und entschieden, was sein Amtsvorgänger Brundert wohl nicht nur aus Krankheitsgründen allzu lange hatte schleifen lassen. Wie Möller schon vor seiner Wahl zum OB unmißverständlich verlautbart hatte, versetzte er, anstatt den Belastungsfaktor Littmann als Dauerbrenner durch noch viele Magistratssitzungen weiter köcheln zu lassen, den ungeliebten Polizeichef am 13. Juli 1970 in den vorzeitigen Ruhestand. Mit dieser Entschlossenheit statuierte Walter Möller zugleich ein Exempel seines Durchsetzungsvermögens. Weil Möller nicht verdächtigt werden wollte, mit Littmanns Entlassung ein am 14. Februar 1970 mit Zweidrittelmehrheit beschlossenes imperatives Mandat der Partei zu exekutieren, hat er deren Vorsitz konsequent niedergelegt; die Position des Parteichefs und den Magistratsvorsitz zugleich innezuhaben hielt Möller für nicht ratsam, wenn denn sein Versprechen ernst genommen werden sollte, Oberbürgermeister aller Frankfurter zu sein. Die konsequente Aufkündigung des unsäglichen imperativen Mandats war für Möller mehr als die bloße Attitüde eines Tabubruchs. Der ihm vom politischen Gegner übergestülpten Haut des Apparatschicks hatte sich Möller durch seinen liberalen Habitus aber schon längst entledigt.

Gerhard Littmann hatte seinen sozialdemokratischen Kredit endgültig verspielt, als er ohne Rückendeckung des OB ein von „Chaoten besetztes Haus" in Niederrad räumen ließ, wobei seine Beamten wohl nicht mit Samthandschuhen vorgingen. Immerhin hat Walter Möller schon eine Woche später strikt rechtsstaatlich reagiert, indem er die Besetzung von leerstehenden Häusern „als schwerwiegenden Eingriff in die bestehende Rechtsordnung" bewertet. Die Polizei sei verpflichtet, in ähnlich gelagerten Fällen auch künftig hart durchzugreifen. Wie mit der Attacke einer Reiterstaffel der Polizei gegen sitzende Demonstranten an der Galluswarte?

Die aufstrebende Jugendorganisation der CDU war massiv gegen eine Wahl des „äußerst umstrittenen Linksextremisten" Möller zu Felde gezogen, „gegen den Repräsentanten des ultralinken Flügels der südhessischen SPD".

Eine die Konsequenzen klug abwägende CDU-Fraktion ließ die Scharfmacher der Jungen Union aber mit dem Argument abblitzen, die „Mitverantwortung der CDU im Magistrat bildete einen viel wirkungsvolleren Überwachungsfaktor für Möller", als dies aus der Opposition heraus möglich sei. War Möller aus der Sicht der Jungen Union ein „extremer Linksaußen", so mochten die Jungsozialisten aus ihrer nicht minder begrenzten Perspektive eines fortschrittsgläubigen Zeitgeistes in ihrem Spitzengenossen lediglich einen „Halblinken" erkennen.

Möller hatte von allen Fraktionen großen Beifall erhalten, als er in seiner Antrittsrede als OB klipp und klar erklärte, nicht die Absicht zu haben, sozialistische Experimente in dieser Stadt zu unterstützen, die nur geeignet sein könnten, die wirtschaftliche und soziale Entwicklung Frankfurts zu bremsen oder die Grundlage des demokratischen Sozialismus zu schädigen. Walter Möller befürchtete, daß das unselige imperative Mandat zum Sprengsatz seiner Politik werden könnte.

Zur Struktur der Frankfurter Polizei äußert sich Möller bei seiner Antrittsrede nicht nur im Detail, sondern auch generell. Er fordert eine größere finanzielle Beteiligung des Landes; auch gelte es, die 250 offenen Stellen endlich zu besetzen und die miserable Besoldung der Polizeikräfte in einer Weise aufzubessern, die „ihrer besonderen Verantwortung und Belastung entspreche". Für die Polizeiführung ebenso wie für die Ausbildung des Nachwuchses müßten neue Grundsätze erarbeitet werden. Die Polizei sei kein Instrument, um irgend jemandem einen Denkzettel bzw. „Denkknüppel" zu verpassen: „In einer Demokratie ist nicht der Knüppel vor das Denken, sondern das Denken vor den Knüppel zu setzen." Mit dem bloßen Personalwechsel war allerdings nicht auch schon das strukturelle Defizit der Polizeiorganisation behoben.

Immerhin aber wird es unter dem neuen Polizeipräsidenten Knud Müller am 1. Juni 1972 gelingen, statt mit dem Knüppel mit Hilfe des Überraschungseffekts den Brandstifter von der Zeil und späteren RAF-Terroristen Andreas Baader sowie dessen Gesinnungsgenossen Jan-Carl Raspe und Holger Meins gefangenzunehmen.

Der in den einstweiligen Ruhestand entlassene Polizeipräsident Littmann war mit seinem Antrag auf einstweilige Verfügung gegen den entsprechenden Magistratsbeschluß vor dem Verwaltungsgericht Frankfurt gescheitert. Die 3. Kammer des Gerichts hielt Littmanns Antrag schon „prozessual für unzulässig", und die Richter vermochten auch keinerlei Ermessensfehler zu erkennen. Denn die Stadt habe bei ihrem verbürgten Recht, jederzeit einen hohen Beamten in den einstweiligen Ruhestand zu versetzen, „einen weiten Ermessensspielraum", den sie vollkommen legal genutzt habe.

Möller nennt eine Rede
Helmut Schmidts „allgemeines Gerede"

Auf dem SPD-Bundesparteitag im Mai 1970 in Saarbrücken verteidigt die geschlossene Formation Hessen-Süd ihren „bewährten Ruf als radikalste, progressivste und angriffsfreudigste Gliederung der Partei. Hessen-Süd ist für Willy Brandt und Herbert Wehner wie für alle Delegierten ein Aufputschmittel, das die lärmende Schläfrigkeit des riesigen Kongresses immer wieder überwinden läßt", schreibt Robert Schmelzer, der Chefredakteur der *Frankfurter Neuen Presse*, im *Höchster Kreisblatt*. Besonders Walter Möller und Karsten Voigt, der Juso-Chef aus Frankfurt, hielten an der Saar als Signal für den Aufbruch in eine gerechtere Republik die rote Fahne hoch. Die jungen Vögel der SPD attackieren mit viel Wind unter den Flügeln und mit Lust und Leidenschaft das eigene Partei-Establishment oben am Vorstandstisch. Diese Herren bezögen jeweils „im Durchschnitt 150.000 DM im Jahr", während der Staat für die Rente einer Witwe nur mickrige 200 DM pro Monat auf ihren Küchentisch blättere.

Die Kunst der Dialektik und hochtouriger Rhetorik gehörte für Möller wie bei den alten Griechen noch in den Bereich des Agon, des kämpferischen Wettstreits; die situative Reaktion bei öffentlichen Diskussionen war Möllers Stärke. Die Bemerkungen des damaligen Verteidigungsministers Helmut Schmidt auf diesem Parteitag erkühnte sich Walter Möller kurzerhand als „allgemeines Gerede" zu qualifizieren. Mit seinem Hang zur Lakonie hält er souverän unerschrocken gleich dem gesamten Parteivorstand subtile „Verschleierung von Tatsachen" vor. So nennt Möller es unfair, daß einige der Lieblingsprojekte von Hessen-Süd wie zum Beispiel die volle Anerkennung der DDR vom Parteipräsidium mit billigen Tricks abgeschmettert und nicht mit offenem Visier bekämpft worden seien. Karsten Voigt droht sogar, die Jusos würden „diese Art der Manipulation nicht länger dulden".

Auch wenn die Auftritte der Hessen-Süd-Protagonisten von manchen Delegierten als besonders nervig und als zu radikal befunden werden, so wäre es nach Meinung Schmelzers „aber ohne die Hessen manchmal unerträglich provinziell und salbungsvoll. Möller macht Dampf". Hessen-Süd war für einige

Presseorgane eine Art geschlossenes Zeichensystem. Möller hatte zunächst wesentlich dazu beigetragen, die südhessische SPD zur Kerntruppe der Parteilinken aufzubauen. Auch schreckte er nicht davor zurück, das Godesberger Programm als zu „verwaschen" in Frage zu stellen. Er hatte sich sogar beim künftigen Vizekanzler Willy Brandt unbeliebt gemacht, als er sich im Oktober 1966 auf der Römerberg-Kundgebung „Notstand der Demokratie" als entschiedener Gegner der Notstandsgesetze outete, womit er ein Ordnungsverfahren riskierte. Andererseits ließ Willy Brandt ihn gewähren, als er öffentlich die Anerkennung der DDR einforderte.

Die harten Bandagen, die Walter Möller bei parteiinternen Flügelkämpfen einsetzte, haben ihm den Ruf eines militanten „Linksaußen" eingebracht, der später als willkommenes Argument für den gezielten Verdacht benutzt werden wird, der frischgebackene OB werde die Stadt nicht überparteilich regieren. Genau diese über den Zinnen der Parteien stehende, allein dem Wohlergehen der Stadt verpflichtete Verantwortung wird am Ende von Möllers Amtszeit dann aber als sein Markenzeichen gewürdigt werden. Der Mensch ist ihm das Maß aller Entscheidungen als Oberbürgermeister, nicht die Partei.

Doch selbst der *Spiegel* konnte es nicht lassen, in seinem Nachruf auf den am 16. November 1971 verstorbenen Walter Möller zunächst die ollen roten Kamellen noch einmal hervorzukramen:

Sozialist, Anführer des sozialdemokratischen Linksaußen-Bezirks Frankfurt, ein Klassenkämpfer und Bürgerschreck, kam in einer der größten Städte der Bundesrepublik an die Macht. Ein waschechter Roter zudem: Schon der Vater, von Beruf Schmied, war Gewerkschafter und Sozialdemokrat [...]. Möller hat mitgeholfen, die südhessische SPD zur Kerntruppe der Parteilinken aufzubauen, er hatte das ‚verwaschene' Godesberger SPD-Programm bekämpft, er hielt ‚die analytische Methode von Karl Marx immer noch für die beste', wußte, daß das Ziel eines Sozialisten ‚natürlich nur darin bestehen kann, in der gesamten Großwirtschaft das Privateigentum durch gesellschaftliches Eigentum und gesellschaftliche Verfügungsgewalt zu ersetzen'.

Dabei hatte sich Walter Möller längst vom eng marxistischen Begriff der Klasse gelöst, die „blaue Blume" wollte Romantiker Möller nicht rot anmalen. Immerhin bescheinigt der *Spiegel* Möller, in „nicht einmal anderthalb Jahren Amtszeit [...] energischere Akzente" gesetzt zu haben „als der sozialdemokratische Muster-OB Jochen Vogel in zwölf Jahren" in München. Letzten Endes habe er sich als Frankfurter Oberbürgermeister als „Sozialist mit Augenmaß" erwiesen. Möller hatte früh erkannt, daß die erfolgssichernde Einflußbastion die Einmann-Exekutive ist und nicht die kollektive Legislative. Dazu gehörte auch eine ordentliche Portion Egoismus, die großen Politikern aber nachgesehen wird, sofern sie Erfolg damit hatten.

Möllers „Jahrhundertprojekt" U-Bahn transformiert Frankfurt zur Metropole

Der grandiose Zukunftsentwurf eines U-Bahn-Projektes schon in der Aufbauphase Anfang der sechziger Jahre verdankt sich Walter Möllers produktiver Witterung und seiner buchstäblich bodenverhafteten Weitsicht. Er wollte dem brüllenden Verkehrslärm auf unseren Straßen zu Leibe rücken: Mit 175.000 PKWs und über 15.600 LKWs, die den Verkehrsfluß der Stadt zum Stocken bringen, wird der Sättigungsgrad 1965 bereits weit überschritten sein; hinzu kommt die große Welle der Einpendler mit 180.000 PKWs täglich. Ein extra neu gegründeter Sonderverkehrsausschuß unter Vorsitz von Walter Möller diskutiert bereits Ende Juni 1961 mit Experten über mehrere Tage die Alternativen Alwegbahn, Tiefbahn, U-Bahn usw. Am 4. Juli berät das Parlament fünf Stunden über das Beratungsergebnis des Sonderausschusses und stimmt mit einer großen Mehrheit von 66 zu 11 für die „Unterpflasterbahn".

Obwohl am 12. September 1961 der städtische Etat erstmals die Milliardengrenze überschreitet, setzt Möller durch, daß der Investionsetat für den U-Bahn-Bau bewilligt wird, damit die Verkehrswirrnisse der Großstadt endlich entzerrt werden können. In derselben Sitzung des Parlaments wird Walter Möller zum Verkehrsdezernenten gewählt. Welches Omen! Möllers Innovationsgeist hatte den Weg aus der Misere gewiesen. Die Gleise unter der brodelnden Stadt hindurchzuführen, das war damals vergleichbar abenteuerlich wie die Suche nach den Quellen des Nils.

Als Verkehrsstadtrat gleichzeitig Dezernent der Stadtwerke am Dominikanerplatz und Chef ihrer diversen Betriebszweige, brachte Walter Möller jene Mitgift einer herkulischen Kraft mit ins neue Amt, die einer braucht, um mit seiner Planung das gigantische U-Bahn-Werk zu schultern und bis in die Peripherien der Stadt hinein optimal effizient zu vernetzen. Mit dieser Trumpfkarte löste er den Fahrschein, um auf der Karriereschiene bis ins Oberbürgermeisterbüro zu rollen. Bevor das „Jahrhundertprojekt" (*F.A.Z.*) mit dem initialen Rammschlag am 28. Juni 1963 in der Eschersheimer Landstraße in Gang gesetzt wurde, war Walter Möller mit einer kleinen Entourage nach

Turin gereist, um dort die Teststrecke einer auf Stelzen gestellten Alwegbahn zu besuchen. Als einer seiner Leute feststellte, „die wackelt aber ganz schön", wurde dieser Ansatz schnell wieder verworfen. Möllers rechtzeitige „Machbarkeitsstudie" hat das Parlament schließlich überzeugt.

Bevor am 4. Oktober 1968 der erste Streckenabschnitt von der neu gestalteten Hauptwache bis zum neuen Nordwestzentrum feierlich eröffnet werden konnte, waren nicht nur viele Steine und viel Erde tief unter dem Pflaster aus dem Weg zu räumen gewesen. Das Projekt mußte nicht nur technisch exakt geplant werden, sondern auch minutiös zukunftstauglich. Für den Hürdenlauf ins Ziel galt es manche psychologischen, politischen und finanziellen Hindernisse zu überwinden; Paragraphen und Verordnungen sowie bürokratische Kompetenzen mußten beachtet werden; gar manches Mal mußten auch mit Tricks und Camouflagen die Weichen gestellt werden, um engstirnige Bedenkenträger oder eifersüchtelnde Widersacher auszumanövrieren, denn daß „erlaubt ist, was gelingt", hatte der pragmatische Visionär bei Max Frisch als Regieanweisung gelesen. Wie man am Ende sehen konnte: mit Erfolg. „Die Finanzierung dieses ‚größenwahnsinnigen' U-Bahn-Projekts stand ständig auf tönernen Füßen – das Wort vom ‚durchmöllern' machte die Runde", schrieb

Walter Möller erläutert Bundesminister Georg Leber (ganz rechts) das U-Bahn-Projekt

die *Frankfurter Rundschau* und die *F.A.Z.* wußte: „Was viele Bürger mit dem Namen Möller assoziieren – die Vorstellung von einer Dampfwalze, die gnadenlos niederdrückt, was Pläne wie den U-Bahn- oder Straßenbau behindert." Möllers grandioser Ritt über den Bodensee sicherte dem Wunderwerk die rechtzeitige Umsetzung noch vor der Deadline „Kommunalwahl" am 20. Oktober 1968. Diese wichtige Wahl verschaffte der SPD mit der U-Bahn als Selbstläufer erneut die absolute Mehrheit im Römer.

Als ein frühes Beispiel für Möllers erheblichen Anpassungsdruck an den Fortschritt mag jener Aufstand herbeigezogen werden, der gegen das Fällen alter Platanen auf der Eschersheimer Landstraße organisiert worden war. Vom Dämon des „Sofort" besessen, hatte Möller im Februar 1966 eine Sondersitzung von Bau- und Verkehrsausschuß durchgesetzt, um den einzigen Tagesordnungspunkt „Ausbau der Eschersheimer Landstraße" durchzumöllern, damit dieser schon anderthalb Stunden später im Haupt- und Finanzausschuß abgesegnet und wiederum eine halbe Stunde danach im Stadtparlament darüber abgestimmt werden konnte. Für Möller war Fortschritt keine Schnecke. Bei dieser Vorlage ging es aber weniger um das Köpfen alter Bäume, als vielmehr darum, die hohen Kosten von 38 Millionen DM durchzupeitschen. Die CDU-Fraktion hat dann allerdings die Vertagung der Entscheidung durchgesetzt. Gleichwohl wurde eine Sitzung später die Vorlage einstimmig (!) beschlossen. Daß Möllers auf seine Bedürfnisse zugeschnittenes Mammutdezernat drei Viertel der Kosten aller städtischen Investitionsmaßnahmen verschlang, empfand der Verkehrsdezernent statt als Vorwurf als Kompliment.

Nachdem die Gesamtverkehrsplanung und ein tragfähiges Betriebssystem für das komplette U-Bahn-Netz entwickelt worden waren, wurde mit der Bundesbahn eine Verbundkommission vereinbart, womit ein Nahverkehrssystem aus U-Bahn und S-Bahn für das gesamte Rhein-Main-Gebiet in Gang gesetzt wurde. Auch konnte mit der Bundesbahn ein Gemeinschaftstarif ausgehandelt werden.

Wäre Walter Möller nicht als erfolgreicher Oberbürgermeister in die Stadtgeschichte eingegangen, dann gewiß als Verkehrsdezernent und Erfinder und Realisator dieses größten Frankfurter Bauprojektes aller Zeiten. OB Werner Bockelmann hatte noch in der Planungsphase einen Teil des Lorbeers für sich reklamiert und zu Protokoll gegeben, wie sehr er sich freue, daß der Verkehrsdezernent seine, Bockelmanns, „Überlegungen zu den seinen gemacht" habe. War es nicht eher umgekehrt? Bockelmanns beiläufiges Lob klingt heute so, als habe Walter Möller an der Arche Noah lediglich ein wenig mitgezimmert.

Auch im übertragenen Sinn konnte der Zug der Zeit nicht entgleisen, solange Walter Möller im Stellwerk saß. Der Frankfurter U-Bahn-Bau verdient mit Fug und Recht ein wahrhaft historisches Ereignis genannt zu werden, das seinen Nachruhm begründet. Anfang Oktober 1970 weiht Walter Möller die größte Flugzeugwartungshalle der Welt ein. Ende Oktober beginnen die Bagger auf dem Niederurseler Hang die Gruben für den Erweiterungsbau der Goethe-Universität auszuschachten.

Die allzu schöne Utopie von einer Regionalstadt

Gegenüber allen, die befürchten, es könnte für die
Zukunft der Menschen zuviel geplant werden, betonen
wir, daß bisher zuwenig geplant worden ist.
Walter Möller, 1961

Walter Möller, der offenbar jene phantastischen Zukunftsentwürfe von Jules Verne und H. G. Wells nicht nur gelesen, sondern auch verinnerlicht hatte, gilt unter den Nachkriegschefs im Römer zweifellos als der größte Visionär, aber als einer mit buchstäblicher Bodenhaftung. Er beherrschte die Grammatik des Wandels, nein, für Frankfurt hat er diese erfunden. Nicht nur hat er mit seinem „Jahrhundertprojekt" U-Bahn einen irreversiblen Prozeß eingeleitet, auch die Utopie einer „Nord-West-Stadt" und einer „Regionalstadt" kündet von einem üppigen Ideenüberschuß. Schon im Februar 1959 empfiehlt er als Sprecher der SPD-Fraktion für Bau- und Verkehrsfragen dem Parlament den Bau einer „Nord-West-Stadt" mit 7.000 Neubauwohnungen inmitten der anrainenden Vororte Heddernheim, Praunheim, Niederursel und Römerstadt. Das Projekt „Regionalstadt" wollte er gleich nach Amtsantritt als Dezernent in Angriff nehmen. Letztlich handelte er nach der psychologischen Maxime des amerikanischen Architekten Daniel Burnham, keine kleinen Pläne zu machen, weil diese „nicht den Zauber hätten, das Blut der Menschen in Wallung zu bringen".

Neben der Stadtplanung und der U-Bahn hat Walter Möller und die Regionalplanung zum Kernpunkt seiner Amtszeit gemacht. Mit seinen buchstäblich bewegenden Gedanken wollte er die Regionalstadt vom Taunus bis zum Spessart ausgreifen lassen und 1,4 Millionen Einwohner unter einem großen Schirm beheimaten. „Um über die Formen und Funktionen der kommenden Regional-Stadt des Jahres 2000 nachzudenken", hat er 1970 dafür eigens einen hochkarätigen Beraterstab berufen. Denn nur durch professionelle Beratung könnte ihm eine gründliche Remedur der verkrusteten Strukturen eines den Gemeindeegoismen geschuldeten Partikularismus gelingen. Nach dem Vorbild der Bezirke Groß-Berlins schwebte ihm eine in Stadtbezirke gegliederte Art Großkommune Frankfurt vor. Es ging Möller dabei keineswegs um Eingemeindungen, sondern um eine Neuorientierung. Die Kirchturmpolitik sollte abgelöst werden durch die Schaffung von menschenfreundlichen Verwaltungsstrukturen, die den effektiven Notwendigkeiten gerecht würden und gleichzeitig eine gemeinsame zukünftige Entwicklung zum Nutzen aller Beteiligten garantierten. Die auch manchem Genossen utopisch erscheinende Konzeption einer „Regionalstadt" rief nur wenige Befürworter auf den Plan. Möller kannte seine Pappenheimer, er sah seine Pläne von einer verschworenen Fronde nicht nur der Umlandgemeinden konterkariert, sondern auch von SPD-geführten Städten und Gemeinden. 82 Gemeinden und Städte hätten zu guter Letzt ihre Autonomie auf dem Gebiet der Flächennutzung und der Finanzen an zentrale Instanzen abgeben müssen.

Die CDU hatte Möllers Idee der „Regionalstadt" flugs mit einer alternativen Konzeption eines „Stadtkreises" auszuhebeln versucht. Da aber beide Konzeptionen keine realistischen Konkretisierungen, geschweige denn überzeugende Veranschaulichungen aufzubieten hatten, versandeten sie ebenso im allgemeinen Desinteresse wie auch die dritte Alternative eines „Nachbarschaftsverbands", die von besorgten Landräten ins Spiel gebracht wurde. Das von Walter Möllers großer Idee beseelte Projekt wurde letztlich ausgebremst

Walter Möller stellt das Projekt „Regionalstadt Frankfurt" vor

vom Egoismus kleinkarierter Landräte und Kleinbürgermeister aller Couleur, die um ihren Einfluß bangten, ihre Souveränität behalten wollten und deshalb gegen „Frankfurts Hegemonialeuphorien" opponierten. Hunderte von Mandatsträgern befürchteten ihre Degradierung zu Ortsbeiratsmitgliedern.

Um der bevorstehenden großen Gebietsreform in Hessen zuvorzukommen, präsentierte Möller das Projekt „Regionalstadt Frankfurt" am 21. Januar 1971 in einer Pressekonferenz und schlug vor, die Region, die von Hofheim bis Dudenhofen, von Friedrichsdorf bis nach Mörfelden reichen sollte, in die folgenden sechs Bezirke zu unterteilen:

- **Mitte** (513.000 Einwohner): das vor allem im Westen und Osten stark reduzierte bisherige Stadtgebiet von Frankfurt;
- **West** (245.000 Einwohner): der westliche Vordertaunus, unter anderem Hofheim, Kelkheim, Königstein, Kronberg und Bad Soden sowie Höchst als „Hauptort" des Bezirks;
- **Nord** (157.000 Einwohner): der östliche Vordertaunus um den „Hauptort" Bad Homburg, Oberursel und Friedrichsdorf sowie der stadtnahe Teil der südlichen Wetterau mit Bad Vilbel und Frankfurt-Nieder-Erlenbach;
- **Süd** (169.000 Einwohner): unter anderem Kelsterbach, Neu-Isenburg und Langen (ohne festgelegten „Hauptort");
- **Offenbach** (259.000 Einwohner): neben Offenbach am Main als Zentrum große Teile der östlichen Stadtregion von Bergen-Enkheim über Fechenheim und Dietzenbach bis in den Rodgau;
- **Hanau** (mit Städten wie Hanau, Bruchköbel, Mühlheim).

Möller reklamierte als Bedingungen für Frankfurts unausweichliche „Selbstaufgabe": die Hoheit über die Finanzen, die Flächennutzungsplanung sowie die Grundlagen der Verwaltungsorganisation. Die Details seien jedoch aushandelbar, Kompetenzen könnten auch an die Bezirke delegiert werden.

Das Aus für Möllers „Regionalstadt" kam bereits am 17. Oktober 1971. Ausgerechnet die Landesdelegierten-Konferenz der SPD im hessischen Grünberg überantwortete das ehrgeizige Projekt des Genossen Möller der Bedeutungslosigkeit: Die am empfindlichsten betroffenen ländlichen Funktionäre legten ihr Veto ein, woraufhin die Delegierten der Großstädte Frankfurt, Wiesbaden und Kassel unter Protest den Saal verließen. Walter Möller hatte nie zuvor so deutlich die Brüchigkeit von Allianzen zu spüren bekommen wie hier auf dem Grünberger Minenfeld des Mißtrauens. Nach seinem heroischen Scheitern am klassischen Phänomen der Kirchturmpolitik ist dieses großdimensionierte Zukunftsprojekt gleichsam Möllers unerfülltes Vermächtnis geworden. Die Realitäten hinter den Träumen waren stärker gewesen: Aber Walter Möller konnte mit dem lieben Gott schon deshalb nicht hadern, weil der Agnostiker nicht an ihn glaubte. Er starb nur einen Monat nach dem Grünberger Eklat.

Nach Walter Möllers Tod wurde am 18. Mai 1972 schließlich eine schwache, dafür aber konsensfähige Alternative, die Gründung eines „Mehrzweck-Zweckverbandes zur Regelung des Stadt-Umland-Problems" von den Stadtverordneten einstimmig genehmigt, doch es sollten noch weitere drei Jahre vergehen, bis OB Rudi Arndt endlich den „Umlandverband Frankfurt" aus der Taufe heben konnte.

Möllers Vision von einer menschlichen Stadt

Unter dem Titel „Sofortprogramm für eine menschliche Stadt" hatte Walter Möller in seinem kommunalpolitischen Situationsbericht am 23. September 1971 die wichtigsten Essentials noch einmal in Erinnerung gerufen: Maßnahmen zur besseren Sicherheit in unserer Stadt, Maßnahmen zum Wohle unserer Kinder, zur Verbesserung der Verkehrsversorgung, zum Wohlbefinden der Fußgänger und schließlich zur Verbesserung des Kontakts zwischen Stadtverwaltung und Bürgern. Ja, der linke Möller zeigte Verständnis für das bürgerliche Unbehagen.

Als Hilfsorgan des Magistrats soll eine „Lenkungsgruppe" ein Konzept für die kommunale Gesamtentwicklung vorlegen. Bisher stark divergierende Ressortegoismen sollen schon bald der Vergangenheit angehören. Als bestes Mittel dafür, interessierte Bürger ständig an der Diskussion über die Erarbeitung von Wertvorstellungen zu beteiligen, gelte es, die unbedingte Öffentlichkeit aller Gremien der kommunalen Gesamtentwicklung herzustellen. Dabei sollten auch externe Berater aus den verschiedenen Fachdisziplinen beteiligt werden. Am 8. Juli 1971 hatten die Stadtverordneten bereits eine „Frankfurter Wohnungsordnung" beschlossen, die aufs Preußische Wohnungsgesetz aus dem Jahre 1918 rekurrierte, das den Gemeinden mit über 10.000 Einwohnern das Recht erteilte, eigene Wohnungsordnungen zu erlassen.

Da die Stadtplanung mit oft diffusen Entscheidungen immer wieder Anlaß zur Kritik gegeben hatte, etwa hinsichtlich der Abkoppelung des Sozialen von der Ökonomie, hatte Walter Möller schon in seiner Antrittsrede der Hoffnung auf einen Quantensprung in die Zukunft einer menschlichen Stadt Ausdruck verliehen:

Zum Strukturwandel unserer Städte gilt es, jede Initiative und jede Möglichkeit zu nutzen, um den angedeuteten geringen Handlungsspielraum der Stadtplanung und Bauaufsicht zu nutzen. Wir haben zu überlegen, wie wir durch die Verwaltungspraxis – auch wenn hierfür sehr unorthodoxe Methoden notwendig sind – zumindest teilweise das erreichen, was uns der Gesetzgeber verwehrt hat: den Planungswertausgleich. Ich bin überzeugt, bei klarer Aufgabenstellung und weiterem Nachdenken werden sich Wege finden, diejenigen Grundeigentümer, die durch die Entscheidung zur Bodennutzung begünstigt werden, zu veranlassen, daß sie auch einen angemessenen Beitrag für die Erhaltung gesunder, gemischter Stadtstrukturen leisten. Was auf diesem Weg zu leisten ist, wird immer nach undurchsichtigem Ermessensmißbrauch und Willkür aussehen, weil bei diesem Verfahren rechtliche Ausweisung und bauliche Realität notwendigerweise auseinanderfallen müssen. Zusammen mit den gemeinnützigen Wohnungsunternehmen und den Stiftungen kann sich die Stadt ferner bemühen, zumindest in Einzelfällen – etwa bei herausgeklagten alten Menschen – soziale Härten dieser Wandlungsprozesse zu mildern. Sehr weit wird diese Hilfe jedoch nicht reichen können, denn gegen die Kräfte des freien Marktes Strukturen zu erhalten oder Entwicklungen zu sichern, das kann sich eine Stadt nur sehr begrenzt leisten.

Wenn wir auf diese Weise bestimmte Teile der Stadt für die wirtschaftliche Entwicklung vorbereiten, dann wird natürlich die Forderung der Bürger nach einem umfassenden Stadtentwicklungsplan immer verständlicher. Man möchte wissen, was in einem bestimmten Stadtgebiet zu erwarten ist, welche Verdichtung und welche Funktion es bekommen soll. Hierbei hat sich unsere Stadtplanung zunächst eine gewisse Zurückhaltung auferlegt. Nicht etwa, weil sie keine Pläne oder keine gestalterische Phantasie hätte. Der Grund hierfür war sehr pragmatisch. Aussagen über künftige Funktion und Verdichtung interessieren Grundstücksbesitzer vor allem zur Kalkulation ihrer Bodenpreisforderungen. Wenn ein halber Quadratkilometer Außengebiet als Baugebiet ausgewiesen wird, dann haben die Grundeigentümer etwa fünfzig Millionen DM verdient. Je länger die Zeit zwischen baurechtlicher Ausweisung und wirklicher Bebauung ist, um so größer wird in der Regel der Spekulationsgewinn, und um so höher werden natürlich später die Mieten.

Darum fühlten sich unter den Bedingungen des heutigen Bodenrechts die Stadtplaner verpflichtet, ihre Absichten nicht allzu früh öffentlich zur Diskussion zu stellen. Das hat ihnen Vorwürfe und Mißtrauen eingebracht, was sie meist mit dem innerlichen Zuspruch auf sich genommen haben, daß eben der Gerechte bekanntermaßen viel leiden müsse. [...]

Walter Möller bei seiner Antrittsrede am 9. Juli 1970

Bei der Flächennutzung stellen sich drei Hauptaufgaben. Die erste Aufgabe sehe ich in der Gestaltung des letzten großen Siedlungsgebietes unserer Stadt am Heiligenstock. Es ist eine Aufgabe, die über eine Generation hinausreicht und die Maßstäbe der Nordweststadt eindeutig sprengt. [...]

Wer denkt in diesem Zusammenhang nicht an die Alte Oper. Persönlich habe ich mich längst zum Wiederaufbau des Gebäudes bekannt, das sehr betont die neue städtebauliche Entwicklung an der Bockenheimer Landstraße gegenüber den recht lebendigen, engen Straßen bis zur Hauptwache abgrenzt. Der Platz, den es dominiert, ist das einzige erhaltene städtebauliche Zeugnis des großbürgerlichen 19. Jahrhunderts. Historische Gebäude, gleich welcher künstlerischen Relevanz, sind lebendiger, sinnlicher Ausdruck von Geschichte, Zeugnis dafür, woher wir kommen. In Frankfurt gibt es nur noch wenige dieser Zeugnisse. In anderen Metropolen stehen bereits die Bauwerke der Gründerzeit unter Denkmalschutz.

Jedoch, das Großbürgertum, das sich das Gebäude des Opernhauses zu seiner Repräsentanz finanziert und erbaut hatte, gibt es nur noch rudimentär. Die Alte Oper als reinen Konzertsaal für die ernste Musik der Vergangenheit und Gegenwart wiederaufzubauen, würde nur den Anspruch, der einmal an dieses Ge-

bäude gestellt wurde, wiederholen. Es würde ein ‚Museum' für Konzerte. Sicherlich braucht Frankfurt einen Konzertsaal in der Alten Oper. Aber die Alte Oper kann und muß für alle Bevölkerungsschichten mehr sein, wenn das geforderte finanzielle Engagement verantwortbar werden soll. Das Gebäude könnte als kulturelles Zentrum für alle Formen der in Gemeinschaft rezipierten Äußerungen von ‚Kunst' im weitesten Sinne dienen; Kultur, nicht allein als Ausdruck der bürgerlich anerkannten Künste und deren Formen, sondern gerade auch die Formen der sogenannten Subkultur, die Avantgarde der jeweiligen Künste, ein ständiges Diskussionsforum, ein Mittelpunkt: [...] ein Center 1975 für ein ‚Frankfurt mit Zukunft'. [...]

Eine Hauptaufgabe der Flächennutzung ist für mich die Funktionsbestimmung der Innenstadt. Nachdem wir uns seit langem bereits dem Grundsatz verschrieben haben, der Schnellbahn den Vorzug vor der Schnellstraße zu geben, ist unser Anlagenring vor den Ansprüchen der Autos und ihrer Besitzer gesichert. Dieser Grüngürtel der City ist sogar erweitert worden. Vom Opernplatz über die Hauptwache und Zeil bis zur Konstablerwache, dann herunterführend zum Dom-Römer-Bereich und zum künftigen verkehrsfreien Mainufer, bis zum Brückenschlag hinüber zur Maininsel und nach Alt-Sachsenhausen, haben wir jedoch eine Stadtmitte, deren Funktionsbestimmung noch nicht zufriedenstellend erfolgt ist. Auch wenn man sich zum Prinzip der Vielfalt bekennt – ich möchte das für mich nachdrücklich bejahen –, so ist es doch bedenklich, in diesem Gebiet die einzelnen Teile planerisch völlig getrennt zu sehen. Wir hatten einen Wettbewerb Dom-Römer. Wir bekommen einen Wettbewerb Zeil. Wir bereiten einen Wettbewerb für das Mainufer vor. Diese Arbeitsmethode gefällt mir nicht. Sie ist der gestellten Aufgabe nicht angemessen.

Der von mir umrissene Raum, der später noch in Richtung Hauptbahnhof zu erweitern wäre, ist das bedeutsamste Kommunikationszentrum der ganzen künftigen Regionalstadt. Wenn wir fragen: Wie wollen wir künftig leben? – so müssen wir auch fragen: Was wollen wir künftig in diesem Gebiet erleben? Die von mir bereits angesprochene Aufgabe, dieser Stadt wieder ein verstärktes Flair von Gastlichkeit und Gemütlichkeit zu geben, ist an vielen Stellen zu lösen. In erster Linie entscheidet sich der Erfolg solcher Bemühungen jedoch bei der Ausgestaltung dieses Stadtbereiches. U-Bahn und S-Bahn bieten verkehrlich die besten Voraussetzungen. Unsere herrliche Lage am Fluß ist ein weiterer entscheidender Vorteil. Alt-Sachsenhausen hat seinen gewachsenen Ruf und Charakter, der nur vor dem Ansturm der Baulöwen und Autos bewahrt werden muß.

Zwischen Zeil und Main liegt allerdings ein Problemgebiet. Was uns Anfang der fünfziger Jahre zum Vorteil war, wird jetzt zu einer schwierigen Aufgabe.

Damals haben wir unter Walter Kolb als erste Großstadt unserer Innenstadt neue bauliche Impulse gegeben. Jetzt wissen wir, daß sich zwischen Zeil und Main manches ändern muß, wenn dieses Gebiet eine erlebbare Einheit werden soll. Die notwendige Verkehrsader der Berliner Straße ist dabei für alle, die planend tätig sind, eine besondere Herausforderung. Auch hier erscheint es mir genau wie am Heiligenstock notwendig zu sein, öffentlich und international zum Wettbewerb der Ideen aufzurufen. Die Stadtmitte muß ein Herrschaftsbereich für den König Fußgänger werden. Man muß sich von diesem Gebiet einfach angezogen fühlen, man muß es lieben. Wie können Menschen eine Innenstadt – heute die Quelle von Lärm, Schmutz, Unsicherheit und Ärger –, wie können Menschen dieses Gebiet wieder als ihre Plaza, als ihren gemeinsamen Treffpunkt, als eine Anhäufung aller erlebbarer menschlicher Aktivitäten empfinden? [...]

Jeder wird empfinden, wie sehr diese Fragestellung nicht nur eine Frage an den Stadtplaner ist. Wir suchen einen neuen Kulturdezernenten auch für diese Aufgabe. Was hier zur Diskussion steht, entscheidet sich weitgehend im geistig-kulturellen Bereich.

Mit seinem Mut zum Scheitern, der Scheitern oft genug verhindert, hatte Walter Möller die abgehobene Parallelgesellschaft in Frankfurt als Gefahr vor Augen, als er nichts Geringeres formulierte als eine konkrete Utopie auch und vor allem gegen den Utopieverlust der jungen Generation. Seine Idealvorstellung eines geträumten Frankfurt schien mit seinem frühen Tod auch für viele andere ausgeträumt. Schon ein halbes Jahr nach Walter Möllers Ableben wird man den tieferen Sinn von mancher seiner Entscheidungen in Zweifel ziehen. In einer gemeinsamen Sitzung der Ausschüsse für Stadtentwicklung und Regionalplanung mit dem Bauausschuß Anfang Juli 1972 stehen umstrittene Ausnahmegenehmigungen für solvente Bauherren auf der Tagesordnung. Baudezernent Hanns Adrian reagierte ausnahmsweise mal wortkarg, als er danach befragt wurde, warum ein Bürgerhochhaus an der Mainzer Landstraße gegenüber dem Blittersdorfplatz eine Ausnahmegenehmigung für zusätzlich acht Geschosse erhalten habe. Der Bauherr hatte sich nämlich gegenüber der Stadt bereiterklärt, mit der Überlassung von fünf Liegenschaften im Westend sich erkenntlich zu zeigen. Es stellte sich schließlich heraus, daß diese dem „Do ut des"-Prinzip folgende Praxis erst mit Walter Möller üblich geworden war, jedenfalls sofern derlei Deals erkleckliche Renditen für die Stadt abzuwerfen versprachen. Möller soll sich über die Bedenken der Stadtplaner hinweggesetzt und nach eigenem Gusto enorme „Bauhöhen-Erhöhungen" zugesagt haben, die mit den Ämtern nicht abgesprochen waren. Im konkreten Fall bilanziert sich der Wert der Kompensationsmasse von fünf Häusern auf etwa 3,5 Millionen Mark für den Stadtsäckel. Die notariell protokollierten Zusagen Möllers wurden als rechtsverbindlich erklärt.

Im Mai 1971 begrüßt Walter Möller die neu gegründete Bürgerinitiative „Frankfurt soll schöner werden". Er nutzt diesen Anlaß, um seinen Traum „In jedem Stadtteil ein sprudelnder Brunnen!" in Erinnerung zu bringen, dessen Realisierung die Gemüter erquicken sollte. Eine weitere Bürgerinitiative gründet das „Frankfurter Forum für Stadtentwicklung". Mit unakademischem Gestus nahm Möller die kritische Öffentlichkeit nicht als Gegner wahr, sondern nutzte ihr Potential als Promoter.

Am 10. Februar 1972 wird nicht nur eine Frankfurter Denkmalschutzliste als Ortssatzung verabschiedet; Möller institutionalisiert auch einen beamteten Denkmalpfleger mit entsprechenden hoheitlichen Befugnissen.

Kampf gegen die Bodenspekulation

„Wenn wir die Nachteile der Verdichtung einschränken wollen", zog Walter Möller, der Lordsiegelbewahrer des Urbanen, als konsequente Lehre aus seinen Erfahrungen, dann „müssen wir sofort aufhören, die Profite aus dem Bodeneigentum zu maximieren." Als Lehrbeispiel für diese These führte er exemplarisch das Frankfurter Westend an. Hier zeigten sich die „traurigen Ergebnisse des freien Grundstückmarktes" am deutlichsten, denen entgegenzutreten das derzeitige Bodenrecht jedoch nicht ausreiche. Da die Stadt aber wachse und wachse und immer mehr Arbeitsplätze produziere, würden die Grundstücke zu Phantasiepreisen gehandelt, die in keinem Verhältnis mehr zur vorgesehenen Nutzung stünden und für unsere Stadt nur wirtschaftspolitischen Flurschaden anrichteten. Wirtschaftspolitische Macht sollte bald den Stand der Unschuld verlieren. Möller war bewußt, daß etwas ethisch nicht Vertretbares nicht dadurch legitimiert werden kann, daß es wirtschaftlichen Nutzen für die Stadt abwirft. Damit angesichts dieses äußerst labilen Arrangements im Westend nicht eine Art ständiger Nervenkrieg zwischen Grundstücksmarkt und Stadtplanung weiterbrodelte, war Möller fest entschlossen, der fortschreitenden Verwirtschaftlichung der Lebenswelt Einhalt zu gebieten. Im Kern ging es bei den öffentlichen Diskussionen um nichts Geringeres als um die Sozialbindung des Grundeigentums.

Im Zeitalter des Risikokapitalismus ist in Frankfurts Verdichtungssektoren der „freie Grundstücksmarkt der natürliche Feind jeder sinnvollen Stadtplanung", befand in schonungsloser Diktion Walter Möller schon in seiner Antrittsrede am 9. Juli 1970. Rückblickend kritisiert er die seitherige Stadtplanung, die oft „hinter verschlossenen Türen" ihre Beschlüsse fasse. Der städtische Bauzaun sei eine der bestgehüteten Grenzen der Demokratie, zitiert Möller ein Fachblatt: „dahinter beginnt die Diktatur der Planung". Indirekt hat Möller den ungeliebten Stadtbaurat Hans Kampffmeyer damit in Verdacht genommen. Da Kampffmeyer, ob zu Recht oder Unrecht, für alle Planungssünden als negative Gallionsfigur einen gar eindeutigen Ruf genoß, sollte er schleunigst aus dem Verkehr gezogen werden, obwohl er als Freund Walter Möllers lange dessen Schutz anvertraut gewesen war. Er wurde also „freiwillig zurückgetreten", wie es im Genossenjargon damals hieß, aber mit einem ehrenrettenden Attest vom Innenminister, mit dem ihm die „Dienstuntauglichkeit" bescheinigt wurde.

Jener Möller-Text, den er zum Staunen der Öffentlichkeit den Grundstücksspekulanten im Westend ins Stammbuch geschrieben hatte, wird hier in Gänze nachgedruckt, um deutlich zu machen, wie wild entschlossen der OB damals war, dem leidigen Problem zu Leibe zu rücken und dessen Lösung oberste Priorität zu versprechen. Weitere Raubbauten (Raub-Bau im ganz buchstäblichen Sinne) in Frankfurts schönstem Stadtteil und die grassierende Verwahrlosung des Wohnquartiers sollten unbedingt verhindert werden. Der

Demonstration gegen Bodenspekulation im Oktober 1970 an der Hauptwache

Text ist auch ein Dokument jener rohen Phase, in der sich die Erosion des Vertrauens in politische Institutionen durch ideologisch aufgerüstete Aggressionen der Emanzipationsbewegung gegen „die da oben" mit Streiks und mit Hausbesetzungen Luft zu machen erkühnt hatte. Es war am Ende eine Art Gegenkultur entstanden, die eine Welt für sich war. Daß Möller dabei kompromißfähig blieb, erklärt sein diesbezügliches Diktum: „Je höher die Ziele gesteckt sind, um so erträglicher kann der Kompromiß werden, der auszuhandeln ist." Möller war sehr daran gelegen, die wachsende Entfremdung zwischen den Bürgern und den „Machteliten" in Politik und Wirtschaft aufzuheben, ohne mit den Hausbesetzern einen von ihnen erhofften Moralrabatt zu verrechnen:

Der von mir erwähnte Nervenkrieg der Grundstücksspekulanten wird übrigens nicht nur gegen die Stadtplanung, sondern vor allem auch direkt gegen die Bürger geführt. Sobald der reale oder imaginäre Verkehrswert der Grundstücke mit der erzielbaren Rendite auseinanderfallen, wird in der Regel die rechtlich vorgesehene Nutzung geändert. Unser leider viel zu liberales Mietrecht läßt es zu, daß zunächst den alten Mietern einfach gekündigt wird. Oder es werden Mieten verlangt, die einfach unerschwinglich sind. Um diesen Vertreibungsprozeß – man kann ja wirklich schon von Westend-Vertriebenen sprechen – zu beschleunigen, läßt man Häuser einfach leerstehen und verkommen, oder es werden ausländische Arbeiter oder auch Prostituierte einquartiert, von denen man einen so hohen Mietzins erpreßt, wie es etwa dem Grundstückswert entspricht.

Ich gehe auf diese Verhältnisse deshalb ausführlicher ein, weil die Gegenwart im Westend die künftige Struktur anderer Stadtteile vorzeichnet. Insbesondere für die Gebiete, die zwischen dem Anlagenring und dem Alleenring liegen. Die Möglichkeiten der Stadt, in diesen Gebieten eine vernünftige Mischung von Verwaltungsbauten, Wohnungsbauten, Gemeinschaftseinrichtungen und Grünanlagen zu sichern, sind sehr begrenzt. Die Stadt hat bei der gegenwärtigen Steuerquote und Steuerverteilung kein Geld, um selbst als Grundeigentümer oder Bauherr aufzutreten. Das Gefälle zwischen der erzielbaren Miete für Verwaltung und für Wohnungen liegt mindestens bei fünf DM pro Quadratmeter Nutzfläche. Diese Differenz kann nicht aus der Stadtkasse beglichen werden. Gesetzliche Restriktionen auf der Grundlage des jetzigen unzureichenden Bau- und Bodenrechts und der ständigen Rechtsprechung der Gerichte können auch nicht zum Ziele führen. Der Erfolg wäre eine Stagnation der Stadtentwicklung, der bewußt herbeigeführte bauliche und soziale Verfall bestimmter Wohngebiete und letztlich eine ernste Minderung der Wettbewerbschancen unserer Stadt im Verhältnis zu anderen Verdichtungsgebieten. Diese vorhandenen Chancen zu nut-

zen und auszubauen ist aber die notwendige Voraussetzung für jede Bemühung um sichere Arbeitsplätze und steigende Einkommen.

An dieser Stelle möchte ich ein Wort zu allen sagen, deren Bewußtsein offenbar dem des Gratulanten entspricht, der mir folgendes Telegramm sandte: ‚Es lebe die sozialistische Republik Frankfurt am Main'. Die notwendigen gründlichen Reformen unserer Wirtschafts- und Sozialordnung müssen in erster Linie dort gefordert und entschieden werden, wo nach unserer Verfassung die Kompetenz liegt: im Bonner Bundeshaus. Die Verwaltung einer Großstadt muß gerade im Interesse ihrer arbeitenden Bürger mit den Mitteln arbeiten, die man mit dem Modewort ‚system-immanent' belegt hat. Wer diesen Sachzwang systematisch ignoriert, der ignoriert auch die Aufgabe der Oberbürgermeister, für das Wohl aller Bürger zu sorgen, und er ignoriert vor allem die wichtigsten Existenzinteressen der Arbeitnehmer. Ich habe jedenfalls nicht die Absicht, sozialistische Experimente in dieser Stadt zu unterstützen, die nur dazu führen können, die wirtschaftliche und soziale Entwicklung der Stadt oder die Grundlagen des demokratischen Sozialismus selbst zu schädigen. Utopien sind Ausdruck schöpferischer Phantasie.

Diese Phantasie benötigen wir dringend für die Aufgaben der kommenden Jahrzehnte. Wir benötigen sie in erster Linie bei der Beantwortung der von mir aufgeworfenen Grundfrage: Wie können und wie wollen wir in den nächsten Jahrzehnten leben? Utopien werden aber leicht zu einem die Entwicklung hemmenden oder sogar selbstzerstörerischen Element in der Politik, wenn sie jeden Bezug zur gegenwärtigen oder absehbaren Realität vermissen lassen. Oft ist es dann nur ein kleiner Schritt vom Fortschritt zur Reaktion.

Elisabeth Noelle-Neumann findet, daß „die öffentliche Geringschätzung der Politik die Fundamente der Demokratie untergräbt". Tatsächlich fühlen sich die Menschen einer undurchsichtigen Herrschaft unterworfen, deren Macht sie zwar spüren, aber ohne die Mächtigen identifizieren zu können; das beklemmende Gefühl der Ohnmacht nimmt zu. „Aus Ohnmacht wächst der Haß ins Ungeheure und Unheimliche, ins Geistigste und Giftigste", erkannte Nietzsche schon in seiner *Genealogie der Moral.*

Möllers Maßnahmen im Kampf gegen Mietwucher und Bodenspekulation fanden zunächst zwiespältigen Widerhall. Seiner rigorosen Selbstverpflichtung zur Remedur einer bisher laxen Praxis der Bekämpfung der Westendzerstörung zum Trotz blieb Möller zunächst konkretere Taten schuldig. Hausbesetzungen wurden (noch) nicht gestoppt, ja, Möller hatte sie zunächst mit dem permissiven Hinweis auf geltendes Bodenrecht sogar toleriert, ein Grund für die *F.A.Z.*, am 25. November 1970 in einer „Chronique scandaleuse" den Oberbürgermeister

Das besetzte Haus Eppsteiner Straße 47

massiv dafür zu rügen, untätig wegzuschauen und „die erste Aktion, die Besetzung des leerstehenden Hauses Eppsteiner Straße 47, begrüßt zu haben". Möller hatte diese erste regelwidrige Inbesitznahme fremden Eigentums am 19. September 1970 noch milde als „Denkanstoß" für den Gesetzgeber kleingeredet, der diese Aufgabe auf die allzu leichte Schulter nähme. Die Westendzerstörung begann mit den Hausbesetzungen 1970, als deren spontaner Demonstrationseffekt noch im Vordergrund stand, begleitet von einer tatsächlichen Obdachlosigkeit unbehauster Besetzer, denen ihre bisherige Bleibe gekündigt worden war.

Möller war sich aber der Geschichte des Westends als blühenden Wohnquartiers bewußt sowie der Tatsache, daß von 1944 bis zur Gebäude- und Wohnraumzählung im Jahr 1970 4.000 Wohnräume „auf kaltem Wege" ihren Wohnzwecken entzogen worden waren. Die Zweckentfremdung von Wohnflächen wurde übrigens erst seit Februar 1972 wieder genehmigungspflichtig. Auf einer Bürgerversammlung im Ostend im Juni 1970 meinte Möller unter freundlichem Beifall, privater Besitz an Grund und Boden in Ballungsgebieten sei ein Anachronismus, der schnellstens erledigt werden müsse, um die Stadtplanung nicht zu behindern. Jedoch lege er Wert auf die Feststellung, daß seine Forderung nicht mit der Abschaffung von Eigentum verwechselt werden dürfe.

Am 19. Oktober 1970 hat der Magistrat einen Strukturplan Westend verabschiedet, der Ende Januar 1971 auch von den Stadtverordneten abgesegnet wurde. Sie hatten dem Magistratsbeschluß noch den Vorbehalt hinzugefügt, daß bis zum Vorliegen von Bebauungsplänen Ausnahmen von der Veränderungssperre nicht erlaubt seien.

Nachdem das „Hausbesetzerkollektiv" Ende Oktober auf einem Flugblatt unter dem Motto „Jeder Stein, der abgerissen, wird von uns zurückgeschmissen" die „Selbsthilfe als einzigen Ausweg" proklamiert und die CDU-Bundestagsfraktion in einem Brief an Innenminister Hans-Dietrich Genscher „die Untätigkeit der Frankfurter Polizei" beklagt hatte, wurde von Walter Möller auf dem nächstfolgenden SPD-Parteitag Ende November 1970 weiteren Hausbesetzungen energisch der Kampf angesagt. Gemeinsam mit dem neuen Polizeipräsidenten Knud Müller erklärte der OB jetzt Hausbesetzungen kategorisch zum „Straftatbestand" im Sinne eines „schwerwiegenden Eingriffs in die bestehende Rechtsordnung". Der Parteitag nahm knurrend Zuflucht zu einem salomonischen Rat: Die Polizei solle künftig „mit angemessenen Mitteln" einschreiten, und außerdem möge der Magistrat Wohnraum für Studenten und Obdachlose bereitstellen. Mit pragmatischer Nüchternheit befand Möller Obdachlosigkeit genauso für eine Störung der öffentlichen Sicherheit und Ordnung wie Hausbesetzungen. Unter den linken Genossen hat ihm sein radikaler Strategiewechsel wenig Sympathien eingebracht. Der *Wiesbadener Kurier* lobt denn auch Möllers „phantastischen Mut zur Unpopularität", mit dem er seine Rechenschaftspflicht begleichen wollte. Sein Ziel, den Zusammenhang zwischen Sozialdemokratie und sozialem Engagement als einen unauflöslichen zu realisieren, sollte er in seiner viel zu kurzen Amtszeit aber nur partiell erreichen.

Schon im September 1970 hatte das Stadtparlament dem Antrag des Möller-Magistrats zugestimmt, für das über 400 Hektar große nachbarschaftlich geprägte Westend eine Veränderungssperre zu erlassen. Jetzt war der Magistrat rechtlich befugt, bisherige Bauleitpläne zu kassieren und damit auch spekulative Bauvorhaben zu stoppen.

Rückerstattung „arisierten" jüdischen Eigentums

Als Vorsitzender der SPD-Fraktion im Römer hat Walter Möller Mitte der fünfziger Jahre darauf bestanden, daß im Stadtparlament die sogenannte „Wiedergutmachungsvorlage" öffentlich behandelt werde, obwohl diese schon einstimmig vom Hauptausschuß abgesegnet worden war, einschließlich der Bewilligung von 3,2 Millionen Mark überplanmäßiger Mittel. Der Beschluß regelt die leidigen Auseinandersetzungen über Vermögensfragen zwischen der Jüdischen Gemeinde Frankfurt und der Stadt. Es geht dabei um 14 von den Nationalsozialisten „arisierte" jüdische Liegenschaften wie das Philantropin, das Krankenhaus in der Gagernstraße und die jüdischen Friedhöfe. Die Stadt verpflichtet sich mit dem in der 14. Sitzung des Stadtparlaments verabschiedeten Vertrag, 3,2 Millionen D-Mark als „Schadensausgleich" zu zahlen. Möller wollte diesen Casus, den die Stadtverordnetenversammlung am 27. September 1956 gern stillschweigend über die Bühne gebracht hätte, unbedingt öffentlich machen, damit andere säumige Kommunen dem Beispiel Frankfurts folgten: „Die heutige Aussprache soll richtungweisend für andere Städte der Bundesrepublik sein, damit das an unseren jüdischen Mitbürgern begangene Unrecht zumindest formal beseitigt wird."

Die Stadt Frankfurt sei die erste in der Bundesrepublik, „die eine Wiedergutmachung durchführt, die Hand zur Versöhnung reicht und ein sittliches Gebot erfüllt", sagte unter großem Applaus Stadtverordneter Hugo Dornheim von der SPD-Fraktion. „Es wird damit ein Unrecht beseitigt, das sich gegen die Menschen- und Bürgerrechte richtet. Es bleibt uns die schmerzliche Einsicht leider nicht erspart, daß selbst die größte Leistung klein bleiben wird angesichts des Übermaßes an Unmenschlichkeit, das in den vergangenen Jahren geschehen ist. Nichts wird das Blut und die Tränen auslöschen können, die für immer die Blätter der deutschen Geschichte trüben und verdunkeln werden."

Der CDU-Stadtverordnete Hans Wilhelmi ergänzte in dieser staatstragenden Sternstunde des Parlaments: „Wir sind dankbar dafür, daß es unser Oberbürgermeister Kolb war, der damals den Aufruf an die jüdischen früheren Bürger unserer Stadt erlassen hat, wiederzukommen, denn auch das gehört zu dem Geist der Toleranz, die in dieser Stadt herrscht und herrschen soll und nur in dieser düsteren Zeit unseres Volkes einmal verdrängt war."

Vor 1933 lebten in Frankfurt 32.000 jüdische Bürger, 1956 waren es nur noch 1.800. Im Jahr 2010 wird die jüdische Bevölkerung Frankfurts wieder über 7.000 Menschen zählen.

Walter Möllers kultureller Ehrgeiz

Als damaliger Kulturdezernent der Ruhrgebietsstadt Oberhausen hatte ich 1970 die einmalige Auswahl, entweder nach Bochum, nach Köln oder nach Frankfurt zu wechseln. Nach Gesprächen mit den SPD-Oberen der beiden nordrhein-westfälischen Städte sowie mit dem designierten Oberbürgermeister von Frankfurt am Main, Walter Möller, habe ich mich aus dreierlei Gründen für die hessische Stadt entschieden: Erstens, die Gemeindeordnung von Nordrhein-Westfalen schränkt die Autonomie der Dezernenten dadurch drastisch ein, daß sie ihre Beigeordneten den Weisungen der Oberbürgermeister unterwirft, in Hessen aber nicht. Nach dem Ideal der amerikanischen Verfassung wird die politische Macht auch im Frankfurter Magistrat nicht in der Spitze konzentriert, sondern auf die Dezernenten verteilt und damit begrenzt. Mit anderen Worten: Im Hessenland ist der OB Primus inter pares des Magistratskollegiums, also nicht der Herrscher aller Reußen. Nach Paragraph 40 der Hessischen Gemeindeordnung kann der OB aber die Dezernate nach eigenem Ermessen verteilen. Der Magistrat insgesamt vertritt die Stadt und jeder Dezernent erfüllt die ihm übertragenen Aufgaben in je eigener Verantwortung und Kompetenz. Zweitens gab es in Bochum keine finanziellen Chancen für Innovationen oder Neugründungen, während in Köln die kulturelle Infrastruktur schon fast optimal entwickelt war, so daß kaum noch Spielraum für neue Projekte zu erkennen war. Aber die lange Defizitliste der Frankfurter Kulturszene hätte jeden Aspiranten für diesen Job gereizt, diese Mängel systematisch abzuarbeiten. Drittens war Walter Möllers Charisma *prima vista* wirklich beeindruckend und überzeugend, und schließlich war seine kulturpolitische Philosophie im wesentlichen deckungsgleich mit der meinen. Und vor allem: Die Finanzierung neuer Projekte schien in Frankfurt kein allzu großes Problem zu werden. Wir stimmten also auch darin überein, daß Kultur nicht als Kostenfaktor gelten dürfe, sondern als langfristige Investition in die Lebensqualität der Bürger amortisiert würden.

Ich fand die Chance einzigartig, in Zeiten des Aufbruchs nach 1968 in die „Stadt der Kritischen Theorie" zu wechseln. Möller machte mir mit seinem idealistischen Überschuß Hoffnung, daß ihm unkonventionelle Ideen und kultureller Enthusiasmus genügten, analoge Schubkräfte auch in der Fraktion freizusetzen. Unser beider Arbeitshypothese „Optimismus und Gestaltungswille" hat uns auf Anhieb sympathisch verbunden, auch teilte ich seinen enthusiastischen Bildungsbegriff und seinen verblüffenden Ansatz, in der Kapitale des Kapitals die Kultur mit dem Geist des Kapitalismus zu versöhnen. Diese Stadt sollte nicht länger von Hermes regiert werden, dem Gott der Banker und des Mammon, sondern künftig vom Herold der Künste und der Kultur. Kunst als Antidot zum „tabellarischen Verstand und den mechanischen Fertigkeiten" (Schiller). Walter Möller hatte den Ehrgeiz, Frankfurt zur Stadt der Moderne und der Avantgarde zu machen. Für Möller macht erst die Kultur den entscheidenden Unterschied als Ferment einer menschlichen Kommunalpolitik.

Wir hatten unseren Konsens, den tradierten Kulturbegriff zu entgrenzen, also schnell gefunden. Kultur und Künste wollte er in den Dienst der Aufklärung stellen. Kultur dürfe nicht im lokalen Rathaushorizont befangen bleiben und schon gar nicht einseitig einer Wählerklientel verpflichtet sein. Ich versprach Walter Möller, im Spagat zwischen Elitärem und Populärem das Programm einer „Kultur für alle" gelingen zu lassen, schließlich ist jeder Steuerzahler Anteilseigner an der Kultur. Walter Möller schnürte gleich ein dickes Ideen-Bündel, „um die geldstarke, aber charakterarme Stadt in eine Kulturmetropole zu verwandeln". Diesen längst überfälligen Quantensprung sollte ich realisieren helfen: Wiederaufbau der Alten Oper; der trostlose Leerwert des Römerbergs sollte durch eine architektonisch attraktive kulturelle Infrastruktur mit Leben erfüllt werden; Erweiterung der Museumsszene; Kommunalisierung der Volkshochschule und des TAT. Der Nostalgiker der 68er-Bewegung plädierte für die Mitbestimmung im TAT, in Schauspiel und Oper. In den ausländerstarken Stadtteilen: Integrationsprogramme in Bürgerhäusern, Deutschkurse für Bürger mit Migrationshintergrund. „Einwanderer müssen mehr können als Einheimische, um integriert zu werden", zitiert Möller das erfolgreiche Credo der kanadischen Einwanderungsstrategie. Koexistierende Kulturen als Friedenskür, um die Asymmetrie der Verständigungsverhältnisse umzukehren. Außerdem sollte ich die vielen heterogenen Interessen der gebildeten Bevölkerung unter einen kulturellen Hut bringen.

Mit diesen Desideraten ließ er seine Wünschelrute kräftig ausschlagen. Mit seiner kulturellen Charta rannte Walter Möller jene Türen ein, die beim neuen Kulturdezernenten prinzipiell weit offenstanden. Außerdem wollte er überall Wasser sprudeln sehen und plätschern hören, in ästhetisch einwandfreien Brunnengefäßen: Wasser verstand er als symbolisches Element für schäumendes Leben. Und, ermächtigte er mich freundlich, „den großen Rest möglicher Initiativen überlasse ich ganz dir".

Im Verlauf des allerersten, zweistündigen Gespräches in einer Düsseldorfer Altstadtkneipe fand ich jene Vorurteile widerlegt, Walter Möller gehöre den radikalen Linksaußen der SPD im Land zugerechnet. Er war ebensowenig ein Katheder-Sozialist, wie er ein praktizierender Marxist war. Der mehr gefühlsmäßige als wild theoretisierende Linke wollte aus der Frankfurter Kapitale des Kapitals, die Martin Luther einmal als „Gold- und Silberloch" verhöhnt hatte, eine menschliche Stadt machen. Er wollte „Bankfurt" zu dem umgestalten, was Hölderlin euphemistisch einst zum „Nabel dieser Erde" stilisierte. Er wollte den Kapitalismus nicht bekämpfen, sondern zu Reformen zwingen, weil sonst auch er untergeht. Ich dachte, im Schnittpunkt von Möllers flächendeckender Sozialutopie und meiner Utopie einer „Kultur für alle" würden unsere Interessen gut miteinander konvenieren: Kultur sollte nicht jenen Schichten vorbehalten bleiben, deren Privileg sie schon immer war. Einer großen aufklärerischen Tradition verpflichtet, wollte er Kultur für alle Schichten, die dazu schließlich auch mit ihren Steuern beitragen. Walter Möller ließ sich auch zum Anwalt des kostenlosen Museumsbesuchs machen, bis 1990 war dann auch der Eintritt frei. „Kultur für alle" war für Möller mehr als einfach nur fließend Wasser auf allen Etagen.

Die notwendigen Trendsetzungen, die Walter Möller zur Urbanisierung der alten Kaiserstadt, der heute kleinsten Metropole der Republik, mit Hilfe der Künste und der Kultur setzen wollte, hatte er glasklar im Kopf. Weil Frankfurt aber keine traditionell kulturgesättigte Residenzstadt ist, war die kulturpolitische Perspektive desto verlockender, Frankfurt zur Hauptstadt der Kultur zu machen, neben jener anderen eher utilitaristischen Zielsetzung, auch noch Bankenmetropole zu bleiben. Um es feierlich auszudrücken: Möller wollte der Stadt mit Hilfe der Kultur eine Seele geben. Weil Frankfurt nicht zum Krähwinkel absinken dürfe, brauche die Stadt an den Spitzen der Institutionen statt Winkelriede kluge Köpfe, die „von Herzen kosmopolitisch" seien, wie Thomas Mann im *Doktor Faustus* diese hoffentlich wachsende Spezies einmal definiert hatte. Den Römerberg wollte Möller zu einer Art Umschlagplatz der Ideen machen, ähnlich der griechischen Agora. Die Römerberggespräche verdanken sich diesem Ansatz und ihr bis heute notwendiges Wirken.

Nachdem der SPD-Parteitag im Januar 1970 beschlossen hatte, ab sofort müßten die künftigen Dezernenten vor dem Parlamentsvotum erst noch den Segen des Parteitags eingeholt haben, war ich der erste, der sich diesem Prozedere ausgeliefert sah. Nachdem ich im tristen Bürgerhaus Nied dem mit einem imperativen Mandat ausgestatteten SPD-Parteitag vorgesungen hatte, wurde dem Vorschlag des Oberbürgermeisters mit neun Gegenstimmen das Okay gegeben. Am 17. November 1970 hat auch das Stadtparlament mit den Stimmen von CDU und FDP „den Linken aus dem Kohlenpott" (*Frankfurter Rundschau*) mit 54 Ja-Stimmen bei 12 Nein-Voten den Zuschlag gegeben. Die ursprünglich gegen mich angetretene SPD-Stadtverordnete Frolinde Balser (SPD) hatte ihre Bewerbung zurückgezogen. Als Walter Möller mir riet, ihm so oft wie möglich auf die Nerven zu gehen, konnte ich ihm im Gegenzug versprechen, er werde die Geister, die er rief, so schnell nicht wieder los.

Die erste gravierende Entscheidung war gleich im ersten Monat meiner Amtszeit zu fällen, weil sich sonst der Vertrag mit Generalintendant Ulrich Erfurth automatisch verlängert hätte. Nachdem Claus Peymann als Intendant des TAT von 1965 bis 1969 die Mitbestimmung gefordert, aber beim damaligen Magistrat nicht hatte durchsetzen können, sollte dieser „Anachronismus" (Möller) jetzt endlich getilgt werden. Da Ulrich Erfurth für „ein solches Schreckgespenst" nicht zu haben war, mußte er gehen. Ich habe mit Peter Palitzsch einen idealen Protagonisten dieser Idee gewinnen können, der auch Walter Möller gefiel. Nach vielen Gesprächen in Stuttgart mit dem dortigen Palitzsch-Ensemble, mit Hans Neuenfels, Horst Laube, Elisabeth Trissenaar, Peter Danzeisen, Peter Roggisch, Elisabeth Schwarz und vielen anderen war das komplette Ensemble aus Stuttgart wild entschlossen, am Schauspiel Frankfurt mit dem Experiment Mitbestimmung Demokratie am Theater zu wagen.

Bis auf Möllers sentimentales Brunnenprojekt („in jedem Stadtteil ein Brunnen"), dessen spektakulärstes, weil auch teuerstes Vorzeigestück, der Gio-Pomodoro-Brunnen, erst 1983 fertiggestellt wurde, sind die meisten seiner Desiderate nach und nach denn auch verwirklicht worden – manche erst nach seinem Tode, wie der Wiederaufbau der Alten Oper, die Verselbständigung von Oper und Schauspiel, die Mitbestimmung im Schauspiel, die Kommunalisierung der Volkshochschule und des Theaters am Turm, die Fortführung des Bürgerhausprogramms oder die Unterstützung von Liesel Christs Volkstheater, von deren Bühne er sich eine Art „Komfort des Herzens" erhoffte, womit Walter Benjamin nun freilich etwas ganz anderes gemeint hatte.

Auf Wunsch von Walter Möller erhält Liesel Christ für die Gründung ihres Volkstheaters 1971 einen städtischen Zuschuß; die neue Bühne wird mit dem Lustspiel *Der Bürgerkapitän* von Carl Malß im Großen Saal des Volksbildungsheims am Eschenheimer Tor eröffnet. Sein endgültiges Domizil erhält das Frankfurter Volkstheater aber erst im Jahre 1975 im Cantate-Saal am Großen Hirschgraben Nummer 21. Die von nun an erfolgreiche Ära Christ wird mit Kotzebues Stück *Die deutschen Kleinstädter*, von Wolfgang Kaus inszeniert, feierlich von Rudi Arndt eingeläutet. Das populäre Volkstheater war Möller nicht minder wichtig als das exponiert avantgardistische Theater am Turm oder die „experimenta" für eine arrivierte Freizeitgesellschaft. Walter Möller bedeutete Kulturpolitik eben mehr als das Verteilen öffentlicher Gelder.

Als ehemaliger Direktor der Frankfurter Volkshochschule von 1956 bis 1959 war es Walter Möller aus eigener Erfahrung mit lästigen Etatkämpfen wichtig, die 1890 gegründete Volkshochschule zu kommunalisieren, auf daß sie endlich Planungssicherheit bekomme, was sich allerdings erst 1976 realisieren ließ. Die VHS hatte sich damals schon zum Ziel gesetzt, „die Menschen der Unterschicht zu Mitbesitzern der Güter von Kunst und Wissenschaft zu machen". Möller war besonders daran gelegen, die Herkunftssprache der Migranten zur Pflege ihrer Identität lebendig zu halten, wobei für den Integrationsprozeß in Deutschland gleichzeitig natürlich auch die Sprache ihres neuen Heimatlandes erlernt werden müsse. Mehrsprachig aufwachsende Kinder entwickeln deutlich mehr kognitive Fähigkeiten als einsprachig aufwachsende. Wer fremde Sprachen nicht kennt, das wußte schon Goethe, „weiß nichts von der eigenen". Mehrsprachigkeit erleichtert außerdem den Umgang mit Andersartigkeit.

Um der städtischen Geselligkeitskultur Profil zu verleihen, müsse die Infrastruktur der Bürgerhäuser bis in alle Stadtteile mit über 20.000 Einwohnern erweitert werden. Bürgergemeinschaftshäuser seien nicht zuletzt auch als emotionale Orte der Integration wichtig, um den Türken, Spaniern und den damals noch pauschal Jugoslawen genannten Einwanderern aus dem Balkan eine nationale Selbstdarstellung auf Augenhöhe zu ermöglichen. Ziel war es auch, durch die Anschauung fremder Kulturen die Zirkulation der unterschiedlichen Lebenskreise zu erweitern und der Entfaltung von Kreativität eine reelle Chance zu geben. Der verdinglichte Mensch kann sich aber kaum kreativ verhalten, er ist nach Lukács-Exeget Walter Möller „der gesellschaftlich vernich-

Walter Möller gratuliert dem neuen Kulturdezernenten

tete, zerstückelte, zwischen Teilsystemen verteilte Mensch" (Georg Lukács). Kurz nach Walter Möllers Tod konnte am 3. Dezember 1971 auch das erste Kommunale Kino der Bundesrepublik aus der Taufe gehoben werden, das zum Nukleus des 1984 eröffneten Filmmuseums werden wird und deutschlandweit inzwischen fast 150 Filiationen gezeugt hat.

Möller fühlte sich in seinem Engagement für die Kultur und die Kultur-wirtschaft auch durch die nackten Daten der Bruttowertschöpfung bestätigt, zu der Musik, Film und Kino, Funk und Fernsehen ebenso beitragen wie die Kunstmärkte, die Verlagsumsätze, die Buchhandlungen oder die darstellenden Künste, die Architektur, das Design oder die elektronischen Medien: Hochge-rechnet waren das in der Bundesrepublik zur Möller-Zeit insgesamt 20 Milliar-den Mark, also mehr, als die gesamte Bilanz der Energiewirtschaft im Jahre 1970 zustande brachte.

Zu Walter Möllers Freundeskreis zählten viele Frankfurter Künstler, Schriftsteller und Intellektuelle, deren manche im „Arbeitskreis Kultur" unter dem Vorsitz von Friedrich Franz Sackenheim die Partei mit fortschrittlichen und unkonventionellen Ideen versorgten, wie Karlheinz Braun, Michael Gru-ner, Peter Iden, Alexander Kluge, Rolf Kissel, Alois Giefer oder Iring Fetscher. Deren Vorschläge haben in Form formaler Kulturaufträge oft sogar bis in den Kulturausschuß und in den Magistrat hinein für Diskussionsstoff gesorgt und meistens auch zu nachhaltigen Beschlüssen geführt.

Möllers Vermächtnis zur Kulturentwicklung

Walter Möller hatte schon in seiner Antrittsrede im Stadtparlament am 9. Juli 1970 dezidiert sein kulturpolitisches Credo kompakt und konkret auf den Punkt gebracht. Nicht alle seine Wünsche konnten noch vor seinem Abschied von der Bühne seines Lebens Gestalt gewinnen, aber das meiste von dem, was er angestoßen hat, ist verwirklicht worden, wie zum Beispiel die ihm besonders wichtige Mitbestimmung am Theater. Er hoffte damit „den einseitigen Thea-terbegriff" aufzubrechen. In der Emphase des Aufklärers volkspädagogischer Neigungen verdächtig, formuliert er sein Plädoyer zur Kulturentwicklung frei vom gesinnungsethischen Ballast:

Die neuen kulturellen Initiativen, die wir für diese Stadt erwarten, können nicht in erster Linie aus der Verwaltung der Institutionen kommen. Sie müssen aus den zahllosen privaten Quellen fließen, die in Form vieler Clubs, Diskussi-

onsgruppen, Galerien, Studios, Experimentiertheater oder was und wie auch immer bereitstehen. Die Stadt muß sich mehr für diese überwiegend unscheinbaren Anreger kultureller Vielfalt interessieren, sie fördern und auch fordern. *Allerdings sind auch grundsätzliche Probleme beim Theater, bei den Museen, bei der Volksbildung, wie bei den Volksbüchereien zu lösen.*

Es stehen Fragen der Organisationsstruktur und des Zusammenwirkens an, die hier nicht im Detail aufzuzeigen sind. Das Theater nimmt hierbei schon aus finanziellen Gründen eine besondere Stellung ein und fordert völlig neue Maßstäbe. Ich kann Friedrich Dürrenmatt nur zustimmen, wenn er feststellte: ‚So stehen wir der paradoxen Tatsache gegenüber, daß die Stadt durch enorme Subventionen die Theaterplätze nicht nur verbilligt, sondern Theater erst möglich macht, während eine Minderheit der Bürger, aus deren Steuergeldern die Subventionen bezahlt werden, den Vorteil, den sie sich selber schaffen, auch wahrnehmen, kurz, daß heute zwar jedermann ins Theater gehen kann, aber verhältnismäßig nur wenige wollen. Unsere heutigen Theater sind Symbole einer Scheinkultur'. Untersucht man die Mehrzahl unserer Museen nach diesen Kriterien, wird man zu ähnlichen Ergebnissen kommen.

Wenn wir in den nächsten Jahren neue Einrichtungen, wie das Jugend-Center und das Leinwandhaus, das Historische Museum oder das Karmeliterkloster mit Kirchenschiff neu aufbauen, werden wir uns die Funktionsbestimmung sorgfältig überlegen müssen, um die Ansprüche, die wir finanziell an die Bürger stellen, mit den Ansprüchen in ein rechtes Maß zu bringen, die von den Bürgern an diese Einrichtungen gestellt werden.

Wenn ich im Zusammenhang mit der Gestaltung der Innenstadt zu einigen Fragen der Kulturpolitik Stellung genommen habe, so deshalb, weil auf diese Weise auch deutlich wird, welchen Rang und welche Ausstrahlungskraft nach meiner Meinung künftig der Kulturpolitik zuzumessen ist.

Kulturelle Gerechtigkeit war für Möller ein Akt der politischen Fairneß. Für ihn war Kultur nicht allein Ausdruck der bürgerlich anerkannten Künste und deren Formen, zu ihr gehörten erst recht auch Formen der sogenannten Subkultur, die Avantgarde der jeweiligen Künste und die ästhetischen Experimente, die noch weiter darüber hinaus führen und ein jugendliches Publikum interessieren. Es sollte sich in der Vielfalt freier Gruppen kulturell austoben können, weil „das Neue reizt". Aber gereizt hat Walter Möller auch, jenes heute noch gültige Alte, das einmal zur mentalen Grundausstattung des Bürgertums gehörte, als bewährte Werteressource wiederzuentdecken, damit es bewahrt werden kann. Dieses Kulturverständnis weist Walter Möller als Erben einer

Dialektik der Aufklärung aus, die sich einer lösungsorientierten Konfliktkultur statt einer affirmativen Kulturvermittlung verpflichtet weiß.

Initiator des Wiederaufbaus der Alten Oper

Während die drei sozialdemokratischen Oberbürgermeister mit der Initiale „W" im Vornamen, Walter Kolb, Werner Bockelmann, Willi Brundert, bei der Frage des Wiederaufbaus der Alten Oper klägliche Argumente herbeigeredet hatten, um ihre fahrlässige Weigerung zu verbrämen, das Projekt als dringend notwendig ganz oben auf ihre Agenda zu setzen, hat ausgerechnet der gern als „Linksaußen" apostrophierte Oberbürgermeister Walter Möller die kopernikanische Wende bei seiner in diesem Punkt tief gespaltenen SPD vollzogen: Auf der Klausurtagung der SPD-Fraktion im idyllischen Waldhotel Vielbrunn im tiefverschneiten Odenwald hat er im November 1970 die Zustimmung zum Wiederaufbau des im Krieg zerstörten Opernhauses durchgesetzt, wenn auch nur mit vierstimmiger Mehrheit.

Als Theaterkritiker zugleich Chronist der Frankfurter Bühnen, fand Albert Richard Mohr in seinem Buch *Das Frankfurter Opernhaus* (1980) diese auch unter dem Erwartungsdruck einer stolzen bürgerlichen Öffentlichkeit längst überfällige Entscheidung für wichtig genug, sie als „historische Kehrtwende" zu protokollieren: „Als neuer Mann mit neuen Argumenten machte Hilmar Hoffmann die Frage der Alten Oper zu einer Prestigefrage der Kulturpolitik, die sich bei dieser Nagelprobe in der Öffentlichkeit bewähren müsse. Bei erneuter Abstimmung erhielten Walter Möller und sein Kulturdezernent dann die notwendigen Stimmen für diesen Tendenzbeschluß."

Den bürgerlichen Beharrungswillen der Frankfurter in Rechnung stellend, war es der linke Walter Möller, der seine Fraktion auf den Pfad der kulturpolitischen Tugend gedrängt hatte, und es war dessen Nachfolger Rudi Arndt, der die Vorlagen zum Wiederaufbau der Alten Oper als Konzerthaus im Parlament durchgepaukt und den Wiederaufbau in Angriff genommen hat. Das war endlich Balsam für die frustrierte Bürgerseele. Bei aller Sympathie für Walter Wallmann war es also nicht dessen Verdienst, wie Wallmann-Vasall Brück nicht müde wird, geschichtsklitternd und dreist sogar in der Paulskirche oder im Kaisersaal zu behaupten. Walter Wallmann hat das wiedererrichtete Haus dann an Goethes Geburtstag am 28. August 1981 zusammen mit Bundespräsident Karl Carstens feierlich eingeweiht. Walter Wallmann hat genügend andere Ver-

dienste, als daß er es nötig hätte, auch noch das Copyright für den Wiederaufbau der Alten Oper von seinem Kurvenal zugeschanzt zu bekommen.

Dohnányi dirigiert die Oper wieder zu internationalem Rang

Im Wettlauf mit seiner verrinnenden Lebenszeit wurde Walter Möller als Oberbürgermeister nur noch selten bei Opernpremieren Zeuge großartiger Inszenierungen, wie bei jenen der Biederkeit geraubten schönen Momenten der Oper
Elektra von Richard Strauss: Im Mai 1971 hat Christoph von Dohnányis Vir-
tuosität am Pult den herrlichen Klangfarben der Partitur die Pforten ins Wun-
derbare geöffnet. Die sängerdarstellerisch geschmeidige Anja Silja glänzte auch
in dieser mörderischen, hochdramatischen Sopranpartie und brachte die genialen Librettotexte Hugo von Hofmannsthals höchst wortverständlich zu Gehör.
In Möllers Zeit als OB hat Opernchef Christoph von Dohnányi die Oper
mit glänzenden Aufführungen schon bald nach Theodore Bloomfields Abgang
mit einer allerersten Sängergarde wieder zu einem konkurrenzfähigen Musiktheater neben (Ost-)Berlin, München und Hamburg international ins Gespräch
gebracht. Im kulturellen Ranking steht die Frankfurter Oper wieder mit an der
Spitze. Höhepunkte waren ferner im Dezember 1970 Verdis *Don Carlos* in der
Regie von Václav Kašlík, der auch am Erfolg von Tschaikowskis *Eugen Onegin*
im November 1971 gehörigen Anteil hatte. Als Ehrengast dirigierte Günter
Wand Glucks 1762 uraufgeführte „Reformoper" *Orfeo et Euridice*, Musik also
aus einer Zeit, als der gesungene Text noch belanglose Nebensache war und die
Regie von Filippo Sanjust dem Kulinariker Wand somit die Freiheit ließ, die
stimmgewaltigen Koloraturen entsprechend farbig auszupinseln. Mit Luigi
Cherubinis *Medea* hat Dohnányi im März 1971 eine selten gespielte Preziose
wiederentdeckt, mit diametral entgegengesetzter Resonanz bei Presse und Publikum: Beifall und Buhs hielten sich, wie hierorts damals üblich, die Waage.

Mitbestimmung im Schauspiel Frankfurt

Eine kulturpolitische Entscheidung mit bundesweitem Effet war die Einführung
der Mitbestimmung an den Städtischen Bühnen Frankfurt. Weil der Vertrag mit
Generalintendant Ulrich Erfurth sich automatisch verlängert hätte, wenn ihm
nicht schon bald nach meinem Einstand die förmliche Nichtverlängerung ausge-

sprochen worden wäre, war damit auch publizistisch die Idee der Mitbestimmung streitig diskutiert worden. Als ich den sympathischen Ulrich Erfurth mit der Entschlossenheit auch des Oberbürgermeisters in dieser Frage konfrontierte, war sein Erschrecken größer als das des Papageno beim Anblick des Sarastro. Der Magistratsbeschluß ist aber erst nach Walter Möllers Tod im August 1972 zustande gekommen. Parallel mit der Entkoppelung von Oper und Schauspiel ging in Frankfurt die Auflösung des ewigen Anachronismus „Generalintendanz" und damit die Aufkündigung der unzeitgemäßen Machtvertikale einher. Für das Schauspiel wurde die Mitbestimmung per Magistratsbeschluß Gesetz wie für die Oper das abgemilderte „Mitwirkungsdekret". Die Mitbestimmung sollte keine Episode werden, sie war als Aufbruch für alle deutschen Theater mit Erfolg in Szene gesetzt worden, getreu der Maxime Brechts, daß „das moderne Theater nicht danach beurteilt werden [muß], wie weit es die Gewohnheiten des Publikums befriedigt, sondern danach, wie weit es sie verändert".

Walter Möller war nach einem Gespräch mit dem vorgeschlagenen neuen Leitungsteam Peter Palitzsch, Horst Laube, Hans Neuenfels und mit deren zeitgemäßen Definition des Theaters als Instrument der Emanzipation und der Aufklärung einverstanden. Diese Tugend wollte das Team nicht allein auf das einzelne Individuum bezogen wissen; sie sahen darin vielmehr eine die Gesellschaft insgesamt verändernde Anstrengung. Wie nach Schiller der Mensch nur dann wirklich existiert, wenn er sich verändert, so halte sich auch die Gesellschaft nur in der Veränderung lebendig. Brechts Meisterschüler Peter Palitzsch und sein Dramaturg Horst Laube beriefen sich dabei auf die letzte Marxsche These über Feuerbach, wonach die Philosophen bis jetzt die Welt nur interpretiert hätten, es aber künftig vielmehr darauf ankäme, sie zu verändern. Weil also für einen radikalen Neuanfang keine Zeit mehr zu verlieren war, handelten wir damals pragmatisch, indem wir dem weisen Wort des jüdischen Philosophen Moses Maimonides folgten: „Wann, wenn nicht jetzt, wer, wenn nicht wir!" Die Augen Walter Möllers leuchteten. Leider hat er die strahlende erste Premiere der neuen Mannschaft nicht mehr erleben dürfen.

Goethepreis an Georg Lukács.
Friedenspreis an Gräfin Dönhoff

Mit der Verleihung des Goethepreises an den ungarischen Philosophen, Ästhetiker und Kulturkritiker Georg Lukács hat Walter Möller gleich zu Beginn ein geistig-kulturelles Signet ans Revers des Oberbürgermeisters geheftet. Mit der Wahl eines marxistischen Denkers jenseits der von Lenin und Konsorten zur menschenfeindlichen Ideologie mißbrauchten Philosophie von Karl Marx wollte der OB über die funktionalen Beziehungen zwischen Ideologie, Politik und den sozialökonomischen Prozessen aufklären. Wie tief der vom Geist der Toleranz und Aufklärung geprägte Walter Möller sein Interesse in Lukács' literaturhistorischem und philosophischem Werk versenkt hatte, davon gibt seine Laudatio auf den krankheitshalber abwesenden Preisträger vom 28. August 1970 in der Paulskirche beredten Ausdruck:

Vom Geiste Goethes, vom angemessenen Verständnis seines Werkes zeugen nicht allein die Essays, die sich ausdrücklich mit ihm beschäftigen – Lukács' Denken ist zutiefst von Motiven Goethes bestimmt, der wiederum erstaunliche Gemeinsamkeiten mit Hegel aufweist. Goethisch ist an Lukács, daß er über der Versenkung ins Detail das Ganze nicht vernachlässigt, daß er, wie der große Frankfurter, von den schlichtesten Erfahrungen des Alltags aufzusteigen sucht zu den philosophischen Kategorien. Diese verlieren niemals ihren Kontakt zur menschlichen Praxis und ihren Nöten. Goethe verwandt schließlich ist Lukács darin, daß er wie jener ein ‚gegenständliches Denken‘ anstrebt. Von den deutschen Klassikern hat Lukács gelernt, daß Theorie und Praxis eine Einheit bilden; daß wahre Erkenntnis nicht aus hohler Innerlichkeit und Tiefe fließt, sondern aus dem tätigen, arbeitenden Umgang mit den Gegenständen dieser Welt, die noch unfertig ist und die es im Sinne realer Humanität zu verändern gilt.

Die Preisvergabe an den Ungarn war nicht unumstritten, zumal der Philosoph ein Drittel der Preissumme an den Vietcong zu überweisen angekündigt hatte. Der Autor von *Die Zerstörung der Vernunft* (1954) György Lukács ist ein Jahr später in Budapest gestorben. Er hat mit seinem Verdikt, es gäbe „keine unschuldige Weltanschauung" seine Absage an einen indoktrinären Marxismus klar formuliert. Sein Einfluß auf die gemäßigte Linke im Westen ist wohl deshalb noch viele Jahre virulent geblieben. Anhänger der Philosophie Lukács', ist Walter Möller von den orthodoxen Sozialisten als anachronistischer Linker diffamiert worden. Lukács wollte den Marxismus wieder als eine Kategorie rehabilitieren, die an Hegel anknüpft und die Wirklichkeit als geschichtlich bedingt und als veränderbar begreift.

Möllers Auftritte in der Paulskirche, die er gern „Wiege der Demokratie" nennt, sind für ihn jedes Mal wieder willkommene Gelegenheiten, über den jeweiligen Anlaß hinaus seine eigene politische Philosophie im Begriffspaar Freiheit und Frieden als interdependente Größen zu formulieren. Wie viele Politiker strebt auch Walter Möller nach den Weihen der Literatur. Wäre ihm mehr Muße gegönnt gewesen, hätte er auch diesen Ehrgeiz sicher befriedigen können.

Anläßlich der Verleihung des Friedenspreises des Deutschen Buchhandels an die Zeit-Herausgeberin Marion Gräfin Dönhoff, dieser engagierten Protagonistin der sozial-liberalen Entspannungspolitik, sagte er im Oktober 1971: „Jeder, der sich mit dem Frieden und der Erziehung zum Frieden beschäftigt", müsse bereit sein, „jene Wende im Denken mitzuvollziehen, wonach der Frieden durch das aggressive, Feindbilder erzeugende Verhalten beider Seiten bedroht ist, das die tödliche Spirale des Wettrüstens in Gang hält. So lange jeder nur darauf wartet, daß die andere Seite die Propaganda- und Rüstungskomplexe abbaut, wird der Teufelskreis des organisierten Unfriedens niemals unterbrochen werden können." Im Gegensatz zu den meisten seiner Oberbürgermeister-Kollegen pflegte der gelernte Journalist Walter Möller seine Paulskirchenreden selber zu verfassen.

Die Verleihung von Goetheplaketten oder Reden am Grabe von Geistesheroen delegierte Walter Möller zeitsparend gern an die „zuständigen Dezernenten". So rief er mich eines Abends spät zu Hause an und bat mich, ihn am nächsten Morgen zu vertreten und den Frankfurter Schriftsteller Fritz von Unruh mit einer Trauerrede zu beerdigen, er sei plötzlich erkrankt. Da ich erst kurz im Amt war und mich mit Werk und Biographie des Dichters nicht genug auskannte, hoffte ich, den Auftrag abwimmeln zu können. „Dann fahr zum Bahnhof und hol dir die notwendigen Informationen aus den Zeitungen, die sind heute voll davon!" Ich glaube, am 2. Dezember 1970 auf dem Hauptfriedhof in Dietz eine halbwegs passable Rede gehalten zu haben, indem ich an Unruhs Theaterstück *Stirb und Werde* anknüpfte, das in den zwanziger Jahren am Schauspielhaus Frankfurt uraufgeführt worden war. Darin hatte der Schriftsteller „den neuen Menschen mit humanen, demokratischen Idealen" proklamiert. Ich fand, daß sein Tod den hinterbliebenen politisch denkenden Menschen die Chance gibt, sein Wort nicht verstummen zu lassen, sondern dadurch lebendig zu halten, daß sie die Welt, in der wir leben, im Sinne des praktizierenden Humanisten Fritz von Unruh verändern helfen.

Walter Möller hatte mich mehrmals darauf angesprochen, ob nicht der nächste Goethepreis an Jürgen Habermas vergeben werden sollte; dem Autor von *Erkenntnis und Interesse* (1968) gehe es darum, auf der Basis der analytischen Sozialwissenschaften die normativen Grundlagen gesellschaftlicher Prozesse zu analysieren. Auch sei Habermas derjenige unter den philosophierenden Sozialwissenschaftlern, der das sozial-liberale Geschichts- und Gesellschaftsbild in den letzten Jahren am nachhaltigsten wissenschaftlich geprägt habe (Habermas wird 1980 den seinem breitgefächerten Œuvre gemäßen Theodor W. Adorno-Preis erhalten).

Kulturkalender Walter Möller

1970   Als Nachfolger von Karl vom Rath beruft Walter Möller den Oberhausener Kulturbeigeordneten Hilmar Hoffmann zum Kulturdezernenten.

1970   Im November stimmt die SPD-Fraktion auf ihrer Klausurtagung in Vielbrunn mit vier Stimmen Mehrheit dem Wiederaufbau der Alten Oper zu.

1970   Nichtverlängerung des Vertrages der Stadt mit Generalintendant Ulrich Erfurth und Einführung der Mitbestimmung im Schauspiel nach vollzogener Spartentrennung

1970   Das Kunsthappening „Art-Meeting" findet in Sachsenhausen großen Anklang.

1970   Die ortlose „experimenta" erhält städtische Bestandsgarantie.

1970   Ende November stirbt der Goethepreisträger Fritz von Unruh.

1971   Im April wird der erste in Frankfurts Kulisse gedrehte *Tatort* des Hessischen Rundfunks ausgestrahlt: *Frankfurter Gold*.

1971   In den Räumen des TAT wird das erste Kommunale Kino der Bundesrepublik gegründet.

1971   Liesel Christ eröffnet am 18. Juni ihr Frankfurter Volkstheater im Großen Saal des Volksbildungsheims am Eschenheimer Tor und erhält erstmals einen städtischen Zuschuß.

1971   Erstmals Komplementärveranstaltungen zur Buchmesse in städtischen Räumen

1971   Erster Bundes-Künstlerkongreß findet in Frankfurt statt

1971   Gründung der Römerberggespräche

1971   Vertragliche Absicherung der Finanzierung des Frankfurter Kunstvereins

1971   Kommunalisierung der Volkshochschule und des TAT

1971   Erstmals gemeinsames Plakat aller städtischen und freien Theater an den Litfaßsäulen

1971   Richtfest für den Neubau des Historischen Museums auf dem Römerberg

1971   Ab Herbst sind die Museen allabendlich und am Wochenende geöffnet, der Eintritt ist frei.

Marginalien

Als der Film *Unsterbliche Geliebte* (1951) im Kino Titania an der Leipziger Straße 1952 Premiere haben sollte, war Walter Möller einer unter den vielen Demonstranten, die gegen die Aufführung eines Machwerks von Hitlers Starregisseur Veit Harlan auf die Straße gingen. Der kollektive Unmut richtete sich nicht gegen den nordischen Novellenstoff *Aquis submersus* von Theodor Storm, sondern gegen den Regisseur: Mit dem antisemitischen Film *Jud Süß* (1940) hat er Hitlers Judenhaß emotional zustimmungsfähig machen wollen. Der Hetzfilm hatte damals die Pogromstimmung gegen die Juden bis zum Siedepunkt angeheizt. Nach dieser Protestaktion wurde Harlans Storm-Film in Frankfurt tatsächlich abgesetzt. Als Möller später ein weiteres Mal gegen ein anderes Harlan-Produkt protestierte, bewahrte ihn seine Immunität als Stadtverordneter nicht vor einer gehörigen Ordnungsstrafe. Seine Passion hatte die Ratio besiegt.

*

Als im nahen bayerischen Ort Miltenberg Neonazis eine neue braune Partei gründen wollten, sah man keinen Geringeren als Walter Möller inmitten des Protestmilieus wieder mit fieberhafter Vitalität symbolisch auf die Barrikaden steigen.

*

Möller bekennt sich zu vier freizeitlichen Passionen: Lesen, mittelalterliche Weisen auf der Gitarre spielen, Sporttauchen, möglichst an einer adriatischen Küste, und Skilaufen in alpinen Höhen. In Hofgastein hat er eifrig für den höchsten Grad des dortigen Ski-Abzeichens trainiert, das er pünktlich zu seinem 50. Geburtstag feierlich an seine Ski-Jacke geheftet bekam.

*

Häufig mit seinem engen Parteifreund Ewald Geißler auf Urlaubsreisen, heuerten beide in einem kleinen jugoslawischen Fischerdorf auf einem Fischkutter in der Hoffnung an, ein nächtliches Hochseeabenteuer zu erleben. Beide fanden sich aber bald voll integriert in die Mühsal professionellen Fischfangs, bis sie schwielige Hände bekamen. Zum Dank erhielten die beiden einen mit frischem Fisch gefüllten Kübel, dessen Inhalt sie heimlich ins Meer zurückkippten.

Nach zwei Herzinfarkten mit einer viermonatigen Zwangspause im Kurort Bodenmais im Bayerischen Wald, schleppt Walter Möller 15 Kilo weniger mit sich herum; seine Anzüge mußten auf „mein reduziertes Gewicht zurückgeschneidert werden". Abgespeckt hat er aber auch sein lästiges Routinepensum, das die Allgemeine Geschäftsanweisung (AGA) seit Vorväterzeiten dem OB aufhalst: „Da unterschreibe ich Belege über 8,50 Mark. Das ist doch ohne Sinn und Verstand." Um dem alles verschlingenden Gott Chronos Zeit abzutrotzen, wurde die AGA geändert. Delegieren war Möllers neues Zauberwort, das ihm endlich unnötiges Verwaltungsgedöns vom Hals schaffte.

*

Als Walter Möller im Juli 1967 von 67 der 73 Stadtverordneten für weitere sechs Jahre als Verkehrsdezernent wiedergewählt worden war, war außer fünf ungültigen Stimmen auch noch eine Zwei-Pfennig-Münze in die Wahlurne gesteckt worden. Den Walter Möller ausgehändigten hohen Geldbetrag übergab dieser unverzüglich an Stadtkämmerer Hubert Grünewald, den er um eine Quittung bat. Ein schlechtgelaunter „Möller-Fan" kommentierte in einem Leserbrief dessen Wiederwahl giftig: Ein Bombenteppich auf Frankfurt sei ein Unglück, doch Möllers Wiederwahl sei eine Katastrophe.

*

In seiner frühen Jugend hat Walter Möller statt Karl Marx Karl May gelesen und als Erwachsener Miguel de Cervantes' *Don Quijote* verschlungen, das „beste Buch der Welt", und das wohl weniger wegen jenes Teils über Lug, Trug und Enttäuschung als vielmehr der Verteidigung der freien, unaufhaltsamen Phantasie wegen. „Phantasie an die Macht" war später Möllers Lieblingsdevise der 68er. Nachdem er dann *Das Kapital* gelesen hatte, hielt er jedenfalls die analytische Methode von Karl Marx „für die beste".

*

Im Juni 1971 scheidet der bis dahin von Möller geförderte SPD-Abgeordnete Günter Guillaume aus der Fraktion aus, um als parlamentarischer Geschäftsführer der SPD-Bundestagsfraktion einen Spitzenjob in Bonn zu übernehmen.

Hier saß er endlich an der Quelle, um für das Staatssicherheitsbüro der DDR Spitzeldienste zu leisten. Als späterer Referent von Willy Brandt wird er sogar in die Geschichte eingehen, weil der Bundeskanzler aus dieser peinlichen Situation der Enttarnung den noblen Entschluß faßte zurückzutreten.

51jährig stirbt auch Walter Möller in den Sielen

Ach, sie haben einen guten Mann
begraben – und mir war er mehr.
Matthias Claudius

Ein drittes Mal nach 1945 künden die Trauerflore an den Frankfurter Stadtfahnen vom frühen Tode eines Oberbürgermeisters; dessen Leben war der Kurzatmigkeit eines OB-Kalenders zum Opfer gefallen – ein weiteres trauriges Beispiel für die schnelle Vergänglichkeit des Lebens. „Das Rathaus mit tödlichem Risiko" (*F.A.Z.*) hatte ein weiteres Opfer gefordert. 1956 starb Walter Kolb in den Sielen dieses mörderischen Amtes; 1970 wurde Willi Brundert kurz nach seiner Wiederwahl zu Grabe getragen. Wohl weil Walter Möller zu lange von seinen überschüssigen Kräften gezehrt hatte, war er in der kalten Winternacht vor Buß- und Bettag, am 16. November 1971, als er in Wiesbaden seinen Dienstwagen bestieg, dem Tode schon anheimgefallen: Auf seiner Reise ans Ende der Nacht ereilte ihn um 23 Uhr auf der Autobahn jäh der Tod durch Herzversagen. Er war nach einem Gespräch mit Finanzminister Rudi Arndt auf dem Heimweg von Wiesbaden nach Frankfurt, als er in den Armen seiner Frau Helga mit erst 51 Jahren den letzten Atemzug tat. Möller, Arndt und Ministerpräsident Osswald hatten in Wiesbaden eine Strategie für den SPD-Unterbezirk Hessen-Süd verabredet, wie der unpopuläre linke Parteiflügel auf dem bevorstehenden Bundesparteitag in Bonn möglichst sympathisch in Erscheinung treten könnte, um Hessens Anliegen durchzusetzen. Am Vormittag hatte Möller noch ein letztes Erfolgserlebnis gehabt, als er im Frankfurter Tarif- und Verkehrsverbund entscheidende Fortschritte durchsetzen konnte.

Wie sehr Walter Möllers Gesundheit vom kräftezehrenden Amt angeschlagen war, davon hatten zwei Herzinfarkte schon im Frühjahr 1971 gezeugt, die die Frankfurter in ernste Sorgen stürzten und düstere Prognosen rumoren ließen. Nach der Eröffnung des Freibades Eschersheim hatte Walter Möller einen ersten Schlaganfall erlitten. Vier Monate lang mußte er in Kliniken und anschließenden Rekonvaleszenzen in Bad Orb die Amtsgeschäfte in die Hände sei-

Trauerfeier für Walter Möller (von links): Walter Hesselbach, Wilhelm Fay, Helga Möller, Willy Brandt, Albert Osswald, Willi Reiss, Lauritz Lauritzen

nes loyalen Stellvertreters Wilhelm Fay legen, der darin schon traurige Übung aus der Brundert-Zeit hatte. Um 15 Kilo erleichtert, nahm Walter Möller Ende März seine Dienstgeschäfte wieder auf. Er hatte seine Pflicht wie seine Kür in einer Weise ernst genommen, als stünde er im Wettlauf mit der Zeit, die für ihn bald abgelaufen sein könnte. „Kostbar war jeder Tropfen Zeit" (Augustinus). Walter Möller hat für die Politik und nicht von der Politik gelebt.

Nach nur sechzehnmonatiger Amtszeit als OB hatte Walter Möller sich im Dienst am Bürger und seiner Stadt regelrecht verzehrt und damit sein höchstes Opfer dargebracht. Die *F.A.Z.* nobilitiert seinen geradlinigen Weg denn auch schlichtweg als „Opfergang". Unlöslich mit seinem Namen verknüpft ist das Herzstück seiner politischen Biographie, die U-Bahn-Bauten mit ihrem verzweigten Netz des Frankfurter Verkehrsverbundes: Möllers Alpha und Omega, Anfang und Vollendung. Aber auch das Modell einer Regionalstadt mit der Vorstufe eines Zweckverbandes zwischen Städten und Gemeinden, die Initiative für den Wiederaufbau der Alten Oper, der Anstoß für die Einführung der Mitbestimmung bei den Bühnen und für die Kommunalisierung von Volkshochschule und Theater am Turm und schließlich die Priorisierung der Kulturpolitik stehen insgesamt als Prolegomena für sein Hauptprojekt „Menschliche

Stadt". Diese humane Stadt war ein Programm, das sich weniger an den finanziellen Möglichkeiten der Stadt orientierte als an ihrer sozialen und mentalen Wirklichkeit. Im Bewußtsein der Bevölkerung war Möllers Existenz mit der Stadt Frankfurt in eins verschmolzen.

Der Chefredakteur des Hessischen Rundfunks, Friedrich Franz Sackenheim, errichtete ein verbales Epitaph, der den vielen hinterbliebenen Anhängern Walter Möllers aus dem Herzen gesprochen war:

In seiner Partei und in der Öffentlichkeit wurde er als Linker getadelt und gelobt, es focht ihn nicht an. ,Wenn es links heißt', sagte er, ,für Fortschritt und volksnahe Politik einzutreten, dann bin ich gern ein Linker.' Danach handelte er. Das widersprüchliche Wort von der konkreten Utopie – er machte es verständlich. Er dachte an morgen, entwickelte Modelle, prüfte sie in zahllosen Diskussionen und versuchte die Ergebnisse in die Wirklichkeit umzusetzen. Ihm schien das Ziel, die Gesellschaft zu humanisieren, nicht unerreichbar. Daran zu arbeiten, schien ihm auch auf dem Gebiet der kommunalen Politik sinnvoll. Walter Möller war radikal – radikal im Sinne des Wortes. Er wollte an die Wurzel der Dinge, um zu verändern: nicht mit Gewalt, denn sein Weg war der evolutionär herbeigeführter Reformen. Dies war für ihn rationale linke Politik.

An diesem traurigen Novembermorgen spielte in der Paulskirche das Opernorchester den Trauermarsch „Unsterbliche Opfer, ihr sanket dahin", dessen Klänge hatte Walter Möller auf seiner Heimorgel oft und gern gespielt. Zu Ehren des sozialdemokratischen Oberbürgermeisters waren viele hochrangige Gäste in der Paulskirche erschienen: Bundeskanzler Willy Brandt kam zusammen mit Bauminister Lauritz Lauritzen, mit dem Präsidenten des Deutschen Städtetags Hans Koschnick und mit Ministerpräsident Albert Osswald direkt vom Bonner Parteitag der SPD. Viele Oberbürgermeister, und nicht nur von SPD-regierten Städten, erwiesen ihrem großen Kollegen die letzte Ehre.

Als erster Redner ergriff der vornehme Frankfurter CDU-Bürgermeister Wilhelm Fay das Wort. Er nannte Möller einen „eigenwilligen Homo politicus", dessen Leben vom politischen Streben geprägt gewesen sei. Er, der gern utopische Zukunftsromane gelesen habe, hätte ein feines Gespür für die realistische Gestaltung der Zukunft gehabt, in der es gerecht zugehen sollte. Fay bescheinigte Möller, in seiner Stadt viele Akzente gesetzt zu haben, die aus dem Leben der Frankfurter nicht mehr wegzudenken seien.

Willy Brandt nannte Walter Möller „einen profilierten Sozialdemokraten eigener Prägung", der sich selber als Sozialisten bezeichnet habe. Ohne Möller wären die SPD und das politische Leben in der Bundesrepublik ärmer geblieben: „Ich möchte, daß wir uns vornehmen, weiterzuarbeiten an dem, was unser toter Freund nicht vollenden konnte. Weiterarbeiten an einer Welt, in der mehr Gerechtigkeit und Freiheit das Leben der Menschen bestimmen." Als dessen enger Freund charakterisierte der Vorstandsvorsitzende der Bank für Gemeinwirtschaft Walter Hesselbach Möller als eine Persönlichkeit, der Winkelzüge und Ausflüchte fremd gewesen seien. Hinter scheinbarer Kühle habe sich ein „feinnerviger, musischer und sensibler Mensch verborgen, der Liebe brauchte und Liebe zu geben wußte". Willy Brandt wird es viel bedeutet haben, wie harmonisch Walter Möller den Spagat zwischen linker Politik und Überparteilichkeit gelingen ließ.

Möllers drei letzte Wünsche: statt Kränze bitte Spenden für Amnesty International, keinen Polizeikordon vor dem Trauerzug sowie Urnenbestattung ohne kirchlichen Segen. Ungezählte Frankfurter säumten den Trauerzug entlang „seiner" U-Bahn-Strecke über die Eschersheimer Landstraße in Würdigung seiner Idee der Untertunnelung der Stadt und seiner Energie, sie auch zu realisieren. Ein dichtgedrängtes Menschenspalier nahm Abschied von einem großen Oberbürgermeister.

Walter Möller zu Ehren ist ein öffentlicher Platz in der Nordweststadt nach ihm benannt worden. Seit 1977 verleiht der Magistrat die mit 10.000 Euro dotierte Walter-Möller-Plakette, die alle zwei Jahre an Initiativen vergeben wird, die für das Gemeinwohl in Frankfurt Akzente gesetzt haben.

In der Wandelhalle des Römers grüßt neben dem Bild von Willi Brundert ein von Ferry Ahrlé gemaltes Porträt von Walter Möller die vorüberdefilierenden Gäste bei Frankfurts zahlreichen Empfängen.

In einer Gedenkschrift zum Tode von Vorgänger Willi Brundert hatte im August 1971 sein Nachfolger Walter Möller nur drei Monate vor seinem eigenen Tod Tröstliches geschrieben, als hätte hier ein anderer Autor ein Epitaph für Walter Möller gesetzt:

Frankfurt hat von seinen Oberbürgermeistern immer viel gefordert. Diese Stadt, betriebsam und hektisch, international und geschäftig, traditionsbewußt und stets verändert, hat Brundert genauso wie seine Vorgänger gepackt und beansprucht. Wer wüßte es besser als der, der heute die Bürde und Last dieses Amtes zu tragen hat: Seine Arbeit war kein Zuckerschlecken, denn in seine Zeit fielen die großen Aktionen der studentischen Jugend; der ungestüme Drang nach mehr Demokratie heischte Antwort und Verständnis. Die Finanznot der Städte wurde deutlich, und Frankfurt sah seine wichtigsten und notwendigsten großen Bauob-

jekte wie etwa die U-Bahn gefährdet. Oft brannte das Licht im Oberbürgermeisterzimmer lang in die Nacht hinein. Für solch schwere Stunden entschädigten festliche Empfänge im Römer, der Trubel der Volksfeste, der Abend beim Apfelwein in Sachsenhausen, Volkstümlichkeit und Bürgernähe konnte Brundert aus vollem Herzen genießen: Das war für ihn nicht Sache des Amtes, sondern fröhliches Mitleben.

Mit dem Mythos „Achtundsechzig" verwoben, hätte Walter Möller an der Erkenntnis verzweifeln mögen, die Dualität von Idealismus und Materialismus nicht auflösen zu können. Der große Idealist Walter Möller starb als ein unvollendeter Oberbürgermeister. Nennt man die Namen der Besten der Nation, dann wird auch der seine genannt.

Walter Möller hat die besten Traditionen der deutschen Arbeiterbewegung in sich vereint; deren verloren geglaubte Werte der Selbstbestimmung, Bildung, des treuen Glaubens, der Gerechtigkeit und Solidarität wollte Frankfurts letzter Leitwolf der Partei wiederbeleben. Er war unter den deutschen Oberbürgermeistern der Nachkriegszeit einer der größten. Es war seine Authentizität, die ihn erfolgreich machte. Cum grano salis wird das historische Urteil über Walter Möller mit Shakespeare einmal lauten, „er hätte, wär' er hinaufgelangt, unfehlbar sich höchst königlich bewährt". In den Annalen der Stadt bedeutet Walter Möller keine Episode, sondern eine Zäsur.

Rudi Arndt
Oberbürgermeister vom 6. April 1972 bis 4. April 1977

Sozialdemokratisches Urgestein

Am 1. März 1927 in Wiesbaden auf die Welt gekommen, gilt Rudi Arndt gleichwohl als ein echter Frankfurter, ja, als ein waschechter Bernemer Bub sogar. Hätte Rudis Bruder Günter den dreijährigen Knirps nicht beherzt aus einem Brunnen gefischt, in den er ausgerechnet an einem 1. Mai hineingeplumpst war, es gäbe heute nichts Nennenswertes über Rudi Arndt zu berichten. „Tief ist der Brunnen der Vergangenheit. Sollte man ihn nicht unergründlich nennen?" – So beginnt Thomas Mann seinen Roman *Joseph und seine Brüder*.

Rudi Arndts politische Ahnentafel ist ebenso lang wie eindrucksvoll. Alle vier Großeltern waren schon vor 1900 überzeugte Mitglieder der SPD. So hatte sich für die sozialdemokratisch geprägte Familie Arndt der 1. Mai zum größten Feiertag neben Weihnachten herausgebildet. Nach familiärer Tradition nahm Vater Arndt beide Söhne selbstverständlich schon im Kindesalter an die Hand, um sie auf den mit roten Fahnen festlich ausgeschmückten Maifeiern früh an die Tugend der Brüderlichkeit heranzuführen. Rudi Arndt war in der Wahl seiner Eltern gut beraten.

Doch auch aus anderen Gründen begann die Politik sehr früh, das Leben des „roten Prinzen", wie ihn sein Opa stolz nannte, zu begleiten. Schon der Siebenjährige mußte lernen, daß einer sich wehren muß, wo und wann immer er Opfer oder Zeuge von Gewalt und Unrecht wird: Gedungene Nazi-Rowdies entrissen dem rollerfahrenden Rudi 1934 seinen schwarz-rot-goldenen Wimpel und fielen auch über seinen Bruder her, nur „weil der Vater Marxist und im KZ war". Vater Konrad, ein Gewerkschaftssekretär, hatte nach einem Mordanschlag der SA 1933 seine Wunden ein halbes Jahr lang in der Klinik auskurieren müssen, wenig später saß Konrad Arndt für dreieinhalb Jahre im Konzentrationslager Esterwegen ein, weil er es gewagt hatte, gegen inhumane Methoden des Nazi-Regimes seine robuste Stimme zu erheben. Nach seiner Fahrt zur Widerstandsgruppe um Alex Möller ist Konrad Arndt 1940 auf mysteriöse Weise ums Leben gekommen. Rudi Arndts Tante Johanna Kirchner wurde im Juni 1944 im Zuchthaus Plötzensee als „Staatsfeindin" per Fallbeil hingerichtet. Diese unaufgehobene Vergangenheit bedeutete für Rudi ein Vermächtnis und eine lebenslange Verpflichtung.

Rudi Arndts Mutter Betti Arndt engagierte sich nach dem Kriege erst als Abgeordnete im Frankfurter Stadtparlament und später als ehrenamtliche Stadträtin auf der SPD-Bank vor allem für soziale Belange. Aber jede Generation eignet sich Geschichte neu an. In der Sippe der Arndts war Rudi der wohl wirkungsmächtigste Erbe jenes Großvaters namens Heinrich Prinz, dessen nicht geringstes Verdienst darin bestanden hatte, 1864 in Frankfurt die SPD gegründet zu haben. Arndts Bruder Günter engagierte sich nach dem Krieg beim Wiederaufbau der Gewerkschaften, stieg zum Vorsitzenden der Gewerkschaft Holz und Kunststoff im Rhein-Main-Gebiet auf. Als die IG Metall diese Gewerkschaft später integrierte, wurde der praktizierende Kommunist Günter Arndt in den Hauptvorstand gewählt.

Nach dem Besuch der Frankfurter Brüder-Grimm-Schule wechselte Rudi Arndt von der Liebig-Oberschule zum Helmholtz-Gymnasium, wo er 1944 sein Kriegsabitur machte, bevor er 17jährig von der Flak zu den Fahnen gerufen wurde. Nach stolzer Auskunft seiner Mutter Betti zählte ihr Rudi zu den „besten Schülern"; als Schulsprecher konnte er sein angeborenes Redetalent schon früh zur Geltung bringen.

Als verwundeter Soldat wurde Arndt 1943 im Feldlazarett verschüttet. „Keiner hätte mehr einen Pfifferling für mich gegeben. Seitdem ist jeder Tag ein geschenkter Tag für mich." 1945 aus der Gefangenschaft nach Frankfurt zurückgekehrt, holt er seine Reifeprüfung nach und tritt in die SPD ein. Von 1945 bis 1948 qualifiziert Rudi Arndt seine Führungsansprüche zunächst als Vorsitzender der sozialistischen Jugendorganisation „Die Falken" von Hessen-Süd, von 1948 bis 1954 ist er Vorsitzender der Sozialistischen Jugend. Der Landesparteitag der SPD wählt 1955 den erst 28jährigen Heißsporn zum Vorstandsmitglied.

Nachdem Rudi Arndt sein juristisches Referendarexamen absolviert hatte, wurde er mit 29 Jahren jüngster Abgeordneter der SPD im Frankfurter Stadtparlament. 1956 war er nach dem Tod von Walter Kolb als dessen Nachrücker in Wiesbaden wiederum der jüngste Landtagsabgeordnete. 1964 steigt er unter Georg August Zinn zum jüngsten Minister der Hessischen Landesregierung auf, Zinn wollte Arndt als Gegengewicht zu Minister Albert Osswald aufbauen, zunächst zuständig für das Ressort Wirtschaft und Verkehr. Arndt hat Hessen durch eine erfolgreiche Strukturpolitik in Nord- und Osthessen wirtschaftlich auf Platz 1 aller Bundesländer geführt und Frankfurt als kontinentaleuropäisches Finanzzentrum etabliert. Nach Zinns Abgang überträgt der neue Ministerpräsident Albert Osswald 1970 Rudi Arndt die Verantwortung für das viel wichtigere hessische Finanzministerium. In dieser Funktion hat Arndt in einer günstigen bundesweiten Wirtschaftskonjunktur binnen zwei Jahren den hessischen Landeshaushalt samt Nassauischer Sparkasse saniert.

Nach gehörigem Zögern – nicht etwa aus Selbstzweifeln, sondern aufgrund der nüchternen Abwägung der politischen Perspektiven – hilft ihm sein stark entwickeltes Dominanzstreben, sich schließlich für das Angebot der Frankfurter SPD zu entscheiden und für den OB-Sessel zu optieren. Auch wird ihn wohl der moralische Druck der oberen Genossenriege veranlaßt haben, sich der Parteiräson zu unterwerfen. Am 16. Dezember 1971 wird Rudi Arndt vom Frankfurter Stadtparlament mit 57 Stimmen bei 18 Gegenstimmen als Nachfolger seines alten Freundes Walter Möller zum Oberbürgermeister der Mainmetropole gewählt. Nachdem die SPD die Kommunalwahl 1972 mit 50,1 Prozent wieder hoch gewonnen hatte, mußte Albert Osswald auf der Regierungsbank zwar einen starken Rivalen weniger fürchten, aber, wie sich noch zeigen wird, nicht auch an der Spitze der notorisch aufmüpfigen Hessen-Süd-Front! Schon als Politiknovize hatte Arndt bei öffentlichen Debatten mit den ganz Großen die Klingen kreuzen dürfen, mit Otto Grotewohl, Kurt Schumacher, Ludwig Erhard, Konrad Adenauer und so weiter. Dabei kam ihm sein eingefleischtes Geltungsbedürfnis zu Hilfe.

Nach seiner Wahl am 16. Dezember 1971 fand Rudi Arndt goldene Worte über sein „goldig Frankfurt":

Die alten Frankfurter kennen noch das, was man das goldige Frankfurt genannt hat. Das waren nicht nur die Winkel der Frankfurter Altstadt, die Schirn, der Fünffingerplatz, das Opernhaus und die Hauptwache, das waren auch die Menschlichkeit und die liberale Toleranz über die Rassen hinweg. Dieses goldige Frankfurt ist im Dritten Reich brutal zerstört worden. Wir haben Frankfurt wiederaufgebaut als Drehscheibe Europas mit all den Widersprüchlichkeiten, die sich in dieser Zeit der gesellschaftlichen Widersprüche naturnotwendig ergeben. Aber wir sollten mehr dazu tun, daß das, was dieses goldige Frankfurt ausmachte, die Menschlichkeit und die Toleranz, diese Stadt wieder auszeichnet.

Auf dem dadurch historisch gewordenen SPD-Parteitag am 11. März 1972 zwang eine gehörige Abstimmungsschlappe in den eigenen Reihen Rudi Arndt dazu, die seit dem 19. September 1946 bewährte Römerkoalition mit der CDU aufzukündigen. Wir sozialdemokratischen Dezernenten waren dagegen, diesen illegalen und, wie ich fand, idiotischen Schritt mitzuvollziehen. Arndt aber fügte sich den Parteiräson. Ihm ist dabei wohl erstmals bewußt geworden, über wie wenig Autorität ein Oberbürgermeister bei den Frankfurter Genossen tatsächlich verfügt, und das noch bevor er sein neues Amt überhaupt angetreten hatte. „Wenn dem Dynamit-Rudi jemand ein Bein stellen kann, sind es seine Parteifreunde und er selbst", konstatierte Erich Helmensdorfer in der *F.A.Z.* Mit ihrem obsessiven Furor waren die Linksgenossen erfolgreicher als Arndt mit seinen rationalen Motiven. Die CDU hatte 1972 dem Energiebolzen Arndt, diesem robusten Kraftmenschen und realistischen Visionär, jedenfalls niemanden von Format entgegenzusetzen.

Im Kommunalwahlkampf 1977 machte die CDU denn auch ihren Unmut über das Kita-Programm und die Bildungspolitik des effizienten SPD-Stadtrats Peter Rhein zum Hauptthema. Auch Oberbürgermeister Rudi Arndt hatte vergeblich versucht, den stereotypen Serienbau der Kitas und das Erscheinen der von Arndt als utopisch apostrophierten Schulentwicklungspläne des damaligen Schuldezernenten zu verhindern. Er wird später behaupten, Rheins forcierte Bildungspolitik und die „Brachialmethoden", mit deren Hilfe der Stadtrat sie durchzusetzen hoffte, hätten zu seiner Wahlniederlage am 20. März 1977 beigetragen. Aber wohl auch, daß „paradoxerweise jede Belästigung durch eine Demonstration, jede wilde Äußerung von Jungsozialisten sowie die Not an Schulräumen […] der CDU die Wähler zugetrieben" habe.

Stadtverordnetenvorsteher Willi Reiss vereidigt Rudi Arndt als Frankfurter OB, links Bürgermeister Wilhelm Fay

Der 15. Juni 1977 war wohl der schwärzeste Tag in Rudi Arndts einzigartiger politischer Karriere: Ein hierorts weitgehend unbekannter Bundestagsabgeordneter aus Marburg an der Lahn wurde vom Parlament zum neuen Oberbürgermeister gewählt. Die Frankfurter SPD hatte bei der Kommunalwahl am 20. März 1977 mit nur 39,9 Prozent der Stimmen das bisher schlechteste Ergebnis ihrer Geschichte eingefahren, obwohl Rudi diese „unregierbare Stadt" doch endlich fest in den Griff bekommen hatte. Arndt hätte noch ein Jahr im Amt bleiben können, gleichwohl ist er am nächsten Tag, „aus Anstand gegenüber dem Wähler", zurückgetreten. Da er aber auf Listenplatz 1 der SPD in das Stadtparlament gewählt worden war, empfand Parteisoldat Arndt es als selbstverständlich, die volle Legislaturperiode als Vorsitzender der SPD-Fraktion die Oppositionsbank zu drücken. Als Libero bei nahezu jedem Thema wollte er seinem Nachfolger Walter Wallmann Mores lehren. Aber trotz manchen Rededuells, das ihn zum Sieger erklärte, verblaßte sein Renommee nach und nach, weil er nun nicht mehr gestalten konnte, kein Bürgerhaus, kein Museum, keine U-Bahn-Station mehr einweihen. Auch seine Medienpräsenz war stark rückläufig, und sogar der *Spiegel* ließ ihn buchstäblich links liegen.

Sein Wiederaufstieg in die veröffentlichte Bedeutung datiert mit seiner Wahl ins Europaparlament im Jahr 1979. Die erste Enttäuschung dort widerfuhr ihm jedoch schon bald nach seinem Ortswechsel, als er vergeblich um den Vorsitz der stärksten Fraktion im Europäischen Parlament kämpfte. Fünf Jahre später, 1984, wurde er dann aber sogar mit großer Mehrheit zum Vorsitzenden der einflußreichen sozialistischen Fraktion gewählt, der auch viele gläubige Marxisten aus Italien, Frankreich und anderen Ländern angehörten. Aber Rudi Arndt hielt den Marxismus im Sanktuarium der guten alten Zeit für gut aufgehoben.

Am Ende seiner großen politischen Karriere wird Arndt stolz bilanzieren: „Von 1953 bis 1989 habe ich nur einen einzigen Tag gefehlt." Aber auch danach mochte das sozialdemokratische Urgestein seine Hände nicht in den Schoß legen: Nach der „Wende" unterstützte er als ehrenamtlicher Geschäftsführer des SPD-Landesverbandes Thüringen tatkräftig dessen Aufbau. Ich habe in Weimar als Kulturberater des Oberbürgermeisters Klaus Büttner 1989 und 1990 viele Wochenenden an der Ilm für Kohls „blühende Landschaften" abgeleistet.

Arndts Antrittsrede 1972 und sein Hang zur Polemik

Nachdem Arndt unter dem Damoklesschwert jenes unseligen „imperativen Mandates" sein Amt als Oberbürgermeister angetreten hatte und wohl oder übel bereit war, die erfolgreiche Römerkoalition mit der CDU aufzukündigen, drehte er gleich zu Beginn seiner Antrittsrede, die er keck zur „Regierungserklärung" hochstilisierte, am Donnerstag, dem 6. April 1972 eine rabulistische Pirouette:

Meine Wahl zum Oberbürgermeister der Stadt Frankfurt erfolgte am 16.12.1971 mit den Stimmen der sozialdemokratischen und christlich-demokratischen Stadtverordneten. Seitdem ist eine Änderung der kommunalpolitischen Konstellation eingetreten. Die sozialdemokratische Partei hat – nach 26jähriger Partnerschaft mit der CDU im Magistrat – sich dazu entschieden, von nun an entsprechend den Mehrheitsverhältnissen in der Stadtverordnetenversammlung die Verantwortung allein zu übernehmen. Ich persönlich bedauere das Ausscheiden von Herrn Bürgermeister Dr. Fay und von Herrn Stadtrat Bachmann. Bei dieser Gelegenheit und von diesem Platz aus erkläre ich ausdrücklich, daß diese Entscheidung keine Entscheidung gegen Personen war. Sowohl Herr Dr. Fay als auch Herr Bachmann haben immer fair die Oberbürgermeister dieser Stadt Frankfurt am Main unterstützt. Es ist ein Gebot des Anstands und der politischen Fairneß, dies ausdrücklich festzustellen.

Lassen Sie mich bei dieser neuen politischen Lage im Römer einen Augenblick verweilen. Dies ist eine Zäsur in der kommunalpolitischen Geschichte der Stadt Frankfurt, ja in der Geschichte der Kommunalpolitik der deutschen Großstädte überhaupt. Frankfurt war eine der letzten Großstädte mit einem Allparteien-Magistrat.

Aber die gesellschaftspolitischen Entwicklungen der letzten Jahre bewirkten, daß die politischen Grundeinstellungen immer stärker auch in der Kommunalpolitik durchschlagen. Das hat dazu geführt, daß immer weitere Kreise in den verschiedenen Parteien sich gegen das Modell des Allparteien-Magistrats gestellt haben. In seltener Eintracht wandten sich Jungsozialisten und Junge Union gegen die Eintracht von SPD und CDU im Allparteien-Magistrat. Sie wissen, daß ich persönlich anderer Auffassung war. Meines Erachtens ist die Zusammenarbeit zum falschen Zeitpunkt aufgekündigt worden. Für diese Haltung hatte ich persönliche, aber auch taktische Gründe. Meine persönlichen Gründe bestanden darin, daß ich selbst einerseits von der CDU mitgewählt worden war und andererseits Herrn Dr. Fay – trotz früherer harter Redeschlachten im Landtag – und auch Herrn Bachmann schätzen gelernt habe. Die taktischen Gründe waren, daß es immer ganz gut ist, wenn man für den Fall der Fälle eine Versicherungspolice in der Tasche hat. Aber die jungen Leute in den Parteien wollen nun einmal, daß ich ohne Netz über das Drahtseil der Kommunalwahl balanciere.

Es war in der Tat ein kardinaler Fehler, einen in der Stadt hochangesehenen und beliebten Bürgermeister wie Wilhelm Fay, mit dem Arndt bis dahin ein freundschaftliches Verhältnis pflegte, ohne Not den Stuhl vor die Tür zu setzen. Grandseigneur Fay freilich fand „das Ganze lustig" und freute sich schon „auf die Juristerei", die Rückkehr in seinen eigentlichen Beruf. Rudi Arndt empfahl, die Hessische Gemeindeordnung bald zu ändern und künftig die Wahlzeit der hauptamtlichen Stadträte mit denen der Kommunalwahlen zu synchronisieren.

Immun gegen Irrationalismen, scheute Vollblutpolitiker Arndt gleichwohl keine populistischen Metaphern; er bevorzugte eingängige plastische Sprachbilder, wenn er die Lacher auf seine Seite zu bringen meinte. Als er etwa auf die Gegner seines Regionalstadtmodells zu sprechen kam, bezeichnete er deren Bedenken unverblümt als „so hilfreich wie offenes Licht beim Nachfüllen des Benzintanks". In die Phalanx der Verschwörer bezog Rudi Arndt auch die Wagenburg „Adel und Banken" am äußersten rechten Rand der CDU ein, die er unter dem Gelächter des Parlaments als „Schwarze Zelle Zinsfuß" lächerlich zu machen wußte. Angestiftet von Bankier Baron Philipp von Bethmann hatte „Adel und Banken" mit einem eigenen Kirchenblättchen unter dem anmaßenden Titel *Frankfurter Kulturmagazin* zum Boykott der Bildungspolitik von Peter Rhein und der neuen Kulturpolitik des Kulturdezernenten aufgerufen. Den Oberbürgermeister attackierten die soignierten Herren im feinen Zwirn, weil er den Parteitagsbeschluß der SPD umgesetzt und die seit OB Kolb bestehende Allianz mit der CDU aufgekündigt hatte.

Rudi Arndt ist bekanntlich keinem Streit aus dem Weg gegangen, ja, mit seinem Hang zu scharfer Polemik hat er manchen Streit selber gern vom Zaun gebrochen. Anders als auf einem Philosophenhügel waren die Argumente des manchmal auch unbarmherzigen Realpolitikers Arndt und dessen Wortwahl gelegentlich Parterre. Als der militante Einsatz der Polizei gegen eine Bockenheimer Straßensperre im Parlament zur Sprache kam, weil die Ordnungshüter mit einem Gassprühgerät auch Kinder aufs Korn genommen hatten, entspann sich ein scharfes Rededuell zwischen dem OB und CDU-Oppositionsführer Hans-Jürgen Moog: Dabei hat Arndt „Zweifel" angemeldet, ob Moog ihm überhaupt „geistig folgen" könne. Schon tags zuvor hatte Arndt die CDU verdächtigt, unter die Kontrolle jener selbsternannten „Adel und Banken"-Elite geraten und dieser politisch hörig geworden zu sein, einer „Agitpropgruppe im Stile des Franz Josef Strauß". Die CDU wiederum bescheinigte Arndt „ein unbeherrschtes Naturell". Man wisse ja, „daß Herr Arndt hier ganz gezielt, mit Hilfe von persönlichen Beleidigungen, unüberbrückbare Gegensätze herstellen will, so daß eine sachliche Auseinandersetzung zwischen den Parteien von vornherein unmöglich wird". Arndt sei eine „Belastung des politischen Klimas in dieser Stadt". Das Feld der Konflikte ist bei Rudi Arndt jedenfalls gut bestellt und mit drastischen Zitaten kommt auch die Presse auf ihre Kosten.

Später wird Unipräsident Hans-Jürgen Krupp zu Arndts 50. Geburtstag den Oberbürgermeister mit der Bemerkung von der Kritik an dessen gelegentlichen Winkelzügen freisprechen: „Politik hat ihren Preis. Politik ist nur Politik des Möglichen, und dieses findet [Arndt] nicht schlimm, solange *er* das Mögliche definiert." Und: „Oft ist der vermeintliche Preis, mit dem Arndt seine Gegner schreckt, zu hoch [...]. Diese Bereitschaft, sich für eine als richtig erkannte Politik einzusetzen, auch wenn dies nicht opportun ist, kann man auch als Konfliktbereitschaft interpretieren. Sicher tut man damit seiner Kämpfernatur nicht unbedingt unrecht."

„An Mut hat es Arndt noch nie gefehlt" (*F.A.Z.*), auch nicht gegenüber seinen Spitzengenossen. In einer Vorstandssitzung hatte sich Arndt 1974 mit dem Frankfurter SPD-Vorsitzenden Fred Gebhardt wegen unterschiedlicher Auffassungen über die Mindestklasse von Kandidaten für die Landtagswahl derart gestritten, daß er die Sitzung wutschnaubend verließ. In seiner Wortwahl nicht gerade zimperlich, gab er in der *Frankfurter Rundschau* zu Protokoll, daß ihn „die Infamie und die Unaufrichtigkeit dieses Gebhardtschen Antrags so tief empörte", daß er „kurz davor stand, die Selbstbeherrschung zu verlieren".

Arndt – ein ungeschliffener Rohdiamant

Langweilende Fraktionssitzungen oder die Freitagsroutine der SPD-Magistratsmitglieder wußte Rudi Arndt durch momentgeborene ironische oder flapsige, jedenfalls nicht immer hochmagistrable Pointen aufzufrischen, kraftgenialisch bis zur gelegentlichen Flegelei. Oft war es ein Witz auf Kosten anderer, der eine entspannte Atmosphäre schaffte und das biedere Einerlei des Für und Wider banaler Parteiinteressen aufzulockern verstand. Er war ein Meister darin, scherzend die Wahrheit zu sagen. Auch in scheinbar auswegloser Lage ließ er sich nicht ins Bockshorn jagen.

Als ich in einer Fraktionssitzung meinen Redebeitrag im Konjunktiv begann, „… wenn ich Politiker wäre, dann würde ich …", unterbrach mich Arndt sarkasmusfreudig: „Habt ihr das gehört, Genossen? Wenn ich Politiker wäre … Mensch, als Magistratsmitglied bist du Politiker rund um die Uhr bis in deine

Träume!" Oder: Sooft Sozialdezernentin Christine Hohmann-Dennhardt, die spätere Verfassungsrichterin, ihren Redeschwall nicht zügeln mochte, unterbrach Arndt sie mit ungezähmter Ironie, sie könne sich getrost kurz fassen, „steht doch alles viel besser in deiner Vorlage". Arndts deutliche und oft drastische Sprache war weniger auf Versöhnung als auf Klärung aus. Er konnte umwerfend undiplomatisch sein.

Nicht mehr auf der Magistratsbank, war Rudi Arndts explosives Naturell auf der Bank der Spötter gefürchtet. Rückblickend war es interessant, im O-Ton zu hören, wie hoch er anläßlich seines 70. Geburtstages seinen Weizen blühen ließ: In seinem Mangel an Bescheidenheit konkurrenzlos, zeigte er sich „stolz", nicht bestreiten zu müssen, „daß ich vielen Leuten auf den Fuß getreten bin. Das hat mir Spaß gemacht". Im Gespräch mit der *Frankfurter Rundschau* trat er einigen Leuten aber nicht nur auf die Hühneraugen, sondern auch noch gegen die Schienbeine: Über den von Walter Wallmann und mir stets hochgelobten ehemaligen Baudezernenten Hans-Erhard Haverkampf und den seinerzeitigen Sportdezernenten Peter Rhein verlor er deutlich verächtliche Worte. Bei beiden kam strafverschärfend hinzu, daß sie inzwischen bei der SPD keinen Beitrag mehr zahlten. Als Prophet hatte er das Debakel, das alle jene erlebten, die gegen seinen Rat in höhere Ämter berufen worden waren, natürlich immer schon vorhergesehen; bezüglich der „unglücklichen Wahl der Kulturdezernentin", die „aus der Bonner Parteizentrale" kam, raunzte er zum Beispiel: „Man hätte auch in diesem Fall besser weiter rumschauen müssen." Von der SPD wiederum forderte er zu Recht „die Auflösung der Kungelkreise in der Partei". Eine extra unfreundliche Passage über ihn im Buch seines späteren Amtsnachfolgers Volker Hauff nannte Arndt schlicht „die größte Lüge des Jahrhunderts". Auch Wallmanns Schuldezernent Bernhard Mihm mochte er keine Bestnote erteilen, als er ihm nachsagte, er werde „im Kreise der Bildungsdezernenten großer Städte kaum ernst genommen". Sein Fehler sei es, sagte Arndt einmal kokett, daß er höheren Blödsinn als solchen gegeißelt und „ein Rindvieh noch immer ein Rindvieh" genannt habe. Arndt redete nach der Devise drauflos, daß Wahrheiten auszusprechen zumutbar sein müsse.

Rudi Arndt hat sich kaum eine Gelegenheit entgehen lassen, sich unbeliebt zu machen oder sich pflichtgemäß über „Rindviecher" zu echauffieren. Mit Vorliebe machte er Witze über Parteifreunde, zumal wenn diese nicht anders konnten, als die Botschaft im Originalton zu empfangen. Gegenüber Journalisten, die in ihrer Kritik nicht eben barmherzig mit ihm umgesprungen waren, konnte er nachtragend sein wie ein Elefant. Nachdem Arndt schließlich von

Stets um Überblick bemüht: Rudi
Arndt bezieht Posten auf dem
Justitiabrunnen

der politischen Bühne in Frankfurt abgetreten war, bedauerte der Medienmarkt, mit ihm eine schillernde Reizfigur mit vielen Ecken und Kanten verloren zu haben, für den die verbrauchte Vokabel „Vollblutpolitiker" ausnahmsweise mal den tieferen Kern traf. Was solche Gegner betraf, die er als unter seinem moralischen Niveau wähnte, konnte man ihn rhetorisch fragen hören, was es denn die Eiche schere, wenn eine Sau sich an ihr wetze. Arndt hatte, wie wir das aus Enzensberger-Texten kennen, immer noch einen Gedanken hinter dem ausgesprochenen Gedanken, nur eben weniger gekonnt sophistisch als der berühmte Schriftsteller. Den von seinem Nachfolger galant beherrschten Handkuß verweigerte Frankfurts *rocher de bronze* als längst aus der Zeit gefallene Attitüde. Den Habitus der Bürgerlichkeit fand er viel zu anstrengend, um sich darin einzurichten.

Zwischenbilanz nach einem Jahr im Amt

Angesichts der militanten Demonstrationen und Hausbesetzungen im spekulantengedemütigten Westend und Rudi Arndts unbequemer Position zwischen Scylla und Charybdis, zwischen kampflustigen Spontis und rabiater Polizei, ironisiert die *F.A.Z.* Arndt als einen Oberbürgermeister „mit dem Gesicht eines Catchers in seinen besten Jahren und mit der Stimme eines Politkommissars im Spanischen Bürgerkrieg". So einer müsse fit sein für konzentrisches Trommelfeuer von Beschimpfungen, Steinen und Vorwürfen: „So wie der aussieht, machen sie den nicht fertig wie einen Möller, einen Brundert oder einen Bockelmann; der wird's ihnen geben, den Profidemonstranten an der Hauptwache wie den Sesselfurzern im Rathaus, den Umfunktionierern in der Uni wie den Steinewerfern auf dem Börsenplatz, den Häuserbesetzern im Westend wie den Spekulanten dort."

Der Spiegel stellt nach Arndts erstem Oberbürgermeisterjahr kritisch-genaue Fragen, denen Arndt gewohnt selbstsicher, aber auch mal selbstkritisch Paroli bietet: Das Arndt-Interview wird hier auszugsweise nachgedruckt, weil es das situative Dilemma gut veranschaulicht, in dem sich ein Frankfurter OB damals behaupten mußte. Um das als „unmanöverierbarer Dampfer" verteufelte Frankfurt aus dieser Havarie wieder in ruhigere Gewässer zu steuern, war wie kein anderer die Kämpfernatur Rudi Arndt der richtige Kapitän zur richtigen Zeit an Deck. Nicht umsonst lautete der Titel seines nächsten, 1975 erscheinenden Buches selbstbewußt: *Die regierbare Stadt.*

SPIEGEL: Herr Oberbürgermeister, müssen Sie büßen für politische Sünden Ihrer sozialdemokratischen Vorgänger?

ARNDT: Der Frankfurter Magistrat wird tatsächlich für Fehlentwicklungen, zum Beispiel in der Bodenordnung, verantwortlich gemacht, die nur Bundesgesetze hätten aufhalten können.

SPIEGEL: Gleichwohl müssen Sie als Stadtoberhaupt auf Seiten der Hausbesitzer und nicht der Hausbesetzer stehen.

ARNDT: Das schmerzt mich deshalb besonders, weil auch die Polizeibeamten, die das Haus Kettenhofweg 51 geräumt haben, genau wissen, daß das, was im Westend geschieht, falsch ist und die Zerstörung eines Stadtteils gegen ihre Interessen verstößt. Wir müssen uns dabei für Gesetze beschimpfen lassen, die wir gar nicht gewollt haben, die wir sogar als falsch betrachten ...

SPIEGEL: ... und denen Sie mit Gewalt Geltung verschaffen?

ARNDT: Verschaffen müssen. Wir sind bestürzt, daß die Dinge personifiziert werden. Die Demonstranten marschieren ja nicht etwa in erster Linie gegen die Spekulanten. Es geht gegen die „Bullen", gegen Arndt und gegen die Sozialdemokraten in dieser Stadt, obwohl gerade die Frankfurter SPD als erste politische Gruppierung die Auswüchse der Bodenordnung deutlich gemacht hat.

SPIEGEL: Aber die eigene Partei läßt Sie jetzt im Stich. Der Frankfurter SPD-Vorstand hat sich mit großer Mehrheit gegen die Räumung des besetzten Hauses ausgesprochen. Und Vorstandskollegen sind gar mitmarschiert, als gegen Sie demonstriert wurde.

ARNDT: Hier wird deutlich, wie da die Zerreißprobe angestrebt wird, die darin gipfelt, daß man offen sagt: Der Arndt muß weg.

SPIEGEL: Zugleich OB, der die Besitzbürger schützen muß, und engagierter Linker, der den Besetzern nahesteht – kommt da nicht eine Seite zu kurz?

ARNDT: Ich gebe zu, daß ich viele Kompromisse schließen muß.

SPIEGEL: Treiben Sie ein doppeltes Spiel?

ARNDT: Nennen Sie es Doppelstrategie. Einerseits muß ich natürlich Gesetze einhalten, auf der anderen Seite muß ich klarmachen, daß diese Stadtverwaltung alle Hebel in Bewegung setzt, Gesetze zu ändern, die Bodenspekulation und Mietwucher ermöglichen. Denn das ist zwar Gesetz, aber kein Recht.

SPIEGEL: Die Zweiseitigkeit hat Ihnen Kritik von allen Seiten eingetragen. Linke zeihen Sie der Komplizenschaft mit Spekulanten, Rechte – wie Franz Josef Strauß – werfen Ihnen vor, den Radikalismus zu fördern.

ARNDT: Ach wissen Sie, wenn ausgerechnet Strauß Arm in Arm mit Cohn-Bendit und einigen Frankfurter Jusos und einigen Frankfurter SPD-Vorstandsmitgliedern gegen mich vorgeht, dann finde ich das ein bißchen makaber. Das ist eine seltsam unheilige Allianz.

SPIEGEL: Haben Sie vielleicht auch sich selber zuviel zugemutet?

ARNDT: Mag schon sein, aber das Amt des Oberbürgermeisters der Stadt Frankfurt am Main kann nur noch als Berufung ausgeführt werden.

SPIEGEL: Ist Rudi Arndt nach einem Jahr schon amtsmüde – graut Ihnen vor den kommenden fünf Jahren?

ARNDT: Ja, einerseits graut es mir davor, aber andererseits reizt mich das noch mehr. Ich lasse mich nicht vergraulen – auch nicht von Leuten aus meiner eigenen Partei.

Zu den erfreulicheren Entscheidungen im ersten Frankfurter Amtsjahr gehört denn auch Arndts unmißverständliche Absage an das antidemokratische „imperative Mandat". Folgerichtig hat er auf dem Parteitag im Oktober dessen Beschluß, eine sogenannte Teuerungszulage an alle städtischen Bediensteten zu zahlen, mit den Worten in den Wind geschlagen, „daß dieser Beschluß für mich kein Beschluß ist und daher für mich auch nicht verbindlich sein kann". Basta!

Sichtbare Zeugnisse seines Wirkens nach einem Jahr im Amt waren zum Beispiel der Neubau des Technischen Rathauses, eine Entscheidung, die aber schon vor seiner OB-Zeit getroffen worden war, die Rohbauarbeiten waren bereits im Dezember 1971 abgeschlossen. Dieser umstrittene Bau, der 1974 fertiggestellt wurde, wird 36 Jahre später, ab April 2010, wieder abgerissen werden. Die Hüterin der deutschen Währung, die Deutsche Bundesbank, wird ihren im Bau befindlichen, 210 Meter langen und 50 Meter breiten Neubaukomplex auf der Ginnheimer Höhe am Diebsgrundweg im Februar 1973 beziehen können und das Museum für Völkerkunde tauscht sein altes gegen ein neues, größer dimensioniertes Provisorium, die alte Bürgervilla am Schaumainkai Nr. 29.

1972 ist es Rudi Arndt außerdem gelungen, die Gemarkungen unserer Stadt zu erweitern. Auf der Grundlage eines vom Hessischen Landtag am 1. August 1972 verabschiedeten Gesetzes wurden die Orte Harheim, Kalbach, Nieder-Eschbach und Nieder-Erlenbach nach Frankfurt eingemeindet, zum Teil gegen den erbitterten Widerstand der Bewohner. Weil die dadurch gewonnene Fläche, die mit 249 Quadratkilometern bilanziert wird, für eine Großstadtentwicklung viel zu klein ist, muß die notwendige Expansion wie in New York jedoch in die Vertikale verlegt werden. Das erste Signal für diese unaufhaltsame Entwicklung war der 1974 fertiggestellte 142 Meter hohe Turm des persischen Kaufmanns Ali Selmi (heute City-Hochhaus genannt), 1977 gefolgt vom dem 148 Meter in den Himmel ragenden BfG-Hochhaus (heute Eurotower) am Theaterplatz.

Rudi Arndts erstes Amtsjahr tabellarisch

Der folgende tabellarische Übersicht über Rudi Arndts erstes Amtsjahr (April bis Dezember 1972) gibt einen Einblick in die Aufgabenfülle eines Frankfurter Oberbürgermeisters zu Beginn der schwierigen siebziger Jahre:

6. April	Rudi Arndt hält im Römer seine Antrittsrede.
15. April	In der „Katakombe" startet das „theater für kinder".
20. April	Die neue Maybachbrücke zwischen Eschersheim und Heddernheim wird dem Verkehr übergeben (Kosten: 17,5 Millionen Mark).
11. Mai	Terroranschlag der RAF auf das US-Hauptquartier im IG-Farben-Haus
13. Mai	Zur 600-Jahr-Feier des Frankfurter Stadtwalds wird der Erholungspark „Monte Scherbelino" eingeweiht.
15. Mai	Erlaß des „Sozialbindungspapiers"
24. Mai	Im Stadtwald wird das „Haus des Deutschen Sports" mit Sitz des Nationalen Olympischen Komitees (NOK), der Stiftung Deutsche Sporthilfe und des Deutschen Sportbundes eröffnet.
28. Mai	In der Nordweststadt wird die erste von 29 geplanten Kitas eingeweiht.
1. Juni	Die Mitglieder des RAF-Führungskaders Andreas Baader, Holger Meins und Jan-Carl Raspe werden in Frankfurt festgenommen.

10. Juni	Eine Spendenaktion des Kulturdezernats ermöglicht den Ankauf von Max Beckmanns Francofurtensie *Die Synagoge* für die Städtische Galerie im Städel.
24. Juni	Rudi Arndt legt den Grundstein für den Umbau des Waldstadions, hier sollen Spiele der Fußballweltmeisterschaft 1974 ausgetragen werden.
28. Juni	Der Fußgängerbereich im Äppelwoiviertel Sachsenhausen wird eingeweiht.
7. Juli	Im Park des Bolongaropalastes in Höchst findet ein erster Frankfurter Parlamentsabend statt.
1. August	Die Vororte Nieder-Erlenbach, Kalbach, Harheim, Nieder-Eschbach werden im Rahmen der hessischen Gebietsreform nach Frankfurt eingemeindet.
12. August	Eröffnung des Flohmarktes am Sachsenhäuser Mainufer
14. August	Ein Dreierdirektorium unter dem Vorsitz von Peter Palitzsch übernimmt die Verantwortung für die Einführung der Mitbestimmung am Schauspielhaus.
12. September	Die Bornheimer U-Bahn-Tunnelröhre zwischen der Kreuzung Berger Straße/Rendeler Straße und der Seckbacher Landstraße wird durchstochen.
15. September	Der Justitia-Brunnen auf dem umgestalteten Römerberg wird wieder aufgestellt.
1. Oktober	Der polnische Autor Janusz Korczak erhält in der Paulskirche posthum den Friedenspreis des Deutschen Buchhandels.
6. Oktober	Am Praunheimer Weg in der Nordweststadt wird die Ernst-Reuter-Schule II eröffnet, eine der ersten Integrierten Gesamtschulen (IGS) in Hessen.
10. Oktober	Das Amerika-Haus richtet ein internationales Kinderkino ein.
13. Oktober	Der noch vom Brundert-Magistrat beschlossene Neubau des Historischen Museums auf dem Römerberg wird von Arndt eröffnet.
22. Oktober	Kommunalwahl (SPD 50,1 %, CDU 39,8 %, FDP 7,2 %)
30. Oktober	Die ersten Ämter ziehen in den Neubau des Technischen Rathauses an der Braubachstraße ein.
31. Oktober	Die Tiefgarage Römerberg mit Stellflächen für 840 Autos wird der Öffentlichkeit übergeben.
7. November	Im Historischen Museum wird das erste Kindermuseum der Republik eingeweiht.

9. November Der Verkehrs- und Tarifverbund zwischen Stadt, Land und Bund wird unterzeichnet.

2. Dezember Auf dem Römerberg findet wieder der traditionelle Frankfurter Weihnachtsmarkt statt.

18. Dezember Der Magistrat beschließt ein neues Amt für Kommunale Gesamtentwicklung.

Arndts Erfolge in der Stadtentwicklung

Auf den Nachfolger der in der Fron ihres Amtes verstorbenen Oberbürgermeister Walter Kolb, Willi Brundert und Walter Möller hatte in Frankfurt ein hochvermintes Gelände gewartet. Jahrelange Fehlentwicklungen der Stadtplanung, die Zerstörung des Westends durch Spekulanten und die militanten Hausbesetzungen mit martialischen Polizeieinsätzen hatten Frankfurt nicht nur zum warnenden Symbol der „Unwirtlichkeit" gestempelt, sondern auch zum deutschen Zentrum des Protests. Mit der allgegenwärtigen Konfrontation einer gewaltbereiten Protestbewegung der 68er und deren Erben mit einer nervös reagierenden Polizeitruppe war Frankfurt zur Metropole der Militanz geworden. Um so höher muß Rudi Arndts Mut gewürdigt werden, seinen vergleichsweise kommoden Wiesbadener Ministersessel mit dem Feuerstuhl eines OBs von Frankfurt zu tauschen. Die Auguren wollen allerdings wissen, er sei nicht ganz freiwillig nach Frankfurt gegangen, sondern von der Partei dazu verdonnert worden, um die Stadt für die SPD zu retten.

Gleich zu Beginn hat Rudi Arndt das Hebelwerk in Gang gesetzt, das zu einer Beruhigung des Grundstücksmarktes und zur Reduzierung der Spekulation und damit zur Sicherung der Wohnungen führen sollte. Er konzedierte offenherzig, daß er die Stadt, „da, wo sie sich zusammenballt", für wenig menschenwürdig hielt. Um diese Probleme ins menschlich Erträgliche zu mildern und schließlich zu stabilisieren, sollten vom Parlament verstärkt Investitionen in die Modernisierung von Altbauwohnungen genehmigt werden. Die theoretische Vorlage zum erhofften Erfolg hatte der Frankfurter Städteplaner Albert Speer geliefert. Als ämterübergreifendes Ziel galt Arndt die Erhaltung innerstädtischer Wohngebiete. Die 1972 von Arndt installierte kommunale Wohnungsvermittlungsstelle hat binnen eines Jahres 4.433 Haushalte mit über 10.000 Personen zu einer besseren Wohnung verholfen. Sukzessive kommt Arndt seiner Vision näher, die „Monotonie des modernen Stadtbildes" zu überwinden und die Menschen in der Innenstadt zu beheimaten.

Rudi Arndt ist es gelungen, mit der Spekulation im Westend auch dessen weitere Zerstörung zu bannen. Er hat die fast schon zum Frankfurter Alltag gehörende Eventkultur der Hausbesetzungen gestoppt und die Demonstrationen nach der Klimax im Jahre 1974 auf ein „normales" Maß reduziert.

Das leidige Kapitel der Westendzerstörung, die sich hinter glitzernden Hochhausfassaden verbirgt, hat Arndt mit dem umfänglichen „Sozialbindungspapier" am 15. Mai 1972 im Magistrat zu einem vernünftigen Ende geführt und so die Kontrahenten befriedet. Diese umständlich „Städtische Maßnahmen zur Sicherung der Sozialbindung von Grundeigentum in Frankfurt" genannte Vorlage wurde einstimmig auch von der Stadtverordnetenversammlung verabschiedet. Damit bekam die Verwaltung endlich eine handfeste Dienstanweisung zum Verbot der Zweckentfremdung von Wohnraum als praxistaugliches Instrument an die Hand, um spekulierenden Hausbesitzern das Handwerk zu erschweren und den Hausbesetzern ihre eingebildete Legitimation zum Unrecht zu bestreiten. Das Frankfurter „Sozialbindungspapier" wurde später auch vom Hessischen Staatsgerichtshof in Kassel als juristisch korrekt bezeichnet.

Mit Blick auf die Frankfurter Verkehrsverhältnisse, die Vorgänger Möller noch als Verkehrsdezernent durch das Meisterstück seiner U- und S-Bahn-Vision wesentlich entschärft hatte, warnte Arndt gleich bei Amtsantritt vor einem Verkehrsinfarkt spätestens Ende der siebziger Jahre. Deshalb erklärte er unmißverständlich, daß ein Einsatz von jährlich 200 Millionen Mark für S- und U-Bahn und damit eine garantierte Fertigstellung bis zum Jahre 1982 unter Aufnahme von Krediten immer noch wirtschaftlicher und kostengünstiger sei als das Verbauen von lediglich 150 bis 180 Millionen DM pro Jahr, auch die Fertigstellung des Nahverkehrsnetzes werde so erst gegen Ende der achtziger Jahre gelingen.

Auf Vorschlag von Bürgermeister Martin Berg wird am Mainufer Anfang August 1972 ein Flohmarkt installiert, der sich in den ersten drei Jahren zu einer Art geselliger Flaniermeile und zum Treffpunkt der Kulturbürger und der Studenten entwickelte. Bald wurde aus dem Flohmarkt allerdings eine kommerzialisierte Ramschzone, und damit gerieten auch die originalen privaten Fundstücke mit in den Sog eines allgemeinen Ärgernisses.

Zum vom Autoverkehr unbehinderten Flanieren lädt ein Jahr später auch eine der bekanntesten und umsatzstärksten Einkaufsstraßen Deutschlands ein: Seit Mai 1973 ist die Zeil zwischen Roßmarkt und Konstablerwache eine Fußgängerzone.

Zwischen Nieder-Eschbach und Bonames entsteht 1977 die Wohnstadt „Am Bügel", die in den Architekturzeitschriften anderen Städten als Modell

Eröffnung des Flohmarkts im August 1972

empfohlen wird. In sieben Stadtteilen wurden mit finanzieller Unterstützung des Landes Hessen (50 Prozent) Bürgergemeinschaftshäuser gebaut. Damit wurde auch der Schubkraft der interkulturellen Dynamik bei über 30 Prozent Bürgern mit Migrationshintergrund Rechnung getragen.

In seiner Antrittsrede hatte Arndt auch zu der von Walter Möller angedachten „Regionalstadt" klar seine Meinung gesagt, die seines Erachtens nicht einfach von oben verordnet werden könne. Vielmehr sollten neben den 670.000 Frankfurtern auch noch die 700.000 bis 800.000 Nachbarn von der Notwendigkeit des Projekts überzeugt werden. Mit der Bildung eines Umlandverbandes wollte Arndt wenigstens eine erste Organisationseinheit für die interkommunale Kooperation der Stadtregion Frankfurt schaffen.

Der Frankfurter Umlandverband

Nachdem Walter Möllers Traum von einer „Regionalstadt" ein für allemal geplatzt war und als mageres Echo lediglich die Regionale Planungsgemeinschaft Untermain grüßen ließ, einigte man sich am Ende einer jahrelangen Diskussion schließlich auf das Modell eines „Mehrzweckpflichtverbandes". So wurde unter Rudi Arndt der von SPD, CDU und FDP abgesegnete Umlandverband Frankfurt (UVF) aus der Taufe gehoben, nachdem am 11. September 1974 das hessische Gesetz über die Bildung des Umlandverbands Frankfurt als legitimatorisches Fundament für dieses Projekt in Kraft getreten war. Ehrenamtlicher Verbandsdirektor wurde Oberbürgermeister Arndt, zum Vorsitzenden der Verbandsversammlung wurde in der konstituierenden Sitzung im März 1975 der Offenbacher Herbert Rott gekürt. Aus 43 Gemeinden wurden insgesamt rund 100 Vertreter entsandt, die Frankfurter SPD stellte sechs Delegierte, die CDU fünf und die FDP einen Ehrenamtlichen. Außer um die Energie- und Wasserbewirtschaftung sollte sich das neue Gremium um Müllentsorgung und vor allem um neue Siedlungsflächen kümmern.

Arndt machte gleich zu Beginn auf mögliche Probleme aufmerksam, die durch egoistische Einzelinteressen der 43 Gemeinden die Arbeit erschweren könnten. Denn „immer stärker überwiegt die Erkenntnis, daß ohne Zusammenarbeit, ohne gemeinsame Verantwortung die Probleme in diesem Verdichtungsraum Rhein-Main nicht mehr gelöst werden können." Im Zuge der Integrationsbemühungen wurde angesichts der Diskrepanz zwischen den Wirtschafts- und Siedlungsräumen einerseits und der verwaltungsräumlichen Gliederung andererseits deutlich, daß von einigen „die Notwendigkeit der zwischengemeindlichen Zusammenarbeit noch bestritten wird, die die Zeichen der Zeit nicht erkennen. Das gegenseitige Vertrauen, das Verstehen der Interessenlage des anderen, die Überwindung des Gegensatzes zwischen den Vertretern der Kernstädte und des Umlandes, das ist die entscheidende Aufgabe, die vor uns steht." Arndts Erkenntniszuwachs streut wiederum Zweifel aus.

Als nach der Kommunalwahl 1977 Walter Wallmann Rudi Arndt als Oberbürgermeister abgelöst hatte, sank das Interesse an dieser zusätzlichen Bürde mit der Folge, daß die Kernstadt Frankfurt und die Umlandgemeinden wieder auseinanderzudriften drohten. Da „der neue Frankfurter OB Walter Wallmann fatalerweise mit dem Umlandverband nicht viel im Sinn hatte, wurde Frankfurt vom Motor zum Bremser in der regionalen Entwicklung", wird Rudi Arndt später zu Protokoll geben. Überhaupt wurden die Karten neu gemischt, die Abgeordneten des Umlandverbandes waren jetzt direkt von der Bevölkerung gewählt worden, der „Verbandstag" setzte sich nun aus 105 Mitgliedern zusammen. Rudi Arndt war nicht nur kein Oberbürgermeister mehr, er verlor auch die Position des Verbandsdirektors an den Kelkheimer CDU-Bürgermeister Winfried Stephan. Im Januar 1980 trat der von allen respektierte Hermann-Josef Kreling von der CDU dessen Nachfolge an, sein Büro wurde vom

Römer in das Gebäude Am Hauptbahnhof 18 verlegt. Im Mai 1989 übernahm Rembert Behrendt von der SPD die Verbandsdirektion.

Zwei nachhaltige Projekte sind in der Amtszeit des dynamischen Verbandsdirektors Rembert Behrendt noch in Gang gesetzt worden. Die Stadt Frankfurt hatte auf Initiative von Planungsdezernent Martin Wentz bereits das ehemalige Schlachthof-Gelände am Deutschherrnufer und die Westhafenmole als neue Wohngebiete ausgewiesen und die Vorarbeiten für die Umwandlung weit vorangetrieben. Der Bau eines völlig neuen Stadtteils wurde geplant, für den nur eine größere zusammenhängende Fläche in Frage kam: der Niederurseler Hang und die Anschlußflächen bis nach Kalbach hin. Für die Umwandlung der Ackerflächen in Siedlungsareale war die Zustimmung der Gemeindekammer des UVF unabdingbare Voraussetzung, auch um die weitgehende Freihaltung der Kaltluftschneisen zu gewährleisten. Wer heute die rege Bautätigkeit auf dem Riedberg beobachtet, sollte nicht vergessen, wieviel Weitsicht es damals von Martin Wentz und OB Andreas von Schoeler erforderte, dieses einmalige Vorhaben mit Wohnungen für immerhin 15.000 Menschen voranzutreiben.

Die Idee zur Schaffung eines „Regionalparks Rhein-Main" stammt von UVF-Planer Lorenz Rautenstrauch. Das Projekt sah ein System von Wegebeziehungen vor, das sich im Umland wie ein Gürtel um die Stadt Frankfurt legen und interessante Punkte miteinander verbinden sollte. In diesem wichtigen neuen sogenannten „weichen" Standortfaktor der Region erkannte Behrendt eine starke Symbolkraft des Regionalparks. Schon Mitte der neunziger Jahre konnte mit dem dreizehn Kilometer langen Teilabschnitt westlich von Frankfurt im Main-Taunus-Kreis begonnen werden. Wichtig war, das Projekt mit dem Frankfurter GrünGürtel zu verknüpfen.

Trotz großer Schwierigkeiten in der Aufbauphase hat der Umlandverband immerhin einen einheitlichen und rechtsgültigen Flächennutzungsplan für ein Riesengebiet von 1.430 Quadratkilometern mit 1.485.000 Einwohnern auf den Weg gebracht, nicht viel mehr, aber auch nicht weniger. Der Gesamtetat betrug 1985 120 Millionen DM, die sich aus den Umlagen der Mitgliedsgemeinden speisten. Auf Betreiben der seit 1999 in Wiesbaden regierenden CDU wurde der UVF im Jahr 2001 per Gesetz durch den Planungsverband Ballungsraum Frankfurt/Rhein-Main abgelöst, der mit deutlich weniger Kompetenzen ausgestattet ist. Daß sich damit Roland Koch als einer derjenigen outete, „die die Zeichen der Zeit nicht erkennen", dürfte Rudi Arndt nicht überrascht haben.

Bereits im Ruhestand, reflektiert Rudi Arndt im Frühjahr 2002 in der *Frankfurter Rundschau* die alten Versäumnisse der Stadtpolitik, nämlich die

Region Frankfurt/Rhein-Main mit Taunus, Wetterau, Rodgau, Rheingau und Teilen des Spessarts zu einer großen politisch-administrativen Organisation zusammenzuführen. Dazu gehörten die Städte Frankfurt, Offenbach, Hanau, Rüsselsheim, Wiesbaden und Mainz. „Vor gut 30 Jahren hatte einer den Mut, eine Vision für die politisch-administrative Organisation des Rhein-Main-Gebietes zu präsentieren. Das Regionalstadt-Modell des damaligen Oberbürgermeisters Walter Möller war in sich logisch und zukunftsweisend, aber es war nicht konsensfähig, nicht in der eigenen Partei und nicht bei der politischen Konkurrenz."

TV-Film *Einige Tage im Leben des Rudi Arndt*

Matthias Waldens Arndt-Porträt für den Sender Freies Berlin vom Juni 1974 wollte die Kernprobleme dieser als „unregierbar geltenden Stadt" hinterfragen. „Dieser Mann ist nicht zu fassen", kommentierte die *F.A.Z.* den Auftritt des Hauptdarstellers, „der Mann ist stets auf der Hut [...], das hessische Rauhbein gibt sich burschikos und hemdsärmelig". Im Rencontre mit Walden stand manche Replik Arndts unter Pointenzwang, manchmal bis an den Rand des Ziemlichen.

Die *Süddeutsche Zeitung* zieht unter dem Titel „Monstrum Arndt" folgendes Fazit aus dem Film:

Dieses Bündel an Arbeitskraft, Zuversicht und schnörkellosem Aktionismus auf dem Oberbürgermeistersessel von Deutschlands meistgeschimpfter Großstadt Frankfurt brachte seinen Porträtisten Matthias Walden sichtlich in Verwirrung. Denn der den Linken bekanntlich nicht sonderlich gewogene Walden hatte Schwierigkeiten, sich über den entschiedenen Linken Arndt einen Reim zu machen – einen Sozialisten, der trotzdem mit dem Millionär und Chile-Konsul Bruno Schubert nicht nur speist, sondern auch befreundet ist, der den Jusos nahesteht und trotzdem den kommunalpolitischen Sachzwängen des heutigen Frankfurt folgt, der trotz mörderischen Arbeitspensums vor Kraft zu strotzen scheint, mit Kumpelsprüchen feine Pelzmessen eröffnet und vor allem trotz aller schwarzen Zukunft robuste Zuversicht ausstrahlt.

Die *Hannoversche Allgemeine Zeitung* resümiert, Arndts Konturen seien nicht fest und sein politischer Standort unsicher. „Der Zuschauer jedoch wurde mit dem Eindruck entlassen, daß Rudi Arndt für Frankfurt gerade der richtige

Mann ist: ein Praktiker der Macht, der nichts verbirgt und nichts verbiegt. Nur ein Mann ohne Tiefe kann offenbar mit dieser Stadt fertig werden." Ein zweifelhaftes Kompliment.

Die *Stuttgarter Zeitung* nennt Linken-Hasser Waldens Porträt „ein schiefes":

Walden schildert hier das leutselige, mit reichen Industrieherren befreundete, pragmatisch agierende Stadtoberhaupt. Dort der dem äußersten linken SPD-Flügel angehörende, die Vergesellschaftung fordernde sozialistische Theoretiker. Eben diese Fixierung auf eine einzige Grundthese, die nur noch variiert wurde, bewirkte, daß Waldens Porträt am Ende doch schief ausfiel.

Am Ende des Films war, wenn vom Autor Walden auch ungewollt, jedem Betrachter evident geworden, wie sehr die Kategorie Autonomie eine von Arndts Wesenskonstanten war, deren einzelne Segmente sich zum Phänomen Rudi Arndt zusammenfügten.

In Frankfurt geht es öfter hart zur Sache als anderswo

Demonstrationen am laufenden Band, rabiate Straßenschlachten, brutale Hausbesetzungen, buchstäblich knüppelharte Polizeieinsätze – bis tief in die siebziger Jahre hinein haben diese Ereignisse so manches Wochenende die Frankfurter in Atem gehalten, ihre Stadt bundesweit in die Schlagzeilen gebracht und so ein Zerrbild Frankfurts entstehen lassen, zu dem freilich auch die hohe Kriminalitätsrate, die Verelendung des Bahnhofsviertels und die Haschwiese an der Taunusanlage einiges beigetragen haben. Der hegelianische Zeitgeist von 1968 wird Arndt dicht auf den Fersen bleiben.

Allerdings waren die Geschehnisse am 1. April 1973 wahrlich kein Aprilscherz: „Drei Szenen enthüllten mit schonungsloser Deutlichkeit das Hoffnungslose des Vorgangs", beginnt die *Frankfurter Rundschau* am 2. April ihren Report über „Die mißliche Lage des Oberbürgermeisters". Vor der Ruine der Alten Oper attackieren 2.000 vorwiegend jugendliche Demonstranten den in Lederjacke und Jeans gewandeten Oberbürgermeister mit üblen Schmährufen, titulieren ihn als „Verräter" oder als „Handlanger sozialfeindlicher Profit-Interessen". An der Hauptwache fliegen Steine und Flaschen gegen die unter ihren martialischen Sturmhelmen schwitzenden uniformierten Ordnungshüter, die ihre Schlagstöcke zücken, um sich zu verteidigen. „Ein Scheißeinsatz ist das hier, wir werden schon wieder verheizt", diktiert ein älterer Polizist dem *FR-*

Reporter ins Notizbuch. Im Nordwestzentrum erteilt nachmittags auf einer improvisierten Pressekonferenz eine halbe Hundertschaft aus Jungsozialisten ihrem Genossen Rudi eine schallende Ohrfeige mit dem Ultimatum: „Rudi, jetzt ist aber Schluß!" Nachdem die Scherben rund um die Hauptwache zusammengekehrt waren, zog der Rest der nimmermüden 500 Demonstrierer bis nach Bockenheim, um vor der Alma mater ihren Frust abzuladen. Dies war die Stunde, in der Arndt die ewigen Kompromisse mit den radikalen Jusos endgültig leid war.

Weil Polizeichef Knud Müller „wichtiger privater Dinge" halber verhindert war, sah sich Arndt dem Dilemma ausgesetzt, höchstselbst den Sheriff zu geben und knallharte Entscheidungen zu treffen. Am Ende des unfreundlichen Tages resümiert er das Geschehen selbstkritisch: „Natürlich gehört eine große Naivität dazu, immer wieder optimistisch zu sein." Anders als der geschaßte Polizeichef Littmann mit seiner Entlastungsdevise, daß wer den Sumpf trockenlegen wolle, nicht vorher die Frösche um Erlaubnis fragen dürfe, habe er die totale öffentliche Verwirrung aber riskiert, um die Eskalation der Gewalt zu verhindern. Wie manche andere des sogenannten Establishments hielt auch Littmann die 68er für eine bildungsschwache Generation oder frei nach Goethe für „problematische Naturen".

Nach Telefonaten mit dem AStA wählte Arndt eine gewaltlimitierende Hilfskonstruktion für den Ablauf der Demonstration, die bei der Polizei auf Skepsis stieß. Auf einem Flugblatt, das am Opernplatz verteilt wurde, ließ er die Demonstranten wissen, die Polizei werde „auf den Vollzug des Verbots" verzichten, sofern alle detailliert geschilderten Auflagen erfüllt würden. Daß Arndt blauäugig unverdrossen seine Entscheidung, die „Opernhausdemo" geduldet zu haben, verteidigt, quittiert die *Abendpost* mit dem Vorwurf: „Arndt und Genossen haben jetzt die Quittung für ihr Übermaß an Nachsicht gegenüber den Gesellschaftsfeinden erhalten". Bei Arndts mißglücktem Ausgleichsversuch zwischen Scylla und Charybdis sehen die einen nur die geschleuderten Steine und die anderen nur die geschwungenen Schlagstöcke.

Worüber sich ein Bild zu machen heute vielen die nötige Phantasie ermangelt, das waren mit den bürgerkriegsähnlichen Straßenschlachten die in Frankfurt bisher wohl blutigsten Ausschreitungen der Nachkriegszeit. Die „Straßenschlacht am Fastnachtssamstag" (*Die Welt*) findet ein Echo der Bestürzung auch bei Regierung und Opposition in Bonn. Es wird sogar über die Notwendigkeit diskutiert, das Demonstrations- und Versammlungsrecht bundesweit zu ändern. Als am 4. April 1973 die Demonstranten am Straßenrand Oberbürgermeister Arndt entdeckten, agitieren sie ihn im Sprechchor mit dem flinken

Reim „Rudi Arndt, wir haben dich gewarnt" und bespucken, bedrängen und hetzen den eigentlich unaufhaltbaren Rudi bis hin zum rettenden Römer-Portal.

Sicher nicht zuletzt aus dieser Erfahrung heraus hat Rudi Arndt in der Stadtverordnetenversammlung noch vor der Sommerpause 1973 in seiner vor allem gegen den wachsenden Linksextremismus zielenden Rede den „pathologisch" radikalen Gruppen, „die gesellschaftliche Mißstände gewissenlos für ihre politischen Zwecke mißbrauchen", eine deutliche Abfuhr erteilt.

Jahrzehnte später, im Oktober 2002, erinnert sich Arndt im Erzählcafé Sachsenhausen an „Frankfurts bewegte Zeiten" mit Humor und berichtet, wie er Daniel Cohn-Bendit und Joschka Fischer „aus Steinwurfnähe kennengelernt" habe. Zum Hausbesetzer Cohn-Bendit habe er gesagt: „Hör zu, wir wollen beide einen Erfolg, du erklärst jetzt deinen Leuten, was passiert, wenn ihr nicht geht", dann habe er dem Revoluzzer eine Flüstertüte in die Hand gedrückt, in die Cohn-Bendit sogleich eine Philippika über Knechte des Kapitals und die unterdrückte Arbeiterklasse geschmettert habe. Arndt habe dann gefragt: „Wer von euch gehört denn der Arbeiterklasse an? Da gingen nur die Arme der Polizisten hoch", erzählt der ehemalige OB lachend.

Rudi Arndt (links) und Polizeipräsident Knud Müller (Mitte) im handgreiflichen Diskurs mit einem Demonstranten

Nach dreijähriger Besetzung der Villen und Häuser an der Ecke Schumann-straße/Bockenheimer Landstraße entert die Polizei in einer Blitzaktion am 21. Februar 1974 um vier Uhr in der Früh die Immobilien und vertreibt 85 widerständige Besetzer. Der SPD-Parteitag relativiert diese dramatischen Vorgänge in einer Weise, von der die SPD-Betriebsgruppe der Polizei sich als „unverschämt" distanziert. Besonders forsche Genossen hätten die Polizisten pauschal „diskreditiert, verleumdet und in die Nähe der SA und SS gestellt". Rudi Arndt warnt in der darauffolgenden Stadtverordnetensitzung vor pauschalen Verurteilungen, es müsse zwischen den verschiedenen Gruppen der außerparlamentarischen Opposition, der studentenbewegten Generation und den professionellen Gewaltfetischisten differenziert werden. Als der Unterbezirksvorstand sich mit dem Casus befaßt, erinnert Arndt deshalb an jene heiße Debatte im Oktober 1971, als auch Walter Möller vor dem Parteitag aus fast identischem Anlaß heftige Angriffe hatte hinnehmen müssen; eine knappe Mehrheit habe dann aber beschlossen, daß „diese Hausbesetzungen lediglich für extreme Gruppen Anlaß für neue Möglichkeiten von Protest und Gewalt sind". Dieser Beschluß, der Hausbesetzungen als „ungeeignetes Mittel" verurteilt und „die Polizei verpflichtet, tätig zu werden", sollte nun nach längerer Phase von Mißklang und Fehlversuchen erneut Basis konkreten Handelns werden.

Der hier geschilderte Alltag eines Oberbürgermeisters von Frankfurt mag uns eine Ahnung davon vermitteln, welch langer Atem und welch starke Nerven einer haben muß, um wie Rudi Arndt immer noch Freude an den täglichen Herausforderungen zu finden. Die *Süddeutsche Zeitung* bezeichnete Arndts Arbeitsplatz als den unangenehmsten, den die Republik zu vergeben habe. Aber Optimist Arndt verbreitete stets den Eindruck, als sei ihm diese Last Hekuba.

Arndt und das politische Klima Frankfurts

Weil Frankfurt als die liberalste Stadt der Republik galt, gediehen hier auch die Gegensätze radikaler als anderswo. In den siebziger Jahren war Frankfurt der progressive Ort der Unruhen, wo Veränderungen ihre Notwendigkeit laut demonstrierten. Hier fanden die ersten Hausbesetzungen gegen Wohnraumentfremdung und Mietwucher statt. Hier wuchsen die Banken in den Himmel, um ihre Macht zu manifestieren. Hier steckten die späteren Mitbegründer der RAF, Gudrun Ensslin und Andreas Baader, am 2. April 1968 die ersten Kaufhäuser in Brand als flammendes Fanal gegen den Vietnamkrieg.

Dieses Kapitel könnte ebensogut überschrieben sein: „Rudi Arndt wie er leibt und lebt". Streitlustig schreckte Arndt vor keiner Kontroverse zurück. Jenem Alter eigentlich längst entwachsen, in dem man den Straßenkämpfer spielt, suchte er mit seinen Brachialenergien nach der politischen auch die physische Konfrontation mit den Startbahngegnern auf Deutschlands umsatzträchtigster Meile. Mitten auf der Zeil wurde Arndt im aggressiven Handgemenge spektakulär außer Gefecht gesetzt: Die Handfesteren unter den Protestierern hatten den ansonsten populären „Dynamit-Rudi" gegen eine Schaufensterscheibe gedonnert. Sie muß aus Panzerglas gewesen sein, wie sonst hätte sie dem Aufprall des Zwei-Zentner-Mannes widerstehen können. Der Dauerkonflikt zwischen den obsessiven Startbahngegnern und dem Kraftfeld Rudi Arndt war damit vorprogrammiert. Schon am folgenden Tag setzte sich die handgreifliche Auseinandersetzung gefährlich fort, diesmal mitten im Herz der Stadt, im Römer.

Der OB hatte zum „Tag der offenen Tür" bei Brezeln und Äppelwoi in Frankfurts Römer eingeladen und alle, alle kamen – auch jene alternativen Stützen der Gesellschaft, die nicht unbedingt willkommen waren: Chaoten, Spontis, K-Gruppen. Obwohl mit riesigem Andrang gerechnet wurde und die Polizei über Informationen verfügte, „dem Arndt werde es an den Kragen gehen", verzichtete er mit kämpferischer Attitüde trotzig auf Einlaßkontrollen. Schließlich hatte er die „offene Tür" als seinen Politikstil verkündet.

Nachdem Arndts Adlerblick vor dem Kaisersaal eine feindselige Meute ausgemacht hatte, die ihn fest ins Visier nahm, scharte er seine mutmaßlich schlagkräftigsten Stadträte um sein gefährdetes Epizentrum: Den schwergewichtigen ehemaligen deutschen Meister im Kugelstoßen und Stadtkämmerer Hermann Lingnau, den fitneßgestählten Sportdezernenten und Major der Reserve Peter Rhein und den Kulturdezernenten, gewesener Fallschirmjäger des letzten Kriegsjahres. Was im Römer schließlich zum GAU eskalierte, hatte damit begonnen, daß die fanatisierten Startbahngegner einen Menschengürtel formierten, um die vier Repräsentanten des Establishments regelrecht einzukesseln. „Gekeilt in drangvoll fürchterliche Enge" (Schiller), blieb uns kaum noch Luft zum Atmen. Ohne auch nur einen Millimeter Bewegungsspielraum spitzte sich die Situation dramatisch zu. Nach einer halben Stunde im kollektiven Schwitzkasten panisch nach Fluchtwegen suchend, zischte Arndt uns dreien seine Überlebensstrategie in die Ohren: „Zähle bis drei, dann Durchbruch Richtung Hintertreppe!" Auf Hölderlins Wort war doch Verlaß: „Wo Gefahr ist, wächst das Rettende auch." Tatsächlich sollte uns die Flucht halbwegs unbeschädigt gelingen, unter Verlust meines linken Bally Slippers. Das war einer jener Tage, von

Das Selmi-Hochhaus in Flammen

denen der Prediger Salomon gesagt hätte, sie gefallen uns nicht. Aber die wahre Größe eines Politikers bemißt sich bekanntlich am überwundenen Widerstand.

Demonstrationen gehörten in Frankfurt Mitte der siebziger Jahre fast schon zur „Folklore". Nicht nur gegen die geplante Startbahn West zog man zu Felde, auch der Anblick der ersten Frankfurter Hochhäuser hat eine bunt zusammengewürfelte Protestszene mit Wut im Bauch ob dieser Himmelstürmerei munitioniert, die als in arrogante Form gegossener Ausdruck des Kapitalismus empfunden wurde. Als am 23. August 1973 in den oberen Etagen des Selmi-Hochhauses ein weithin sichtbares Feuer ausbrach, das erst viele Stunden später gelöscht werden konnte, gerieten die spontan herbeiströmenden potentiellen Brandstifter und schaulustigen Biedermänner denn auch in Volksfeststimmung und versorgten sich an flink improvisierten Äppelwoi- und Frankfurter-Würstchen-Ständen. Zum Feuerschein der brennenden Hochhauskrone als Lagerfeuerersatz intonierte die Protesttruppe eine bekannte Melodie mit dem neuen ironischen Text: „Wir verbrennen Ali Selmi sein klein Häuschen und die erste und die zweite Hypothek". Die an radikale Proteste gewöhnten Frankfurter empfanden solches kaum mehr als Bedrohung, sondern als Tageslaune einer unruhigen Stadt. Später sollte sich herausstellen, daß wohl nicht Brandstiftung, sondern ein defektes Schweißgerät die Ursache gewesen war.

Arndts Rede zum Vietnamkrieg

Auch wenn Rudi Arndt im Dauerclinch mit linken Demonstranten lag, so konnte er sich gelegentlich doch mit manchen Inhalten des Protests identifizieren. Während einer Großdemo gegen die Bombenteppiche der US Airforce auf nordvietnamesische Städte und Dörfer hat OB Arndt im Januar 1973 eine Brandrede gehalten, die ihm in den Gazetten der USA negative Schlagzeilen bescherte. Das Ausmaß seiner Empörung entsprach aber der damaligen dramatischen Lage:

Die Empörung über den Völkermord in Vietnam einigt die Völker dieser Welt, einigt Arbeiter, Angestellte, Beamte, einigt die Vertreter verschiedener politischer Richtungen. Was hier stattfindet, kann nur dann zum Erfolg führen, wenn diese einheitliche Willenskundgebung eines demokratischen Volkes eine klare und deutliche Stoßrichtung hat. In der jahrelangen Verurteilung des Völkermords in Vietnam haben wir deutlich gemacht, daß wir uns mit aller Schärfe gegen diejenigen wenden, die in dem ausgehenden 20. Jahrhundert noch glauben, sie könnten mit den Mitteln der Kolonialpolitik des 19. Jahrhunderts die freiheitlichen Völker dieser Welt unterjochen.

Der Unterbezirk Frankfurt der SPD fordert deshalb von dem Bundesvorstand und der Sozialdemokratischen Partei und von der Bundesregierung, daß man sich eindeutig distanziert von dem Krieg in Vietnam. Er fordert, daß von diesem deutschen Volk aus keine politische, wirtschaftliche oder moralische Unterstützung dieser US-Politik erfolgt. Er fordert von der Bundesregierung, daß Nordvietnam diplomatisch anerkannt wird, er fordert den Abbruch der diplomatischen Beziehung mit dem faschistischen Regime Thieu in Südvietnam und fordert die Anerkennung der provisorischen Revolutionsregierung Südvietnams.

Der Vorstand des Unterbezirks Frankfurt hat soeben zur Kenntnis genommen, daß für die Redner zu dieser Veranstaltung [...] die Einreisegenehmigung verweigert worden ist. Deshalb protestiert die Sozialdemokratische Partei [...] mit aller Schärfe gegen diesen Versuch, die politische Auffassung dieser Vertreter Südvietnams hier der freien Frankfurter Bevölkerung darzutun. [...]

Wir fordern aber auch, genauso wie unsere Genossinnen und Genossen in Schweden, dazu auf, daß diese Bundesregierung sich ausdrücklich für die humanitäre Hilfe für die Opfer des Vietnamkrieges und zu einem langfristigen Wiederaufbau und Hilfe zum Wiederaufbau Indochinas bereit erklärt.

Diese erst in der finalen Phase des Vietnamkrieges auf dem Römerberg verlautbarte Amerika-Schelte fand in den Staaten natürlich ein verstimmtes Echo. Rudi Arndt konnte sich immerhin rühmen, mit dieser Polemik sogar dem US-Präsidenten Richard Nixon seinen Namen geläufig gemacht zu haben. Die politische Führung der USA wird wie die in Vietnam eingesetzten GIs Jahrzehnte brauchen, um das Trauma dieses verlorenen, sinnlosen Krieges zu überwinden: Es starben 58.000 amerikanische Soldaten einen unnützen Tod, eine Million tote Soldaten und zwei Millionen tote Zivilisten sind auf der vietnamesischen Seite zu beklagen. Weitere vier Millionen Vietnamesen wurden verstümmelt oder waren mit lebenslangen Folgen giftigen Chemikalien ausgesetzt.

Der Bürger als Kunde der Verwaltung

Während Frankfurts Stadtoberhäupter Willi Brundert, Walter Wallmann und Petra Roth Präsidenten des Deutschen Städtetages waren, ist Rudi Arndt diese Ehre nicht widerfahren. Gleichwohl hat er in der Zeitschrift *Der Städtetag* mit Aufsätzen seine energische Stimme erhoben, die vielerorts nachhaltige Resonanz gefunden hat. In Nummer 12/1974 hat er gegen die alte Nachtwächterrolle der Kommunalverwaltung und gegen die bloße Ordnungsfunktion des Staates und für ein „modernes Servicedenken" an den Schaltstellen der Verwaltung plädiert. Besonders die auch auf Frankfurt bezogenen Passagen sind lesenswert:

Der Bürger, lange Zeit politisch unmündig gehalten und ohne Einfluß auf die Gestaltung des Staates, hat nicht nur bei Wahlen ein Wort mitzureden. Er ist als Kunde und Partner der Verwaltung stets gegenwärtig, hat sie mit dem Bürger doch in den mannigfaltigsten Beziehungen zu tun. Mehr Staat in der Regelung unserer Angelegenheiten, von Neoliberalisten als grundsätzliches Übel und Tod der Bürgerfreiheit hingestellt, kann schlimm sein, wenn man alles und jedes zu regeln versucht. Das Hineingehen in ursprünglich staatsfremde und staatsferne Aufgaben und ihre Aufnahme in das Wirken von öffentlicher Verwaltung führt aber nicht nur zu einer Bürokratisierung, sondern bewirkt auch, daß der Bürger als „Partner" oder „Kunde" angesehen wird und nicht mehr als Untertan. Der Auftrag zur Beratung des Bürgers, zu materieller Hilfe bei Not, zur Pflege während Krankheit, zur Versorgung mit Energie, zum Schutz der Umwelt bringt neue zusätzliche Beziehungen, die mit der alten Über- und Unterordnung nichts mehr zu tun haben.

Die Kontakte zwischen Bürger und Verwaltung haben sich in der Zahl, aber auch in der Qualität verändert. Das liegt zum einen an dem veränderten Auftrag, der die Verwaltung zur Auseinandersetzung mit den verschiedensten Lebensbereichen zwingt und so zu ihrer Vermenschlichung beiträgt. Und das liegt zum anderen in dem gestiegenen Anspruch des Bürgers an Verständnis und Information durch die Verwaltung.

Das Wirken der Parteien und gesellschaftlichen Organisationen haben ihn politisch mündiger gemacht. Verwaltung muß dem Bürger ihre Notwendigkeit glaubhaft, ihr Handeln einsichtig machen.

Information des Bürgers ist eine wichtige Voraussetzung für eine positive Beziehung zur Verwaltung. Solche Information ist auch deshalb wichtig, weil die Kompliziertheit mancher Verwaltungsvorgänge eher zugenommen hat. Eine Verwaltung, die sich abkapselt und versucht, den Bürger von ihren Entscheidungsfindungen fernzuhalten, ihn aus der Diskussion über ihr Handeln auszuschließen, leistet der Demokratie einen schlechten Dienst. Sie bestätigt entweder den Bürger in seinen Frustrationen, daß Verwaltung arrogant und unzugänglich sei. Er zieht sich dann auf sich selbst zurück, verfällt in die Resignation eines Privatiers, den öffentliche Angelegenheiten einen Dreck scheren.

Der weite Spannungsbereich zwischen Verwaltung und Bürger findet einen deutlichen Ausdruck in den Bürgerinitiativen, wie sie in letzter Zeit besonders in den Städten und Kommunen entstanden sind. Bürgerinitiativen richten sich häufig gegen als falsch empfundenes Verwaltungshandeln.

Es gibt viele Fälle einer fruchtbaren Auseinandersetzung zwischen Bürgerinitiativen und Verwaltung. In Frankfurt etwa haben wir mit der großen Aktionsgemeinschaft Westend, die sich zum Vorkämpfer für die Erhaltung eines bedeutenden Stadtviertels im innerstädtischen Bereich gemacht hat, gute Formen der Zusammenarbeit und der gegenseitigen Information entwickelt. Eine nützliche Sache, denn hier gibt es die Chance, die Auffassung der Betroffenen kennenzulernen. Die politische Entscheidung kann dem Parlamentarier und die sachgerechte Planung dem Verwaltungsmann dadurch nicht abgenommen werden.

Daneben gibt es sogenannte Bürgeraktionen, die lediglich als Vorwand für ganz andere Ziele einer radikalen Änderung der politischen und gesellschaftlichen Verhältnisse dienen. Sie wollen die fehlende Massenbasis über eine vorübergehende Solidarisierung mit negativ durch Verwaltungshandeln betroffenen Bürgern vortäuschen. Am Ende steht dabei noch immer das politische Geschäft mit der Angst und die bewußte Zerstörung einer langsam und stetig gewachsenen Diskussionsbereitschaft zwischen Verwaltung und Bürger.

Es muß Grundsatz für die Beamten und Angestellten des öffentlichen Dienstes sein, daß alle Bürger gleich sind und nicht einige „gleicher als die anderen". Kein Kunde soll bevorzugt werden, keiner benachteiligt sein.

Mir geht es darum, daß niemand, nur weil er Vermögen, wirtschaftliche Macht oder sonstwie Einfluß hat, die öffentliche Verwaltung sozusagen zum Erfüllungsgehilfen seines privaten Vorteils macht. Wer wie ich eine Stadt zu führen hat, in der lange Jahre ein riesiger Bau- und Spekulationsboom herrschte, weiß, *welchen Pressionen Politiker und Verwaltungen von solchen privaten Kräften ausgesetzt sein können.*

Von der Verwaltung verlangt die Forderung nach Bürgernähe und Diskussionsbereitschaft, daß sie selbst ihr eigenes Handeln immer wieder überprüft und mißt an dem gestellten Anspruch. Denn es geht eben nicht nur um die Befriedigung von Kundenwünschen, sondern um mehr. Der mündige Bürger soll selbst mit auf die Verwaltung einwirken, er soll sich seiner wichtigen Rolle durchaus bewußt sein. Für die öffentliche Verwaltung kann dies zeitweilige Verunsicherung bedeuten. Einfache Orientierungen an Autorität, die von oben abgeleitet wird, sind nicht mehr möglich. So braucht denn der neue informierte und kritische Bürger als Partner den entscheidungsfreudigen und diskussionsbereiten Mitarbeiter in der öffentlichen Verwaltung, der durch Leistung zu überzeugen vermag.

Dies war kein ausgeklügelter Text, sondern von Arndt frisch von der Leber weg geschrieben.

Gewisse Kreise haben sich freilich seit jeher als „Kunde" der Politik betrachtet und sich von dieser einen entsprechenden „Service" erhofft: Von Parteispenden zur politischen „Landschaftspflege" wußte man in Frankfurt bereits Mitte der siebziger Jahre ein Lied zu singen. Oberbürgermeister Rudi Arndt hatte in seinem Amtszimmer eine dubiose Barspende des libanesischen Investors Albert Abela in Höhe von 200.000 Mark entgegengenommen. Die CDU-Fraktion witterte Morgenluft und machte in einem offenen Brief an den CDU-Stadtverordneten Karlheinz Bührmann eilig publik, Arndt habe Spenden „abseits der gesetzlich vorgeschriebenen Wege" kassiert. Der OB konnte aber nachweisen, daß der edle Spender eine ordentliche Quittung über seine Spende erhalten hatte. Der Betrag sei auch entsprechend ordnungsgemäß vom Schatzmeister der SPD verbucht worden. Indem Arndt sich selber angezeigt hatte, wurde damit rechtzeitig eine Brandschneise um die Affäre gelegt, die das politische Feuer vor seinem OB-Zimmer stoppte. Das von Arndt beantragte Ermittlungsverfahren wurde 1977 mit der Begründung eingestellt, der Spendenempfänger habe sich nichts zuschulden kommen lassen.

In seinem Buch *Frankfurt: Die Zerstörung einer Stadt* (1975) hatte Autor Jürgen Roth, der Frankfurts extrem linker Szene zugerechnet wird, das Gerücht verbreitet, schon lange vor der Spende des Kaufmanns Abela seien Gelder in die SPD-Kasse geflossen, zum Beispiel für die Erteilung von Ausnahmegenehmigungen für den Bau des „Sonnenrings" am Sachsenhäuser Berg. Die SPD habe dafür eine „Spende" in Höhe von 120.000 DM erhalten. Rudi

Arndt, gegen den das Buch hauptsächlich zielte, nannte Roth einen „notorischen Lügner", dessen Schreibstil er in die Nähe zum Nazi-Hetzblatt *Der Stür-
mer* rückte. Weil diese Lügengeschichte sich selbst als solche entlarvte, haben
sogar Arndts politische Gegner den Casus auf sich beruhen lassen. Die Akten
wurden geschlossen.

Rekonstruktion der Ostzeile des Römerbergs

Der Bereich Römerberg war nach Ende des Krieges ein Vierteljahrhundert lang
eine Art innerstädtisches Niemandsland gewesen. Erst Ende 1974 hat Oberbürgermeister Rudi Arndt mit seinem damaligen Weihnachtswunsch eine Dis-
kussionslawine ausgelöst, der Spur der alten Steine zu folgen und auf dem Römerberg nur Bauten „in der Art der ehemaligen Altstadthäuser" zu errichten.
Für Arndt sind es die Baudenkmäler, die das historische Gedächtnis der Stadt
widerspiegeln. Bei einer Umfrage von Arndts Presseamt („Was kommt zwischen

Rudi Arndt mit dem Kulturdezernenten hoch auf der Alten Oper

Dom und Römer?") stimmten 46 Prozent für die Wiedergewinnung kriegszerstörter Stadtbilder und für eine Bebauung in einem dem historischen Charakter angepaßten Stil; 41 Prozent plädierten sogar für die originale Rekonstruktion historischer Frankfurter Häuser. Eine denkmalfreundliche Postmoderne entfacht die Freude an Faksimiles. Aber innerhalb historisch enger Fassaden eine wohnliche Welt zu erschaffen, das wird damit schwerlich gelingen.

Der Architekt Alois Giefer hält in der *Frankfurter Rundschau* mit seinem Einspruch dagegen, daß ein originaler Wiederaufbau „eine Art Konkurs" darstelle; während die *F.A.Z.* mit der Vermutung relativiert, wenn „die zum Abschluß der Platzwand benötigten sechs Häuser (der Ostzeile) akkurat nachgebaut" würden, dann „müßten sie als museale Modelle typisch Frankfurter Bauweise zeigen und mit städtischen Mitteln gewartet werden" – ähnlich den sogenannten Museumsdörfern.

Als die Debatte über Sinn und Unsinn von Rekonstruktionen und auch darüber, ob diese historisch oder historisierend gestaltet werden sollten, zeitweilig Züge eines Glaubenskrieges angenommen hatten, berief Arndt kurzerhand einen „Sonderausschuß Bebauung Dom-Römer" ein, der im Januar 1977 im Plenarsaal seine erste Sitzung abhielt. Der Ausschuß gibt schließlich grünes Licht für „eine Rekonstruktion der Fassaden an der Ostseite des Römerbergs". Nach gewonnener Kommunalwahl 1977 beauftragt die CDU den Magistrat mit dem „Wiederaufbau in haargenau der gleichen Form" – bis zum originalen Türbeschlag. „Rudi Arndts Schnapsidee" (*Die Zeit*) gewinnt unter seinem Nachfolger Walter Wallmann Gestalt. Der Hamburger Architekturkritiker Manfred Sack unterstellt dem Frankfurter Stadtparlament, „eine Lüge beschlossen" zu haben, und mit mildem Spott empfiehlt er dem neuen Oberbürgermeister, „sich beizeiten nach einem Schneider für Pluderhosen und einem Tischler für seine Dienstsänfte umzusehen". Gar von architektonischer Maniküre war die Rede und von einer posthumen Zukunft. Der Rückgriff auf das bewährte Brauchtum für pittoreske Fassaden verriegelte bald den Blick auf die Moderne, später symbolisiert durch die Schirn.

Arndts Überlegungen gründeten in der Hoffnung, die aus demographischen Gründen ausgedünnte Altstadt in den wiederaufgebauten Häusern erneut als Wohnbezirk erstehen zu lassen, um dort Menschen anzusiedeln.

Der flinke Volksmund hat die nostalgischen Bauten freilich alsbald als „Knusperhäuschen" verspottet, und auch ich habe damals im Magistrat gegen die Rekonstruktion gestimmt – heute ist das Erinnerungsbild der Ostzeile als Identifikationswert der Stadt Frankfurt nicht mehr wegzudenken. Die Butzenscheibenromantik lockt japanische Hobbyfotografen scharenweise an.

Rudi Arndts Bilanz *Die regierbare Stadt*

Rudi Arndt hat sich von der Seele geschrieben, was ihn in den ersten drei Jahren als Oberbürgermeister bewegt hat, was er selber bewegen konnte und welche Ideen umzusetzen ihm nicht gelang. Unter dem optimistischen Titel *Die regierbare Stadt. Warum Menschen ihre Stadt zurückgewinnen müssen* (1975) wünscht sich der Autor, sein Buch werde die „lethargisch vor sich hin lebende Öffentlichkeit" aufrütteln. Er kritisiert den Verlust der Transparenz von Zusammenhängen, weshalb die Wähler sich gar ohne Einflußmöglichkeiten wähnten und politikverdrossen reagierten. Arndt verschweigt dabei nicht, daß die Jungsozialisten alles unternommen hätten, um die Bürger gegen eine Kommunalpolitik zu mobilisieren, deren Resultate sie als unmenschlich empfänden. Die Wochenzeitung *Die Zeit* folgert: Wenn Kommunalpolitik nach Arndt Gesellschaftspolitik sei, dann seien doch „die Parteien wohl für jenen Zustand verantwortlich, den Arndt so herzzerreißend beklagt". Der in dieser Frage erfahrungsgesättigte Arndt beschreibt selbstkritisch auch die Grenzen, die ihm in seiner eigenen Partei gezogen sind.

Arndt rückt jene allgemeine Kritik zurecht, die auch andere Städte betrifft, daß die Stadtpolitik generell darin versagt habe, gegen die Entvölkerung der Stadtkerne ein probates Rezept zu entwickeln. Der beklagenswerte Zustand der Innenstädte sei vielmehr von den Bürgern selbst herbeigeführt worden, weil die Altbürger die Häuser mit der Begründung den Migranten überlassen hätten, daß die Wohnverhältnisse „mehr als miserabel" seien. Arndt zeigt sich entschlossen, die City als Treffpunkt und als Mitte einer großen Stadtregion zurückzugewinnen.

Die Vermenschlichung einer Großstadt könne aber ohne eine neue Kultur- und Freizeitpolitik kaum gelingen. Kultur ist für Arndt ein essentielles Ferment einer denkenden Gesellschaft, um die Großstadt vor dem Kollaps zu bewahren.

Eines der interessantesten Kapitel seines Buches hat Arndt der „Wohnwertmiete" gewidmet. Danach soll für jede öffentlich geförderte Wohnung ein Mietwert errechnet werden. Analog zum Nettoeinkommen wird die reale Miete nach einem Schlüssel festgelegt, die mit wachsendem Einkommen steigt, maximal bis zum errechneten Mietwert. So möchte Arndt die ungerechte Belegung billiger Sozialwohnungen abbauen.

Den Nachweis, daß Frankfurt „regierbar" sei, ist Rudi Arndt nicht schuldig geblieben. Binnen weniger Jahre hatte er aus der am höchsten verschuldeten Stadt der Republik eine finanzsolide Metropole gemacht. In *Die Welt* brüstet sich Arndt am 15. Januar 1976 zu Recht, daß Frankfurt „eine der wenigen Städte" sei, die noch einen ausgeglichenen Haushalt vorlegen können und kein

Defizit ausweisen. „Überall hat die Verschuldung der Kommunen zugenommen. Nur in Frankfurt nicht." Auch habe Frankfurt derzeit die meisten Plätze in Altenwohn- und Altenpflegeheimen sowie die meisten Krankenbetten, bezogen auf die Einwohnerzahl: „Die Frankfurter Sozialstationen als Stadtteilzentren mit allen Einrichtungen für soziale Hilfen suchen ihresgleichen." Die Stadt gebe doppelt soviel Geld für kulturelle Zwecke aus wie etwa München. Auch künftig solle das kulturelle Angebot in der Mainmetropole gesichert werden.

Statistik des Arndt-Jahres 1976

- 1976 zählt Frankfurt 647.000 Einwohner.
- 284 Banken, davon 149 deutsche und 135 ausländische Geldinstitute, prägen signifikant unser Stadtbild.
- Die in Frankfurt residierende größte Einzelgewerkschaft der Welt, die IG Metall, zählt ca. 2,5 Millionen Mitglieder.
- Der größte deutsche Flughafen befördert 12 Millionen Passagiere im Jahr.
- Mit 9.600 Delikten pro 100.000 Einwohner weist Frankfurt die höchste Kriminalitätsrate in Deutschland aus.
- Rekordverdächtige 22.000 Hektar Stadtgebiet bestehen in Frankfurt aus Naturland: Forst, Äcker, Gärten und Schrebergärten.
- Frankfurt hat die meisten Telefone und Automobile pro Kopf in Deutschland.
- Jährlich strömen über eine Million Neugierige in die Stadt, davon kommt die Hälfte aus dem Ausland.
- Im Zuge der Verlängerung der U-Bahn unter dem Main hindurch bis zum Südbahnhof läßt Rudi Arndt im Mai 1976 die Bagger in Sachsenhausen anrollen. 2,7 Millionen Kubikmeter Grundwasser müssen abgepumpt werden. Die Investition in dieses Megaprojekt in Höhe von 327 Millionen D-Mark hat sich längst amortisiert. Die Premiere der Unterquerung des „Ebbelweiäquators" fand nach achtjähriger Bauzeit am 29. September 1984 statt. In vier Minuten rast die U-Bahn in 25 Metern Tiefe unter dem Main von der Hauptwache zum Südbahnhof.

Arndt war kein hochgemuter Kulturpolitiker

Die einzige Gegenstimme in der SPD-Magistratsgruppe bei Rudi Arndts Wahl zum Oberbürgermeister kam 1971 vom Kulturdezernenten. Bis dahin war der

„Neue aus dem Kohlenpott" dem designierten OB Rudi Arndt nie persönlich begegnet. Er kannte ihn nur aus oktroyierten Vorurteilen und von seinen als banausisch empfundenen medialen Verlautbarungen in der *Hessenschau* über die „viel zu hohen Theaterzuschüsse". „Da dachte ich mit Grausen an Frankfurts kulturelle Zukunft, falls diese demnächst einem OB Arndt anvertraut sein würde", lautete mein Kommentar dazu in der *Frankfurter Rundschau*.

Als ich Wochen später dem inzwischen vom Parteitag der SPD nominierten Arndt vorgestellt wurde, hätte er mich wohl gern mit seinem Spruch in Verlegenheit gebracht: „Ach, du bist der Kulturdezernent aus Oberhausen?" – „Nein, ich bin der Kulturdezernent aus Frankfurt am Main." – „Du hast doch gegen mich gestimmt! Gratuliere, du warst auch der einzige, der sich das getraut hat." Rudi Arndt war viel zu souverän, als daß er je versucht hätte, mir mein negatives Votum heimzuzahlen. Im Gegenteil, wir haben uns im Laufe der Zeit gut befreundet und gemeinsam auch gar mancherlei auf den Weg gebracht.

Zunächst jedoch schienen sich meine schlimmsten Befürchtungen bezüglich Rudi Arndts womöglicher Ideenarmut auf dem weiten Feld der Kulturpolitik zu bestätigen. In seiner Antrittsrede vom 6. April 1972 leitet er seine Ausführungen zum „kulturellen Leben" fast schon entschuldigend mit der Bemerkung ein, im Zusammenhang mit dem Freizeitwert der Stadt sei es „eigentlich unerläßlich, eingehend auf das kulturelle Leben einzugehen". Arndt wollte hier aber immerhin „eines deutlich machen":

Bei der Verwirklichung einer Gesamtentwicklungsplanung, die von den Bedürfnissen des Menschen ausgeht, wird der Stadtrat, der für das Kulturwesen zuständig ist, eine sehr viel größere Rolle spielen, als ihm bisher zugewiesen wurde. Ich sage das in Kenntnis der Tatsache, daß diese Stadt Frankfurt, die allüberall den Ruf der Metropole der Banken und Bosse hat, über ein reicheres kulturelles Leben verfügt, als nahezu jede andere Großstadt. Wir werden zumindest diese Tatsache in der Öffentlichkeit bewußter machen müssen. Dabei wird es allerdings auch im kulturellen Bereich erforderlich sein, die Prioritäten neu zu setzen. Es mag für den einen oder anderen schockierend wirken, wenn ich sage, daß auch im kulturellen Bereich Nutzen-Kosten-Berechnungen bei verschiedenen Einrichtungen erforderlich sind. So ist es mir unbegreiflich, daß in einer Stadt, die fast 30 Millionen DM für ihre Theater ausgibt, es eine Diskussion geben kann darüber, ob 120.000 DM für die Einrichtung eines Kommunalen Kinos zu verantworten sind. Wer solche Überlegungen anstellt, der zeigt doch nur, daß er die Kulturpolitik dazu mißbrauchen will, überholte Strukturen weiter zu verfestigen. Das Kommunale Kino gehört zu einer echten Bereicherung unseres kulturellen Lebens."

Bevor Rudi Arndt seine Antrittsrede vom Stapel lassen konnte, mußten ihm alle Stadträte Stichworte für seinen ersten programmatischen Auftritt im Parlament liefern. Ich hatte ihm meine Frankfurter Antrittsrede vom 12. November 1970 mit entsprechend markierten Essentials zum Plündern gefaxt, in der ihm zu seiner kulturellen Horizonterweiterung mehr für Frankfurts kulturelle Zukunft als nur das Kommunale Kino auf dem silbernen Tablett serviert worden war. Er wird später immerhin akzeptieren, daß der Buchhalterbegriff „Kosten-Nutzen-Rechnung" im kulturellen Sprachverkehr als Unwort in Frankfurt längst getilgt worden war und eine Kultur der Offenheit und der Innovationskraft mit Hilfe der Institutionen nicht zum Nulltarif versprochen werden konnte. Arndt ist aber bald klar geworden, daß Produktionsprozesse zum Beispiel in Oper und Schauspiel keinem Rationalisierungsprozeß unterliegen dürfen, sollen sie ideenreich und produktiv bleiben.

Rudi Arndt hatte zudem allen Ernstes vorgeschlagen, den Kunstverein aus dem Steinernen Haus zu werfen, die „immer leerstehenden Räume" könnten nutzbringender vermietet werden. Er hatte einen Zeitungsbericht über eine Concept-Art-Ausstellung gelesen, die statt mit sinnlich prangenden, gegenständlich faßbaren Werken „nur" mit Konzepten und Ideenprojektionen den kreativen Denkprozeß der Besucher anregen wollte.

Andererseits war es mit Rudi Arndt relativ unproblematisch, dem Magistrat alternative Kulturprogramme aufs Auge zu drücken, wie subventionierte Straßenfeste in Stadtteilen mit größerer Ausländerdichte oder „Zwölf-Uhr-Mittags"-Events auf dem Römerberg. Und nachdem beim Woodstock-Folgefestival auf Englands Isle of Wight 1970 Jim Morrison mit dem Song *The End* und mit Jimi Hendrix' frühem Tod auch das Ende des Flower-Power-Movement und der „Make love, not war"-Bewegung eingeläutet war, organisierten wir in Frankfurt mit „Summertime"-Happenings und den „Liedern im Park" eine kleindimensionierte Alternative, um der pessimistischen „No future"-Stimmung zu widersprechen, auch mit „Jazz im Museum"-Matineen oder mit Jazz im Höchster Schloßgraben. Wann immer ich Arndts Hilfe bedurfte, bekam ich sie auch für diesen schrägen Musiksektor.

Unter Rudi Arndt war es auch möglich, im städtischen Etat erhebliche Mittel für die daraufhin nach Frankfurt strömenden Freien Gruppen lockerzumachen, die bisher am Rande des Existenzminimums laborierten. Sie versorgen bis heute als kulturelles Ferment die Stadtteile mit urbanem Flair.

„Er war ein Mann, nehmt alles nur in allem": Als in der Wolle gefärbter Sozi aus altem Schrot und Korn darf Rudi Arndt als singuläre Erscheinung gewürdigt werden. Er ragt aus dem Mittelmaß deutscher Kommunalpolitiker weit heraus und hat in Frankfurt durchaus seine Spuren hinterlassen – wenngleich in der Kultur nur relativ wenige eigene. Immerhin konnten wir mit seinem Beistand bei der Durchsetzung flächendeckender „Kultur für alle" und der „Stadtteilkultur" fest rechnen: Dem Bücherei-Entwicklungsplan verdankt die Bevölkerung mit inzwischen 18 Stadtteilbüchereien die Buchversorgung bis vor die Haustür. In einer Stadt der Banken sollten mit den Bibliotheken Banken des Geistes installiert werden. Und fast jeder Stadtteil verfügte bis Anfang der neunziger Jahre über einen Bürgertreff oder über ein Bürgergemeinschaftshaus. Mit beiden Langzeitprojekten lag Frankfurt, gemessen an der Einwohnerzahl, sogar an der Spitze der Republik. Vor allem hat sich Rudi Arndt mit dem Wiederaufbau der Alten Oper ein bleibendes Denkmal gesetzt.

„Dynamit-Rudi" baut die Alte Oper wieder auf

Die Stadt, die schneller als ein
Menschenherz sich wandelt
Charles Baudelaire

Kein Geringerer als Thomas Mann beehrt den Initiator der „Aktionsgemeinschaft Alte Oper", Max Flesch-Thebesius, in einem Brief aus Amerika vom 7. März 1953 mit dieser Botschaft: „Rechnen Sie mich also zu denen, für die die pietätvolle Erhaltung des Opernhauses eine wahre Herzenssache ist." In seinem kalifornischen Exil in Pacific Palisades erinnert sich der Schriftsteller an seine frühen „musikdramatischen Eindrücke" in einer prunkvollen Architektur, die „doch wohl zum Besten [gehört], was das historisch anlehnungsbedürftige 19. Jahrhundert vermochte". Das von dem Berliner Architekten Richard Lucae im Stil der italienischen Renaissance konzipierte Opernhaus wurde für 4,2 Millionen Goldmark gebaut und am 20. Oktober 1880 von Kaiser Wilhelm I. feierlich eröffnet, der ebenfalls die Frankfurter lobte: „Vierspännig fahren, das können sich nur die Frankfurter leisten."

In der Nacht zum 23. März 1944 von Bomben getroffen, brannte die Oper bis auf die Außenmauern völlig aus. Als Zeitzeuge erinnert sich Rudi Arndt in der *Frankfurter Rundschau* vom 28. August 2001 an diese Schreckensnacht: „Ich lag in der Flakstellung in Sulzbach, hatte aber Urlaub nach Frankfurt.

Meine Freundin wollte mit mir ins Theater und ich bekam Karten für die Oper. Mitten während der Aufführung gab es Fliegeralarm. Wir gingen in den Bunker am Anlagenring […]. Nach zwei Stunden kam dann die Entwarnung. Rundherum brannte es, auch die Oper."

Nachdem Arndts drei Vorgänger Kolb, Bockelmann und Brundert sich unter dem Vorwand eines angeblich leeren Stadtsäckels geweigert hatten, die prohibitiv teure Edel-Ruine wiederaufzubauen, war es schließlich Oberbürgermeister Walter Möller, der eine in dieser Frage in zwei Lager gespaltene SPD-Fraktion im Winter 1970 im Waldhotel Vielbrunn überzeugen konnte, sich dem Wiederaufbau nicht länger zu verweigern. Schon am 17. November 1970 sollen mit Beschluß der Stadtverordnetenversammlung „geeignete Architekten" beauftragt werden, „jeweils einer von der Aktionsgemeinschaft und einer von der Stadt, Pläne für den Wiederaufbau auszuarbeiten". Da Walter Möller aber schon wenige Monate später das Zeitliche segnete, konnte er entsprechende Magistratsvorlagen des Kulturdezernats nicht mehr in die Scheuer fahren.

Obwohl Möllers Nachfolger Rudi Arndt auf einer späteren Klausurtagung in Vielbrunn also gar nicht mehr um das Votum der SPD-Fraktion kämpfen mußte, versuchte er gleichwohl das Projekt auf sein Konto umzubuchen. In der

„Zwölf Uhr mittags" vor dem Römer

Frankfurter Rundschau gab er zu Protokoll, es sei ihm in Vielbrunn gemeinsam mit Fraktionschef Hans Michel mit folgendem Kuhhandel gelungen, die Fraktion über den Tisch zu ziehen: „Wir knöpften uns die Sportmafia vor: Wenn ihr für die Alte Oper stimmt, stimmen die Kulturleute für die Eissporthalle." In der Tat hat Rudi Arndt gern trickreich über die Bande gespielt und öfter mal strategische Allianzen zwischen Kultur und profaneren Zwecken geschmiedet. Die erste Magistratsvorlage zum Wiederaufbau der Alten Oper hat das Kulturdezernat dann am 13. Mai 1976 der Stadtverordnetenversammlung zur Abstimmung vorgelegt. Mit einem fast einmütigen Votum bescherte das Frankfurter Parlament der Stadt eine Sternstunde: „der Wiederaufbau soll zum 100jährigen Jubiläum am 20. September 1980 abgeschlossen sein". 1976 begannen endlich auch die Bauarbeiten. Schon 1974 hatte Arndt das Presseamt beauftragt, eine Bürgerumfrage durchzuführen, deren Ergebnis in dem „überwiegenden Wunsch nach einer historischen Bebauung" bestand.

Nachdem Arndt die Kommunalwahl 1977 unverdient haushoch verloren hatte, wurden die schon weit vorangeschrittenen Bauarbeiten erst einmal für fast ein Jahr ausgesetzt. Die neue CDU-Mehrheit mit Walter Wallmann an der Spitze wollte, soweit noch möglich, die Nutzungsstruktur ändern. Die neue Alte Oper sollte „kein Haus für eine Kultur für alle und alles sein". Änderungen waren bautechnisch aber nur im Souterrain noch möglich, in dessen Mauern dem Arndt-Magistrat eine akustisch abgeschottete Ebene für die laute Jugendkultur vorgeschwebt hatte.

Die Zeit hat den Rudi Arndt ursprünglich in pejorativer Absicht angehängten Spitznamen „Dynamit-Rudi" in eine Art positives Prädikat umgemünzt, das seinen Charakter mit entsprechenden Attributen zu illustrieren schien: explosiv, dynamisch, wuchtig, ungezügelt, stürmisch, rasant und so weiter.

Sein Pseudonym ertrug er mit einem gewissen Stolz: „Sogar in Texas kennt man mich als Dynamite Rudi." Als der damalige Gouverneur von Arkansas, Bill Clinton, den Gast aus Frankfurt seiner Frau Hillary vorstellte und die First Lady nicht sofort Arndts Wichtigkeit erkannte, half ihr der Gatte mit einem entsprechenden Tip auf die Sprünge: „Ah ja, Dynamit-Rudi, den kenn' ich", lautete ihre *pia fraus*. Zu seiner selbstironischen Beleuchtung gehört auch die Mär, die RAF-Terroristen hätten in einem internen Memo vor Dynamit-Rudi gewarnt: „Bitte nicht gefangennehmen, mit dem hält es keiner länger als acht Stunden aus."

Der bald positiv besetzte Name „Dynamit-Rudi" geht auf eine zählebige Legende zurück. Im Herbst 1965 parlierte der damalige Landesminister Rudi Arndt im linken Club Voltaire über den Wirtschaftsaufbau des Hessenlandes munter drauflos. Als in der anschließenden fröhlichen Runde ihn jemand nach dem Stand der Wiederaufbaupläne der Oper fragte, landete der Meister momentgeborener Pointen eine solche: „Ich habe der Aktionsgemeinschaft eine Million für Dynamit angeboten, um die Ruine zu sprengen, denn es wäre schneller und weitaus billiger, wenn man die alten Mauern wegsprengen und dann die Oper nach den alten Plänen wiederaufbauen würde." Als die *Frankfurter Rundschau* Wochen später die beiden Rivalen Albert Osswald und Rudi Arndt zum Ergötzen der Leser plastisch charakterisierend gegeneinander auszuspielen hoffte, fielen ihr dazu die Wortschöpfungen „Dukaten-Ossi" und „Dynamit-Rudi" ein. Seitdem war das Wort „Dynamit" im Tandem mit dem Vornamen Rudi in aller Munde. Damit war Rudi Arndts rhetorischer Brandsatz aus dem Club Voltaire auf den schillernden Begriff gebracht.

Es gilt als Rudi Arndts unbestrittenes Verdienst, die Alte Oper nach so vielen vergeudeten Jahren der kulturellen Ignoranz endlich wiederaufgebaut und damit unserer Stadt Frankfurt ein Moment der Identifikation mit der Kulturgeschichte wiedergegeben zu haben.

„Es ist ein schönes Gefühl", resümiert Rudi Arndt in der *Rundschau*, „wenn man sagen kann: Ich war dabei: Bei der letzten Vorstellung vor der Zerstörung, beim Beginn des Wiederaufbaus, beim Richtfest und bei der Einweihung." Bei der feierlichen Einweihung am 28. August 1981 protestierte eine Hundertschaft gegen Bundespräsident Karl Carstens, den Eröffnungsredner.

Die Opernhabitués Linde und Rudi Arndt

Rudi Arndts Lieblingsdirigent Christoph von Dohnányi war bereits vier Jahre lang Generalmusikdirektor in Frankfurt, als Arndt Oberbürgermeister wurde. Dohnányi hatten Karl vom Rath und Willi Brundert 1968 von Kassel abgeworben. 1977 wechselte er als Opernchef nach Hamburg, wo sein Bürgermeister-Bruder Klaus quasi auch in der Kultur das Sagen hatte.

Das Ehepaar Arndt hat alle Dohnányi-Einstudierungen durch ihren Besuch gewürdigt, als erste Oper sahen sie Verdis *Ein Maskenball* in einer betulichen Inszenierung von Oscar Fritz Schuh im Oktober 1972. Puccinis Oper *Tosca* in der geschmäcklerischen Regie von Jean-Pierre Ponelle wurde 1974 zum Dauerhit im Repertoire, was vor allem dem Furor der Anja Silja und Jonny Blanc als Cavaradossi zu danken war. „Die" Silja bewältigt hier die populärsten und zugleich innigsten Bravour-Arien der Operngeschichte wie etwa das die Herzen weitende „Visse d'arte" virtuos und behauptet sich mit starken

Stimmbändern triumphal gegen die Orchestertutti unter Dohnányis Dirigat. Mit Sängerpersönlichkeiten wie Anja Silja, Ileana Cotrubas, Agnes Baltsa, Agnes Sgourda, Manfred Schenk und William Cochran hat Dohnányi die Kategorie der „denkenden Opernsänger" definiert.

In Erinnerung geblieben sind auch Neuenfels' erste Verdi-Inszenierung *Macbeth* im Mai 1976, die Carlo Franci dirigierte, und ein Jahr später *Otello* wieder unter Dohnányis Leitung. „Diese Inszenierungen junger Regisseure rücken die Frankfurter Oper ins vielgerühmte Zentrum eines unkonventionellen, bestechenden Bild- und Aktionslösungen liefernden Regietheaters" (*F.A.Z.*). In der Arndt-Zeit hat Christoph von Dohnányi fünf Wagner-Opern einstudiert: Mit *Die Meistersinger* knüpft das Frankfurter Musiktheater unter Dohnányi wieder „an ihre große Zeit unter Clemens Krauss und Georg Solti an" (*Die Welt*). Dohnányis glänzende Synchronisation des orchestralen, vokalen und szenischen Ausdrucks in dieser Oper wurde 1973 ebenso bejubelt wie im selben Jahr sein *Parsifal*, diese langsamste Oper der Musikgeschichte. „Dohnányis Plastizität der Klangperlen mit einer Geschmeidigkeit und Transparenz braucht höchste Vergleiche nicht zu scheuen" (*F.A.Z.*). In beiden Opern hatte Filippo Sanjust unkonventionell phantasiereich Regie geführt. Mit dem Crescendo aus 136 Takten in Es-Dur des *Rheingold*-Vorspiels eröffnete Christoph von Dohnányi im Februar 1976 ein Klangimperium, das ihn an die Spitze deutscher Wagner-Interpreten katapultierte. Wenige Tage nachdem Rudi Arndt in der Wählergunst tief in Ungnade gefallen war, erfreute er sich am 8. April 1977 mit seiner Frau Linde noch an Anja Siljas geschmeidigen Spitzentönen als Isolde im 2. Akt des *Tristan*.

Als der Mediziner Peter Mussbach als Regisseur des *Rings* debütierte, geriet die Premiere im Februar 1975 zum handfesten Skandal. Entfesselte konservative Kulturbürger mißbilligten mit fröhlichem Haßgebrüll Mussbachs Enthusiasmus, mit dem er den Biedersinn des Librettos zu tilgen hoffte. Die Buhrufe mochte Christoph von Dohnányi ja noch hinnehmen, nicht aber eine bei der Verbeugungszeremonie vom dritten Rang ihm vor die Lackschuhe geworfene Klorolle, die sich aus ihrer Fallhöhe in einen Kometen verwandelt hatte. Rudi Arndt war von der Aufführung, aber auch von der skandalumtosten Reaktion begeistert, er fand es allerdings falsch, dem Publikumsdruck nachzugeben und die Oper abzusetzen. Es war immerhin ein origineller, wenn auch gewagter Einfall, den *Ring* mit der *Götterdämmerung* zu beginnen, die neugierig aufs Ganze machen sollte.

Christoph von Dohnányi war noch unter Walter Möller 1971 von der Position des Operndirektors zum Opernintendanten aufgestiegen, nachdem Schauspiel und Oper verselbständigt worden waren. Dohnányi hatten wir sei-

Konzert im Rahmen des „Summertime"-Festivals im Hof des Historischen Museums

nen Gäste-Etat generös aufgestockt, der es ihm ermöglichte, Sänger der Spitzenklasse wie Eva Marton und Júlia Várady und Regisseure vom Range eines Volker Schlöndorff oder Peter Mussbach und Rudolf Noelte nach Frankfurt zu verpflichten. Geniale Phantasieaufschwünge verdanken wir besonders *Törless*-Regisseur Volker Schlöndorff bei seiner Produktion der *Katja Kabanová* im Januar 1974, womit eine Janáček-Renaissance beginnen sollte. Hildegard Behrends' makellose Sopranstimme verlieh der Titelfigur neben der emotionalen auch eine gedankliche Tiefe. Ihre kraftstrotzende Höhe bei schwindelerregender Nonchalance liebten die Arndts.

Zum Spielzeitschluß 1973/74 sorgt Klaus Michael Grüber, einer der Großen der Schauspielregie, mit der Kombination von Arnold Schönbergs *Erwartung* und Béla Bartóks psychologisierender Musik in dessen einaktiger Oper *Herzog Blaubarts Burg* für eines der suggestivsten Ereignisse im Wandel der Oper zum Musiktheater in der Dohnányi-Ära.

Die Oper war für Oberbürgermeister Arndt heile Welt, hier mußte er sich nicht einmischen, und gelegentliche Buhrufe im Opernhaus galten ausnahmsweise mal nicht ihm, sondern gewagten Inszenierungen; diese gleichen nicht selten weniger dem Prometheus als mehr jener das Gewebe zerstörenden Penelope, das die Librettisten als irreale Welt erschaffen haben.

Im Reich instrumentaler Klangwelten ließen sich die beiden Arndts gern im Gustav-Mahler-Kosmos nieder, um sich inspirieren zu lassen. Ihr Lieblingsstück war die 5. Symphonie in cis-Moll, vor allem deren schönster Satz, das „Adagietto", das Visconti für seinen Film *Tod in Venedig* (1971) zum Term der Sehnsucht instrumentiert hat.

Rudi Arndt und die Welt der Theaterleute

Die erste Schauspiel-Premiere unter den imponderabilen Bedingungen der neuen Mitbestimmung sollte deren Notwendigkeit legitimieren. Bertolt Brecht, der im Theater „Vergnügung" zur nobelsten Funktion der Kunst und „Dialektik" zum Genuß erhoben hatte, sollte mit seinem wüsten dialektischen Wurf *Im Dickicht der Städte* die Probe aufs Exempel liefern. Klaus Michael Grüber hatte das Lehrstück über den verzweifelten Kampf der Armut gegen das Kapital in einer von Eduardo Arroyo kongenial konzipierten Kulisse brillant in Szene gesetzt. Schon beim Öffnen des Vorhangs brandete Beifall auf: Die Bühnenbretter waren eindrucksvoll übersät mit abgelatschtem Schuhwerk. In dieser atemberaubenden Aufführung bestätigten die ästhetischen Mittel ihren Auftrag, Abdruck der Zeit zu sein und das sonst nicht Faßbare – wie das Soziale – bewußt zu machen. Die Inszenierung hat in einer lärmenden Welt und lauten Zeit Skandal gemacht – durch Stille.

Diese Stille hat den immer gern extralaut agierenden Oberbürgermeister Rudi Arndt tüchtig verstört. Die Verstörung von Besuchern seiner Spezies war aber die genau kalkulierte Absicht von Grübers Regie: Leise Töne sollten sie zum genaueren Zuhören zwingen. Arndt ging wutschnaubend in der Pause den Kulturdezernenten mit dem Ansinnen an, sofort hinter die Bühne zu gehen und Palitzsch zu ermahnen, seine Schauspieler sollten gefälligst laut genug sprechen, „damit man auch alles versteht. Wenn wir hohe Gagen bezahlen, kann ich auch verlangen, daß sie laut genug sprechen". Da sich der Dezernent weigerte, Befehle auszuführen, zumal dann, wenn diese eklatante Eingriffe in die Kunst zur Folge hätten, ist Arndt als selbsternannter Oberbefehlshaber der Bühne höchstselbst in die Kulissen gestiegen und hat Palitzsch sein reichlich absurdes Begehren selber vorgetragen, aber, wie zu vermuten war, vergeblich. Schauspielern gibt die Politik keine Weisungen, sondern weite Spielräume. Die *res intima*, hier die Theaterkünste, mischen sich in die Gesellschaft ein und nicht umgekehrt. Gleich Arndts erster Eingriffsversuch in die Autonomie der Ästhetik war erfreulich grandios gescheitert.

Als *King Lear* auf dem Spielplan stand, waren viele enttäuscht, statt Shakespeares gegenwartsfernem Drama ein modernes Stück gleichen Titels zu sehen. *King Lear?* Ja, sofern es sich um jene klassische Schullektüre von William Shakespeare handelt und Lear auf der Bühne „jeder Zoll ein König" bleibt. Aber Lear vom „linken" Zeitgenossen Edward Bond? Welch unverzeihliches Sakrileg! Palitzsch hat bei Bond aber weniger nach dem besseren Stück gesucht als nach dem aktuelleren Bezug: Weil zu dieser Zeit angesichts der Schreckensbilder aus dem Vietnamkrieg am Bildschirm zur Abendbrotzeit kaum jemandem mehr der Bissen im Halse steckenblieb, hat Palitzsch im *Lear* mit aufwühlenden Mitteln das Thema Gewalt für die gegenwärtigen Verhältnisse zu verallgemeinern versucht. Das hat Arndt gefallen. Da Palitzsch dies auch noch mit subtiler psychologischer Präzision und handwerklich besonders perfekt inszenierte, damit Theater den Leuten wenigstens diesmal tief unter die Haut gehe, vermutete man in dem Regisseur ein ganz besonders teuflisches Genie. Diese vorschnelle Schlußfolgerung sollte das Schauspiel Frankfurt mehr als 4.000 Abonnenten kosten, das wiederum hat Arndt mißfallen. Die Abonnenten wollten ebensowenig wie die Pilger zu den Passionsspielen von Oberammergau durch ihrer Erwartung Widersprechendes überrascht werden. Arndt gefiel sich in seinem Malmot, die Bühnen inszenierten statt Stücke die Kommentare zu denselben.

An das Quodlibet der Künstler außerhalb der Bühne erinnerte Arndt sich deshalb besonders gern, weil sie sich bei ihm daheim in seiner guten Stube „fast mit Stühlen beworfen" hätten. Ja, das hätte Rallyefahrer Rudi sicher gut gefallen. Tatsächlich ist es auf den zweimal jährlich stattfindenden Künstlerfeten im gastfreundlichen Hause Arndt auf dem Sachsenhäuser Berg, unweit des Goetheturms, oft bunt und turbulent hergegangen. Mancher Schauspieler und bildende Künstler ist der charmanten Linde Arndt zuliebe gekommen, die sie als Rudis bessere Hälfte hochschätzten. Die Künstler fühlten sich hier so „kannibalisch wohl", daß Hans Neuenfels einmal dem Hausherrn symbolisch auf den Kopf stieg und auf der Klimax seiner Philippika gegen Gott, die Welt und Rudi Arndt die gerippten Gläser von seinem Äppelwoitisch kickte. Rotkarierte Tischdecken sollten für ein farbiges Ambiente sorgen. Als Neuenfels nach etlichen Drinks ausgerechnet den ihm in einer Art Haßliebe eng verbundenen Peter Palitzsch scharf aufs Korn genommen hatte und Gastgeber Arndt ihn ruhigzustellen hoffte, focht er ihn mit dem unkeuschen Satz nieder: „Halt die Klappe, du bist genauso kleinkariert wie deine Tischdecken!" Nachdem der kräftige Rudi den Krawaller mit festen Griffen vom Tisch geangelt hatte, kutschierte der Kulturdezernent seinen Freund Hans nach Hause in die Liebiegstraße.

Das Palitzsch-Ensemble beglückte uns in den ersten vier Spielzeiten mit einem hochgradig politisierten und ästhetisch hochambitionierten Spielplan, der in der Republik seinesgleichen suchte.

Die mit dem FAUST-Preis des Jahres 2011 für ihr Lebenswerk ausgezeichnete Theaterwissenschaftlerin Erika Fischer-Lichte feierte in ihrer Dankrede „das Frankfurt der 1970er und 1980er Jahre als Trapez weltoffenen theatralischen Wagemuts in Oper, Schauspiel und Ballett mit kreativen Köpfen wie Hans Neuenfels, Ruth Berghaus, Axel Manthey, William Forsythe und am Theater im Turm mit Jan Fabre oder der Wooster Group". Sie alle seien entscheidend gewesen für ihre eigene Theoriebildung.

Rudi Arndt vor der Theaterdoppelanlage bei der Versteigerung von Bühnenaccessoires und Kostümen

Deutschlands erstes Kommunales Kino entsteht in Frankfurt

Kaum daß der Magistrat im Frühjahr 1971 noch unter Walter Möller grünes Licht für die Inkunabel eines Kommunalen Kinos gegeben hatte, zerrten die gewerblich betriebenen 26 kleinen Kinos und großen Lichtspielhäuser Großfrankfurts den Kulturdezernenten wegen „Wettbewerbsverzerrung" vor die Schranken des Gerichts. Sie wollten die befürchtete Konkurrenz eines mit Steuergeldern subventionierten stadteigenen Kinos gerichtlich verhindern lassen. Die Herren in den schwarzen Roben haben aber gegen die Antragsteller und für das Kommunale Kino entschieden: Letztlich hatten wir auch im Interesse der Kinobesitzer die Doppelnatur des Mediums Films deutlich machen können, der außer einer Handelsware, die verkauft werden will, vor allem ein einzigartiges Kulturgut ist. Und so sollte das Kommunale Kino nicht den Publikumsgeschmack bedienen, sondern nur in wissenschaftliche Kontexte eingebundene Filme vorführen, wie Science-fiction oder Western, Stummfilmklassiker oder Avantgardekunst, an denen die Theorie der Filmmontage oder Gesetze der Wahrnehmung und der Kamerakunst studiert werden können. Auch Beispiele des Dokumentarfilms, an denen sich die Kulturen fremder Völker exemplifizieren lassen, haben die Richter vom Kulturauftrag des Kommunalen Kinos überzeugt. Dem Kommunalen Kino als Nukleus eines später zu gründenden Filmmuseums wurde höchstrichterlich der Status eines autonomen Kulturinstituts bestätigt.

Das Kommunale Kino hospitierte zunächst im TAT jeweils nur zu später Stunde, nachdem das Schauspiel-Ensemble seinen Beifall entgegengenommen hatte. 1972 durfte das Kommunale Kino dann den Vortragssaal des neuen Historischen Museums für die Filmkunst zweckentfremden und als ständigen Spielort mit oft vier Filmen am Tag zu einem stets gut besuchten Treff nicht nur für Cineasten entwickeln.

Der erklärte Westernfan Rudi Arndt hat das Kommunale Kino nur selten mit seiner Anwesenheit beehrt, wenn er an kanonisierten Western seine Erinnerungen an früher bewunderte Cowboys vom Schlage eines John Wayne, Gary Cooper oder James Stewart auffrischen wollte. Manche der dramatisierten Konflikte bei der Durchsetzung staatlicher Gewalt gegenüber „Faustrecht" und „Goldrausch" wird er dabei gedanklich in analoge Frankfurt-typische Verhältnisse transponiert haben. Aber die Mythenwelt Hollywoods und die Realwelt Frankfurts werden für einen Politiker in vorderster Reihe so lange nicht kompatibel, wie sie sich nicht wie im Film mit einem Happy-End lösen lassen.

Gleichwohl darf aber das Publikum Vergleiche wagen, indem es die bullige Figur John Waynes in John Fords *Ringo* (*Stagecoach*, 1939) mit der massigen Statur Rudi Arndts im Ringen um Gerechtigkeit und Gesetz einander gegenüberstellt. Oder jenen auf sich allein gestellten Sheriff in *Zwölf Uhr mittags* (*High Noon*, 1952), der wie Gary Cooper aus einer noch so ausweglosen Situation immer als Sieger vom Platz geht. Die moralische Message dieses Fred-Zinnemann-Films lautet, ein Mann im Dienst einer guten Sache ist auch in scheinbar desparater Lage nicht verloren. Die Botschaft kann aber auch doppeldeutig, als Warnung vor dem Verfall demokratischer Tugenden interpretiert werden.

Sammelaktion für Max Beckmanns *Synagoge*-Bild

Vor meiner Frankfurter Zeit, im Jahre 1969, wurde Max Beckmanns wichtigste Francofurtensie *Die Synagoge in Frankfurt am Main* aus dem Jahre 1919 der Stadt Frankfurt für 250.000 DM angeboten, von der SPD-Fraktion aber, weil zu teuer, nicht angekauft. Als der Kölner Galerist Rudolf Zwirner Beckmanns *Synagoge* drei Jahre später zum stolzen Preis von 750.000 DM abermals anbot, bat ich die Fraktion, wenigstens die ursprünglich geforderte Summe zu bewilligen, den Rest würde ich sammeln. Da mir die Genossen nicht zutrauten, eine halbe Million aus privaten Schatullen für ein Ölbild zu akquirieren, stimmten sie meinem Vorschlag zu.

Um potentiellen Großspendern zu demonstrieren, daß wir zunächst versucht hatten, *Synagogen*-Plakate à 20 DM zu verkaufen, die uns Brönners Druckerei gestiftet hatte, haben wir die Sammelaktion an der Hauptwache mit einem Thespiskarren als Blickfang gestartet. Vor den Karren aus dem Theaterfundus ließen sich medienwirksam nicht nur Politgrößen aller Couleur gern spannen: Minister und Abgeordnete, Künstler und Schriftsteller, aber auch unser aller Rudi Arndt gemeinsam mit Hermann Josef Abs – „eine obszöne Verbindung" (*F.A.Z.*). Uns ging es mit dieser Aktion vor allem um eine vier Wochen während öffentliche Diskussion über den visionären Bildinhalt des Metaphysikers Max Beckmann, aber eben auch über das lädierte Verhältnis von Kunst und Markt; dieser Diskurs auch über die Beckmannsche Sicht der Realität als eigentliches Mysterium des Daseins wurde von den Medien hilfreich begleitet. Auch wenn von vornherein klar war, daß aus dem Plakatverkauf die fehlende halbe Million nicht zu erwirtschaften war, imponierte den potentiellen Großstiftern allein der Versuch, dieses für Frankfurt so wichtige Bild zu retten. Das hat jedenfalls geholfen, größere Summen bei Industrie, Banken und Privaten zu akquirieren.

Nachdem der größere Teil der Kaufsumme beisammen war, rief Hermann Josef Abs mich eines Sonntagmorgens Punkt elf zu Hause an, um „besorgt" nach dem Kassenstand zu fragen. Als er hörte, mir fehlten noch an die Hunderttausend, empfahl mir der Anrufer aus Kronberg jovial, die Summe getrost zu vergessen, er werde sie „irgendwie" besorgen. „Aber Herr Abs, wenn Sie mich am heiligen Sonntag anrufen, um mit 100.000 Mark ‚mein‘ Defizit zu decken, dann hat das doch einen Haken ..." – „... aber natürlich gehört der Beckmann dann nicht der Städtischen Galerie, sondern dem Städel." Die unkeusche Offerte hat mich motiviert, auch den Rest noch zu beschaffen.

Eine Viertelstunde später habe ich Jürgen Ponto, den Chef der Dresdner Bank, unter seiner Oberurseler Privatnummer angerufen und ihm von dem Gespräch mit der Konkurrenz erzählt. Den kunstsinnigen Bankier sollte ich nicht vergebens gebeten haben, für jedes Jubiläumsjahr seiner Bank 1.000 Mark für die berühmte Francofurtensie zu stiften. „Wenn ich als Bankier richtig rechne, dann wollen Sie 100.000 für die *Synagoge*?" Und nach einer endlos scheinenden Pause kam der erlösende Satz: „Kommen Sie morgen um neun in die Bank, Sie kriegen den Scheck." Zu Recht verlieh die *F.A.Z.* Jürgen Ponto daraufhin den Titel „Ein Künstler in der Welt des Geldes". RAF-Fanatiker haben diesen weltweit respektierten noblen Mann vor seiner Haustür feige hingerichtet, nachdem sie sich mit einem Strauß blutroter Rosen Einlaß verschafft hatten.

Ein umstrittenes Historisches Museum

Wir sind da, um das Vergängliche
unvergänglich zu machen.
Johann Wolfgang von Goethe

Der Neubau des 1878 gegründeten Historischen Museums wurde vom Brundert-Magistrat schon 1968 beschlossen und ist 1972 von Rudi Arndt eröffnet worden. Arndts Vorgänger Walter Möller hatte 1970 das Kulturdezernat beauftragt, eine zeitgemäße Konzeption für die Dauerausstellung des Museums vorzulegen: Frankfurts Geschichte sollte nicht aus der Vogelperspektive der „Mächtigen" erzählt werden, sondern aus dem Blickwinkel der von der Geschichte gebeutelten Menschen. Wie Möller hoffte auch Arndt, aus den historischen Objekten Funken der Neugier zu schlagen. Beide wollten den Museumsbesucher mit dem Erkenntnisgewinn belohnen, daß „in der mondbeglänzten Zaubernacht von ehedem außer Ritterburgen auch Bauernheere" gestanden hatten, wie uns dies Ernst Bloch zu bedenken gibt. Im übertragenen Sinne von Brecht sollte ein Historisches Museum jene Fragen eines „lesenden Arbeiters" beantworten, ob „es die Könige" waren, die beim „Bau des siebentorigen Theben die Felsbrocken herbeigeschleppt" hatten. Einem Gesindeschemel gebühre bei historischen Erkundungen keine geringere Aufmerksamkeit als einer Kaiserkrone. Rudi Arndt erkannte den Auftrag des Historischen Museums zwischen Erinnerungsbewahrung und Gedächtnisverlust. Es erzählt die Geschichte nicht aus der Herrscherperspektive, sondern von unten, aus dem Blickwinkel der Mühsal des Alltags.

Unter der Leitung von Museumsdirektor Hans Stubenvoll hatten die Kustoden in großen Lettern Informationen auf Schrifttafeln formuliert, die zu vermitteln ein einzelnes Objekt sonst schuldig bleibt, das ohne Kontextbezug zum sich selbst aufhebenden Zweck geriete und somit lediglich ästhetischen Reiz verströmte. „Museum als Lernort" war die Maxime, unter der die Texte entstanden, die aber auch geeignet waren, konservative Gemüter in Harnisch zu bringen, so etwa einen linksallergischen Zirkel der Bourgeoisie, der sich „Adel und Banken" nannte. Dieses blasierte Meinungskartell einer selbsternannten Elite, die wunders meinte, wer sie sei, blies zur Attacke auf die angeblich marxistischen Schrifttafeln. An diesem Beispiel versuchten die Rechtspopulisten allerdings vergeblich, die neue Kulturpolitik als sozialistisch zu stigmatisieren. Tatsächlich hatten einige der 20 inkriminierten Textangebote mehr die subjektive Meinung einzelner Kustoden feilgeboten, als eine wissenschaftlich fundierte objektive Analyse zu präsentieren. Nach einer vom Kulturdezernat verordneten dreimonatigen öffentlichen Diskussionsphase wurden 16 Schrifttafeln „entschärft"; und weil sich die Kirchenleute beider Konfessionen mit den Kustoden über die Altarsemantik nicht einigen konnten, wurden katholische und evangelische Theologen eingeladen, jeweils ihre spezifischen Interpretationen auf eigenen Schrifttafeln zu verkünden und rechts und links neben die Tafeln der Museumshistoriker zu hängen. Die Schrifttafel-Affäre hat im Wahlkampf

Pressekonferenz mit Rainer Werner Fassbinder (rechts) und Margit Carstensen (links) 1973

1972 eine große Rolle gespielt, aber den Wahlsieg von Rudi Arndt nicht gefährden können.

Die Wagenburg „Adel und Banken" ist ursprünglich aber nicht wegen einer angeblich „marxistischen Kulturpolitik" der SPD gegründet worden, sondern als Opposition innerhalb der gemeinsamen Partei CDU. Mit Baron Philipp von Bethmann als Aushängeschild an der Spitze war diese 1970 entstandene „Gruppe 70" zunächst als Widerpart zu den „Herz-Jesu-Sozialisten" um den Parteivorsitzenden Ernst Gerhardt und dessen am Ahlener Parteiprogramm orientieren Sozialkurs in Aktion getreten. Ihnen war es 1971 dann auch gelungen, in Sachsenhausen, im Westend, in Bockenheim und in Niederrad die Führungspositionen ihrer CDU-Bezirksverbände mit ihrem „Adel und Banken"-Personal zu besetzen. In der *Frankfurter Rundschau* vom 19. Februar 1971 ließen empörte CDU-Leute verlauten, diese Kampftruppe habe „Panzer gebaut und Freund und Feind niedergewalzt", diese jungen Leute seien, so die *F.A.Z.* vom selben Tag, „kaltschnäuzig, brutal und arrogant". Der *Spiegel* meinte, die ursächliche Motivation der Gruppe 70 darin ausgemacht zu haben, daß „die meist müden Funktionäre" des CDU-Parteiestablishments „mehr oder minder glanzlos im Schatten der SPD herumwerkelten". Den Bilderstürmern ist es letztlich nicht gelungen, die Bastion um Ernst Gerhardt zu schleifen. Er blieb weiterhin der starke Mann der Partei, auch wenn er 1972 den Parteivorsitz niederlegte. „Adel und Banken" sollte es ebensowenig gelingen, den von Gerhardt hartnäckig unterstützten Kulturdezernenten zu stürzen. Später mutierten deren einige sogar zu dessen Freunden.

Zwei Goethepreise in der Ära Arndt

Rudi Arndt war eher zurückhaltend, wenn es darum ging, Kulturpreise zu verteilen. So erhielten in seiner fünfjährigen Amtszeit nur sechs Persönlichkeiten die begehrte Goetheplakette, darunter Großkaliber vom Range eines Siegfried Unseld oder Oswald von Nell-Breuning, die beiden späteren Ehrenbürger, oder der Frankfurter Komponist Kurt Hessenberg. Zudem hielt OB Arndt offensichtlich keinen Frankfurter Bürger für würdig genug, Ehrenbürger zu werden – erfreuliche Fehlanzeige statt unerfreulicher Inflation wie in Post-Arndt-Zeiten.

Da in Arndts Amtszeit der mit 50.000 DM steuerfrei dotierte Goethepreis turnusgemäß zweimal vergeben werden mußte, hielt der OB sich an dieses Brauchtum. Als Vorsitzender der Jury hat er 1973 den schwierigen Dichter

Arno Schmidt, den Eremiten aus der Lüneburger Heide, auserkoren, und die Jury ist seinem Vorschlag einstimmig gefolgt. Jurys sind oft gewißheitsgespeiste Gremien, die danach besetzt werden, wie die Verleiher das Ergebnis gerne hätten. Das Gremium war mit Jürgen Habermas, Marie Luise Kaschnitz, Gerhard Zwerenz und dem Präsidenten der Goethe-Universität hoch besetzt. Ich kannte nur Schmidts alptraumhafte Utopie *Die Gelehrtenrepublik* (1957) und die tiefenpsychologische Fragestellung seiner Studie *Sitara* (1963) über Wesen, Werk und Wirken von Karl May. Rudi Arndt war besonders von Schmidts Hauptwerk *Zettels Traum* angetan, das 1970 erschienen war. Da sich Arno Schmidts Schreibästhetik keiner zeitgenössischen Literaturrichtung zuordnen läßt, gelten viele seiner nicht gerade leserfreundlichen Texte als nur mit äußerster Anstrengung statt mit großem Vergnügen rezipierbar. Gleichwohl hat die Adoration der wenigen Schmidt-Exegeten es ermöglicht, die komplizierten Strukturen in dem als Typoskript publizierten Hauptwerk *Zettels Traum* zu vermitteln. Die Jury fand, ein Werk von so vielfältiger, ausgreifendster und eigenwilligster Art rechtfertige allein schon deshalb einen Preis.

Die Wochenzeitung *Die Zeit* schreibt über die Preisvergabe an diesen ungewöhnlichen Dichter:

Eine Preisverleihung an Arno Schmidt ist keine Routinesache, Schmidt nimmt an dem Literaturbetrieb ausdrücklich nicht teil, seit Jahren führt er ein Eremitendasein in Bargfeld in der Lüneburger Heide und bastelt an einem immer exklusiver werdenden Werk, das für manchen weit und breit das einzige überhaupt ist, was in der heutigen deutschen Literatur zählt; andere halten es für einen nachgerade abschreckenden Zettelkastenrausch. Schmidt oder nicht Schmidt: Das ist unter den deutschen Literaten fast schon eine Gewissensfrage und der Schmidt-Kult erreicht ausgemacht bizarre Formen [...], indes der Meister unnahbar schweigt und sich vor drohenden Fernsehteams gar in den Keller zurückzieht.

Ähnliche Erfahrungen mußte auch Rudi Arndt machen, als er in der Lüneburger Heide während seiner Sommerferien in des Dichters Heimatdorf immer wieder am Gartenzaun von Schmidts wehrhaftem Holzhaus rüttelte, um eingelassen zu werden. Er hat vergeblich versucht, den Einsiedler zu einem Besuch in der Paulskirche zu bewegen. „Selbst wenn Schmidt hätte kommen können: er hätte nicht kommen können, ohne nicht mehr Schmidt zu sein. So wie Diogenes, wäre er aus dem Faß gekrochen, nicht mehr Diogenes gewesen wäre", weiß die *F.A.Z.*

Den Goethepreis des Jahres 1976 erhielt der schwedische Theater- und Filmregisseur Ingmar Bergman, dessen Filme in den fünfziger und sechziger Jahren weltweit die Kinoleinwände beherrschten. Sie vermittelten psychologisch eindringlich Analysen der menschlichen Existenz und der Problematik des Zusammenlebens. Filme, die man gesehen haben mußte: sein Mysterienspiel *Abend der Gaukler* (1953), die symbolträchtige Allegorie *Das siebente Siegel* (1957), die virtuose Verschränkung realistischer und surrealer Stilmittel in *Wilde Erdbeeren* (1957), die religiös-mythischen Visionen in *Wie in einem Spiegel* (1961), das Inferno der Angst *Das Schweigen* (1963) oder die beklemmenden *Szenen einer Ehe* (1973). Mit *Die Zauberflöte* (1974) schuf Bergman den neuen Prototyp einer Opernverfilmung, die mitten in unserem realen Leben spielt: „Ich versuche, die Wahrheit über die menschlichen Verhältnisse zu erzählen – die Wahrheit, so wie ich sie sehe" (Bergman), ohne die geringste Neigung zur Sentimentalität.

Die Stadt stiftet Theodor W. Adorno- und Max Beckmann-Preise

In vielen von Buchsbaum und Geige umflorten Feierstunden schmücken sich Oberbürgermeister und Minister publicitywirksam gern mit dem preisgekrönten Œuvre der Ausgezeichneten. Vom Glanz der geehrten Preisträger strahlt Ruhm auch auf die Preisverteiler ab. Gemeinsame Fotopräsenz im Lokalblatt ist allemal gewiß. Das Gerühmtwerden ist zur variablen Größe geworden.

Weil Orden Wechselbriefe sind, „gezogen auf die öffentliche Meinung", beruht ihr Wert auf dem Kredit des Ausstellers, wie uns schon Frankfurts Philosoph Arthur Schopenhauer in seinen *Aphorismen zur Lebensweisheit* zu bedenken empfahl. Seit auch kleinere Gemeinden den Showeffekt für die Urkunden und Schecks überreichenden Stadtoberhäupter entdeckt haben, ist auch ihnen medienöffentliche Aufmerksamkeit gewiß.

Im ehemaligen Land der Dichter und Denker werden jährlich über 1.000 geldwerte Kulturpreise verliehen, die jährliche Preissumme übersteigt bei weitem die Millionengrenze. Bei Netto-Garantie hat sogar der Fiskus sein Recht verloren: Der Geldsegen fließt steuerfrei aufs Konto!

Mit dem Hinweis, „daß der Frankfurter Kulturdezernent den Goethepreis für Ingmar Bergman durchsetzte, hat ja manchen verdrossen", sprach das Blatt der klugen Leser all jenen aus der Seele, die das Jahrmarktvergnügen Film nicht mit Kunst, Literatur und Philosophie gleichgestellt sehen mochten: Der schwedische Filmemacher Ingmar Bergman in einer Reihe mit Sigmund Freud, Hermann Hesse, Karl Jaspers oder Thomas Mann, das galt gar manchem Bürger mit humanistischem Bildungsdünkel denn doch als Sakrileg.

Da der Goethepreis im konservativen Kunstverständnis weder Musik noch die bildenden Künste oder gar das Medium Film abdeckt, hatte ich OB Rudi Arndt im Oktober 1975 einen Theodor W. Adorno-Preis und einen Max Beckmann-Preis vorgeschlagen. Zusammen mit dem 1927 erstmals vergebenen Goethepreis, damals an Stefan George („Du musst zu innerst glühn"), alternieren seit 1975 die mit je 50.000 Euro dotierten Preise im Dreijahresrhythmus. Den ersten Adorno-Preis erhielt 1977 der Philosoph und Soziologe Norbert Elias. Der erste Max Beckmann-Preis wurde dem Maler Richard Oelze verliehen, nachdem der zunächst gekürte britische Maler Francis Bacon den Beckmann-Preis ebenso wie „sogar den Hosenbandorden der Queen" aus grundsätzlicher Abneigung „gegen alles Zeremonielle" abgelehnt hatte.

Der 1977 eingemeindete Stadtteil Bergen-Enkheim hat seine spezifische Eigenheit über die Stiftung eines symbolischen Stadtschreiberamtes behauptet. Die Idee stammt von dem ehemaligen Pressesprecher der „Gruppe 47" Franz Joseph Schneider aus Bergen-Enkheim und hat in vielen Städten und Gemeinden Nachahmer gefunden. Der erste Stadtschreiber „in diesem menschlichen Winkel am Rande der Großstadt", Wolfgang Koeppen, hat 1974 den Maßstab für alle folgenden gesetzt: Karl Krolow (1975), Peter Rühmkorf (1976) und Peter Härtling (1977) versahen das Amt in der Arndt-Zeit. Die offizielle Begrüßung im großen Zelt des Berger Marktes hat der OB seinem zuständigen Stadtrat überlassen.

Kulturkalender der fünf Arndt-Jahre

1972   Das Dezernat für Kultur und Freizeit bezieht die Räume im Deutschordenshaus am Sachsenhäuser Mainufer.

1972   Im Dezember verkündet der Stadtkämmerer: „Die fetten Jahre sind vorüber." Dennoch steigt der Frankfurter Kulturetat von 62,8 Millionen Mark im Jahr 1970 auf 193,3 Millionen D-Mark im Jahr 1980, dem höchsten Stand pro Kopf der Bevölkerung aller deutschen Städte.

1972   Am 28. Januar wird vom Verwaltungsgericht Frankfurt die Klage der Kinobesitzer „gegen ein kommunales Filmtheater" abgewiesen.

1972   Einführung der Mitbestimmung am Schauspiel Frankfurt. Peter Palitzsch wird Vorsitzender des Dreierdirektoriums.

1972	Die Oper wird verselbständigt, GMD Christoph von Dohnányi wird Opernintendant.
1972	Eröffnung des Historischen Museums auf dem Römerberg
1972	Eröffnung des ersten Kindermuseums in Deutschland im Historischen Museum
1972	Neue Aktion „Theater hinter Gittern", die Bühnen gehen in die Gefängnisse und in die Psychiatrien.
1972	Schüler, Lehrlinge, Studenten erhalten 10 Prozent des Kartenkontingents aller Preisklassen zu stark reduzierten Preisen.
1972	Gemeinsames Theaterplakat an den Litfaßsäulen
1972	Sammelaktion für den Erwerb von Max Beckmanns *Synagoge*-Bild für die Städtische Galerie im Städel
1972	Erweiterung der Archivräume des Instituts für Stadtgeschichte in der Münzgasse
1972	Magistrat beschließt den ersten Bibliotheksentwicklungsplan der Republik mit zusätzlich 15 Stadtteil-Bibliotheken
1972	Erweiterung des Kulturdezernats um die Querschnittkompetenz für den gesamten „Freizeit"-Bereich
1972	Kulturamt publiziert eigene Kunstzeitung

Erster Spatenstich zum Bildungs- und Kulturzentrum Höchst 1972

1972	Nach Sanierung durch die Stadt übernimmt Claus Helmer die Leitung der Komödie Frankfurt in der Neuen Mainzer Straße.
1972	Erstmals große Weihnachtsausstellung der Frankfurter Künstler in den Römerhallen
1973	Gründung der Kommunalen Galerie (die erste in Deutschland) im Deutschordenshaus
1973	Einrichtung des Museums für Völkerkunde in der Villa Nr. 29 am Schaumainkai
1973	Beginn des Ausbaus Nidda-Zoo mit drei Gehegen
1973	Das Hindemith-Institut erhält im Rothschildpalais sein neues Domizil.
1973	Die Architekten Braun und Schlockermann legen ihre Vorplanung für den „Wiederaufbau Alte Oper" vor.
1973	Das erste Römerberggespräch erregt mit dem Thema „Kann die Stadt im Kapitalismus noch bewohnbar gemacht werden?" die Gemüter.
1974	Rainer Werner Fassbinder übernimmt das TAT und bringt sein gesamtes Filmensemble mit; Einheitsgage: 3.000 D-Mark.
1974	Im Juni beauftragt der Magistrat die oben genannten Architekten mit der detaillierten Bauplanung der Alten Oper.
1974	Erwerb von Werken der Gruppe ZERO aus der Sammlung Lenz für Städtische Galerie im Städel
1974	Schrittweise Berufung von Museumspädagogen in allen Museen
1974	Internationales Straßentheaterfestival „Argumenta"
1974	Mit dem Bibliotheksentwicklungsplan wird der Neubau von 13 Stadtteilbibliotheken genehmigt: Sachsenhausen, Nieder-Eschbach, Höchst, Seckbach, Sossenheim, Rödelheim, Nieder-Erlenbach, Dornbusch, Bergen-Enkheim, Oberrad, Niederrad, Bornheim, Gallus.
1974	Gründung einer Schulbibliothekarischen Arbeitsstelle als Modellversuch für kombinierte Schul- und Stadtteilbibliotheken
1974	Jährliche Kulturpartys in den Museumsparks erfreuen sich großer Beliebtheit
1974	Erstmals Gemeinschaftsplakat „Kulturszene Frankfurt" an den Litfaßsäulen
1974	Klaus Gallwitz übernimmt die Direktion von Städel und Städtischer Galerie
1974	Gründung des internationalen Kinderfilmfestivals LUCAS im Kommunalen Kino
1974	Die neu gegründete Junge Deutsche Philharmonie wird mit Hilfe der Deutschen Bank nach Frankfurt geholt.

1975 Das Volkstheater von Liesel Christ erhält im Cantate-Saal endgültiges Domizil.

1975 Renovierung der Messe-Festhalle zur verstärkten kulturellen Nutzung

1975 Neuer Vertrag zwischen Stadt und Städel, der dem Kunstinstitut die Existenz sichert. Gründung eines Städelkuratoriums unter dem Vorsitz der Stadt

1975 Eröffnung des neuen Bildungs- und Kulturzentrums Frankfurt (BiKuz) in Höchst (Baukosten 54 Millionen Mark)

ab 1975 Regelmäßige Veranstaltungen „Jazz im Museum", „Jazz in der Stadt" und „Jazz im Burggraben" in Höchst

1975 „Zwölf Uhr mittags" auf dem Römerberg: Die Theater spielen als kulturelle Appetizer Ausschnitte aus ihren Spielplänen.

1975 Welt-Orchideen-Konferenz unter dem Motto „Orchideen für alle" im Palmengarten (250.000 Besucher)

1975 Perspektivplan für die Erwachsenenbildung (erster in Deutschland)

ab 1975 Erwerb der Nachlässe von Alfons Paquet, Max Horkheimer, Friedrich Pollock, Alexander Mitscherlich, Herbert Marcuse, Leo Löwenthal für die Stadt- und Universitätsbibliothek

1975 Magistrat stiftet Theodor W. Adorno- und Max Beckmann-Preis

1975 Fester Etat für die „experimenta 5", Leitung: Peter Iden, Karlheinz Braun

1976 Das Stadtparlament beschließt den Wiederaufbau der Alten Oper.

1976 Fester Zuschuß von insgesamt 3,5 Millionen Mark sichert den Privattheatern und Freien Gruppen die Existenz

1976 Kommunalisierung des Frankfurter Bundes für Volksbildung und der Volkshochschule; Schaffung eines eigenen Amtes für Volksbildung

1976 Gegen den Widerstand von Stadtkämmerer Lingnau werden dem Tennisclub im Palmengarten seine zehn Tennisplätze gekündigt, um die Zweckentfremdung der grünen Natur durch den weißen Sport zu beenden.

1976 Mit „Literatur im Römer" öffnet das Kulturamt die Buchmesse mit dem Leseauftritt wichtiger Messeautoren.

1976 Am 1. Oktober stellt der Kulturdezernent sein Museumsuferkonzept der Presse vor.

1976 Ankauf des Film- und Kinoarchivs von Paul Sauerlaender als Grundstock für ein künftiges Filmmuseum

1977 Am 5. Februar lädt erstmals der Ebbelwei-Expreß zur Sightseeing-Tour ein.

1977 Michael Gielen wird als Nachfolger von Christoph von Dohnányi Opernchef.

1977   Klaus Zehelein wird Chefdramaturg an der Städtischen Oper.
1977   Wiederaufbau des Dalberger Hauses mit der Sammlung der Höchster
       Porzellanmanufaktur
1977   Neuer Standort für Stadtbibliothekszentrale auf der Zeil im ehemali-
       gen Bieberhaus
1977   Einweihung des erweiterten Waldspielparks Schwanheim

Buchstäblich wichtige Bausteine für das Gelingen der Integration sind Rudi
Arndt die Bürgerhäuser, in seiner Amtszeit werden Neugründungen eröffnet in:
1973   Nieder-Erlenbach
1974   Sachsenhausen, beide Affentorhäuser
1974   Harheim
1975   Niederrad
1976   Bornheim, Saalburgstraße
1977   Kalbach

Arndt kontra Ministerpräsident Osswald

Die Auguren vermelden, Ministerpräsident August Zinn soll Rudi Arndt
1964 deshalb als Wirtschafts- und Verkehrsminister in sein Kabinett geholt
haben, um ein Gegengewicht zu Minister Osswald auf seiner Waage zu wissen. Gleichwohl hat Osswald sechs Jahre später, nachdem er selber Ministerpräsident des schönen Hessenlandes geworden war, Rudi Arndt zu seinem
einflußreichen Finanzminister gemacht. Da der ausgebuffte Taktiker Rudi
Arndt meistens wußte, wo die entscheidenden Bataillone stehen, und wohl
auch aus Überzeugung war er auf die Schiene des linken Parteiflügels der SPD
eingeschwenkt, um dem als „rechts" verdächtigten Osswald in der Parteihierarchie nicht die Hoheit über das jeweils entscheidende letzte Wort zu überlassen.
       Inzwischen Oberbürgermeister in Frankfurt, ergriff Rudi Arndt auf dem
Bezirksparteitag von Hessen-Süd in Gießen Anfang Dezember 1974 das mit
Spannung erwartete Wort: In seiner Kampfansage warf er Osswald vor, das nie-
derschmetternde Ergebnis der Koalitionsverhandlungen sei durch dessen Kon-
zeptionslosigkeit mitverschuldet worden. Als der gewiefte Arndt schließlich
mit seiner Absicht, gegen Osswald als Parteivorsitzender zu kandidieren, einen
Eklat provozierte, konnte er mit seiner rednerischen Bravour auch jene Genossen auf seine Seite ziehen, die seine Kandidatur zunächst mit Skepsis beäugt
hatten, ihn jetzt aber mit donnerndem Applaus bedachten. Ohrenzeugen

meinten sogar, einen derart starken Beifall habe Arndt schon lange nicht mehr genießen dürfen. Als eindeutiger Sieger kehrte Arndt nach Frankfurt zurück. Ihm ist von Osswalds Adoranten vorgehalten worden, mit diesem Parteimanöver einen Anspruch auf den Ministerpräsidentensessel anmelden zu wollen. Der Verdacht war aus der Luft gegriffen: Als ich ihn darauf ansprach, verglich er die Bedeutung eines hessischen Ministerpräsidenten mit der bundesweiten Resonanz eines Frankfurter Oberbürgermeisters statistisch: „Über Arndt aus Frankfurt steht jede Woche was im *Spiegel,* über den Mann aus Wiesbaden alle halbe Jahr mal 'ne Kurznotiz." Für Rudi Arndt bot das Amt eines OB eine viel größere Nähe zum Menschen; seine Wirkungsmöglichkeiten zum Wohl der Bürger waren direkt erlebbar, wenn ein Museum, ein Sportplatz, eine Bibliothek entstand, die sich ihm verdankte, oder im Zoo ein Nilpferd getauft wurde. Befriedigungen dieser Art müsse ein Ministerpräsident entbehren, weil ihm die Gestaltungsmasse fehle.

Ganz anders wird drei Jahre später nach dem Frankfurter Wahldebakel der Bundesparteitag der SPD im Internationalen Congress Center Berlin im Herbst 1977 verlaufen. Rudi Arndt, der dem Bundesvorstand seit 1973 angehört hatte, wurde nach der Niederlage nicht mit einem obligatorischen Blumenstrauß getröstet, sondern mit einem Bannstrahl belegt und nicht in die Parteispitze wiedergewählt; ihm war es nicht gelungen, die extremen Frankfurter Parteipositionen dem Wahlvolk zu vermitteln. Das Wahldebakel der SPD 1977 war nicht auf Frankfurt beschränkt. Große Verluste gab es im gesamten Hessenland. So ist das in der Politik: Wer heute noch Oberwasser hat, kann schon morgen darin ertrinken.

Arndts Wiederauferstehung nach tiefem Fall

Nicht nur für Rudi Arndt selber, auch für seine Frankfurter Genossen war das Ergebnis der vergeigten Kommunalwahl am 20. März 1977 ein tiefsitzender Schock: Erstmals hatte die CDU in Frankfurt die absolute Mehrheit errungen. Viele Sozialdemokraten fühlten sich angesichts von Arndts objektiver Erfolgsbilanz von den Wählern wie im Stich gelassen und geradezu beleidigt – diese hatten ausgerechnet an einen „Nobody aus der tiefsten Provinz", aus Marburg an der Lahn, ihre Stimmen verschenkt. Immerhin war es Arndt in seinen fünf Jahren als OB gelungen, das negative Image der „unregierbaren Stadt" zu widerlegen, das ihr die 68er-Bewegung als Stigma angeklebt hatte und das bis in die Siebziger hinein fortgezeugt worden war.

Arndt war der Treue der Stammwähler der SPD verlustig gegangen, er hatte sein Gespür für die sozialen Fliehkräfte verloren. Schon in den ausgehenden siebziger Jahren bezeugte nicht mehr jeder Sozialdemokrat in seinem Leben das Godesberger Programm wie auch nicht mehr jedes CDU-Mitglied die christliche Soziallehre des Ahlener Programms. Der peinigende Wählerverlust hatte aber wohl nicht nur mit dem sukzessiven Schwund der sozialdemokratischen Bindekraft zu tun. Arndt selbst begründete sein Debakel mit der umstrittenen Schulpolitik, die über Jahre die Elternschaft alarmiert hatte, und mit der „kalten Kita-Ideologie". Auch habe der Helaba-Skandal psychologisch negative Wirkung gezeigt.

Obwohl nach seinem Sturz aus den Wolken hart gelandet, gab sich Arndt nicht der Resignation hin. Bei einer Flasche Eltviller, Jahrgang 1935, reift die Entscheidung, nach diesem Waterloo sofort als OB zurückzutreten, obwohl er noch bis zum Ende seiner Amtszeit im April 1978 hätte weiterregieren können. Als einfacher Stadtverordneter auf dem SPD-Listenplatz Nr. 1 wollte Arndt jetzt als offensiver Oppositionsführer seinen OB-Nachfolger durch geharnischtes Parolibieten in Verlegenheit bringen. In großer, nicht ganz typischer Bescheidenheit trat Arndt ins zweite Glied zurück.

Spuren des Scheiterns überall: Arndt mußte auch das Ehrenamt eines Präsidenten des Hessischen Städtetages zurückgeben und den Posten des ehren-

Rudi Arndt mit Albert Osswald

amtlichen Direktors des Frankfurter Umlandverbandes an den Nagel hängen. Aber als Stadtverordneter und Vorsitzender der SPD-Fraktion im Stadtparlament hielt Parteisoldat Arndt wie versprochen vier Jahre bis ans Ende der Legislaturperiode eisern durch. Arndts Name hatte jetzt auch in der Gerüchteküche keinen großen Nährwert mehr.

Als Rudi Arndt 1979 ins Europäische Parlament in Straßburg einzieht, kommentiert dies ein Mitglied des SPD-Bundesparteivorstandes laut *Süddeutscher Zeitung* vom 21. April mit der wegwerfend-lakonischen Bemerkung: „Jetzt haben wir Arndt genau dort, wo wir ihn hinhaben wollten, nämlich weit weg." Arndts Absprung nach Europa markiert jedoch zugleich seine politische Wiederauferstehung. Auf rotgepolsterten Sesseln hat er zunächst als einfacher Parlamentarier, von 1984 bis 1989 dann als Vorsitzender der Sozialistischen Fraktion als einer der wenigen herausragenden Europa-Politiker gehörig von sich reden gemacht. Seine Wirkung basierte auf der Kunst der natürlichen Rede, er wußte dabei sein Gespür für suggestive Assoziationen weidlich zu nutzen. Als Vorsitzender der größten Fraktion im EU-Parlament (172 Mitglieder) kein Leichtgewicht, sind wichtige von ihm angestoßene Initiativen auch realisiert worden: Arndt hat gegen die Kommission nicht nur mehr Rechte für das Parlament erkämpft, sondern auch für mehr Mitwirkungsrechte bei der Aufstellung des Haushalts und der Mittelvergabe. Er hat mit seiner Fraktion auch durchgesetzt, daß der Agraretat zugunsten des Sozialhaushalts umgeschichtet wurde und mehr Mittel für den Sektor Forschung bereitgestellt wurden. Damals spektakulär war die Einladung Arndts an Jassir Arafat in die Sozialistische Fraktion, um den Friedensprozeß im Nahen Osten zu unterstützen. Arndts produktives Engagement in Brüssel wird parteiübergreifend einhellig anerkannt. Sein europäischer Traum war weniger territorial als kosmopolitisch fundiert.

Nach dem Fall der Mauer half Rudi Arndt 1989 als durch seine Biographie legitimierter Politiker der SPD Thüringens, sich neu aufzustellen: nach dem Organisationsmuster der Bonner „Baracke". Als ehrenamtlicher Landesgeschäftsführer war er sich nicht zu schade, Plakate zu kleben und „Basisarbeit auf der Straße" zu leisten. Für den Altruisten Rudi Arndt war Solidarität eine Art Grundgesetz nicht nur für die Genossen, sondern auch für das Zusammenleben in einer urbanen Gesellschaft. Solidarität und Freiheit waren für ihn die tragenden Ideen eines modernen Gemeinwesens. Ich habe Arndt in Thüringen selbst erlebt, als ich nach der Wende zwei Jahre lang als Kulturberater von Weimars Oberbürgermeister Klaus Büttner meine Wochenenden dort verbrachte.

Marginalien

Rudi Arndts schillernde Biographie versammelt viele verblüffende Anekdoten und Eulenspiegeleien, von denen hier nur einige wenige wiedergegeben werden; Spaß, Spiel und Spott dürfen sein:

Als *BILD* die als Sensation verkaufte Story brachte, der siebzigjährige Rudi Arndt habe sich aufs Mountainbike geschwungen, um einem siebzehnjährigen Einbrecher hinterherzujagen, ja, er habe ihn sogar „am Kragen gepackt und gefangengenommen", da schien in Frankfurt niemand sonderlich vom harschem Aktionismus ihres OB überrascht zu sein. Eher schon enttäuscht, weil „Dynamit-Rudi" den Dieb nicht auch noch k. o. geschlagen hatte. Schließlich hatte der Einbrecher es gewagt, drei 100-Mark-Scheine aus Arndts försterlichem Eigenheim an der Mörfelder Landstraße mitgehen zu lassen.

*

Nachdem Rudi Arndt am 16. Dezember 1971 zum Oberbürgermeister gewählt worden war, huldigte ihm die Lordsiegelbewahrerin der Frankfurter „Muddersprach" Liesel Christ auf gut frankforderisch: „Jetzt isses soweit un mir hawwe endlich widder en Frankforder Bub als erste Bürger unsrer lieb Vadderstadt. Vom Start weg wird die Streck mit Schlaglöscher, Haarnadelkurve und Frostaufbrüsch versege sei, awwer Ihne Ihr fest Hand un der dazugehörige Mudderwitz wern Sie heil un gesund ans Ziel bringe."

*

Arndt verriet mit spitzbübischem Humor ein Geheimnis, damit es keines bleiben sollte: „Nur wenn ich sage, jetzt wollen wir mal ‚ganz ehrlich sein', dann sollte man mir nicht unbedingt glauben." Und, mit einem gewissen Hang zur Größe: „Ich kenne meine Fehler und weiß, daß ich ohne diese viel mehr erreicht hätte – aber es hätte mir nicht so viel Spaß gemacht."

*

Mit Sirenengesängen verheißt ein Boulevardblatt Rudi Arndt pünktlich zum Jahreswechsel 1975/76 unter astrologischen Auspizien in einem ausführlichen Horoskop einen steilen Karrieresprung: „Erfahrene Experten sehen in Rudi

Arndt tatsächlich und entsprechend seinen Träumen bereits einen zukünftigen Bundeskanzler. Andere nehmen an, daß er durch seine Forderungen und die ganze Art seines Auftretens eines Tages die Koalition zwischen SPD und FDP sprengen wird."

*

Das *BILD*-Horoskop zählt Rudi Arndt zur Spitzenklasse der westdeutschen Politiker:

Als er am 1. März 1927 in Wiesbaden geboren wurde, standen Uranus und Merkur in enger Konjunktion. Man hat diese Konstellation häufig bei Persönlichkeiten gefunden, die durch ihr selbständiges und durch ihre unruhige Art ihres eigenwilligen Verhaltens Aufsehen erregten und für Gleichgesonnene zum Leitbild wurden. Mit dem Horoskop kann Jupiter im Verein mit der Sonne auf den ganz großen beruflichen Aufstieg hinweisen. Allerdings bleibt die Frage offen, ob das Amt des Oberbürgermeisters diese äußerst günstige Konstellation nicht schon erfüllt hat. Schließlich steht Mars in Opposition zu Saturn. Es fragt sich, ob Arndt immer OB von Frankfurt bleiben wird. Zwar zeigt das Horoskop einen ungewöhnlichen Aufstieg an. Zeitweise kann aber auch Saturn durch seine Quadraturen zu Sonne und Jupiter dazwischenfunken. Dies kann für Jahre eine Kaltstellung dieses bedeutenden Mannes zur Folge haben.

*

Nachdem Rudi Arndt in seinem Jahresbericht vor dem Stadtparlament am 15. Mai 1975 bedauert hatte, „zu wenig auf die Ausgestaltung der Schönheiten dieser Stadt Bedacht gelegt" zu haben, bekannte er „freimütig, daß die Fassade des Historischen Museums hier am Römerberg auf mich etwa so wirkt, wie ich sicherlich als zweiter von links in einem Elfenballett der Bühnen auf Sie wirken würde."

*

Der Vorstand der südhessischen Sozialdemokraten definierte in einem fast schon mit Zügen des Sektiererhaften formulierten Antrag auf dem Gießener Parteitag im September 1975 in glasklarem Parteichinesisch seine wirtschaftspolitischen Ziele in zwei ungemein dynamischen Sätzen: „Eine Wirtschaftsordnung, die auf der einzelwirtschaftlichen Verfügung über die Produktionsmittel und auf der Marktkonkurrenz beruht, orientiert ihre Produktion nicht unmittelbar an den Bedürfnissen der Menschen, [...] sondern prinzipiell an der gewinnbringenden Verwertung des eingesetzten Kapitals [...]. Die einzelwirtschaftliche Verfügung über die Produktionsmittel und die Marktkonkurrenz können nur im Rahmen einer gesamtwirtschaftlichen demokratischen Planung zufriedenstellend die Bedürfnisbefriedigung gewährleisten." Wie nicht anders zu erwarten, qualifizierte Rudi Arndt diesen Vokabelsalat als einen ebensolchen.

*

Als anläßlich von Rudi Arndts 50. Geburtstag die Volksschauspielerin Liesel Christ in lupenreinem Frankfurterisch die Ansicht vertrat, die Eltern Rudi Arndts hätten nun wirklich nicht wissen können, daß ihr Sohn am Tag vor der Kommunalwahl seinen 50. Geburtstag feiern würde, widersprach der Jubilar: „Da schon mein Großvater und meine Eltern aktive Sozialdemokraten waren, handelt es sich um das Ergebnis langfristiger Planung. Ab und zu haben auch Sozialdemokraten einmal mit der Planung Glück." Auch Willy Brandt war gekommen, um seinem hemdsärmeligen Genossen Glück zu wünschen.

*

Daß Gerhard Schröder überhaupt zum Bundeskanzler aufsteigen konnte, verdankt er natürlich keinem anderen als dem hellsichtigen Rudi Arndt: „Ich hab' dafür gesorgt, daß er nicht aus der Partei rausgeschmissen wurde." Als 1975 im Bundesvorstand der SPD über den Antrag abgestimmt wurde, den Oberjuso Schröder wegen abschätziger Äußerungen über die Parteioberen aus der SPD auszuschließen, habe er, Arndt, das mit dem prophetischen Argument zu verhindern gewußt: „Aus dem wird mal was."

*

Gerade mal zwei Monate im Amt, erscheint im Verlag „Der neue Jakob" unter dem Titel *Rudi Arndt – eine kritische Analyse* eine Art Rotbuch des pseudonymen Autors Hans-Jörg Becker. Die Auflage von 4.000 Exemplaren war, in den Buchhandlungen gleich neben der Registrierkasse plaziert, bald vergriffen. Der Tenor der Schmähschrift war weit links angesiedelt, wie sonst hätte der Autor den ultralinken Juso-Vorsitzenden Karsten Voigt als Alternative zu Rudi Arndt aufbieten können. Drei Kostproben mögen genügen, um einen Eindruck von der teilweise sogar gelungenen ironischen Diktion zu geben: Der Jurist Arndt habe sein 2. Staatsexamen nur bestanden, weil er damals schon ministerreif gewesen sei und keiner der Gutachter deshalb den Mut gehabt habe, ihn durchfallen zu lassen. Nach einer peniblen Auflistung von Arndts sportiven Erfolgen als Rallyefahrer findet es der Autor schwierig, Arndt auf die „Bewußtseinsstufe eines Kaninchens" herabzustufen, denn diese genüge nicht, um „ein guter Verwaltungsjurist, ein zweitklassiger Rallyefahrer und ein Dynamit-Rudi zu sein, um die gigantischen Probleme einer Metropole wie Frankfurt zu lösen". Nach Meinung des Verfassers habe „das Politische bei Arndt seine Grenze am Horizont des Kompott-Tellers" gefunden. Immerhin wird Arndts Gattin Rosalinde als „bemerkenswert gutaussehend" zu Recht in ein schmeichelhaftes Licht gerückt.

*

Rudi hantierte ungern mit Fremdwörtern. Als während einer Sitzung ein Magistratsmitglied wiederholt den Begriff „Relativität" bemühte, unterbrach Arndt ihn barsch mit der Frage: „Was ist denn relativ?" Da keine prompte Antwort kam, gab Arndt selber fröhliche Aufklärung: „Fünf Flaschen im Keller sind relativ wenig, aber fünf Flaschen im Magistrat sind relativ viel."

*

Arndt konnte auch ein großer Bluffer sein: Sooft in der Fraktion Zweifel am Wahrheitsgehalt seiner optimistischen Verheißungen geäußert wurden, behauptete er frech und überzeugend: „Ich habe doch gestern noch mit Helmut Schmidt darüber gesprochen", oder mit dem Bundespräsidenten oder, warum nicht, mit Günter Grass, „der war ganz meiner Meinung". Die Fraktion war jedes Mal beeindruckt – und schwieg.

*

Wann immer Rudi Arndt nach seinen aktiven Jahren eingeladen wird, seine Anekdoten zwischen Dichtung und Wahrheit vor Publikum zum Besten zu geben, erzählt er launig über seine Auseinandersetzungen mit Freund und Feind. So berichtet er, wie die *Frankfurter Rundschau* protokolliert, zum Beispiel über seine leidigen Erfahrungen im Westend, „als der Cohn-Bendit seine Leute auf mich gehetzt hat". Das einzige, was er heute bedaure, sei seine Weigerung, die vielen Hände zu schütteln, die ihm hingestreckt wurden. Aber von „diesem Pumpen, ohne daß Wasser kommt", habe er nie viel gehalten und deshalb wohl manchen Menschen verletzt. Ja, er sei manchmal „Menschen über die Seele gerannt", gesteht er öffentlich ein.

*

Als Rudi Arndt bei seiner Dankesrede für die Verleihung der Ehrenplakette am 1. Dezember 1989 den Kulturdezernenten im Saal erblickt, improvisiert er ein kurzes Statement über unsere Beziehung:

Hilmar Hoffmann hatte es am Anfang ja sehr schwer mit mir. Aber wir mußten es ihm mit seinen überschäumenden Ideen ja schwer machen, damit sie dann in der kommunalen Praxis realisierbar wurden. Mit Wehmut kann ich heute nur an die Blütezeit des Frankfurter Theaterlebens der 70er Jahre unter Hilmar mit Palitzsch, Neuenfels, Dohnányi und Fassbinder zurückdenken. Nur eine Sache habe ich ihm zum Leidwesen angeblicher Avantgardisten tatsächlich kaputtgemacht: das audio-visuelle Glasbetonzentrum auf dem Römerberg. Wir machten einen Vorschlag für die Bebauung, dem die Wirklichkeit von heute bis ins Detail entspricht. Allerdings haben wir leider versäumt, auch einen Vorschlag für die Rückseite der Römerbergzeile zu machen. So sieht die ja nun auch aus.

Für einen damals hochriskanten Ausflug in die elektronische Zukunft war Arndt nicht modern genug.

*

Zusammen mit seinem besten Freund Armin Clauss, von 1976 bis 1987 Hessens legendärer Sozialminister, hat Rudi Arndt viele seiner Reisen zum Erlebnis gestaltet: von Alaska bis Australien oder zum Kap Hoorn, wo die beiden bei Windstärke 11 bis an die Grenzen ihrer Existenz gingen. Mehrfach durchquerte Arndt die USA, wo die Abenteuer geradezu auf ihn zu warten schienen. Seine Dampfertour von Kiew über den Dnjepr und den Don zum Schwarzen Meer im Sommer 2004 mit Linde sollte seine letzte Reise ins Glück sein. Mit Armin Clauss hatte er die Vereinbarung getroffen, daß der eine nach dem Tod des anderen dessen gefüllten Weinkeller erben solle. Arndt: „Aber ich überlebe alle." Es war dann aber doch Armin Clauss, der das Arndtsche Weinerbe antreten mußte. Der Prosaiker Rudi Arndt vertraute Goethes Alterslyrik im *West-*

östlichen Divan, der darin den Wein als eines der vier Elemente der Poesie anpries.

Rudi Arndts allerletzte Exkursion

Die letzte seiner vielen Exkursionen in unbekannte Weltgefilde war auch Rudi Arndts finale Reise in den jähen Tod. Gegen den Rat seiner Ärzte ist er im März 2004 mit Frau Linde in die Ukraine aufgebrochen, den zweitgrößten Staat Europas, bis ans Schwarze Meer zur mediterranen Peninsula Krim wollte er die *terra incognita* ergründen. Mit 77 hat sein starkes Herz plötzlich aufgehört zu schlagen, in den Armen seiner Rosalinde atmet der bärenstarke Rudi Arndt seine Seele aus.

Die Nachricht verbreitet sich in Frankfurt wie ein Buschfeuer, viele Menschen sind schockiert. Daß Rudi Arndt, dieses politische Urgestein, stark wie eine Eiche, überhaupt einmal sterben könnte, hatte sich niemand vorstellen mögen, der ihn näher kannte. Arndt und Frankfurt waren Synonyme geworden. Auch jene, die ihn nicht gewählt hatten, teilten seine Liebe zur Stadt. Sie respektierten seine Lebensleistung, der die Mainmetropole ihre Aufwärtsentwicklung verdankt. „Frankfurt hat er geliebt, mit Frankfurt hat er gelitten. Sein Wort und auch seine Einmischung werden uns fehlen. Unsere Stadt trauert um einen unvergeßlichen volksnahen Politiker", resümiert Oberbürgermeisterin Petra Roth 2004.

Nicht nur die Frankfurter Zeitungen zollen Rudi Arndt ihren großen Respekt. Noch einmal referieren sie seine sichtbaren Erfolge wie die Startbahn West, für deren Bau er sich schon 1966 als hessischer Wirtschafts- und Verkehrsminister eingesetzt hatte, die wiederaufgebaute Alte Oper, die von Arndt initiierte historische Ostzeile auf dem Römerberg, die neuen Bürgerhäuser und vielen Stadtteilbibliotheken. Die Blätter erinnern sich an Arndts robuste parteiinterne Kämpfe gegen die „linken Linken", wie gegen den „rechten" Ministerpräsidenten Albert Osswald, dem er oft und öffentlich die Meinung gegeigt hatte. Aber auch an seine engagierten Auseinandersetzungen mit den Achtundsechzigern im Westend wird erinnert, deren bevorzugtes Haßobjekt er lange gewesen war, oder an seine diversen Handgemenge mit den Startbahngegnern auf der Zeil und auf den Römerfluren. „Wer kämpft, kann verlieren, wer nicht kämpft, hat bereits verloren", lautete eine der vielen probaten Lebensweisheiten Rudi Arndts.

Arndt hat in seinen fünf Frankfurter OB-Jahren der Stadt seinen Stempel aufgedrückt. „Die Dynamik seiner Persönlichkeit wurde geradezu zum Sinnbild der aufstrebenden Entwicklung", lobte Ministerpräsident Roland Koch. Tatsächlich war der Slogan „Hessen vorn" mit Rudi Arndts unaufhaltsamem Vorwärtsdrang identisch.

Aus dem Jumbojet auf seinem Flug zu George W. Bush teilte Joschka Fischer seine kondolente Botschaft mit: „Der Tod von Rudi Arndt macht mich sehr betroffen. Mit ihm verbinden sich viele Erinnerungen aus den 70er und 80er Jahren. Er war die prägende kommunalpolitische Persönlichkeit der Sozialdemokraten."

In der Paulskirche verneigte sich die politische Repräsentanz der Republik vor dem Sarg des großen Homo politicus. 800 Gäste erhoben sich von ihren Plätzen, als Arndts sympathischer Widersacher aus der 68er-Generation, der Cellist Frank Wolff, am Ende der Trauerfeier die alte Sozialistenhymne *Brüder, zur Sonne, zur Freiheit* intonierte – auch diese Geste war ein politisches Zeichen. Holger Börner und Kultusminister a. D. Ludwig von Friedeburg erwiesen ihrem Parteifreund die letzte Ehre wie auch der frühere Oberbürgermeister Walter Wallmann; dessen Nachfolger im Amt des OB, Volker Hauff und Andreas von Schoeler, glänzten indes durch Abwesenheit. Der SPD-Bundesvorsitzende Franz Müntefering würdigte Arndts Anstrengungen, Hessen zu einem modernen Wirtschaftsstandort zu entwickeln, zumal sie mitunter „nicht populär" gewesen seien – etwa beim Bau der Startbahn West. „Aber der Erfolg des Flughafens hat ihm recht gegeben." OB Petra Roth lobte Arndt als „streitbaren Demokraten", der gegen die Gewalt der Straße aufgestanden und deshalb „ein Feindbild der 68er" gewesen sei.

Der Frankfurter SPD-Vorsitzende Franz Frey gestand in der Rückschau ein, daß beim Bruch der Römerkoalition mit der CDU im Jahre 1972 OB Arndt „die bessere Position" gehabt habe, der diesen Ausstieg der SPD zu verhindern suchte. Die SPD sei Arndt gegenüber auch „nicht immer dankbar" gewesen und habe es ihm „nicht leicht gemacht. Er ihr aber auch nicht." Frey bescheinigte seinem Parteifreund, in den siebziger Jahren die verfehlte Planungspolitik im Westend korrigiert und im Streit mit der Studentenbewegung Mut bewiesen zu haben: „Er hat sich auf der Zeil einem großen Demonstrationszug entgegengestellt und zum Umkehren gebracht." Arndts langjähriger enger Freund Armin Clauss, der mit den Tränen kämpfte, erinnerte an den besonderen Menschen Arndt, der „mit scharfen Ecken und Kanten" und mit „hintersinnigem Humor" oft gegen den Strom geschwommen sei.

Die Medien zollen Alphatier
Arndt den gebührenden Respekt

Rudi Arndt. Nein, kein Mann feinsinniger Gedankenwelten, kein Politiker, der sich an staatsphilosophischen Werteskalen orientierte. Der frühere Oberbürgermeister, dessen so plötzlicher Tod sehr nahegeht, war ein Mann praktischer Politik, voller Tatkraft und Energie, die er in der politischen Auseinandersetzung auch nicht zu bändigen versuchte, keiner, der sich des Floretts bediente. Dabei legte er eine Offenheit und Geradlinigkeit an den Tag, die fernab war von jenem politischen Finassieren und Taktieren, jenem penetranten, oft auf Verlogenheit hinauslaufenden parteipolitischen Kalkül, das Politik inzwischen so abstoßend macht. (F.A.Z., 15. Mai 2004)

Die Aufgabe, die Dynamit-Rudi vor sich sah: Heillos festgefahren waren die Fronten zwischen den Bewohnern des Westends und den von der vorigen Stadtregierung geförderten Spekulanten. Arndts großes Verdienst war, diesen Konflikt entschärft zu haben – wie er überhaupt bestrebt war, die 1968 rebellisch gewordene Jugend wieder mit dem Staat zu versöhnen. Arndt kümmerte sich um das Rebstock-Gelände, und auch die Alte Oper ließ ihn nicht los. Er wollte die Oper wieder errichten und Museen ausbauen. Wenig später erbte der neue OB Wallmann (CDU) die Planungen und führte sie aus. (Frankfurter Neue Presse, 15. Mai 2004)

Er ist eine Größe, die versprach, einer weitgehend entseelten Stadt zumindest als Mensch entgegenzutreten. Arndt war ein Mensch, volksnah ohne Brimborium, ein Kraftprotz, der sich auch im Ton vergreifen konnte: „Feiges Gesindel", schimpfte er Demonstranten im Jahr 1972. Und nahm ein halbes Jahr später selbst bei einer Demonstration in langer Rede gegen den Vietnam-Krieg der Amerikaner Stellung: „Der Sozialismus überwindet die Gewalt!" Er wollte nicht mit „Oberbürgermeister", sondern bloß mit „Arndt" unterschreiben, er lehnte das Tragen der Amtskette ab: „Ich fühle mich mehr an das Schicksal dieser Stadt gekettet, als es je durch eine Amtskette geschehen kann." Mit wem auch immer, Arndt stürzte sich in alle Konflikte. Als die SPD 1977 die Mehrheit verlor, räumte er sein Dienstzimmer mit der Ankündigung: „Ich komme wieder!" Und er ist in Frankfurt immer präsent geblieben. (Frankfurter Rundschau, 15. Mai 2004)

Dr. Walter Wallmann
Oberbürgermeister vom 15. Juni 1977 bis 5. Juni 1986

Der Beginn einer einzigartigen politischen Karriere

> *Man kann sagen, daß drei Qualitäten entscheidend sind für den
> Politiker: Leidenschaft – Verantwortungsgefühl – Augenmaß*
> Max Weber

Walter Wallmann ist in der Lüneburger Heide aufgewachsen, auf dem großväterlichen Gut in einem 97 Seelen zählenden Dorf bei Uelzen an der schönen Ilmenau. Der Sohn des Realschullehrers Walter Wallmann hat am 24. September 1932 das Licht der Welt erblickt, vier Monate vor Beginn der zwölfjährigen Nazidiktatur. Seine Sozialisation erfährt er in einem christlich geprägten Elternhaus, dem er auch sein musisches Interesse verdankt, er lernt Klavier und Geige spielen. „Mein Elternhaus hat mich stark geprägt. Das Pflichtbewußtsein meiner Eltern hat mir mehr gegeben, als es Worte und Ermahnungen vermögen. Mein Vater ist während seines ganzen Lebens ein bekennender Christ gewesen. Das hat mich in meiner Einstellung und Haltung bestimmt.“ Die Erinnerung daran, daß sein Vater ein glühender Bewunderer Gustav Stresemanns war, hatte früh seine politische Neugier geweckt. Für Walter Wallmann waren Kirche und Familie, Partei und Staat von Jugend an behütende Institutionen, die er später im Rahmen seiner Möglichkeiten seinerseits zu beschirmen suchte.

In Uelzens Fußballclub „Sperber“ hat der junge Walter als Mittelstürmer gekickt und später, als OB von Frankfurt, wird er bei Eintracht-Spielen in der Halbzeitpause in die Kabine gehen, um die schweißtriefenden Fußballer zum Siegen zu ermuntern. Selbstverständlich war er dabei, als die Eintracht am 21. Mai 1980 gegen Borussia Mönchengladbach den UEFA-Pokal gewann. Er hat mit 25 sogar den Schiedsrichterschein erworben, eine Qualifikation, die er auch in seiner politischen Karriere noch öfters brauchen sollte.

Bevor Walter Wallmann an der Marburger Philipps-Universität Rechts- und Staatswissenschaften studierte, hat er eine kurze Schmiedeausbildung gemacht. Die beiden juristischen Staatsprüfungen absolviert er erfolgreich an der Goethe-Universität Frankfurt. Während seiner Frankfurter Studienzeit wird er sich eine gewisse Affinität zu der Stadt erworben haben, deren Entwicklung er später einmal neun Jahre lang selber maßgeblich zum Besten wenden wird. Zum Dr. jur. wird er dann wieder an „seiner" Alma mater Marburg promoviert. Seine Dissertation über die „Strafrechtliche Problematik des Züchtigungsrechts der Lehrer" löste wegen ihrer Brisanz in Fachkreisen erhebliche Diskussionen aus. Mit einer Arbeit über den Thomas-Hobbes-Zeitgenossen Johannes Althusius hätte er gern einen zweiten Doktortitel erworben. Als Erstsemester war er in einer schlagenden Verbindung gelandet, die ihn aber nach einem Prinzipienstreit über die „Bewältigung der Vergangenheit" mit reaktionären Alten Herren wieder aus ihren dichtgeschlossenen Reihen entfernte.

1967 wird er erstmals berufstätig: zunächst als Richter am Landgericht Kassel, dann als Amtsrichter in Rotenburg an der Fulda und schließlich als Richter wiederum an einem Landgericht in Gießen.

Nachdem Walter Wallmann im zweiten Anlauf seine politische Karriere als Bezirksvorsitzender der Jungen Union in Hessen eingeläutet hatte, wurde er 1966 auf dem CDU-Ticket in den Hessischen Landtag gewählt. Beim ersten Anlauf hatte noch Parteifreund Heinz Riesenhuber das Rennen gegen Wallmann gewonnen. Zwei Jahre später schon wird er Fraktionsvorsitzender der CDU-Landtagsfraktion.

Als Walter Wallmann 1972 über die hessische Landesliste als MdB in die politische Bundeshierarchie aufgestiegen und gleich ein Jahr später mit scharfen Attacken gegen Willy Brandts Ostpolitik als nunmehr satisfaktionsfähiges Mitglied in den Fraktionsvorstand gewählt worden war, wurde er schon bald mit höheren Weihen ausgestattet und zum Vorsitzenden des Untersuchungsausschusses der „Guillaume-Affäre" berufen. Mit dieser heiklen Mission begann sein Stern auch publizistisch hell zu leuchten. In Anerkennung seiner politischen Potenz, seiner staatstragenden Rationalität, seines politischen Gespürs und seiner Führungskompetenz wird Wallmann 1976 schließlich zum Parlamentarischen Geschäftsführer der CDU/CSU-Bundestagsfraktion berufen, eine höchst einflußträchtige Position, aus der sich hochfliegende Pläne schmieden und gezielt organisieren ließen. „Wer einen parlamentarischen Untersuchungsausschuss leitet, hat nur dann eine Chance, wenn er die Akten besser kennt als die anderen, wenn er die Rechtsvorschriften bis ins Detail beherrscht", begründet Walter Wallmann seine ersten Erfolge.

Rudi Arndt befand sich also gewaltig im Irrtum, wenn er von seinem Herausforderer Wallmann behauptete, dieser sei nichts weiter als ein „politischer Nobody aus der Provinz", der in Frankfurt nichts verloren und deshalb auch nichts zu suchen habe. Das genaue Gegenteil hat Walter Wallmann erfolgreich beweisen können: Als glorreicher Gewinner der Frankfurter Kommunalwahl am 20. März 1977. Sein emotionales Wahlkampfmotto „Mann mit Verstand und Herz" hatte massenwirksame Resonanz gefunden.

Woran sich kaum noch einer erinnert: Walter Wallmann war schon einmal Oberbürgermeister gewesen, wenn auch nur für wenige Wochen, in Marburg an der Lahn im Jahre 1970, bis die Wahl wegen reklamierter Stimmauszählung wiederholt werden mußte. Und diesmal lag der SPD-Herausforderer mit ein paar Stimmen vorne.

Walter Wallmann ante portas

Während die CDU ihren Frankfurter Kommunalwahlkampf mit harten Bandagen durchzog, um nach über 30 Jahren den Bann sozialdemokratischer Römerherrschaft endlich zu brechen, agierte ihr Spitzenkandidat Walter Wallmann staatsmännisch wie ein autonomer Kopf des aufgeklärten Konservatismus liberaler Anmutung. Wallmann hatte dem Vorwurf Arndts, ein Provinzpolitiker aus dem finsteren Marburg ermangele des weltstädtischen Flairs, längst durch seine steile Karriere in Bonn eindrucksvoll widersprochen. Walter Wallmann ist in Frankfurt nicht als belfernder Funktionär aufgetreten, der im Parteitagsjargon als entzügelter Lautsprecher um die Gunst der Wähler brüllt und buhlt. Es widersprach Wallmanns Mentalität, sich auf die niedere Ebene der persönlichen Diffamierung des politischen Gegners zu begeben, wie es jene seiner Parteifunktionäre für opportun hielten, die mit ihren Schmähungen Rudi Arndt ins Fadenkreuz nahmen und ihr Mütchen an ihrem politischen Mobilisierungsthema „Bildung" kühlten. Besonders am Beispiel von Arndts beiden „linken Symbolfiguren" (*Die Welt*), dem Dezernenten für Schule (Rhein) und für die Kultur (Hoffmann), ließen sie die Wähler in einen imaginierten dunkelroten Abgrund schauen, um den Erregungspegel hochzuhalten.

Für Walter Wallmann waren hauptsächlich aber die Entlassung von Bürgermeister Wilhelm Fay durch Arndt, die innerparteilichen Dauerquerelen der SPD, die Spendenaffäre Arndts und die permissive Haltung gegenüber den Startbahn-West-Chaoten Wahlkampfhilfe gratis gewesen und weniger die Essentials der kommunalpolitischen Wahlkampfprogrammatik.

Wahlabende sind Momente unverstellter Emotionen. Am 20. März 1977 erlebten nach Schließung der Wahllokale viele Hartgesottene der alten Politgarde und einige neue Wahlkreiskandidaten im Frankfurter Rathaus die wohl spannendste Wahlparty seit Kriegsende. Gebannt verfolgten SPD, CDU, FDP und Grüne auf den Römerfluren die Hochrechnungen des Hessischen Rund-

Versöhnung beim Äppelwoi: OB Wallmann mit seinem Vorgänger Rudi Arndt

funks aus über 500 Wahlbezirken. Ungläubige Gesichter in allen Lagern, doch Walter Wallmann und die CDU-Basis waren von ihrem Traumergebnis selbst am meisten überrascht. Als an diesem Sonntag Arndt mit 51,3 Prozent Stimmen für die Christdemokraten aus dem Amt gefegt wurde, jubelte die CDU, für die SPD brach eine Welt zusammen. Wallmann konnte sogar ohne Koalitionspartner mit absoluter Mehrheit (50 Sitze CDU, 38 SPD, 5 FDP) regieren. Rudi Arndt hat souverän die verbleibende Galgenfrist nicht für faule Finessen mißbraucht oder um schnell noch einige nicht rückholbare Entscheidungen zu treffen. Er ist umstandslos sofort zurückgetreten.

Die Wählerbewegungen sind bei über 40 Prozent Wahlboykott irrational geworden; die Trennlinie zwischen den beiden stromlinienförmigen großen Volksparteien wird um so unschärfer, je weniger klare Konturen ihre kommunalpolitischen Programme voneinander unterscheiden. Es sind oft die tagespolitischen Partialinteressen, die das Pendel ausschlagen lassen – und die Angst, zu den Verlierern zu gehören, und da fällt dann die Sympathie für den Spitzenkandidaten in die Waagschale.

Obwohl die CDU jetzt über die absolute Mehrheit im Parlament verfügt, korrespondiert dieses Ergebnis nicht mit den Mehrheitsverhältnissen im Magistrat, deren hauptamtliche Stadträte jeweils auf sechs Jahre gewählt werden, deren Amtszeiten deshalb nicht mit denen der Parlamentarier kongruent sind. Also beschließt die Stadtverordnetenversammlung am 23. Juni 1977, die Hauptsatzung der Stadt zu ändern, um so den paternalistisch besetzten hauptamtlichen Magistrat von sieben auf elf und das ehrenamtliche Pendant von elf auf 16 Mitglieder aufstocken zu können. Die Installation von zwei zusätzlichen CDU-Dezernenten nannte Wallmanns Personalderzernent Brück „ein legitimes Streben", obwohl diese mehrheitsbeschaffende Aufstockung den Haushalt mit jährlich „gut einer Million Mark" (*Frankfurter Rundschau*) belastete.

Auszüge aus Walter Wallmanns Antrittsrede am 15. Juni 1977

Im Gegensatz zum Vorgänger Rudi Arndt, der bei seiner Inthronisation fünf Jahre vorher mit einer regelrechten „Regierungserklärung" aufgewartet hatte, wollte Walter Wallmann am 15. Juni 1977 lediglich eine Antrittsrede halten, ohne schon gleich sein ganzes Füllhorn konkreter Projekte auszugießen; erst nach einer Bestandsaufnahme könne er daraus eine Liste von Defiziten ableiten, die es dringend zu beseitigen gälte. Während Arndt das Parlament damals in deftiger, unmißverständlicher Sprache zu überzeugen hoffte, versuchte Walter Wallmann mit den Schalmeienklängen eines Bildungsbürgers Eindruck auf die Parlamentarier zu machen, mit Sätzen, die an die Blütezeit des bürgerlichen Selbstbewußtseins des 19. Jahrhunderts anzuknüpfen schienen. Walter Wallmann umgab sich mit dem Habitus des dezidiert unideologischen Stadtvaters. Nach Möllers und Arndts Verzicht auf die goldene Amtskette hatte Wallmann sie als Symbol der Würde eines hoheitlichen Amtes wieder souverän geschultert. Die gestreuten Vorurteile, er sei ein Hardliner, hatte Walter Wallmann streng zurückgekämmt, indem er sich als Hüter einer traditionellen Bürgerlichkeit präsentierte und seinen Sinn für historische Symbole offenbarte.

Hier die wichtigsten Passagen seiner politisch professionell ausformulierten Rede:

Ich versichere am Anfang meiner Amtszeit, daß ich mich gegenüber allen Bürgerinnen und Bürgern in der Verantwortung weiß. Ich werde das Amt des Oberbürgermeisters nicht als ein parteipolitisches Amt mißverstehen. Ich will und ich werde der Oberbürgermeister aller Bürger sein.

Ich möchte, daß der Frankfurter Römer als eine Stätte der Freiheit und Gerechtigkeit für alle Bürger offensteht. In Frankfurt am Main darf ein öffentliches

Amt sowenig wie in einer anderen Stadt, in einem Land oder im Bund als Selbst-
bedienungsladen von Politikern und Parteien mißbraucht werden. Wir haben als
Politiker vielmehr dem Gemeinwesen und unseren Bürgern zu dienen. Meine
Wahl bedeutet Kontinuität und Zäsur zugleich. Kontinuität schon deswegen, weil
ich mit dem heutigen Tag in die lange Reihe der Oberbürgermeister dieser großen
Stadt eintrete. Viele sind vor mir gewesen, und viele werden nach mir sein.

Es ist gut, sich dessen bewußt zu sein und bewußt zu bleiben. Nur wer sich so
in der Gesamtentwicklung sieht und begreift, gewinnt das richtige Maß, das um
der Menschen willen, für die wir handeln, von so großer und entscheidender Be-
deutung ist. Sich selbst in dem unablässig fließenden Strom von Vergangenheit,
Gegenwart und Zukunft zu sehen, schützt vor der Gefahr der Selbstüberhebung,
der Anmaßung und der Unduldsamkeit.

So werden zum Beispiel auch in Zukunft all jene scheitern, die meinen, De-
mokratie und soziale Gerechtigkeit beginne erst mit ihnen und ihrer Politik.
Denn ihnen fehlt dieses Bewußtsein von geschichtlicher Entwicklung und damit
die Fähigkeit, sich als ein Teil in das Ganze einzuordnen. Wer nichts davon weiß,
daß Menschen auch gestern und vorgestern Leistungen erbracht und Fortschritt
bewirkt haben, lebt in der ständigen Gefahr, die eigene Meinung zu verabsolu-
tieren. Er ahnt nicht einmal, daß alles, was wir denken, in den Jahrhunderten
und Jahrtausenden vor uns schon längst gedacht worden ist.

Zu wissen, was vor uns war, sich zur eigenen Geschichte und damit zur Kon-
tinuität zu bekennen, hilft uns also unsere Grenzen zu erkennen, erzieht uns zur
Bescheidenheit, entwickelt unseren Sinn für das, was möglich, was realistisch ist,
und macht uns damit frei. Solche Politik hat den Menschen zum Mittelpunkt,
den wirklichen Menschen, so wie er tatsächlich ist – mit seinen großen Möglich-
keiten wie mit seinen Unzulänglichkeiten – und nicht, wie er in Ideologien und
von extremistischen Eiferern gesehen wird. Ich glaube nicht an die neue Gesell-
schaft. Nein, der alte Adam ist geblieben, in seiner Bedrängnis, Angst und Hilf-
losigkeit, wie in seiner Fähigkeit zum Opfer, zur Tapferkeit, zum Erleiden und
zum Erdulden.

Politik aus solchem Geist und Wissen zielt auf das Bewahren und das Erneu-
ern und nicht auf einen Rigorismus, der nicht das Ganze, sondern nur noch Teil-
wahrheiten sieht. Diese Politik nenne ich Politik der Einsicht, der Verantwor-
tung, Politik des Augenmaßes, also Politik der Mitte. Zu ihr bekenne ich mich.
Nicht Ideologien und Theorien, sondern Augenmaß, Beharrlichkeit, Kenntnis
der geschichtlichen Abläufe und Einsicht in die menschliche Natur sind nach
Max Weber für den Politiker entscheidend.

Kenntnis der Geschichte ist für ein Volk von großer Bedeutung. Ein Gemeinwesen, das von seiner Geschichte nichts mehr weiß, nichts weiterreicht, gibt sich selbst auf. Es verliert seine Identität und wird damit wehrlos gegenüber seinen Feinden – im Innern wie nach außen. Kontinuität und Überlieferung sind also nichts Verstaubtes, haben nicht nur mit vergilbten Blättern zu tun. Kontinuität und Überliefertes leben mit uns und wir mit ihnen. Mein Wunsch war und ist, dieses Verständnis zu dokumentieren. Ich will deswegen meinen Respekt gegenüber allen meinen Amtsvorgängern zum Ausdruck bringen, vor allem jenen, die nach 1945 in ihr Amt berufen wurden und die – unabhängig von ihrem parteipolitischen Standort – diese Stadt entscheidend mitgeprägt haben. [...]

Mein unmittelbarer Amtsvorgänger Rudi Arndt hat Arbeit und Kraft über fünf Jahre für das schwere Amt des Frankfurter Oberbürgermeisters aufgewendet. Dafür zu danken, ist für mich selbstverständlich, auch wenn uns vieles, sehr vieles trennt.

Ich habe von Geschichte und von der Bedeutung ihrer Kenntnis gesprochen. Nirgendwo – so finde ich – liegt das für einen Demokraten näher als in Frankfurt am Main, dieser ehemals freien und reichsunmittelbaren Stadt im Herzen Deutschlands. Diese Stadt verpflichtet uns alle in besonderem Maße mit ihrer stolzen Tradition. Nirgendwo in Deutschland ist der Wille zur Demokratie, zu Menschenwürde, Freiheit, Rechtsstaat und sozialer Gerechtigkeit so frühzeitig und so deutlich ausgedrückt, so überzeugend als politische Forderung für alle Deutschen erhoben worden wie hier.

Frankfurt am Main und die Paulskirche sind ein Symbol für demokratische Freiheit, für nationale Einheit und für europäischen Geist. Oberbürgermeister Brundert sagte im Anschluß an seine Amtseinführung 1964: „Ich habe kürzlich die Paulskirche aus tiefer Überzeugung das Symbol der Freiheit für alle Demokraten genannt". Und ich füge hinzu: Zu dieser großartigen Tradition sollten wir uns alle bekennen – gleichgültig, wo wir parteipolitisch stehen. Diese Stadt – über viele Generationen Stätte der Kaiserkrönungen, die Heimat Goethes, Versammlungsort des Bundestages von 1815 bis 1848/49 und dann Sitz der ersten deutschen Nationalversammlung und damit Symbol demokratischer Staatsverfassung und liberaler Offenheit –, diese Stadt ist mehr als Metropole für große Unternehmen, für Arbeitsplätze, für Banken oder Verkehrsknotenpunkt von europäischer Bedeutung.

Frankfurt am Main muß ein Beispiel geben für die Überwindung von Indoktrination, Intoleranz und politischem Extremismus. Von unserer Stadt muß der entschlossene politische Wille zu liberaler Erneuerung ausgehen. [...]

In der Kunst haben die Politiker Freiräume für Künstler und damit Entfaltungsmöglichkeiten zu schaffen. Politik hat nicht das Recht zu entscheiden, was wertvolle und was unwerte Kunst ist. Deswegen werde ich darauf achten, daß es in Frankfurt am Main weder das Postulat einer sozialdemokratischen noch einer christ- oder freidemokratischen Kunst geben wird. Wer gegen dieses Gebot selbstverständlicher Freiheitsgewährung verstößt, muß mit allen möglichen Konsequenzen rechnen.

Ein weiteres wichtiges Feld unserer Politik wird die planvolle Entwicklung Frankfurts sein, und ich meine das im weitesten Sinne. Wer mit Menschen von außerhalb spricht, erlebt ja oft genug in geradezu erschreckender Weise, welch negative Vorstellungen mit dieser Stadt verbunden werden: Politischer Radikalismus, Kriminalität, um nur diese zu nennen, sind Worte, die wir immer wieder hören. [...]

Ich werde meine ganze Kraft dieser Stadt und ihren Bürgern zuwenden. Gott helfe uns, in Frankfurt am Main die Freiheit zu festigen, das Recht zu wahren, soziale Verantwortung und soziale Sicherung zu fördern, die Älteren vor Vereinsamung zu schützen und in der Gemeinschaft zu bewahren und den Jungen mehr Chancen für ihr zukünftiges Leben zu eröffnen.

Auch wenn ihm dies nicht expressis verbis über die Lippen kam, so kündigte sich in seiner Rede doch ein tiefgreifender Paradigmenwechsel der Frankfurter CDU an, den wir am Ende seiner Ära bestätigt finden werden. Die Presse kommentierte Wallmanns rhetorischen Start in sein neues Metier rundum positiv, allerdings mit dem ausdrücklichen Bedauern, nur wenig Konkretes erfahren zu haben. Indem Wallmann mit seinem emphatischen Plädoyer den Staat als aus dem Geist der Vernunft geboren definierte und im Sinne des Philosophen der Aufklärung Kant in der Hoheit des Staates und der Stadt die Garanten für die Freiheit des gebildeten Individuums sah, machte seine Rede Hoffnung auch auf eine kulturelle Konjunktur in Frankfurt. Seinen hohen Wahlsieg nutzte Walter Wallmann als Ermächtigung, Kultur zum werbenden Standortfaktor zu machen. Am Beispiel der historischen Tradition der Stadt evoziert er Gefühle der Erhabenheit, wenn er die Zukunft als eine kulturell fortschrittliche Stadtgesellschaft beschwört.

Walter Wallmann fühlt sich Max Webers kanonisierten Leitbegriffen wie Moral, Gerechtigkeit, Loyalität, Anständigkeit verpflichtet. Ja, Anständigkeit ist ihm die wichtigste aller Tugenden eines Politikers. Er wußte aber auch Webers klassische Definition der Macht zu beherzigen, daß ein Politiker seinen eigenen Willen auch gegen Widerstand durchzusetzen in der Lage sein muß.

Der Fernmeldeturm und die
neue Skyline als Frankfurts „Corporate Identity"

Das mit 337,5 Metern höchste Gebäude in Frankfurt am Main ist der „Europaturm", jener Fernmeldeturm der Post aus dem Jahre 1979 in Ginnheim. Dieser trigonometrische Punkt, im Volksmund der „Ginnheimer Spargel" genannt, überragt den alten Kaiserdom mit seinen 95 Metern bei weitem. Mit Panoramablick aus dem inzwischen geschlossenen Restaurant auf der Höhe der Aussichtsplattform war das nördliche Stadtbild Frankfurts mit seiner neuen Skyline-Romantik zu besichtigen und gen Westen erfreut der Taunus natursüchtige Augen. In der Kanzel des Turms befindet sich der sogenannte ARD-Sternpunkt, der alle nationalen wie internationalen Fernsehprogramme koordiniert.

Erst wenn ein Gebäude eine Höhe von mehr als 23 Metern erreicht, hat es Anspruch auf den Titel Hochhaus. Unsere die Meßlatte weit überragenden Skyscraper sind unter anderem das 1974 erbaute Selmi-Hochhaus mit 142 Metern, die Bank für Gemeinwirtschaft, heute Eurotower genannt (1977, 148 Meter), die Zwillingstürme der Deutschen Bank (1984, 155 Meter) nach Entwürfen von Haning, Scheid und Schmidt, die Dresdner Bank (1978, 166

Walter Wallmann bei seiner Antrittsrede am 15. Juni 1977

Meter), der Main Tower (200 Meter), der Messeturm des amerikanischen Architekten Helmut Jahn (257 Meter), der nach einer rapiden Bauzeit von genau zwei Jahren 1991 als neues Wahrzeichen der Messe eingeweiht wurde, und der 1997 fertiggestellte Commerzbank Tower des Architekten Sir Norman Forster, der mit seinen 259 Metern aktuell höchste Wolkenkratzer Deutschlands. Zum Vergleich: Das derzeit höchste Gebäude der Welt, der Buri Khalifa in Dubai, mißt schwindelerregende 828 Meter.

Im Gegensatz zum letztgenannten Exempel des Größenwahns bilden in Frankfurt die Wolkenkratzer eine notwendige Alternative zur flächenfressenden Blockbebauung der Innenstadt, diese imposante hochgetürmte Phalanx ist der Ausweg aus der Enge der City in die äußerste Vertikale, aber auch die hochschießenden Grundstückspreise begünstigen den Trend in die Wolken. Die Skyscraper verhindern bei begrenzter Bodenkapazität die Zersiedlung der Stadtränder. So ist in Frankfurt eine Konzentration von Wolkenkratzern entstanden, die den Großbanken, Versicherungskonzernen und anderen Nutzern dauerhafte Dienstleistungsoptionen garantiert und der Stadt ihre Skyline bescherte.

Frankfurt beherbergte nicht nur fast stets das jeweils höchste Gebäude Deutschlands, sondern mit dem 1931 auf dem Sachsenhäuser Berg erbauten Goetheturm bis 1999 auch das höchste öffentlich zugängliche Holzgebäude der Republik. Hat man die 196 Stufen der 43 Meter hohen Holzkonstruktion erklommen, sind bei klarer Sicht Taunus, Vogelsberg, Spessart und Odenwald zu erkennen. Viele der innerhalb dieses Panoramablicks liegenden Städte und Gemeinden versuchten seit 1975 unter dem Schirm des Umlandverbands, einer Art „Übergemeinde", ihre Zukunft gemeinsam zu gestalten. Der Verband sollte Aufgaben übernehmen, die im Stadt- oder Gemeindebereich getrennt nicht mehr lösbar erschienen, Auffangstelle sein für alles, was den Gemeindevätern und -müttern „über den Kopf zu wachsen" drohte. Walter Wallmann war seit Beginn seiner Frankfurter Verantwortung gegen diesen Umlandverband, er ließ sich schon bald in einem Gutachten bescheinigen, daß dieser Verband „verfassungswidrig" sei.

Säuberung des Bahnhofsviertels

Das Image der Mainmetropole wurde in den achtziger Jahren wesentlich durch die hohe Kriminalitätsrate, durch eine dramatisch eskalierende Drogenszene und durch das Kiezmilieu im Bahnhofsviertel beschädigt. Mit großer Unerschrockenheit ist Walter Wallmann der moralischen Verslumung des Bahnhofsviertels zu Leibe gerückt. Der gerichtsnotorische Casus, der mit den heißen Namen der Brüder Chaim und Hersch Beker als unappetitliche Sittengeschichte den Ruf der Stadt Frankfurt publizistisch verstärkt weltweit in Mißkredit gebracht und die Frankfurter Bürger aufgeschreckt und monatelang in Atem gehalten hatte, wird deshalb hier ausführlicher ausgebreitet. Obwohl von dem Treiben der beiden „Könige des Bahnhofsviertels" (*Der Spiegel)* die städtischen Ämter für Liegenschaft, Bauplanung, Rechtsamt und Kämmerei tangiert waren, wurde vom politischen Gegner und dem Großteil der Presse bis hin zur israelischen Tageszeitung *Jedi'ot Acharonot* der ehemalige Oberbürgermeister Wallmann in Sippenhaft genommen, der zu dieser Zeit aber bereits Hessischer Ministerpräsident war.

Die Staatsanwaltschaft ermittelte jahrelang gegen mehr als 500 Beschuldigte in einem unvergleichlichen Bauskandal wahrhaft mafiöser Dimension, in den viele Beamte und Angestellte der Stadt verstrickt waren. Derer zehn waren zur Zeit der *Stern-* und *Spiegel*-Recherchen bereits hinter Schloß und Riegel, und 3,6 Millionen nichtkoschere Deutsche Mark waren in der Asservatenkammer schon sichergestellt.

Holländische Grenzbeamte hatten im September 1989 bei Bad Beutheim einen höher besoldeten Frankfurter Beamten der Abteilung „Projektplanung" kassiert, der unterm Rücksitz 25 Kilogramm Haschisch über die Grenze schmuggeln wollte. Der damals amtierende Stadtkämmerer Ernst Gerhardt erklärte später, für gewisse Grundstücksgeschäfte, mit denen der CDU-Magistrat das Bahnhofsviertel habe „säubern" wollen und bei denen außer den Beker-Brüdern deren Partner Josef Buchmann laut *Stern* 12,7 Millionen eingesackt hätte, sei der damalige Rechtsdezernent Udo Müller zuständig gewesen. Auf Nachfrage des *Stern* hatte sich Müller jedoch „völlig ahnungslos" gezeigt, während der inkriminierte Chef des Liegenschaftsamtes Albrecht Müller-Helms versicherte, alle Verträge „nur auf Anweisung" unterschrieben zu haben. Müller-Helms wurde im Jahr 1990 vorzeitig aus den Diensten der Stadt entfernt.

Die Beker-Brüder hatten sich laut *Spiegel* „mit Hilfe bereitwilliger Beamter aus dem Ordnungsamt unrechtmäßige Konzessionen für Spielkasinos besorgt, in denen die Tageskasse manchmal mit 600.000 Mark gefüllt war". Nachforschungen hätten zu Tage gefördert, so der *Spiegel*, „daß im Zuge der von Wallmann eingefädelten Ausquartierung der Bordelle aus dem Bahnhofsviertel die Stadt gerade mit den Beker-Brüdern dubiose Immobiliengeschäfte machte".

Durch den Verkauf der Bahnhofsliegenschaften an die Kommune habe das Brüderpaar, das laut Kripo mit „internstem vertraulichem Wissen" über die

Verlegung des Bordellreviers versorgt gewesen sei, nach amtlichen Berechnungen satte Gewinne eingestrichen. Aus einer notariellen Abrechnung ergebe sich, daß die Bekers allein durch den Verkauf dreier Gebäude in Elbe- und Moselstraße an den Frankfurter „Allgemeinen Almosenkasten" mehr als 12,5 Millionen Mark gutgemacht hätten.

Auch wenn Walter Wallmann die genannten Bordellkönige gar nicht persönlich kannte und mit Josef Buchmann niemals Gespräche geführt hatte, so wurde deren Nähe zu den Schaltstellen der Stadt dennoch suggeriert. Aus eigener Erfahrung weiß ich, daß Walter Wallmann sich in die verbürgten Zuständigkeiten der Dezernenten nie eingemischt, geschweige in deren Akten Einsicht verlangt hätte, und schon gar nicht in so unappetitliche wie die aus der Schlangengrube. Aber am öffentlichen Pranger standen hier weniger die Ressortchefs als vielmehr der ehemalige OB. Aus der Tatsache, daß die Zuhälter vieler Damen des einschlägigen Gewerbes aus Osteuropa oder Asien ihre zahlungskräftige Kundschaft ausgerechnet in Frankfurt zur Kasse bitten, Vorurteile gegen Ausländer herzuleiten, ist absurd, auch wenn die Physiognomie einer traditionsbewußten Stadt wie Frankfurt durch mannigfache Phänomene der Immigration verändert wurde.

Die zur Haschwiese verschluderte Taunusanlage zwischen Theaterplatz und Deutscher Bank und dem Park hinter dem „Stadtbad Mitte", wo „wegelagernde Drogenabhängige und Dealer" erholungsuchenden Bürgern Angst und Schrecken einjagten, hat OB Walter Wallmann zum „Sperrbezirk" erklären lassen, mit der Folge, daß die Verstoßenen in das Straßennetz Richtung Bahnhof diffundierten und ihre Spritzen jetzt in Hinterhöfen und Hausfluren deponierten.

Walter Wallmann im Gespräch mit Werner Höfer

Im Männermagazin *lui* hat der Erfinder des *Internationalen Frühschoppens* mit Walter Wallmann ein munteres Gespräch geführt, in dem Werner Höfer den Oberbürgermeister entspannt über die Frankfurter Probleme zu plaudern animiert:

Nachdem Sie im Wahlkampf den Mund gespitzt hatten, mußten Sie nach dem Wahlsieg ja auch pfeifen?
Ich bin nicht mit stolzgeschwellter Brust hier eingezogen. Noch in der Wahlnacht habe ich deutlich gemacht, daß im Grunde nicht ich gewählt wurde,

sondern andere abgewählt worden sind. Und wenn ich völlig frei, nur an mich denkend, zu entscheiden gehabt hätte, wäre ich nicht hierhergegangen, damals, 1977. Meine Leidenschaft gehört der Außen- und der Sicherheitspolitik, und von meiner Neigung her wäre ich lieber in Bonn, im Bundestag geblieben.

Und nun sind Sie Oberbürgermeister dieser Stadt, die gesegnet ist mit geschichtlichem Ruhm und belastet mit bedenklichem Ruf: unbewohnbar wie der Mond, unregierbar wie New York. Es ist doch wohl Ihre Absicht, dieses negative Image zu verbessern?
Deshalb nimmt die Kulturpolitik hier einen außerordentlich hohen Rang ein.

Der populärste Mann, nach Ihnen, im Magistrat ist der SPD-Mann Hilmar Hoffmann, der Stadtrat für Kultur. Es ist bundesweit aufgefallen und positiv bewertet worden, daß Sie gerade ihn weiter an Ihrer Seite dulden und mit ihm konstruktiv zusammenarbeiten.
Ich wäre sehr töricht, wenn ich es anders machen würde. Denn Herr Hoffmann ist nicht nur ein anregender Kulturpolitiker, sondern auch ein hervorragender Verwaltungsmann. Was wir verabreden und was er dann in die Hand nimmt, das funktioniert auch. Außerdem muß man in der Kulturpolitik auch ein großes Herz haben. Ich bin dagegen, daß Politiker in Theaterspielpläne hineinreden. Die Bühnen selbst haben die Verpflichtung, ihre Freiheit in Verantwortung zu gebrauchen und ein plurales Angebot zu machen. Wir hatten zum Beispiel in der Oper eine Aufführung von Nono …

… und das ist ein Kommunist!
Natürlich ist er Kommunist, und ich finde Kommunismus überhaupt nicht schön, aber was hat das mit seiner Musik zu tun! Auch Brecht ist Kommunist gewesen. Ihn deshalb nicht zu spielen, wäre lächerlich. Aber nur Brecht spielen geht auch nicht.

Und die Universität spielt auch eine Rolle?
Gewiß. Aber es kommt noch etwas anderes hinzu. Ich wage dies nicht endgültig abzuschätzen, aber die Frage muß ich mir redlicherweise vorlegen: Die drei Parteien, die heute in den Parlamenten sind, bilden ein politisches Establishment. Wie stellt sich das für einen jungen Menschen dar? Sind denn Wohlstand und Sicherheit Selbstverständlichkeiten? Viele sagen: In die Politik muß was Neues, muß Bewegung reinkommen; alles ist festgefahren; es gibt immer

die gleichen Delegierten, und die werden gesponsert – nicht nur von irgendwelchen Leuten aus der Wirtschaft oder aus den Gewerkschaften, die kriegen auch noch Geld vom Staat. Solche Anwandlungen von Verdrossenheit muß man ernst nehmen.

Wie ist Ihre Definition von Ihrem Konservativismus, Herr Wallmann?
Ich glaube, daß es Dinge gibt, die es zu bewahren gilt, wie es andere gibt, die man verändern muß. Und weil ich der Meinung bin, daß man sich zum Bewährten zu bekennen hat, verstehe ich mich als ein Konservativer, der glaubt, daß bestimmte Werte in die Zukunft hineingetragen werden müssen. Dazu gehört alles, was mit Rechtsstaat zusammenhängt, alles, was die Pflichten von Eltern gegenüber Kindern angeht.

Sie sind in den Verhandlungen extrem höflich aufgetreten. So haben Sie Willy Brandt, der nicht mehr Regierungschef war, noch als „Herr Bundeskanzler" angeredet.
Wenn er jetzt hier reinkäme, würde ich das genauso machen. Vielleicht bin ich da ein bißchen altmodisch. Aber von einer bestimmten Etage ab übt man keinen Beruf mehr aus; da bringt man alles ein. Und wenn jemand diese Position nicht mehr hat, ist das kein Grund, in der Art der Begegnung minderen Respekt zu bezeugen.

Was tut der Bürger Walter Wallmann, wenn er nicht Oberbürgermeister ist?
Wenn Zeit bleibt, nimmt er sich ein Buch vor …

Und wenn einmal aller Arbeitstage Abend ist: Wo werden Sie Ihren Lebensabend verbringen?
… in Frankfurt! Wir sind ein Stück dieser Stadt geworden.

Wallmann und die Kulturpolitik

Walter Wallmann hatte eine hohe Vorstellung von Kultur. In seiner Antrittsrede als neuer Präsident des Deutschen Bühnenvereins am 23. Juni 1981 in Darmstadt hat er als Nachfolger von Oberbürgermeister Winfried Sabais sein kulturpolitisches Credo formuliert, dessen Echo auch in Frankfurt gehört werden sollte. Darin beschwor er die Kultur als archimedischen Punkt für die Zukunft der Nation und konkret die Existenzberechtigung des etablierten Theaters in einer Zeit, als mindestens dreimal so viele freie Theater in Deutschland um ihre Existenz kämpften. Mit einem kleinen Schwenker am Schluß seiner Rede stellte Walter Wallmann in vornehmer Andeutung die von seinem Frankfurter Kulturdezernenten eingeführte Mitbestimmung in Frage, was im Palitzsch-Ensemble als „unsolidarisches Echo aus Darmstadt" auf Unverständnis stieß, ja als „Nestbeschmutzung" dramatisiert wurde. Bis auf die üblichen Eingangs- und Schlußfloskeln wird diese Grundsatzrede im vollen Wortlaut abgedruckt, weil damals gleichwohl daraus eine Zukunftsgarantie für Frankfurts Städtische Bühnen abgeleitet werden konnte. Als Vollmitglieder des Bühnenvereins kritisierten in Darmstadt die Intendanten der deutschen Opernhäuser, daß ihre Arbeit ausgerechnet vom „Kulinariker Wallmann", der doch das allmähliche Aussterben des gebildeten Bürgertums gern beklagte, mit keiner Silbe erwähnt worden war.

Seine Rede bezeugte mit leicht pedantischem Zug ins Juristische den eisernen Willen Wallmanns, die Zukunft des deutschen Theaters auch gegen die Interesselosigkeit der streng etatistisch denkenden Parlamentarier aller Couleur zu verteidigen. Das liberale Credo aus dem Munde eines CDU-Repräsentanten erzeugte großen Zauber:

Ich habe des öfteren darauf hingewiesen, daß ich die Kulturpolitik für einen der wichtigsten, wenn nicht sogar den wichtigsten Bereich der Kommunalpolitik halte. Kulturpolitik ist für mich ein Ferment der Kommunalpolitik, denn sie gibt unseren Städten ein unverwechselbares Gesicht.

Das, was statistisch meßbare Leistungen kaum zu bewirken vermögen, kann Kultur herbeiführen: einem Gemeinwesen Wärme zu geben, seinen Bürgern zu ermöglichen, sich mit der Stadt zu identifizieren, Funktionalismus zu überwinden. Wir haben in Frankfurt am Main danach gehandelt. Elf Prozent des städtischen Haushalts für kulturelle Vorhaben und sechzig Millionen Mark jährliche Theatersubventionen belegen dies.

Eine Gesellschaft, in der es immer schwieriger wird, einen Grundkonsens zwischen den verschiedenen Gruppierungen und Generationen zu formulieren, bedarf dieses Ferments in besonderem Maße. Viele Menschen suchen heute in den Künsten Lebenshilfe und Sinnstiftung. Ganz besonders trifft dies für das Theater zu, da das Theater Sprache und Bilder bewahrt, die Teil unserer kulturellen und politischen Tradition sind. Aus diesem Vorrat lebt der Einzelne wie die geistig und künstlerisch interessierte Nation.

In dieser Wertung können Sie zum einen meine Motive für die Übernahme der Präsidentschaft des Deutschen Bühnenvereins erkennen, zum anderen

Eröffnung des Architekturmuseums 1984 (in der ersten Reihe von links): Stadtkämmerer Ernst Gerhardt, Stadtverordnetenvorsteher Hans-Jürgen Hellwig, Bundesbauminister Oscar Schneider, Architekt Oswald Mathias Ungers, der Kulturdezernent, Baudezernent Hans-Erhard Haverkampf und Museumsdirektor Heinrich Klotz

möchte ich daraus die Forderung ableiten, daß auch in einer Zeit des knapper werdenden Geldes die Förderung der Künste, und hier besonders der Theater, eine vordingliche Aufgabe der öffentlichen Hand ist und bleibt. Ich weiß, daß manche Politiker beim Sparen zuerst an die Kulturpolitik denken, nach dem Erfahrungssatz, die Künste haben keine Lobby.

Ich halte dies für eine falsche Politik, da sie Sinn und Bedeutung der Künste für den gesellschaftlichen Zusammenhalt außer acht läßt. Natürlich erfordert eine Zeit der knapper werdenden Ressourcen auch Sparen im kulturellen Bereich. Wirtschaftlichkeit sollte auch für Theaterleute kein Schimpfwort sein. Jede Rationalisierung muß allerdings dort ihre Grenzen haben, wo das Primat der künstlerischen Aussage bedroht ist, denn das Theater ist kein Industriebetrieb.

In diesem Zusammenhang möchte ich auch ein Wort zu jenem zunehmenden Antagonismus von Künstlern und technischem Apparat sagen, der unsere Theater heute bedroht. Vor allem die größeren Theater sind im Netz arbeitsrechtlicher, kameralistischer und sicherheitstechnischer Bestimmungen immer schwerfälliger geworden. Die Zahl der Produktionen pro Spielzeit ist in den letzten Jahren immer weiter zurückgegangen. Zugleich versuchen immer mehr Theaterleiter und Regisseure, sich den Zwängen des Apparates zu entziehen. Die wachsende Anzahl freier Gruppen verdeutlicht dies. Ich glaube, hier hilft nur eine Rückbesinnung auf die Anfänge. Trotz Sicherheitsbestimmungen und sozialem Netz sollten alle, die im Theater zusammenwirken, sich daran erinnern, daß unsere Theater nur dann in ihrer gegenwärtigen Form bestehen bleiben können, wenn sie jenen Freiraum für künstlerische Kreativität bewahren, ohne den das Theater nicht lebt. Was dem heutigen Theater hin und wieder zu fehlen scheint, ist ein wenig vom beweglichen Geist der Neuberin.

Ein Mittel zur Überwindung des Antagonismus zwischen Technik und Verwaltung auf der einen und der Kunst auf der anderen Seite ist auch die Mitwirkung aller am Theater Beschäftigten, an den Entscheidungsprozessen Beteiligten. Sie kann dazu beitragen, Probleme zu lösen, wenn sie sich als Dienst an der gemeinsamen Sache begreift. Mitbestimmung muß dort scheitern, wo sie den Versuch unternimmt, Machtansprüche einzelner Gruppen im Theater durchzusetzen.

Ich möchte an dieser Stelle gerade im Hinblick auf die Frankfurter Erfahrungen die Frage offen lassen, ob die künstlerische Leistung selbst mitbestimmungsfähig ist. Ich bin aber nach wie vor der Auffassung, daß eine erfolgreiche Theaterarbeit der engagierten Mitwirkung aller Beteiligten bedarf.

Obwohl Wallmanns Kulturbegriff ein „wertkonservativer" war im Sinne etwa von Schillers Traum, wonach der Mensch nur „über ästhetische Bildung" frei werde, war er zukunftsoffen auch für die undifferenziert so genannte alternative Kultur, die sich im Programm einer „Kultur für alle" bemüht, mit einer breiten Palette unterschiedlichster kultureller Angebote all jene zu befriedigen, die mit einer „kulturellen Veredelung des Menschen" eines Thomas Mann wenig am Hut haben, zu dessen „Individualismus protestantischer Innerlichkeit" sich der avantgardeskeptische Wallmann aber ausdrücklich bekannte. Während die Kultur in Frankfurt in den siebziger Jahren eine Art Gegenwelt zu den herrschenden Kulturformen darstellte, ist sie heute längst Teil der uns alle prägenden Kultur geworden. Mit seiner klugen Strategie hofft Wallmann die latente Systemkritik ins System zu integrieren.

In Frankfurt sind es wie in kaum einer Stadt die Dichter und Künstler, die Professoren und Studenten, die Journalisten und Kulturhabitués, die dem geistigen Zuschnitt und der ästhetischen Physiognomie unserer Stadt unverwechselbare Konturen verleihen.

Das Frankfurter Museumsufer

Kein Volk kann außerhalb der Schönheit leben.

Albert Camus

Die ehedem mächtige SPD war am 20. März 1977 von 50,3 auf 39,9 Prozent tief in den Keller der Wählerverdrossenheit abgestürzt. Übermut der Ämterinhaber und Genossenfilz hatten Walter Wallmanns zum Sieg verholfen. Für mich war das Desaster der SPD keine Überraschung. Im *Spiegel*-Interview vor dem Wahltag hatte ich die letzte Frage, ob ich nach einer für die SPD verlorenen Wahl im Magistrat verbleiben würde, falls Wallmann mir eine entsprechende Offerte machte, mit der Einschränkung bejaht, „sofern ich nicht abschwören muß".

Um mich persönlich kennenzulernen, bat der neue Oberbürgermeister Walter Wallmann mich kurzfristig in sein neues Römerdomizil zum Vieraugengespräch. Weil wir uns irgendwie *prima vista* ganz sympathisch fanden, erbat er eine Interpretation des letzten Satzes meines *Spiegel*-Interviews. Ich konkretisierte meine Wortwahl „abschwören" mit dem Wunsch, das Museumsuferprojekt, das ich lange vor der Wahl öffentlich proklamiert hatte und auch nach der Wahl für Frankfurts Weiterentwicklung zum kulturellen Trendsetter der Republik für unverzichtbar hielt, nicht in die Schublade versenken zu müssen. Walter Wallmann mochte sich die Bemerkung nicht verkneifen, ein derart ehrgeiziges Projekt hätte unter seinem Vorgänger sicher keine Chance gehabt. Das war wohl wahr. Für Wallmann sollte das künftige Museumsufer wie eine Schnittstelle zwischen Kunst und Wissenschaft fungieren.

Walter Wallmann faßte unser langes Gespräch in den mir unvergeßlichen Satz zusammen: „Ich möchte Sie bitten, zu bleiben. Lassen Sie uns einander versprechen, daß keiner versucht, den anderen aufs Glatteis zu ziehen." Wir haben dieses stillschweigende Versprechen neun gute, produktive Jahre lang nicht bereuen müssen. Für diese Zeit haben wir das dogmatische Rechts-links-Schema im Sinne von Ernst Jandls „Rings"-„lechts"-Philosophie außer Kraft gesetzt. Gelegentliche Divergenzen in ästhetischen Fragen führten nie zu Kontroversen.

Diese „duale dynamische Phalanx" war Ergebnis einer für viele „unheimlichen kulturpolitischen Allianz". Rudi Arndt nannte Walter Wallmanns Entscheidung „einen klugen politischen Schachzug"; er habe „sich allerdings gewünscht, daß Wallmann sich mit Hoffmann und der Kulturszene angelegt hätte", läßt er im *Spiegel* verlauten. *Die Zeit* widmet dieser „skurrilen Irritation" sogar einen Leitartikel:

Der Kulturkampf mit Hilmar Hoffmann hat vom ersten Tag an nicht stattgefunden. Wallmann schwelgt geradezu in Zukunftsbildern von einem Frankfurt, in dem die Musen so zu Hause sind wie Banken und Kapital, die Museen so wild wuchern wie die Hochhäuser. Er duldet zwar nicht alles, was Hilmar Hoffmann einfällt, aber er setzt sich gar nicht ungern an die Spitze der Bewegung, die Frankfurt zur Kulturmetropole ausbauen möchte. Das Murren der Basis in beiden Parteien stört die kleine Allianz an der Spitze nicht weiter.

In der zügigen Realisierung des Museumsufers, deren viele autonome Komponenten es zu einem pulsierenden Organismus zu verbinden galt, erkannte der Pragmatiker eine Chance, das miserable Image der Mainmetropole zu einer kulturellen „Corporate Identity" umzupolen. Bankfurt, Krankfurt, Mainhattan waren Malmots milder Ironie für eine Megalopolis, die Hermes zu regieren schien, der Gott des Handels und der Diebe. Der bildsüchtige Zeitgeist der achtziger Jahre war unser starker Verbündeter für die Urbanisierung der Stadt. Ja, Urbanität ist die eigentliche Lizenz des Politikers, die Walter Wallmann legitimierte, außergewöhnliche Ideen in die Tat umzusetzen. Wallmann argumentierte zu Recht, daß Kultur den Sinn für das Gemeinwesen stärkt. Insofern war er auch bereit, „Nachhaltigkeit" als neuen Kostenfaktor in die politische Hochrechnung einzubeziehen.

Wallmanns in die Zukunft weisende Frage „Was bauen wir denn als erstes?" war der Beginn einer wunderbaren Liaison. Als Initiationsritus für das „Jahrhundertprojekt" (*F.A.Z.*) schlug ich die Errichtung eines Filmmuseums vor. Gegen das Programm des zu inkorporierenden Kommunalen Kinos hatte die CDU zwar in ihre Wahlkampffanfaren gestoßen, obwohl sich dessen Filmprogramme längst größter Beliebtheit nicht nur bei jungen Leuten erfreuten. Und zweitens wartete auf der anderen Mainseite schon eine leerstehende Liegenschaft auf seinen Segen. Außerdem war uns mit der Sammlung Sauerlaender die größte Kino-Privatsammlung angeboten worden, deren kostbare *objets trouvés* der Sammler in aller Herrgottsfrühe auf den Flohmärkten in Paris und London aufgespürt hatte; darunter waren Schätze wie die originale Lumière-Kamera aus den Anfängen des Kinos, die jedes Cineastenherz erfreuen. Walter Wallmann war einverstanden und scherzte locker: „Wenn ich mal Bundeskanzler bin, werden Sie mein Filmminister."

Ich fragte das neue Stadtoberhaupt nach dem künftigen Prozedere für Entscheidungsfindungen. „Das wird für Sie jetzt alles einfacher." Er werde am Mittwoch die CDU-Fraktion unterrichten, und ich solle für das Placet der SPD sorgen. Das neue Verfahren quasi als *cantus firmus* für das nächste Jahr-

Eröffnung des Deutschen Filmmuseums 1984 (von links): Baudezernent Hans-Erhard Haverkampf, Museumsleiter Walter Schober, Bundespräsident a. D. Walter Scheel, OB Wallmann, der Kulturdezernent und Stadtverordnetenvorsteher Hans-Jürgen Hellwig

zehnt erwies sich nicht nur als höchst rational, sondern auch als hocheffizient: keine zeitraubende Überzeugungsarbeit bei Pontius und Pilatus mehr in den diversen Zustimmungsgremien wie den Arbeitskreisen der SPD und CDU oder in den Fraktionsvorständen usw. Auch weil Walter Wallmann es haßte, sich beim Vortrag subalterner Positionen zu echauffieren, wurde ab jetzt ohne verschlungene bürokratische Umwege gleich im Magistrat entschieden und anschließend im Kulturausschuß und in der Stadtverordnetenversammlung.

Solange die Ressourcen noch ausreichten, galt es, Tempo vorzulegen, die Liste der Desiderate war schließlich ellenlang: Deutsches Filmmuseum, Deutsches Architekturmuseum, Völkerkundemuseum, Jüdisches Museum, Museum für Vor- und Frühgeschichte, Kunsthalle Schirn, Kommunale Galerie im Leinwandhaus, Museum für Moderne Kunst, Archäologisches Museum, Museum für Kunsthandwerk. Die Idee des Museumsufers reifte zu einer von den Bürgern bald als Steigerung ihrer Lebensqualität durch Inbesitznahme honorierten kulturellen Infrastruktur: der Mikrokosmos Museumsmeile als immaterieller Kontrapunkt zum Makrokosmos der Bankenmeile; Kultur als Ferment der Stadtentwicklung. Zur entlang der Uferpromenade residierenden Kunst kamen später noch der Portikus hinzu, eine Idee von Kasper König, und das Ikonen-Museum, eine Idee von Pater Friedhelm Mennekes, sowie repräsentative Anbauten an das Städel, die Städelschule und das Liebieghaus, um deren Raumnöte zu mildern.

Mit Hilfe von Hans-Erhard Haverkampf, des durchsetzungsfreudigen, dynamischen Baudezernenten, holten wir als Alternative zum Kartell der beamteten Oberingenieure die erste Garde der Architekten an den Main: Richard Meier, Hans Hollein, Oswald Mathias Ungers, Gustav Peichl, Günter Behnisch, Helge Bofinger, Ante Jossip von Kostelac. Albert Speer konzipierte den Holbeinsteg über den Main als Pendant zum historischen Eisernen Steg, den Max Beckmann 1922 so eindrucksvoll gemalt hatte. Ernst Gerhardt, der allen gängigen Vorurteilen gegenüber kulturell ignoranten Stadtschultheißen widersprechende Kämmerer, sorgte genial für den Geldfluß; indem er sich mit dem Projekt voll identifizierte, saß er im Boot mit am Steuer. Die Kultur boomte zu dieser Zeit in Frankfurt wie in keiner anderen deutschen Stadt. Kämmerer Gerhardt ersparte uns das Klinkenputzen und sorgte dafür, daß die Kosten nicht aus dem Ruder liefen; er hat unser Boot gut durch monetäre Krisen gesteuert. Auch ihm war klar, daß Amortisationen für das Museumsufer sich nicht mit Hilfe der Grundrechenarten hochrechnen ließen.

Um das „Mammutprojekt Museumsufer" abzurunden, fehlte allein der vom Parlament noch in meiner Amtszeit beschlossene Neubau des Völkerkundemuseums, der von OB Brück *ad calendas graecas* vertagt wurde. Diese kampflos hingenommene Ranküne gegen die Idee einer kulturellen Metropole (mit 25 Prozent ausländischen Mitbürgern) wurde von vielen als das erste Signal für den bitteren Verfall der Frankfurter Kulturpolitik nach 1990 gedeutet. Der Spruch der Grünen „Die Kultur muß bluten" war ernst gemeint. Wallmann-Nachfolger Wolfram Brück hatte die Magistratsvorlage des Kulturdezernats für den Bau des Völkerkundemuseums von der Tagesordnung genommen, weil er befürchtete, bei der bevorstehenden Kommunalwahl 1989 die Quittung für das Fällen von acht Bäumen zu bekommen. Nach der Wahl gab es zwar keinen OB Brück mehr, aber sein Nachnachfolger Andreas von Schoeler (SPD) wollte für dieses Megaprojekt ebenfalls keine Mittel lockermachen.

Die FDP hatte in fast jeder Parlamentssitzung den Kulturdezernenten mit der hartnäckigen Frage genervt, wann endlich eine Hochrechnung der Gesamtkosten des Mammutprojektes Museumsufer vorgelegt werde. Die kometenhaft ansteigende Zahl der Neu- und Erweiterungsbauten und die Gesamtsumme für deren Realisierung und für die erforderlichen Folgekosten hätten aber in einer planerischen Gesamtvorlage hochgerechnet das Projekt wahrscheinlich sogar bei Wallmann ohne jede Chance gelassen. So konnten diesmal ausnahmsweise mal mit Hilfe der Salamitaktik die jeweils einzeln vorgelegten Planungen der Neu-, Um- und Erweiterungsbauten in der abschließenden Bilanz den Stolz auch der Parlamentarier nähren. Wie die Ringe des Saturn schmiegen sich die Museen und Galerien an den Main. Diese schlicht „Museumsufer" genannte Bilanz möchte den Begriff Museum etymologisch verstanden wissen: Denn *Museion* war in der Antike weniger ein Musentempel als vielmehr ein ganzer Stadtkomplex, der den Musen gewidmet war. Das *Museion* war also kein Solitär, sondern eine Art Gegenstadt der Musen und der Gaukler, ein Labyrinth der Fiktionen, wo flaniert und disputiert wurde und wo man aß und trank und sich des Lebens versicherte. Das Museion war eine Gegenwelt zu der vom Handel geprägten Stadt, eben wie unser Museumsufer es einmal werden soll. Sechs Brücken verklammern die beiden Museumsufer optisch und mental mit über 70 anrainenden lebensdienlichen Kulturinstituten: Außer den 24 Museen und 20 Galerien auch die vielen Theater, die Oper, das Literaturhaus usw. Das Kompendium Museumsufer dient den Menschen nicht nur als Quelle der ästhetischen Vergnügung und des Wissenserwerbs, sondern auch als Medium der Kompetenzerweiterung. Das Museumsufer wurde zu einem Projekt, das mit seiner Werbung identisch wurde.

Im Frühjahr 1983 hatte Hamburgs Erster Bürgermeister Klaus von Dohnanyi mich im Dozentenzimmer der Universität Tel Aviv telefonisch aufgespürt, um mich als Kultursenator der Hansestadt anzuheuern. „Aber Sie wollen doch gar nicht an die Alster", vermutete Walter Wallmann richtig. „Sie wollen doch nur am Main ein weiteres Museum bauen! Was bauen wir denn als nächstes?" Ja, das waren noch Zeiten: Zehn neue Museen in neun Jahren und dazu noch drei große Anbauten an Städel, Städelschule und Liebieghaus, deren reiche Bestände sonst nicht hätten sichtbar gemacht werden können. Die Besucher sollten dort aber nicht allein in der Anschauung verweilen, sondern den Wesenskern der Objekte wahrnehmen und sich übereignen.

Die quintessentielle Krönung des Museumsuferprojektes wäre gewesen, den Untermainkai rigoros vom Autoverkehr zu befreien und unter das Pflaster zu verdammen. Schon auf dem Weg ins Bonner Kabinett, war Walter Wallmann für ein futuristisches Projekt dieser Größenordnung leider nicht mehr zu erwärmen gewesen: Ich hatte vorgeschlagen, die Sachsenhäuser Mainuferstraße in eine parkähnliche Flußlandschaft umzuwandeln und mit der blühenden Naturebene der schon jetzt populären tiefer gelegenen wassernahen Flanierzone mit ihren imponierenden Sandsteinmauern des Hochkais und mit den nostalgischen Rampen und idyllisch korrodierten Treppenanlagen sowie dem vollkronigen Platanenkorso zu einer grünen Oase zu verschmelzen. Zu einer auch ästhetischen Augenweide im Sinne von Goethes „herrlich leuchtender Natur". Der den Fluß von den Museen abriegelnde Verkehrsstrom sollte unter den Schaumainkai zwischen Alter Brücke und Friedensbrücke in einen Tunnel verlagert werden. Als nicht unwichtiger Nebeneffekt hätte der tückische Feinstaub die Museumsschätze nicht länger gefährdet. Aus dem Asphalt eine grüne Flaniermeile machen, ja, das wär's gewesen: am Museumsufer ins Utopische ausschreiten wie weiland Benjamins verwegene Flaneure! Aber vielleicht sollten Utopisten aus Roland Barthes' Einsicht lernen, daß modern sein auch zu wissen bedeuten kann, was nicht mehr möglich ist. Die Kosten waren damals wohl zu hoch gewesen. Aber wann hätte je ein Oberbürgermeister wegen neuer Schulden schon mal die Wahlen verloren?

Das Museumsufer hat wesentlich zur Selbstvergewisserung der Stadt beigetragen. In seiner harmonisierten Balance von moderner Bauästhetik und altersschönen Villen der Gründerzeit drückt sich auch das Spannungsverhältnis der Frankfurter Stadtentwicklung aus, die in gebauten Zeugnissen als kulturelle Verdichtung erlebt wird: vom architekturästhetischen Erbe bis in die Spitzen unserer Wolkenkratzer. Walter Wallmann hat diese Spannung mit den Worten auf den Begriff gebracht: „Erst das Verständnis für unsere kulturelle Vergangen-

Richtfest der Kunsthalle Schirn 1984

heit und die Bewahrung unseres kulturellen Erbes eröffnet uns die in diesem Erbe liegende Möglichkeit, aus einer krisenhaften gesellschaftlichen Situation des Übergangs den Weg zu einer neuen Verbindlichkeit zu finden." Die Millionen Besucher des Museumsuferfestes verweisen darauf, daß dies eine richtige, nachhaltige Entscheidung war. Wallmann selbst hat gegenüber diesem alljährlichen Event der luftigen Erlebniskultur am Mainufer allerdings Abstinenz geübt, das Menschengeschiebe war nicht seine *cup of tea*.

Doch nicht nur kulturell, auch materiell haben sich die Investitionen gelohnt, wie am Beispiel des Museums für Moderne Kunst erweislich: Der Wert der im Jahr 1981 für fünf Millionen Mark erworbenen Ströher-Sammlung mit Meisterwerken der amerikanischen Pop-art der sechziger Jahre ist in den vergangenen 30 Jahren in schwindelerregende Höhen gestiegen. Allein Roy Lichtensteins Gemälde *Yellow and Green Brushstrokes* schlägt 2011 in der städtischen Vermögensstatistik mit 50 Millionen Euro zu Buche, also mit einer Summe, die Hans Holleins Museumsbau 1991 gekostet hat.

Semantikstreit Museumsufer/Museumspark

Zwischen Oberbürgermeister und Kulturdezernent hat es in den gemeinsamen neun Jahren nur zweimal wirklich Dissenz gegeben, das eine Mal beim heiklen Casus Fassbinder, von dem noch die Rede sein wird, und vorher bei der Imagefrage, ob das Museums*ufer* nicht besser als Museums*park* in die Stadtannalen eingeschrieben werden sollte.

Während der Finanzkrise Mitte der achtziger Jahre haben wir den Berufsskeptikern unsere „Baulust" pragmatisch mit der Notwendigkeit erklärt, im Interesse der Wirtschaft und des Erhalts von Arbeitsplätzen „antizyklisch" gegenzusteuern. So kann das Museumsufer heute als Paradigma sowohl für die Stadtplanung als auch für die Denkmalpflege gelten. Jede Museumsgründung und fast jeder Erweiterungsbau konnte als Kern eine jener prachtvollen Patriziervillen inkorporieren, die in einer unzerstörten urbanen Park- und Uferlandschaft eindrucksvoll ihre schönen Besonderheiten behaupteten wie das Museum für Kunsthandwerk mit Metzlervilla, das Museum der Weltkulturen, das Filmmuseum, das Architekturmuseum, das Archäologische Museum, das Museum Giersch, das Postmuseum oder das Jüdische Museum. Als Lernorte und als Stätten der Kontemplation wurden die unverwechselbaren Architekturen aus früheren Jahrhunderten zugleich als Denkmäler erhalten; in ihrer kompositorischen Ganzheit bilden sie auch inhaltlich eine Einheit von Geschichte und Gegenwart.

Die Physiognomie des Frankfurter Museums-Ensembles ist kein üppiges Monumentalgemälde. Anders als in Paris oder Madrid, München oder Berlin bietet die Kleinteiligkeit der Frankfurter Häuser den Reiz vielfach provozierender Grenzüberschreitungen. Je mehr sich das Projekt der kleinen Schritte nach und nach zu einem großen Ganzen erweiterte, um so mehr wurde es publizistisch als Initiative des Kulturdezernats identifiziert. Also sannen Berater des Stadtoberhaupts auf geeignete Instrumente, um auf kaltem Wege eine Bewußtseinswende einzuleiten: Das Museums*ufer* sollte schlicht umgetauft werden in Museums*park*. Ein entsprechend kostspieliger Korrekturauftrag an das renommierte Planungsbüro Speer & Partner sollte kraft des internationalen Rufs von Albert Speer als Städteplaner den Paradigmenwechsel einleiten und durch eine entsprechende Umplanungsstudie fachlich beglaubigen. Das Copyright für das Gesamtprojekt sollte so dem Oberbürgermeister übertragen werden. Das bis dahin feine Gespür für die Empfindungen des Gleichgewichts zwischen OB und Kulturdezernent lief Gefahr, im Streit um des Kaisers Bart einseitig suspendiert zu werden. So verwendeten im vorauseilenden Gehorsam die Magistratsvorlagen aus dem Planungsdezernat des CDU-Kollegen Küppers vom 9. Januar, 6. Februar und 13. Juli 1981 den Begriff „Museumspark" schon ganz offiziell. Das Museumsufer war aber von Anfang an keine ideologieverdächtige

Walter Wallmann wird im Faschingsgedränge geherzt

Veranstaltung. Da diese Art allzu flotter Semantik nicht ausgemacht war, habe ich erstens den anheimelnden neuen Begriff „Park" konsequent auch in Magistratsvorlagen ignoriert und zweitens mit Haverkampfs Hilfe die Schnickschnack-Remeduren sukzessive in den Wind geschlagen, zum Beispiel die Reduzierung des genialen Richard-Meier-Entwurfs um ein Drittel (!) seiner Ausstellungsfläche: Statt drei nur zwei Quader hätten den großen dreidimensionalen Formaten nicht zu ihrem gebührenden Auftritt verhelfen können. Dies wäre einer barbarischen Verstümmelung gleichgekommen, ganz abgesehen vom Rechtsstreit mit einem amerikanischen Stararchitekten. Das Museum für Moderne Kunst sollte auf der dann stillzulegenden Hofstraße zwischen Theatermagazin und Rothschildpalais angesiedelt und der Neubau des Postmuseums sollte um die Hälfte verknappt werden. Die Prozesse auch mit diesen Architekten hätten die Stadt Millionen gekostet. Viel schlimmer aber wäre die zeitfressende Verzögerung des Gesamtprojekts gewesen, denn architektonische Copyright-Prozesse ziehen sich bekanntlich über Jahre hin. Hier galt es, das *principiis obstat* anzuwenden und dem Museumsufer als *raison d'être* den Stempel der Vernunft aufzudrücken. Kein einziger Stein ist am Ende durch irrationale „Park"-Pläne verrückt worden. Aber ein süßer Trost ist Albert Speer geblieben: Ihm ist das 1990 eröffnete geniale Pendant zum Eisernen Steg, der Holbeinsteg, zu verdanken, und der ist sein Geld in 100 Jahren noch wert.

Dieser irrationale Semantikstreit um „Park" oder „Ufer" konnte die *Entente cordiale* mit Walter Wallmann aber nicht trüben. Unser gutes Verhältnis beruhte schließlich auch auf der Erfahrung, daß es nichts Praktischeres gibt als realisierbare Theorien, um im kulturellen Ranking der Großstädte Frankfurt gemeinsam weiterhin ganz vorn zu halten.

Entente cordiale

Ein Beispiel dafür, wie entspannt das Klima zwischen Oberbürgermeister und Kulturdezernent war, gibt folgende produktive Marginalie: Auf einer Verwaltungsratssitzung des Deutschen Instituts für Filmkunde im Schloß Biebrich am Wiesbadener Rheinufer sollten mich die Wortscharmützel nicht länger langweilen, ob angesichts der miesen Kassenlage statt wie bisher dort üblich mit Hilfe eines Stuhls auf einem herbeigeschobenen Tisch die oberen Bücherregale künftig nicht besser und unfallsicherer mit einer Aluleiter sollten erreicht werden können. Kein Geld! Statt 100-Watt-Birnen sollten nur sparsame 60-Watt-Funzeln die Büros und die darin denkenden Köpfe erleuchten.

Im vermuteten Einvernehmen mit Walter Wallmann schlug ich kurzerhand vor, doch mit dem einzigartigen Inventar und allen Mitarbeitern nach Frankfurt ins entstehende Filmmuseum zu übersiedeln: mietfrei, mit 200.000 DM Zuschuß jährlich, einer halben Bibliothekarstelle und kostenloser Mikroverfilmung der Archivbestände samt Mikrofiche-Aufnahmegerät, Printer, Kardex-Lektriever plus Kompactus-Anlage. „Topp!", sagte der zehnköpfige Verwaltungsrat, und ehe ich recht begriffen hatte, was als augenblicksgeborene Offerte auf den Tisch gelegt worden war, wurde auch schon darüber abgestimmt: einstimmig für den Umzug. Als ich dann doch kalte Füße bekam, telefonierte ich schnell mit Walter Wallmann. Mit diesem Deal bekäme Frankfurt die einzigartige Chance, Filmstadt zu werden und so weiter. „Aber lieber Herr Hoffmann, ich lasse Sie doch nicht hängen, wenn Sie Ihr Wort gegeben haben", beruhigte er mich wie gewohnt loyal. Damit hatte Walter Wallmann das Fenster der Gelegenheiten weit geöffnet. Welcher Dezernent in deutschen Magistraten beneidete den Frankfurter Kollegen nicht um einen solchen Oberbürgermeister!

Den aus der Mode gekommenen Begriff Herzensbildung konnte man in Walter Wallmann als Tugend personifiziert finden. Für menschlich-allzumenschliche Befindlichkeiten hatte er ein untrügliches Sensorium. Er hatte auch ein sensibles Gehör für Zwischentöne. Walter Wallmann gab ein Beispiel für den Erfahrungswert, daß es ohne Großzügigkeit keine Kultur gäbe. Er trug seine Freundlichkeit und seine Contenance wie ein blütenweißes Einstecktuch.

Ein einziges Mal hat es in unserem bis dahin harmonischen Verhältnis dann doch so sehr geknirscht, daß es fast zu einem Bruch der *Entente cordiale* gekommen wäre. Im Kommunalwahlkampf 1985 hatte Frankfurts SPD-Chef Martin Wentz alle sogenannten Spitzengenossen aufgefordert, von Wahlstrategen entworfene Statements zugunsten von Wallmanns Herausforderer Volker Hauff abzusegnen. In meinem „Testat" sollte ich behaupten, mein Konzept einer „Kultur für alle" ließe sich nur unter Hauff verwirklichen. Als ich meine Unterschrift verweigerte, bekam ich einen erbosten Anruf von Willy Brandt, der mir eine moralische Standpauke durch den Äther donnerte. Da ich mich nicht getraute, meinem Idol Willy Brandt zu widersprechen, dessentwegen ich 1966 in die SPD eingetreten war, habe ich mit der einen Loyalität eine andere verletzt: den *consensus omnium* mit Walter Wallmann. Hätte mein väterlicher Freund Hermann Josef Abs („Ich darf Sie doch Freund nennen, Herr Hoffmann") nicht bei Walter Wallmann energisch interveniert, wie mir Wallmann-Intimus Alexander Gauland später anvertraute, hätte der OB mir das Kulturdezernat entzogen. Nachdem ich meinen fälligen Canossagang absolviert hatte, beschämte mich Walter Wallmann mit seiner noblen Geste der Absolution.

Umplanung der Alten Oper

Weil Walter Wallmann eine traditionelle Bürgerlichkeit repräsentiert, war die Umplanung der schon fast wiederaufgebauten Alten Oper als eine der ersten seiner Maßnahmen vorhersehbar. Der ursprünglich geplante Eröffnungstermin mußte deshalb um ein Jahr auf den 28. August 1981 verschoben werden. Da Walter Möller und Rudi Arndt die anachronistische Portalpoetik „Dem Wahren Schoenen Guten" wörtlich zu nehmen sich weigerten und das Projekt lieber in eine zeitgemäße Zukunft führen wollten, also das Haus nicht wie ehedem einer bestimmten gesellschaftlichen Schicht und Altersklasse zu überlassen gedachten, waren im Souterrainbereich spezielle Kulturangebote geplant, um das Interesse der Jugend zu wecken und dann zu befriedigen. Walter Wallmann hingegen mochte sich nicht an den die Hochkultur bedrängenden Gedanken einer „Kultur für jeden und für alles" gewöhnen. Wallmanns idealer Besucher war die schon verschollen geglaubte Spezies des Citoyen im Sinne etwa von Goethes bürgerlicher Tradition. Die Inhalte sollten eher der Erhabenheit jener wilhelminischen Fassade Schinkelscher Prägung entsprechen, die Richard Lucae 1873 entworfen und 1880 gebaut hatte. Dieser von Walter Wallmann durchgesetzten Umplanung verdanken wir immerhin den schönen

Einweihung der Alten Oper 1981

Mozartsaal und in den gewölbten Katakomben ein Schlemmer-Restaurant, das leider aber so häufig den Betreiber wechselte, bis es von keiner Kundschaft mehr goutiert wurde.

Weil die Akustik des Festsaals nicht dem internationalen Standard der gastierenden großen Symphonieorchester wie auch dem eigenen Museumsorchester entsprach, wurde der renommierte Akustiker Heinrich Keilholz für 100.000 DM engagiert, dem wir diese heute vielgerühmte exzellente Klangsphäre verdanken.

Walter Wallmann schloß seine Rede zur Eröffnung der Alten Oper am 28. August 1981 mit den Worten: „Die Alte Oper soll ein Haus für alle, ein architektonischer und kultureller Mittelpunkt eines freien bürgerlichen Gemeinwesens sein. Denn die Chance unserer Gesellschaft, ihre Probleme zu überwinden und ihre Integrationsfähigkeit zu bewahren, ist ihre Fähigkeit zur Begegnung, zur Kommunikation." Die SPD-Fraktion kritisierte Wallmanns Rede als „reine Heuchelei", nachdem er die Voraussetzungen für die von ihm beschworene „Kommunikation" buchstäblich verbaut habe.

Die Alte Oper haben Intendanten vom Range eines Rudolf Sailer und eines Spitzenmanagers vom Format eines Michael Hocks zum international hochrenommierten Konzerthaus entwickelt, in dem alle großen Dirigenten mit den besten Orchestern der Welt den Frankfurter Musikfreunden aufgespielt haben.

Wallmanns distanziertes Verhältnis zum Schauspiel

Das Mitbestimmungstheater des Brecht-Schülers Peter Palitzsch widersprach diametral Walter Wallmanns Kunstgeschmack, sowohl ästhetisch als auch inhaltlich. Mit Palitzsch, der nach Wallmanns Meinung „mit den Subventionen des Steuerzahlers die Welt verändern" wollte, hat der OB aber kein einziges Mal ein Gespräch darüber geführt; der Asket der Bühne entsprach nicht den auf größere Opulenz gerichteten Erwartungen des Oberbürgermeisters und wurde in der damals noch grassierenden Linksphobie als Bedrohung empfunden. Als Präsident des Bühnenvereins machte Wallmann diese Meinung freilich nicht publik. Aber Palitzsch wollte die Welt ja auch gar nicht verändern; für ihn war Theater vielmehr ein Instrument der Emanzipation und ein Ort der Freiheit, für ihn gehörte der Respekt vor dem Individuum zum Erbe der Antike wie auch der Aufklärung. Als ich für Peter Palitzsch nach seinem Abgang nach acht Jahren die Goetheplakette beantragt habe, wurde diese Ehrung abgelehnt. Aus der politischen Perspektive Wallmanns war die Palitzsch-Bühne vermintes Gelände.

Als ich den OB mit dem Duo Wilfried Minks und Johannes Schaaf als Palitzsch-Nachfolger bekannt machte, fand er die beiden nicht nur auf Anhieb sympathisch, er konnte sich auch mit deren Vorliebe für ein vorwiegend klassisches Repertoire identifizieren. Im Vollgefühl seiner neuen Gestaltungsmacht gab Wallmann auch der Umrüstung des Spielorts mit einer teuren Hydraulik seinen Segen, mit deren Hilfe sich der Zuschauerraum per Knopfdruck in eine Bühne und diese in einen Zuschauerraum verwandeln ließ.

Als Premiere dieses technisch aufwendigen Funktionstausches hatten die beiden Protagonisten Georg Büchners *Dantons Tod* (1835) ausgewählt. Als hinter einem Gazevorhang hoch über der Hydraulikbühne als Schattenriß ein überdimensionaler Penis zum Vollzug ansetzte, irritierte Walter Wallmann und seine Herzdame Margarethe mehr noch als das *Corpus delicti* die fröhliche Reaktion vieler anderer Premierengäste, die sich über das parodistische Element des Spieltriebs köstlich amüsierten. Insgesamt war die Minks/Schaafsche Zeit ein alle Maße und Maßstäbe sprengendes Intermezzo. Nach deren „Provokation unter der Gürtellinie" hat Walter Wallmann das Schauspielhaus erst wieder betreten, als 1981 mit Adolf Dresen vom Wiener Burgtheater ein Intendant gewonnen wurde, der mit der Hydraulik auch die Grobreize der beiden Vorgänger zum *à fonds perdu* erklärte und bei dem sich inszenatorische Willkür an klassischen Stücken in Grenzen hielt.

Wallmanns baldiges Desinteresse an Minks' Wirken war aber auch der Tatsache geschuldet, daß dieser der Besetzung des Schauspielhauses durch Mitglieder der RAF mit Sympathie begegnet war, während sein inzwischen mit ihm zerstrittener Partner Johannes Schaaf zusammen mit dem Kulturdezernenten im Theater die Stellung hielt. Der wintergemäß frierenden RAF-Nachhut öffnete Minks zusammen mit seiner Frau, der Schauspielerin Ulla Berkéwicz, immer wieder die Türen ins gut geheizte Innere des Theaters, bis wir endlich einfach die Heizung abschalteten und die Besatzer freiwillig den Rückzug antraten.

In den neun Jahren seiner Amtszeit hat Walter Wallmann vier verschiedene Theaterleitungen erlebt: Nach Peter Palitzsch und der vorzeitigen Auflösung des Vertrages des inzwischen total verstrittenen Duos Minks/Schaaf holten wir Adolf Dresen vom Wiener Burgtheater, der dafürhielt – wie Arthur Miller ihm souffliert hatte –, daß in einer schlechten Welt das Theater sich für den Ruf nach einer besseren zur Verfügung halten müsse. Nachdem Dresen wegen Krankheit vorzeitig ausgeschieden war, konnte ich als Nachfolger mit Günther Rühle einen Theaterkritiker vorschlagen, weil mitten in der Spielzeit kein wünschenswerter Intendant aus seinem Vertrag aussteigen kann, um in einer anderen Stadt anzuheuern. Rühle war für Walter Wallmann eine gute Lösung, mit dem Feuilletonchef der *F.A.Z.* als Theaterleiter galt ihm die Wiedergewinnung eines hohen Niveaus als garantiert, womit er Recht behalten sollte.

Rühle wurde mit seinem transsaisonalen Programm „Deutsche Szenen" ein experimentierfreudiger Intendant für unerprobte Theaterformen, unerledigte Stücke und noch nicht abgestempelte Regietalente wie Einar Schleef, Dietrich Hilsdorf oder Michael Gruner, die ja beileibe keine ehemaligen Chorknaben waren. Mit ihrer Hilfe wollte er ausloten, wo sich das Individuum im rapiden Wechsel von Hoffnung und Enttäuschung, Katastrophe und Fortschritt innerhalb der Massengesellschaft verorten könne.

Obwohl Günther Rühles Intendantentür immer offenstand und alle Mimen ihn sympathisch und theaterobsessiv fanden, wurde er kein Chef zum Anfassen, der sein Personal an die väterliche Brust drückte und womöglich auch noch herzte. Vielleicht wurden seine hohe Intellektualität und sein stupendes theaterhistorisches Wissen als Distanz mißverstanden, die der üblichen lockeren Kommunikation unter Künstlern widersprach.

Rühle war Idealist bis zur Selbstausbeutung. Wer wie er einen insistierenden Monomanen vom Kaliber eines Einar Schleef zu fördern nimmer müde wurde, wer wie er immer wieder beim Kulturdezernenten Geld lockerzumachen wußte für Schleefs futuristische Projekte und maximalistische Arbeitsweise, der hat gezeigt, mit welcher Zähigkeit sich einer für jemanden engagieren kann, den er subjektiv als Genie erkannt zu haben meint. Noch nach der mißglückten *Faust*-Inszenierung im Depot hielt Rühle tapfer zu Schleef: „Es muß auch solche Käuze geben", heißt es in Schleefs/Goethes *Faust I.* Rühle hat schließlich Recht behalten: Schleefs ebenso maßlose wie asketische Frankfurter Inszenierung von Gerhart Hauptmanns *Vor Sonnenaufgang* wurde 1988 zum Berliner Theatertreffen eingeladen. Schon früher, im Februar 1986 hatte Rühle Einar Schleef mit der Regie von *Mütter* unter Strom gesetzt und so sein spektakuläres Debüt überhaupt erst ermöglicht. Rühles großes Verdienst, das ideosynkratische Wesen eines ungeheuer auratischen Kraftfeldes wie Einar Schleef trotz dessen konstanter Undankbarkeit seinen Förderern gegenüber immer wieder zum Zuge gelangen zu lassen, bleibt unvergessen.

Der schließliche Bruch zwischen Günther Rühle und Walter Wallmann war im November 1985 vorprogrammiert, als der Intendant nach einem einstündigen Gespräch mit dem OB und mir nicht zu bewegen war, das unselige Fassbinder-Stück *Der Müll, die Stadt und der Tod* vom Spielplan zu nehmen.

Fassbinders Skandalon *Der Müll, die Stadt und der Tod*

Auf Selbstprofilierung fixiert, hatte der damalige Generalmanager der Alten Oper Ulrich Schwab beschlossen, mit dem Fassbinder-Stück *Der Müll, die Stadt und der Tod* Furore machen zu sollen. Er hatte das Berliner Renaissance-Theater und dessen Schauspieler unter Vertrag genommen, um mit TAT-Veteran Volker Spengler als Regisseur das Stück im August 1985 auf der Bühne der Alten Oper uraufzuführen. Fassbinder hatte testamentarisch verfügt, dieses später als antisemitisch verdächtigte Stück dürfe nur in Frankfurt oder New York uraufgeführt werden, bevor es dann weltweit für alle Theater freigegeben werde. Nachdem der Suhrkamp Verlag das Stück zurückgezogen hatte, zirkulierte der Text als Konterbande.

Weil in einer eilig einberufenen Sondersitzung des Aufsichtsrates der Alten Oper der Generalmanager die Frage, ob etwa schon Verträge unterschrieben worden seien, mit einem klaren Nein beantwortet hatte, obwohl dem Oberbürgermeister unterschriebene Schauspielerverträge in Kopie vorlagen, wollte der Aufsichtsrat sich eine Unwahrheit nicht als bare Münze auftischen lassen und hat dem Generalmanager mit einstimmigem Votum fristlos gekündigt.

Der Intendant vom Schauspiel Frankfurt, der vormalige liberale Feuilletonchef der *Frankfurter Allgemeinen Zeitung,* Günther Rühle, mochte „den Vorwurf nicht auf der Stadt sitzen lassen", in ihren Mauern werde Zensur geübt. Trotz Bedenken des Kulturdezernenten hat Rühle das Stück in den Spielplan aufgenommen. Als der Oberbürgermeister vom Kulturstadtrat erwartete, dem Intendanten die Aufführung dieses „unter Antisemitismusverdacht stehenden" Stückes zu verbieten, hat der sich auf Artikel 5 des Grundgesetzes berufen: „Eine Zensur findet nicht statt." Dem zuständigen Dezernenten war der Art. 5 ein höheres Rechtsgut als ein angedrohter Magistratsbeschluß. Gemeinsam haben dann OB und Dezernent die wohl schwierigste Phase ihrer neunjährigen Kulturkoalition durchgestanden.

Weil der Magistrat das Stück nicht abgesetzt hatte, wie die Jüdische Gemeinde Frankfurt und sogar die Knesset in Jerusalem dies gefordert hatten, wurde die öffentlich geführte Debatte über das Für und Wider auch in zwei Parlamentssitzungen zum Hauptthema. OB und Kulturdezernent versuchten mit unterschiedlicher Argumentation, die Aufführung mit Verweis auf das Grundgesetz zu rechtfertigen, obwohl beide das Stück für mißlungen und ästhetisch wie inhaltlich für entbehrlich hielten. Der Oberbürgermeister hielt am 5. Juli 1985 im Römer ein vielbeachtetes Plädoyer für die Freiheit der Kunst, in dem er unter anderem sagte: „Wir alle waren und sind der Auffassung, ich betone – wir alle –, daß der Anspruch, der grundrechtliche Anspruch auf Freiheit der Kunst, der Kultur, unangetastet bleiben muß und in unserer Stadt nicht angetastet worden ist, daß bei uns keine Zensur stattgefunden hat und nicht stattfinden wird." Es ging schließlich um nichts Geringeres, als die für unsere Demokratie konstitutive Meinungsfreiheit zu verteidigen. Die Freiheit des Theaters ist keinem Konsens verpflichtet.

Am 31. Oktober 1985 sah sich der Vorstand der Jüdischen Gemeinde herausgefordert, die Kammerspielbühne zu besetzen und eine vierstündige Diskussion mit dem Publikum zu erzwingen. Als am Ende des Demonstrationstages um 24 Uhr Regisseur Dieter Hilsdorf und Intendant Günther Rühle das auf der Hinterbühne seines Auftritts harrende Ensemble mit dem Satz ermunterten: „Jetzt wird gespielt", sah sich der Kulturdezernent veranlaßt, das Hausrecht an sich zu ziehen und die Veranstaltung für beendet zu erklären. Dem Diktum wurde widerspruchslos entsprochen.

Am 9. November hatte Walter Wallmann in der Westend-Synagoge bei seiner traditionellen Rede zum Gedenken an die Opfer der Reichspogromnacht einen wahrlich schweren Stand. Hinter Wallmann in der zweiten Reihe der Synagoge sitzend, habe ich qualvoll miterlebt, wie ihm zumute war, als er vor er-

Streit um Fassbinders *Die Müll, die Stadt und der Tod*: Mitglieder der Jüdischen Gemeinde Frankfurt, angeführt von ihrem Vorsitzenden Ignatz Bubis (Mitte), besetzten die Bühne. Im Vordergrund der Kulturdezernent mit Intendant Günther Rühle

wartungsvoll gespitzten Ohren zu begründen unternahm, warum wir die Aufführung des Fassbinder-Stücks nicht verhindert hatten. Unter bis dahin in der Westend-Synagoge nie gehörten Buhrufen verließen gut hundert auf der Empore zum Sakrileg der Ruhestörung versammelte junge Juden das Gotteshaus; vorher hatten sie Wallmanns Mikrophon ausgeschaltet, auf daß seine Rede ungehört verhalle:

Ich halte dieses Stück für antisemitisch. Ich spreche diesem Stück jeden künstlerischen Rang ab [...]. Der Intendant eines Schauspiels entscheidet allein über den Spielplan. Und unser Grundgesetz stellt in Artikel 5 fest, daß die Kunst frei ist und daß es Zensur nicht geben darf. Ich weiß, daß diese Feststellung für viele von Ihnen schwer erträglich ist. Wie kann ich auch erwarten, daß nach allem, was geschehen ist, Juden akzeptieren sollen, daß ein Zensurverbot auch gegenüber Theaterstücken gilt, die einen antisemitischen Inhalt haben. Ich muß noch etwas ansprechen, auch auf die Gefahr hin, daß ich dabei mißverstanden werden kann. Die Verhinderung der Aufführung des Fassbinder-Stückes in den Städtischen Bühnen durch Mitglieder der Jüdischen Gemeinde kann ich nicht billigen, obwohl ich sie verstehe. Die Rechtsordnung ist keine Formalie. Sie soll den Frieden für alle Bürger sichern. Deswegen sind wir alle daran gebunden, und zwar ohne Ausnahme. Nichts kann auch Sie, verehrte jüdische Mitbürgerinnen und Mitbürger, besser schützen als das geltende Recht.

Eine beeindruckende, staatsmännisch formulierte Rede, die anzuhören die jungen Juden leider versäumten.

Die protestierende Gruppe kehrte erst wieder in die Synagoge zurück, als Walter Wallmann das Rednerpult verlassen hatte. Das war für einen Mann, der für die Aussöhnung so leidenschaftlich viel getan hatte, die wohl schlimmste Stunde seiner tadellosen politischen Karriere. Walter Wallmann hatte mit seiner appellativen Rede eindrucksvoll auch für den „Frieden in dieser Stadt" argumentiert.

Rainer Werner Fassbinder hat sein Stück *Der Müll, die Stadt und der Tod* nach dem Roman *Die Erde ist unbewohnbar wie der Mond* des linken Grantlers Gerhard Zwerenz während einer Atlantiküberquerung im Schnellschußverfahren niedergeschrieben. Die „Karriere" des Stücks begann mit einem Skandal, und mit einem Skandal hat sie geendet. Die Öffentlichkeit war erstmals auf den Text aufmerksam geworden, nachdem der Suhrkamp Verlag das Stück wegen des Antisemitismusvorwurfs zurückgezogen hatte.

Fassbinders subjektive Synthese der Kunst, seine Beobachtungen der Frankfurter Verhältnisse aus seiner Zeit als Intendant des Frankfurter Theaters am Turm hat er in seinem „Stück-Entwurf" verarbeitet. Den Häuserkampf im Frankfurter Westend hat er miterlebt und Erfahrungen aus der Perspektive von aktiv Beteiligten wie Daniel Cohn-Bendit unzulässig speziell nur auf jüdische Grundstücksmakler fokussiert. „In dieser ekelhaften Diskussion über Juden habe ich immer gesagt, daß man am Verhalten der Minderheit sehr viel mehr über die Mehrheit begreift", begründet Fassbinder 1981 seinen Impetus, dieses Stück verfaßt zu haben.

Der als negativer Prototyp des Plots mißverstandene fiktive „Reiche Jude" aus Frankfurt am Main wurde in den Diskussionen als die positivste Figur im Personenregister des Stücks bezeichnet, alle anderen galten in der Tat als charakterlich viel geringer gewichtet. Als Vorsitzender der Jüdischen Gemeinde agierte aus prinzipiellen wie auch aus sehr persönlichen Gründen besonders energisch Ignatz Bubis gegen eine Aufführung des Stückes, der dessen „ekelhafte Sentenzen" subjektiv als antisemitisch empfinden mußte. Sätze wie „Hätten wir dich damals vergast, ich könnte heute ruhiger schlafen" bestätigen die Vorurteile all jener gegen das Stück, die auf eine Textanalyse angewiesen waren, solange sie das Inszenierungskonzept nicht vor Augen hatten. So beherrschte allein die Textexegese dieses äußerst zwiespältigen Stückes den Diskurs und nicht die Analyse der Inszenierung, die von den Feuilletonisten, die bei der Generalprobe den inszenierten Text zu beurteilen hatten, vom Antisemitismusvorwurf freigesprochen wurde.

Der inkriminierte Satz wird auf der Bühne statt von einem „Arischen Athleten" von einem Gnomen zitiert, der sich erst eine Fußbank herankicken muß, um mit seinen kurzen Gliedern das Revers des „Reichen Juden" zu erreichen: Dorthin heftet er den als Kainsmal mißbrauchten Davidstern, während er den zynischen Satz herunterleiert. Die hochsensible Reaktion des Darstellers Edgar M. Boehlke verwandelt die Szene zum umgedrehten Tribunal – gegen den Antisemiten in Winzlinggestalt. An Edvard Munchs eindrucksvolles Gemälde *Der Schrei* erinnernd, das einer von atavistischer Moral gequälten, verzweifelten Seele Ausdruck verleiht, schreit hier der „Reiche Jude" seine Verletzungen, seine Verzweiflungen ungehört hinaus in die Welt – tonlos wie einst Appolinaire, stumm vor Angst. „Man harrt des Schreis. Doch hört man keinen Laut", schrieb Georg Heym über Robespierres blutiges Ende. Auch der „Reiche Jude" verweigert der Menge den Schrei. Denn „wer, wenn ich schrie, hörte mich", heißt eine relevante Wendung in den *Duineser Elegien*.

Mit dieser ästhetisch suggestiven Metapher sollte dem Nichtgehörtwerden in einer Welt, die Kenntnis hatte von den millionenfachen NS-Verbrechen an den Juden, Ausdruck verliehen werden. Spätestens im Moment dieser atembe-

Walter Wallmann bei seiner Rede in der Westend-Synagoge am 9. November 1985 nach der gescheiterten Aufführung des Fassbinder-Stücks

raubenden Szene schlug bei der Hauptprobe die Sympathie aller Probengäste auf die Figur des „Reichen Juden" um; die dieser Momentaufnahme folgenden symbolhaften Aktionen, der Symbolsprache der Märchen entnommen, erhalten ihr tragisches Gewicht von daher. Fassbinders Charisma bedeckt leider nicht die Blößen der zweifelhaften Qualität des Stückes.

Das Stück und die inkriminierten schlimmen Sätze haben in einer Stadt, die von der jüdischen Kultur über Jahrhunderte entscheidend mitgeprägt worden ist, eine schärfere kritische Resonanz gefunden als später in anderen Städten, wie zum Beispiel 2010 in Mülheim an der Ruhr in der Regie von Roberto Ciuli. Der Schweizer Regisseur Daniel Schmid hatte in seinem Film *Schatten der Engel* schon 1976 Fassbinders Texte „originalgetreu" den Schauspielern in den Mund gelegt, ohne daß die Presse oder die Politik in Israel, wo der Film wochenlang ohne Proteste in den Kinos von Tel Aviv und Jerusalem viel Publikum anlockte, auch nur eine einzige kritische Volte dagegengesetzt hätte.

Weit vorausschauend hatte Walter Wallmann wenige Monate nach seinem Amtsantritt schon eine wichtige Erkenntnis aus dem Verfassungsgrundsatz über die Freiheit der Kunst gezogen: „Im Zweifel für die Toleranz, im Zweifel für das Erdulden dessen, was unter dem Anspruch, es sei Kunst, uns in unseren Gefühlen und Überzeugungen verletzt."

Das Datum der verhinderten Fassbinder-Premiere ist unabhängig von Qualität und Moral des Textes ein wahrhaft historischer Moment unserer jungen Demokratiegeschichte geworden: Zum ersten Mal nach 1945 hat eine jüdische Gemeinschaft „zivilen Ungehorsam" (Bubis) artikuliert, indem sie mit handfesten Mitteln eine Theaterbühne besetzt und mit ihrem entschlossenen

Protest eine Premiere verhindert hat. Damit hatten jüdische Bürger ein markantes Selbstbewußtsein demonstriert und mit breiter medialer Wirkung eine längst überfällige Diskussion über jüdische Identität in Deutschland angestoßen nach einer zwölf Jahre während staatlich legalisierten Judenverfolgung mit letalem Furor.

Neben dem hochangesehenen Vorsitzenden des Zentralrats der Juden aus der Opfergeneration, Ignatz Bubis, waren es drei intellektuelle Köpfe der Nachkriegsgeneration, die diesem Manifest der Selbstachtung Format, Würde und Moral verliehen: die Vorstandsmitglieder Salomon Korn, Dieter Graumann und Michel Friedman. Gegen ein Aufführungsverbot argumentierten im Kammerspielauditorium die jüdischen Intellektuellen Daniel Cohn-Bendit und der Philosophie-Professor Micha Brumlik. In dieser heißen Diskussion gab es keine definitiven Antworten.

„Vielen Dank, Sie werden von uns hören"

Schon das mitbestimmende Palitzsch-Ensemble hatte von seinem Recht der Theaterfreiheit regen Gebrauch gemacht, was manchem Stadtverordneten oder auch dem einen oder anderen abonnierten Philister nicht immer nur gefallen sollte. Zum Beispiel waren dies die Proteste des Ensembles gleich bei seiner ersten Premiere von Edward Bonds *Lear* gegen die Erhöhung der Eintrittspreise damals noch durch den SPD-Magistrat. Diese Aktion, jeweils bevor der Vorhang hochging, hatte Walter Wallmann schon in den Wahlkampfwirren im Frühjahr 1977 scharf gerügt.

Als unter Willy Brandt der Radikalenerlaß Gesetzeskraft erhielt und zwei davon betroffene Lehrerinnen der Reuterschule in Frankfurts Nordweststadt wegen Kommunismusverdachts ihren Beamtenstatus verloren, entstand über Nacht die Kollektivarbeit *Vielen Dank, Sie werden von uns hören*. Die Texte der Schauspielerautoren enthielten erinnerungshaltige Assoziationen zu Begründungen, mit denen im „Dritten Reich" den Vätern dieser beiden Lehrerinnen wegen DKP-Mitgliedschaft die Lehrerlaubnis entzogen worden war, zum Teil sogar mit wörtlichen Übereinstimmungen bis in die Interpunktion hinein. Nachdem das in der Schulaula mehrfach öffentlich aufgeführte Stück die Besucherneugier im Norden der Stadt gestillt hatte, sollte *Vielen Dank, Sie werden von uns hören* in den regulären Spielplan des Schauspielhauses aufgenommen werden. Als die CDU diese „mit Radikalen sympathisierende Aufführung" per Magistratsbeschluß zu indizieren hoffte, konnte ich das mit Hilfe des OB verhindern. Ich habe das Ensemble aber gebeten, jeweils eine anschließende Diskussion anzukündigen, damit jeder Gelegenheit bekäme, seine Einwände „gegen diese Zumutung" (FDP) unmittelbar geltend zu machen. Jenseits der brisanten Aktualität war dieses zeitübergreifende Stück eines der Agitation gegen die Arroganz der Macht schlechthin.

Peter Palitzsch war es immer darum gegangen, Bedingungen dafür zu schaffen, daß wir mit den Mitteln des Theaters „einen demokratischen Prozeß aufrechterhalten, das heißt alles bekämpfen, was zur Entdemokratisierung führen kann". Für Palitzsch war Aufklärung noch immer ein unvollendetes Projekt der Demokratie. Unter dieser Maxime wollte das Ensemble nicht nur mit relevanten Stücken des Repertoires auf gesellschaftliche Fehlentwicklungen seismisch reagieren, sondern sogar mit selbstverfaßten Schauspielen gegen brisante demokratiefeindliche Ereignisse aktuell und spontan zu Felde ziehen.

Auch diese handfeste politische Theater-Demonstration mit großer Resonanz in ausverkauften Vorstellungen schien nicht unbedingt geeignet, den Sympathiewert beim neuen Oberbürgermeister zu steigern. Gleichwohl hat Walter Wallmann dem Kulturdezernenten auch beim Theater immer freie Hand gelassen.

Wallmann würdigt Michael Gielen

Wie Peter Palitzsch im Schauspielhaus war auch Michael Gielen als Opernchef schon da, als Wallmann kam. Beide Engagements stammten noch aus der Ära Arndt. Gielens Spielzeit wird OB Wallmanns Dienstzeit sogar noch um ein Jahr überdauern.

Die Häutung der Frankfurter Oper zum modernen Musiktheater wurde mit der Berufung Michael Gielens und seines Alter egos Klaus Zehelein eingeläutet. 1977 begann damit eine Ära, die uns über die volle Ägide Walter Wallmanns viele unerhörte Augenblicke bescherte, besonders mit den ästhetisch provokanten Inszenierungen von Ruth Berghaus, Harry Kupfer, Hans Hollmann, Alfred Kirchner oder Hans Neuenfels, die über kulinarische Komponenten die Inhalte versinnlichen. Ein für Opernarien herzoffener Walter Wallmann hatte allen Grund, auf „seine" Oper stolz zu sein.

Mit seiner intellektuellen Lust am antizipierten ästhetischen Ausnahmezustand weiß besonders Hans Neuenfels Aufmerksamkeit zu erregen. Nicht nur weil die Frankfurter *Aida* als vorläufige Quintessenz dessen gilt, was Michael Gielen und sein Dioskur Klaus Zehelein als Markenzeichen einer neuen Musiktheater-Ästhetik definierten, wird hier ausführlicher auf das Ereignis „assoluta" eingegangen, sondern auch, weil Walter Wallmann die Inszenierung dieser Pharaonen-Oper für so außergewöhnlich befand, daß er die Hauptversammlung des Deutschen Bühnenvereins zum kostenlosen Opernbesuch verdonnerte. Oberbürgermeister, Kulturdezernenten und Intendanten des Bühnenvereins sollten nicht nur nicht versäumen, Aida als Putzfrau zu erleben, sie sollten auch nicht nur großartige Stimmen hören, sondern in Neuenfels' genialer Neudeutung des Librettos eine ganz neue Geschichte erleben.

Das eigentliche Ereignis des Abends war die überschießende Phantasie dieses großen unzeitgemäßen Regisseurs des deutschen Theaters und die kongeniale Neuinterpretation dieser meistgespielten Opernpartitur der Welt durch Michael Gielen. Neuenfels widerspricht mit radikalen Mitteln der Bühne jenem Diktum des alten Regieweisen Walter Felsenstein, die Partitur ersetze das Regiebuch. Die legendär gewordene Frankfurter *Aida*, die hier hundertmal über die Bühne ging, hat Neuenfels' Auffassung bestätigt, wie sehr in der Symbiose intellektueller und emotionaler Potentiale der musikdramatische Erlebniswert sich steigern läßt. Er verschwistert Partitur und Libretto zur konfigurativen Größe. Im Sinne von Kants „heuristischer Fiktion" hat Neuenfels das Textbuch als historische Fundgrube genutzt. Nicht ganz frei von Don-Quichotterie, sind Theater für ihn Treibhäuser der Utopie, worin alles aus den Fugen gerät und der Kotau vor den Konventionen einer tradierten Operndramaturgie konterkariert gehört. Damit hält er die Neugier des Zuschauers wach.

Bei der *Aida*-Premiere gingen nach dem 1. Akt plötzlich alle Lichter aus im Hause, die allgemeine Ratlosigkeit war aber dramaturgisch gewollt: In die dröhnende Stille der Dunkelheit hinein sprach mit rauchiger Stimme Hans Neuenfels Verse des chilenischen Nobelpreisträgers Pablo Neruda, einer Kultfigur der Linken; dessen schwarze Lyrik verfehlte in dieser Situation nicht ihre affektive Wirkung.

Heftige Reaktionen ruft bei Neuenfels das großartige, selbst grobe Gemüter ergreifende Liebestod-Trio des Finales hervor, als er die eingemauerten Aida und Radames im tödlichen Gas eines hermetischen Verlieses in gefühlig aufrauschenden Verdi-Melismen ihre Seelen aushauchen läßt: Den tabuisierten Topos Auschwitz hat er durch unstatthafte Analogien zu mißdeuten unnötigen Anlaß gegeben, für viele war die Grenze zur Blasphemie überschritten. So hagelte es Stinkbomben von der Galerie und die Buhs übertönten die Bravos.

Das gegen den Strich gebürstete klassische Erbe hat in der Gielen-Ära mit prominenten Regisseuren, Bühnenbildnern und Sängern zwar fast stets die Feuilletons und ein erkenntnishungriges Publikum begeistert, nicht immer jedoch auch die habituelle Phalanx ewiggestriger Abonnenten. Angesichts solch stark zwiespältiger Resonanz nahm Gielen wie einst Falstaff das Recht für sich in Anspruch, die Welt mit anderen Augen zu betrachten.

Weitere Sternstunden in der Frankfurter Oper, die das Standardrepertoire weit über sich hinaushoben, erlebten Walter Wallmann und seine Frau Margarethe zum Beispiel im Herbst 1977 mit Hans Hollmanns Inszenierung des Dramma giocoso *Don Giovanni*. Weil die Protagonisten dieser vielgespielten Oper üblicherweise zu allegorischen Figuren mutieren, geriet die Donna Elvira, der Siv Wennberg ihre makellose Stimme lieh, zur Nemesis des Titelhelden, den Michael Devlin ebenso bravourös gestaltete. Unvergessen auch die Neudeutung der Oper *Die Entführung aus dem Serail* von Mozart, dem „Meister des apollinischen Ebenmaßes". Inszeniert hatte diese Parabel auf Toleranz und Humanität im Dezember 1981 Frankfurts ästhetische Demiurgin Ruth Berghaus, wiederum mit Gielen am Pult, Walter Wallmann fand deren Interpretation des Singspiels „exemplarisch". Berghaus verdanken wir auch den kompletten *Ring*, mit ihrer avancierten Wagner-Deutung war es ihr gelungen, die Tetralogie in einer neuen Schönheit in die Gegenwart zu retten.

Hans Neuenfels, dieser in des Wortes verwegenster Bedeutung ewige Irrwisch der Musiktheater-Szene, verwandelte Ferruccio Busonis *Doktor Faust* in eine mehr oder weniger erhellende Allegorie mit jedenfalls anrührender Wirkung. Mit *Les Troyens* machte Ruth Berghaus Hector Berlioz' Oper zum romantischen Widerpart der *Ring*-Tetralogie. Obwohl Berlioz' musikalischer Zug ins Große nicht mit der mageren Handlung korrespondiert, ist es der Regie gelungen, die Asymmetrie zwischen Text und Melos durch entsprechend psychologisierende Regieregister mit Spannung aufzuladen. *Les Troyens* ist eine jener Opern, denen der jeweilige Zeitgeist nichts anhaben kann. Walter Wallmann schwärmte noch Wochen später von der Schönheit dieses musikalischen Ereignisses. Für ihn war Musik neben Mathematik die einzig gültige Universalsprache. Die Wallmanns genossen Opern-Augenblicke als Akte der Entrückung.

1986 erhält Michael Gielen aus der Hand von Walter Wallmann in der Paulskirche den Theodor W. Adorno-Preis. „Das Chaos ist aufgebraucht. Es war die beste Zeit." Mit diesem Satz verabschiedet Gielen sich 1987 aus Frankfurt am Main. Beide waren sich in der Einschätzung einig, daß eine Bankenstadt nicht nur ökonomisch geprägt sein dürfe, sondern auch hedonistisch.

Walter Wallmann und die freie Kulturszene

Walter Wallmann hegte für die stark aufschießende sogenannte alternative Szene mit ihren avantgardistischen Theatergruppen und Tanz-Ensembles und überhaupt für jegliche Wagnisse des Ephemeren in den Künsten keine allzu großen Sympathien; er wähnte auch die CDU-Fraktion mindestens auf ähnlich indifferentem Kurs. Die langhaarigen Szenetypen mit ihrer „unerträglichen Leichtigkeit des Seins" zählten jedenfalls damals nicht zur christdemokratischen Wählerklientel. Die Off-Kultur fügte sich nicht in die Prinzipien der wertgebundenen Politik Walter Wallmanns, dessen Idol Max Weber Kultur schon als Wertung definiert hatte. Als Repräsentant der Bürgerlichkeit mochte er sich das Heterogene, das „Fremde" und die „Anderen" lieber vom Leibe halten, also jene, die er für sein „Unbehagen in der Kultur" namhaft machte. Eigentlich fiel diese Klientel aber doch auch unter Wallmanns Maxime, die Grundbedürfnisse aller nach Kultur zu stillen, also auch die nach den freien Spielformen der Populärkultur und deren unbegrenztem Ausdruckspotential.

Viel zu spät, in Wallmanns letztem Amtsjahr spielte Radio Vatikan im August 1986 den Beatles-Hit *With A Little Help From My Friends* mit der unverklärten Ansage, die Pilzköpfe aus Liverpool hätten mit ihren „langen Haaren und ihrer nonkonformistischen Sprache sowie ihrer originellen Kleidung Mil-

Der Kulturdezernent mit Dieter Buroch, dem Leiter des Künstlerhauses Mousonturm (links)

lionen junger Menschen eine Botschaft vermittelt", nachdem Theodor W. Adorno der Beat-Generation schon längst „ein angemessenes zeitadäquates Bewußtsein" attestiert hatte. Das waren immerhin zwei seriöse Fürsprecher für den unangepassten Teil der Jugend, die zum Beispiel an ihrer Inspirationsquelle Mousonturm oder auf den diversen Frankfurter Szenebühnen ihre Kultur frei nach Schiller als „des Lebens ungemischte Freude" ausleben durften.

Die aktiven Alternativen hielten den in den zwanziger Jahren errichteten Seifenfabrikturm eine spannende Woche lang mit einem Kulturfestival besetzt. Sie wollten demonstrieren, wie leicht aus den Ruinen der Industrie neues kulturelles Leben erblühen konnte. Pop als Universalcode bot dabei den kleinsten gemeinsamen Nenner eines neuen Lebensgefühls. Da der OB für den Mousonturm aber keine Mittel lockermachen mochte, bat ich ihn, nicht grundsätzlich dagegenzuhalten, falls es mir gelänge, andere Mittel und Wege der Finanzierung zu finden. Da für Walter Wallmann der Kompromiß zum Wesen der Politik gehörte, wurde am äußersten Zipfel kameralistischer Üblichkeit der seit 1945 mehr und mehr verrottende denkmalgeschützte Backsteinbau im Osten der Stadt kurzerhand an die Frankfurter Aufbau-AG verkauft. Unter der Prämisse, nach den Plänen von Albert Speer das vergammelte Gelerch in seiner ursprünglichen Ästhetik, aber funktionsgerecht aufzurüsten, wurde der Bauauftrag erteilt. Nach Fertigstellung wurden die 4.000 Quadratmeter Nutzfläche für die Summe X dann vom Kulturamt geleast. Stadtverordnete, die sich zu Recht keines entsprechenden Beschlusses erinnerten, konnten wir auf den kleingedruckten Etatposten „Miete" verweisen, den sie mit dem Gesamtetat genehmigt hatten. Aber wer liest bei 600 Druckseiten auch noch die Fußnoten!?

Als dem Spiritus rector des „Künstlerhauses" Mousonturm, meinem späteren Freund Dieter Buroch, 1999 der Binding-Kulturpreis in Höhe von 100.000 DM verliehen wurde, nannte Wallmanns Nachfolgerin Petra Roth das quirlige Haus mit seinen krausen Randgebieten einen „urbanen Ort", den, gäbe es ihn nicht, zu erfinden allerhöchste Zeit wäre. Petra Roths beide Söhne waren hier schließlich kulturell zu Hause, an diesem experimentellen Ort par excellence, an dem statt einer Mixed-Media-Einheitsästhetik der kulturelle Zeitgeist weht, dessen äußere Reize im permanenten Wandel zur Überprüfung einladen. Siegfried Kracauer, der große Frankfurter Kulturkritiker der zwanziger Jahre, billigte dem „phantastischen" wie dem „ästhetischen" Menschen seinen Anspruch auf kulturelle Gültigkeit zu und hatte also prospektivisch den Mousonturm als einen Ort charakterisiert, „der eine Epoche im Geschichtsprozeß einnimmt", der aus der Analyse seiner unscheinbaren Oberflächenäußerungen schlagender zu bestimmen sei als aus den Urteilen der Epoche über sich selbst. Walter Wallmann indessen wollte den Sicherheitsabstand zur sub-kulturellen Ästhetik wahren, obwohl die Subkultur, wie am Mousonturm er-weislich, auf dem Weg zur professionellen Bühne ihr spannendes Subversives leider längst verloren hat.

Wallmann feiert Goethepreisträger Ernst Jünger

Walter Wallmann hatte Gelegenheit, seine Vorliebe für geistesaristokratisches Außenseitertum zu kultivieren, als er in der Goethepreis-Jury Ernst Jünger zum Preisträger vorschlug. Als drei Jurymitglieder aus extrem unterschiedlichen Gründen dagegen votierten, die Dichterin Gabriele Wohmann, der Herausge-ber der F.A.Z. Joachim Fest und der Kulturdezernent, bat Walter Wallmann die „Abweichler", sich doch bitte der Stimme zu enthalten, damit er im Interesse des Preisträgers der Presse mitteilen könne, die Wahl sei einmütig erfolgt. „Das Kuratorium hat nicht zu fragen, ob der zu Ehrende politisch genehm ist. Nicht der kleinste gemeinsame politische Nenner, sondern der Rang eines Werkes muß der Maßstab für das Kuratorium sein. Ich halte es deswegen für meine Pflicht, die Mitglieder des Kuratoriums gegen völlig unbegründete und herab-setzende Angriffe in Schutz zu nehmen." Mit dieser Verlautbarung hatte Wal-ter Wallmann wohl weniger die drei „Abtrünnigen" gemeint, als vielmehr jene Befürworter, die angesichts der Presseschelte in Erklärungsnöte gerieten.

Während die SPD-Bank im Magistrat engagiert dagegen votierte, habe ich als zuständiger Dezernent im Mai 1982 die Juryentscheidung loyal vertreten, obwohl ich Jüngers in Granit gemeißelte Metamorphose vom bellezistischen zum belletristischen Autor heuchlerisch fand. Die nichtkonservative Presse monierte, daß „ausgerechnet einem nationaldeutschen Schriftsteller im libera-len Frankfurt" der höchstdotierte deutsche Literaturpreis verliehen werde. Jün-gers Ästhetik des Krieges wurde von Goebbels verteufelt, vom begeisterten Jün-ger-Leser Hitler gerühmt: „Rührt mir den Jünger nicht an!" In jenem „Zeitalter der Stahlgewitter und der imperialen Horizonte" (Benn) war noch Verlaß auf Weltanschauung.

Die Wahl Jüngers hat ein massives Debattenfeuer entfacht. Obwohl das Parlament für die Verleihung städtischer Kulturpreise nicht zuständig ist, son-dern autonom das jeweilige Kuratorium, dem qua Amt der Oberbürgermeister, der Kulturdezernent und der Stadtverordnetenvorsteher angehören, wurden auf Antrag der Grünen die Stadtverordneten in ihrer Sitzung am 19. August 1982 mit dem Casus befaßt. Die zitatenbewehrten Rededuelle und das sehr

Augen zu und durch: Der Kulturdezernent gerät nach der umstrittenen Verleihung des Goethepreises an Ernst Jünger unter leichten Beschuß

lange Verteidigungsplädoyer Walter Wallmanns als Kuratoriumsvorsitzender des Goethepreises nahmen fast drei Stunden Zeit in Anspruch. Obwohl nach parlamentarischem Selbstverständnis dem Antragsteller das erste Wort gebührt, um seinen Einspruch zu begründen, hatte Wallmann sich selber das Wort erteilt und damit die folgende Debatte unnötig aufgeheizt. Der OB nutzte die Gelegenheit, im sprachlichen Maestoso seinen Bildungsfundus vorzuführen. Exegetisch begründet er, warum Jünger der richtige Preisträger zur rechten Zeit sei, wobei er seine Argumentation auf Jüngers Essay *Der Arbeiter* stützte, auf den wohl härtesten Stahl aus Jüngers Gedankenschmiede, der kurz vor Hitlers Machtergreifung 1932 publiziert worden war und als wichtigstes Beweismittel für den Vorwurf der Jünger-Gegner diente, der Autor sei ein Wegbereiter des Nationalsozialismus gewesen. Der Dichter huldigte darin der „Formierung eines totalitären Imperiums im Zeichen des globalen Siegeszugs der Technik" (*F.A.Z.*). Die Hauptkritik der Opposition hatte sich genau auf diesen Essay bezogen, weil Jünger in diesem Text in kühnen Zügen „das Bild einer entseelten Weltzivilisation entworfen habe, die von der Gestalt des modernen Arbeiters beherrscht wird". Jünger habe einen Termitenstaat gezeichnet, in dem die Technik das Individuum auslösche und jeder einzelne zum Rädchen einer riesigen Maschine degeneriere.

Kenntnisreich, in diamantklarer Diktion reflektierte Walter Wallmann über das Œuvre des großen Unzeitgemäßen, über *Strahlungen* und *Marmorklippen*, über Gedanken, die er schlechthin als eine Warnung vor der Zerstörung unserer Kultur durch die Verwirrung der Geister würdigte. Er verstieg sich gar in eine Philippika gegen die Vernichtung des Menschen „in den Schinderhütten eines grausamen Unterdrückungssystems". Eben diesem System hatte Jünger aber bekanntlich bis zum bitteren Ende gedient, zuletzt als Infanterie-Hauptmann in Paris. Unter dem Eiffelturm hatte er mit Jean Cocteau, Sacha Guitry, Paul Léautaud Gespräche geführt, während Jean-Paul Sartre Jüngers Attitüde von „Geistesaristokratie" zuwider war. Wie sehr sich die mythisch aufgeladene Jünger-Rezeption in Frankreich von der *reservatio mentalis* der deutschen unterscheidet, bezeugte schon André Gide, der sich am *Stahlgewitter* als „schönstem Kriegsbuch" delektieren konnte. Apropos Krieg: In seiner Paulskirchenrede dankte Ernst Jünger ausdrücklich seinem „letzten Gefechtsläufer aus dem Ersten Weltkrieg" für dessen bejahrte Anwesenheit. Nun, die einen nennen den letzten Brückenheiligen einer vergangenen Zeit einen homerischen Helden, andere erkennen in ihm eine Art „Goethe in Kommißstiefeln im Stahlgewitterrausch".

Den Beweis, wie sehr er die oberste Hierarchie des Deutschen Heeres im Ersten Weltkrieg zum Referenzpunkt seiner eigenen, auch postmilitärischen Existenz verinnerlicht hatte, blieb Jünger nicht schuldig: Vor dem Sonnenuntergang seines Lebens in einem Interview mit Frank Schirrmacher für die *F.A.Z.* 1996 danach befragt, „welchen Stellenwert er dem soeben qualvoll verstorbenen François Mitterrand zubillige", zögerte der Hundertjährige keinen Lidschlag lang, in der atavistischen Kunst des Kriegsjargons zu brillieren, indem er jene beiden Inkarnationen des preußischen Waffenrocks und der alten Blut-und-Eisen-Ideologie, die tumben Feldherren Paul von Hindenburg und Erich Ludendorff, weit über den Intellektuellen François Mitterrand erhob. Seinen Geist blindlings auf Patrouille schickend, riskierte Jünger, auch von seinen Exegeten nicht mehr ernst genommen zu werden. Mit der Verleihung des Goethepreises konnte Ernst Jünger mit 100 Jahren aber seine Unsterblichkeit doch noch unter Beweis stellen.

Auch wenn wie in diesem Fall unsere Meinungen einmal diametral differierten, so hat das unser freundschaftliches Arbeitsklima in den neun gemeinsamen Jahren nicht beschädigt. Dieser Coda aus Walter Wallmanns Ernst-Jünger-Exegese mochten in der Paulskirche nicht alle applaudieren: „Ich glaube nicht an den neuen Menschen. Nein, der alte Adam ist geblieben, in seiner Bedrängnis, Angst und Hilflosigkeit, wie in seiner Fähigkeit zum Opfer, zur Tapferkeit, zum Erleiden und zum Erdulden."

Wer sich die Mühe machte, die Laudationes und die Dankreden bei den Goethepreisverleihungen seit deren Beginn im Kontext zu lesen, würde mit einem furiosen Lesevergnügen bei Texten von konstanter Geisteshöhe entschädigt. Sowohl für hehre Paulskirchenreden wie anderntags für tagespolitische Linsengerichte braucht ein Oberbürgermeister ein starkes Nervenkostüm.

Startbahn West zwischen Scheinidylle und Kampf

Über 30 Jahre bevor das Projekt „Stuttgart 21" den „Wutbürger" und damit das Wort des Jahres 2010 hervorbrachte, hatte sich in Frankfurt eine breite Bürgerbewegung zum Widerstand gegen den Bau der Startbahn 18 West zusammengefunden: Studenten und betroffene Anrainer der neuen Startbahn, Spontis und ganz „normale" Bürger protestierten gegen die Rodung von 400 Hektar gesunden Waldbestandes. Die mehr als eine Dekade währenden Widerstände vor Ort kulminierten am 14. November 1981 in einer Großdemonstration in Wiesbaden mit 120.000 Teilnehmern aus der ganzen Republik, die sich praktisch gegen alles aussprachen, was man politisch für bürgerfeindlich hielt und was sich mit Frankfurt, der Stadt der Konzerne und Banken, als Konzentrat des Bösen, Menschenverachtenden identifizieren ließ.

Wortführender Hauptagitator der militanten Startbahn-West-Ideologen war kein Geringerer als ausgerechnet der für Recht und Ordnung zuständige Magistratsdirektor aus dem Frankfurter Rechtsamt, Alexander Schubart, der später bei Pensionsverlust vom Dienst suspendiert werden wird. Den Startbahngegnern zum Trotz wurde die bekämpfte Landepiste termingerecht fertig, der Rhein-Main-Flughafen expandierte zum inzwischen größten Airport Kontinentaleuropas mit über 50 Millionen Fluggästen und gut 640.000 Flugbewegungen pro Jahr.

Der am 8. Juli 1936 als „Flug- und Luftschiffhafen Rhein-Main" eröffnete Airport ist auf dem Boden des Frankfurter Stadtwaldes entstanden. In Hitlers Reich mußten keine Proteste gegen den Flughafenbau befürchtet werden wie in den siebziger und achtziger Jahren beim Bau der dritten Startbahn, als Myriaden von Bäumen der 4.000 Meter langen Piste im Wege standen. Nicht nur die anrainenden Gemeinden protestierten und in Frankfurt nicht nur die üblichen Verdächtigen. Im Kampf gegen die Startbahn West versammelten sich von überall her neben den obligatorischen Ideologen die überzeugten Umweltschützer, unterstützt von den Grünen im Aufwind, von Schriftstellern, Künstlern, Professoren, Rechtsanwälten und Medizinern. In den bedrohten Waldzo-

Das Hüttendorf auf dem Gelände der Startbahn West

nen haben sie Ende 1980 ein Hüttendorf gebaut, hier ihre Zelte aufgeschlagen und ihre Baumhäuser bezogen. Es gab sogar eine kleines Gotteshaus, wo wider jedes Kirchenrecht Taufen und Trauungen vollzogen wurden. Sympathisantin Barbara Klemm hat bewegende Szenen fotografiert, neben heiklen Konfliktsituationen auch die stillen Bilder der gefährdeten Idylle wie die lauten der Solidarität aller Klassen und jeden Alters. Das berühmte Lagerfeuer, an dem sich die Startbahngegner ihre Seele wärmten, flackert in den Fotos nach, die Barbara Klemm und Abisag Tüllmann vom „Mythos" der 68er-Generation überliefert haben.

Die grellbunten und im Zusammenspiel divergierender Phänomene einzigartigen Protestbewegungen sind unter der Chiffre 68 geschichtsträchtig geworden. Die „Achtundsechziger" wurden für alle explosiven Nachwehen, die unsere Zivilgesellschaft verunsichert haben, die mäandernden Demonstrationen, Sit-ins, Straßenschlachten, Politmorde sowie den verbalen und physischen Terror von einer hilflosen Politik unreflektiert in moralische Haftung genommen. Weil aber Ursachen und Motive zu ergründen und sie zu überprüfen geeignet sein könnte, die Versäumnisse der Politik aufzudecken, wurden die Vorurteile einfach fortgezeugt.

Noch im Jahr 1980 wird Alfred Dregger ins Horn der Verleumdung stoßen und die 68er pauschal als Schuldige für alle Rebellion gegen Institutionen und jede falsche Politikentscheidung ausmachen; er hat sich dabei nicht entblödet, den Philosophen Jürgen Habermas nachträglich an den moralischen Pranger zu stellen, indem er ihn als Brandstifter namhaft zu machen versucht. Immerhin wird Walter Wallmann wenige Monate später „diesem exemplarischen Intellektuellen der letzten Jahrhunderthälfte" den Adorno-Preis der Stadt Frankfurt verleihen. Chapeau!

Die Jugendrevolte am Ende der sechziger Jahre, schreibt Heinz Bude vom Hamburger Institut für Sozialforschung, habe allen Verwundungen zum Trotz „zu einer Vertiefung des demokratischen Engagements in der Gesellschaft" beigetragen. Indem der Mythos das historische Wissen in der Rückschau auf wenige einprägsame Zeichen und Symbole verkürze, werde eine Tradition erfunden, „die eine Kontinuitätsbrücke zwischen den Generationen" darstelle.

Bundespräsident Richard von Weizsäcker wird sich in seiner Rede beim Staatsakt zum ersten Jahrestag der deutschen Einheit am 3. Oktober 1990 bemühen, den Begriff der Mythologie für die junge Bundesrepublik zu relativieren, die in der unruhigen Phase um das Jahr 1968 in gewalttätigen Protestaktionen zum Mythos kulminierte:

Die Menschen haben im Laufe der Jahre Zuneigung zu ihrem Gemeinwesen entwickelt, frei von gekünstelten Gefühlen und nationalistischem Pathos. Gewiß, in der vierzigjährigen Geschichte der Bundesrepublik gab es manche tiefgreifende Konflikte zwischen Generationen, sozialen Gruppen und politischen Richtungen. Sie wurden oft mit Schärfe ausgetragen, aber ohne den Hang zum Destruktiven. Die Jugendrevolte am Ende der sechziger Jahre trug allen Verwundungen zum Trotz zu einer Vertiefung des demokratischen Engagements in der Gesellschaft bei.

Zurück zur Startbahn West: Den radikalsten Protest gegen „technische Ausbauten und Bodenverriegelungen" artikulierten überzeugte Umweltschützer und radikale Systemgegner. Als die Polizei ihren Auftrag ernst nahm, den kafkaesken Bauzaun um den Flughafen zu schützen, eskalierte die Konfrontation zwischen den Blöcken von Scharmützeln bis zu Straßenschlachten. Der Unterbezirksparteitag mit dem Juso-Vorsitzenden Martin Wentz proklamierte im Mai 1981 seinen Unmut über die Unnachgiebigkeit der Börnerschen Landesregierung, während der SPD-Landesparteitag in Wiesbaden am 21. Juni 1981 dem Ausbau der Startbahn West zustimmte. Der damalige Bundesminister für Verkehr, Volker Hauff, ließ verlauten, die Bundesregierung gedenke lediglich den Ausbau des Frankfurter Flughafens als internationalen Knotenpunkt zu fördern, deshalb sei der Bau der Startbahn West gerechtfertigt. Konsequent ließ die Landesregierung das Hüttendorf am 2. November 1981 räumen, während die Protestaktionen unvermindert weitergingen.

Nachdem der Sprecher des geballten Widerstands, der Frankfurter Magistratsdirektor Alexander Schubart, 1982 ein Volksbegehren organisiert hatte, das trotz ausreichender Unterschriften vom Hessischen Staatsgerichtshof aber nicht anerkannt wurde, weil der Gesetzestext dieses Volksbegehrens in der vorgelegten Fassung nicht zulässig war, traf man sich wöchentlich zu sogenannten „Sonntagsspaziergängen" an der Betonmauer um das Baugelände.

Ihren traurigen Höhepunkt und damit zugleich ihr Ende sollten die Auseinandersetzungen um die Startbahn West genau sechs Jahren später erreichen, als auf einer Demonstration anläßlich des Jahrestages der Räumung des Hüttendorfs zwei Polizeibeamte erschossen wurden.

Die von Heinz-Herbert Karry als hessischem Wirtschaftsminister durchgesetzte Startbahn 18 West barg aber nicht nur politischen und buchstäblichen Sprengstoff: Zu guter Letzt hat die neue Piste wesentlich geholfen, den Frankfurter Flughafen als größten Arbeitgeber Hessens mit 40.000 Mitarbeitern zum zentralen Flughafen Kontinentaleuropas zu machen.

Jürgen Habermas und Günther Anders erhalten den Theodor W. Adorno-Preis

Der hessische CDU-Vorsitzende Alfred Dregger hatte sich angemaßt, den Philosophen Jürgen Habermas öffentlich dafür zu schelten, geistiger Brandstifter gewesen zu sein, der den 68ern die intellektuelle Munition für ihren zivilen Ungehorsam geliefert habe. Da Walter Wallmann diese Position seines großen Vorsitzenden nicht teilte, konnte er diese Denke mit der klugen Verleihung des Adorno-Preises an Jürgen Habermas als irrig dementieren. Es sei der „Kritischen Theorie" vorgeworfen worden, zu jenem Ausbruch von Gewalt beigetragen zu haben, „der unsere Ordnung in den letzten zehn Jahren erschüttert hat", erinnert Wallmann in der Paulskirche am 11. September 1980 reaktionäre Positionen. „Aber ich halte diesen Vorwurf für falsch, und zwar nicht nur deshalb, weil Habermas selbst diese Gewalt als ‚Linken Faschismus' verworfen hat, sondern vielmehr, weil die ‚Kritische Theorie' in ihrem wissenschaftlichen Gehalt einen solchen Vorwurf nicht rechtfertigt." Habermas war tatsächlich der einzige deutsche Philosoph, der in jener Phase die Erwartungen der akademischen Jugend bediente.

Wallmanns Konklusio lautet: „Sie, Herr Professor Habermas, vertreten die Kühnheit des Denkens; ich stehe als Politiker hier für die Vorsicht des Handelns. Die Frankfurter Schule ist vielleicht der letzte große Versuch einer umfassenden Welterklärung. Philosophie hat hier noch einmal auf die Gesellschaft eingewirkt." Habermas gilt Wallmann als Referenzfigur für die intellektuelle Befindlichkeit der Zeit. Was Wallmann beeindruckt haben wird, ist, daß Habermas mit seinen erkenntnisleitenden Interessen das Problem von Max Webers forschungsleitenden „Kulturwert-Ideen" gewürdigt hatte. Die Zeit schrieb:

Da waren aber auch die Intellektuellen, deren kulturkritischer Impuls ebenfalls Tradition hatte. Jahrelang hatte Wallmann auf sie eingeschlagen; jetzt raffte er sich zu einer versöhnlichen Geste auf, indem er Jürgen Habermas – dem Weiterdenker der „Frankfurter Schule" – in einer honorigen Rede den Adorno-Preis verlieh. Und er machte sich, eher schamlos, Habermas' „Kritik an der unvollendeten Moderne" zu eigen. Frankfurt war zum Inbegriff einer fehlgelaufenen Stadtplanung geworden; dort veranschaulichte sich die Dialektik von Wohlstand und Stadtwüste.

In Wallmanns politischer Biographie war es mit Max Weber gesprochen „ein gutes Gefühl, wenn man mit dem Bohrer endlich durchs harte, dicke Brett" gestoßen war (*Politik als Beruf*), in der Paulskirche mit einer ethisch aufgeladenen Rede.

Jürgen Habermas geht es um die Institutionalisierung von Solidarität: „Uneingeschränkt miteinander zu leben ist schon viel" – besonders in einer Stadt mit 25 Prozent Ausländern ein großes Wort, das cum grano salis hier tagtäglich soliden Bestand hat. In Frankfurt gab es zu keiner Zeit ausländerfeindliche Exzesse.

Die Verleihung des Adorno-Preises an den Autor des Doppelwerkes *Die Antiquiertheit des Menschen* gestaltete sich dagegen weniger problemfrei als der Preis an Habermas. Der in Wien lebende Philosoph Günther Anders konnte krank mit 81 Jahren nicht nach Frankfurt reisen, weshalb seine Danksagung über Monitore vermittelt wurde. Als nach eigenem Befund „notorischer Kritiker der Produktions- und Massenmedien" war er sich der Ironie der Situation bewußt, nun auf die seine Worte konterkarierende moderne Technik zurückzugreifen; gleichwohl wollte der bekennende Querdenker doch lieber „als Phantom dabeisein als überhaupt nicht".

Von Walter Wallmann hatte der Adorno-Preisträger einen Zehnerpack erlesenen Hochheimer Weins aus dem städtischen Weingut erhalten. Die Kiste hatte Anders aber postwendend an den Absender zurückgeschickt, weil er von Herrn Wallmann keine Geschenke annehme, nachdem er erst jetzt dessen „reaktionäre Laudatio" auf ihn gelesen habe. Mehr noch dürfte Anders sich wohl darüber geärgert haben, daß der Oberbürgermeister ihn in seiner Begrüßungsrede mit „lieber Herr Günter Grass" angeredet hatte.

Den Sinneswandel des „professionellen Panikmachers" (Anders über Anders) fand ich um so unverständlicher, als der Philosoph in seiner videovermittelten Danksagung dem Frankfurter Oberbürgermeister ausdrücklich dafür gedankt hatte, „seiner Nominierung überhaupt nichts in den Weg gelegt" zu haben, obwohl Wallmann als „prominenter Mann der Unionsparteien die Anti-Atom-Bewegung kaum wird billigen können" und obwohl der Oberbürgermeister wußte, daß der Preisgekrönte den offiziellen Ausdruck „Nachrüstung" als eine unstatthafte Irreführung ablehnte. Wie Günther Anders mir in seiner Wiener Wohnung anvertraute, mißfielen ihm besonders jene Abschnitte aus Wallmanns Reflexionen über die Friedensfunktion des Staates, die erst nach dem Paulskirchenakt publik geworden waren und mit denen er eine dezidiert andere Position einnimmt. Darin mahnte Wallmann den Auftrag unserer liberalen Demokratie an, „zwischen dem Vorletzten und dem Letzten, zwischen mehrheitsfähigen und den letzte Überzeugung berührenden, nicht mehrheitsfähigen Fragen" eine klare Grenze zu ziehen, und diese auch zwischen den Intellektuellen. Günther Anders hat die Konsequenz aus dieser Alternative als gegen ihn gemünzt und schon deshalb als unzulässig empfunden: jene von Wallmann beschworene Gefahr nämlich, die im Vollzug dieser Einordnung liege und deren Perspektive in der letzten Konsequenz „die bürgerkriegsähnliche Auseinandersetzung" wäre; denn die Regeln der parlamentarischen Demokratie dürften für absolute Fragen von Moral und Wahrheit nicht gelten.

Walter Wallmanns Wertschätzung der Intellektuellenkaste war höchst zwiespältiger Natur. Einerseits belegte er diejenigen mit abschätzigen Attributen, die er als ideologisch gebundene Intellektuelle wie Cohn-Bendit zum Kreis der unsicheren Kantonisten zählte. Andererseits hofierte er die standesbewußten Großintellektuellen vom Range eines Jürgen Habermas oder Michael Gielen, und natürlich verehrte er den von ihm oft zitierten Altmeister Max Weber. Energisch widersprach er den verrätselten Denkbahnen Theodor W. Adornos, der dem Künstler die Aufgabe zuwies, „Chaos in die Ordnung zu bringen". Letztlich ist aber die Verteidigung der Menschenrechte und der Menschenwürde doch die ideologisch übergreifende Maxime der Intellektuellen seit der Französischen Revolution bis heute.

Zwei Frankfurter Ehrenbürger

Mit der Verleihung der höchsten Ehrung der Stadt, die einem Erdenbürger widerfahren kann, ist Oberbürgermeister Walter Wallmann erfreulich behutsam umgegangen. Nachdem 1966 OB Willi Brundert seinen Mentor, den ehemaligen Ministerpräsidenten Georg August Zinn zum Ehrenbürger auserkoren hatte, wurde erst 15 Jahre später dieser Ehrentitel wieder verliehen: 1981 wurde der Bankier und Mäzen Hermann Josef Abs in der Paulskirche damit in den Olymp befördert, 1983 der Jesuitenpater und philosophische Soziologe Oswald von Nell-Breuning in den Himmel gehoben.

Oberbürgermeister Walter Wallmann widmete in seiner Laudatio der bankpolitischen Diplomatie von Abs seine besondere Aufmerksamkeit:

Es ist für eine jüngere Generation heute fast nicht mehr vorstellbar, welche wirtschaftliche und politische Bedeutung die Regelung der deutschen Auslandsschulden nach dem Zweiten Weltkrieg hatte. Sie war die Voraussetzung für die Wiederherstellung des deutschen Kredits im Ausland und damit auch der freien Konvertibilität der neuen Deutschen Mark. Ich glaube, ich sage nicht zuviel, wenn ich feststelle, daß ohne jenes berühmte Londoner Schuldenabkommen vom 27. Februar 1953 der wirtschaftliche und politische Wiederaufstieg Deutschlands nicht möglich gewesen wäre.

Abs zeigte sich gerührt und tief bewegt, „um nicht zu sagen beschämt". Es ließe sich keine größere Ehrung denken als die einer Stadt mit dem hohen Rang Frankfurts. Abs bezeichnete es als Verpflichtung aller, die in der Öffentlichkeit wirkten, dazu beizutragen, daß es vielleicht doch wieder Ideal- und Idolfiguren für die Jugend geben werde.

„Gewinn ist so notwendig wie die Luft zum Atmen. Aber es wäre schlimm, wenn wir nur wirtschaften würden, um Gewinn zu machen, wie es schlimm wäre, wenn wir nur lebten, um zu atmen." Atmen war für Abs ein Synonym für die Kultur. Kultur begriff er weniger als Kostenfaktor, sondern als geldwerte langfristige Investition. In dem Maße, wie Kultur für Abs ein Synonym war, blieb ihm „Abs" zeitlebens sein Lieblingsthema.

Mit Abs ist 1994 ein großer Baum gefallen. 93jährig endete das komplexe Leben eines komplizierten Charakters. Seine lebenslange Fortune verdankt sich auch seinem Ehrgeiz, seiner hellwachen Intelligenz und seiner umfassenden Bildung sowie der Gewißheit, sich ob dieser Tugenden anderen überlegen fühlen zu können. Wer eine eigene Meinung nicht präzise genug zu begründen

Jürgen Habermas erhält 1980 den Theodor W. Adorno-Preis

wußte, sah sich Abs' selbstgenügsamem Sarkasmus und dem Wechselbad seiner Launen ausgeliefert. Seine gebietende Erscheinung entspannte sich gern in der Lust an der scharfen Pointe. Hermann Josef Abs hat dank seiner Lebensklugheit in seinem Leben viel Glück gehabt – *a man for all seasons.*

Mit der Begründung, daß Oswald von Nell-Breuning „zum Ruhm unserer Stadt als eines geistigen Zentrums" beigetragen habe, verlieh ihm Walter Wallmann die Ehrenbürgerrechte: „Mit Herrn Prof. Dr. Oswald von Nell-Breuning wird eine Persönlichkeit geehrt, die durch ihr Wirken als hervorragender Gesellschafts- und Sozialwissenschaftler des deutschen Katholizismus das sozialpolitische Denken vor allem der Nachkriegszeit entscheidend beeinflußt hat." Mit seinem klugen Elogium gab Walter Wallmann dem Auditorium Gelegenheit, den Oberbürgermeister als einen für die obere Kategorie seiner Zunft maßstabsetzenden Rhetor zu bewundern, als einen aus dem Mittelmaß der politischen Kultur herausragenden souveränen politischen Geist. Aus gefestigtem religiösen Weltbild und einem die Tradition bewahrenden kulturellen Bewußtsein wußte er den querdenkenden Moralphilosophen treffend zu charakterisieren, indem er ihm für dessen Entwurf einer „klassenfreien Gesellschaft" dankte, „in der der Mensch seinen Wert nicht durch die Arbeit erhält, sondern die Arbeit ihre Würde durch den von Gott geschaffenen Menschen".

Verleihung der Ehrenbürgerwürde an Oswald von Nell-Breuning 1983

Nell-Breunings 1.700 Veröffentlichungen verweisen auf einen Autor von kontinuierlicher Produktion. Diese haben sich zum lebendigen Vermächtnis addiert. Die bekanntesten sind *Wirtschaft und Gesellschaft* (vier Bände), *Wörterbuch der Politik, Auseinandersetzung mit Karl Marx* und *Arbeit vor Kapital.* Mit seinen Schriften über Mitbestimmung oder über die Bedeutung der Gewerkschaften intensivierte er seine Zusammenarbeit mit eben diesen organisierten Vertretern der Nichtprivilegierten, in der frommen Hoffnung, die gefährdete soziale Symmetrie zu retten. Die soziale Ungerechtigkeit der Republik und die metaphysische Obdachlosigkeit der Menschen wurden zum Agens der Moralphilosophie von Gottes Statthalter hier auf Erden, der in seiner spartanisch möblierten Klause in Sankt Georgen dem franziskanischen Armutsideal entsprechend lebte.

Demut war eines von Nell-Breunings wichtigen Hauptwörtern – als Grundmotiv seines langen, wahrhaft altruistischen Lebens. Die Spiritualität der Jesuiten ist in Pater Nell-Breuning personalisiert. Christentum und Humanismus vermittelte er seinen Studenten als ihre großen Identitätskulturen, und sittliches Handeln erhob er zum kategorischen Imperativ einer säkularen Zivilisation. Das Kloster Sankt Georgen in Oberrad ist kein weltabgewandter Herrgottswinkel, sondern ein Ort, der den Blick über die hohen Klostermauern nach draußen wirft, ein intellektuelles Zentrum, in dem die geistigen Wurzeln Europas und des Christentums erforscht werden und von wo aus mit ihnen Zukunft generiert werden soll.

Einer wie er fehlt uns in Frankfurt, und sei es nur zum Trost. Eine Autorität, die auf transzendentale Fragen sensible Antworten zu finden sucht: Wer ist Gott, was ist der Mensch? Was ist Wahrheit? Was das Gewissen? Was ist Wissen? Und was der Glaube? Offene Fragen!

Partnerschaft mit Tel Aviv und Kairo

Als im Frühjahr 1979 der Protokollchef mit der Überraschungsnachricht in den Magistrat schneite, vor der Tür warte eine hochrangige Delegation mit dem Gouverneur der Region Kairo darauf, vom OB empfangen zu werden, um ihm das Angebot einer Städtepartnerschaft zu Füßen zu legen, da war guter Rat teuer. „Bevor wir einen Partnerschaftsvertrag mit einem arabischen Staat schließen, müssen wir vorher unbedingt eine Partnerstadt mit Israel vereinbart haben." Da Jerusalem schon vergeben war, wurde Tel Aviv Frankfurts Wunschkandidat. Die ägyptische Delegation wurde äußerst höflich empfangen und ihr

Ehemals in Frankfurt lebende Juden besuchen ihre alte Heimatstadt (rechts: Hans-Jürgen Hellwig, dritte von links: Frolinde Balser)

Anliegen positiv beschieden, wegen der Regularien und diversen parlamentarischen Beschlüsse müsse der Vertrag allerdings noch um einige Monate verschoben werden. Das akzeptierte der Gouverneur mit erkennbarer Freude.

Walter Wallmann verhandelte in aller Eile mit Ignatz Bubis, dem Vorsitzenden der Jüdischen Gemeinde, der in Tel Aviv nicht nur Hotels gebaut, sondern dort auch sein zweites Zuhause hatte. Bubis ließ seine Kontakte spielen, letzten Endes kamen dann aber doch die Ägypter eher zum Zuge: Die Städtefreundschaft mit Kairo wurde am 25. Oktober 1979 abgeschlossen, während der Freundschaftsvertrag mit Tel Aviv erst am 3. März 1980 unterzeichnet werden konnte. Im weltpolitischen Gezeitenwechsel erlangte diese Städtepartnerschaft historische Bedeutung. Frankfurt hatte jetzt insgesamt fünf Partnerschaften mit Städten unterschiedlicher Bedeutung und Kultur und differenten wechselseitigen Sympathien und Interessen: Lyon, Birmingham, Mailand, Kairo, Tel Aviv.

Die intensivsten, freundschaftlichsten und solidesten Beziehungen entwickelten sich schnell mit Tel Aviv, einer Stadt, in der OB Bockelmann, der den Holocaust als ein kathartisches Ereignis reflektierte, vorausschauend schon zwanzig Jahre vorher dauerhaft gute Verbindungen geknüpft hatte. Seit 1980 betreibt die Stadt Frankfurt auch ein Besuchprogramm für jüdische sowie politisch oder religiös verfolgte ehemalige Frankfurter Bürgerinnen und Bürger.

Von Walter Wallmann stammt die bis heute wirksame Initiative, ehemalige jüdische Mitbürger, deren Lebensspuren sich über alle Erdteile verstreut finden, einmal im Jahr in ihre alte Heimatstadt einzuladen. Alle nachfolgenden Oberbürgermeister haben die von den Nazis zur Emigration gezwungenen ehemaligen Mitbürger ebenso wie die Holocaust-Überlebenden im angemessenen Rahmen des Kaisersaals unter großer Beteiligung der Frankfurter willkommen geheißen, ohne damit den Holocaust zum Sinnstifter stilisieren zu wollen. Seit 1980 haben 3.642 vertriebene jüdische Frankfurter und Menschen, die aus religiösen oder politischen Gründen die Stadt in der Nazi-Zeit verlassen mußten, die Stadt ihrer Kindheit besucht.

Im Frühjahr 1983 übergibt Walter Wallmann in Tel Aviv das „Haus Frankfurt", ein neues Kulturzentrum, das außer aus dem städtischen Etat mit Spendengeldern der Frankfurter Bürger finanziert wurde. Stadtkämmerer Ernst Gerhardt gründet alsbald den Freundeskreis der Universität Tel Aviv und hat bis heute schon etliche Millionen Euro gesammelt. Walter Wallmann freute sich, als sein Kulturdezernent als Gastprofessor für Medienkunde an die Universität Tel Aviv berufen wurde. Von allen Partnerstädten war der häufigste Gast in Frankfurt der Oberbürgermeister Shlomo Lahat aus Tel Aviv.

Der Kulturreferent der Jüdischen Gemeinde, Michel Friedman, auf dessen Initiative hin wir alljährlich eine Jüdische Kulturwoche veranstalteten, äußerte sich 1987 erfreut über das gute Einvernehmen zwischen Stadt und Jüdischer Gemeinde: „In keiner Stadt der Bundesrepublik sind die Beziehungen zwischen der Jüdischen Gemeinschaft und den nichtjüdischen Bürgern so intensiv, breit angelegt und offen wie in der Stadt Frankfurt am Main."

Der Preis des Fortschritts – 40 Wallmann-Texte

Walter Wallmann hofft, daß auch mit seinem unter obigem Titel veröffentlichten Konvolut von Reden und Aufsätzen deutlich werde, was ihn selbst an „Redesammlungen anderer Politiker immer fasziniert hat: die ungeheure Fülle der Probleme, mit der vor allem Kommunalpolitiker in großen Städten konfrontiert werden; die Verschiedenartigkeit der Fragen, mit denen sie sich beschäftigen, ja im wahrsten Sinne des Wortes auseinandersetzen müssen". Seine Sammlung nennt er doppeldeutig *Preis des Fortschritts*. Der heiße Kern des Buches aber heißt Walter Wallmann.

Von allen Frankfurter Oberbürgermeistern hat Walter Wallmann zweifellos die meisten Reden gehalten, aber auch als Präsident des Deutschen Städtetags, des Deutschen Bühnenvereins oder als Vorsitzender der CDU von Hessen war er ein vielgefragter Gastrhetor. Was Walter Wallmann „die ungeheure Fülle der Probleme" nennt, über die jeweils sachkundige Auskünfte oder Analysen von ihm erwartet würden, umfaßt ein derart breites Wissensspektrum, daß auch ein promovierter Jurist wie er nicht aus dem Effeff beherrschen kann. Heute muß er das Jubiläum des „Almosenkastens" würdigen, morgen eine Ausstellung über die „Deutschen Maler von 1890 bis 1918" eröffnen und übermorgen dem Philosophen der Aufklärung Jürgen Habermas erklären, warum ein CDU-Oberbürgermeister dem Vordenker der „Kritischen Theorie" den Adorno-Preis verleiht. Der Rezensent des Wallmann-Buches in der *Zeit* folgert aus der Lektüre, daß da, wo er „hinformuliert, sofort höhere Geistigkeit erblüht"; so etwa „bei einem Toast auf das Neue Jahr beim Empfang der Gesellschaft für Handel, Industrie und Wissenschaft: Hier zum Beispiel waren Huxley und Orwell, Max Weber und Adorno, Bakunin und Kropotkin, Tschechow und Bacon, Locke und Montesquieu, Burke und Tocqueville präsent", wobei „der Anteil von Ghostwritern offenbleibt", besonders bei Moralsentenzen, die *sub specie aeternitatis* formuliert wurden. Diesen Verdacht nähren allerdings sowohl der Wechsel seiner teils holistischen Rhetorik mit juridisch getränktem Vokabular und die sehr unterschiedliche Diktion, aber auch die von Artikel zu Artikel wechselnden Sprachfiguren sowie eine unterschiedlich auf die Metaebenen gestreute Metaphernseligkeit und die graduell schwankende Qualität der Stilistik seiner Texte. Die einzigen immer wiederkehrenden Konstanten sind der metapolitische Duktus der Vorbilder Weizsäcker und Herzog und die wertegeprägten Textbausteine für die Beschwörung der großen historischen Mythen sowie eine zweckdienliche Häufung analoger Nomina, über die Wallmann die Vormundschaft führt.

Der Kulturphilosoph Hermann Glaser kritisiert in den *Nürnberger Nachrichten* vom 13. Juni 1983 das „Imponiergehabe eines Mannes", der mit größter Selbstverständlichkeit über die Zukunft der sozialen Marktwirtschaft, die kosmische Angst im Banne der Atomkraft wie über Bertolt Brechts späte Auftragsarbeiten parliere.

Ghostwriter bei Themen von besonderer Brisanz herbeizuziehen, besonders bei einer Materie, die einem OB jeweils aufgezwungen wurde, ist unter Politikern aber gang und gäbe und keine Schande. Unsere Bundespräsidenten haben den Beifall für viele ihrer berühmten Reden ihren einfühlsamen, gebildeten Ghostwritern zu verdanken. An der berühmten Rede Richard von Weizsäckers zum 8. Mai zum Beispiel hatte ein bekannter Journalist kräftig mitgeschrieben. Aber worauf es schließlich allein ankommt, ist, ob der Redner hinter jedem Gedanken, jedem Satz und jedem Komma des beschriebenen Papiers steht.

Auf Texte, die in ihrer wissenschaftlichen Fundierung als Fremdleistung *prima vista* verifizierbar sind, sollte in Redendokumentationen aber besser verzichtet werden. Bei Walter Wallmann bliebe dann noch genügend viel gescheite Lektüre übrig, die ihn authentisch als brillanten Autor auswiese.

Sehr viel positiver als Hermann Glaser würdigt der Herausgeber der *F.A.Z.* Fritz Ullrich Fack Wallmanns gesammelte Reden. Während Glaser in den unterschiedlichen Schreibstilen „verschiedene Ghostwriter" wittert, könne nach Meinung Facks „so viel Homogenität schlechterdings nicht von dritter Hand stammen". Wallmanns Œuvre führe dem Leser einen aufgeklärten, „aus und mit der Geschichte lebenden Konservativismus vor". Darunter subsumiert Fack „Stücke von seltener Prägnanz", wie die kritische Auseinandersetzung mit der „Kritischen Theorie". Gleichzeitig definiere Wallmann präzise den Abstand zu „jenen utopischen Gesellschaftsentwürfen der Frankfurter Schule", die in der Totalität ihres Geltungsanspruchs und Wahrheitsgehalts der Radikalität Vorschub leisteten.

Seine inspirierende Lektüre macht Walter Wallmanns Anspruch als Autor deutlich, jenseits der Tagespolitik und der Launen des Alltags die Welt mit philosophischen und kulturhistorischen Augen zu betrachten und mit juristischer

Schärfe den Befund ihrer politischen Verwerfungen zu analysieren. In manchem seiner Aufsätze läßt er außer seiner Nähe zu Max Weber oder Karl Mannheim auch seine Affinität zu Gedanken erkennen, die der Philosoph Hans Jonas in seinem Buch über *Das Prinzip Verantwortung* (1979) als ethischen Anspruch formuliert hat. Den Satz seines politischen Gewährsmanns Max Weber, wonach ein Gemeinwesen, das über seine Geschichte nur noch wenig wüßte, seine Identifikation verlöre, hat Wallmann bravourös beherzigt, sooft er dazu Gelegenheit bekam.

Nicht alle Frankfurter werden wie ich mit großem Vergnügen gelesen haben, wie progressiv Walter Wallmann über den Auftrag der Kultur reflektiert: „Kunst ist oft Provokation, Ärgernis, Protest gegen Konvention […] Das jeweils Neue, das Zukunftsweisende setzt sich jeweils nur im Protest gegen das Alte durch […] Die Freiheit der Kunst muß auch für diejenigen gelten, deren Denken uns unbequem ist […] Phantasie an die Macht!" Das ist Walter Wallmann pur – in buchstäblicher Reinkultur.

Wie ein roter Faden zieht sich Wallmanns hohe Kunst der relativierenden Besonnenheit als nicht die schlechteste Werturteilsmaxime durch seine Texte. Man spürt auch dabei seine retrospektive Bewunderung für Max Weber, der einer notwendigen Versöhnung von Theorie und Praxis seine klugen Gedanken lieh und vor einer „Entzauberung der Welt" durch die Banalisierung mit Hilfe ideologischer Bilderstürmer warnte.

Wallmann teilt auch Max Webers Glauben an die Legalität gesetzter Ordnungen, aber nicht im Sinne bürokratischer Herrschaft. Er fühlt sich mit Webers protestantischer Ethik tief verbunden und beherzigt dessen Rat, nicht mit der Bergpredigt unterm Arm zu regieren. Indem Walter Wallmann in seiner Laudatio auf Jürgen Habermas dessen Leidenschaft für die Wahrheit preist, beruft er sich dabei wieder auf die Schlüsselfigur der neuen Sozialwissenschaften Max Weber, der gesagt hatte, Wissenschaft sei „ohne Wahrheit" nicht denkbar.

Mit dem ebenfalls gern zitierten Staatsdenker Alexis Tocqueville wird Wallmann die Stärkung des Sinns für bürgerliche Eigenverantwortung und den Kampf gegen Konformismus und Unfreiheit in sein politisches Handlungsrepertoire übernommen haben wie auch den Rat, staatliche Aufgaben zu dezentralisieren, so wie zum Beispiel hierzulande die Kulturhoheit bei den Bundesländern liegt. Auch Tocquevilles Streben nach innenpolitischem Gleichgewicht hat Wallmann in der Praxis vor Ort befolgt, indem er nicht wie Vorgänger Arndt nach dessen Wahlsieg zwei Stadträten der CDU die Stühle vor die Tür stellte, sondern ohne Not drei SPD-Dezernenten in seinen Magistrat übernommen hatte. Und wie Tocqueville legt er an die Planung jeweils besonders exponierter Projekte einen großen Maßstab an, wie in Frankfurt etwa beim Museumsufer oder bei der Dom-Römerberg-Bebauung. Über alles Buchstäbliche hinaus lautet das Fazit des Kompendiums, daß über allem politischen Tun Wallmanns ethisches Primat erkennbar wird, an der politischen Idee der *res publica* festzuhalten: an dieser öffentlichsten aller Sachen.

Kulturkalender der Jahre 1977 bis 1986

Der Frankfurter Kulturetat kletterte von einem Anteil von 5 Prozent am Gesamthaushalt im Jahre 1970 auf 11 Prozent im Jahre 1986 und hält damit die Spitze aller europäischen Städte.

1977   Plastik *Die Liegende* von Willy Schmidt auf der Freßgass

1978   In der Töngesgasse wird das Friedrich-Stoltze-Museum der Sparkasse eingeweiht.

1978   Das „Grzimek-Haus" im Frankfurter Zoo wird eröffnet, in dem nachtaktive Tiere beobachtet werden können.

1978   Johann Heinrich Danneckers Skulptur *Ariadne auf dem Panther* wird nach ihrer Restaurierung wieder im Liebieghaus aufgestellt.

1978   Ankauf der Liegenschaften Schaumainkai 41 und Schweizer Straße 4 für das künftige Deutsche Filmmuseum und Kommunale Kino.

1978   Erwerbungen aus der Sammlung Hirsch mit Hilfe des Nationalfonds

1979   Peter Hahn wird die künstlerische Leitung des TAT übertragen, das zum Theater für freie Gruppen umgerüstet wird.

1979   Judith Rosenbauer erhält Subventionen für ihr neu gegründetes English Theatre.

1979   Über 100 Rezensionen zur Frankfurter Publikation *Kultur für alle* sorgen bundesweit für Diskussionen über den Stellenwert der Kulturpolitik.

1979   Der „Sinkkasten" erhält mit 760.000 DM Investitionskosten neue Räume in der Brönnerstraße, jährliche Subventionen 145.000 DM.

1979   Im Juli 1979 ersteigert die Stadt für 18 Millionen Mark den Mousonturm in der Waldschmidtstraße.

1980   Restaurierung der Ratgeb-Fresken aus dem 16. Jahrhundert im Karmeliterkloster durch polnische Künstler (Kosten: 1,2 Millionen DM)

1980   Johannes Schaaf und Wilfried Minks übernehmen die Leitung von Schauspiel Frankfurt.

1980   Plastik *Diagonale* von Michael Siebel in der Taunusanlage

1980	Umbau des Schauspiels mit teurer Großhydraulik
1980	Gründung des Ensemble Modern, das 1985 städtisches Domizil in der Schwedlerstraße erhält
1980	Finanzielle Förderung des alljährlichen Jazzfestivals
1981	Adolf Dresen von der Wiener Burg übernimmt die Leitung vom Schauspiel Frankfurt.
1981	Mit 5,8 Millionen Mark erwirbt die Stadt die Ströher-Sammlung „Pop-art der 1960er Jahre" als Grundstock für ein Museum für Moderne Kunst.
1981	Die „Brotfabrik" entsteht als alternatives Kulturzentrum (Zuschuss 1985: 110.000 DM).
1981	Einweihung der wiederaufgebauten Alten Oper mit Gustav Mahlers *Symphonie Nr. 8*
1982	Im Frühjahr wird der erste Opernball in der Alten Oper auf Anhieb ein Erfolg.
1982	Das Struwwelpeter-Museum in der Hochstraße 45 wird eröffnet.
1982	Gründung der Kammeroper durch Rainer Pudenz mit städtischer Subvention
1982	Erstmals wird der Frankfurter Musikpreis verliehen, heute dotiert mit 15.000 Euro jährlich
1982	Stiftung der Mozart-Medaille

Der erste Frankfurter Opernball in der Alten Oper 1982

1982   Erste Jüdische Kulturwoche
1982   Vertrag mit dem Deutschen Institut für Filmkunde (DIF) für dessen Übersiedlung von Wiesbaden nach Frankfurt
1982   Rainer Koch folgt Hans Stubenvoll als Direktor des Historischen Museums.
1983   Bronzeplastik *David und Goliath* von Richard Heß Nähe Hauptwache enthüllt
1983   Einweihung des Lucae-Brunnens auf dem Opernplatz
1983   Der Magistrat beschließt den Bau eines Museums für Moderne Kunst, das der Wiener Architekt Hans Hollein entwerfen wird (Eröffnung im Jahr 1991).
1983   Einweihung der Brunnenanlage *Sommersonnenwende* von Gio Pomodoro auf dem Rathenauplatz (inzwischen demontiert)
1984   Auf der Zeil wird der von Lutz Brockhaus aus einem 38 Tonnen schweren weißen Carrara-Marmorblock gemeißelte „Frankfurter-Figuren-Brunnen" eingeweiht.
1984   Der bisherige Feuilletonchef der *F.A.Z.*, Günther Rühle, übernimmt nach Rücktritt von Adolf Dresen die Intendanz des Frankfurter Schauspiels.
1984   Christoph Vitali wird Geschäftsführer der Kulturgesellschaft Frankfurt.
1984   William Forsythe wird als Leiter des Balletts verpflichtet, aus dem er das international renommierte Forsythe-Tanztheater entwickelt, mit dem er „nichts sagen, nur zeigen" will.
1984   Im August wird auf dem Schriftstellerkongreß die Gründung eines Hessischen Literaturbüros beschlossen.
1984   Rückriem-Stele vor dem Städel auf der Mainwiese (200.000 DM)
1984   Das wiederaufgebaute Leinwandhaus am alten Weckmarkt wird als Ausstellungshaus mit Kommunaler Galerie eröffnet.
1984   Das in Bornheim für 30 Millionen DM erbaute Bürgerhaus mit einer großzügigen Galerie wird eröffnet.
1984   Eröffnung des Deutschen Filmmuseums mit Kommunalem Kino und DIF durch Bundespräsident a. D. Walter Scheel
1984   Ab 1984 Open-Air-Sommerkino am Mainufer
1984   Umbaubeginn des Mousonturms durch Architekt Albert Speer, wird 1986 als Künstlerhaus Mousonturm unter der Leitung von Dieter Buroch in Betrieb genommen
1984   Der Leiter der ZDF-Musikabteilung Rudolf Sailer wird zum Direktor der Alten Oper berufen.

1984	Eröffnung des Deutschen Architekturmuseums. Gründungsdirektor: Heinrich Klotz. Architekt: Oswald Mathias Ungers
1984	Eröffnung der Kommunalen Galerie im Leinwandhaus, die bis dahin im Deutschordenshaus hospitiert hatte
1985	Das ITI, die Theaterorganisation der UNESCO, veranstaltet das Festival „Theater der Welt" in Frankfurt.
1985	Beginn des Wiederaufbaus der Karmeliterkirche für das dort geplante Museum für Vor-und Frühgeschichte, heute Archäologisches Museum (Architekt: Josef P. Kleihues)
1985	Das von Richard Meier (New York) entworfene Museum für Kunsthandwerk wird von Bundespräsident Richard von Weizsäcker eröffnet.
1985	Peter Zingler eröffnet in der Uhlandstraße die „Romanfabrik".
1985	Am 31. Oktober verhindern Mitglieder der Jüdischen Gemeinde die Uraufführung des Rainer-Werner-Fassbinder-Stückes *Der Müll, die Stadt und der Tod*.
1985	Reinhard Hinzpeter gründet sein Freies Schauspiel Ensemble.
1986	Das Rothschildpalais wird zum Jüdischen Museum umgebaut und 1988 von Bundeskanzler Helmut Kohl eröffnet (Architekt: Ante Josip von Kostelac).
1986	Beginn der Planung für den Neubau eines Museums für Völkerkunde
1986	Eröffnung der Kunsthalle Schirn auf dem Römerberg unter der Leitung von Christoph Vitali am 28. Februar
1986	Vor den Zwillingstürmen der Deutschen Bank wird Max Bills aus einem Granitmonolithen geschlagene Großplastik *Kontinuität* enthüllt.
1986	Skulptur *Ein Haus für Goethe* von Eduardo Chillida in der Taunusanlage, gestiftet vom Förderverein „Schöneres Frankfurt e.V."
1986	Die Stadt vermittelt der Deutschen Bibliothek ein Filet-Grundstück an der Adickesallee unter der Bedingung, daß der Altbau für die Stadt- und Universitätsbibliothek zur Verfügung steht.

Bei freiem Eintritt hat sich der Zustrom der Besucher am Museumsufer von 940.000 im Jahr 1978 auf 3.330.000 im Jahr 1989 vervielfacht.

*

Bürgerhäuser:
| 1978 | Neubau Stadthalle Bergen-Enkheim |
| 1979 | Der Rothschildsche Pferdestall im Westend wird zum Bürgerhaus umgebaut. |

Eröffnung des Leinwandhauses 1984 (von links): OB Wallmann, Fotografin Barbara Klemm, der Kulturdezernent und Bürgermeister Hans-Jürgen Moog

1982	Zeilsheim erhält ein Bürgerhaus sowie eine Stadthalle.
1984	Neues Bürgerhaus in Bornheim
1985	Eröffnung Haus Eckenheim
1985	Ein Teil des Südbahnhofs wird zum Bürgerhaus Sachsenhausen umgerüstet.
1985	Ende des Jahres erhält auch Heddernheim sein Bürgerhaus.
1986	An der Schwälmerstraße wird das Bockenheimer Bürgerhaus der Öffentlichkeit übergeben.
1986	Das 1986 vom Magistrat beschlossene Bürgerhaus Griesheim wird 1987 eingeweiht werden.

Walter Wallmann in Bedrängnissen

> *Es liebt die Welt, das Strahlende zu schwärzen.*
> Friedrich Schiller

Je erfolgreicher ein Politiker in der Verwirklichung seiner höheren Ziele wird, desto mehr Neider säumen seinen Weg. Sie werden jede Gelegenheit beim Schopfe fassen, ihm am Zeug zu flicken. Von Verleumdungs- und Verdächtigungskampagnen bis hin zum Aufbauschen von Implikationen und Lappalien oder vermeintlicher bis tatsächlicher Regelverletzung können fast alle Vorgänger Wallmanns (siehe dort) wie auch er selber über die publizistisch verstärkte Vergiftung der politischen Kultur ein gar garstig Lied singen. Besonders *BILD* hatte den späteren Ministerpräsidenten Wallmann an den Pranger einer bigotten öffentlichen Meinung gestellt. Der landesweit beraunte Skandal hängt jetzt als „Volkes Stimme" wie ein Bleigewicht an seinen Füßen.

Groß aufgebauscht wurde Anfang 1985 Wallmanns Kauf von 100 Aktien der Zanders Feinpapiere AG für 12.500 Mark das Stück, vermittelt durch die Deutsche Bank. Darüber berichteten außer der Lokalpresse spektakulär auch *Spiegel* und *Stern* mit forensischem Eifer. Im Stadtparlament erregten sich besonders der Stadtverordnete Lutz Sikorski von den Grünen und von der SPD-Fraktion Christian Raabe darüber, daß der Oberbürgermeister von einer Bank „bevorzugt beim Verkauf günstiger Aktien bedient" worden sei. Damit habe die Stadt unter Umgehung von Magistrat und Stadtparlament ein „Koppelungsgeschäft" kraft eigener Entscheidung des OB abgewickelt; und an das Geldinstitut seien im Westend Wohnhäuser verkauft worden, wofür „im Gegenzug die Deutsche Bank von der Schaffung von Wohnraum, wie sie ursprünglich in der Baugenehmigung für die Hochhaustürme an der Alten Oper vorgesehen war, freigestellt worden" sei. Wörtlich sagte der SPD-Stadtverordnete: „Ich glaube, daß Herr Wallmann schon lange nicht mehr auf dem Stuhl des Oberbürgermeisters dieser Stadt säße, wenn kurze Zeit nach Abschluß dieses Geschäfts bekannt geworden wäre, daß er dieses wohl ungewöhnlichste Geschäft in der Frankfurter Baugeschichte für die Stadt mit seinem Vermögensverwalter abgeschlossen hat."

Walter Wallmann entwirrte dieses aus groben Fallstricken geknüpfte Netz mit der ihm eigenen Dignitas. Er gab eine „notariell beglaubigte eidesstattliche Versicherung" ab, wonach das unterstellte Junktim nie bestanden habe. Damit war die Kampagne schließlich ins Leere gelaufen.

Insbesondere als Hessischer Ministerpräsident war Walter Wallmann den Attacken der Presse ausgesetzt. Mit der fettgedruckten Schlagzeile „4.153 *BILD*-Leser brachten Wallmann zur Einsicht" lobte das Blatt 1990 sich selbst und machte „eine Verbeugung vor den *BILD*-Lesern", die telefonisch ihr hartes Urteil gesprochen hatten: Der ehemalige OB solle 140.000 Mark an die Stadtkasse zurückzahlen. Was war der Anlaß? Nach seiner Zeit als Frankfurter OB hatte er sich in die Nesseln gesetzt, indem er eine „Beiköchin" und einen städtischen Gärtner aus öffentlichen Mitteln beschäftigte, der „ohne Rechnungslegung" unter anderem Tulpenzwiebeln und Sträucher in den Garten seiner Villa auf dem Lerchesberg gepflanzt hatte. In ungewöhnlicher Allianz haben sich auch *Stern* und *Spiegel* in die von *BILD* losgetretene „Tulpenzwiebelaffäre" eingeklinkt und diesen „Akt der Selbstbedienung" gegeißelt. Genüßlich zitierten sie aus Wallmanns Antrittsrede, in der es heißt, daß „ein öffentliches Amt nicht als Selbstbedienungsladen von Politikern mißbraucht werden darf". *BILD* spornte ihre Leser auch mit entsprechenden „Beweisfotos" zur spontanen Entrüstung an, so daß schließlich 70 Prozent von ihnen Walter Wallmann aufforderten, die 140.000 Mark an den städtischen Fiskus zurückzuerstatten. Daß er diesem Plebiszit gehorchte, wurde als Schuldeingeständnis gewertet. Wallmann selbst gab zu Protokoll, er habe sich „zwar nichts vorzuwerfen", aber er „werde nicht nur persönlich angegriffen, sondern auch das Ansehen des Amtes des Hessischen Ministerpräsidenten drohe Schaden zu nehmen", deshalb zahle er den Betrag zurück. Die *F.A.Z.* witterte eine großangelegte Kampagne gegen Wallmann und kommentierte, auch „der mit staatlichen Zwangsgebühren finanzierte Hessische Rundfunk" habe „wie in einer konzertierten Aktion damit begonnen, Wallmann mit Blick auf die Landtagswahl kräftig am Zeug zu flicken". Besonders die Rolle der HR-Moderatorin Ulrike Holler wird als „pikant" apostrophiert, weil sie „die Ehefrau des SPD-Rechtsdezernenten Andreas von Schoeler" sei, „der durch Wallmanns Wahlsieg seinen Posten als Staatssekretär in Wiesbaden verlor".

Auch Joschka Fischer ließ sich um einen Kommentar nicht lange bitten: Er sprach laut *Frankfurter Rundschau* von „kaum mehr durchsichtigen Rechenkunststückchen" und einem „für Hessen zutiefst deprimierenden Auftritt" Wallmanns. Den Gipfel der Verleumdung erklomm Heidemarie Wieczorek-Zeul in *Der Sozialdemokrat*, als sie mit Bezug auf die bereits weiter oben geschilderte „Rotlichtaffäre" um die Brüder Chaim und Hersch Beker und deren Beziehungen zum Magistrat ätzte, „die Unterweltkönige seien zu Zeiten des Wallmann-Magistrats offensichtlich nicht nur Herrscher im Rotlichtviertel gewesen, sondern auch heimliche Teilhaber der Macht im Frankfurter Römer". Mit vielen Indiskretionen gespickt, umgab den Ministerpräsidenten bald eine Aura des Scheiterns, die schließlich zur Wahlniederlage 1991 wesentlich beigetragen haben dürfte.

Ereignisse in Walter Wallmanns Frankfurter Zeit

Mit den unter Wallmanns Ägide prosperierenden Finanzen wuchs neben der Erfolgsliste kultureller Projekte auch diejenige der in den einzelnen Kapiteln zum Teil bereits als besonders herausragend gewürdigten Ereignisse:

- Seit 1976 werden die Sportförderungsmittel um 300 Prozent erhöht.
- 1978 wird die U-Bahn-Strecke von der Konstablerwache zum Hauptbahnhof in Betrieb genommen.
- Für 52 Millionen Mark wird im Stadtteil Bockenheim das Rebstockbad gebaut (Eröffnung 1982).
- Die Haschwiese in der Bockenheimer Anlage wird durch die Polizei von Rauschgifthändlern und Fixern geräumt.
- Wallmann beendet das „gescheiterte und kostspielige antiautoritäre Kitaprojekt" des Schuldezernenten Peter Rhein (SPD).
- Wallmann stoppt den unkontrollierten Zustrom asylsuchender Ausländer im Juli 1980 durch amtlichen Erlaß.
- Die Tour de France startet 1980 in Frankfurt am Main.
- 1980 leben 499.500 Deutsche und 132.000 Ausländer in Frankfurt: 26.900 Jugoslawen, 25.900 Türken, 18.300 Italiener, 3.400 Griechen, 3.200 Portugiesen
- Im August 1980 wird Horstmar Stauber zum Chef der Frankfurter Messe berufen.
- Bei der Kommunalwahl am 22. März 1981 kann die CDU ihre Mehrheit auf 54,2 Prozent der Stimmen ausbauen, die SPD muß ihren bisher größten Stimmenverlust verkraften und brachte es nur auf 34,0 Prozent. Erstmals halten Die Grünen mit sechs Sitzen Einzug ins Parlament: mit Topfblumen und Gasmaskenmaskerade.
- Im Oktober 1981 wird der erste Frankfurt-Marathon gestartet.
- Hermann Josef Abs wird 1981 Frankfurts 20. Ehrenbürger.
- Am 2. November 1981 wird das Hüttendorf der Startbahngegner von der Polizei geräumt.
- Im Dezember 1981 wird am Ratsweg am Bornheimer Hang die Eissporthalle für 5.000 Zuschauer eröffnet.
- Der Frankfurter Flughafen zählt 1981 mehr als zwölf Millionen Fluggäste.
- 1982 Baubeginn der naturwissenschaftlichen Institute der Goethe-Universität auf dem Niederurseler Hang
- 1982 registrierte die produzierende Industrie Frankfurts noch über 80.000 Arbeitsplätze, davon 40.000 in der chemischen Industrie, 27.000 in der Elektronik, in der Bauwirtschaft 20.000 und im Maschinenbau 1.300.
- Oswald von Nell-Breuning erhält die Ehrenbürgerwürde.
- Die Galleria auf dem Messegelände wird 1983 als „Ort der Begegnung und der Besinnung" eröffnet.
- 1983 wird die neu gestaltete Zeil als Boulevard mit Platanen, Pavillons und Brunnen der Öffentlichkeit übergeben.

- 1983 findet in Frankfurt das Deutsche Turnfest statt.
- Auf der umstrittenen Startbahn West startet im April 1984 der erste Flieger.
- Die U-Bahn fährt ab September 1984 auch unter dem Main durch bis zum Südbahnhof.
- 1986 Einweihung des Jüdischen Gemeindehauses im Westend (Architekt: Salomon Korn)
- Konzeption für die Bundesgartenschau 1989 auf dem naturbelassenen Gelände des Niddatals
- Als Walter Wallmann 1986 Frankfurt in Richtung Bonn verläßt, zählt die Stadt 283.000 Einpendler und 31.000 Auspendler.

Als wie erfolgreich die Arbeit Walter Wallmanns nach seinen erst vier Amtsjahren von der Bevölkerung gewürdigt wurde, bescheinigte ihm das grandiose Wahlergebnis vom 22. März 1981: Mit 54,2 Prozent der Stimmen errang Walter Wallmann das bisher beste Ergebnis der CDU; die SPD mit ihrem Spitzenkandidaten Martin Berg verlor über fünf Prozentpunkte. Die FDP sank unter die Fünf-Prozent-Klausel ab und wird erst nach 16 Jahren wieder im Stadtparlament vertreten sein.

In seiner Neujahrsrede im Kaisersaal am 22. Januar 1985 konnte Walter Wallmann stolz berichten, wie sehr das verflossene Jahr von einer wirtschaftlichen Erholung geprägt war: „Mit 3,5 Prozent hat das wirtschaftliche Wachstum stärker als erwartet zugenommen." Die Arbeitslosigkeit in Frankfurt betrug 6,5 Prozent. Im Mai 1984 hatte ein Streik der IG Metall einen der mächtigsten Arbeitskämpfe der Nachkriegszeit durchgefochten, um die 35-Stunden-Woche durchzusetzen. Ergebnis: 38,5-Stunden-Woche bei vollem Lohnausgleich.

Primus inter pares

Walter Wallmann war gegenüber den beteiligten Dezernenten in der Erwähnung ihrer am jeweiligen Erfolg beteiligten Maßnahmen und Projekte immer fair. Cum grano salis wußte er sie als ebenbürtige Kollegen öffentlich zu würdigen. In Stilfragen ließ er sich von keinem übertreffen. Heute hört man vielfach die verklärte Meinung über Wallmanns vorwiegend akademisch gebildeten Magistrat, er sei in der Substanz „der bisher beste" gewesen, weil er eine sich gegenseitig potenzierende Ansammlung von Fachleuten repräsentierte, mit denen Walter Wallmann sich umgab und die nicht wegen ihrer Verdienste in seiner

Partei, sondern nach Kriterien der Leistungselite ausgewählt wurden. „Die verschiedenen Begabungen der Stadträte zum Nutzen aller zur Geltung kommen zu lassen, das ist eine Kunst, die Walter Wallmann […] virtuos beherrschte", urteilte die *F.A.Z.* am 2. Mai 2011. Deren einige hatte er ob ihrer fachlichen Qualifikation auch aus anderen Städten abgeworben: aus Köln, Düsseldorf, Fulda usw. Ohne dies je auszusprechen, war für Wallmanns Politik der Magistrat als handlungsbefugtes Organ wichtiger als das Parlament.

Als in der ersten Magistratssitzung unter Walter Wallmanns kommodem Regiment die sozialdemokratischen Mitglieder nach alter Väter Sitte einander kumpelhaft freundlich duzten, empfahl er den Genossen im konzilianten Ton, doch während des offiziellen Teils der Sitzungen dieser eingewohnten Sitte bitte zu entraten, damit jeder sich als Gleicher unter Gleichen fühlen könne. Für Wallmann waren auch die ehrenamtlichen Stadträte Gleiche unter Gleichen, schließlich hatten sie außer einem Sitz vor allem auch eine Stimme. Die Sit-

Einweihung des Museums für Kunsthandwerk (von links): Bundespräsident Richard von Weizsäcker, Architekt Richard Meier, der Kulturdezernent, Museumsdirektorin Annaliese Ohm, Stadtkämmer Ernst Gerhardt und Baudezernent Hans-Erhard Haverkampf

zungen verliefen harmonisch ohne Fensterreden, die man sich gegenseitig lieber ersparte. Stadträte, die bis dahin mit offenem Kragen und kariertem Hemd und sommers ohne Jackett am Magistratstisch Platz zu nehmen gewohnt waren, gaben Wallmann jetzt mit Schlips und Kragen die Ehre. Jeder wurde von ihm mit „Herr Stadtrat" angeredet und falls vorhanden auch noch überkorrekt mit Doktor- und Professor-Titel. Es herrschte ein die Stimmung beflügelndes Fluidum einer Art Konsensdemokratie Wallmann-typischer Prägung, sogar bei kontroversen Ansichten. Allein ein Wichtigtuer, der Ehrenamtliche Christian Raabe, eine Figur von Beckmessers Graden, störte öfter als erträglich den zivilen Komment, sooft er den Oberbürgermeister meinte mal wieder frontal angehen zu sollen. Der aber bewahrte weise die Contenance und ließ den „Geist, der stets verneint" lächelnd verpuffen. Raabes ätzender Eifer hat seine Ursache wohl auch in der Weigerung Wallmanns, ihm einen Auftritt in der Parlamentssitzung vom 13. Juli 1977 zu gönnen. Einem ehrenamtlichen Stadtrat zu untersagen ans Rednerpult zu treten, war nach den Paragraphen 59 und 70 der Gemeindeordnung zwar rechtens, in Frankfurt aber bisher nicht üblich gewesen. Als SPD-Stadtverordneter Gerd Reinschmidt den Störfall als „das Mieseste" bezeichnete, schaltete Sitzungsleiter Hans-Ulrich Korenke dessen Mikrophon aus. „Wallmann signalisierte dem Stadtverordnetenvorsteher regelmäßig, daß er diesen oder jenen Stadtrat nicht reden lassen solle", gibt Bettina Tüffers in ihrem Buch zu Protokoll.

Wallmann umgab eine ihm eigentümliche Aura, die den Magistrat zu einer Art konspirierendem Ensemble aus Individualisten machte, die nichts als das Wohl ihrer Stadt im Sinn hatten.

Die CDU verliert die Hessenwahl im Dezember 1983

Obwohl Walter Wallmann im Dezember 1983 einen engagierten Wahlkampf geführt hatte, um Hessischer Ministerpräsident zu werden, war er aus der Sicht der CDU-Führung mit nur 39,4 Prozent der personifizierte Verlierer: Er habe verspielt, was sein Vorgänger Alfred Dregger „mühsam aufgebaut habe", der die CDU 1982 aus ihrem 20-Prozent-Ghetto auf 45,6 Prozent gebracht hatte, meinten die CDU-Strategen. Die Philosophieprofessorin Gertrud Höhler, prominente Vorzeigefrau der Union, ist mit Walter Wallmann öffentlich ins Gericht gegangen; er habe „im Vergleich zum Vorjahr insofern einen ungewohnten Wahlkampfstil" praktiziert, als er sich als „Einzelperson in den Mittelpunkt gedrängt" habe. Die Wähler erinnern sich aber, daß Dregger es war, der in seinen lauten Tönen gern seine Anmaßung durchscheinen ließ. Wallmann verabscheute parteipolitisches Lärmen.

Laut *Spiegel* zirkulierte gleich nach der Wahl ausgerechnet aus Frankfurts CDU-Kreisen ein siebenseitiges Dossier unter dem spöttisch gemeinten Titel *Der große Liberale*, in dem Wallmanns „autoritärer Führungsstil" als Begründung für die Wahlniederlage gegeißelt wird: Wallmann habe im Alleingang die Parole ausgegeben: „Jede Stimme für die FDP ist eine Stimme für mich", was als „völlig danebengegriffen" kommentiert wurde. Das hessische CDU-Bundestagsmitglied Dieter Weirich nannte Wallmanns FDP-Werbung sarkastisch „Ehe-Splitting": „Er CDU, sie FDP."

Im Wahlkreis der betuchten Lerchesbergbewohner warfen denn auch sage und schreibe 28 Prozent der Wähler ihr Votum zugunsten der FDP in die Wahlurne. „Blutspende für die FDP", höhnte Holger Börner, den Wallmann vor dem Wahltermin ironiefrei noch seinen „sehr geschätzten Mitbewerber" genannt hatte. Wallmann habe „ein Schneebrett losgetreten, aus dem eine Staubwolke wurde, unter der jetzt die halbe hessische CDU begraben liegt", schwingt Börner seine verbale Dachlatte. Wallmann bliebe jetzt „nur noch die Flucht nach Bonn", empfahlen jene CDU-Anhänger, die nicht mit Wallmanns „Akklamationsverein" verwechselt werden wollten. In der CDU-edierten Anti-Wallmann-Postille heißt es abschließend: Wallmann habe dem ihm ergebenen Wahlkampfhelfer Wolfram Brück zur Belohnung gleich noch den Posten des Frankfurter Personal- und Rechtsdezernenten zugeschanzt. So etwas „hätte sich die SPD selbst in schlimmsten ‚Filz'-Zeiten nicht einfallen lassen". Brück habe in Wallmanns Auftrag, so das CDU-Papier weiter, „ein Kesseltreiben gegen diejenigen angezettelt, „die zur Unterordnung nicht bereit waren".

Walter Wallmann, den ein Hauch von Selbstmitleid umwehte, erntete auf dem folgenden CDU-Landesparteitag in Marburg trotz seiner besonnenen Grundsatzrede über seinen „Dienst am gemeinsamen Wohl" nur mäßigen Applaus, während bei der bloßen Erwähnung des Namens Dregger wahre Ovationen aufbrandeten. Wallmann wollte die Dregger-CDU ähnlich grundsätzlich reformieren wie weiland Luther die katholische Kirche.

Wallmann strebt nach höheren Weihen

Walter Wallmanns engste Freunde wußten, was andere nur flüsternd mutmaßten, daß nach dem ermüdenden Gleichmaß der Tage sein Ehrgeiz ihn zum Griff nach höheren Weihen ermächtigte. Er wollte eines nicht allzu fernen Tages Minister in Bonn werden – ein Katapult zum Panthersprung auf eine noch höhere Stufe direkt ins Bundeskanzleramt. Viel früher als von Wallmann erhofft, erreichte ihn im Frühjahr 1986 die frohe Kunde Kohls im Römer, er solle als kluger Kopf sein Kabinett als Minister mit ganz neuem Portepee bereichern und mit dem Glanz von Frankfurt schmücken. Minister zu sein im Kabinett Kohl, das war Wallmanns Kairos, wie die alten Griechen den überglücklichen Augenblick zu nennen pflegten.

Einweihungsfest der neuen Zeil

Nach der schrecklichen Reaktorkatastrophe von Tschernobyl im April 1986, als bei einem Test an den Turbo-Generatoren wegen Überhitzung von Brennstäben der Reaktorkern explodiert war, mit den später auf 125.000 Tote hochgerechneten letalen Folgen, mußte die Bundesregierung mit Präventivmaßnahmen reagieren. Um ein spektakuläres Zeichen zu setzen, wurde schon zwei Monate später ein eigenes Ministerium in Bonn aus dem Boden gestampft, das ziemlich umständlich als „Ministerium für Umwelt, Naturschutz und Reaktorsicherheit" firmierte. Walter Wallmann, Frankfurt-erprobt, war der Mann der Stunde, der es richten und den Fortschrittsimperativ durch Taten einlösen sollte. Die Atomlobby brauchte sich nicht zu sorgen, daß da womöglich ein grün angehauchter Konservativer in die Kohl-Riege eingerückt sei. Noch ehe er vereidigt worden war, verkündet er, die Bundesregierung werde an ihrem Atomkurs festhalten. Mit einem Ausstieg aus der Kernkraft sei mit ihm auch nach dem Super-GAU in Tschernobyl nicht zu rechnen.

Im Frankfurter Säurebad der Zumutungen und Intrigen, der Verleumdungen und Verwerfungen abgehärtet, tritt Walter Wallmann am 6. Juni 1986 sein neues Amt an. Er mußte in Bonn ein ganz neues Ministerium mit ganz anderen Strukturen und mit nicht unbedingt in diesem Sonderbereich besonders kompetenten Beamten erfinden – eine wahrhaft herkulische Aufgabe. Diese zu bewältigen ist Walter Wallmann mit Hilfe seines Schildknappen, Staatssekretär Alexander Gauland, im Ansatz auch gelungen, obwohl er nach eigenem Bekenntnis vom neuen Amt „keine Ahnung" hatte: „Ich bin einfach überfordert, wenn Sie jetzt von mir erwarten, detailliert und zur Sache oder auch nur in Zügen Richtungen anzugeben." Sein Ministerium hat dann auch nur sehr zögerlich Fahrt aufgenommen, gleichwohl ist es Wallmann in seinen elf Ministermonaten immerhin gelungen, die Änderung des Kfz-Steuer-Gesetzes zur Einführung schadstoffarmer Autos und auch noch ein Wasch- und Reinigungsmittelgesetz durchzusetzen.

Viele derer, die aus Walter Wallmanns Werbetexten zur Kommunalwahl 1985 jenes Diktum erinnern, der „Umweltschutz als Einzelziel" sei eine nur „vorübergehende Zeiterscheinung" und „ohne Bestand in der Geschichte", waren nicht übel erstaunt, als der OB am 6. Juni 1986 von Kanzler Kohl zum Minister für Umwelt und Reaktorsicherheit bestellt wurde. Der *Spiegel*, nicht eben ein bekennendes Wallmann-Magazin, listete aus diesem Anlaß genüßlich ein umweltfeindliches Sündenregister auf, das sämtliche während Wallmanns Amtszeit in „Frankfurts umweltbelasteter Kommune" begangene Umweltfrevel notiert; zum Beispiel jene „mit 15.000 Becquerel pro Kilogramm radioaktiv verseuchten Klärschlammrückstände", die durch die Schornsteine einer Frankfurter Verbrennungsanlage die Luft verpestet hatten. Nur unwillig habe Wallmann als OB schließlich auf Initiativen von Eltern und Kinderärzten reagiert und nach dem Super-GAU von Tschernobyl den Sand der Kinderspielplätze ausgetauscht. Gleichwohl habe er sich am Tag nach Bekanntgabe seiner Berufung nach Bonn „für diese Tat im Fernsehen groß feiern lassen".

Als Chef eines Bundesministeriums mit klar vertikal gegliederter Hierarchie hatte Walter Wallmann auch mit höherrangigen Beamten in Bonn keine Subordinationsprobleme gewärtigen müssen. Er konnte sich auf jenes Beamtensystem verlassen, das sein Idol Max Weber einmal „Betriebsdisziplin" genannt hatte. Als Oberbürgermeister „nur" Primus inter pares, saßen acht bis zehn autonome Dezernats-Chefs mit Stimmrecht mit ihm am Frankfurter „Oval Desk". Wie in einem Schaltkasten mußte er in Frankfurt die unterschiedlichsten Prioritätsansprüche und Verteilungsinteressen konsensdemokratisch so koordinieren, daß Kurzschlüsse tunlichst vermieden wurden. Bei Bundeskoalitionen dagegen sind auch noch die divergierenden politischen Interessen auszuhandeln oder gleichzuschalten.

Später als Ministerpräsident von Hessen wird Walter Wallmann nicht nur autarke Ressortminister an der Leine zu halten haben und einen störrischen

Koalitionspartner auf Regierungskurs. Da wichtige Entscheidungen sich oft Kompromissen verdanken, ist die Handschrift des Ministerpräsidenten wie auf einer Wasserzeichnung oft nur noch mäßig klar umrissen, anders als weiland noch bei legendären Großkalibern à la Franz Josef Strauß, Georg Zinn, Willy Brandt (in Berlin) oder Kurt Biedenkopf (in Dresden).

Nachdem die Hessen-CDU 1987 unter Wallmanns Spitzenkandidatur, zu der Helmut Kohl ihn nach Dreggers Rückzug genötigt hatte, im zweiten Anlauf die Landtagswahl gegen das politische Schwergewicht Holger Börner mit Hilfe der FDP-Wähler knapp gewonnen hatte, übernimmt Walter Wallmann am 23. April sein Spitzenamt als Hessischer Ministerpräsident. Holger Börner, der eine volle Legislaturperiode lang mit „Turnschuhminister" Joschka Fischer sich hatte arrangieren müssen, schien irgendwie erleichtert, die politische Bühne zu verlassen. Börner legte sein legendäres Dachlattenzepter in Wiesbaden nieder und bezog sein verdientes Altenteil als Chef der Friedrich-Ebert-Stiftung in Bonn. Börners Vorvorgänger, die legendäre Lichtgestalt der hessischen Landespolitik Georg August Zinn, hatte den jungen Walter Wallmann einst zum „einzigen Gegner von Rang und Ritterlichkeit" erklärt.

Wallmann hatte den exzellenten Kopf Alexander Gauland, seinen Frankfurter Büroleiter, wie schon in Bonn auch in Wiesbaden zum Untermieter seines Ehrgeizes gemacht.

Eine wenig effiziente hessische Landpartie

Mit 1.502 Stimmen Mehrheit seit 1987 Ministerpräsident des Hessenlandes, wird Walter Wallmann in Wiesbaden keine ähnlich großen Spuren hinterlassen wie in den neun Jahren als Frankfurts populärer OB. Ohne ihn vorher zu fragen, hatte sein hessischer Parteiboß Alfred Dregger Wallmann öffentlich zum Spitzenkandidaten für die Landtagswahl ausgerufen. Kaum im Amt, sollten die Hessenbürger schon bald merken, daß Walter Wallmann diesen Job nicht mit gleicher Lust und Leidenschaft bei ähnlich großer Verve wie sein Amt in der Stadt Frankfurt versah, der er freilich auch eine große Portion Fortune verdankte.

Aus der wärmenden Sphäre seines Mentors Helmut Kohl enttäuscht zurück in die Kälte der Niederungen hessischer Landespolitik abkommandiert und jäh den Launen und Tücken des politischen Alltags eines Flächenlandes ausgeliefert, hat Walter Wallmann sein neues hohes Amt nicht unbedingt mit pulsierendem Herzblut und politischem Elan angenommen, wie die CDU dies von ihrem Hoffnungsträger erwartet hatte. Wallmann mangelte offensichtlich der

Ehrgeiz seines Vorgängers Holger Börner, zum leibhaftigen Landesvater aufzublühen. Wallmanns enge Orientierung an Kanzler Kohl bremste fast jede eigene Profilierung der Hessen-CDU. Hier genügte nicht mehr allein die Investition seines größten Kapitals, seiner Glaubwürdigkeit, seines professionellen Ernstes in glücklicher Harmonie mit Geist und Kultur, um sich in Sympathie umzumünzen.

Wallmanns große Frankfurter Erfolge und seine am Main erworbene hohe Popularität wurden ihm in der Wiesbadener Staatskanzlei zur Hypothek, weil er als Ministerpräsident an seinen eigenen in Frankfurt gesetzten Maßstäben gemessen wurde. In Frankfurt sah und hörte man jetzt nicht mehr viel von ihm; er war mit dem großen Rest des weiten Hessenlandes vollauf beschäftigt, von Kassel bis zur Bergstraße, von Limburg bis Fulda, und permanent unfreundlich konfrontiert mit einer starken und deshalb besonders lästigen Opposition im Parlament. Die Wallmann zugeschriebene Auffassung, nicht das Parlament halte sich einen Magistrat, sondern der OB ein Parlament, ließ sich in Wiesbaden nicht analog realisieren.

Immerhin konnte die Hessen-Koalition aus CDU und FDP eines ihrer wichtigsten Wahlversprechen am Ende einlösen: durch ein entsprechendes Gesetz die Wiedererlangung der Schulfreiheit in Hessen. Im ersten Halbjahr sei-

Henry Kissinger 1989 zu Besuch bei Ministerpräsident Wallmann

ner Regierungszeit war Wallmann bis zum Oktober 1987 auch turnusmäßig Bundesratspräsident, das dritthöchste Amt, das der Staat zu vergeben hat, das mit angeborener Würde auszustatten ihm mühelos gelang.

Während Walter Wallmanns Regierungszeit ereignet sich 1987 ein risikoreicher Störfall im Reaktorblock A des Kernkraftwerkes Biblis im Hessischen Ried des Landkreises Bergstraße. Der von der Presse dann zum Skandal hochgekochte Störfall war außer dem gravierenden Unfall selbst vor allem der untaugliche Versuch ausgerechnet des früheren Bundesumweltministers Wallmann, den Vorfall jahrelang zu vertuschen. Die Camouflage durch den Betreiber RWE und die zuständigen Landesbehörden haben erheblich zum argen Vertrauensschwund und Ansehensverlust des Ministerpräsidenten beigetragen. 1994/1995 mußten die beiden Reaktorblöcke mit zusammen 2.504 Megawatt mehrmals abgeschaltet werden.

Die in die Landeshauptstadt zunächst hinübergeretteten hohen Sympathiewerte Wallmanns waren schon nach dem ersten Jahr ziemlich aufgebraucht. Sie sollten 1990 noch tiefer in den Keller sacken, als ihm die „Tulpenzwiebelaffäre" und die „Rotlichtaffäre" um die Beker-Brüder empfindlich zusetzten. Weil die Skandale einander überlagerten wie Sedimentschichten, beschleunigten sie den Ansehensverlust des Ministerpräsidenten entsprechend, was zu seiner grandiosen Wahlschlappe 1991 wesentlich beigetragen haben dürfte. Walter Wallmann schien auf der Höhe seines Lebens den Ariadnefaden der Orientierung im politischen Labyrinth verloren zu haben. Das Energiebündel Wallmann, das wir aus seiner Frankfurter Hochzeit kannten, schien ausgebrannt. Die hohe Kunst, die Heteronomie des Wirklichen in den Griff zu bekommen, sollte ihm nicht mehr gelingen.

Wallmanns Abstieg in der Wählergunst schon nach anderthalb Jahren war nach einer Umfrage von Infratest der Tatsache geschuldet, daß die Hessen meinten, er vertrete „manchmal gefährliche Positionen" und es gehe ihm „zu sehr um die eigene Karriere". Der *Spiegel* zitierte im Januar 1989 besorgte CDU-Parlamentarier mit den Worten, Wallmann maße sich „gottähnliches" Gebaren an: „allmächtig, aber nie zu sehen". Seine Abwesenheiten erklärten Parteifreunde „unverhohlen mit Wallmanns Alkoholkonsum". Mitglieder der Hessischen Delegation berichteten von ihrer Amerikatour mit Ministerpräsident Wallmann, daß er „abends Empfänge schwankend verließ und vormittags Termine nicht einhielt". All diese Mutmaßungen wurden in Frankfurt nicht nur von Cohn-Bendits Szenejournal *Pflasterstrand* kolportiert, sondern auch von der Lokalpresse in Umlauf gebracht. Wallmanns glorreiche Frankfurter Jahre dementieren jedenfalls solcherlei Akrakadabra.

Auf Wallmanns vierjähriges hessisches Habenkonto geht neben der wiedergewonnenen Schulfreiheit als wohl nachhaltigste Entscheidung die Einführung der Direktwahl von Bürgermeistern und Landräten. Nach der Devise
„Mehr Bürgernähe, weniger Parteipolitik" stimmten in einer von seiner
schwarz-gelben Koalition initiierten Volksabstimmung im Januar 1991 rund
80 Prozent der Hessenwähler für die Urwahl (die Petra Roth als erste Frankfurter Oberbürgermeisterin gewinnen sollte). Auf Wallmanns Konto geht auch
die Rettung der „Fossilienfundstätte Grube Messel" für die Forschung. Außerdem hatte die Hessische Landesregierung erreicht, daß 1990/1991 2,1 Milliarden Mark für die Stadtentwicklung zur Verfügung standen, davon allein eine
Milliarde für den sozialen Wohnungsbau.

Sein ungeliebter Wiesbadener Job ist Wallmann am Ende zum „Boulevard
der Dämmerung" geworden. Nachdem er 1991 die Landtagswahl verloren
hatte, lehnte es Wallmann insultiert ab, sein Landtagsmandat anzutreten und
die Rolle des Oppositionsführers anzunehmen, obwohl doch Geduld als eine
seiner souveränen Tugenden galt. Im Machtkampf mit seinem Rivalen Manfred
Kanther verlor er auch noch den Vorsitz der hessischen CDU, während der
Frankfurter Ortsverband in Treue fest Walter Wallmann 1995 zum Vorsitzenden wählte, ohne daß ihm große Freude an diesem Amt anzumerken war. So
zog er sich denn auch schon nach zwei Jahren aus dieser Funktion zurück, die er
wohl als unter dem Niveau seiner brillanten politischen Biographie empfunden
haben dürfte.

Preise und Ehrungen

Walter Wallmann hat für seine vielfältigen großen Verdienste um den demokratischen Aufbau der Gemeinden und der Bundesrepublik zahlreiche Ehrungen erhalten. Er ist Ehrenbürger der Universität Tel Aviv und Träger des mit
50.000 Euro dotierten Ignatz-Bubis-Preises für Verständigung, der ihm im Januar 2007 in der Paulskirche verliehen wurde. Petra Roth und der Vorsitzende
der Jüdischen Gemeinde Frankfurt Salomon Korn würdigten insbesondere
Wallmanns Engagement beim Ausbau der Städtepartnerschaft zwischen Frankfurt und Tel Aviv. 1979 wurde ihm der Ehrenpreis der Hermann Ehlers Stiftung verliehen, 1982 erhielt er den Freiherr-vom-Stein-Preis und aus der Hand
von Roland Koch 2003 den Verdienstorden des Landes Hessen, den er selber
noch als Ministerpräsident gestiftet hatte. Walter Wallmann ist Ehrenvorsit-
zender der hessischen CDU.

Der Bundespräsident hat Walter Wallmann das selten vergebene Große Verdienstkreuz mit Stern und Schulterband der Bundesrepublik Deutschland verliehen. Im Jahre 2009, zu seinem 77. Geburtstag am 24. September, wurde Wallmann durch Oberbürgermeisterin Petra Roth im Kaisersaal zum Ehrenbürger der Stadt Frankfurt ernannt; er ist damit das erste Frankfurter Stadtoberhaupt der Nachkriegszeit, dem diese Ehre widerfahren ist. Ministerpräsident Roland Koch hat seine angemessene Würdigung in wohlformulierte Dankesworte gegossen, wobei er Wallmanns „unverkrampftes Verhältnis zu künstlerischer Provokation" besonders hervorhob. Walter Wallmanns zweiter Daseinszweck war zweifellos die Politik. Er zählte bundesweit zur moralischen Elite.

Um ihn anläßlich seines 70. Geburtstags zu ehren, hat Walter Wallmann seinen Vorgänger Wolfram Brück bestellt, in der Paulskirche die Laudatio zu zelebrieren. Mit vielen Weihrauchkerzen hat Katholik Brück die Verdienste des protestantischen Jubilars entsprechend vorteilhaft ausgeleuchtet. Das Denkmal, das Brück seinem Mentor und Förderer hier schon zu Lebzeiten setzte, zeigte indessen einige Risse im Sockelsegment, die der ewig dankbare Brück mit solchen Verdiensten dreist zukleisterte, die ganz andere sich um unsere Stadt erworben hatten. Zum Beispiel Rudi Arndt, der bereits 1976 im Magistrat den Beschluß zum Wiederaufbau der Alten Oper durchgesetzt hatte, ein gutes Jahr bevor Walter Wallmann den Römer eroberte. Aus der Perspektive des erzkonservativen Laudators Brück freilich schien Wallmann wie vom Himmel gesandt, um Frankfurt endlich mit den Künsten zu segnen. Vor 1977 stellte sich Brück die Stadt als kulturelle Sahelzone dar, „unbewohnbar wie der Mond" (Gerhard Zwerenz).

Heimkehr nach Frankfurt

Nach verlorener Landtagswahl im Jahr 1991 stieg Walter Wallmann in die Deutsche Vermögensberatungs AG mit Sitz in Frankfurt ein; diesen Posten nannte Schlappmaul Rudi Arndt despektierlich „ein vergoldetes Gnadenbrot für ausgemusterte Politiker mit Stallgeruch". Wie bloß hätte er erst Gerhard Schröders Wechsel zu Gazprom oder Öko-Joschkas REWE-Umarmung genannt? Als Walter Wallmann nach dem ermüdenden Gleichmaß der Tage diesen Beraterjob quittiert hatte, zog er mit seiner Ehefrau Margarethe in die kulturelle Diaspora nach Idstein im Taunus, wo sein Sohn Walter samt Familie wohnt und wo er von seiner Schwiegertochter umsorgt zu werden hoffte, um von einer ungewissen Zukunft verschont zu werden.

Nachdem Walter Wallmann aller politischer Aktivitäten entraten und sich der öffentlichen Wahrnehmung entzogen hatte, verebbte auch das publizistische Interesse an seiner Zukunft. Der Elder Statesman machte von seinem Recht, sich einzumischen, keinen Gebrauch: Kränkelnd wollte er in Ruhe gelassen werden. Unbehelligt verbrachte er seine Tage mit Zeitunglesen und mit der Lektüre von Büchern, wozu ihm seine zeitraubende politische Tätigkeit kaum Muße gelassen hatte. Auch die von früher Jugend auf vertraute Goethe-Lyrik, Romane von Fontane, Novellen von Storm, Conrad Ferdinand Meyer oder das Œuvre des Moralisten Böll waren bevorzugte literarische Nahrung. Henry Kissingers Memoiren waren für Wallmann bereits früher eine inspirierende Ressource gewesen. Wallmann las nicht nur aus Neugier, sondern manchmal auch, um berührt zu werden. Wenn er sich nicht gerade der Lektüre

Der Magistrat unter Walter Wallmann (von oben links): Walter Martin, Rudolf Sölch, Christian Raabe, Klaus-Dieter Streb, Helga Budde, Peter Rhein, Wilhelm Fay, Margarete Weber, Hilmar Hoffmann, Horst Abt, Adalbert Schwarz, Paul Stein, Hans-Erhard Haverkampf, Hans Küppers, Wolfram Brück, Anton Bretz, Bernhard Mihm, Grete von Loesch, Martin Berg, Walter Wallmann, Ernst Gerhardt, Karl-Heinrich Trageser

hingab, legte Frau Margarethe Platten von Mozart und von Dvořák auf oder Beethovens *Siebte* oder den Schlager von Joseph Schmidt *Ein Lied geht um die Welt*, aber auch George Gershwin (*Rhapsody in Blue*) oder Benny Goodman. *BILD* verriet er auch sein Faible für Hollywood-Western im TV.

Nachdem die Ehe von Sohn Walter zerbrochen war, kehrten Walter und Margarethe Wallmann nach Frankfurt heim; sie wohnen seit 2009 im GDA-Wohnstift in unmittelbarer Nähe zum Mousonturm, den er zeitlebens aber nicht hatte betreten mögen.

Wie mehrfach in Idstein, habe ich meinen ehemaligen Mentor in alter Freundschaft und Dankbarkeit auch in seinem Appartement in der Waldschmidtstraße besucht. Leider war es nicht mehr möglich, ein Gespräch zu führen, da er Parkinson-bedingt sprachlos geworden war. Diese schmerzliche Erfahrung bei einem Mann zu erleben, der einst seine reiche Gedankenwelt so präzise auf den Begriff zu bringen verstand und damit nicht zuletzt seine politischen Erfolge erzielte, hat mich betroffen gemacht.

Sein letztes großes Interview gab Walter Wallmann der *F.A.Z.* im April 2010. Dabei ließ er Peter Lückemeier immerhin wissen, daß es „politisch letztlich natürlich nicht richtig" gewesen sei, Wolfram Brück zu seinem Nachfolger gemacht zu haben, nur um einen anderen Kandidaten zu verhindern. Eine späte Erkenntnis. Auch, daß er sich über Petra Roth und Roland Koch „öffentlich nicht groß äußern" möchte, diktierte er der *F.A.Z.* in den Notizblock.

Daß eine Karriereleiter auch Querstreben hat, die nach ganz oben führen können, macht die beeindruckende Biographie von Walter Wallmann erweislich: juveniler Mittelstürmer, Doktor der Jurisprudenz, Marburger Stadtverordnetenvorsteher, hessischer Landtagsabgeordneter, Bonner Bundestagsmitglied, Frankfurter Oberbürgermeister, Präsident des Deutschen Städtetags, Kohls Sonderminister, Hessischer Ministerpräsident, Frankfurts Ehrenbürger. Eine steile Karriere, wie sie Hermann Hesse in seiner *Stufen*-Lyrik als weit vorauseilende Botschaft dem Hesse-Liebhaber Walter Wallmann mit auf den Weg nach oben gab: „Es muß das Herz bei jedem Lebensrufe / Bereit zum Abschied sein – und Neubeginne."

Auf seiner letzten Wegstrecke ganz ohne Pflichten hätte sich Walter Wallmann am Museumsufer noch gern am ästhetischen Weihrauch jener musealen Altäre laben mögen, die in seiner Amtszeit errichtet worden sind.

Wolfram Brück
Oberbürgermeister vom 14. August 1986 bis 22. Mai 1989

Wolfram Brücks Anfänge und sein Weg in die Politik

Wolfram Brück erblickt das Licht der Welt am Rhein: Er wurde am 27. Februar 1937 in Köln-Mülheim geboren. „Im Bannkreis des Kölner Doms in einer katholischen Familie aufgewachsen" (*F.A.Z.*), bleibt er der moralischen Welt des katholisch-rheinischen Bürgertums auch in seiner Frankfurter Funktion verhaftet.

Nach dem Abitur in Köln studiert er in den Jahren 1957 bis 1961 Rechtswissenschaften an den Universitäten Köln und Freiburg, er spezialisiert sich für das „Europa-Recht". Nach vierjähriger Referendarzeit beginnt seine berufliche Laufbahn zunächst beim Finanzamt Köln mit anschließendem Aufstieg zum Düsseldorfer Finanzgericht. 1966 beruft ihn das Kölner Landgericht zum Gerichtsassessor. Als junger Staatsanwalt in Koblenz macht Brück gleich 1969 Furore, als er frischweg den prominenten Wirtschaftsführer Fritz-Aurel Görgen anklagt; der Chef der Kasseler Henschel-Werke wird des Betrugs bei Panzerverkäufen an die Bundeswehr beschuldigt.

Mit seinem Eintritt in die Bundestagsverwaltung 1970 beginnt er als Ministerialrat im Fachbereich „Haushalt und Finanzen" seine politische Vita zu schreiben. Brücks politische Leitbilder sind nach eigenem Bekunden außer Karl Carstens, der einer seiner Rechtsprofessoren war, der Etat-Exeget Robert Leicht und Bundesinnenminister Hermann Höcherl, ja, der mit dem Grundgesetz unterm Arm. Der damalige Bundestagsabgeordnete Walter Wallmann wurde Brücks Bonner Mentor.

Nach seiner Berufung zum Vorsitzenden des Bundestagsausschusses gegen den DDR-Spion Günter Guillaume im Jahr 1974 holt Wallmann Brück als juristisch versierten Assistenten an seine Seite, dessen bürokratischen Habitus er für seine neue Aufgabe nützlich fand.

Als frisch gewählter Oberbürgermeister von Frankfurt bugsiert Walter Wallmann den hochqualifizierten Brück im Sommer 1977 in den Frankfurter Magistrat. Schon bald heimliches Haupt der Wallmann-Seilschaft, baut Wolfram Brück das eigens für ihn riesengroß vermessene „Dezernat für Organisation, Recht und Personal" zur Machtzentrale aus. Als oberster Dienstherr von 15.000 Mitarbeitern fühlt er sich in seinem ureigenen Element.

Brücks intellektuelle Signatur soll wohl auch dazu dienen, den Notendurchschnitt seiner neuen Magistratsklasse zu heben. Brück war übrigens auch der einzige Stadtrat, der Klavier spielen konnte, besonders gern soll er das Menuett von Boccherini zum Besten gegeben haben. Von der Mutter erbte er die musische Frohnatur, vom Vater die Genauigkeit bis ins Kleingedruckte.

Brück machte mit Wallmanns und Ernst Gerhardts Hilfe schon nach drei Monaten auch Parteikarriere, er wurde Vorsitzender der Frankfurter CDU. Schon früh hatte er für Konrad Adenauer geschwärmt, dessentwegen er in die CDU eingetreten war: „Die Festigkeit, mit der Konrad Adenauer mit den Alliierten um die Rechte der neuen Republik rang, die Unbeirrbarkeit, mit der der Alte von Rhöndorf für die West-Orientierung und für den Verteidigungsbeitrag der jungen Bundesrepublik kämpfte", zog den Abiturienten schon 1957 in die CDU, für die der allsonntägliche Kirchgänger vorm Kölner Dom Prospekte verteilte und in der Stadt Plakate klebte.

Der Stadtrat, der Oberbürgermeister wurde

Nein, er gefällt mir nicht, der neue Bürgermeister.
Johann Wolfgang von Goethe, Faust I

Als 1986 Walter Wallmanns Traum sich endlich erfüllte, als Minister ins Kabinett Kohl einzuziehen, mußte schnell ein möglichst ebenbürtiger Nachfolger gefunden werden. Nachdem es die Berliner Schulsenatorin Hanna-Renate Laurien abgelehnt hatte, auf Wallmanns großen Spuren Frankfurt ähnlich siegreich auszuschreiten, stiegen die Chancen für zwei lokale Größen: Der joviale Bürgermeister Hans-Jürgen Moog und der spröde Stadtrat Wolfgang Brück teilten die CDU-Fraktion in zwei Lager. Der katholische Flügel der CDU verhinderte den Protestanten Moog und entschied sich für Brück. Bei der Probeabstimmung in der Fraktion fehlten ihm noch vier Stimmen, die von der Parteiräson bei der Parlamentsabstimmung aber wieder eingefangen werden konnten, so daß Brück doch noch in den Chefsessel rutschte. Wallmanns getreuer Kurwenal hatte sich in seiner inoffiziellen Funktion als Hardliner seinen Ritterschlag regelrecht erdient, der ihn zugleich unter Rechtfertigungsdruck setzte. Als Wallmanns Schattenmann Brück ins Licht der Aufmerksamkeit trat, vertraute er in der Coda seiner Antrittsrede im Römer mit vorhersehbaren Floskeln zuversichtlich auf „Gottes Schutz und Segen". Aber die himmlische Währung wird in Frankfurt nur in kleiner Münze gewechselt. Die Beliebtheit seines Vorgängers hat Brück mit dem OB-Titel nicht geerbt. Auch wenn jetzt Brück darauf sitzt – Wallmanns Stuhl bleibt leer. Auch dessen kluge Reden blieben ohne Nachfolge, wie Brücks magere Antrittsrede vom 14. August 1986 zeigt:

Ich möchte am Beginn dieses Empfangs Worte des Dankes sagen. Ich danke unseren Ehrengästen und hier insbesondere Ihnen, sehr verehrter Herr Prof. Carstens, daß Sie uns die Ehre Ihrer Anwesenheit geben. Sie alle bringen mit Ihrer Anwesenheit zum Ausdruck, welche Bedeutung Sie unserer Stadt beimessen. Ich möchte ein weiteres Wort des Dankes an diejenigen sagen dürfen, die mit dazu beigetragen haben und mitgeholfen haben, daß es zu dem heutigen Abend kommt. Ich möchte mein ganz herzliches Wort des Dankes an unser Parlament und hier insbesondere an die CDU-Fraktion sagen, durch deren Vertrauen ich heute dieses Amt übernommen habe. Meinen ganz herzlichen Dank!

Ich möchte Dank sagen meinen Kollegen im Magistrat. Ich will sie gar nicht und ich kann sie gar nicht, weil ich auch nicht so lange reden möchte, namentlich in meinen Dank aufnehmen. Ich möchte das stellvertretend in zwei Personen zum Ausdruck bringen. Ich danke zuerst unserem Bürgermeister, der in der Übergangszeit nach der Berufung von Herrn Dr. Wallmann in das Amt des Bundesministers nach Bonn mit großem Einsatz die Amtsgeschäfte des Oberbürgermeisters wahrgenommen hat und, wie ich weiß, unsere Stadt würdig vertreten hat. Herzlichen Dank, Herr Dr. Moog!

Und ich möchte mich bei dem erfahrensten Mitglied des Magistrats, bei Herrn Stadtkämmerer Gerhardt, für die Freundschaft und für die Tatsache bedanken, Herr Stadtkämmerer, daß Sie über Ihr 65. Lebensjahr hinaus weitere drei Jahre als unersetzlicher Ratgeber mit Ihrer großen Erfahrung zur Verfügung stehen. Herzlichen Dank, Herr Stadtkämmerer!

Ich möchte Ihnen allen danken, die Sie heute unsere Gäste sind. Sie bringen mit Ihrer Anwesenheit zum Ausdruck, daß Sie auch etwas von mir erwarten. Ich bedanke mich dafür, daß Sie mit Ihrem Besuch mir einen Vertrauensvorschuß geben. Ich werde bemüht sein, das Vertrauen, das Sie mit Ihrer heutigen Anwesenheit, die Erwartungen, die Sie in die Politik des Magistrats, in die Arbeit der Stadt setzen, nicht zu enttäuschen. Ich werde mich bemühen, ein guter Nachfolger meines Amtsvorgängers Dr. Walter Wallmann zu sein, dem wir alle für eine großartige Entwicklung in unserer Stadt zu danken haben.

Deshalb möchte ich an den Dank ein Versprechen anschließen. Ich verspreche Ihnen stellvertretend für unsere Mitbürgerinnen und Mitbürger, daß ich mich bemühen werde, für alle Menschen in unserer Stadt dazusein. Daß ich mich be-

mühen werde, meine Arbeit zum Erfolg für unsere gesamte Stadt werden zu las-
sen, und ich erbitte mir von Ihnen allen Ihre Hilfe und Unterstützung bei diesem
Bemühen. Und ich darf enden mit der festen Überzeugung, daß unsere Stadt,
unsere Mitbürgerinnen und Mitbürger in eine glückliche Zukunft gehen, wenn
uns alle in unserem Tun Gottes Schutz und Segen begleitet. Herzlich willkom-
men!

Das war die wohl belangloseste, uninspirierteste Antrittsrede, die ein Oberbürgermeister von Frankfurt je gehalten hat!

Ein erstes Kabinettstück des Ränkespiels lieferte Brück schon gleich nach
seiner Wahl zum OB. Ohne sich groß auf eine Replik einzulassen, hat Brück
seinem Rivalen Bürgermeister Moog lakonisch mitgeteilt, daß er ihm ab sofort
die Kompetenzen des Wirtschaftsdezernats entziehe. Diese maßlose Düpie-
rung seines Stellvertreters hat viele nicht nur im Römer irritiert.

Nach siebenjähriger gemeinsamer Magistratserfahrung ist die Kooperation
mit Wolfram Brück aus meiner Sicht aber als hilfreich zu würdigen: Da der
fachlich hochqualifizierte, mit der Präzision eines schweizerischen Uhrwerks
arbeitende Verwaltungsjurist und Dezernent für Personal, Organisation und
Recht die expansive Kulturpolitik durch eine adäquate personelle Ausstattung
beförderte, gebührt ihm der ungeschmälerte Dank für die nachhaltige Konti-

Walter Wallmann gratuliert seinem Nachfolger Wolfram Brück (Mitte)

nuität dieser Entwicklung, obwohl er von Herzen mit einer altbackenen Kulturpolitik sympathisierte, die der Tradition verhaftet blieb, so aber immerhin auf ein fortschrittliches Niveau gehoben wurde. Nur selten gab es Kompetenzknatsch zwischen Brück und dem Kulturdezernenten. Solange das Kulturdezernat nicht davon berührt war, hat mich Brücks Law-and-order-Mentalität nicht weiter tangiert. Aber weil er als offizieller Magistratsvertreter des Kulturdezernenten bei dessen Abwesenheit einmal weit übergriffiger wurde, „als die Polizei erlaubt", gab's Ärger, ausgerechnet beim Einsatz uniformierter Kräfte im Historischen Museum. Später dann, schon als OB, konnte Brück bei den Auseinandersetzungen um den Börneplatz nicht auf meine Magistratsloyalität bauen. In der *F.A.Z.* tönte OB Brück einmal von den „politischen Richtlinien im Magistrat, die der Oberbürgermeister bestimme". Hier irrte Brück: Dergleichen Kompetenzen sind gottlob in der Hessischen Gemeindeordnung mitnichten verbürgt.

Pannen und Peinlichkeiten

Weniger das einzelne Mißgeschick, die eine oder andere Fehleinschätzung köchelnder Probleme – und wie unsouverän er damit umging – haben das Ansehen Brücks beschädigt als vielmehr deren Summe. Bei der Lektüre der Zeitungen und Magazine aus damaliger Zeit, die ausführlich und, wie die *Hessenschau*, gelegentlich auch mit unnötiger Häme über Brücks Fettnäpfchenserie berichteten, ist mir erst wieder bewußt geworden, wie die Grauzone der Gerüchte Brücks viele positive Seiten damals überlagert haben. Um die Ursachen seines schließlichen Scheiterns als OB zu erklären, werden einige der damals in der Stadt heftig diskutierten sogenannten und tatsächlichen „Affären" mit schleichender Langzeitwirkung in gebotener Kürze referiert:
Schon 14 Tage nach seiner Wahl im Stadtparlament mußte der frischgebackene Oberbürgermeister eine folgenschwere Entscheidung zu einem Thema treffen, das ihn schon als Stadtrat für Recht und Ordnung genervt hatte. Zwei Tage vor dem Start der U-Bahn-Linien U6 und U7 in die Frankfurter Zukunft hat Brück schlagzeilenträchtig den Termin für die feierliche Eröffnung auf unbestimmte Zeit verschoben. Vorausgegangen waren eine politische Kontroverse mit dem Darmstädter Regierungspräsidium und ein Riesenkrach mit den Bürgerinitiativen um das Konzept der schienenfreien Innenstadt und die geplante Stillegung der Straßenbahnstrecken in der Innenstadt, der Altstadt, dem Bahnhofsviertel und dem Westend. Als der Betrieb auf der Altstadtstrecke eingestellt

werden sollte, organisierte die betroffene Bevölkerung ein Bürgerbegehren, das 60.000 Unterschriften für den Erhalt der Tram zusammenbrachte. Nachdem der Regierungspräsident die Stillegung abgelehnt hatte, fühlte sich Brück derart düpiert, daß er das geplante Eröffnungsfest in der Leipziger Straße, der Schillerstraße und am Zoo kurzerhand platzen ließ. Erst im Oktober 1986 akzeptierte er den Weiterbetrieb der Straßenbahnlinie 11 durch die Altstadt. Mit dieser wenig sympathiefördernden Maßnahme hatte Brück gleich nach Amtsantritt das Vorurteil der Bevölkerung bestätigt, er lasse gern den Amtsschimmel wiehern, er sei unsensibel und handle selbstherrlich-autokratisch.

Nicht ganz zu Unrecht, denn die Frankfurter hatten die vorangegangenen Versuche von Wallmanns blindlings apportierendem Oberdezernenten, von seinem Ordnungsmonopol gelegentlich auch deftigen Gebrauch zu machen, noch in bester Erinnerung. Im Falle jener beflissenen Attacke gegen den unbequemen Vorsitzenden und eigenwilligen Querschläger der Jungen Union erwies sich dieses Vorgehen allerdings als glatter Rohrkrepierer. Brück hatte den jungen Wilden gründlich ins Gebet genommen, um ihn durch ein Parteiausschlußverfahren Wallmann vom Halse zu schaffen. Das oberste CDU-Parteigericht hat Brücks rabiate Strafexpedition gegen vermeintliche Verstöße gegen den Verhaltenskodex der CDU-Senioren dann aber für null und nichtig erklärt.

„Eher preußischer Feldwebel als rheinische Frohnatur" (*Der Spiegel*), hatte Brück 1984 einen Bürger verklagt, der in einer kommunalen Fragestunde dem Magistrat zu unterstellen gewagt hatte, personenbezogene Daten an die Polizei weitergeleitet zu haben. Wie vorhersehbar, war die Klage mit einem Streitwert von 100.000 Mark ein abermaliger Schuß in den Ofen, mit entsprechend negativem Echo im deutschen Blätterwald wegen Mißachtung demokratischer Werte.

Als Brücks Bruder Gernot Klaus, Diamantenhändler in Köln, auf Betreiben des Bundeskriminalamts wegen des Verdachts, in den Rauschgifthandel verstrickt zu sein, in Sambia hinter Gittern gelandet war, jettete Rechtsdezernent Brück am 30. November 1984 nach Lusaka, um laut *Spiegel* auf zwei BKA-Beamte „Druck auszuüben", die den seit vier Monaten einsitzenden Bruder an die deutsche Justiz überstellen sollten. Wie das Bundesinnenministerium an die Frankfurter Staatsanwaltschaft signalisiert haben soll, habe Brück „unter Herausstellung seiner politischen Position und der Androhung, man werde in Deutschland noch ein Wörtchen miteinander reden" versucht, „die Beamten zu verunsichern". Mit technokratischem Habitus versucht Brück auch diese Affäre abzuwettern: „Zu 80 Prozent gelogen!"

Im Zusammenhang mit dem von Brück 1981 verfügten Wechsel in der VHS-Leitung droht er als Personaldezernent den aufgebrachten Personalräten, falls diese sich „nicht disziplinieren, dann kehren wir mit eisernem Besen. Wenn Sie nicht einsehen wollen, daß wir Ruhe und Ordnung an der VHS wollen, hagelt es Brocken. Wir haben mit unserer Mehrheit im Magistrat diese Amtsleiter und Abteilungsleiter eingesetzt. Wir halten sie und setzen sie auch durch. Egal, was Sie von denen halten, ob die Ihnen passen oder nicht." Das ist die Sprache der Macht, nicht die der gebotenen Fürsorge eines Personaldezernenten.

Als Dezernent Brück sich 1983 über die nach seiner Meinung viel zu positive Beurteilungspraxis städtischer Mitarbeiter mokierte, gemessen an ihrer tatsächlichen Leistung, entfuhr ihm die instinktlose Invektive: „Nach allgemeiner Lebenserfahrung gehören bei jeder Verwaltung nur etwa zwanzig Prozent zu dem Bereich der Mitarbeiter, die die Anforderungen übertreffen." Der Satz erregte auf den Römerfluren und in der Rathauskantine die ihm anvertrauten Gemüter, während umgekehrt deren Wut Brücks Puls nicht höher schlagen ließ. Dieser Lapsus war kaum geeignet, ein halbwegs passables Arbeitsklima herzustellen.

Die *F.A.Z.* zieht kurz nach Brücks Amtsantritt als OB aus seinem Gebaren als Dezernent folgende prophetische Schlüsse: „Da dem Wallmann-Nachfolger liberale Mäntel nicht passen und staatsmännisches Gehabe nicht zum glaubwürdig vorgetragenen Repertoire gehört, wird er den Bürgern als sachlicher,

In Feierlaune: OB Brück auf dem Brunnenfest 1986

kompetenter Wahrer ihrer Interessen, als zäher Arbeiter am Wohl der Stadt da-
herkommen." Und sie zitiert Brücks Vorgänger Wallmann: „„Sein Fehler ist, er
schießt zu schnell aus der Hüfte', hat dieser einmal unter Anspielung auf jähe,
unüberlegte Zornesreaktionen Brücks gesagt, die auch nach außen deutlich
machten, wie weit rechts der Rheinländer steht. Den schnellen Colt muß der
neue OB erst einmal im Halfter lassen, sonst sind 1989 zuviel Löcher in der eigenen Jacke." Jenen ersten Teil von Claudio Aquavivas Maxime „Fortiter in re,
suaviter in modo" („Stark in der Sache, milde in der Art"), den Brück sich zu
eigen gemacht hatte, hat er jedenfalls eingelöst; aber hinter dem Komma war er
mit seinem Latein am Ende – mit der Folge irreparablen Ansehensverlustes.

Als im Rahmen einer spektakulären Korruptionsaffäre in der Stadtverwaltung im Februar 1987 ein Abteilungsleiter des Gartenamtes verhaftet wurde,
war die Frankfurter Staatsanwaltschaft schlecht beraten, als sie ein Ermittlungsverfahren auch gegen OB Wolfram Brück erwog. Eine Woche später mußte
Oberstaatsanwalt Christoph Schaefer alle Spekulationen dementieren, Brück
habe im Bestechungsskandal Beweise unterdrückt. OB Brück hatte gekontert,
„die Zahl der Bestochenen ließe sich nicht einmal in Promillewerten ausdrük-
ken". Unabhängig von diesem „Freispruch" hat die Höhe der Bestechungsgel-
der „von mehreren hunderttausend Mark" aber nicht nur dem Ruf des gesamten Beamtenapparats geschadet, sondern den Abteilungsleiter Alfons Weil auch
den Job gekostet. „Der Zwischenbericht der Staatsanwaltschaft zeigte das ganze
Ausmaß der Affäre: Bis zu diesem Zeitpunkt war gegen 200 Bedienstete der
Stadt und 100 Privatpersonen wegen aktiver oder passiver Bestechung ermittelt
worden. Und Stadtrat Udo Müller bezifferte den Schaden, welcher der Stadt
entstanden war, auf mindestens fünf Millionen Mark." (F.A.Z.)

Letztinstanzlich wurden alle diese Pannen und Peinlichkeiten zu Brücks
Gunsten geklärt – und so war „alles in leidlicher Ordnung", wie Franz Kafka
gesagt hätte. Brück war ein gewiefter Taktiker, aber ohne Strategie.

Die Polizei im Historischen Museum

Auf der Rückfahrt von meinem Vortrag im Wiesbadener Landesmuseum ausgerechnet zum Thema „Die Freiheit der Künste" passierte ich auf dem Schaumainkai das Historische Museum, das von den Blaulichtern eines riesigen Po-
lizeikordons martialisch beleuchtet wurde. Also alarmiert, bin ich ins Museum
geeilt, um nach dem Rechten zu sehen. Der Einsatzleiter erklärte mir die Präsenz uniformierter Ordnungshüter im Museumsfoyer mit dem Auftrag, den

durch die Besetzung der Schauräume durch zwei Dutzend „autonomer Frauen" heraufbeschworenen Hausfriedensbruch friedlich zu beenden. Mich interessierte zunächst aber mehr, wer sich denn erfrecht hatte, die Polizei zu alarmieren, und erst in zweiter Linie das Motiv der Besetzerinnen. Museumsdirektor Rainer Koch habe den Stadtrat für Recht und Ordnung Wolfram Brück zu Hilfe gerufen.

Ich klärte den Einsatzleiter darüber auf, daß ich als zuständiger Stadtrat für Kultur vom Hausrecht Gebrauch zu machen gedenke und ihn deshalb förmlich auffordere, das Museumsgebäude unverzüglich zu verlassen. Die Kultur läßt sich in Frankfurt nicht ins Prokustesbett der Law-and-order-Regeln zwängen. Die Polizei hat sich dann aus dem autonomen Bezirk der Meinungsfreiheit wieder an die frische Luft begeben.

Alles andere als „schwächere Geister", als die Descartes Mitte des 17. Jahrhunderts Frauen noch geringschätzte, wollten die autonomen Frauen nach prüfendem Blick auf die Ausstellung „Frauenalltag und Frauenbewegung" ihrem Ingrimm dagegen physischen Ausdruck verleihen. Um es in einer Metapher zu veranschaulichen, wollten sie die Geschichte vom Zauberlehrling aus der Perspektive des Besens lesen und aus der Sicht selberdenkender Frauen deren Emanzipation reflektieren: Feminismus als Diskursgeschichte. Mit ihren zweifelnden Fragen wollten sie den Direktor darüber zum Reden zwingen, was die Ausstellung ihrer Meinung nach verschwieg. Nachdem ich den Frauen Hausrecht in unserem städtischen Museum garantiert hatte, wollten sie aber nicht mehr bleiben: Vom Magistratssegen beschirmt zu sein, hätte ihren Selbstanspruch als autonome Frauen unterlaufen.

Übrigens: 1986 wurde an der Frankfurter Universität die erste Frauenforschungsprofessur in Deutschland eingerichtet.

Die Börneplatzaktion und ein unsensibel reagierender OB

Das Jüdische Museum ist auch eine Art Gedenk-Stätte – im ganz
ursprünglichen Sinne dieses Wortes: Es setzt ein dauerhaftes und weithin
sichtbares Zeichen gegen das Vergessen, gegen die Geschichtslosigkeit.
Helmut Kohl anläßlich der Eröffnung des
Jüdischen Museums am 9. November 1988

Die Nachricht von einem einzigartigen historischen Fund auf dem Areal der ehemaligen Judengasse aus dem 15. Jahrhundert erwischte mich wie ein Blitz aus heiterem Himmel: Bei Erdarbeiten für den Neubau der Stadtwerke auf dem Börneplatz hatten Bagger buchstäblich über Nacht Reste alter Ghettomauern der Judengasse außerhalb der damaligen Staufenmauer freigelegt; wenig später wurden noch zwei gut erhaltene Mikwes, rituelle jüdische Taufbäder, aus dem Jahre 1460 entdeckt. Die spektakulären Funde sorgten 1987 bundesweit für Aufsehen.

Die Eigendynamik des weit vorangetriebenen Bauprozesses war aber nicht mehr zu stoppen. Um so mehr erregte eine andere Frage die Gemüter: wie die Stadt die wichtigen Funde der Judengasse und des Ghettos würdig zu bewahren gedenke. Eine Bürgerinitiative aus Künstlern, Schriftstellern und Professoren, gepaart mit Aktionen der Grünen und Teilen der SPD, organisierte über Nacht zivilen Widerstand gegen die Zumutungen der Politik. Intellektuelle Wutbürger wie Eva Demski, Iring Fetscher oder Rolf Kissel haben das Recht, die Dinge schärfer zu sehen als die Politik, sie wollten das Grundstück unbebaut lassen, mit dem Himmel als Dach über der „offenen Wunde". Das durch drei Tore abgeriegelte Ghetto war zur Goethezeit das dichtbesiedelste Wohnquartier Europas, in dessen engen Mauern auch Ludwig Börne aufwuchs.

Beide Kirchen nannten Brücks Sturheit „eine kaum mehr zu überbietende Taktlosigkeit, den historischen Ort mit einem profanen Zweckbau zu überbauen" (F.A.Z.). Geschichtsvergessen hatte man schon bei der Planung dieses Büromonsters verdrängt, daß auf dem Nordost-Teil des Areals bis zum 9. November 1938 eine Synagoge gestanden hatte. Nachdem die Protestnoten einer sich schnell zu einer Großaktion formierenden Bürgerschaft beim Hardliner Brück auf taube Ohren gestoßen waren, verlangte eine düpierte Öffentlichkeit nun vom Kulturdezernenten zivilen Ungehorsam: Der sollte im Magistrat den Totalstopp der Bauarbeiten durchsetzen. Das aber war weder von der Beschlußlage noch von den gültigen Bauverträgen her rechtlich durchzusetzen. Um so mehr galt es, die stummen Zeugen der Vergangenheit uneingeschränkt anschaulich zu halten, in Form einer dem Genius loci angemessenen Erinnerungsstätte.

In Verhandlungen mit OB Brück – mal unter vier Augen, mal mit seinem Beraterstab – und unterstützt von der Jüdischen Gemeinde, die sich übrigens bei den Protestaktionen strikt abstinent verhalten hatte, konnten durch eilige Umplanungen größere Teile des noch unbebauten Geländes für eine Dependance des Jüdischen Museums freigehalten werden. Im Sinne der Aufgabe, Geschichte am originalen Ort zu veranschaulichen, war das dafür reservierte Areal aber unangemessen knapp disponiert und einer seriösen Erinnerungsarbeit unwürdig. In einer erzwungenen Sondersitzung habe ich unter Androhung,

OB Brück und Stadtverordnete besichtigen die Ausgrabungen am Börneplatz 1987

meine Loyalitätspflicht als Magistratsmitglied aufzukündigen, immerhin erreicht, daß zusätzlich ein Drittel an Fläche für die Präsentation der musealen Substanz reserviert wurde. Diese Verabredung muß genannt werden, was sie war: ein Lehrstück über faule Kompromisse.

Gleichwohl erinnere ich mich an diesen Gewissenskampf mit entsprechenden Blessuren im Sinne des Verlustes von Freundschaften. Vielleicht auch mit dem faden Gefühl, falsch gehandelt zu haben, indem ich nicht einfach zurückgetreten bin. Der politisch sensible Walter Wallmann wäre angesichts dieses einzigartigen jüdisch-historischen Befundes mit dem Protest gegen den Weiterbau der Stadtwerke besser fertig geworden als Brück und ohne das politische Klima zu vergiften.

Das Thema „Judengasse" wird auch im Wahlkampf 1989 eine zentrale Rolle im Angriffsrepertoire von Volker Hauff spielen: „Ein Oberbürgermeister, der das mittelalterliche Ghetto als Schutzraum für die Juden bezeichnet, der behauptet, Auschwitz habe nichts mit dem mittelalterlichen Antisemitismus zu tun, der meint, vor einer voreiligen Beflissenheit gegenüber der Jüdischen Gemeinde warnen zu müssen, wird zur Belastung für Frankfurt." Brück habe die Stadt negativ in die Schlagzeilen gebracht. Daß Brück an seinem „grausamstem Tag" (Brück), am 12. März 1989, haushoch die Wahlen verlor, ist wohl nicht zuletzt auf die Blessuren zurückzuführen, die er im Börneplatz-Streit davongetragen hatte. Brück hat den großen Moment deutscher historischer Selbstaufarbeitung als Chance zu nutzen versäumt. Die Museumsdependance „Judengasse" mit 1.000 Quadratmetern Ausstellungsfläche wurde dann im November 1992 allerdings erst durch Brücks Nachnachfolger Andreas von Schoeler eingeweiht. Im Gespräch mit der *F.A.Z.* am 14. April 1987 ließ ein sturer Brück keine Zweifel daran aufkommen, daß er auch dann für den Bau des Kundenzentrums just an dieser Stelle plädiert haben würde, „wäre die jetzt entbrannte Diskussion über die bei den Ausschachtungsarbeiten gefundenen Überreste aus Häusern der ehemaligen Judengasse schon absehbar gewesen". Das Kundenzentrum der Stadtwerke war nach seiner Meinung aus organisatorischen, innerbetrieblichen und stadtgestalterischen Gründen nur an dieser Stelle und sonst nirgends zu errichten gewesen.

Ironie des Schicksals: Während die Standortwahl damals mit dem obigen Argument und der „Nähe zum Kunden" durchgesetzt wurde, siedelt Jahre später, als sei nichts gewesen, das Stadtwerke-Kundenzentrum vom Börneplatz an den Stadtrand um, weil der Bürobau an der historischen Judengasse „sich sehr viel günstiger für kommerzielle Zwecke" vermarkten lasse.

Brück schlägt den Kulturstadtrat zur Wiederwahl vor

Als nach 18 Dienstjahren am Main meine Wiederwahl als Kulturdezernent anstand, bat mich der neue OB Brück in dieser Sache um Rücksprache. Vorsichtshalber fragte ich nach, ob es zum Prozedere denn Klärungsbedarf gäbe. Nein, es ginge ihm lediglich um „gewisse Modifikationen". Nachdem ich anderntags am OB-Tisch Platz genommen hatte, senkte er das Gespräch aufs kleinkarierte parteipolitische Karo ab: „Es wird Sie ja nicht überraschen, wenn ich ‚offen' gestehe, lieber einen CDU-Mann im Kulturdezernat zu wissen." Den kulturgesellschaftlichen Brückenkopf wollte er lieber mit einem Christdemokraten besetzen. Weil dies aber angesichts meines Standings in der Öffentlichkeit nicht vermittelbar war, bot er mir einen unappetitlichen Deal an, um dann wenigstens später noch die Reißleine seines Ressentiments ziehen zu können: „Ich werde Sie unter der Bedingung zur Wiederwahl vorschlagen, daß Sie mir versprechen, nach zwei Jahren freiwillig zurückzutreten." Ich dachte, „mich tritt ein Pferd" (Ulrich Plenzdorf, *Die neuen Leiden des jungen W.*).

Mehr noch als der unverblümte Affront brachte mich seine Vermutung in Rage, ich sei charakterlos genug, für mein berufliches Überleben einer solchen

Camouflageofferte zuzustimmen. Herr Brück war bereit, mit diesem Versuch Wallmanns erfolgreiche Konsensstrategie in der Frankfurter Kulturpolitik aufs Spiel zu setzen. Ich mußte nicht lange überlegen, um den OB mit dem ultimativen Satz zu verblüffen: „Das war's dann wohl, Herr Brück. Auf Wiedersehen." So hatten wir nicht gewettet.

Wolfram Brück war nach Möller, Arndt und Wallmann mein vierter Frankfurter Oberbürgermeister. Das Verhältnis sollte sich auch in seiner gestiegenen Position ansonsten eher reibungslos gestalten, weil wir es auf rein fachliche Berührungspunkte zu beschränken wußten. Anders als sein Vorgänger Walter Wallmann sah Brück in mir aber unentwegt den SPD-Mann und politischen Konkurrenten, dessen Arbeit er als den Sozialdemokraten gutgeschriebenen Bonus wähnte. Von der *FNP* über mögliche „Imagekorrekturen" befragt, weil Brück doch als „Kultur-unbeteiligt" gelte, antwortete der Oberbürgermeister, er habe die Absicht, „in Zusammenarbeit mit dem Kulturdezernenten den Stellenwert, den städtische Kulturpolitik unter meinem Vorgänger hatte, im vollen Umfang aufrechtzuerhalten". Er hat in seinen beiden OB-Jahren Wort gehalten.

Die Ironie dieses *casus infernale*: Nach einstimmiger Wiederwahl im Stadtparlament bin ich tatsächlich zwei Jahre später zurückgetreten, aber nicht CDU-Hardliner Brück zuliebe – der hatte da schon die Kommunalwahl für die CDU in den Sand gesetzt –, sondern wegen seines SPD-Nachfolgers Volker Hauff. Hauff hatte seinen intellektuellen Konkurrenten und meinen Freund, den Baudezernenten Hans-Erhard Haverkampf, trotz meiner Warnung, dann zurückzutreten, aus dem Magistrat gekippt.

Die Frankfurter Oper brennt

Ein von der Bundesregierung mit 50.000 Mark von den DDR-Behörden abgekaufter „Regimegegner" hat am 12. November 1987 unsere Oper in Brand gesteckt. Bei seiner späteren Vernehmung entpuppte sich der Brandstifter statt als DDR-Regimegegner als notorischer Krimineller. Er hatte die äußere Hülle von Frankfurts „Theaterdoppelanlage" nicht ganz zu Unrecht mit einer „factory" verwechselt und fand durch ein nicht verschlossenes Kippfenster Einlaß. In einem der von draußen erspähten Spinde hatte er Stullen zu finden gehofft, „weil ich Hunger hatte". Da es sich aber um Spinde nicht von Fabrikarbeitern, sondern von Orchestermusikern handelte, die während der Opernpausen nicht zu frühstücken pflegen, hätte er seinen knurrenden Magen mit Partituren füllen müssen. Schlicht aus Frust darüber wurde der Hungerleider zum Brandstifter.

Nachdem mich die Feuerwehr um vier Uhr früh aus dem Schlaf geklingelt hatte, legte mein BMW sein allerschnellstes Tempo vor. Bei verkehrsfreien Straßen war ich schon eine Viertelstunde später am Tatort und sah den Komponisten John Cage völlig verwirrt und verwaist am Bühneneingang auf seinen Koffern hocken. Just am Abend vorher hatte ich mit dem „Meister der Stille" im „Fundus" fröhlich gespeist und über die Partitur zu seinem neuen Werk *Europera 1 & 2* gesprochen. Feuerwehrmänner hatten den immer freundlich lächelnden Komponisten aus dem Opern-Etablissement für prominente Hausgäste aus dem dritten Stock an die frische Luft komplimentiert. In seiner Not auf eine andere Bleibe hoffend, fragte mich John Cage: „Wo ist Gary?" Mein Gott, Gary Bertini hatten wir ganz vergessen. Der ebenfalls sofort herbeigeeilte Oberbürgermeister Brück ließ den Dirigenten mit seinem Dienstwagen aus Schwanheim zum Tatort abholen.

OB Brück berief ad hoc einen Krisenstab, dem die Intendanten Günther Rühle und Gary Bertini, der Technische Direktor Max von Vequel, Bühnengeschäftsführer Günter Hampel, die beiden Dezernenten für Kultur und für Bau angehörten, um erste Entscheidungen zu treffen. Schon nach einer Stunde war klar, daß die Oper im Schauspielhaus hospitieren würde, wo es sogar einen verwaisten Orchestergraben gab; das Schauspiel sollte Gastrecht im leerstehenden Straßenbahndepot genießen, falls uns die Uni und das Land das denkmalgeschützte Depot überlassen würden. Dank Haverkampfs Elan war die neue Spielstätte innerhalb von nur sieben Wochen spielreif umgerüstet. Mit einer genialen Regieleistung von Peter Palitzsch als Gast feierten wir mit Christopher Marlowes *Edward II* die Eröffnung einer heute nicht mehr wegzudenkenden neuen Bühne, wo wir schon bald die stilbewußten, extravaganten Inszenierungen von Bob Wilson als „wunderwirkliche Theaterwelt" (Stadelmaier) bewundern durften.

Schon wenige Tage nach dem Brand hatten sich die eilfertigen Investoren Bernd Lunkewitz und Ignatz Bubis öffentlich mit dem Vorschlag zu Wort gemeldet, den „Luftraum" über dem Operngrundstück zu kaufen; im Gegenzug versprachen sie, die Oper im unteren Bereich ihres geplanten Hochhauses auf ihre Kosten wiedererstehen zu lassen. Die Oper als buchstäbliche Untermieterin eines Büromonstrums, welch entsetzlicher Gedanke! Da auch OB Wolfram Brück strikt gegen diese Art merkantilen Eifers war, hatten wir es leicht, den Anfängen einer falsch verstandenen Subkulturalisierung zu wehren, zumal die Allianz Versicherung die vollen Kosten des Wiederaufbaus zu übernehmen bereit war.

200 Millionen zahlte die kulante Allianz für den Wiederaufbau des Opernhauses und damit auch einen um zehn Meter aufgestockten Bühnenturm, in dessen Windschatten Eins-zu-eins-Probenräume für das Symphonieorchester und für das Tanztheater hinzugewonnen werden konnten.

Große Oper in den Jahren 1986 bis 1989

Die wichtigste Opernproduktion der drei Bertini-Jahre (1987 bis 1990) war am 15. Dezember 1987 die Premiere von John Cages *Europera 1 & 2*. Die grandios geglückte Regie von Dietrich Hilsdorf wurde kurz nach dem Opernbrand im Schauspielhaus bejubelt; John Cage hatte sich von Georg Kaisers Bühnendrama *Von morgens bis mitternachts* inspirieren lassen. Bertinis Dirigat gelingt, noch aus dieser schwierigen atonalen Partitur subtile Klanglichkeit hervorzuzaubern.

Wolfram und Marianne Brück hatten an der ersten *Ring*-Tetralogie nach dem Kriege, der letzten gemeinsamen Produktion von Michael Gielen und der „roten" Ruth Berghaus, ihre Wagner-Begeisterung überprüfen können: Im November 1986 erlebten wir mit *Siegfried* ein wahrhaft großes Wagnerfest. Die skeptische Idealistin Ruth Berghaus hat in Frankfurt das Diktat verstaubter Dramaturgien der Wagner-Adoration aufgehoben; die Substanz des Librettos war ihr wichtiger als dessen Akzidenzien. Die Kunst der Oper besteht für Ruth Berghaus eben darin, mit Hilfe ihrer Interpretationskunst auch das Immaterielle der Partitur in Erscheinung treten zu sehen. Ohne den Vollton von William Cochrans voluminöser Tenorstimme in der Rolle des Siegfried oder die starke Bühnenpräsenz von Cornelia Berger als Erda geringer zu schätzen als Christian Bergers glockenreine Sopranstimme des Waldvogels, so hafteten doch vor allem die phänomenalen Koloraturen dieses Solisten aus dem Tölzer Knabenchor im Ohr. Für Adorno tritt mit diesem Solo gar Wagners Idee der Oper in ihrer reinsten Form in Erscheinung.

Schon im Mai 1986 hatten Michael Gielen und Ruth Berghaus mit Wagners *Walküre* auf ihre produktive Kongenialität aufmerksam gemacht: das szenisch Gewagte und das ästhetisch Riskante als Symbiose. Vom Regisseur des berühmten griechischen Films *Alexis Sorbas* Michael Cacoyannis als großer Wurf geplant, landete in der ersten Spielzeit unter Intendant Gary Bertini Christoph Willibald Glucks Oper *Iphigenie* am 30. Oktober 1987 statt in Aulis im Keller des Mißfallens. In Frankfurt konnte der Glanz des cineastischen Meisterwerks *Alexis Sorbas* nicht auf Cacoyannis' Opernregie abstrahlen. Glucks Oper *La cle-*

Kulturpolitische Kontinuität: OB Brück mit dem Kulturdezernenten

menza di Tito, wieder in der Einstudierung Bertinis und der Regie von Cesare Lievi, war dagegen ein großer Wurf und ein großer Publikumserfolg.

Der musikalisch gebildete Oberbürgermeister Wolfram Brück hat bei den Mozart-Opern *Figaros Hochzeit* im Januar 1987 und *Cosi fan tutte* im November desselben Jahres seine Erwartungen noch übertroffen gefunden. Der von ihm bewunderte Gary Bertini hat auch am Pult von *Cosi* wieder präzise seine Taktschläge ausgeteilt und mit lyrischem Legato und dionysischem Vibrato reinste Kammermusik erzeugt. Den *Figaro* hatte als Gast Graham Vick inszeniert.

Ebenfalls als Gast sang René Kollo Verdis *Otello* im Februar 1988 zum Hinschmelzen schön, aber in einer leider akademisch langweiligen Inszenierung von Altmeister Rudolf Noelte, der so lange Regie geführt hatte, bis keine mehr zu erkennen war.

Nachdem Bertinis Stellvertreter Peter Dannenberg 1988 vorzeitig aus dem Vertrag ausgestiegen war, wählte ein Jahr nach Brücks Abwahl das Orchester 1990 auch Bertini aus dem Amt des Chefdirigenten und Intendanten. Bis 1993 der neue OB Andreas von Schöler Sylvain Cambreling zum Opernchef berufen wird, fungiert die Allzweckwaffe des deutschen Theaters Peter Doll als Interimsintendant. Als ich Peter Doll dem Ensemble vorstellte, antwortete er auf meine eher rhetorische Frage, warum er für anderthalb Jahre eingesprungen sei: „Weil ich die Gaukler liebe". Der Applaus war ihm gewiß.

Brück hatte für die Oper als kulturelles Flaggschiff und für die Alte Oper als Konzertzentrum immer ein offenes Ohr und offene Hände: „Es wird darum gehen, die Kulturinstitutionen der Stadt dazu aufzufordern, zum kulturellen Glanz der Stadt beizutragen. Nehmen wir das Beispiel Alte Oper. Ich bin fest davon überzeugt, in der Alten Oper wird ein hervorragendes Programm geboten, doch das Programm verdient mehr Glanz, mehr Bemühungen um Vermittlung nach außen, das Haus braucht auch die Inszenierung nach außen."

Glanz für Frankfurt „nach außen" versprach konkret das international renommierte Tanztheater von William Forsythe. Mit dem berühmten Pariser Théâtre du Châtelet wurde von Forsythe und dem Verwaltungsintendanten Martin Steinhoff ein extrem günstiger Vertrag ausgehandelt, der die Hauptstadt der Grande Nation verpflichtete, zwei Drittel der Gesamtkosten des Frankfurter Tanztheaters zu übernehmen unter der Bedingung, daß von drei Premieren pro Saison eine an der Seine und zwei am Main stattfinden sollten. Als im Frühjahr 1989 Bürgermeister Jacques Chirac im festlichen Ambiente des Louis-seize-Saales seines Pariser Rathauses die zur Vertragsunterzeichnung zahlreich erschienene Presse und die Frankfurter Partner ungehörig lange warten ließ, schien er damit seine Geringschätzung für den Oberbürgermeister aus Frankfurt demonstrieren zu wollen. Ohne das kameraübliche Händeschütteln eilte der Franzose an der deutschen Delegation vorbei ans Mikro, um in eleganter Manier seinen Text zu verlesen. Als Oberbürgermeister Brück auf Tuchfühlung heranrückte, fragte Chirac gnädig: „Mon Collègue, voulez-vous aussi contribuer peu de mots?" Brück wollte, denn er wußte: Sein Troß hätte sich sonst die Reise sparen können.

Mit Chiracs adliger Kulturdezernentin Françoise de Panafieu war ich mir einig, daß danach noch irgend etwas passieren müßte, das wir getrost als Erfolg nach Hause tragen könnten. So hat sie ihren Chef überredet, in einem halbstündigen Gespräch den bei einem Glas Chablis in tiefen Sesseln versunkenen Frankfurtern das Gefühl zu vermitteln, nicht nur als Staffage diesem einseitigen Staatsakt beigewohnt zu haben.

Gerhard Richter, Ulrich Rückriem, Kasper König kommen nach Frankfurt

Zwischen Weihnachten und Neujahr 1988/89 überraschten mich in meinem alten Oberräder Forsthaus Kasper König, Ulrich Rückriem und Gerhard Richter. Ich hatte lediglich Kasper König eingeladen, um ihn für die Leitung der Städel-Kunsthochschule zu gewinnen. Er war aber nur bereit, gemeinsam mit Richter und Rückriem nach Frankfurt zu übersiedeln. Da es im Lehrkörper der Städelschule freilich nur eine Vakanz gab, trieb ich telefonisch Oberbürgermeister Wolfram Brück an seinem Urlaubsort auf. „Was? Der Richter, der Rückriem und der Kasper König, die sitzen da jetzt bei Ihnen?" fragte der Rheinländer euphorisch nach. „Und alle drei wollen wirklich nach Frankfurt? Auch der Richter?" – „Ja, auch der. Aber uns fehlen zwei Planstellen, und ebendiese müssen Sie uns jetzt versprechen. Entweder kommen die im Dreierpack, oder es kommt keiner!" Brück signalisierte sein prinzipielles Okay, aber ohne den Stadtkämmerer könne er „den Deal" nicht verbindlich machen. Ernst Gerhardt sei aber im Urlaub. „Ich versuche, ihn zu erreichen, und rufe Sie in einer halben Stunde wieder an." Noch bevor die Zeit verstrichen war, kam die gute Nachricht: „Habe mit dem Kollegen Gerhardt gesprochen. Sie kriegen die zusätzlichen Stellen."

Das Trio fühlte sich angesichts dieser sensationell schnellen und unbürokratischen Entscheidungsfindung zusätzlich motiviert, nach Frankfurt zu wechseln, um frischen Wind in die Segel der Frankfurter Kunstszene zu blasen.

Als Mann mit tausend Ideen, torpedierte uns Kasper König *stante pede* mit dem Vorschlag, das viersäulige Eingangsportal der im Krieg zerstörten Stadtbibliothek „An der schönen Aussicht" an der Obermainbrücke als eine Art Potemkinsche Fassade für einen „Schuhkarton"-Container dahinter in Besitz zu nehmen, in dem er mit jeweils monographischen Ausstellungen avantgardistische Künstler bekannt machen wollte.

Die güldene Inschrift auf dem Fries „Litteris Recuperata Libertate Civitas" würde als Wahlspruch auch für die bildenden Künste herhalten können. Das Projekt sollte binnen einer Frist von fünf Monaten zur Buchmesse 1987 fertiggestellt sein. Nachträglich wird diese damals umstrittene Container-Architektur als Antithese zur Eleganz des übrigen Museumsufers verstanden.

Im produktiven Einvernehmen mit OB Wolfgang Brück spornten die drei Magistratsmitglieder für Kultur, für Bau und für Finanzen sich gegenseitig an, damit Kasper König seinen „Portikus" wie weiland Ali Baba sein Salzhaus bekam, um mit der Vernissage des damals noch unbekannten Russen Ilya Kabakov pünktlich zur Buchmesse Furore zu machen. König wollte mit einer Kunst bekannt machen, die nicht nach Regeln entsteht, weil diese erst durch die Kunst formuliert werden.

Keine großen Änderungen in der Kulturpolitik

Als neu bestellter Oberbürgermeister hatte Wolfram Brück zwar „behutsame" Änderungen in der Kulturpolitik angekündigt, obwohl er doch wußte, daß er dafür keine gemeinderechtliche Kompetenz besaß. Das einige Mittel des Eingriffs in die Kulturhoheit einer hessischen Stadt wäre der Etat gewesen. Entsprechend wolkig geriet sein kulturpolitisches Credo: „Es ist nicht nur unsere eigene persönliche Struktur, unser Charakter, der unsere Arbeit und Entscheidungen bestimmt; wir werden auch begleitet und manchmal getragen von der Geschichte unseres Gemeinwesens, von dem, was uns sichtbar wie geistig atmosphärisch umgibt und Amt und Aufgabe über die Zeiten hinweg immer geprägt hat und weiter prägt." Brücks Vorgänger Wallmann hat bezüglich Politikerreden einmal zu bedenken gegeben, wie wichtig es sei, „daß die Leute einem zutrauen, die Rede selber geschrieben zu haben". Diese Rede ist Brück zugetraut worden.

Mit Hilfe seiner imprägnierten christdemokratischen Terminologie kramt Brück den alten Ladenhüter aus dem Asservatenkeller der Vorurteile hervor, den „Adel und Banken" dort deponiert hatte, jene berüchtigten Rechtsausleger der CDU, deren Verdikt eines im Historischen Museum angeblich waltenden Marxismus wie eine festgeschweißte Kompaßnadel immer mal wieder als Fadenkreuz reaktiviert wurde. Brück stieß ins längst ausgemusterte Horn, wonach eine einseitige Geschichtsbetrachtung des 20. Jahrhunderts aus der Sicht einer marxistischen Ideologie nicht zugelassen werden dürfe. Die inkriminierten Schrifttafeln waren aber schon vor 15 Jahren gleich zu Beginn der Arndt-Zeit ein für allemal entsorgt worden. War Brück so lange nicht im Museum gewesen?

Dann schlägt Brück in seiner Rede eine denkwürdige dialektische Kapriole, indem er einräumt, man werde „in Zukunft marxistische Positionen an den Theatern ertragen" müssen, „auch wenn sie für uns unzumutbar sind". Im Museum ein kategorisches „Nein", im Theater ein permissives „Ja"? Er wird dabei die Regisseurin Ruth Berghaus von der Ostberliner Staatsoper im Sinn gehabt haben. Obwohl bekennende Marxistin, ist sie als ein international gefeierter Regiestar offenbar für Wolfram Brück ein Tabufaktor. Schließlich mahnt Brück an, daß „kompensatorisch bürgerlicher Kulturbegriff und christliches Ethos gleichwertig vertreten sein müssen". Gleichwertig?

Auch den *BILD*-Lesern gibt Wolfram Brück seinen erweiterten Kulturbegriff bekannt: „Die Stadt darf nicht nur als Anhäufung von Arbeitsplätzen und

Wohnungen gesehen werden. Sie muß auch einen Erlebniswert besitzen, in Theatern, Museen, Parks, Sport- und Freizeitanlagen. Nach den guten Erfahrungen mit dem Rebstockbad werden nun nach und nach viele Frankfurter Bäder zu Erlebnis-Oasen ausgebaut. Der Bürger muß in seiner Freizeit zwischen der Sporthalle, dem Schwimmbad, der Picknickwiese oder dem Theater wählen können." Pluralismus pur! Von Walter Wallmann hatte Brück immerhin gelernt, daß es in der Kultur keine Definitionsmacht der Politik geben dürfe.

Warum wird Mitterrand Ehrenbürger?

Warum Sozialistenfresser Brück ausgerechnet François Mitterrand, der als langjähriger Generalsekretär der Parti Socialiste (PS) die Kommunisten, Sozialisten und Linksradikalen zur gemeinsamen „Union de la Gauche" zusammenschmiedete, zum Ehrenbürger von Frankfurt ausrief, wissen die Götter. Welche Verdienste hat sich Mitterrand eigentlich um Frankfurts Größe erworben? Er hat ein einziges Mal in einem Frankfurter Hotelbett genächtigt, als er am 27. Oktober 1986 zum Deutsch-Französischen Gipfel in die Stadt kam und als französischer Staatspräsident bei seinem anschließenden Blitzbesuch im Städel Claude Monets vorimpressionistisches Meisterstück *Le Déjeuner* im Original bestaunen wollte. Ansonsten war ihm die Stadt am Main nichts als Hekuba.

Bei noch so hoher Wertschätzung des *haute vie intellectuelle* von François Mitterrand sind aus der Begründung für die Ernennung zum Ehrenbürger seine persönlichen Verdienste um Frankfurt ebensowenig zu erkennen wie aus der pürierten Laudatio des Oberbürgermeisters. Er hätte zur Legitimation vielleicht darauf verweisen können, daß Mitterrand wie die Académie française Kultur und Staat als nationale Tradition zur Synthese bringen wollte wie Wallmann seine Stadt und ihr kulturelles Erbe. Der *acte cérémonial* legt den Verdacht nahe, daß es weniger darum ging, Mitterrand zu ehren, als darum, Mythos und Glanz des Ausgezeichneten auf die Stadt und den Magistrat abstrahlen zu lassen. Dieser Staatsakt katapultierte denn auch den Frankfurter Oberbürgermeister bis in die *Tagesschau*.

Brücks sehr allgemeine Begründung lautete:

Ihr politisches Leben ist begleitet von Ihrem literarischen Schaffen. Bereits lange vor Ihrer Wahl zum Präsidenten hatten Sie sich einen Namen als bedeutender Schriftsteller gemacht. Schon 1938 veröffentlichten Sie als 22jähriger Ihren ersten Artikel, in dem Sie zum Anschluß Österreichs an das Deutsche Reich Stellung be-

zogen. Seitdem haben Sie ein umfangreiches, fast ein halbes Jahrhundert umspan-
nendes literarisches Werk geschaffen. Die Sammlung Ihrer Reden, Beobachtungen,
Kommentare, Essays, Ihrer Reiseeindrücke und programmatischen Überlegungen
gibt uns ein beeindruckendes Zeugnis Ihrer geistigen Durchdringung dieser Zeit.

Die kulturelle Dimension der Gesellschaft hat Mitterrand bei allem Pragmatis-
mus seiner Realpolitik nie aus dem Auge verloren. Mitterrand, dessen Vita sich
zu einer Allegorie der französischen Kulturgeschichte verklärt, ist mit seinen diversen *grands projets culturels* wie zuletzt der Erweiterung des Louvre die kulturelle Apotheose seiner eigenen Ära gelungen. Aber was hat das alles konkret mit
Frankfurt zu tun?

Der Ernst Jünger verehrende *homme des lettres* Mitterrand hat sich statt mit
einer der üblichen Dampfreden mit einer bemerkenswert anspruchsvollen
Dankadresse für die Ehrung revanchiert, die ihn als legitimen Erben der Aufklärung ausweist. Um so mehr verdient Mitterrand auch in diesem Buch in
Auszügen zitiert zu werden als ein Beispiel für wenige seinesgleichen, die sich
ins literarische Firmament eingezeichnet haben und die sich in keiner Feder
eines Ghostwriters wiederfinden würden. Die der Paulskirche eigene Magie
duplizierte sich noch durch Mitterrands emphatische Rede:

Frankfurt ist ein Knotenpunkt, Symbol für Dynamik und Offenheit, schon von
alters her und auch heute noch. Ich möchte hervorheben, daß Frankfurt heute
auch eine Stadt der Kultur ist. Ist es notwendig, daran zu erinnern, daß Goethe,
einer derer, die der deutschen Literatur ihre Bedeutung in der Welt gaben, hier
das Licht der Welt erblickte? [...]

Nachdem wir dazu beigetragen haben, ein wirtschaftlich mächtiges Europa
aufzubauen, müssen wir die Bedeutung des gemeinsamen Nenners steigern, der
eine offene, lebendige und lebhafte Kultur bildet und bilden muß.

Hierfür bieten sich uns vorrangig zwei Wege an. Der erste ist das Erlernen der
Sprachen. Es ist notwendig, daß jedes unserer Völker Zugang zu der Kultur des an-
deren Volkes erhält. Goethe hat gesagt: ,Jeder hört nur das, was er versteht.' Die Ge-
fahr ist jedoch groß, daß unsere Nachkommen nicht die Fähigkeit haben werden,
miteinander zu reden, ohne dabei von einer dritten Sprache abhängig zu sein [...].

Europa erhält schon jetzt und wird bald noch einen unaufhaltsameren Strom
von Anschauungen erhalten, die nicht von europäischer Tradition und Kultur
geprägt sind. Die Kultur der Europäer wird weitgehend durch ihre Anschauun-
gen übertragen werden. Die Kultur wird nur aus unseren eigenen Wurzeln her-
aus gefestigt werden.

Verleihung der Ehrenbürgerwürde an François Mitterrand

Bis auf die drei Hauptwörter „Paulskirche", „Goethe" und „Buchmesse" war in Mitterrands Referat von Frankfurt mit keinem Wort die Rede, die er in dieser Fassung auch in jeder anderen Stadt beifallsgewiß hätte halten können.

Brücks späterer Herausforderer Hauff kommentiert, die Liberalität eines OB müsse sich nicht nur bei Reden in der Paulskirche, sondern auch im Umgang mit sozialen Konflikten bewähren.

Brücks Laudationes auf seinen Mentor Walter Wallmann

Wes Geistes Kind Brück war, verriet er am marmornen Rednerpult der Paulskirche, von wo doch „kein unwahres Wort" verlautbart werden sollte, anläßlich des siebzigsten Geburtstags von Walter Wallmann in der geradezu rührenden Schlichtheit, mit der er seine staubtrockene Laudatio ablas. Das beschädigte Ego des 1989 mit großen Stimmenverlusten abgewählten Stadtoberhaupts Brück ließ seinem aufgestauten Frust dabei ungezügelt freien Lauf. So bestätigte er nur einmal mehr die Notwendigkeit seiner damaligen Wahlschlappe. Wallmanns ehemaliger Wadenbeißer hat seine als „Laudatio" verbrämte Parteitagsrede in der ehrwürdigen Paulskirche mit viel Gesinnungsschlacken be-

frachtet und das intellektuelle Paulskirchen-Niveau unzulässig weit unterschritten. Er hat Wallmanns Humboldtsche Forderung, Sprache habe „Ausdruck der Verschiedenheit des Denkens" zu sein, offenbar mißverstanden. Mit
expliziter *déformation professionnelle* hat der ewige Funktionär mit allen sozialdemokratischen Vorgängern ehrabschneidend abgerechnet und damit auch alle
Frankfurter Bürger beleidigt, die bis zu Wallmanns Einzug in Frankfurts
grauen Alltag offenbar schicksalhaft zur kulturellen Armut verurteilt waren
und bis Wallmann sein kulturelles Füllhorn ausgegossen hatte, in einer ästhetischen Sahelzone ihr Leben fristen mußten. Brück hat für Walter Wallmann
eine Vergangenheit beschworen, die so nicht war, um für ihn den Purpur der
Kultur zu erschleichen. Mit seiner an Servilität gegenüber seinem Förderer
kaum zu überbietenden verquasten Suada hat er dem Jubilar jedenfalls einen
Bärendienst erwiesen. Das hatte Wallmann wahrlich nicht verdient.

Walter Wallmann hat an Brücks Copyrighttausch offenbar aber doch Gefallen gefunden, wie sonst hätte er diesem auch noch die Lobrede bei der Verleihung der Ehrenbürgerwürde im Kaisersaal anvertraut.

Mit vielen guten Gründen ist Walter Wallmann am 24. September 2009
im Kaisersaal des Römers zum Ehrenbürger ausgerufen worden. Petra Roth
nannte Walter Wallmann zu Recht „einen der Großen" und Ministerpräsident Roland Koch lobte in wieder brillant freier Rede den früheren Oberbürgermeister für „seine Duldsamkeit gegenüber anderen Auffassungen". Nach
Kochs feingesponnenem, dialektisch-philosophischen Überbau war der Ni-
veauabfall zur nachfolgenden Rede des ehemaligen CDU-Oberbürgermei-
sters Wolfram Brück besonders eklatant, als er mit ranziger Erhabenheit monoton seinen additiv gestrickten Aufsatz vorlas. Schwerkrank im Rollstuhl,
war Walter Wallmann nicht mehr in der Lage, die dreiste Geschichtsklitte-
rung seines Laudators richtigzustellen, und so blieb an diesem Morgen die
Behauptung unwidersprochen, es sei allein Walter Wallmanns Initiative zu
verdanken, daß die Alte Oper und auf dem Römerberg die historische Ostzeile wiederaufgebaut wurden. Richtig ist: Das Projekt Alte Oper ist schon
mit Beschluß vom November 1970 aktenkundig von OB Walter Möller initiiert und später von Rudi Arndt realisiert worden. Das andere Projekt, „in
der Art der ehemaligen Altstadthäuser die Ostzeile wiederaufzubauen", war
mit einem von Arndt betriebenen Stadtverordnetenbeschluß zur Bürgeran-
hörung kurz vor Weihnachten 1974 schon angekündigt worden, also lange
bevor Walter Wallmann zum Frankfurter OB gewählt wurde. Ich erinnere
mich daran auch deshalb so genau, weil ich damals gegen die historisierenden
Potemkinschen Fassaden votiert und mir damit Arndts Zorn zugezogen

Richtfest für den Wiederaufbau der Ostzeile auf dem Römerberg 1982 (von links): Bürgermeister Hans-Jürgen Moog, Liesel Christ, OB Wallmann, Stadtkämmerer Ernst Gerhardt

hatte. Walter Wallmann hat beide Projekte dann aber feierlich eingeweiht und dabei anders als Herr Brück die Genese der jeweiligen Wiederaufbau-Initiativen nicht verschwiegen.

Auch die Gutschrift des Museumsufers auf das Konto des neuen Ehrenbürgers beim Festakt im Kaisersaal im Jahr 2009 erfüllt den Tatbestand geschichtsbeugender Irreführung, indem Brück die jüngste Geschichte unserer Stadtentwicklung dreist umgeschrieben hat. Anstatt Brechts *Fragen eines lesenden Arbeiters* zeitbezogen redlich zu beantworten: „Wer baute das siebentorige Theben? / In den Büchern stehen die Namen von Königen. / Haben die Könige die Felsbrocken herbeigeschleppt?", hat er im Römer wider besseres Wissen Walter Wallmann zum Urheber des Projektes bestellt. Das Projekt „Museumsufer" war aber schon 1977 im Wahlprogramm der SPD ausführlich annonciert worden. Richtig ist, daß ohne Walter Wallmanns Durchsetzungsvermögen diese Erfolgsstory nicht hätte geschrieben werden können. Nicht Brücks Halbwahrheiten waren überraschend, sondern ihr feierliches Ausmaß. „Jedem kann es mal passieren", sagt Montaigne, „daß er Unsinn redet; schlimm wird's erst, wenn er es feierlich tut."

Ironie des Augenblicks: Herr Brück legte den Schwerpunkt seiner Denkmalenthüllung vorzüglich auf Walter Wallmanns kulturpolitisches Vermächtnis. Dabei unterlief dem Redner unter der Hand eine kardinale Freudsche Fehlleistung, indem er Wallmanns kulturpolitisches Credo ungewollt als ein lupenreines Porträt sozialdemokratischer Kulturpolitik kopierte, als handelte es sich um ein Komprimat des Buches *Kultur für alle*, einschließlich des von ihm angeführten Wallmann-Zitats, wonach Kultur „das eigentliche Ferment der Stadtpolitik" sei. Engstirnige Oberbürgermeister der Kategorie Brück hat die Weltstadt Frankfurt nicht verdient. Aber nach dem berüchtigten Peter-Prinzip besteht ja die Tendenz, daß einer in der Parteihierarchie so lange aufsteigt, bis er eine Stufe erreicht hat, für die er nicht mehr kompetent ist. Da nützt auch die affektive Nähe zu einem noch so glorreichen Mentor nicht als Krücke.

Wolfram Brücks Haben-Konto

Obwohl Wolfgang Brück nur 34 Monate Oberbürgermeister von Frankfurt war, gibt es eine Reihe erinnernswerter Daten zu würdigen:

1986   Im Oktober wird die Flößerbrücke über den Main dem Verkehr übergeben.

1987   Galeriehaus (dreistöckiges Patrizierhaus) in der Beethovenstraße 71 eröffnet (mit Auktionsgalerie Sotheby's, den Galeristen Hans Neuendorf aus Hamburg und Ernst Hilger aus Wien)

1987   Kasper König übernimmt Leitung der Städelschule und gründet den „Portikus"

1987   Aufwertung der Städelschule durch zwei zusätzliche Stellen (für Gerhard Richter und Ulrich Rückriem)

1987   Am 12. November setzt ein freigekaufter DDR-Bürger das Opernhaus in Brand. Die vollen Kosten für den Wiederaufbau in Höhe von 200 Millionen Mark übernimmt aus Kulanzgründen die Allianz Versicherung.

1987   wird die vom Philosophen Adorno schon 1962 geforderte „Adorno-Verkehrsampel" vor dem Institut für Sozialforschung aufgestellt.

1988   Errichtung des Ausstellungspavillons „Portikus" an der Schönen Aussicht

1988   Das Bockenheimer Straßenbahndepot wird zur Spielstätte für die Bühnen umgerüstet.

1988   Im Mai gewinnt die Frankfurter Eintracht den DFB-Pokal.

1988   Erstmals veranstaltet das Kulturdezernat am 2. August 1988 das Museumsuferfest gleich mit über 100.000 Besuchern.

1988   Am 30. September gründet Johnny Klinke auf eigene Rechnung in der Heiligkreuzgasse den „Tigerpalast".

1988   Am 9. November eröffnet Bundeskanzler Helmut Kohl das Jüdische Museum im Rothschildpalais am Untermainkai.

1988   „Atelier Ulrich Rückriem" als Dependance der Städelschule im Osthafen eingeweiht

1989   Kasper König eröffnet das Institut für Neue Medien an der Städelschule.

1989   Im Frühjahr unterzeichnen Wolfram Brück und der Pariser Bürgermeister Jacques Chirac den Vertrag mit dem Théâtre Châtelet und dem Forsythe-Tanztheater im Pariser Rathaus.

1989   China stiftet einen Chinesischen Garten im Bethmannpark.

* U-Bahn-Linie Ost-West erhält ihre modernen Bahnhöfe
* Baugenehmigung für den Messeturm (Architekt Helmut Jahn) mit Hochsicherheitssystem
* Bebauungsplan Hemmerichsweg mit Ausbau der Verkehrsachse Hafentunnel, Güterplatz zum Messekreisel
* Baubeginn des „Square" auf dem Messegelände
* Verhandlung mit Bundesbahn und Land Hessen zur Aufgabe des Güterbahnhofs zur Gewinnung innenstadtnaher Bauflächen.
* Planungsentwicklung von Prof. Albert Speer im Rahmen der Vorplanungen für die Bewerbung der Stadt Frankfurt um die Olympischen Spiele 2004 beim NOK
* Bebauungsplan Mainzer Landstraße mit den Hochhäusern Westendstraße und der BFG, Planer Prof. Speer
* Bebauungsplan für den Westhafen als Wohn- und Bürogebiet

Brück selbst nannte es seinen größten Erfolg, „daß ich die völlig neue Erschließung der westlichen Innenstadt durchgesetzt habe". Der Straßenzug Gutleutstraße, der vierspurige Hafentunnel, der Ludwig-Erhard-Platz, der Opelkreisel: „Eine Jahrhundert-Leistung, in etwa sechs Jahren fertig", lobt die *BILD* am 22. Mai 1989.

Frankfurts Ehrgeiz, mit ausländischen Städten von vergleichbarem Rang Partnerschaften zu vereinbaren, wird auch unter Brück vom Magistrat fortgezeugt: 1988 folgt im fernen „Reich der Mitte" Guangzhou, eine Stadt im Süden Chinas. Wahrscheinlich erfüllten sich damit einige Stadtverordnete ihren langgehegten Kindheitstraum, in dieser karstigen Berglandschaft einmal hautnah das subtropische Monsunklima zu erleben.

Um Frankfurts Einzigartigkeit als moderne Stadt der Wolkenkratzer zu potenzieren, legt Brück die Planungsgrundlagen für den Westend Tower und für das Trianon-Hochhaus. Auch die Baugenehmigung für den 257 Meter hohen Messeturm des deutsch-amerikanischen Architekten Helmut Jahn war eine kluge Entscheidung und nicht nur im Interesse der Messe als deren künftige Corperate Identity.

1988 wird zum ersten Mal das Museumsuferfest gefeiert, im Hintergrund das Filmmuseum

Brücks Leben nach seiner Abwahl

„Der Mai ist kommen, der Winter ist aus", heißt es nicht nur in Schuberts *Schöner Müllerin*, sondern auch nach der Kommunalwahl 1989 in Frankfurt am Main: Hauff kommt, Brück geht. Brück war es nicht gelungen, in seinen knapp drei Amtsjahren auch nur die Spur einer Aura zu bilden.

Die unter Walter Wallmanns Popularitätsbonus mit absoluter Mehrheit im Römerparlament regierende CDU hatte mit Brück die Wahl am 12. März 1989 mit einem erdrutschartigen Verlust grandios in den Sand gesetzt: Nicht zum Kosmopoliten geboren, hatte Brück sich kurzsichtig auf das bundesweit grassierende Thema „Immigration" als populistisch fatal hochgespieltes Wahlkampfsujet kapriziert. Die Unterstützungsbotschaften von Ministerpräsident Wallmann aus Wiesbaden für Brück, „Asylbewerber, Ausländer, Aus- und Übersiedler" zum Wahlkampfthema zu machen, hatten den gegenteiligen Effekt. Reaktionäre Wahlkampfparolen gegen Ausländer sind in einer von alters her kosmopolitisch geprägten Stadt wie Frankfurt kontraproduktiv. Das Thema war von der NPD viel „glaubwürdiger" besetzt worden, die braune Rechtspartei konnte damit auf Anhieb 6,6 Prozent der Wähler an sich ziehen, mit Kollateralschaden für die CDU. Die CDU verlor mit Brück katastrophale 13 Prozent (!) und sank mit schnöden 36,6 Prozent tief in den Keller der Verdrossenheit ihrer Wählerklientel. Die SPD wurde mit 40,1 Prozent wieder stärkste Kraft. Mit der jetzt Zehnprozentpartei Die Grünen wird sie unter Volker Hauff eine Koalition bilden.

Die Würdigung Wolfram Brücks in der Bürgerschaft ist zwiespältig: Daß „die Einheit der Persönlichkeit eine fragwürdige Sache" sei, wußte schon Gottfried Benn. Brück galt als herausragender Dezernent, der sich voll auf die Evidenz einzelner Essentials zu konzentrieren wußte, aber als Frankfurter Oberbürgermeister war er sichtlich überfordert. Er huldigt einem Souveränitätsprinzip, das eher dem klassischen Nationalstaat der Vergangenheit entspricht als einem postklassischen modernen Bundesstaat der Gegenwart. Brück war ein hochkompetenter, organisatorisch begabter und durchsetzungswilliger Stadtrat, der die Grammatik der politischen Ordnung und Legalitäten aus dem Effeff beherrschte. Sein Mentor Wallmann konnte sich blindlings auf seinen Homo faber Brück verlassen. Brück war Wallmanns Libero für die *res publica* und fürs Grobe, aber eben weniger begabt für die *res cogitans*. Den intellektuellen Überbau überließ der OB seinem solide allgemeingebildeten Büroleiter Alexander Gauland, der bescheiden im Hintergrund die Fäden spann.

In der Öffentlichkeit erwiesen sich Brücks bärbeißige Erscheinung und mangelnde Bonhomie als hinderlich; an Wallmann gemessen, tendierten seine Sympathiewerte gegen null. Besonders den Kreativen galt Brück als Apparatschik und als „Spießer". Wer im Chefsessel wie Brück der hoheitlichen Grandeur eines Walter Wallmann ermangelt und als Maßnahme-OB wenig Originalität zu erkennen gibt, gilt auf dem politischen Parkett wie auch in der Gesellschaft nicht als der Erste. „Ein Spießer hat an der Spitze einer Weltstadt nix verloren", äußert sich ein höherer Parteifreund, der wohl kein wirklicher gewesen sein kann.

Wenn Brück im Kaisersaal oder gar in der Paulskirche, in deren Aura die Eleganz der Rede seit je Triumphe feiert, monoton Texte ablas, dann riß das niemanden vom Klappstuhl. Er war in diesem repräsentativen Amt einer Kulturmetropole schlicht überfordert, den weltstädtischen Glanz herzustellen, in dem sich das Volk und die Künstler gern sonnen mochten. Daß er andererseits nicht dem Ehrgeiz frönte, sich als Volkstribun zu gerieren, war wiederum einer seiner durchaus auch sympathischen Züge. Fazit: „Abschied von morgen. Es gibt nichts zu feiern" (Durs Grünbein). So vergänglich war die Gegenwart eines Frankfurter Oberbürgermeisters bis dahin noch nie.

Aber Wolfram Brück war intelligent und selbstbewußt genug, um sein Scheitern als Chance zu begreifen: Durch eine günstige Wendung machte das Schicksal an den Kreuzwegen seiner Karriere Wolfram Brück 1991 das Angebot, oberster Boß der Abfallverwertungsgesellschaft Der Grüne Punkt – Duales System Deutschland GmbH zu werden. Ohne daß sich der dezidierte Gegner der Grünen dabei in dialektische Unkosten stürzen mußte, hoffte Brück, in dieser Managerposition „die Mentalität der Wegwerfgesellschaft zu stoppen". In der Tat ist es dem Kraftbündel Brück gelungen, jetzt frei von ordnungspolitischen Rücksichten, dem Betrieb eine globale Dimension zu geben. Für die beeindruckende Entwicklung des Dualen Systems erhielt er 1998 das Große Bundesverdienstkreuz. Kraft seiner Intelligenz, seiner Verwaltungserfahrung und seiner integren Persönlichkeit avancierte Brück schließlich zum Prototyp eines reputierten Firmenchefs. Der „Grüne Punkt" war zwar kein Job zum Brillieren, aber doch zum Geldverdienen: Vorher war Brück von 1990 bis 1991 Generalbevollmächtigter für die ostdeutschen Kommunalvermögen bei der Berliner Treuhandanstalt gewesen.

Wolfram Brück wurde auch mit der Ehrenbürgerwürde der Universität Tel Aviv ausgezeichnet wie vor ihm schon sein Vorgänger Walter Wallmann, Stadtkämmerer Ernst Gerhardt und der Frankfurter Kulturdezernent.

Nach dem Tod seiner Frau Marianne wohnt Wolfram Brück mit seiner neuen Frau in Rodenkirchen vor den Toren der Domstadt Köln. Heute ist er Partner der angesehenen Kanzlei Graf von Westphalen am Kölner Salierring als Spezialist für Baurecht und Umwelthaftung. Weil er nun weniger Streß hat als in Frankfurt, raucht er statt wie früher 60 Zigaretten jetzt nur noch weniger als die Hälfte.

Wolfram Brück nennt sich einen Anhänger des Konservativismus, eines wohlverstandenen Wertekonservativismus, der seine Legitimation von bewährten Traditionen herleitet. Die Fortzeugung des für dauerhaft gehaltenen Bestehenden gilt den Konservativen schon als Wert an sich, der auch Brücks Bestandsgarantie für Institutionen und Eliten erklärt. Anhänger des Konservativismus begegnen „vergangenheitsvergessenen Neukonstruktionen" etwa politischer Organisationen, Bürgerinitiativen oder fortschrittlichen Gemeinwesens mit gehöriger Skepsis. Dieses in Brücks christlichem Glauben verwurzelte Beharren auf vertraute Gewißheiten macht ihn zu einem prinzipiellen

Neues Wirkungsfeld: Wolfram Brück als Chef der Abfallverwertungsgesellschaft
Der Grüne Punkt

Kritiker der „Frankfurter Schule" und deren kritischer Gesellschaftstheorie. Die Denkanstöße der gebildeten jüngeren Generation sind wesentlich von Jürgen Habermas bestimmt, der trotz Alfred Dreggers Verteufelung der 68er-Bewegung 1980 von Brücks liberalerem Vorgänger Walter Wallmann zum Adorno-Preisträger gekürt wurde. Nein, Brück war nicht Mitglied der Preisjury.

Der politisch illiberale CDU-Politiker Wolfram Brück wird wohl nicht in die Geistesgeschichte dieser stolzen liberalen Stadt Frankfurt eingehen.

In ihren Kommentaren am Ende der Brück-Jahre stimmen die Frankfurter Blätter im Grundtenor alle überein, indem sie dem knallharten Dezernenten Brück zu Recht solide Arbeit bescheinigen, dem Oberbürgermeister Brück aber keinen Lorbeer streuen. Sein Bild als Oberbürgermeister erscheint gewiß auch deshalb in besonders intensiven Grautönen, weil der Stern des charismatischen Vorgängers Wallmann aus den Höhen der Verklärung jetzt noch heller erstrahlt als schon zuvor: „Was Brücks Vorgänger Wallmann verstand, war zweierlei: den Menschen eine Vision (‚die menschliche Stadt') und ein positives Grundgefühl zu vermitteln (‚Wir können stolz sein auf Frankfurt')." Außerdem verstand Wallmann etwas von Menschen und ihrer Eitelkeit, „er redete noch den Vorsitzenden eines Ruderclubs mit ‚sehr verehrter Herr Präsident‘ an." (*F.A.Z.*)

Manches, was an Wallmann gelobt wurde, wie etwa dessen „verbindliche Unverbindlichkeiten" (*F.A.Z.*), war Brücks Sache nicht. Er war auch nicht wie Wallmann telegen oder medientauglich. Gemessen an Wallmanns Größe war Brück für viele Großbürger ein perfekter Kontrast. Gleichwohl ist er, wie die *F.A.Z.* am 22. Mai 1989 resümiert,

eine aufrechte, redliche Natur – und außerdem Staatsanwalt. Er mag keine Handküsse, kein Bad in der Menge, sein Gespür für Menschen und Stimmungen ist nicht übergroß, wie die Absage des U-Bahn-Festes gezeigt hat. Was in Ordnung geht für einen Verwaltungsmann, aber nicht für einen Oberbürgermeister. Denn mit dem mangelnden Fingerspitzengefühl in der Behandlung von Menschen geht einher die Unfähigkeit zur symbolischen Handlung. Symbolik, große und kleine Gesten aber sind nötig, um in komplizierten Zeiten Politik zu vermitteln. Wolfram Brück hat schmerzlich erfahren, daß Politik eben mehr ist als Aktenstudium oder das Aufstellen von Bebauungsplänen.

Dr. Volker Hauff

Oberbürgermeister vom 15. Juni 1989 bis 31. März 1991

Volker Hauff betritt die politische Bühne

> *Fremd bin ich eingezogen,*
> *fremd zieh ich wieder aus.*
> Wilhelm Müller

In der württembergischen Kreisstadt Backnang an der Murr, wo schon damals vorzüglich Nachrichtentechnik produziert wurde, erblickt der spätere Minister für Technologie Volker Hauff am 9. August 1940 das Licht der Welt. Der Sohn eines Gymnasialdirektors macht 1959 in Esslingen am Neckar sein Abitur und studiert anschließend Wirtschafts- und Sozialwissenschaften an der Freien Universität der geteilten Stadt Berlin. 1966 wird ihm das Diplom eines Volkswirts als Start in einen Forschungsberuf ausgehändigt. Als Assistent am „Dokumentations- und Ausbildungszentrum für Theorie und Methode der Regionalforschung" findet er seine erste Anstellung. Während dieser Zeit schreibt er seine Dissertation über „programmgesteuerte Datenverarbeitung" (1968). Als Dr. rer. pol. arbeitet er 1971 bis 1972 bei IBM in Stuttgart im Sektor Forschung, bis er schließlich die Politik als Beruf und als Lebensaufgabe wählt. Später wird er einer der wenigen Politiker sein, die sich von Google über Facebook und Twitter bis zum iPad jener Kommunikationsmittel bedienen können, die seit Ende der 1990er Jahre von den Vereinigten Staaten aus die Welt erobern.

Mit 19 tritt Volker Hauff in die SPD ein und wird schon im jugendlichen Alter von 29 Jahren Mitglied des Deutschen Bundestages. Nach der Bundestagswahl 1972 beruft Bundeskanzler Willy Brandt den souveränen Geist als seinen Schildknappen zum parlamentarischen Staatssekretär ins Bundesministerium für Forschung und Technologie. Unter Helmut Schmidt wird Volker Hauff 1978 zum Minister in diesem Ressort befördert, 1980 wechselt der 40jährige in das Bundesministerium für Verkehr, dem er bis 1982 vorsteht. So charmant wie kein anderer der sozialdemokratischen Enkel, schien er Helmut Schmidts Philosophie des Machbaren mit der postnationalen Wohlfühlpolitik verbinden zu können. Von 1979 bis 1991 ist Hauff Mitglied des SPD-Parteivorstands, die SPD-Fraktion wählt ihn 1983 zum stellvertretenden Fraktionsvorsitzenden. Ab 1984 ist er für fünf Jahre Mitglied der UNO-Kommission für

Umwelt und Entwicklung, von 2001 bis 2010 Vorsitzender des Rates für Nachhaltige Entwicklung der Bundesregierung.

Hauffs nur zwei Frankfurter Jahre

Als die Frankfurter SPD im Wahljahr 1985 keinen eigenen Spitzengenossen für das Amt des Oberbürgermeisters aufzubieten hatte, entdeckten sie den damaligen Bundesminister Volker Hauff als Silberstreif am Bonner Horizont, der die CDU-Bastion am Main zu schleifen genau der richtige zu sein versprach.

Der Parteitag im Bürgerhaus Bornheim wählte Hauff mit einem für SPD-Verhältnisse traumhaften Ergebnis von 326 Stimmen bei nur vier Gegenstimmen zum Spitzenkandidaten. Hauff: „Ich hatte lange gezögert, ob ich den Schritt aus der Bundespolitik in die Kommunalpolitik tun sollte. Neben den drängenden Bitten aus dem Präsidium der Bundes-SPD und meiner Lust, eine solche Herausforderung anzunehmen, waren es vor allem die Gedanken, in Frankfurt ein Beispiel zu schaffen für die Erneuerung einer Großstadt-SPD und ihrer Rückkehr zur Macht. Ich freute mich auf diese Aufgabe."

Am Wahlsonntag, dem 12. März 1989, war nicht nur die SPD über ihre geringen Zugewinne, sondern auch die CDU über ihre Stimmverluste trotz Wallmann-Bonus tief enttäuscht: Mit nur drei Sitzen Mehrheit mußte sie sich künftig mit einer starken Opposition aus SPD und Grünen herumschlagen. Besonders die Grünen Fundis Jutta Ditfurth und Manfred Zieran ließen sich keine Gelegenheit entgehen, insbesondere Walter Wallmann die Lust auf Parlamentsdebatten durch unbotmäßige Wortwahl und den Gebrauch von Invektiven zu verleiden.

Nachdem Wallmann sich 1986 entnervt in Richtung Bonn abgesetzt hatte, wurden die Chancen der CDU bei der kommenden Kommunalwahl 1989 von der SPD als gering eingeschätzt. Sie betrachtete Wallmanns Nachfolger Brück als „fliegengewichtigen Gegner", und so war es Hauff leicht gefallen, ein zweites Mal in den Frankfurter Ring zu steigen – mit diesmal großem Erfolg: Am 12. März 1989 bekam die CDU die Quittung auch dafür, drei Jahre vorher anstatt mit dem populären Moog mit dem unpopulären Brück in den Wahlkampf gezogen zu sein. Brücks persönlicher Ansehensverlust gegenüber dem erfolgreichen ehemaligen Bundesminister Hauff wurde vom Wähler mit einem fatalen Minus von 13 Prozent (!) bei der CDU abgestraft. Mit dem so sympathisch lachen könnenden Volker Hauff konnte die SPD wieder die 40-Prozent-Hürde überspringen, bei einer diesmal exorbitant hohen Wahlbeteiligung von 77,2 Prozent.

Volker Hauff bei seinem Amtsantritt
als Frankfurter Oberbürgermeister,
links von Hauff Rudi Arndt, rechts
Heinz Dürr und Martin Wentz

Die erste Wahl 1985 hatte Hauff trotz großem Künstleraufgebot verloren. Damals waren im großen Saal des Volksbildungsheims und anderntags in der Alten Oper die Größen des Showbiz für Volker Hauff auf die Bühne gestiegen, um ihm zu helfen, „den Wallmann aus dem Römer zu vertreiben". Wolf Biermann kommentierte seinen eigenen Auftritt damit, „das am wenigsten Beschissene zu wählen". Auch Klaus Lage, Gerhard Polt, das Trio „Biermösl Blosn" und das Folklore-Duo „Zupfgeigenhansel" waren angerückt und natürlich auch Frankfurts Barrelhouse Jazzband und Starposaunist Albert Mangelsdorff. Deren einige warben für Hauff aber nur, um über seine Wahl den Einzug der Grünen in den Römer zu erreichen. Konstantin Wekker sagte, er erwärme sich nur dann für eine Idee, wenn sie sich in einem Menschen personifiziere: „Ohne Petra Kelly hätte ich mich nicht für die Grünen eingesetzt." Und: „Volker Hauff ist ein sympathischer Mann. Wenn man sich so die Politiker anschaut, dann fällt er da raus. Er war schon in meinem Konzert, als er noch Minister war. Er war der erste Politiker, der als Fan kam." In Frankfurt wird Hauff mehr die Oper interessieren, die erste Aufführung, die er besuchte, war die *Ariadne* von Richard Strauss: „Kommt der neue Gott gegangen, hingegeben sind wir stumm", singt Zerbinetta als Willkommensgruß dem neuen OB in das absolute Gehör.

Volker Hauffs bemerkenswerte Antrittsrede

Nach dem Studium der eindrucksvollen Stationen seiner politischen Biographie stilisierten die Frankfurter Gazetten Volker Hauff zum Inbegriff des Erfolgstyps und streuten ihm viel Vorschußlorbeeren auf den steinigen Weg. Parlament und Öffentlichkeit sahen gespannt der Antrittsrede des neuen Oberbürgermeisters am 15. Juni 1989 entgegen. Im Bicentenaire der Französischen Revolution von 1789 knüpft Hauff gleich im ersten Satz an deren Tugendkanon an: „Ich möchte bei der Suche nach einem Weg zur vernünftigen Gestaltung der Welt an dem Projekt der Aufklärung festhalten. Die Aufklärung, also die Befreiung des Menschen aus selbstverschuldeter Unmündigkeit, ist nicht gescheitert, wohl aber unvollendet." Dies gelte auch als Leitsatz für den Städtebau, den nicht der eine große Plan oder das Diktat des ökonomischen Nutzens bestimmen dürfe, sondern die Vielfalt und die Rückgewinnung des urbanen Lebens. An seinem eigenen Maßstab „Eine kleinkarierte Stadtregierung, das paßt nicht zu Frankfurt" wird Hauff sich messen lassen müssen.

Der neue Oberbürgermeister gliederte seine literarisch verbrämte Rede in zehn Leitsätze, die hier zusammenfassend referiert werden:

1. Eine politische Kultur der Liberalität und der Toleranz ist das Fundament meiner Politik.
2. Ich setze in Frankfurt auf eine Reformpolitik sozialer und ökologischer Erneuerung, die diese Stadt nicht umstülpt, sondern auf Gewachsenem aufbaut.
3. Für die Bundesrepublik ist heute Frankfurt das Tor zur Welt. Unsere Zukunft liegt im internationalen Austausch und in der internationalen Begegnung.
4. Wir werden die Stadtverwaltung modernisieren, eine solide Finanzpolitik betreiben und neue Schwerpunkte bei der personellen Bedarfsdeckung setzen.
5. Mein Programm im Städtebau ist die Mischung und die Vielfalt, nicht aber der eine große Plan, nicht eine Denkschule und nicht das Diktat ökonomischen Nutzens.
6. In der Frankfurter Innenstadt muß Platz für urbanes Leben zurückgewonnen werden. Frankfurt soll wieder Frankfurt am Main werden.
7. Frankfurt braucht eine tiefgreifende Wende in der Umweltpolitik.
8. Kommunalpolitik besteht nicht nur aus Bauten, aus Finanzierungsentscheidungen, sondern aus einer Idee, und das ist im besten Sinne des Wortes eine republikanische Idee.
9. Frankfurt soll eine europäische Metropole, eine europäische Heimatstadt werden.
10. Kunst und Kultur sind das wichtigste Lebenselixier Frankfurts, aber sie sind keine Transmissionsriemen für die Politik.

Einschränkend betont Hauff, daß „unsere gestalterischen Absichten unter dem Vorbehalt stehen, daß die Finanzlage der Stadt dies erlaubt".

Volker Hauff irritierte die CDU-Fraktion gehörig, indem er seinen Vorvorgänger Wallmann nicht nur für mancherlei Erfolge lobte, sondern auch ausführlich aus dessen damaliger Antrittsrede zitierte. „Wir grüßen […] nicht nur unsere deutschen, sondern auch ausländischen Mitbürger. Wir wollen ihnen in Freundschaft und Offenheit begegnen. Und weil wir uns zur Freiheit bekennen, sind wir vor allem jenen verbunden, die als Vertriebene und Flüchtlinge ihre Heimat verloren haben, die in ihrer alten Heimat heute die demokratischen Freiheitsrechte entbehren müssen, gleichgültig, wo das ist in dieser Welt." Hauff begegnet Wallmann also mit Respekt auf Augenhöhe. Seinem Rivalen Brück brät er dagegen tüchtig eins über, indem er „eine Absage an nationales deutsches Pathos" proklamiert und Brücks Wahlkampfthesen mit den Worten konterkariert: „Frankfurt wird nur dann eine Zukunft haben, wenn die ankommenden Menschen aus allen Kontinenten nicht mit Plakaten begrüßt werden, die an eine latent ausländerfeindliche Stimmungsmache anknüpfen."

Weil Hauff nicht nur Brück ins Visier genommen hatte, sondern auch gleich die ausländerfeindlichen Wahlkampfparolen der CDU bei der jüngsten Landtagswahl, ist mir der Schlagabtausch dieser Parlamentsdebatte in Erinnerung geblieben: Nachdem Volker Hauff sich seinen Vorgänger Brück mit verschärfter Wortwahl vorgeknöpft hatte, fragte der Vorsteher den CDU-Abgeordneten Hans-Jürgen Hellwig, ob er noch auf seiner Wortmeldung bestehe, obwohl ihm nur mehr 90 Sekunden Redezeit blieben. Mit der Auskunft, das reiche ihm, besteigt er die Rednerbühne, um Hauff vorzuführen, was man eine intellektuelle Harke nennt: „Sie haben in unangemessen scharfer Diktion Ihren Vorgänger Brück kritisiert. Beim Zuhören fuhr mir aus Goethes *Tasso* IV. Aufzug 4. Auftritt ein trefflicher Satz des Antonio Montecatino an seinen Freund Torquato durch den Kopf: Wenn Sie heute abend wieder daheim sind, sollten Sie den apostrophierten Satz doch mal nachlesen, Herr Hauff", woraufhin dieser bittet, eine Zwischenfrage zuzulassen. „Ja, sofern mir diese Zeit nicht auf mein Redekonto angerechnet wird." Also gibt Hellwig Hauff den präzisen Wortlaut des *Tasso*-Satzes mit auf den Weg: „Durch Heftigkeit ersetzt der Irrende, was ihm an Wahrheit und an Kräften fehlt." Immerhin gratulierte Hauff dem Kontrahenten Hellwig mit nobler Geste zum „Eins zu null für Sie!"

Hauff verspricht, daß im Römer nicht das Parteibuch regieren, sondern allein die Leistung eine Rolle spielen werde. Der alle Thesen und Ankündigungen übergreifende Tenor der ersten Hauff-Rede im Frankfurter Parlament vermittelte den Eindruck von Glaubwürdigkeit und moralischer Integrität: sein Vorschußkapital.

Volker Hauffs erste drei Fehler

Hauffs gelegentliche Profilierungsversuche gegen die eigene Partei sind ehrenwert, über den Erfolg solcher Selbstermächtigungen entscheiden aber der richtige Moment einer gewagten Unbotmäßigkeit und die Anzahl der hinterbliebenen Verletzten.

Nachdem der Charmebolzen der Regierung Helmut Schmidt vom Frankfurter SPD-Parteitag im Bürgerhaus Bornheim im Frühjahr 1989 zum zweiten Mal Hoffnungsträger der Frankfurter Sozialdemokraten ausgerufen worden war, hat Volker Hauff sich gleich seinen ersten kardinalen psychologischen Fehler geleistet: Nachdem sich der letzte Mohikaner der marxistischen Weltbeglückung, Dieter Dehm, heute MdB der Linken in Niedersachsen, eitel als derjenige geoutet hatte, dem Hauff die einzige Nein-Stimme verdankte, hat er den Abweichler für den nächsten Morgen zum Frühstück eingeladen, die 449 Ja-Sager aber nicht, was diese als schnöden Undank registrierten. Mit seiner neomarxistischen Glaubensinbrunst wird Dehm dem OB später noch ganz schön auf den Wecker gehen.

Der zweite gravierende Fehler unterlief Hauff, als er den bisherigen Baudezernenten Hans-Erhard Haverkampf nicht in die Magistratsbildung einzubeziehen ankündigte, diesen ob seiner hohen Effizienz

Wohnungsbau: Volker Hauff greift im Mai 1990 auf dem ehemaligen Gelände der Sinai-Gärtnerei zum Spaten

allgemein ästimierten Bauplaner, weil der vermeintlich Hauffs hochgesteckten moralischen Ansprüchen nicht genügte. Der für eine saubere, korruptionsfreie Kommunalpolitik angetretene Oberbürgermeister meinte, gerade den Stall als ersten säubern zu müssen, in dem hufescharrend das beste Pferd auf den großen Parcours wartete. Ausgerechnet an dem populären Stadtrat Haverkampf wollte er ein Exempel statuieren, der so das erste Opfer von Hauffs moralischer Waschanlage wurde. Hauff wollte wohl auch „keine Götter neben sich dulden".

Hauffs dritter Fehler war, statt dem Kulturexperten der Frankfurter SPD-Fraktion, dem Notar Klaus Sturmfels, der einen großen Rückhalt in der Partei genoß, das Kulturdezernat anzuvertrauen, es einem Import aus der Parteibarakke zuzuschanzen: Aufgrund meines Rücktritts vier Jahre vor Ende meiner Wahlzeit wurde als Nachfolgerin Linda Reisch aus Bonn installiert, die bis dahin keinerlei Erfahrung mit Führungsaufgaben hatte. Meinen Freund Hauff hatte ich in der entscheidenden Fraktionssitzung davor gewarnt, Haverkampf in die Wüste zu schicken, und meinen Rücktritt für den Fall angekündigt, daß er mit Haverkampf den besten Mitstreiter für den buchstäblichen kulturellen Aufbau der Stadt mutwillig aus dem Magistrat kippen würde. Der Grund für die Hauffsche Strafexpedition? Haverkampf habe es versäumt, dem Parteivorstand (sic!) Mitteilung davon zu machen, daß der SPD-Stadtverordnete Karl König aus Goldstein zu entsorgendes Altöl tonnenweise an Dritte verhökert habe. „Ja", fragt Radio Eriwan, „geht denn das schmierige Altöl den Parteivorstand überhaupt was an?" Im Prinzip nein. Aber in Frankfurt allemal. Hauffs Tugendterror eigneten in diesem Fall absurde Züge. Hauff hat sich auch über andere eigene Fehler lieber belogen anstatt sie zu korrigieren.

Der Spiegel (20/1990) betrachtete die neue Kulturdezernentin bereits als „ausgepowert", noch bevor sie ihren Job angetreten hatte:

Vor allem ihre eigene Partei hatte sie monatelang gezaust. Mal kamen Finanzkalamitäten beim parteieigenen „Kulturforum", dem sie sechs Jahre vorstand, an die Öffentlichkeit, mal Zweifel an ihrer Eignung als Kulturpolitikerin, mal anzügliche Bemerkungen, sie verdanke das Frankfurter 11.000-Mark-Angebot ihrem Lebensgefährten und SPD-Promi Peter Glotz. Beim Wahlgang guckte auch ein anderer ernst und ausgepowert von der Regierungsbank herab: SPD-Oberbürgermeister Volker Hauff. Ihm drohte tatsächlich der Abschuß. Er hatte die Kandidatin im Alleingang durchgesetzt und konnte am Ende der Stimmen aus den eigenen Reihen nicht mehr sicher sein. Doch Zitterpartien wie diese sind mittlerweile typisch für die Stimmung in der Frankfurter SPD: Der Stadtchef stößt immer häufiger auf Unwillen in den eigenen Reihen.

Was die Frankfurter Genossen wirklich ärgerte, war der Vergleich ihres Spitzengenossen Hauff mit seinem christdemokratischen Vorvorgänger. Der *Spiegel* weiter:

Er küßt, wie Wallmann, bei den Volksfesten sämtliche Brunnenköniginnen. Seine wolkigen Reden – Hauptthema wie bei Wallmann: „Erneuerung der politischen Kultur" – sind gespickt mit bildungsbürgerlichen Zutaten: Es scheint, so witzelt man schon im Römer, als hätte sich sein Redenschreiber von Trott die Zitatkartei von Wallmanns Ghostwriter kopiert. Doch anders als der Machtpolitiker Wallmann formuliert Hauff nicht einmal hinter den verschlossenen Türen des Magistrats klare Ziele. Dort läßt er von Dezernenten Einzelpläne vortragen, entscheidet aber nicht selbst.

Nach der Hessischen Gemeindeordnung entscheidet ein Oberbürgermeister aber gar nicht über die jeweiligen Vorlagen, sondern die Mehrheit des Magistrats. Wenn die Dezernenten, auch die von der jeweils anderen Couleur, klug beraten sind, dann werden sie im Zweifelsfall ihre Vorlagen mit dem OB vorher abgestimmt und gegebenenfalls modifiziert haben, um sich des kollektiven Zuschlags zu vergewissern. Es gehört zu den Urtugenden der Demokratie, Kompromisse zu finden, aber ohne dabei die eigene Seele zu verkaufen. Obwohl im Rückblick eher den Marginalien zuzurechnen, nahmen diese drei „Unfälle" damals beunruhigende Züge an, die Hauff aber bagatellisierte. Er begegnete den Genossen gelegentlich im hohen Ton des ewigen Klassenbesten. Im Realitätstest der Niederungen alltäglicher Politik wurde Hauff schnell aus den distanzierten Ministerhöhen auf den Boden kommunaler Müh- und Irrsal herabgezogen.

Kompromisse zwischen Rot und Grün

Grün sind die Zweifel, die Fahne ist rot.
Bertolt Brecht

Der Genossen-Euphorie am Wahlabend folgte die Ernüchterung gleich beim ersten Koalitionsgespräch mit den Grünen auf dem Fuße, die einige der hochgestimmten SPD-Wahlversprechen in sich zusammenfallen ließen. Auch die idealistischen Frankfurter Grünen waren zu Geschöpfen des Parteiensystems mutiert.

Getreu ihrem auf Hauff zugeschnittenen Wahlspruch „Eine Stadt mit Skyline braucht einen OB mit Profil", wollten die Sozialdemokraten Frankfurts Ruf als Finanzmetropole noch mit weiteren symbolträchtigen Wolkenkratzern

mehren: einem Riesen für die DG Bank, einem anderen für die Bank der Gemeinwirtschaft. Beide Projekte waren vom Vorgängermagistrat schon auf den
Weg gebracht worden. Der nach Düsseldorf abgewanderte CDU-Planungsde-
zernent Küppers hatte in weiser Voraussicht einer verlorenen Wahl noch kurz
davor rechtsverbindlich Teil-Baugenehmigungen erteilt. Weil die Kosten einer
drohenden Schadensersatzforderung in Millionenhöhe die neuen Projekte
auch der Grünen gefährdet hätten, ließen sie beide Hochhausprojekte nur
unter der Bedingung passieren, das ehrgeizige „Campanile"-Projekt am Hauptbahnhof fallen zu lassen. Die anrainende Hausbesitzerin Hannelore Kraus
hatte Schützenhilfe gegeben, indem sie ihre nachbarschaftsrechtliche Zustimmung zum Campanile-Bau trotz stolzer Abfindungsangebote verweigerte.

Auch die Zoo-Erweiterung auf dem Niederurseler Hang, für die das Dezernat für Kultur und Freizeit schon 1989 einen Ideenwettbewerb durchgeführt
hatte, scheiterte an dem Einspruch der Grünen, die dort keine exotischen Tiere
grasen lassen wollten, sondern nur einheimische Schafe und Rindviecher aus
deutschen Landen: Zwerghuhnidylle und Bauernhofambiente hätten aber
wohl nicht mal die Kinder der Grünen interessiert, auch die wollen schließlich
lieber die Größe der Natur bestaunen: Elefanten und Giraffen.

Die beiden Desiderate „Musical-Haus" und „Akademie der Wissenschaft",
mit denen Hauffs SPD-Dezernentin blinde Flecken Frankfurts zum Leuchten
bringen wollte, sind ebenfalls über Blütenträume nicht hinausgediehen.

Die Grünen dagegen konnten einige ihrer Wahlverheißungen realisieren:
mehr Frauen im hauptamtlichen Magistrat – statt bisher null jetzt vier –, ein
eigenes Frauendezernat und erstmals in einer deutschen Stadt auch ein „multi-
kulturelles Dezernat", das Daniel Cohn-Bendit ehrenamtlich übernahm. Und
es gelang ihnen, ein „Kulturzentrum für Schwule und Lesben" im Koalitionsvertrag festzuschreiben – „unser wichtigstes Projekt" – sowie eine Lesben-In-
formationsstelle in der Rotlintstraße im Nordend. Hauffs „Prinzip Verantwortung" definierte sich im rücksichtslosen Getümmel um die besseren Lösungen
vor Ort anders als seinerzeit in den höheren Sphären seines Bonner Ministeri-
ums.

„Kultur für alle bleibt unser Ziel"

Da die Kulturpolitik wie schon für Walter Wallmann auch für Hauff ein über-
parteiliches Essential der Kommunalpolitik war, werden hier seine Leitsätze zur
Kultur fast ungekürzt überliefert:

Nach dem Krieg hat die Kultur in unserer Stadt zunächst in vielerlei Hinsicht ein Schattendasein geführt. Die Idee schließlich, die großen Kulturinstitutionen für viele Menschen zu öffnen, die Museen, Ausstellungen, Oper, das Theater und Konzerte, war es, die die Kultur in das Zentrum der Kommunalpolitik gerückt hat. Das sollte nicht vergessen werden – von den großen Häusern sind die Impulse ausgegangen, die vielen kleinen Kunstszenen vor Ort zu bilden. Die kulturpolitische Leistung, daß Hunderttausende von Menschen sich in den Frankfurter Museen mit Kunst, mit Kultur, mit ihrer Geschichte befassen, ist von einer aufklärerischen Wirkung, die wir kaum ermessen können.

Diese Öffnung im Sinne der „Kultur für alle", die Hilmar Hoffmann über 20 Jahre in Frankfurt vorangetrieben hat, ist seine persönliche Leistung für unsere Stadt. Ich bleibe dabei: Dieser Mann, der sozialdemokratische Kulturpolitiker im Nachkriegsdeutschland, das war ein Segen für Frankfurt.

Spürbar bestimmt die Kultur das gesellschaftliche Leben in Frankfurt, aber auch das persönliche Leben vieler Menschen weit mehr als früher. Aufgeräumt hat Hilmar Hoffmann mit der arroganten Haltung, Kunst und Kultur seien etwas für die künstlerischen Sammlungen einer kleinen Elite, während die Massen sich ihre Unterhaltung schon selber suchten.

Diese Politik der „Kultur für alle" hat eine unerläßliche Voraussetzung: Die Kultur darf nicht politischen, nicht ideologischen, nicht pädagogischen, schon gar nicht sozialpädagogischen Zielen untergeordnet werden. Es wäre ein Verhängnis, wenn Kulturpolitiker ihren eigenen Geschmack, ihren eigenen Maßstab, gar ihre eigene Weltanschauung zum Maßstab dessen machen, was Menschen in der Kultur erleben und empfinden dürfen oder nicht. Vielmehr ist es Aufgabe der Kulturpolitik, den Reichtum künstlerischer Erfahrungen möglichst vielen Menschen zugänglich zu machen.

Ich übernehme den Satz von Hilmar Hoffmann, der sagt: „Wer heute die Theater schließt, der wird morgen die Sozialstationen abschaffen. Ohne die Idee des guten Lebens wird es auch das gute Leben nicht geben."

Ohne die autonome und immer auch wieder provozierende Kunst wird es Veränderung und sozialen Fortschritt nicht geben. Dies zu erkennen und gleichzeitig zu akzeptieren, daß die Kunst kein politisches Instrument ist, sondern zuerst ihrer Autonomie und nicht zuerst der sozialen Wirklichkeit verpflichtet ist, ist wichtig.

Ich weiß, daß ich mich in dieser Frage auf eine breite Mehrheit in diesem Hause stützen kann. Ich würde mich freuen, wenn wir daran gemeinsam weiterarbeiten können.

In den letzten zwölf Monaten ist es gelungen, das Ikonenmuseum und das Liebieghaus fertigzustellen. Die Projekte Erweiterungsbau Städel, Umbau des

Opernhauses sowie Vollendung des Museums für Moderne Kunst kommen zügig voran.

Der Magistrat hat in der Kulturpolitik einige neue wichtige Akzente gesetzt. Besonders froh bin ich über die rasche Umplanung des Völkerkundemuseums. Dadurch kann die Zerstörung des Museumsparks verhindert werden, und es entsteht jetzt am Frankfurter Museumsufer ein hervorragender und sicher international beachteter Neubau von Richard Meyer.

Ich erwähne die Entscheidung, das Schauspielhaus umzubauen und zu modernisieren. Dies und die anstehende Veränderung der Struktur der Städtischen Bühnen werden Chancen für eine neue Phase des Frankfurter Theaters eröffnen.

Mit unserem Künstler-Atelierprogramm, mit dem wir in den nächsten Jahren 150 neue Ateliers in Frankfurt schaffen wollen, werden wir endlich die Infrastruktur für das Wachsen einer hier verwurzelten Kunstszene, werden wir wirkliche Unterstützung für hier heute lebende Künstler erreichen.

Die Errichtung eines Musicalhauses ist kulturpolitisch erwünscht. Ich halte dieses Projekt für sehr sinnvoll. Der Magistrat bereitet dazu einen umfassenden Bericht an die Stadtverordnetenversammlung vor.

Die Akademie der Künste hier in Frankfurt, die in der Stadtverordnetenversammlung debattiert wird, wird einen Raum der Begegnung von lokaler und europäischer Kultur und Wissenschaft bieten. Wir werden bei der jetzt bevorstehenden Berufung des Gründungsbeirates auf größtmögliche Qualität und Pluralität achten, und ich lege Wert darauf, daß auch Konservative in diesem Gründungsbeirat vertreten sein werden.

Mit der Anmietung eines Literaturhauses in der Bockenheimer Landstraße 102 wird es uns in Frankfurt mehr als bisher gelingen, so hoffe ich, das große intellektuelle Potential der Verlage, der Schriftsteller, der Literaten in unserer Stadt zu Begegnungen miteinander, zu Begegnungen aber auch mit dem gesellschaftlichen Leben in der Stadt zu führen.

Mit der Fortschreibung unseres Bürgerhausprogramms haben wir festgelegt, daß bis 1996 in zehn Projekten zusätzliche Häuser entstehen oder in bestehenden Häusern Erweiterungen durchgeführt werden.

In den Kontext der Förderung von kultureller Öffentlichkeit gehören die Vernetzungen der Gruppen und Institutionen, z.B. der freien Gruppen und Kulturinitiativen. Deren gemeinsames Auftreten in einem erfolgreichen Hearing des Kulturausschusses sorgte dafür, daß die Vielfalt dieser Szene in Frankfurt endlich als kulturpolitische Kraft bewußt wurde und diese Förderung nicht nur materiell erhöht, sondern auch qualitativ besser genutzt wird. In dieses Projekt gehören auch die Einführung einer Rock-Beauftragten mit dem

„Sommertheater" im Archäologischen Garten 1989

Ziel der Anregung und Beratung der Rock- und Jazzgruppen in unserer Stadt sowie die deutliche Intensivierung der Programmarbeit der Bürgerhäuser in Frankfurt. Die Planungen für die Erweiterung des Frankfurter Zoologischen Gartens am Niederurseler Hang wurden durch den Magistrat vorangetrieben. [...]

Auch bei der Gestaltung des Börneplatzes hat der Magistrat neue Entscheidungen getroffen. Wir konnten die Fehler unserer Vorgänger nicht wiedergutmachen und die am Börneplatz gerissenen tiefen Wunden nicht verschließen. Aber wir konnten all das tun, was uns noch möglich ist. Wir haben deshalb die Entscheidung getroffen, daß die alten Grundmauern der Synagoge am Frankfurter Börneplatz ausgegraben werden. Die entsprechende Grabungsgenehmigung ist soeben beim Landesdenkmalpfleger beantragt worden.

Wie mir die Mitarbeiter unserer Denkmalschutzbehörde mitgeteilt haben, vermuten sie, daß diese Fundamente in weit größerem Umfang erhalten sind, als bisher vermutet wurde. Die bisherige Vermutung, sie seien weitgehend durch die Fundamente der in den 50er Jahren errichteten Blumengroßmarkthalle zerstört, wird sich wahrscheinlich nicht bewahrheiten. Alle weiteren Entscheidungen über die Gestaltung des Börneplatzes werden erst dann getroffen werden, wenn die Grundmauern der Synagoge ausgegraben sind.

Mit dieser Entscheidung hat der Magistrat gezeigt, wie er mit der Vergangen-
heit in Frankfurt umzugehen gedenkt. Dies mag ein Ort werden, in dem etwas
Wahrheit wird, was ich in meiner Antrittsrede im vergangenen Jahr gefordert
habe: Die Stadt soll sich entwickeln in der Auseinandersetzung mit ihrer eigenen
Geschichte.

„Kultur für alle" bleibt für Volker Hauff das kommunalpolitische Alpha und
Omega einer zukunftssüchtigen Zivilgesellschaft. Für ihn war die beste Theorie der Kulturpolitik deren Frankfurter Geschichte. Die Zivilisiertheit unserer
Großstädte ist mit Bourdieu eine Errungenschaft, „so unwahrscheinlich und so
kostbar, wie Kant, Beethoven, Pascal und Mozart".

Leider klafften Theorie und Praxis bald weit auseinander, weil mit den kar-
gen Bordmitteln zum Beispiel für die Museen keine Ausstellungen von Rang
mehr finanziert werden konnten. Gleichwohl ist in den beiden Hauff-Jahren
manches geschehen (siehe den „Ereigniskatalog" auf Seite 498). Rudi Arndt
meinte später freilich, „was immer unter Volker Hauffs Kulturdezernentin geschehen" sei, sei *„trotzdem* geschehen".

Weil Werteerziehung ein Hauptwort in Hauffs Gesellschaftsphilosophie
war, mußte er auch Vermittler finden, die diese Werte verkörperten. Dazu gehörte Peter Eschberg, den er aus seinen Bonner Regierungsjahren gut kannte.
Während ich mit Hermann Beil, Claus Peymanns Alter ego am Wiener Burgtheater, schon bis zur Vertragsreife verhandelt hatte, zog der seine Bereitschaft,
das Schauspiel Frankfurt zu übernehmen, nach einem Gespräch mit Hauff zurück. Dessen frostige Höflichkeit hatte der hypersensible Beil als gut getarnte
Absage empfunden. So einigten wir uns auf Eschberg, der in der damaligen
Hauptstadt gutes Theater gemacht hatte. Für Eschberg war Theater keine Sozialstation und keine Ambulanz für gesellschaftliche Probleme. Eschberg hat
viele junge Talente entdeckt, wie die von ihm aufgebauten Regisseure Tom
Kühnel und Robert Schuster, die später die Leitung des TAT übernommen
haben.

Frankfurts Kulturpolitik zwischen 1989 und 1991

Eine Woche bevor ich Anfang Mai 1990 von Volker Hauff mit einer honorigen Rede im Schauspielhaus verabschiedet wurde, haben wir noch gemeinsam
eine für die Literaturstadt Frankfurt wichtige Entscheidung getroffen. Nachdem das ursprünglich als Literaturhaus ausgewählte Holzhausenschlößchen

dafür nicht mehr zur Verfügung stand, haben wir die herrschaftliche Villa eines ehemaligen Korvettenkapitäns an der Bockenheimer Landstraße angemietet. Das Literaturhaus wurde von den literarisch interessierten Besuchern sogleich fest in Besitz genommen. In dem dort eingerichteten Literaturcafé haben viele Künstler, Literaten und Professoren gern gefrühstückt, die lieber allein sein mochten, dazu aber Gesellschaft brauchten. Im Jahr 2005 wird unter der Ägide Petra Roths das Literaturhaus in der wiederaufgebauten ehemaligen Stadtbibliothek an der Schönen Aussicht Nr. 2 seine Zukunft einrichten.

Volker Hauff war von der Idee leicht zu überzeugen gewesen, Frankfurt brauche zur Abrundung des Museumsuferkonzepts und zur Ergänzung der Buchmesse eine jährliche Kunstmesse, die Städtekonkurrent Köln uns noch voraushatte, allerdings mit einer ziemlich beliebig gewordenen Kunstpalette ästhetischer Valeurs und arbiträrer Vielfalt der Farben und Formen, Stile und Moden. Ich konnte Anita Kaegi von der Kunstmesse Basel überreden, das Wagnis einer „Art Frankfurt" genannten Kunstmesse zu schultern. Mit auf Anhieb so großem Erfolg, daß Köln gezwungen war, das „neureiche" Frankfurt als kunstpolitische Konkurrenz ernst zu nehmen. Zusammen mit unserem neuen „Galeriehaus" an der Ecke Bockenheimer/Beethovenstraße mit der von Christoph Graf Douglas geleiteten deutschen Sotheby-Zentrale, mit den importierten Galeristen Hilger und Neuendorf aus Wien und Hamburg und den übrigen alteingesessenen ca. 60 Galerien, mit Portikus, Museum für Moderne Kunst, mit Schirn und Kunstverein plus Museumsufer sollte Frankfurt zu einem Hort der Avantgarde mutieren. Ein ab 1990 desinteressiertes Kulturdezernat schob die Verantwortung für die „art fair frankfurt" bald an die Messegesellschaft ab, die Mega-Events wie die „Interklo" allerdings offenbar höher schätzte als Kunstobjekte. Das war dann das Ende einer von der Kulturdezernentin betrogenen Hoffnung.

Hauff war statt an repräsentativer Messekultur an der „art fair", der Buchmesse und der Musikmesse interessiert. Er betrieb konsequent die Abkehr von einer konsumistischen Kulturpraxis. Sein Apriori galt den Künstlern und Schriftstellern als kulturellem Humus einer Stadt. Der Kreativität eine Gasse! Die Maler und Bildhauer erhielten Atelierräume in der Hanauer Landstraße und die jungen Musiker des Ensembles Modern ein Haus in der Schwedlerstraße.

Der frühere Forschungsminister Hauff suchte zudem, mit der Beschleunigung unserer telematischen Entwicklung Schritt zu halten, und überlegte mit den Institutsleitern und der Universität dafür ein tragfähiges Konzept.

Hauffs Sicht auf die Wirtschaftsmetropole Frankfurt

Das Managermagazin *Capital* berichtete, daß Deutschlands Wirtschaftsbosse OB Volker Hauff schon nach einem Jahr als Frankfurter Oberbürgermeister einer rot-grünen Koalition zum „größten Polit-Talent" ernannt hatten, obwohl er *expressis verbis* gern gegen eine vom Sozialen abgekoppelte Ökonomie wetterte. Nach den ersten zwölf Monaten schätzt Volker Hauff seine Bilanz mit folgendem Statement entsprechend selbstbewußt ein:

Die wirtschaftliche Entwicklung Frankfurts in den letzten zwölf Monaten ist hervorragend verlaufen. Frankfurt ist die Lokomotive bei der Entwicklung der Rhein-Main-Region. Bei einer Untersuchung im Auftrag der EG-Kommission wurde das Entwicklungspotential von 117 Ballungsräumen in Europa untersucht. Dabei landete die Region Frankfurt auf dem ersten Platz als die Region mit den wichtigsten Entwicklungspotentialen.

Die wirtschaftliche Kraft des Rhein-Main-Gebietes, die diese Koalition stärken will, steht im engen Zusammenhang mit der Leistungsfähigkeit des Flughafens, der Messe, der Börse, dem Bankenplatz, dem Industriestandort, aber auch dem zentralen Verkehrsknotenpunkt der Bundesrepublik.

Hermann Josef Abs bei der Einweihung des Städelerweiterungsbaus 1990

Mit über 50.000 Beschäftigten erfüllt der Frankfurter Flughafen die zentrale logistische Funktion im entstehenden europäischen Binnenmarkt. Der Flughafen Frankfurt, der im Vergleich zu den europäischen Flughäfen unverändert beim Luftfrachtaufkommen die erste Stelle und im Passagierverkehr die zweite Stelle einnimmt, muß für die Zukunft gerüstet sein, sofern seine zentrale Funktion und wirtschaftliche Bedeutung für die gesamte Region nicht gefährdet werden sollen.

Der Magistrat der Stadt Frankfurt hat sich deshalb gemeinsam mit den anderen Gesellschaftern des Flughafens entschlossen, ein Investitionsprogramm bis zum Jahre 2000 im Umfang von etwa 7,4 Mrd. DM aufzulegen.

Innerhalb des Flughafengeländes werden also bis zum Jahr 2000 rund 500 Mio. DM jährlich investiert werden. Aus verkehrswirtschaftlichen und ökologischen Gründen ist es mittelfristig zwingend notwendig, soviel Verkehr wie möglich auf die Schiene, auf das Inter-City-Netz zu verlagern. Dafür brauchen wir einen neuen Bahnhof am Flughafen und die Neubaustrecken Frankfurt-Köln und Mannheim-Stuttgart.

Langfristig geht es darum, den Flughafen in seiner Funktion als internationales Drehkreuz zu stärken und die General Aviation aus dem Rhein-Main-Flughafen auszulagern. Ich habe mit meinem Vorschlag zur zivilen Nutzung von Wiesbaden-Erbenheim einen Weg aufgezeigt. Ich bin fest überzeugt, daß eine solche Entwicklung im Interesse der Stadt Frankfurt, aber auch der gesamten Rhein-Main-Region liegt und ökologisch verantwortbar gestaltet werden kann. […]

Die zweite Säule der wirtschaftlichen Dynamik Frankfurts ist der Finanzsektor. Es waren der neue Magistrat und die ihn tragende Koalition, die erstmals Frankfurt als Standort für eine europäische Zentralbank ins Gespräch gebracht haben. Unter meinem Vorsitz wurde eine Arbeitsgruppe gebildet, die eine gemeinsame Bewerbungsstrategie von Wirtschaft, Hessischer Landesregierung und Stadt Frankfurt vereinbart hat. Diese wurde international beachtet. Keine andere europäische Stadt hat das mit solcher Intensität betrieben. Diese Strategie hatte gleichzeitig zur Folge, daß national und international in der Wirtschaft kein Zweifel an der festen Absicht des Magistrats besteht, den Finanzstandort Frankfurt, der in Wahrheit auch der Finanzstandort Bundesrepublik ist, energisch auszubauen.

Während nach der großen historischen Wende von 1989 im deutschen Einigungsvertrag erstmals die soziale Marktwirtschafts- und Gesellschaftsordnung festgeschrieben wurde, blieb wieder einmal das „Bürgerrecht auf Kultur" auf der Strecke.

Ereigniskatalog der Jahre 1989 bis 1991

- Mit Anita Kaegi von der Baseler Kunstmesse wird die „Art Frankfurt" gegründet.
- Das Holzhausenschlößchen beheimatet seit 15. Februar 1989 die Frankfurter Bürgerstiftung.
- Im Sommer 1989 feiert der Frankfurter Dom sein 750jähriges Jubiläum.
- Am 8. September 1989 wird der Grundstein für die Anbauten des Städel und der Städelschule gelegt, Architekt ist der Wiener Gustav Peichl.
- An der Bockenheimer Landstraße eröffnet das Literaturhaus seine Pforten.
- 1989 werden Atelierräume für 40 Künstler in der Hanauer Landstraße und Ostparkstraße angemietet.
- Das Artist in Residence-Programm organisiert den Künstleraustausch mit zehn Ländern im Kulturbunker in der Schmickstraße 18.
- Anmietung der Naxoshalle in Bornheim für ein „Museum zur Geschichte des Industriezeitalters und der Moderne", das dann nicht gegründet wurde
- 1989 wird Johannes Grützke mit der Gestaltung der Rotunde in der Wandelhalle der Paulskirche beauftragt.
- Im Herbst 1989 zeigt Schauspiel Frankfurt die große „Werkschau Heiner Müller" des Dresdner Theaters.
- Immobilienkaufmann Dieter Bock finanziert den Ankauf von 500 Kunstwerken für das MMK als Dauerleihgabe bis 2010.
- Bau der Dependance „Museum Judengasse" des Jüdischen Museums in der Kurt-Schumacher-Straße (Kundenzentrum der Stadtwerke)
- Von April bis Oktober 1989 findet im Volkspark Niddatal die Bundesgartenschau statt.
- Am 30. November 1989 wird der Chef der Deutschen Bank, Alfred Herrhausen, von der RAF ermordet.
- Das Kulturamt engagiert eine Rockbeauftragte mit einem Jahresetat in Höhe von 450.000 Mark.
- Der 257 Meter hohe Messeturm des Architekten Helmut Jahn wird im Oktober 1990 bezogen.
- 1990 wird in der Schützenstraße 12 das Theaterhaus als Bühne für Kinder und Jugendliche eröffnet.
- Für den öffentlichen Nahverkehr wird ein Umwelt-Ticket eingeführt.
- Bruce Nauman erhält 1990 den Max Beckmann-Preis.
- Hauff ist der geistige Vater des Rhein-Main-Verkehrsverbundes (RMV), der 1995 gegründet wird: „Das war mein Lieblingskind."

- Am Flughafen beginnen die Bauarbeiten für den Terminal 2.
- In Frankfurt wird das erste Frauendezernat der Bundesrepublik installiert.
- Der Magistrat ernennt Daniel Cohn-Bendit zum ersten Multikulti-Dezernenten der Republik.
- Partnerschaften mit Leipzig, Prag, Budapest
- Seit dem 17. November 1990 verbindet der Holbeinsteg des Architekten Albert Speer beide Seiten des Museumsufers.
- Ende Dezember 1990 beträgt der Schuldenstand der Stadt 4,6 Milliarden Mark.
- Schaffung von 1.500 Betreuungsplätzen für Kinder
- 1991 wird Peter Eschberg Intendant des Schauspiels Frankfurt.
- 1991 wird als Wahrzeichen der Messe der „Hammering Man" des amerikanischen Künstlers Jonathan Borofsky vor dem Messeturm aufgestellt.

Angekündigt, aber nicht realisiert:
- Gründung einer Akademie der Künste
- Gründung eines Fernsehfestivals
- Gründung eines Musical-Centers

Von den eigenen Genossen gerügt: Hauffs Geburtstagsfeier

Weil die Feier zu Volker Hauffs 50. Geburtstag im Römer 85.000 Mark gekostet hatte, gab es Zoff, zunächst mit den eigenen Genossen. Der stellvertretende Fraktionsvorsitzende Klaus Sturmfels hatte als erster schwere Geschütze aufgefahren, als er öffentlich damit drohte, „die Rechnungen prüfen zu lassen", nicht ohne noch hinzuzufügen, daß Hauffs Vorgänger „bescheidener" gewesen seien. Unterschrieben hatte die Einladung Bürgermeister Moog, da Hauff schlecht selber zu „seinen Ehren" die Gäste einladen konnte. Die Hauff gewogenen SPD-Zirkel unterstellten der CDU, sich „für die Verunglimpfung von OB Wallmann zu rächen", der sich wegen eines ähnlich hohen Betrags von der SPD hatte vorführen lassen müssen, da ihm das städtische Gartenamt über Jahre hinweg Stiefmütterchen im Wert von 140.000 Mark in seinen Lerchesberg-Garten gepflanzt hatte. Die CDU wiederum zeigte auf Sturmfels: Weil Hauff ihn nicht zum Kulturdezernenten gemacht habe, hätte dieser Rache geübt. Da sich aber alle Parteien mit ihrem Spitzenpersonal fleißig am Krabbencocktail und Schampus gelabt hatten, verliefen die Vorwürfe im Sande.

Weil Hauff als „Saubermann" angetreten war, der den „Augiasstall der Korruption ausmisten" wollte, was ihm gleich zu Beginn mit der Aufdeckung des Altölskandals des SPD-Stadtverordneten Karl König aus Goldstein auch spektakulär gelungen war, suchten seine Gegner nach „Beweisen", daß er es in solchen Dingen selber nicht so genau nehme: Aha, der Oberbürgermeister zahlt eine geringere Miete als die ortsübliche für seine Wohnung in der Telemannstraße im Westend, die dem Kaufmann und SPD-Mitglied Claus Wisser gehört, der wiederum zwei Aufträge von den Stadtwerken erhalten hat. Der Anfangsverdacht führte letztlich aber nicht zur Anklage, nachdem amtlich ermittelt worden war, daß andere Mieter weniger Miete als Hauff zahlten.

Geburtstagsfeten anläßlich von runden Geburtstagen dienen nicht nur in der Politik seit jeher vorzüglich der Bewirtschaftung der eigenen Bedeutung.

Volker Hauffs vorzeitiger Abgang

> *Wohin, ihr? – Nirgend hin. –*
> *Von wem davon? – Von allen.*
> Bertolt Brecht

Nach nur 22 Monaten im Amt hat der in der Bevölkerung beliebte Oberbürgermeister Volker Hauff aus scheinbar heiterem Himmel am 11. März 1991 per Fax seinen Rücktritt erklärt. Er hatte seinen gloriosen Nimbus verloren. Mit dieser schallenden Ohrfeige für die SPD-Führung verunsicherte er die 20.000 SPD-Mitglieder, deren Hoffnungsträger er war. Auch die Frankfurter Bürger sind zutiefst geschockt.

Hiermit erkläre ich meinen Rücktritt vom Amt des Oberbürgermeisters von Frankfurt.

Die jüngsten Vorgänge innerhalb der SPD und öffentlichen Erklärungen der Parteivorsitzenden und des Fraktionsvorsitzenden im Zusammenhang mit der Klärung der Nachfolge von Frau Hohmann-Dennhardt als Sozialdezernentin haben mir nach einem sehr langen und schmerzhaften Prozeß endgültig klar gemacht, daß ich nicht mit dem Vertrauen innerhalb meiner eigenen Partei in Frankfurt rechnen kann, das für mich Grundvoraussetzung ist, um das Amt des Oberbürgermeisters in dieser dynamischen und aufregenden europäischen Metropole erfolgreich ausüben zu können.

Der zentrale Satz in Hauffs Rücktrittserklärung lautet:

Um die Wahrheit schonungslos, aber milde zu formulieren: Ich passe mit meinen Vorstellungen von politischer Kultur offensichtlich nicht zu dem politischen Stil der Personen, die in der Frankfurter SPD in wachsendem Maße den Ton angeben.

Seine subjektive Wahrnehmung zum objektiven Maßstab erhebend, formuliert Hauff seine Überzeugung,

daß eine Stadt wie Frankfurt in Liberalität und Toleranz regiert werden muß. Dieser Aufgabe habe ich mich mit Freude gestellt. Politische Entscheidungen müssen auf der Basis gegenseitigen Vertrauens im Team getroffen werden. Der Weg, den wir gehen, muß der Weg einer toleranten politischen Kultur und der gegenseitigen Rücksichtnahme sein. Es ist nicht mein Stil, Entscheidungen autoritär im Wege von Befehl und Gehorsam durchzusetzen, sondern ich setze auf den rationalen Dialog. Dieses Führungsmodell kann aber nur funktionieren, wenn die anderen Beteiligten sich auf diesen Weg einlassen und die Führungsrolle des Oberbürgermeisters innerlich und solidarisch akzeptieren. Ich bedaure, daß das nicht im erforderlichen Umfang gelungen ist.

Die unsägliche Nachfolgesuche für das Sozialdezernat war nur der letzte Tropfen, der Hauffs Faß der Zumutungen überlaufen ließ. Nachdem die Parteivorsitzende Anita Breithaupt sich selbst forsch als Sozialdezernentin ins Spiel gebracht hatte und dafür die Zustimmung des Fraktionsvorsitzenden Günter Dürr und von Teilen der mächtigen SPD-Seilschaft „Nieder Kreis" mobilisiert hatte, obwohl die Hessische Gemeindeordnung ausschließlich den OB zu entsprechenden Vorschlägen ermächtigt, konnte Hauff sich diese schleichende Entmündigung nicht länger bieten lassen, zumal ihm die Nachricht über dieses Komplott erst die *F.A.Z.* zum Frühstück aufgetischt hatte. Auch daß Rita Streb-Hesse jetzt SPD-Vorsitzende werden würde, hat Hauff nur zufällig erfahren. Als Mann von Charakter mit entsprechendem Selbstbewußtsein ausgestattet, ist er konsequent zurückgetreten – ohne Pensionsanspruch.

Volker Hauff wollte den Magistrat nicht zu einem Kader ehrgeiziger Genossen verkümmern lassen, ihn nicht als Selbstbedienungsladen verdienter Stadtverordneter dem Gespött der Frankfurter Bürger aussetzen. „Für jede Position, die es zu besetzen galt", kommentierte Hauff, „gab es mindestens drei Frankfurter Bewerber, die sich mindestens in dem einen Punkt einig waren,

Eröffnung der Kunstmesse „Art Frankfurt" (von links): der Kullturdezernent, OB Hauff und Anita Kaegi

daß auf keinen Fall jemand von außerhalb zum Zug kommen darf. Ich blieb trotzdem bei meiner Linie, daß eine Mischung von drinnen und draußen gut für Frankfurt ist." Hauff wollte nach dem Beispiel von Walter Wallmann auch mindestens zwei Dezernenten berufen, die einer anderen Partei als der regierenden angehörten.

Der Schock über Hauffs ultimativen Rücktritt saß auch bei ihm gewogenen Sozialdemokraten tief, die seine Sensibilität und seine ausgeprägte Selbstachtung unterschätzt hatten. Sie hätten ihn als Aushängeschild gern behalten: als populären Repräsentanten mit schönen Paulskirchenreden und als in Bankenwelt und High Society gern gesehenen Vorzeige-Sozi. Aber zum Frühstücksdirektor fühlte Hauff sich nicht berufen.

Auf Bitten eines bekannten Hamburger Wochenmagazins habe ich mit einem entsprechenden Kommentar öffentlich reagiert: Die SPD wolle Hauff „als PR-Gag, als Pressesprecher" eigentlich gern behalten. „Aber daß dieser Mann seine Texte auch noch selber denken und als Hedonist selber schreiben und vortragen wollte, das ging manchem dann doch zu sehr ins Unermeßliche [...] Das Wichtigste, was diese Zeit gebracht hat, ist der Beweis, daß ein sozialdemokratischer Oberbürgermeister sehr wohl weltstädtische Kultur, diesen

Stachel im Fleisch mancher Genossen Millionäre wie etlicher Kanalarbeiter, prägen und verwenden kann."

In der Bewertung der von Volker Hauff benannten Rücktrittsgründe ist aber auch dem Hauff-Freund geboten, diese zu relativieren. Den Zorn so mancher Genossen hat er teilweise selber verschuldet, indem er deren Befindlichkeiten zum Beispiel bei seinen manchmal rigorosen Personalentscheidungen ignorierte. Statt den in der Szene akzeptierten langjährigen Kultursprecher der Fraktion, den Volljuristen Klaus Sturmfels zum Kulturdezernenten zu berufen, schanzte der notorische Skeptiker Hauff seiner in Fragen der Kommunalverwaltung unbeleckten Kandidatin ohne abgeschlossenes Hochschulstudium diesen Posten als Dank dafür zu, daß sie zweimal Hauffs Wahlkampf managte.

Anstelle des Fraktionsvorsitzenden Günter Dürr hat er den ehemaligen FDP-Bundestagsabgeordneten Andreas von Schoeler als – allerdings kompetenten – Personaldezernenten durchgesetzt und statt den zum SPD-Machtkartell zählenden Stadtverordneten Klaus-Dieter Streb zum Wirtschaftsdezernenten zu bestellen, hat er auch dieses Dezernat noch Andreas von Schoeler zugeschlagen.

Mit der ihm aufoktroyierten Personalie Anita Breithaupt wollte Hauff dem wachsenden Unmut der Hauff-Kritiker die Stirn bieten und trotzig zeigen, daß es nicht immer die Partei sein muß, die recht behält. Auch daß er den hocheffizienten Hans-Erhard Haverkampf wegen einer Lappalie fallen ließ und dafür einem biederen „Getreuen Eckart" der Sachsenhäuser SPD, Hanskarl Protzmann, als Planungsdezernenten den Zuschlag erteilte, sorgte für gehörige Irritationen. Die Trennung von Haverkampf hatte als spontane Reaktion damals meinen vorzeitigen Rücktritt zur Folge. Einzig beim Import von Martin Grüber als Stadtkämmerer war Hauff der Parteisegen sicher. Hauffs Personalentscheidungen hatten in der Tat wenig Stil.

Schließlich wurde das Ansehen des schon von OB Brück entmachteten CDU-Bürgermeisters Hans-Jürgen Moog von Hauff weiter untergraben, indem er ihm auf Druck der Grünen die 15 bereits vertraglich geordeten Stadtbahnwagen stornierte und außerdem den dafür zuständigen Moog nicht vorher über seine Entscheidung informierte, den Schlachthof zu verlegen. Moog erfuhr davon aus der Zeitung.

Bis heute unaufgeklärt ist allerdings die beschleunigte Dynamik des Auflösungsprozesses der Vertrauensbasis, auf deren scheinbar sicherem Fundament OB und SPD einmal die Zukunft der Stadt hatten gründen wollen. Volker Hauffs Flucht aus einer Stadt, die nun wirklich nicht zum Davonlaufen war, ist mir bis heute ein Rätsel geblieben und mit seiner Personenskepsis nur ungenügend zu erklären. Für Hauff war wie einst für den Philosophen Stanley Cavell der Zweifel ein zentrales Prinzip des Skeptizismus, aber nicht wie für Cavell befruchtend, sondern eher zerstörerisch. Als er die große Vergeblichkeit seines Tuns spürte, hat er resigniert, anstatt einen neuen Anlauf zu wagen.

Hauff hatte eine Weltstadt erobert, aber die Fähigkeit verloren, sich mit dem Führungspersonal der Parteien und mit der Presse kompromißfähig zu verständigen. Jeder Gipfelstürmer braucht ein Basislager, das aus klugen Köpfen besteht. Dort sucht ein Oberbürgermeister seine Partner, nicht jedoch seine Sündenböcke, wie in der Tyrannei des Augenblicks ausgerechnet den mächtigen Fraktionsvorsitzenden der SPD-Fraktion Günter Dürr. Dessen Solidarität konnte ich sogar bei Projekten gewiß sein, die er für entbehrlich hielt. Ihn als „Sicherheitsrisiko" zu brandmarken, war mehr als ein Fauxpas.

Volker Hauff, der das Zeug hatte, ein großer Oberbürgermeister zu werden, endete ausgerechnet in der „Bildungsbürgerstadt" Frankfurt als tragische Figur. Unter der Bürde bitterer Desillusionierungen hat er den Sprung aus der Politik in ein neues Leben gewagt.

Hauffs Buch *Global denken – lokal handeln*: eine Abrechnung?

Der Titel seines Buches *Global denken – lokal handeln* (1992) erinnert in seinem Ansatz an das halbe Dutzend Hauff-Publikationen vor seiner Frankfurter Zeit, die kosmopolitisch oder futuristisch weit ausgreifende Themen behandeln, die als Prolegomena von *Global denken* zu bezeichnen nicht ganz falsch wäre. Der sachliche Titel kaschiert aber auch, daß das Buch den Untertitel „Eine Abrechnung" hätte tragen können: Hauff, der Lieblingsgenosse von Willy Brandt und Vorzeigeminister von Helmut Schmidt, geht in diesem Buch jedenfalls mit den Frankfurter Genossen und den Häutungen der SPD mit verschärfter Wortwahl ins Gericht.

In nicht ganz einwandfreier Analogie zu Walter Möller sieht er sich in einer Linie mit dessen Schicksal als OB, aber wohl nicht auch mit dessen „Energie des Muts, die Hindernisse zu bekämpfen" (Schiller):

Walter Möller, einer meiner Vorgänger, starb verbittert. Die SPD, seine eigene Partei, hatte ihn geschafft. Kurz vor seinem Tod war er noch in Wiesbaden, um dem Vorsitzenden der Landes-SPD sein Leid zu klagen und um Hilfe zu bitten: Es war zu spät. Adorno sagte einmal: „Wer verbittert stirbt, hat umsonst gelebt."

Das trifft ganz sicher auf Walter Möller nicht zu. Er hat Großes für Frankfurt geleistet: Das heutige Nahverkehrssystem beispielsweise ist ohne seine mutigen Entscheidungen als Verkehrsdezernent nicht denkbar. Er war damals zugleich Vorsitzender der SPD und galt als deren starker Mann. Seine Partei hat es ihm nicht gedankt. Er fühlte sich dann in seiner Zeit als Oberbürgermeister von vielen verlassen. […] Die Geister, die er als Parteivorsitzender rief, wurde er später als Oberbürgermeister nicht mehr los. Er hat in besonders zugespitzter Form das miterlebt, was offensichtlich als Schicksal sozialdemokratischer Oberbürgermeister in Frankfurt droht.

Bei der Vorstellung des Buches legte Hauff Wert auf die Feststellung, daß er weniger an der SPD als an deren Personen und Strukturen gescheitert sei. In Bonn hatte Hans-Ulrich Klose das Buch vorgestellt. Als in der Frankfurter SPD bekannt wurde, daß ich dessen Präsentation in Frankfurt übernehmen würde, erhielt ich einen Wink aus der Fischerfeldstraße mit dem dringenden Appell, davon Abstand zu nehmen, da in diesem Buch respektable Genossen verunglimpft würden und in dieser Hinsicht meine Solidarität mit der Partei erwartet werde: Mit anderen Worten, ich sollte der Hauff-Veranstaltung fernbleiben. Weil es außer Loyalitäten gegenüber dem Abstraktum „Partei" aber auch Loyalitäten gegenüber konkreten Personen gibt, habe ich am 10. März 1992 in der Buchhandlung Hugendubel in Hauffs Buch *Global denken – lokal handeln* eingeführt. Dem mitschreibenden Spitzel der Fraktion Karl Pusch habe ich anschließend mein Manuskript in die Hand gedrückt, „damit mein Lob auch authentisch bei denen landet, die dich geschickt haben".

Von der üblichen Prominenz war keiner zur Buch-Präsentation gekommen: *Le Roi est mort, vive le Roi!* Nach dem Verleger ergriff ich das Wort:

Das leider nur eine gemeinsame Jahr mit Volker Hauff gehört zu den angenehmsten Erinnerungen meines kulturpolitischen Wirkens. Unsere Arbeit war nicht nur von wechselseitiger Loyalität geprägt, sondern auch von der gemeinsamen Überzeugung, daß kulturelle Prozesse nur dann ihren Sinn entfalten, wenn sie auf die Gesellschaft auch zurückwirken können, das meint das genaue Gegenteil einer Reduzierung des Menschen auf die Gesellschaft.

Mit anderen Worten: Da die Rückbindung von Kultur auf die Gesellschaft gleichzeitig immer wichtiger und immer schwieriger wird, hat nach unser beider Einschätzung zur Optimierung des kulturellen Klimas die Kommune gefälligst für die entsprechende Infrastruktur zu sorgen. Wir waren uns auch in dem Ziel einig, unter den bundesdeutschen Großstädten müsse Frankfurt gegenüber der

Kulturhauptstadt Berlin die gleiche produktive Rolle spielen wie in den 20er Jahren München. Damals haben beide Städte in der gegenseitigen kulturellen Herausforderung ihren Ehrgeiz auch zum Vorteil ihrer Bürger zu steigern gewußt.

Der andere Grund, warum ich das Buch gerne vorstelle, hat mit dem Buch selber zu tun: Unter den vielen Politiker-Büchern ist Hauffs Lektüre eine wohltuende Ausnahme, weil es Visionen enthält und diese auch kompetent zu begründen weiß – für eine veränderbare Welt, in der auch unsere Enkel noch eine unversehrte Zukunft erwartet. Das Buch beschreibt also indirekt den herrschenden Mangel an visionärer Politik.

Ich werde Ihnen also ein Buch über Möglichkeiten und Gefahren in der Risikogesellschaft vorstellen; ein Buch über gesellschaftliche Komplexität und ihre Konsequenzen für die einzelnen; ein Buch auch über die Grenzen unseres politischen Systems; ein Buch über globales Denken mit internationalen Perspektiven – ein Buch über Frankfurt hat Volker Hauff nämlich nicht geschrieben. Nur ein Kapitel seines Buches handelt davon. Die Frankfurter Zeitungen haben Sie darüber auf dem laufenden gehalten, so daß ich darauf nicht einzugehen brauche.

Mein Verzicht auf eine Kommentierung dieses umstrittenen Kapitels war meiner Solidarität mit der Partei geschuldet.

Mein hier vorgelegtes Hauff-Porträt ist nicht der Ort für eine Rezension seines Buches; gleichwohl möchte ich aber auf einige Passagen näher eingehen, weil sie Hauffs politische Philosophie des globalen Denkens beleuchten, die sein lokales Handeln bestimmte. Wie in seiner politischen Praxis macht Hauff es sich auch mit dem Buch eher schwer als leicht; merkwürdigerweise gilt diese Haltung heute für einen Politiker als zumindest undiplomatisch. Volker Hauff reflektiert seine politischen Erfahrungen und vermittelt sie mit neuen wissenschaftlichen Erkenntnissen; er hat den selten gewordenen Mut, eigene frühere Entscheidungen zu revidieren. Lernfähigkeit gilt doch gemeinhin als lobenswerte Eigenschaft, Visionen hingegen werden geschmäht. Der sogenannte Sachzwang hat dem politischen Denken, Handeln und vor allem dem Artikulieren der Vernunft schließlich den Zynismus der Machbarkeit oktroyiert.

Was aber bedeutet der Mangel an Visionen? Daß wir uns mit der Gegenwart abfinden, wie sie ist, und daß wir unser Bewußtsein gegen die Krisenpotentiale der Gegenwart abschotten. Aber damit wäre die Politik am Ende – nicht nur mit ihrem Latein. Der Politiker Volker Hauff zitiert Ernst Bloch, weil dessen treffendes Wort noch immer gilt: Bislang hätten die Menschen ihre Subjektivität deshalb noch nicht gewonnen, weil sie bloß „Wirtschaftssubjekte" seien.

Als Mitglied der Brundtland-Kommission der UNO weiß Hauff, daß mit Kritik allein der Öko-Kollaps, um nur dieses eine Beispiel zu nennen, nicht abzuwenden ist. Denn was jetzt ist, läßt sich nur ändern, wenn die „Träume nach vorwärts, zu einem besseren Leben" (Bloch) Motiv zum Handeln werden. Das „Noch-nicht-Bewußte" und das „Noch-nicht-Gewordene" machen für Bloch die konkrete Utopie aus, ohne die keine Zukunft vorstellbar ist. Volker Hauff gerät dabei keineswegs ins visionäre Schwärmen, vielmehr nennt er Daten und Fakten: zur Verelendung des befreiten Osteuropas und eines geknechteten Afrikas, zur Stadtökologie und zum Treibhauseffekt, zur Verkehrsberuhigung, zur bedrohlichen, nicht hinnehmbaren Wohnungsnot in unseren Großstädten (Wohnen am Fluß war eine von Hauffs vielen konkreten Utopien).

In seinen konkreten Vorschlägen zur Kulturpolitik als Ferment gesellschaftlicher Praxis ist er sich mit Peter Weiss darin einig, daß die Ästhetik von heute die Ethik von morgen begründet. Um es plakativ zu sagen: Das Buch läßt sich auf „Unübersichtlichkeit" als Herausforderung ein, ohne selbst unübersichtlich zu sein.

Wer wie Hauff den Zirkel so weit schlägt, dem geraten jene kulturgeschichtlichen und philosophischen Zusammenhänge schärfer in den Blick, die von den üblichen Darstellungen der schreibenden Politikerzunft nicht erfaßt werden. Für Hauff ist Sprache ein wichtiges Instrument der humanen Willensbildung in einer Epoche, in der sich die Arbeitswelt aufgrund technischer und technologischer Innovationen so rasant verändert wie durch das Internet.

Der *Rundschau*-Rezensent hat den hier komprimiert referierten Teil des Hauff-Buches zu erwähnen als entbehrlich befunden, wie sonst hätte er sich ausschließlich auf das eine kurze Kapitel über Hauffs Frankfurter Zeit kaprizieren können. Daß hier wie in kaum einer anderen Stadt Kommunalpolitik nicht nur im Rathaus und den Parteizentralen „gestaltet" wird, sondern wesentlich auch von der Lokalpresse, erkennt man am folgenden Text:

Es ist wohl wahr, daß der SPD-Fraktionsvorsitzende Günter Dürr ein schwieriger Parteifreund ist. Er taktiert, schmiedet Bündnisse mit Zirkeln und Grüppchen, brütet komplizierte Strategien aus – ganz so, wie er und viele andere es seit Jahrzehnten in der Frankfurter SPD gelernt haben, wo die innerparteilichen Auseinandersetzungen oft mit mehr Winkelzügen und Hinterhältigkeiten ausgetragen werden als der Kampf gegen die politischen Gegner. Nur selten überschreiten die Genossen dabei ein beklagenswert niedriges Niveau.

Wäre Volker Hauff ein kämpferischer und selbstbewußterer Oberbürgermeister gewesen, er hätte die SPD-Diadochen im Zaum gehalten, und auf Rudi

Arndts Sofa wäre weniger Kommunalpolitik gemacht worden. An Warnungen vor den hiesigen SPD-Eigenarten hat es gewiß nicht gefehlt. Und daß eine Groß- stadtverwaltung nicht so abgehoben zu führen ist wie ein auf die politische Spitze fixiertes Ministerium, hat Hauff auch gewußt. [...] So wirft sein Buch Global denken – lokal handeln auch Fragen nach dem Durchsetzungsvermögen und den politischen Fähigkeiten des früheren Oberbürgermeisters auf. Die späten Schuld- zuweisungen klingen fatal nach Rechtfertigung und Entschuldigung.

Die Frankfurter SPD hat dem Oberbürgermeister Hauff das Leben gewiß schwergemacht und ihm eine Menge Knüppel zwischen die Beine geworfen – daß einige intrigant-bösartige Genossen allein die Schuld am Rücktritt tragen, ist eine Legende. Volker Hauff ist in Frankfurt auch am eigenen Unvermögen ge- scheitert.

Seit 150 Jahren gehört Solidarität als Grundtugend zum Markenkern und zum Leitbegriff der Sozialdemokratie. Weniger die politischen Gegner Hauffs haben ihm zu schaffen gemacht als vielmehr seine ihm fremd gewordenen Par- teifreunde. Diese und auch er selber hätten besser einmal wieder ihren Urvater Ferdinand Lassalle aus dem Bücherregal ziehen und seine nach wie vor gültigen Thesen nachlesen sollen. Solidarität ist eine moralische Kategorie, die gerade heute wieder mehr gelebt zu werden verdiente.

Die Zeit nach Hauffs Frankfurt-Flucht

Volker Hauff ist in Frankfurt nicht holterdiepolter zurückgetreten, weil in der Wirtschaft ein lukrativer Job gewinkt hätte, sondern weil er seine Würde nicht verlieren wollte, die ihm die Spitzen des Parteikaders streitig zu machen ver- suchten, indem sie ihre partikularen Parteiinteressen höher achteten als die un- bestrittenen Sach- und formalen Kompetenzen ihres Oberbürgermeisters.

Volker Hauff mußte nicht befürchten, nach einem Leben in der Politik als Verwendungsloser sein Leben fristen zu müssen. Aber daß er das erstbeste An- gebot ausgerechnet des konservativen Axel Springer Verlags angenommen hatte, sorgte nicht nur bei mir und in seiner Partei für Verblüffung, hatte *Die Welt* Hauffs dramatischen Abgang doch in einem reißerischen Artikel hämisch bewertet und dazu die These abgesondert, der Oberbürgermeister sei von einer „Vierer-Bande" aus Parteifreunden zu Fall gebracht worden. Die *Frankfurter Rundschau* vermutet in Springers plötzlichem Liebeswerben den Versuch, über das liberale Medium Hauff das Image des streng konservativen Medienkonzerns loszuwerden. Tatsächlich galt Hauff vielen als ideale Projektionsfläche für die Sehnsucht der Deutschen nach parteiunabhängigen Politikern. Ab April 1992 vertritt er die Interessen von *BILD* und *Die Welt* bei Abgeordneten, Parteien und Behörden sowohl in der ehemaligen Bundeshauptstadt Bonn als auch in Brüssel bei der Europäischen Union. Gegen Ende 1994 wurde das Vertragsverhältnis „im gegenseitigen Einvernehmen" aufgelöst, nachdem Hauff Vermutungen über eine Trennung noch kurz zuvor als „Ente" bezeichnet hatte. Hauff begründete sein Ausscheiden aus dem Springer-Konzern damit, daß die Wahrnehmung seiner Aufgaben als Präsident der Vereinigung Europäischer Zeitschriftenverlage mit seinem Springer-Engagement nicht kompatibel sei.

Bei seinem wiederholten Wechsel der Kompetenzfelder wird die Kongruenz seines theoretischen und lebenspraktischen Interessenspektrums deutlich: 2002 war er Vorstandsmitglied bei der Wirtschaftsberatungsgesellschaft KPMG für den öffentlichen Sektor. Im Auftrag der Deutschen Bahn AG entwarf er Studien zur Privatisierung, und auch für den Rhein-Main-Verkehrsverbund (RMV) fertigte er entsprechende Studien an.

Als Senior Vicepresident beim angesehenen Beratungsunternehmen Bearing Point konnte Volker Hauff Erfahrungen sammeln, die er ab dem Jahr 2000 für seine große Studie zur Verbesserung der Wirtschaftlichkeit der Bundeswehr nutzen konnte. Im September 2001 wird Hauff Vorsitzender des „Rates für Nachhaltige Entwicklung" der Bundesregierung, im Juni 2003 Vorsitzender des Aufsichtsrats der Deutschen Flugsicherung GmbH im hessischen Langen, die sich vor ihrer Privatisierung im Bundesbesitz befunden hatte.

Wie lautete noch die Antwort auf die Frage des *F.A.Z.*-Fragebogens von 1990, wo er am liebsten wohnen möchte? „Natürlich in Frankfurt. Mit 80 vielleicht einmal am Meer." Als Volker Hauff aus Frankfurt floh, war er 51.

Volker Hauff mag seine beiden Frankfurter Jahre ähnlich erlebt haben wie der alte Gottfried Benn sein ganzes Leben, zu dem er notierte, daß es „vergangen sei wie ein einziger Nachmittag". Hauff besaß durchaus das Format, ein großer Oberbürgermeister zu werden, nicht jedoch den Willen, die dafür auch nötige Ausdauer und Leidenschaft für die Stadt Frankfurt aufzuwenden.

Andreas von Schoeler

Oberbürgermeister vom 8. Mai 1991 bis 19. April 1995

> *Politik ist die Kunst des Möglichen.*
> Otto von Bismarck

Der ewig Jüngste

Drei Jahre nach Kriegsende, am 4. Juli 1948, kommt Andreas von Schoeler in Bad Homburg vor der Höhe auf die Welt. Mit Schulbeginn wächst er ab dem sechsten Lebensjahr in Frankfurt auf und macht im Lessing-Gymnasium mit 18 das Abitur. Mit kaum 42 Jahren wird der politische Senkrechtstarter 1991 in Frankfurt der erste Oberbürgermeister aus der Nachkriegsgeneration sein; damit ist er dann auch der Benjamin in der Ahnengalerie aller seiner 16 Vorgänger seit 1868.

Von Schoeler war 1972 auch der jüngste aller Bundestagsabgeordneten; im Strafrechtssonderausschuß verdient er sich seine ersten Sporen im Bonner Politgetümmel. 1976 wird er auch der jüngste Parlamentarische Staatssekretär der Bundesregierung – mit erst 28 Jahren. 1975 hatten ihn die Frankfurter Freien Demokraten zu ihrem Vorsitzenden gewählt. Liberalität war für ihn von Hause aus eine Lebenshaltung.

Um so schnell so hoch zu steigen, mußte er sich zunächst durch ein erfolgreiches Jurastudium an der Goethe-Universität Frankfurt für seine politische Karriere qualifizieren: Er absolvierte beide juristische Staatsexamen (1972 und 1975) mit Prädikat. Seinen Wehrpaß hatte er nach Absolvierung seines Grundwehrdienstes aus Protest gegen die Notstandsgesetze der großen Koalition an das Kreiswehrersatzamt zurückgeschickt. Daß von Schoeler seine Erfolgsleiter ohne praktische Berufserfahrung besteigen konnte, verdankt er außer seinem politischen Mentor Heinz-Herbert Karry vor allem seinem soliden Wissensfundus und seinem noch gut erträglichen Ehrgeiz. Wer wie er Politik als Beruf wie andere den Job des Bankers oder Mediziners wählt, dessen Weg kann schnurstracks „von einer Schülerunion in Partei- und Staatsämter" führen. Man hat gelernt, karrierefixiert Macht auszuüben, so wie andere mit Aktien oder dem Skalpell ihr Geld verdienen.

Als ein mutmaßliches „Wunderkind" würdigt den Politjungstar kühn der Herausgeber der *Frankfurter Allgemeinen Zeitung* Friedrich Karl Fromme im

Februar 1977: „Man könnte gar an einen etwas verspäteten Abiturienten denken: die glatten, ebenmäßigen Gesichtszüge, das sanfte, gemäßigt modisch und wahrscheinlich kostspielig geschnittene glatte, etwas seidige Haar, die Kleidung, fast ein bißchen altmodisch, rechnet man die Jahre ein; der Kopf wirkt auf merkwürdige Weise gegenüber der schmächtigen, knapp das Mittelmaß erreichenden Gestalt übergroß: Der Eindruck beruht wohl auf der zarten Schlankheit des Halses" und, hätte er mit Novalis noch hinzufügen können, auf seinem „ererbten Adelsprädikat". Daß von Schoeler in seinem jugendlichen Reformübereifer Anfang der siebziger Jahre nicht davor zurückschreckte, die Kommunalisierung von Grund und Boden zu fordern, verschwieg der erzkonservative Fromme geflissentlich.

Nach dieser parfümierten Liebeserklärung an den smarten Funktionär der Frankfurter Judos, der damals noch unerschrockenen Jugendorganisation der FDP, bedauert Fromme in seiner Andreas von Schoeler gewidmeten ganzseitigen Eloge, daß sich in dessen „Gesichtszügen schließlich doch so etwas malt wie Zufriedenheit ob des Erreichten".

Zufrieden wird der Himmelsstürmer von Schoeler allerdings erst sein, wenn ihn seine Bonner Höhenflüge über die Zwischenstation Wiesbaden bis in den Schleudersitz des Frankfurter Stadtoberhaupts getragen haben werden. „Andreas von Schoeler ist in seiner Laufbahn stets auf dem Sprung zu immer Höherem gewesen", schreibt die *F.A.Z.*

Schon seit seinem achtzehnten Lebensjahr Mitglied der FDP, gelang es Andreas von Schoeler 1972 über Platz fünf der FDP-Liste in den Deutschen Bundestag einzuziehen. Das jüngste MdB setzt sich für Fristenlösung beim § 218 und für eine Liberalisierung des Sexualstrafgesetzes ein. Mit seinem ausgeprägten Rechtsstaatsbewußtsein steigt er im Dezember 1976 unter Minister Werner Maihofer als Parlamentarischer Staatssekretär des Innern zum Mitglied der von Bundeskanzler Helmut Schmidt geführten sozial-liberalen Bundesregierung auf. Im Strafrechtssonderausschuß läßt Maihofer sich von Andreas von Schoeler vertreten.

Auf dieser hohen politischen Ebene hat Andreas von Schoeler sich seine absolute Parkettsicherheit antrainiert. Als er als Kreisvorsitzender der FDP im März 1976 mit 4,3 Prozent das schlechteste Wahlergebnis seiner Partei in Frankfurt eingefahren hatte, war das für ihn ein nobler Grund zurückzutreten.

Kurz vor dem Koalitionsbruch der von Hans-Dietrich Genscher geführten Liberalen mit der SPD am 17. September 1982 hatte Andreas von Schoeler noch für das Amt des FDP-Generalsekretärs kandidiert, aber vergeblich. Erst als mit dem Ende des rot-gelben Reformbündnisses andere prominente MdBs

„Stets auf den Sprung zu immer Höherem": Andreas von Schoeler

des linken FDP-Flügels wie Günter Verheugen oder Ingrid Matthäus-Maier aus der FDP ausgetreten und zur SPD übergewechselt waren, ist auch Andreas von Schoeler Sozialdemokrat geworden: „Ich wollte raus aus dem Muff der 60er Jahre. Mein Schritt in die Politik war ganz bewußt auf die Überwindung der seinerzeit noch immer nachwirkenden Adenauer-Ära gerichtet." Konsequent hat er sein Bundestagsmandat sofort niedergelegt. Der Versuch, im Wahljahr 1983 über die SPD-Landesliste wieder in des Bundestag einzuziehen, scheitert.

1984 honoriert Ministerpräsident Holger Börner Andreas von Schoelers neues Engagement für die SPD mit der Berufung zum hessischen Staatssekretär unter Innenminister Horst Winterstein. Mit der verlorenen Landtagswahl 1987 ist das Ende der Dienstfahrt nach Wiesbaden dann aber schnell erreicht.

Bis der neue Frankfurter OB Volker Hauff seinen Parteifreund 1989 zum Dezernenten im Frankfurter Magistrat macht, preist der approbierte Rechtsanwalt als Public-Relations-Chef von Sony Deutschland japanische Elektronik an. Hauff schätzte Schoelers Fähigkeit zum analytischen Denken, die er zu den besonderen Vorzügen seiner Intelligenz zählte.

Nach 100 Tagen als Superdezernent für Recht und Ordnung, Personal und Wirtschaft bilanziert von Schoeler seine ersten Erfolge vor den Ohren der Lokalpresse: Verhinderung des Alleentunnels der A 66 und der Ostumgehung der A 661; Überprüfung der Teilgenehmigung für die neuen Hochhäuser; Revision der Sperrgebietsverordnung. Von Schoelers Idee, die Modernisierung des öffentlichen Dienstes mit der Wirtschaftsförderung zu verknüpfen sowie die besonders „schwere Aufgabe der Korruptionsbekämpfung" in der Stadtverwaltung aufs Korn zu nehmen, wurden von ihm als *work in progress* auf den Weg gebracht. Auch die Anhebung der Gehälter von Mitarbeitern in Kindertagesstätten bucht er auf sein Konto.

Andreas von Schoeler tritt Hauffs Nachfolge an

Ich halte es für meine Stärke,
Leute zusammenzubinden.

Andreas von Schoeler

Sich in eine der größten Herausforderungen zu stürzen, die unsere Republik zu vergeben hat, war die erste große Mutprobe, die Andreas von Schoeler als OB von Frankfurt bestanden hat. Er ist nicht von der Frankfurter Bevölkerung in sein Amt gewählt worden, sondern durch die Mehrheit im Stadtparlament, nachdem Volker Hauff, von parteiinternen Querelen entnervt, vorzeitig das Handtuch geworfen hatte. Bevor sich der SPD-Vorstand schließlich auf den arrivierten von Schoeler einigte, mußte erst noch ein Diadochenkampf zwischen von Schoeler und Armin Clauss ausgefochten werden. Denn auch der Berufsgewerkschafter, seit 1970 SPD-Landtagsabgeordneter und später populärer Sozialminister der Börner-Regierung, hatte seinen Hut mit vielen Verdienstspangen an der Krempe in den Ring geworfen. Clauss war als kompromißloser Gegner einer atomrechtlichen Genehmigung für das Nuklearunternehmen Alkem und dann als Widersacher gegen die offizielle Atompolitik von Holger Börner und von Schoeler bundesweit in die Schlagzeilen geraten.

Unter der pikanten Schlagzeile „Hat Alkem Andreas von Schoeler geholfen?" fragte die *Frankfurter Rundschau* am 5. Februar 1996, ob der ehemalige Staatssekretär im Bundesinnenministerium eine aus Gründen der Sicherheit gebotene Stillegung der Plutoniumfirma Alkem aus rein politischen Gründen verhindert habe. Der *Stern* schrieb von Schoeler gar die Rolle eines staatlich geprüften „Aufpassers" zu und verwies auf dessen Notiz an den damaligen FDP-Innenminister Gerhart Baum, die Schließung von Alkem sei „weder vertretbar noch durchsetzbar". Andreas von Schoeler hat diesen Vorwurf als „absurd" zurückgewiesen. Fast wäre später die rot-grüne Hessenkoalition über dieser Frage zerbrochen, hätte man nicht bald einen Kompromiß über einen längerfristigen Ausstieg aus der „Plutoniumwirtschaft" gefunden.

Differenzen in heiklen politischen Fragen wie dieser erklären auch den Zwiespalt der Partei in der Frage, wer denn als OB-Kandidat die SPD wieder in den Erfolg zu führen in der Lage sei. Einer mit dem Vermögen von Schoelers, sich des eigenen Verstandes zu bedienen, statt sich Signale aus der Fischerfeldzentrale zufächern zu lassen?

Die *F.A.Z.* berichtete über den „wahren Grund", warum das Pendel schließlich zugunsten von Schoelers ausgeschlagen sei: Dieser habe damals nur mit der Option überredet werden können, als Dezernent in den Hauff-Magistrat einzusteigen, daß er damit im Fall der Fälle fest als Hauffs Nachfolger gesetzt werde. Von Schoelers untrüglicher Instinkt für das pragmatisch Richtige war auch in seiner Karriereplanung hilfreich.

Wer hätte das Erstaunliche zu denken gewagt, daß in der notorisch linkslastigen Frankfurter SPD kein Mann mit Stallgeruch wie der alte Haudegen Armin Clauss, sondern der alerte „Sproß einer preußischen Adelsfamilie, der Parteiniederungen gern meidet" (*F.A.Z.*), das Rennen machen würde? Für diesen „Abstieg" aus ministerialen Höhen war von Schoeler immerhin im März 1989 als ein Superdezernent mit Zuständigkeiten für Recht und Ordnung, Personal und Wirtschaft belohnt worden. Als auf dem SPD-Parteitag die Personalie OB auf der Tagesordnung stand, verweigerte ein Viertel der Delegierten von Schoeler jedoch ihre Stimme. Der sei „die letzte Wahl", frohlockte die CDU. *Die Zeit* nennt von Schoelers kurvenreiche Karriere eine Achterbahn: „Steil hinauf, dann in einer Linkskurve heruntergeschossen. Nach zwei Loopings soll nun die Wahl zum Frankfurter Oberbürgermeister stattfinden, in ein Amt also, das auch nicht gerade ein Ruhekissen darstellt. Andreas von Schoeler, ewig braungebrannter Politiker mit silberner Zigarettenspitze, bereitet sich auf die nächsten Schikanen vor."

Schikanen im Bundesministerium des Innern hatten sich im Vergleich mit seinem Frankfurtjob noch in zivilen Grenzen gehalten. Daß die professionellen Staatssekretäre die parlamentarischen Kollegen als Frühstücksdirektoren geringer schätzten als sich selbst, ließ sich durch die größere öffentliche Wirkung bei Rampenlichtterminen leicht kompensieren. Während ein Parlamentarischer Staatssekretär allein seinem Minister verantwortlich ist, pfuschen einem Oberbürgermeister viele Berufene und Unberufene ins Handwerk: die eigenen Parteigenossen, die Opposition, die Dezernenten, die Interessenverbände, eine investigative Presse und die ewig schwankenden Gestalten der Society und natürlich auch die Trends an der Börse der Wählergunst. Und diese Spezies von Tätern und Missetätern ist in besonders potenzierter Art und Weise in Frankfurt am Werk: „Frankfurt war, ist und bleibt ein heißes Pflaster. Hier vergeht kein Jahr ohne Rotlicht-, Drogen- oder Immobilienskandal. Vor allem aber: Noch so eiserne Nerven und noch so erfolgreiche Reformprojekte können dann nicht helfen, wenn ‚liebe Genossen und Genossinnen' Intrigen spinnen und dabei schon mal, rein politisch, zum Messer greifen." (*Die Zeit*)

Am 8. Mai 1991 wurde der neue Sympathieträger Andreas von Schoeler von allen 50 rot-grünen Stadtverordneten zum Oberbürgermeister gewählt. Sein eingeborenes Selbstbewußtsein bewahrte ihn nicht nur bei der Inthronisation davor, viel Wesens von sich zu machen. Nicht die vielgelästerte silberne

Zigarettenspitze ist von Schoelers Markenzeichen, sondern seine souveräne Gelassenheit, seine pathosfreie Sprache und sein kämpferisches Ethos, um einer guten Sache wegen den Stier bei den Hörnern zu packen. Gefeit gegen Doktrinen jedweder Art, redet er von der Freiheit des Wortes als der Basis auch jeder anderen Freiheit.

Andreas von Schoeler hat am 8. Mai 1991 mit über anderthalb Stunden die bisher längste Antrittsrede eines Frankfurter Oberbürgermeisters gehalten. Die *F.A.Z.* kommentierte:

Dem Egoismus der Wohlstandsbürger, die gegen den Bau von Wohnungen und Sportplätzen ebenso Sturm laufen wie gegen Garagen und Bahnlinien, hat von Schoeler den Kampf angesagt. Soll dies nicht nur ein Lippenbekenntnis bleiben, geht er harten Zeiten entgegen. Schließlich feiert die SPD seit sozialliberalen Zeiten jede Anti-Initiative als Beweis richtiger demokratischer Gesinnung und verdanken die Grünen viele Wahlerfolge der Mobilisierung von Nein-Sagern.

Von Schoeler kippt Hauff-Projekte

Andreas von Schoeler definiert Politik als Kunst des Machbaren. In seiner Marathonrede hatte er gleich zu Beginn einerseits radikale Kurskorrekturen angekündigt, andererseits hinsichtlich der Planungen seines Vorgängers Kontinuität versprochen. Von Schoeler konterkariert Ideen Hauffs und meuchelt gleich zwei seiner „Lieblingskinder", die seine Kulturdezernentin ihm untergeschoben hatte: Im Handumdrehen beerdigt er die Pläne für ein Musical-Center und – unter dem Beifall der Goethe-Universität – eine Wissenschaftsakademie. Statt eines Tempels der leichten Muse steht an der Marienstraße jetzt ein Parkhaus. Von Schoeler stellt auch ein anderes Projekt seines Vorgängers ins Abseits, den achtspurigen Ausbau des Autobahnringes im Frankfurter Osten: „Nachdem am Bornheimer Hang weitgehend Fakten geschaffen worden sind […], halte ich dort einen völligen Verzicht auf den Weiterbau nicht für vertretbar", argumentiert er und empfiehlt, „auf das geplante achtspurige Monsterbauwerk" zu verzichten, „denn ohne den Alleentunnel macht das Ganze keinen Sinn". Von Schoeler will auch keine kleinkarierten Kompromisse bei der Frage der umstrittenen Schlachthofverlagerung von Sachsenhausen nach Nieder-Eschbach eingehen: „Mit dem Wohnungsbau auf dem Gelände des Alten Schlachthofes wird aus der Vision des Wohnens am Fluß ein konkretes, erfahrbares Projekt." Dieses wichtige Vorhaben aus der Hauff-Ära hatte dessen Planungsdezernent Martin Wentz auf den Weg gebracht.

Von Schoeler, dem alles Engstirnige und Provinzielle verhaßt ist, beauftragt konsequent das weltläufige Planungsbüro Albert Speer, für den Ausbau eines modernen Güterhafens im Osten konkrete Pläne vorzulegen, die den berechtigten Interessen Rechnung tragen.

Frankfurts urbane Entwicklung

In seinem Situationsbericht zur urbanen und sozial-ökologischen Entwicklung unserer Stadt vom 30. Januar 1992 knüpft Andreas von Schoeler an alte Entscheidungen von Franz Adickes, Ludwig Landmann und Ernst May an und spricht sich dafür aus, die städtebauliche Zukunft in die Vertikale zu verlegen. Es ist ihm in seiner Rede gelungen, über den Tellerrand hinauszudenken und diesen Perspektivenwechsel als notwendige Konsequenz des Fortschritts darzulegen. Und er weiß seine Visionen in einem eleganten, kosmopolitischen Stil zu vermitteln:

Frankfurt gilt in der europäischen Stadtbaugeschichte der letzten hundert Jahre als Synonym für Innovation. Mit der Lex Adickes wurden die der frühen Industrialisierung eigenen Hinterhöfe überwunden. Mit dem „Neuen Frankfurt" Landmanns und Mays wurden Freiflächenschutz und Wohnungsbau miteinander versöhnt.

Mit den Hochhausentwicklungen nach dem Kriege machten wir als erste Stadt Europas Ernst mit flächensparenden und durch den öffentlichen Nahverkehr organisierbaren Gewerbebauformen. Alle diese Entwicklungen stießen zunächst auch auf Ablehnung und Skepsis in der Bevölkerung. Heute sind sie Teil der Identität unserer Stadt.

Auf dem Wege nach Europa greifen wir diese städtebaulichen Traditionen auf. Als Innenstadt der Rhein-Main-Region sind wir bei der städtebaulichen Entwicklung aus Gründen ökologischer Einsicht und ökonomischer Vernunft auf das Flächenrecycling angewiesen. In keiner Stadt der Bundesrepublik wird in dem Umfang auf Recyclingflächen gebaut, wie dies in Frankfurt am Main bereits heute geschieht. Besiedlung ehemaligen Bahngeländes, städtebauliche Neuordnung von alten Industriestandorten ist hier bereits Alltag. Mit dem Stadtviertel „Alter Schlachthof" und den Hafenprojekten bereiten wir die nächsten Schritte in diese Richtung vor.

Dieser Weg ist politisch nicht bequem, aber er ist sozial verantwortlich und notwendig. Denn die Alternative wären eine noch stärkere Inanspruchnahme von Freiflächen und wachsende soziale Konflikte.

Partnerschaftliche Zusammenarbeit mit privaten Investoren – wie am Westhafen oder am Rebstock erstmals angestrebt – versucht, auf neue städtebauliche Aufgaben mit neuartigen Organisationsformen zu antworten. Es geht hier nicht darum, einheitliche Befugnisse aufzugeben, oder gar darum, der Kommune die Befähigung zum aktiven Handeln abzusprechen.

Vielmehr müssen wir sehen, daß die Entwicklung zwar untergenutzter, aber eben doch noch benutzter Flächen neue Anforderungen stellt, die mit den bisher bekannten Handlungsformen kaum noch bewältigt werden können.

Ich sehe die großen Chancen unserer konsequenten Flächenwiederverwertungs- und Modernisierungspolitik im Städtebau. Es geht dabei nicht um die Aufgabe von Gewerbe oder den Verzicht auf Versorgungsleistungen: Durch Kompaktierung aller Funktionen gewinnen wir Raum für Wohnungen und Grünflächen. Durch Zusammenarbeit mit Privaten erhalten wir Mobilisierungsschübe in finanzieller und sozialer Hinsicht.

Wir haben die Entmischung der Funktionen, wie sie die Charta von Athen über fünfzig Jahre zum Diktat gemacht hatte, aufgegeben. [...]

Andreas von Schoeler bei seinem Amtsantritt

Dichte ist Voraussetzung für das Funktionieren der sozialen, kommerziellen und verkehrlichen Infrastruktur und damit grundlegende Bedingung für vielfältige menschliche Begegnung. Mischung ist Bedingung von städtischem Leben. Und diese Urbanität ist gewollt.

Denn es wäre kleinmütig, nur zu sehen, daß sich in den großen Städten die Krisen und Konflikte unserer Gesellschaft verdichten. Richtig ist doch vor allem, daß die Stadt gesellschaftlicher Schauplatz der Erfindungskraft, des Gestaltungswillens, des organisatorischen Vermögens, der Toleranz ist. Städte sind Agenturen des sozialen Wandels und Gedächtnisspeicher, Brutstätten des Werdenden und Monumente des Gewordenen.

Eine Frankfurter Besonderheit ist allerdings, daß sich diese gesellschaftlichen Widersprüche auf räumlich sehr kleiner Fläche darstellen und daher intensiv wie sonst selten erlebbar sind. Daraus erwächst uns eine besondere Sichtweise und Verpflichtung, die Veränderungsprozesse behutsam, sozialverantwortlich und mit Augenmaß zu betreiben.

Nach einem guten halben Jahr im Amt, hat eine *BILD*-Umfrage ermittelt, hielten 58,2 Prozent der Frankfurter Andreas von Schoeler „für einen guten OB", und der Herausgeber der *F.A.Z.*, Hugo Müller-Vogg, findet gar, was Schoeler zum Thema Marktwirtschaft und Wohlstand geäußert habe, könne „jede Großbank in ihren Geschäftsbericht übernehmen und der Beifall der Aktionäre wäre gewiß".

Priorität Nr. 1: Der Wohnungsbau

Für Andreas von Schoeler, der auf der Querflöte konzertreif das Brandenburgische Konzert Nr. 5 zum Besten geben konnte, war gleichwohl nicht die Kulturpolitik das Ferment seiner Stadtpolitik, sondern der Wohnungsbau und die Stadtplanung. Deshalb wird hier aus seiner anderthalbstündigen Antrittsrede vom 8. Mai 1991 das Kapitel „Wohnungsbau" wiedergegeben:

Der Wohnungsbau bleibt auch in Zukunft soziale Aufgabe und Priorität Nummer 1. Gehen Sie einmal in das Frankfurter Wohnungsamt und schauen Sie sich die Schlangen an. Reden Sie mit den Menschen, die verzweifelt eine Wohnung suchen. Und entscheiden Sie dann erneut, ob Ihre Empfehlungen an uns, zum Beispiel auf die Errichtung von rund 1.000 Wohnungen am Frankfurter Schlachthofgelände zu verzichten, vor diesen Menschen, vor Ihrem sozialen Gewissen, vor der Zukunft dieser Stadt Bestand hat oder nicht.

Ich beabsichtige jedenfalls nicht, auf Wohnungsbau an dieser oder jener Stelle zu verzichten, um politische Widerstände abzubauen. Auf diesem Weg sind Sie, meine Damen und Herren von der CDU, im Jahre 1989 gescheitert, und ich werde mich auf diesen Weg nicht begeben. Ein Verzicht auf die großen Wohnungsbauprojekte am Main und die Arrondierung von Ortsteilen am Rand Frankfurts mit neuen Wohnungen wäre nicht zu verantworten vor denen, die auf preiswerte Wohnungen angewiesen sind.

Nach Jahren der Stagnation ist der Mietwohnungsbau in Frankfurt wieder in Schwung gekommen. An der Oeserstraße, in der Kurmainzer Straße, am Grethenweg, in der Saalburgallee und der Walter-Leiske-Straße sind insgesamt mehr als 2.000 Wohnungen im Bau. Weitere Projekte folgen noch dieses Jahr, ich nenne beispielhaft den Gallus-Park. In verschiedenen Stadtteilen haben wir, teils gegen den Widerstand von Bürgerinitiativen, eine bessere Ausnutzung von Grund und Boden gesichert.

Und ich halte auch fest an dem Ziel des „Wohnens am Fluß". Überall in der Welt, in London und in Rotterdam, in Manchester und in Boston, werden alte Hafenviertel umgebaut und mit neuem Leben erfüllt. Das wollen wir nun auch hier in Frankfurt machen. Die künftigen Baugebiete am Westhafen, auf dem Schlachthofgelände und in Teilen des Osthafens schaffen nicht nur neue Wohnungen, sie öffnen Wege zum Fluß und tragen zur Integration bislang vernachlässigter Stadtteile in das Stadtgefüge bei.

Noch viel nötiger ist dies im Osten Frankfurts, dessen städtebauliche Weiterentwicklung über die ehrgeizigen Pläne für City-West und Mainzer Landstraße bislang vernachlässigt wurde. Die Projekte im Osten schlagen darüber hinaus Brücken zu unserer Nachbarstadt Offenbach. Frankfurt, das ist meine Überzeugung, wird in den nächsten Jahrzehnten entlang des Mains nach Westen und nach Osten wachsen. Die Aufgabe dieser Vision wäre ein Programm des städtebaulichen Stillstandes.

Mit dem Wohnungsbau auf dem Gelände des Alten Schlachthofs wird aus der Vision des „Wohnens am Fluß" ein konkretes, erfahrbares Projekt. Der Bebauungsplanbeschluß für einen Stadtteil mit 1.500 Wohneinheiten und großzügiger sozialer und wirtschaftlicher Infrastruktur wird den Körperschaften in diesen Tagen vorliegen.

Wesentlich schwieriger stellt sich die Situation auf der anderen Mainseite dar. Dort stellen sich zwei wichtige Aufgaben, die miteinander vereinbart werden müssen. Auf der einen Seite benötigt Frankfurt einen funktionsfähigen modernen Hafen, der auf einem wesentlich geringeren Gelände, als es heute der Fall ist, seinen Platz finden wird.

Ich bekenne mich hier ausdrücklich zur Notwendigkeit eines modernen, die Versorgung unserer Stadt sichernden Hafens. Auf der anderen Seite werden durch die intensivere Nutzung der Liegenschaften dort Flächen für den Wohnungsbau frei. Niemand darf erwarten, daß eine so schwierige Aufgabe in wenigen Jahren abgeschlossen werden könnte.

Ein Wandel ist überfällig, aber es kommt darauf an, diesen Wandel durch eine vorausschauende Stadtplanung sozial zu gestalten. Eine Änderung der Grundstückspreispolitik ist notwendig. Aber Preiserhöhungen allein würden dieses Gewerbegebiet einem Umstrukturierungsdruck aussetzen, der städtebaulich unerwünscht ist. Der Druck würde umso stärker, als in diesem Hause Einigkeit besteht, die Hanauer Landstraße zu einem Dienstleistungsstandort fortzuentwickeln. Aber ich will keine Zerschneidung des Ostends durch einen vierspurigen Ausbau der Hanauer Landstraße. Und ich will keine Bedrohung des Wohnstandortes Ostend durch eine unmittelbar benachbarte Bürostadt am Hafen.

Das Planungsbüro Speer und Partner hat deshalb von uns den Auftrag bekommen, für das Gebiet des Osthafens eine Planung vorzulegen, die beide Ziele verwirklicht:

- *Einen modernen leistungsfähigen Hafen für Frankfurt am Main und*
- *Flächen für den Wohnungsbau und die Ostentwicklung der Stadt langfristig zu sichern.*

Ziel muß es dabei sein, die für die Versorgung Frankfurts nötigen Hafenfunktionen zu modernisieren und flächensparender zu gestalten. Ziel ist es nicht, den Hafen Stück für Stück aufzugeben.

Ziel muß es sein, Teilflächen für den Wohnungsbau und eine Ostentwicklung der Stadt vorzusehen. Diese müssen so geplant werden, daß kein Zwang entsteht, den gesamten Unterhafen aufzugeben. Akzeptiert werden kann nur eine Lösung, bei der Wohnen auf Teilflächen des heutigen Hafens auch dauerhaft neben weiterer gewerblicher Nutzung an angrenzenden Flächen möglich ist, und schließlich:

Nach Realisierung all dieser, auch der langfristigen Projekte werden wir nicht nur Wohnungen am Main geschaffen haben. Auch die den Menschen zugängliche Mainuferlänge wird sich nahezu verdoppeln.

Wohnqualität und Freizeitwert der Stadt werden davon profitieren. Denn der Wohnungsbau am Fluß wird auch Wege aus der Stadt ins Grüne öffnen. Ich stelle mir vor, daß es in einigen Jahren möglich ist, vom Nizza über die Mainuferwege bis in den Frankfurter Grüngürtel zu gelangen, von der City direkt in die Natur.

Von Schoeler verspricht sich von Investitionen in den Wohnungsbau eine größere soziale Dividende in Form von mehr Lebensqualität. In seinen Reden macht er immer wieder deutlich, daß er auf einem freiheitlichen Wertefundament die Errungenschaften des Sozialstaates im 20. Jahrhundert für die bedeutendste zivilisatorische Leistung hält.

Die Kulturpolitik des Schoeler-Magistrats

Unter das Motto „Nostra res agitur" – dies ist unsere Sache – hat von Schoeler seinen ersten kommunalpolitischen Situationsbericht gestellt, nachdem er schon nach einem Dreivierteljahr als neuer OB zweifellos einiges von dem auf den Weg gebracht hatte, das Nachhaltigkeit versprach. Er hat dabei Frankfurt als eine Wirtschaftsmetropole definiert, der in einem zusammenwachsenden Europa eine zentrale Rolle zufalle, zumal es der Stadt mit Hilfe des Europäers Helmut Kohl gelungen war, die Europäische Zentralbank (EZB) in Frankfurt anzusiedeln. Aber nicht nur die wirschaftliche Stärke der Stadt sei entscheidend auf dem Weg Frankfurts ins neu sich vernetzende Europa. Das Europa der Zukunft sei das Europa der Städte und Regionen, es dürfe kein Europa der Nivellierung, der Gleichheit oder der Austauschbarkeit seiner großen Städte sein.

In von Schoelers beeindruckend prospektivem Panorama der Chancen im Austausch der kreativen Potentiale unter den Nationen ist aber nach meiner Meinung die wesentliche Komponente für das Gelingen dieses leidenschaftlich beschworenen neuen Europas der Zukunft leider höchst stiefmütterlich und subordinativ behandelt worden, statt sie als eine dominierende Ressource zu würdigen: die Kultur! Schlag nach bei Jack Lang: „L'Europe sera culturelle ou ne sera pas!"

Jack Lang, der frühere französische Kulturminister François Mitterrands, ermutigt uns als notorischer Grenzüberschreiter, jedenfalls überall dort notwendige Grenzen zu ziehen, wo der Geltungsanspruch des Kommerzes die Kultur zu instrumentalisieren droht. Die tragenden Werte der Kunst und die hohen Standards einer europäischen Kultur gilt es nicht nur gegen äußere Einflüsse zu verteidigen, sondern auch gegen die Gefährdungen durch die Exzesse des Marktes und gegen den „merkantilen Totalitarismus". Wer wie von Schoeler Frankfurt mit der EZB zur europäischen Finanzmetropole entwickeln möchte, braucht als Zwillingspartner die Kultur. Weil das leichter gesagt als getan ist, werden noch viele Jack Langs benötigt, die mit persuasiver Rhetorik und nüchternem Realitätssinn die postulierte erhabene Aura von Unveränderlichkeiten konterkarieren und durch angemessene neue Formen die sprichwörtlichen tausend Blumen der Kultur in ganz Europa erblühen lassen. Als größte Gefahr der Kulturpolitik unter Andreas von Schoeler entpuppt sich ihre Müdigkeit, ihre mangelnde Inspirationsenergie. Damit wurde eine kopernikanische Wende in der Frankfurter Kulturpolitik eingeleitet: Rolle rückwärts.

Insofern enttäuscht von Schoelers kulturpolitisches Kapitel, weil seine Kulturdezernentin den großen Wurf schuldig blieb, den er mit dem übrigen Text dem Leser verheißen hatte:

Wer von der Bedeutung der Region Rhein-Main spricht, muß dem hohen Stellenwert der Kulturpolitik Rechnung tragen. Im heterogenen „National-Staat", um diesen Begriff Ralf Dahrendorfs aufzunehmen, haben regionale Identitäten ohne Zweifel an Bedeutung gewonnen. Das „Europa der Regionen" ist nicht zuletzt eines der Kulturen.

Frankfurt ist eine internationale Kulturstadt, die ihre Wirkung innerhalb wie außerhalb der Stadt-, Landes- und Bundesgrenzen entfaltet. Zugleich nimmt diese Stadt auf, was von außen kommt, sei es aus der europäischen Region Rhein-Main oder aus dem Ausland.

Wenn wir uns die Programme und Projekte kultureller Einrichtungen in Frankfurt ansehen, dann zeigt sich diese Europäisierung der Kultur sehr deutlich. Die Herausforderung wird auch für die Kulturpolitik immer größer, Frankfurt nimmt sie gern an und gewinnt dadurch an Spannung und an Anregungen.

Das erst im Juli vorigen Jahres eröffnete Museum für Moderne Kunst zählte bislang mehr als 240.000 Besucher, ein großartiger Erfolg. Die Kunsthalle Schirn oder das Architekturmuseum haben sich verstärkt der Auseinandersetzung mit der europäischen Moderne zugewandt. Das ist kein Zufall.

Wettstreit und Kritik sind die Essenz von Kultur: Die großen Bühnen Frankfurts sind von beiden nie verschont geblieben. Mit der Restrukturierung der Städtischen Bühnen ist inzwischen die Konsolidierungsphase erfolgreich eingeleitet worden. Die wiedereröffnete Oper hat auf sich aufmerksam gemacht und eine entsprechende Publikumsresonanz hervorgerufen. Von der Frankfurter Oper wird wieder gesprochen. Herr Prof. Doll und Herr Dr. Steinhoff haben unter schwierigsten Bedingungen in kürzester Zeit Großartiges ermöglicht. Sylvain Cambreling wird wieder an Glanzzeiten der Oper Frankfurt anknüpfen. Neue Zeiten stehen auch dem Publikum des Schauspiels bevor, das ebenfalls in Frankfurt über Jahrzehnte hin kontrovers diskutiert wurde [...]. Die letzten Premieren im Kammerspiel versprechen viel. Ich wünsche mir eine Renaissance des

Bürgermeister Moog gratuliert dem neuen Oberbürgermeister Andreas von Schoeler

Schauspiels in Frankfurt und drücke Herrn Prof. Eschberg und seinem Ensemble die Daumen. Der Welterfolg der Truppe um William Forsythe spricht für sich.
Kommunale Kulturpolitik kann und darf nicht im eigenen Saft vor sich hin schmoren. Sie darf nicht bloß an internationale Entwicklungen mit ihren eigenen Konzeptionen anknüpfen, sie muß die tiefreichenden gesellschaftlichen Umwälzungen in Europa als immense Chance nutzen.

Im Kulturkapitel seines Lageberichts über die *res agitur* ist es von Schoeler nicht gelungen, durch die Ebene seiner politischen Rhetorik auf die *res cogitans*, auf die kognitive Schicht vorzustoßen. Ohne Esprit das Vorgefundene herunterbuchstabiert, bleibt der Text notwendige Visionen und Innovationen schuldig, die Europa kulturell auf die Sprünge helfen könnten. Ein OB macht es sich allzu leicht mit der Kultur, wenn er mit treuherzigem Augenaufschlag seinen Intendanten lediglich die Daumen zu drücken verspricht.

„Die fragwürdigen Aussagen Schoelers zu seinem Kulturverständnis" (*F.A.Z.*) korrespondieren mit radikalen Kürzungen im Kulturetat. „Nach den goldenen Zeiten der Gießkanne war der Rasenmäher zum geheimen Emblem der Frankfurter Kulturpolitik geworden" (*F.A.Z.*). „Wer die Kulturinstitutionen langfristig schützen will, muß versuchen, ihnen die Möglichkeit zu geben,

523

sich selbst zu helfen" – zu diesem blanken Zynismus verstieg sich ein „knallhar-
ter Regierungschef" von Schoeler 1994 im Juni-Heft des *Journal Frankfurt*,
nachdem er den Museen keine müde Mark mehr im Etat für Ausstellungen gelassen und den kostenlosen Eintritt beerdigt hatte mit der Folge, daß ein Drittel der bisherigen Museumsbesucher zu Hause blieb.

Gemeinsam mit Ignatz Bubis weiht Andreas von Schoeler im November
1992 das Museum Judengasse als „Untermieter" im Neubau der Stadtwerke
ein. Die Kosten der Umplanung des Stadtwerke-Kundenzentrums nicht mitge-
rechnet, haben die 1.500 Quadratmeter der Dependance des Jüdischen Museums 8,6 Millionen Mark gekostet. Bubis beklagt, daß unter Vorgänger Brück
eine „Transparenz zwischen Museum und Kundenhalle" herzustellen gar nicht
erst versucht worden sei, „offenbar hat man den Anblick den Mitarbeitern der
Stadtwerke nicht zumuten wollen". Brücks Nachnachfolger von Schoeler erinnerte an den Streit um den Verwaltungsneubau auf den Ruinen des Ghettos,
der 1987 zu einer zehntägigen Besetzung des Baugeländes geführt hatte, die
weltweite Aufmerksamkeit erregte. Es gehe hier nicht um politische Schuldzu-
weisungen: „Was am Börneplatz geschah, entzieht sich parteipolitischer In-
dienstnahme."

Radikale Kürzungen im Kultur-Etat

Den Zauberberg der Kultur hat von Schoeler gar nicht erst zu erklimmen versucht. Die ebenso radikale wie ridiküle Reduzierung des Frankfurter Kultur-
budgets um 50 Millionen Mark durch die rot-grüne Stadtregierung hatte 1994
zu einer harten, von der kritischen Öffentlichkeit skeptisch begleiteten Kontroverse zwischen Oberbürgermeister von Schoeler und dem Kulturdezernenten
seiner beiden Vorgänger Arndt und Wallmann geführt. Die Hegelsche Ästhetik
erodiert jetzt zu einer Ästhetik des Vakuums.

Auf Einladung der *Süddeutschen Zeitung* hatte ich im Februar 1994 zu
einer von dpa verbreiteten Hiobsbotschaft Stellung bezogen, wonach ausgerechnet Frankfurt mit der exorbitant hohen Etatkürzung auch in anderen Städten die Schleusen für einen kulturellen Kahlschlag geöffnet habe. Hier mein
um die Hälfte gekürzter Text gegen eine geizende Kulturpolitik am Main:

*Die Stadt Frankfurt hat über ihre Verhältnisse gelebt. Nichts geht mehr, der
Griff zur Notbremse wird als Befreiungsschlag verkauft. Nun heißt die Krise
Chance. Unisono ist zu hören, schlechte Zeiten beförderten große Taten. Kein*

Vorschlag ist töricht genug, um nicht nur in Parteigremien erörtert, sondern auch öffentlich verlautbart zu werden getreu der Devise: Nieder mit den Großen! Oper, Schauspiel, Ballett, Schirn oder TAT sollen bluten. Hoch leben sollen dagegen die Kleinen: der Verein für feministische Mädchenarbeit, das schwul-lesbische Kulturzentrum oder spärlich besuchte Seniorenclubs.

Dafür lohnt es sich, die tradierte Kultur zu „verschlanken". Das Frankfurter Schauspiel und das TAT sollen fusionieren; einem städtischen Sprechtheater wird eine Experimentierbühne einverleibt, obwohl deren Besonderheit doch in der ästhetischen Gestaltung des Peripheren besteht, in der Überschreitung von Gattungsgrenzen.

Die Frage ist nicht mehr, was in den kulturellen Einrichtungen zu sehen, zu hören und zu lernen ist, sondern, ob es „sich rechnet". Während die SPD stets sorgenvoll auf die Oper schaute, um auf die fehlenden Kindergartenplätze zu verweisen, fragen die Grünen vorzugsweise nicht, was welche Einrichtung kostet, sondern danach, was diese ihrer Klientel wert ist. Ansonsten pflegen sie ihr Faible für alternative Gemütlichkeit, um solchermaßen deren Ansprüche zu befriedigen. Die SPD dagegen hält die Zeit für reif, Ballast abzuwerfen, während die CDU sich mangels kostensparender Alternativen im Gerangel kulturpolitischer Beliebigkeit vornehm zurückhält.

Um 50 Millionen Mark sollte der Kulturetat laut Koalitionsvereinbarung 1994 gekürzt werden, 47 sind es geworden. Drei Millionen sind also der Konkursmasse entrissen worden – dies feiert die zuständige Dezernentin als Erfolg. Wenn an 100 Prozent Einsparungen im Städtischen Haushalt allein die Kultur mit 40 Prozent beteiligt ist, sieht ein solcher Erfolg eher einer Katastrophe verzweifelt ähnlich. Der Verdacht einer Strafexpedition wird amtlicherseits indes dementiert. Schließlich werde ja nichts ganz plattgemacht: Die Museen bekommen zwar kein Geld mehr für Ankäufe und Ausstellungen, dafür jedoch die faule Chance zur Eigeninitiative. Falls mit der Zirkulation ihrer Museumsbestände genügend Menschen anzulocken sind, die fürs Déjà-vu erhöhte Eintrittspreise zahlen wollen, dürfen mit den Einnahmen Sonderausstellungen finanziert werden. Es ist wie auf einer gespenstischen Intensivstation: Wegen der hohen Stromkosten werden die Geräte abgeschaltet; schafft es der Patient dennoch zu überleben, hat er seine Chance genutzt.

Wenn Geld fehlt, müssen Opfer gebracht werden. Also empfiehlt der Magistrat, das Kinder- und Jugendtheater und das Kommunale Kino zu schließen, Exempel sind damit statuiert. Da der Magistrat keine Grausamkeiten scheut, erfindet er alte Zöpfe, um sie abzuschneiden. Schließlich könne doch, wer will, die Filmgeschichte sich statt auf der Leinwand auf Videokassetten zu Gemüte füh-

ren, und gute Filme gebe es doch im Fernsehen mehr als genug; ist damit etwa der Marktanteil von 90 Prozent Hollywoodverschnitt gemeint? Vom Unterschied zwischen Mattscheibe und Kino hat der Magistrat jedenfalls noch nie etwas gehört.

Der Slogan „Kultur für alle" meinte die mögliche Teilhabe aller Bevölkerungsschichten an kulturellen Prozessen. Wir wollten nicht die Karnevalisten und Laienschauspieler gegen das Forsythe-Ballett mobilisieren, sondern die Zugangschancen erweitern. Nicht der Abstieg von den ästhetischen Gipfeln war das Ziel, der Aufstieg zu ihnen sollte mehr Menschen ermöglicht werden. Anspruchsvolle kulturelle Vielfalt wurde als Standortvorteil verkauft: Die Europabank wurde schließlich nicht an Bankfurt, nicht an Mainhattan vergeben, sondern an die kulturelle Metropole am Main, die vorzüglich ihre kulturelle Substanz geltend zu machen verstand. Aber wo wird ihr Glanz geblieben sein, wenn das Museumsufer nur noch eine Potemkinsche Fassade ist?

Wie hoch andernorts die Kultur als Essential für die Zukunftssicherung veranschlagt wird, dafür gab soeben der Bürgermeister von Paris, Jacques Chirac, ein leuchtendes Beispiel: Trotz dramatischer Einbußen im städtischen Steuersäckel in Höhe von 17 Prozent bleibt die Kultur von Kürzungen „selbstverständlich verschont". (Zur Budgetkonferenz hatte Chirac nicht etwa in kommunale Tresorräume eingeladen, sondern unter Matisse-Bildern ins Kunstmuseum.)

OB Andreas von Schoeler hat in der *Frankfurter Rundschau* zurückgeschlagen, seine sybillinische Replik wird, ebenfalls um die Hälfte gekürzt, hier wiedergegeben:

Es ist schade, daß er von so weit weg schreibt. Wir bräuchten Hilmar Hoffmann als Rufer in den Großstädten und nicht als Rufer in der Wüste. Sicher, angesichts wirtschaftlicher Krise und finanzieller Nöte geht es in der Diskussion um die künftige Kulturpolitik recht unbiblisch zu: Viele fühlen sich auserwählt, aber wenige sind tatsächlich berufen. Doch statt offensiv diese Debatte nach vorne zu wenden, führt man lieber Defensivkämpfe, schmollt als Pflänzchen „Rühr mich nicht an" und fordert tatsächlich, wo in allen anderen gesellschaftlichen Bereichen tiefe Strukturveränderungen stattfinden, eine Tabuisierung der Kulturpolitik.

Diese verkennt zutiefst den entscheidenden Paradigmenwechsel zwischen den achtziger und den neunziger Jahren. Im vergangenen Jahrzehnt haben die Fragen des Verhältnisses von Ökonomie und Ökologie, von Wachstum und Ressourcenverschwendung die gesellschaftliche Diskussion bestimmt. Dabei haben wir gelernt, daß das reine Betrachten rechnerischen Wachstums für die Qualität einer Gesellschaft nur bedingt aussagekräftig ist. Auch für die Kultur gilt, daß die Höhe des Etats über die Qualität noch keine Schlüsse zuläßt.

Die Veränderung der gesellschaftlichen Rahmenbedingungen läßt auch in der Kulturpolitik ein naives „Weiter so" nicht zu. Die Kultur ist kein Reservat für eine vom Aussterben bedrohte Gattung. Sie muß sich vielmehr nicht nur in der künstlerischen Umsetzung, sondern auch in ihrem institutionellen Selbstverständnis auf die gesamte Gesellschaft beziehen und in ihr definieren. Dies gilt sowohl für die Ressourcenverteilung als auch zum Beispiel für die Fragestellung: „Was ist des Staates und was ist nicht des Staates?"

Politik kann und darf nicht die inhaltlichen und ästhetischen Vorgaben für diese kulturelle Auseinandersetzung geben, aber sie darf wohl die Anforderungen an die Kulturschaffenden stellen, sich den Veränderungen, den Zeitfragen zu stellen. Kulturelle Auseinandersetzung heißt auch immer das Infragestellen von Tabus. Die Höhe des Kulturetats für sakrosankt zu erklären und als Grundvoraussetzung für die Entfaltung von Kreativität, ist denn doch reichlich konservativ. [...]

Es ist weder unanständig noch ein Zeichen von Kulturbanausentum, wenn nach Jahren einer beispiellosen Ausweitung des Kulturetats jetzt über Einsparungen, mehr Effizienz, über vernünftigen Umgang mit Geld und ein neues Verhältnis der Kulturschaffenden zu den Subventionen und einer veränderten Kostenbeteiligung des Publikums nachgedacht wird.

Denn die Anforderungen an Kultur sind hoch und verlangen oftmals neues Denken. Moderne Unternehmensführung, Steigerung der Effizienz, Vollbudgetierung und eigenverantwortliche Ressourcenverwaltung sind kein Angriff auf die Autonomie der Kunst, im Gegenteil. Wenn wir nun Unternehmensberater in kulturelle „Großunternehmen" – und das sind sie doch auch mit einem Etat von zweistelliger Millionenhöhe – schicken, geht es doch nicht darum, den betriebswirtschaftlichen Nutzen künstlerischer Leistung zu bewerten, sondern darum, Verwaltungsaufgaben so weit in den Griff zu kriegen, daß überhaupt noch Spielraum für kulturelle Angebote bleibt.

Es muß ein Ziel der Politik sein, allen – unabhängig vom Einkommen – die Teilnahme am kulturellen Leben zu ermöglichen. In unserer Stadt haben wir mit dem Frankfurt-Paß ein entsprechendes Angebot geschaffen. Von einem Normalverdiener aber kann erwartet werden, daß er die kulturelle Leistung auch in Geld wertschätzt. Museen haben künftig in Frankfurt einen geringeren Zuschuß zur Verfügung, können aber dafür frei über ihre Einnahmen verfügen. Die Tatsache, *daß Phantasie und Engagement nicht allgemein dem „Stadtsäckel" zugute kommt, sondern von den Verantwortlichen wieder in die künstlerische Produktion gesteckt werden kann, hat schon in kurzer Zeit spürbar Kräfte freigesetzt. [...]*

In ihrem Kommentar „Times mager" qualifiziert die *Frankfurter Rundschau* Schoelers Replik mit der Befürchtung, „daß er nicht wirklich begriffen hat, was auf dem Spiele steht".

Es gebrach von Schoeler nicht an hehren Worten für die Kultur, allein er hatte niemanden, der oder die fähig gewesen wäre, ihn beim Wort zu nehmen und ihn zum Handeln zu zwingen. Erst unter Petra Roth wird es deren amtierenden Kulturdezernenten Hans-Bernhard Nordhoff (1998 bis 2006) und besonders Felix Semmelroth (seit 2006) gelingen, wieder Dünger auf die Kulturlandschaft zu streuen: Unter den beiden Kämpfern konnte der Kulturetat von mageren sechs wieder auf die Rekordhöhe von elf Prozent des Stadthaushalts hochgefahren werden.

Die unrealistischen Sparmaßnahmen führten zu skurrilen Reaktionen. So schlug der Leiter der Kunsthalle Schirn, Hellmut Seemann, spektakulär eine Art Moratorium vor, eine einjährige Ausstellungspause, um die der Schirn aufgebürdete Einsparung von 1,5 Millionen Mark noch zu dramatisieren. Zu allem Überfluß hatte sich auch noch Stadtkämmerer Tom Koenigs geweigert,

OB von Schoeler mit Stadtkämmerer Tom Koenigs

den Verlustvortrag von 14,5 Millionen Mark als zinsloses Darlehen zu verlängern und die dafür fälligen Zinsen zu stunden. Dem Magistrat war schlicht das kulturelle Gewissen abhanden gekommen.

In dieser Zeit, als das Lamentieren und Lästern über die Frankfurter Kulturpolitik nicht nur bei der *F.A.Z.* zum guten Ton gehörte, haben solidarisch auch die Leiter der Frankfurter Kulturinstitutionen in dieses Horn gestoßen, damit aus dem negativen Ostinato keine unendliche Melodie werde: Mit der Wucht eines polemischen Manifests haben in seltener Einmütigkeit fünfzehn Institutsleiter gegen Frankfurts kulturelle Verantwortungsdiffusion und das Klima eines neuen Staatszynismus aufbegehrt. Dessen Wortlaut veröffentlichte die *Frankfurter Rundschau* am 9. April 1994 mit unmißverständlichem Vorspann:

Mit einer beispiellosen Aktion haben sich wichtige Vertreter des kulturellen Lebens in Frankfurt zusammengetan, um gegen die Haltung der verantwortlichen Politiker gegenüber der kulturellen und künstlerischen Arbeit in der Stadt zu protestieren. Die Instituts- und Theaterleiter fordern vom Oberbürgermeister, der Kulturdezernentin und den Stadtverordneten ein Ende vor allem der „Lieblosigkeit" und des „Kompetenz-Wirrwarrs" auf Seiten der politischen Führung:

- *Wir sind enttäuscht über die Lieblosigkeit, mit der inzwischen in Frankfurt über die Kultur diskutiert und verhandelt wird. In Parteiversammlungen wird die Kultur zum Buhmann gemacht. War der kulturelle Aufschwung der Stadt vor kurzem noch der Stolz aller, werden heute mit Leichtigkeit nachdenkliche Kräfte überstimmt. Haben sich die guten Geister, die man rief, plötzlich in geldgierige, finstere Gestalten verwandelt, die es loszuwerden gilt? Will es die Stadt zulassen, daß weiter gegen Kultureinrichtungen mobil gemacht wird, weil dies manchen Parteipolitikern heute populär ist?*
Wir wissen selbst, daß sich mit Kultur keine Wahlkämpfe gewinnen lassen. Aber ist es nicht gerade in Zeiten knapper Kassen vornehme Aufgabe der Stadtpolitik, sie vor populistischen Angriffen zu schützen?
- *Der Kulturetat der Stadt Frankfurt ist 1993/94 überproportional gekürzt worden. Es ist aufzuräumen mit dem Irrglauben, die Kulturausgaben seien in Frankfurt prozentual höher als in jeder anderen deutschen Großstadt. Von der Stadt Frankfurt werden in hohem Maße Aufgaben erfüllt, die andernorts von den Ländern finanziert werden (Hochschulen, viele Theater und Museen).*
- *Weil das Überleben kultureller Institutionen bei Unterschreiten definierbarer ökonomischer Grenzen nicht mehr gesichert ist (jedenfalls nicht als kreative Kraft), dürfen sie nicht zum Spielball des konjunkturellen Auf und Ab gemacht werden.*

- Es ist aufzuräumen mit der Illusion, daß die Institute die massiven und weitere drohende Kürzungen durch Sponsoren und Mäzene kompensieren könnten. Spektakuläre Projekte sind immer mit Sponsoren auf die Beine zu stellen. Mäzene und Sponsoren werden aber nie den Bestand der Institute sichern und die kontinuierliche Finanzierung der ihnen von der Kommune übertragenen Aufgaben übernehmen können. Nach unseren Erfahrungen mit den Kürzungen 1993/94 stellen wir fest, daß jetzt der Punkt erreicht ist, wo weitere Kürzungen die Institute in ihrem Bestand gefährden und ihre innere Substanz sich auflöst.
- An diesem Punkt müssen Sie sich entscheiden, ob Sie diesen Auflösungsprozeß dem Gang der Dinge überlassen oder statt dessen Prioritäten setzen wollen.
- Es ist jetzt dringend notwendig, daß wir einen handlungsfähigen Partner im Magistrat haben. Der andauernde Kompetenz-Wirrwarr ist zu beenden.
- Deshalb fordern wir Sie auf, klarzustellen: Welche Institute wollen Sie erhalten? Eine weitere flächendeckende Kürzung der Mittel führt zu einer unkontrollierten Erosion, die wir als Verantwortliche nicht mittragen können und wollen.
- Das Ausbleiben von Prioritätssetzungen bedeutet die stärkste Einmischung in unsere interne Planungsautonomie. Ohne eine finanzielle Planungssicherheit über mehrere Jahre werden die kreativen Potentiale in Frankfurt versiegen.

Opern-Chaos unter Andreas von Schoelers Ägide

Um das Chaos im Opernhaus zu beenden, überantwortet der Oberbürgermeister gegen den Willen der Kulturdezernentin der Theater-Allzweckwaffe Hans-Peter Doll, der auch andernorts schon die Bühnenkarren aus dem Dreck gezogen hatte, die Frankfurter Opernintendanz. Der bisherige „Geschäftsführende Intendant" des Forsythe-Balletts, Martin Steinhoff, wird Geschäftsführender Operndirektor.

Nach der anderthalb Jahre währenden Interimsintendanz von Hans-Peter Doll übernimmt für die Spielzeit 1992/1993 Martin Steinhoff die Opernintendanz. Ab der Theatersaison 1993/1994 hat Sylvain Cambreling vom Théâtre Royal de la Monnaie der Opernwunderstadt Brüssel die Verantwortung für das Frankfurter Musiktheater. In einer verzweifelten Panikreaktion nach mehreren Pultstar-Absagen war der Vertrag mit Cambreling noch unter Volker Hauff derart überstürzt abgeschlossen worden, daß anders als hier der Brauch darüber das Mitspracherecht des Orchesters zu wahren versäumt wurde, dessen Mehrheit jedenfalls zum damaligen Zeitpunkt alles andere als beglückt über Cambrelings Engagement war. Um vor der Presse nicht mit leeren Händen dazustehen, ließ sich das Kulturdezernat offensichtlich übereilt einen wahrlich großzügigen Vertrag von Cambreling aufschwatzen. Während seine berühmten Vorgänger Solti, Dohnányi, Gielen, Bertini sich vertraglich verpflichteten, an mindestens 240 Abenden pro Spielzeit Oper anzubieten, braucht Cambreling lediglich die Hälfte zu garantieren, nämlich 120 Aufführungen. Bei gleichem finanziellem Aufwand aus Steuergeldern wird jetzt also nur mehr der halbe Ertrag in die Scheuer der Erwartungen eingefahren. Zum „Ausgleich" versucht Cambreling, seine Abendgage pro Dirigat auf 44.000 Mark entsprechend hochzupokern, um sich schließlich mit einem inflationären Gagenzuwachs in Höhe von 30.000 Mark pro Doppelkonzert zufrieden zurückzulehnen. Einschließlich seiner Konzertdirigate mit dem Museumsorchester erhält er ein fürstliches Jahressalär von insgesamt 800.000 Mark. Cambreling widersprach mit seinem Gagenpoker nicht unbedingt dem Eindruck, er sei vorzüglich an einer ganz bestimmten Sorte von „Noten" interessiert. Außerdem läßt er vertraglich festschreiben, nur die Hälfte eines Kalenderjahres im Frankfurter Opernhaus präsent sein zu müssen: genau 183 Tage im Jahr. Ganzjährig war Martin Steinhoff unter dem Titel „Intendant Oper" Partner Cambrelings in einer Art Doppelspitze mit entsprechend vorhersehbaren Reibungsverlusten.

Ein so hochherzig vom städtischen Vertragspartner umarmter Generalmusikdirektor glaubte sich in dem Vertrauen doppelt sicher wiegen zu können, auch angesichts der laufenden Betriebskosten *carte blanche* beanspruchen zu dürfen. Diese Erwartung war jedoch auf dem Treibsand von leeren Versprechungen gegründet. Denn um zu verhindern, daß die künstlerischen Leiter von Oper, Schauspiel, Ballett und dem inzwischen auch noch angehängten TAT (Tom Stromberg) uneingeschränkten Zugriff auf den Etat erhielten, wollte der Schoeler-Magistrat mit einer am Reißbrett entworfenen gründlichen Strukturveränderung solchen Begehrlichkeiten den Riegel vorschieben: Der zum Geschäftsführenden Intendanten berufene bisherige Intendant des Forsytheschen Tanztheaters Martin Steinhoff war jetzt allein ermächtigt, sämtliche Ausgaben noch vor Vertragsabschluß zu genehmigen. Um es drastisch zu sagen: Die Steinhoff 1991 noch vom Hauff-Magistrat verordnete Machtfülle machte ihn angesichts der massiven Kürzungen des Opernetats zu einem autonomen Sparkommissar, der aus Sicht des gern cholerisch reagierenden Cambreling wie eine Art Gottseibeiuns über ihn zu kommen schien. Später wird der gebeutelte Cambreling öffentlich zu Protokoll geben, nie hätte er sich für Frankfurt entschieden, wäre er über die Fesseln dieser neuen Struktur rechtzeitig informiert worden. Dem in Brüssel von einem „einzigartigen Arbeitsklima" verwöhnten Cambreling schien in Frankfurt schon allein aus der völlig andersartigen Struktur eines Mehrspartenbetriebs und den daraus resultierenden Verteilungskämpfen unter einer unerbittlichen Mängelverwaltung der Boden autonomen Handelns entzogen und bei salvatorischen Klauseln wie „Haushaltsvorbehalt" auch noch die Planungssicherheit. In einem wildwuchernden Kompetenz-Wirrwarr ist auch ein noch so einmaliger Künstler bald verloren. Wer in diesem institutionellen Schlamassel das Einmaleins der Kosten-Nutzen-Rechnung beherrschte, war aus der Perspektive der damaligen Kulturpolitiker ein sehr viel stabilerer Faktor als jene Künstler, die wie Cambreling Verantwortung auch für die Harmonie eines Großbetriebes vermeintlich bloß als lästige Bürde sahen, die mit dem Honorar nicht abgegolten war.

Im Machtgerangel eines kulturpolitisch letztlich irgendwie sanktionierten Chaos war aus der Sicht des Publikums Cambrelings große Kunst die einzige Konstante. Mit der Premiere von Alban Bergs beziehungsdramatischer Kammeroper *Wozzeck* am 6. Oktober 1993 ist ihm der sehnlichst erwartete Triumph einer Wiedergeburt der Frankfurter Oper grandios gelungen. Wozzecks prophetisches Wort „Jeder Mensch ist ein Abgrund. Es schwindelt einem, wenn man hinabsieht" hat Peter Mussbach das Grundmotiv für seine Inszenierung im eigenen Bühnenbild geliefert. Publikum und Presse jubelten unisono.

Im November 1993 wurden auch Verdis kaum bekannte Oper *Simon Boccanegra* in der 150.000 Mark teuren Bühnenausstattung von Jean-Marc Stehlé und im Juni 1994 *Pelléas und Mélisande* große Erfolge. Mit dieser Oper Claude Debussys, als Überwinder der Spätromantik Wegbereiter einer Neuen Musik, ergriff der Zürcher Schauspielregisseur Christoph Marthaler erstmalig die Gelegenheit, sich als Opernregisseur zu erproben. „Daß ein Abend auf dieser Höhe möglich ist, hat angesichts der Sparvorgaben etwas Erstaunliches", kommentierte die *Süddeutsche* und lobte zu Recht die Künstler, denen von den politisch Verantwortlichen in Frankfurt wahrhaft „übel mitgespielt" worden sei.

Mit der Dividende aus seiner ersten Rücktrittsdrohung (der weitere folgen werden) durfte Cambreling ab der Spielzeit 1994/95 zusätzlich immerhin 1,6 Millionen mehr für Spitzensänger ausgeben. Aber zum Dank für den Geldsegen schrumpfte Cambreling die Zahl der Spieltage eigenmächtig auf 105 herunter. An 260 Tagen gehen Orchester, Chor und Solisten hochbezahlt spazieren. Das darf schlicht eine unziemliche Versündigung am Publikum genannt werden. Daß in einer so kostenträchtigen Oper so selten gespielt wurde, kritisierte mit Recht nicht nur die Politik; auch die Künstler und sogar Cambrelings Freunde hatte er mit seinem Liebesentzug verprellt.

Zur Qualitätssteigerung der Frankfurter Oper haben außer Cambreling selbst die beiden Regisseure Peter Mussbach und Christoph Marthaler wesentlich beigetragen, letzterer vor allem mit dem, was die *Süddeutsche* eine „strenge Schule des Sehens" nannte. Cambrelings Dirigate von Mozart, Wagner, Verdi, Janáček oder Schönberg haben den Frankfurtern wieder Lust auf Oper gemacht. Die Opernfreunde am Main liebten Cambrelings Musiktheater auch, weil es ästhetisch formulierte existentielle Fragen aufwarf, die geistige Revolte als Grundprinzip einer gesellschaftlichen Entwicklung unterstützte und „das Böse sichtbar und die Utopie wieder sinnlich spürbar" (Cambreling) machte.

Es braucht nicht verschwiegen zu werden, daß ein großer Teil der Frankfurter Premierenerfolge der Cambreling-Zeit keine Eigenproduktionen der Frankfurter Oper waren, darunter der komplette *Ring des Nibelungen, Jenufa, Herzog Blaubarts Burg, Aus einem Totenhaus, Elektra* oder *Der Reigen*. Diese Produktionen entstanden in Cambrelings ehemaligem Mutterhaus Théâtre Royal de la Monnaie. Erst als sie in Brüssel abgespielt waren, wurden sie nach Frankfurt importiert, reanimiert und hier für teures Leasing-Geld dem Spielplan einverleibt.

Andreas von Schoeler hat sich auch für Liesel Christs Volkstheater eingesetzt, etwa dadurch, daß er bei der Frankfurter Aufbau AG eine niedrige Miete durchsetzte.

„Die Kulturdezernentin total demontiert"

Dem Schleier der Maya ähnlich, hängt seit Monaten ein Gazevorhang über der Zukunft der Bühnendezernentin. Der ewige Konflikt zwischen Oberbürgermeister und Kulturdezernentin eskaliert nach der Entscheidung Schoelers, zur Konsolidierung des Bühnenhaushalts die bisherige Spartentrennung aufzuheben. Weil die Dezernentin sich weigert, diesen von der eigenen Fraktion mitgetragenen Beschluß umzusetzen, entzieht ihr von Schoeler kurzerhand die Verantwortung für den gesamten Bühnenapparat. Eigentlich ein ultimativer Grund für einen Stadtrat, sofort zurückzutreten, wenn als Kernstück des Kulturdezernats der Bühnenkoloß mit Oper, Schauspiel, Kammerspiel und Ballett herausgebrochen wird. Aber: „Ich trete nicht zurück!" Mitten in der tiefsten kulturpolitischen Krise der rot-grünen Koalition, die eigentlich einen Rücktritt fällig machte, bleibt die Politikerin ihrem Stil treu: dem unentschiedenen Lavieren zwischen einerseits und andererseits.

Ignatz Bubis feiert seinen 65. Geburtstag

Einerseits gesteht die Dezernentin auf ihrer Pressekonferenz ein, daß der „unanständige Oberbürgermeister" ihr mit seinem Entmachtungsstreich die Städtischen Bühnen aus der Hand geschlagen habe. Andererseits behauptet sie wider besseres Wissen, die Hoheit der Theaterpolitik bleibe bei ihr. Einerseits ist sie überzeugt davon, daß die Spartentrennung der Städtischen Bühnen und ihr Sparkonzept für Oper, Schauspiel und Ballett richtig sei, obwohl es grandios gescheitert war. Andererseits will sie nun bereitwillig an dem entgegengesetzten Modell „mitarbeiten". Die *Frankfurter Neue Presse* urteilt am 12. Februar 1994:

Frankfurts Kulturdezernentin bleibt weiter im Amt. Obgleich sie keinen Einfluß und keine Reputation mehr hat, bleibt sie an ihrem Chefsessel kleben. Der Machtentzug durch den Oberbürgermeister kümmert sie weniger als die drohende Versorgungslosigkeit durch ihre vorzeitige Abdankung. Dann wäre Frau Reisch, die vor ihrer Dezernatszeit nur so dahin gejobbt hatte, pleite.

Um der durch „fahrlässige Inkompetenz" verursachten unsäglichen Lage endlich Herr zu werden, hat von Schoeler dann doch noch hart durchgegriffen, um „das Kommando selbst zu übernehmen". Die Spartentrennung wird Magistratsbeschluß und die Drohung des Schauspielintendanten Peter Eschberg, seinen Vertrag über das Jahr 1996 hinaus nicht zu verlängern, wird in den Wind geschlagen.

Die CDU-Opposition läßt in der *Frankfurter Rundschau* verlauten:

„Die rot-grüne Kulturpolitik steht vor dem Bankrott", sagte Hans-Jürgen Hellwig, der kulturpolitische Sprecher der Union. Die zentrale Verantwortung für den Scherbenhaufen trage von Schoeler. Obwohl der OB gewußt habe, daß Frau Reisch keinen Rückhalt mehr in der SPD hat, habe er sie gewähren lassen. Jetzt erweise sich, daß die Spartentrennung, „das Kernstück rot-grüner Kulturpolitik", ein katastrophaler Fehler gewesen sei. „Die Demontage der Kulturdezernentin ist komplett."

Die schleichende Demontage der Kulturpolitik wird jedoch erst mit der einstimmigen Abwahl der Kulturdezernentin auf Antrag der Oberbürgermeisterin Petra Roth im Jahr 1998 und dem Amtsantritt von Nachfolger Hans-Bernhard Nordhoff (SPD) gestoppt werden.

Das verspielte Abs-Erbe für das Städel

Als der Lebensfaden des Frankfurter Ehrenbürgers Hermann Josef Abs allmählich auszufransen drohte, wollte er in seinem Testament auch das Städel großmütig bedenken, dem er so viele Jahre als autokratischer Administrationsvorsitzender tief verbunden gewesen war.

Um Abs' Wunschkandidaten Herbert Beck als Gallwitz-Nachfolger zu verhindern, berief die Kulturdezernentin eine sogenannte Findungskommission, deren einseitige Zusammensetzung dem als Museumswissenschaftler international ausgewiesenen Beck nicht die geringste Chance ließ. Erst als Bayerns Kultusminister Hans Zehetmair Herbert Beck die Leitung des Germanischen National-Museums in Nürnberg antrug, änderte sich in Frankfurt die Option, nachdem der Oberbürgermeister den Casus zur Chefsache gemacht hatte; OB von Schoeler setzte ohne weiteres Federlesen den von der Städel-Administration vorgeschlagenen Herbert Beck auch im Magistrat als Direktor von Städel, Städtischer Galerie und Liebieghaus durch.

Für Abs kam die Erfüllung seiner personalen Präferenz freilich vier Wochen zu spät. Er wollte sein von der Sozietät Peltzer & Co. paraphiertes Testament, das laut *F.A.Z.* dem Städel an die 10 Millionen Mark in barer Münze und 20

Kunstobjekte mit einem Schätzwert von damals schon 40 Millionen Mark verhieß, so lange nicht unterschreiben, wie die Kulturdezernentin Beck verhindern wollte. Die Sozietät bestreitet pflichtgemäß den Inhalt des Testaments, den mir Abs in unserem letzten Gespräch aber anvertraut hatte. Das Geheimnis im Panzerschrank der Notare ist so gut gehütet wie der Tresor-Code von Fort Knox. Solange das Geheimnis ungelüftet bleibt, gilt wohl oder übel der Verdacht der *F.A.Z.* vom 4. Juli 1996, daß der langjährige Städel-Administrator, diese „Symbolfigur der bundesrepublikanischen Wirtschaftsmacht", zwar „zeitlebens das private Engagement predigte, doch nichts hinterließ". Ohne Abs ist guter Rat heute buchstäblich teuer. Abs-Tochter Marion Claude und ihr Bruder Vincent erbten alles, und da beide mit dem Städel nicht eben viel am Hut hatten, liefen die Erwartungen des Instituts und der Stadt ins Leere – abgesehen von 1 Million Mark als Ab(s)laß.

Streitkultur

Als im Gemeindesaal von St. Cyriakus im Nordend Claus Gellersen im *FR*-Streitgespräch der Herausforderin im Kampf um den OB-Sessel zum Jahreswechsel 1992/93 das Wort erteilte, und Petra Roth den Amtsinhaber schlicht mit „Herr Schoeler" anredete, fiel ihr der sogleich ins Wort: „Herr Oberbürgermeister, bitte." Auch im Verlaufe dieses eisigen Gesprächs gelang es beiden nicht, jenes Niveau herzustellen, das in Frankfurt die Streitkultur einmal zum Begriff gemacht hatte. Mit ihren unfreiwillig komischen Volten sorgten beide wenigstens für eine Schmunzel-Resonanz: Als Petra Roth die hohen Kosten für Hauffs Geburtstagsbuffet wiederaufwärmte, fragte der OB zurück: „Welcher Hauff?" Darauf Roth: „Na, der mit dem Trott" (so hieß Hauffs Referent). Als beide sich um den genauen Namen eines gewissen CDU-Strategen stritten, klang das kabarettreif.

OB von Schoeler: Nein, Stammler heißt der Wadenbeißer der CDU-Fraktion, Stammler. Stauber ist der vom Flughafen.
Roth: So? Also auf jeden Fall glaube ich, im Namen aller meiner Parteifreunde sagen zu dürfen: Herr Dr. Staubler ist ein ganz vorzüglicher Jurist.
OB: Von denen haben wir auch zu viele. Die zerquatschen immer alles.
Roth: Wenn wir die Wahl gewinnen, dürfen die Frankfurter allerdings mit interessanten personellen Überraschungen rechnen.
FR: Herr Oberbürgermeister …

OB: ... sagen Sie doch einfach Herr OB ...

FR: ... oh, vielen Dank. Es kriselt in der rot-grünen Koalition. Wird das Bündnis weitere vier Jahre halten? Die autofreie Innenstadt ...

OB: Fahrradfrei, nicht autofrei.

Roth: Die sind doch jetzt schon am Ende. Wie wir in unserer Kern- und Grundaussage ...

OB: Das geht mir jetzt aber auf den Keks.

Roth: Sie glauben wohl, weil Sie neuerdings immer Hände küssen, wären Sie schon ein Wallmann.

OB: „Frau mit Mut, tut Frankfurt gut." Da könnt' ich mich ja aufdotzen. Das ist doch ein idiotischer Wahlslogan. Da locken Sie doch keinen müden Hund hinter dem Ofen vor.

FR: Herr Oberbürgermeister, Frau Roth, bitte ...

OB: ... Herr von Schoeler genügt.

Roth: So ein eingebildeter Pinsel.

OB: Halten Sie das fest. Sie hat Pinkel gesagt. Das Rechtsamt wird ...

Roth: Pinsel habe ich gesagt.

FR: Frau von Roth, Herr Dr. Schoeler, wir danken Ihnen ganz herzlich für dieses informative Gespräch.

Wer diesen „harten sachlichen Dialog" (*FR*) damals gelesen hatte, wird Schwierigkeiten bekommen haben, sich für die eine oder die andere Seite zu entscheiden. Daß der Dialog aber ein dreister Silvesterscherz war, haben viele Leser erst geglaubt, als die *Frankfurter Rundschau* anderntags das Geheimnis lüftete.

Schleichender Erosionsprozeß der Frankfurter SPD

Nachdem die SPD mit Andreas von Schoeler am 31. März 1993 auf den bisher tiefsten Stand der Wählergunst abgesunken war, sah die Welt für den OB weniger freundlich aus.

Bevor Umweltdezernent Tom Koenigs als designierter Kämmerer der rot-grünen Koalition seinen Schreibtischblick auf die Paulskirche richten durfte, hat er mit rüder Zunge den „bis ins Chaos geschwächten Koalitionspartner SPD" ins Visier seiner Geringschätzung genommen und als gezielte Volte hinzugefügt, beider Verhältnis „sei so, wie wenn der Juniorpartner einen Schlaganfall erlitten hätte". Mit Blick auf den bevorstehenden SPD-Parteitag macht sich Koenigs auch noch Sorgen, daß von Schoelers Partei sich „nach Hauff ein zweites Mal entleibt". Auch wenn Koenigs sich später förmlich entschuldigte, so verweist der Vorgang doch auf den schleichenden Erosionsprozeß der Frankfurter Sozialdemokraten an der Seite der selbstbewußten 14-Prozent-Partei Die Grünen.

Auf dem Parteitag mußte von Schoeler weit über seinen eigenen Schatten springen, als er der Nominierung des Stamokap-Linken Dieter Dehm für den ehrenwerten ehrenamtlichen Magistrat zustimmte, um die unsicheren Kantonisten des linken Flügels in seine Stadtpolitik einzubinden. Dehm wird später vergeblich versuchen, Karsten Voigt das Bundestagsmandat abzujagen.

Mit dem schlechtesten Nachkriegsergebnis der SPD im Nacken, mußte von Schoeler auf dem Parteitag alle Mühe aufwenden, um unbeschädigt die von Vorgänger Hauff eingeläutete Metropolenpolitik fortsetzen zu können. Die Mehrheit der Genossen sorgte sich, daß dabei die „soziale Komponente" auf der Strecke bliebe. „Schoeler muß aufpassen, daß er nicht bald als Kaiser ohne Kleider dasteht", warnt ihn väterlich die *F.A.Z.*

Als es darum ging, den Fraktionsvorsitzenden des grünen Partners, Lutz Sikorski, als hauptamtlichen Umweltdezernenten in den Magistrat zu hieven, verweigerten ihm vier SPD-Abgeordnete ihre Stimme, auch noch im zweiten Wahlgang. Der sonst stets besonnen reagierende Andreas von Schoeler war derart erbost über dieses Schurkenstück, daß er seine Contenance verlor und die vier Abweichler im Parlament als „Schweine in den eigenen Reihen" titulierte. „Das kam zwar von Herzen, gilt unter Polit-Profis indessen als Nervenschwäche", kommentierte *Der Spiegel.*

Immerhin befand sich der OB mit seinem Borstenvieh-Vergleich in ehrenwerter Gesellschaft: Schon Homer läßt Circe im 14. Gesang der *Odyssee* die Gefährten des Odysseus kurzerhand in Schweine verwandeln und selbst Christus hat böse Geister, statt Absolution zu gewähren, in eine Schweineherde verbannt (Lukas 8,32).

Schnell wurden der Fraktionsvorsitzende Günter Dürr, der Rechtsmeier Christian Raabe, der anachronistische Trotzkist Fred Gebhardt und die selbsternannte Generalistin Anita Breithaupt unter Verdacht gestellt. Der damaligen Unterbezirksvorsitzenden Breithaupt wurde nachgesagt, sie habe sich dafür rächen wollen, daß sie nach Berufung der Sozialdezernentin Christine Hohmann-Dennhardt zur Hessischen Ministerin der Justiz nicht als deren Nachfolgerin für würdig befunden worden war. Die vier bis heute nicht enttarnten Abweichler haben 1995 vermutlich auch bei der anstehenden Wiederwahl der grünen Gesundheitsdezernentin Margarethe Nimsch die rote Karte gezogen.

Von Schoeler hätte eigentlich schon nach der verstolperten Wahl des allseits beliebten Achim Vandreike zum Personaldezernenten vor der Unberechenbarkeit der SPD-Fraktion gewarnt sein müssen, die dem ehemaligen Personalrats-vorsitzenden erst im dritten Wahlgang das Vertrauen auszusprechen bereit war.

Die Auguren mutmaßten hinter dem „Putsch der SPD-Fraktion" (Cohn-Bendit) das strategische Manöver jener Anti-Schoeler-Fronde, die den Bruch mit den Grünen provozieren wollte, um in einer großen Koalition mit den Christdemokraten ihre eigenen Chancen zu verbessern. Sie wollten aus dem maroden „Chaos-Bündnis" aussteigen, schon allein, um das Schuldenkonto von 8 Milliarden Mark endlich zu tilgen. Der Hessische Innenminister hatte sich bereits gezwungen gesehen, ein „Sanierungskonzept" einzufordern. Unter dem Motto „Ehrlichkeit ist das Gebot der Stunde" wollte Schoeler den Zwang zum Sparen als politische Tugend beschwören, die mit einem Verlust von über 50 Millionen Mark allein in der Kultur eine Katastrophe bedeuten wird und für zahlreiche Jugendhäuser das endgültige Aus.

Daß der neue grüne Kämmerer Tom Koenigs sein privates Millionenerbe dem Vietkong vermacht hatte, schien den Bankern in den Frankfurter Vor-standsetagen nicht ganz geheuer. Koenigs bleibt gelassen: „Scheitere ich, schei-tert auch der Herr von Schoeler." Denn „aus dem Amt kippen kann mich nur die SPD – und die tut das nicht". Tatsächlich wird aber im März 1995 OB von Schoeler von den Wählern aus dem Amt gekippt, während Tom Koenigs unter Petra Roth bis 1997 Stadtkämmerer bleibt.

Die Konflikte hinter den Kulissen zwischen Alt-SPD und „Modernisie-rern", zwischen beharrenden und linksgestümen Gefolgschaften, zwischen rechtem „Nieder Kreis" und linkslinker „Koko" schienen Schoeler-Vorgänger Hauffs Einschätzung zu bestätigen, daß die „Fähigkeit zur Kungelei" hierorts wichtiger sei als Kompetenz. Diese Annahme hatte Hauff sogar bewogen, den Vorsitzenden der SPD-Fraktion als „Sicherheitsrisiko für jeden Oberbürger-meister" öffentlich zu brandmarken. Planungsdezernent Martin Wentz hält dagegen eher „die Leute um Dürr für das größte Sicherheitsrisiko für den Ma-gistrat". Spricht der ehemalige Vorsitzende der Frankfurter SPD aus Erfah-rung?

Als erhebliches Risiko für OB von Schoeler hatte sich 1993 bereits der vor-herige Stadtkämmerer Martin Grüber entpuppt. Mit ihrem Dringlichkeitsan-trag, die bisher ehrenamtliche Position des Geschäftsführers der städtischen Wohnungsbau-Holding nicht in eine hochbezahlte hauptamtliche umzuwan-deln, hatte die CDU-Fraktion voll ins Schwarze getroffen. Damit wurde ein bi-zarrer Gedankenaustausch zwischen den Parteifreunden Martin Grüber und Andreas von Schoeler dramatisch in Szene gesetzt. Dem lustlosen Kämmerer Grüber den Wechsel an die Spitze der Holding mit einem Jahressalär von

300.000 DM zu versüßen, nannte CDU-Sprecher Hans-Jürgen Hellwig „einen Weg vom Dienen zum Selbstbedienen".

Nachdem der OB im Stadtparlament Martin Grüber mit den Worten in Schutz genommen hatte, es gehöre sich nicht, einen Kämmerer derart „runter-zusauen", der solche „persönlichen Diffamierungen" nicht verdient habe, be-trat der protokollarisch als Debattenredner gar nicht vorgesehene Stadtkämme-rer in eigener Sache die Szene. Statt wie erwartet die „persönlichen Diffamierungen" der CDU zu rügen, zog Grüber beherzt gegen die eigene Ko-alition vom Leder, die unfähig sei, den Wechsel aus der Magistratshoheit in eine stadtnahe Holding „sachbezogen zu diskutieren und zu entscheiden". Zur großen Überraschung des Parlaments und besonders des OB teilte der indi-gnierte Grüber lakonisch mit, daß er nicht mehr zur Verfügung stehe, falls es dem OB nicht gelänge, die Diskussion in sachliche Bahnen zu lenken.

Nach einer Denkpause besteigt von Schoeler erneut die Rostra und sorgt für die zweite große Überraschung, als er kurz und bündig erklärt: „Grüber wird nicht Holding-Chef." Basta! Weil ihm aber ohne Parlamentsbeschluß eine Strafexpedition in Form einer Abwahl Grübers nicht wird gelingen können, läßt Hellwig für die CDU-Fraktion schon mal vorsorglich verlauten: „Wenn die den in die Wüste schicken wollen, sollen sie das alleine tun."

Kleinkarierte Verleumdungsversuche

Nachdem der schwergewichtige Frankfurter Unternehmer und Sozialdemokrat Claus Wisser zwei Großaufträge von den Frankfurter Stadtwerken erhalten hatte, witterten die Gerüchteköche Vorteilsnahme gleich durch zwei OBs. Wisser hatte im Privatflugzeug Andreas von Schoeler nach Elba mitgenom-men, wo die Schoelers unter mediterraner Sonne ein Ferienhaus besaßen. Im-merhin ermittelte die Staatsanwaltschaft wegen eines Anfangsverdacht, der darin bestanden haben könnte, daß Schoeler und sein ebenfalls mit Wisser be-freundeter Vorgänger Volker Hauff dem Unternehmer Aufträge zugeschanzt und dafür Leistungen erhalten haben könnten, die sie als Magistratsmitglieder nicht hätten annehmen dürfen. Wisser bestreitet entschieden, seine Firma IHS habe den Auftrag für die „Citystreifen" seinen Beziehungen zu Hauff oder zu dessen damaligem Rechtsdezernenten von Schoeler zu verdanken.

Nachdem die Staatsanwaltschaft geprüft hatte, ob im Falle Hauff die Miete in einer Wisser-Immobilie im Westend unter dem üblichen Mietspiegel an den OB vermietet worden war, hat die Behörde Entwarnung gegeben: Hauff zahlte

Philippe Petit bei seinem spektakulären Hochseillauf anläßlich der 1200-Jahr-Feier der Stadt Frankfurt im Juni 1994

sogar mehr Miete als die Nachbarn in der Telemannstraße – 17 Mark pro Quadratmeter. Und die Staatsanwaltschaft attestierte Wisser, daß er Großaufträge der Stadt schon unter CDU-Regierungen erhalten hatte. Die Staatsanwaltschaft weiter wörtlich: „Da auf Seiten von Oberbürgermeister von Schoeler und Ex-OB Hauff keine Anhaltspunkte für Vorteilsnahmen zu konstatieren sind, können umgekehrt beim Unternehmer Wisser keine Vorteilsgewährungen gegeben sein." Die Logik bleibt Sieger, viel Lärm um nichts.

Was im Vergleich der Biographien der Frankfurter OBs unschwer zu erkennen ist: Bei fast allen Oberbürgermeistern wurde von der jeweiligen Opposition versucht, durch üble Nachrede den politischen Gegner öffentlich anzuschwärzen.

Bei von Schoeler sorgte dann auch noch die sogenannte Überstundenaffäre für gehörige Irritationen, die allerdings konkretere Ursachen hatte: Im Büro des Oberbürgermeisters wurden exorbitant höhere Überstundenbeträge ausgezahlt als in jedem anderen Dezernat. Von Schoeler bezeichnet den Vorfall in der *F.A.Z.* als Fehler und erklärt, „daß bei der Abgeltung von Überstunden Regelungen zustande gekommen seien, die mit dem Gehaltsgefüge des öffentlichen Dienstes nicht vereinbar gewesen seien." Dieser Fehler sei aber korrigiert worden. Ein Geschmäckle ist geblieben.

Tabellarische Bestandsaufnahme der Jahre 1991 bis 1995

1991	Einweihung des Museums für Moderne Kunst
1991	Nach Behebung der Brandschäden Wiedereröffnung der Oper mit Mozarts *Zauberflöte*
1991	Beim ersten European Banking Congress in Frankfurts Alter Oper trifft Bundesbankpräsident Helmut Schlesinger erstmals auch auf Kollegen aus Osteuropa.
1991	Theater Willy Praml gegründet (seit 2000 Spielstätte in der Naxoshalle)
1991	Von Schoeler stiftet die Johanna-Kirchner-Medaille.
1991	Schaffung des 80 Quadratkilometer großen, „GrünGürtel" genannten Landschaftsschutzgebiets rund um die Stadt
1992	Zusammen mit Ignatz Bubis eröffnet von Schoeler am 29. November das neue Museum Judengasse als Dependance des Jüdischen Museums.
1992	Gemeinsames Plakat aller Parteien gegen Diskriminierung
1991/1992	Gegen den Willen der Kulturdezernentin verfügt der OB eine Opern-Doppelspitze und ernennt Hans-Peter Doll zum Opernintendanten. Martin Steinhoff wird Geschäftsführender Direktor.
1993	Wilhelm Bender wird Chef von Fraport
1993	Der OB empfängt mit Helmut Kohl die Rothschild-Familie anläßlich des 220. Geburtstages von Amschel Mayer Freiherr von Rothschild (1773–1855).
1993	Verärgert über die Kulturpolitik der Stadt, kehrt Schirndirektor Christoph Vitali Frankfurt den Rücken und übernimmt in München die Leitung des Hauses der Kunst.
1994	15 Intendanten und Institutsleiter verfassen am 9. April ein polemisches Manifest gegen die Kulturpolitik des Schoeler-Magistrats.
1994	Dieter Rexroth erhält für die 1200-Jahr-Feiern einen Extra-Etat für kulturelle Glanzlichter wie Met-Gastspiel, Pramls *Faust* in der Paulskirche, Hochseillauf usw.
1994	Vertragliche Sicherung des Depots als Spielstätte
1994	Hellmut Seemann übernimmt die Leitung der Schirn.
1994	Hindemith-Institut erstmals von der Stadt gefördert
1994	Ehrenbürger Abs stirbt am 5. Februar mit 92 Jahren, ohne der Stadt sein angekündigtes Erbe zu überlassen.

1995   Eröffnung des Informationszentrums Wald im Stadtwaldhaus
        auf dem ehemaligen Gelände der Fasanerie

- Einführung des Frankfurt-Passes
- Entwicklung der Drogenpolitik mit dem Gleichklang von Hilfsangeboten
  (Spritzentausch, Methadonprogramm, Druckräume etc.) und repressiven
  Maßnahmen (Auflösung der offenen Drogenszene in der Taunusanlage)
- Erweiterung der Messe mit neuer Halle und Entscheidung für den Bau des
  Kongreßzentrums
- Auflösung des FVV und Gründung des Rhein-Main-Verkehrsverbundes
- Entscheidung für große neue Wohngebiete (Schlachthofgelände, Westhafen,
  Preungesheimer Beuge, Riedberg)
- Hochhausbebauungsplan mit neuen Standorten für Hochhäuser in der In-
  nenstadt
- Entscheidung für Zulassung eines privaten Hochleistungstelekommunikati-
  onsnetzes als erste deutsche Großstadt
- Beginn der Verwaltungsreform (Budge-
  tierung, Einführung EDV, Überfüh-
  rung der Stadtwerke in eine GmbH
  etc.)
- Verkehrsberuhigung in Wohnvierteln
  (Einführung Tempo 30, verkehrsberu-
  higte Zonen)
- Von Schoeler beauftragt Planungsbüro
  Albert Speer, einen Plan für den Ausbau
  des Güterhafens Ost auszuarbeiten.
- Unter von Schoeler und Baudezernent
  Martin Wentz sind auf dem Riedberg-
  gelände Wohnungen für 15000 Menschen entstanden.

Von Schoeler läßt sich abwählen

Als am 13. März 1995 mit Gesundheitsdezernentin Margarethe Nimsch ein zweites Mal ein von OB Andreas von Schoeler
vorgeschlagenes Magistratsmitglied des

Andreas von Schoeler beim Tag
der offenen Tür in Höchst 1991

543

Koalitionspartners Die Grünen wegen vier fehlender Stimmen nicht vom Parlament gewählt worden war, wurde er unter seiner Sonnenbräune kreidebleich. Von Schoeler zog die Konsequenzen und forderte die Stadtverordnetenversammlung auf, „zu ihrer Verantwortung zu stehen, mich abzuwählen und dadurch den Weg zu einer möglichst schnellen Direktwahl freizumachen."

Warum er nicht einfach zurückgetreten sei? Nun: „Zurück tritt, wer silberne Löffel gestohlen oder wer nicht mehr die Kraft oder die Lust hat, seine Pflicht zu tun. Ich habe mir weder das eine noch das andere vorzuwerfen. Vorgänger Volker Hauff, der hatte 1991 keine Lust mehr", gibt von Schoeler angriffslustig zu Protokoll. Er ist aber wohl auch deshalb nicht einfach zurückgetreten, weil er sonst seines Pensionsanspruchs verlustig gegangen wäre. Ein durchaus ehrenwerter Grund, sich abwählen zu lassen.

Optimistisch in seine eigene nahe Zukunft blickend, erklärte sich Andreas von Schoeler bereit, sich nach seiner Abwahl dem Votum der Wähler erneut bei der neu eingeführten Direktwahl zu stellen: „Ich werde diesen Wahlkampf führen, um das Vertrauen der Mehrheit der Wähler für mich und meinen Kurs zu erlangen. Ich setze dabei auf die Zustimmung, die ich in den letzten vier Jahren aus allen Gruppen der Bevölkerung und von Anhängern verschiedener Parteien erfahren habe." Den rot-grünen Gefühlshaushalt in Rechnung stellend, fügte er trotzig hinzu: „Ich werde in diesem Direktwahlkampf aber auch für eine Fortsetzung der Koalition aus SPD und Grünen in unserer Stadt eintreten."

Die Stadtverordnetenversammlung trat am 20. März 1995 zusammen und wählte Andreas von Schoeler gemäß Paragraph 76 der Hessischen Gemeindeordnung mit 73 Stimmen bei 8 Gegenstimmen (Republikaner) aus dem Amt. Bis zur Direktwahl des neuen Oberbürgermeisters am 25. Juni wird er vom grünen Stadtkämmerer Tom Koenigs vertreten.

Duell zwischen dem OB und dessen Herausforderin Petra Roth

Ich bin mehr als der Kandidat der SPD,
ich werde von mehr Leuten getragen.
Andreas von Schoeler im Juni 1995

Zum ersten Mal in der Geschichte der Stadt wird 1995 der Oberbürgermeister nicht mehr von den Stadtverordneten gewählt, sondern direkt vom Volk. Obwohl die jeweiligen Spitzenkandidaten von ihren Parteigremien ins Rennen geschickt wurden, sollte in erster Linie die Neugier auf die Persönlichkeitswerte der Bewerber die Wähler reizen, die Wahlkabinen aufzusuchen. Bei den öffentlichen Duellen war es für Andreas von Schoeler deshalb schwieriger, immer klar konturierte Positionen erkennen zu lassen, als für die CDU-Kandidatin Petra Roth. Denn von Schoeler war in der vermaledeiten Situation, gleich für zwei Parteien antworten zu müssen, die sich zwar auf ihn als gemeinsamen Frontmann geeinigt hatten, sich in kardinalen Punkten aber doch widersprachen. So mußte von Schoeler zum Beispiel bei der Frage, ob er für oder gegen die Schließung der Autobahnbrücke am Riederwald eintreten werde, bei einem literarischen Muster Nestroys Zuflucht nehmen: „Erkläret mir, Graf Oerindur, diesen Zwiespalt der Natur". Ganz persönlich sei er für den Bau des Riederwaldtunnels, als OB aber werde er sich für das Projekt nicht stark machen, das widerspräche dem Koalitionsvertrag. Petra Roth punktete mit einem eindeutigen Bekenntnis für den Bau des Tunnels, dadurch würden die Stadtteile Riederwald und Enkheim vom leidigen Durchgangsverkehr entlastet, und für die vielen Laster werde ein besserer Anschluß an die östlichen Gewerbegebiete gewonnen.

Außer dem Verkehr wurden im *FR*-Duell am 22. Juni 1995 der Wohnungsbau, die Arbeitsplätze, das soziale Netz und die Finanzen als wichtige Themenfelder beackert, aber kein Wort zur Kultur.

Bei Finanzfragen spielten die Gesetze und Normen der Bundesregierung insofern mit hinein, als der Magistrat über bestimmte Vorhaben gar nicht selber entscheiden konnte, wie zum Beispiel jenes, die Gewerbekapitalsteuer zu streichen und die Gemeinden für den Einnahmeausfall durch eine kommunale Beteiligung am Mehrwertsteuer-Inkasso zu entschädigen. Von Schoeler verspricht Schuldenabbau und Investitionsstopp, um der Stadt aus der Bredouille zu helfen.

Während Petra Roth das Thema Arbeitsplätze zur „Chefsache" zu machen verspricht, bekennt sich ihr Kontrahent zum Industrie- und Produktionsstandort, weil ein Branchenmix zwischen weißen Kragen und Blaumännern zusätzliche Arbeitsplätze schaffe.

Schoeler möchte Wohnungen auf dem Rebstockgelände am Riedberg und am Westhafen bauen, während das im Grüngürtel gelegene Seckbach-Nord als Naherholungsgebiet nicht bebaut werden dürfe. Petra Roth hingegen hält dieses Gelände für geradezu ideal für eine Mischbebauung.

Weil bei diesem Dialog ohne Publikum sich kaum wörtliche Zitate in den Blättern wiederfanden, mußte der Leser davon ausgehen, daß auf Augenhöhe diskutiert worden war. Auf gefällige Verbalinjurien wurde offenbar verzichtet, weil potentielle Beifallsspender gar nicht eingeladen wurden.

In einem *FR*-Gespräch fragt Claus Gellersen von Schoeler gezielt nach „dessen unverwechselbarer Handschrift" und was in Frankfurt „nicht ohne ihn geschehen wäre". Der OB verweist auf die Fortschritte in der Verbrechensbekämpfung: „Besonders engagiert habe ich mich im Sicherheitsbereich. Sicherheitsstreifen, Grenzschutz am Flughafen, damit mehr Polizei bei der Stadt. Die Hütchenspielerszene wurde zerschlagen. Nachtkonzessionen gibt es nur noch für seriöse Wirte. Spielcasinos wurden dicht gemacht. Die Dealer an der Konstablerwache werden vertrieben."

Gefragt, was die Kommunalwahl im März entscheide, antwortet er: „Die Wahl entscheidet, ob unser Schwerpunkt im Sozialen – vom Wohnungsbau, über Kinder und öffentlicher Nahverkehr – bestätigt wird. Das wird unser Schwerpunkt auch im Wahlkampf sein: mit dem Strukturwandel und den Wachstumsschüben – die es gibt und geben muß – fertig zu werden."

Anders verlief das wohl entscheidende Streitgespräch kurz vor dem Wahlsonntag live im Hessischen Fernsehen. Es waren die nämlichen Themen und Thesen, aber in unterschiedlichen Temperamenten und Tonarten präsentiert. Nach der alten Weisheit, es sei der Ton, der die Musik macht, ließ Petra Roth das Pendel zu ihren Gunsten ausschlagen. Der unkaschierte arrogant-herablassende Ton des „ewigen Besserwissers" (*FNP*) Schoeler und das ehrlich-naive Bekenntnis Roths, das eine oder andere noch nicht wissen zu können, aber dieses gern bald zu lernen, rief den Fernsehzuschauern die Erkenntnis von Max Weber in Erinnerung, daß Politik niemals alternativlos ist.

Obwohl ein habituell eher konservativer Andreas von Schoeler im Fernsehduell nicht wie auf Parteitagen und in Ortsvereinen abgestandene Linksweisheiten bis zur Leugnung des gesunden Menschenverstandes aus falsch verstandener Parteiräson vortragen mußte, ist er im Wettbewerb mit der frisch-fröhlich unbefangenen Petra Roth zweiter Sieger geblieben. Während von Schoeler im Revier der adäquaten Wörter und korrekten Begriffe als Oberförster zu punkten hoffte, gewann Petra Roth ihre Legitimation aus dem natürlichen Affekt, anstatt sich am trockenen Alphabet der Verfassung oder an einer höchst banalen Kommunalsatzung emporzuphilosophieren. Andreas von Schoeler hat die Wahlen nicht wegen mangelnder Kompetenz verloren, sondern weil er im entscheidenden Fernsehduell sein Amts-Charisma als Mitgift allzu hochmütig ausspielte. Dieser Beigeschmack arroganter Manier hat ihn bei den 100.000 Fernsehzuschauern Sympathien gekostet. Seht her, schien er zu sagen, hier sitzt der gebildete Allroundjurist mit den staatstragenden Weihen eines Parlamentarischen Staatssekretärs, dort die ehemalige Arzthelferin und kleine Stadtverordnete. Doch Roth hatte mit ihrem Versuch Erfolg, ein selbstbewußtes Bürgertum zu repräsentieren, das sich vor dem Adel nicht duckt. Im Eifer des live gesendeten Fernsehschlagabtauschs hatte Andreas von Schoeler die aristokratische Tugend noblesse oblige offenbar suspendiert.

Diese erste Direktwahl eines Oberbürgermeisters in Frankfurt gewann mit 51,9 Prozent der Stimmen Petra Roth. Dieses Ergebnis ist um so erstaunlicher, als der populäre von Schoeler in den Umfragen noch im März mit 49 Prozent Zustimmung deutlich vor Petra Roth mit nur 35 Prozent gelegen hatte und als haushoher Favorit ins Rennen gegangen war.

Was macht eigentlich Andreas von Schoeler heute?

Wie weiland Walter Wallmann und Volker Hauff hat auch Andreas von Schoeler nach einer Wahlniederlage weder eine spektakuläre noch eine lukrative Karriere im privaten Sektor angestrebt, anders als Wolfram Brück beim Grünen Punkt oder, eine Etage höher, der ehemalige Bundeskanzler Schröder bei Gazprom, Joschka Fischer bei REWE oder Roland Koch bei Bilfinger Berger.

Ohne öffentliche Würden umweht Andreas von Schoeler ein sympathischer Hauch aristokratischen Flairs. Bald nach seinem Abschied aus der Politik stieg er in die Beratungsbranche ein, zunächst bei Andersen Consulting. Ab 2000 war das frühere Stadtoberhaupt Geschäftsführer der CSC Deutschland Solutions GmbH, 2007 wurde er zum Aufsichtsrat der Unternehmensberatung MP Marketing Partner AG in Wiesbaden bestellt.

Seit 2010 engagiert sich Andreas von Schoeler ehrenamtlich in der Kultur, er wurde zum Vorsitzenden des Fördervereins des Jüdischen Museums gewählt. Auf Anhieb sollte es ihm gelingen, Deutsche-Bank-Chef Josef Ackermann als Promoter zu gewinnen und ihm die erkleckliche Summe von 250.000 Euro für den geplanten Anbau an das Rothschildpalais abzuringen. Chapeau für Nehmer und Geber!

Wie nicht anders zu erwarten, ist Andreas von Schoeler in Frankfurt geblieben. Man wird in unserer Stadt bestimmt noch von ihm hören.

Frankfurter Magistrat und Stadtverordnetenvorsteher nach 1945

Oberbürgermeister

Wilhelm Hollbach	parteilos	28.03.1945–04.07.1945
Dr. Kurt Blaum	CDU	04.07.1945–20.08.1946
Dr. h. c. Walter Kolb	SPD	01.09.1946–20.09.1956
Dr. h. c. Werner Bockelmann	SPD	04.04.1957–29.06.1964
Prof. Dr. Willi Brundert	SPD	27.08.1964–07.05.1970
Walter Möller	SPD	09.07.1970–16.11.1971
Rudi Arndt	SPD	06.04.1972–04.04.1977
Dr. Walter Wallmann	CDU	15.06.1977–05.06.1986
Wolfram Brück	CDU	14.08.1986–22.05.1989
Dr. Volker Hauff	SPD	15.06.1989–31.03.1991
Andreas von Schoeler	SPD	05.08.1991–19.04.1995
Dr. h. c. Dr. h. c. Petra Roth	CDU	05.07.1995–01.07.2012
Peter Feldmann	SPD	seit 01.07.2012

Bürgermeister

Dr. Karl Altheim	SPD	25.07.1945–03.09.1946
Eugen Helfrich	parteilos	26.09.1946–30.06.1948
Dr. Walter Leiske	CDU	01.07.1948–30.06.1960
Rudolf Menzer	SPD	01.07.1960–06.07.1966
Dr. Wilhelm Fay	CDU	07.07.1966–06.07.1972
Rudolf Sölch	SPD	07.07.1972–04.06.1976
Martin Berg	SPD	10.06.1976–09.06.1982
Dr. Hans-Jürgen Moog	CDU	01.07.1982–30.07.1994
Joachim Vandreike	SPD	13.11.1997–22.06.2006
Jutta Ebeling	DIE GRÜNEN	13.07.2006–14.03.2012
Olaf Cunitz	DIE GRÜNEN	seit 15.03.2012

Stadtkämmerer

Georg Klingler	CDU	26.09.1946–30.06.1966
Hubert Grünewald	CDU	07.07.1966–31.12.1968
Rudolf Sölch	SPD	20.02.1969–06.07.1972
Hermann Lingnau	SPD	07.07.1972–06.07.1978

Ernst Gerhardt	CDU	07.07.1978–09.09.1989
Martin Grüber	SPD	10.09.1989–22.07.1993
Tom Koenigs	DIE GRÜNEN	23.07.1993–05.03.1997
Albrecht Glaser	CDU	05.03.1997–31.12.2001
Horst Hemzal	CDU	01.01.2002–01.04.2007
Uwe Becker	CDU	seit 01.04.2007

Planungsdezernenten

Dr. Moritz Wolf	CDU	01.07.1948–30.06.1954
Adolf Miersch	parteilos	01.07.1954–13.12.1955
Dr. Hans Kampffmeyer	SPD	05.07.1956–26.01.1972
Dr. Hanns Adrian	SPD	27.01.1972–28.02.1975
Dr. Hans Erhard Haverkampf	SPD	01.05.1975–11.07.1978
Dr. Hans Küppers	CDU	11.07.1978–22.05.1989
Dr. Martin Wentz	SPD	16.06.1989–08.03.2000
Edwin Schwarz	CDU	08.03.2000–15.03.2012
Olaf Cunitz	DIE GRÜNEN	seit 15.03.2012

Kulturdezernenten

Dr. Karl vom Rath	FDP	16.10.1950–30.09.1970
Prof. Dr. h. c. Dr. h. c. Hilmar Hoffmann	SPD	15.10.1970–04.05.1990
Linda Reisch	SPD	10.05.1990–09.07.1998
Dr. Hans-Bernhard Nordhoff	SPD	17.09.1998–22.06.2006
Prof. Dr. Felix Semmelroth	CDU	seit 13.07.2006

Sozialdezernenten

Rudolf Prestel	CDU	21.10.1946–30.06.19966
Ernst Gerhardt	CDU	07.07.1966–06.07.1972
Martin Berg	SPD	07.07.1972–22.02.1979
Karl-Heinz Trageser	CDU	23.02.1979–23.04.1987
Manfred Sutter	CDU	15.07.1987–22.05.1989
Dr. Christine Hohmann-Dennhardt	SPD	16.06.1989–04.04.1991
Martin Berg	SPD	14.05.1992–28.02.1995
Joachim Vandreike	SPD	01.03.1995–07.03.2000
Horst Hemzal	CDU	08.03.2000–07.11.2001
Franz Frey	SPD	08.11.2001–22.06.2006

Uwe Becker	CDU	14.07.2006–04.06.2007
Prof. Dr. Daniela Birkenfeld	CDU	seit 05.06.2007

Sportdezernenten

Dr. Hellmuth Reinert	SPD	01.07.1948–03.06.1960
Rudolf Menzer	SPD	01.07.1960–06.07.1966
Willi Cordt	SPD	07.07.1966–07.06.1968
Prof. Dr. Peter Rhein	SPD	10.10.1968–22.05.1989
Sylvia Schenk	SPD	16.06.1989–11.06.2001
Dr. Hans-Bernhard Nordhoff	SPD	12.06.2001–07.11.2001
Joachim Vandreike	SPD	08.11.2001–22.06.2006
Uwe Becker	CDU	14.07.2006–04.06.2007
Prof. Dr. Daniela Birkenfeld	CDU	05.06.2007–06.05.2009
Markus Frank	CDU	seit 07.052009

Wirtschaftsdezernenten

Eugen Helfrich	CDU	21.10.1946–30.06.1948
Dr. Walter Leiske	CDU	01.07.1948–30.06.1954
Dr. Karl Altheim	SPD	01.07.1954–01.09.1961
Dr. Wilhelm Fay	CDU	09.03.1962–01.06.1972
Rudolf Sölch	SPD	02.06.1972–04.06.1976
Willi Reiss	SPD	11.06.1976–30.06.1979
Martin Berg	SPD	02.07.1979–09.06.1982
Dr. Hans-Jürgen Moog	CDU	01.07.1982–31.01.1987
Udo Müller	CDU	01.02.1987–22.05.1989
Dr. Hans-Jürgen Moog	CDU	23.05.1989–15.06.1989
Andreas von Schoeler	SPD	16.06.1989–05.07.1995
Petra Roth	CDU	06.07.1995–16.11.1995
Albrecht Glaser	CDU	17.11.1995–30.09.1997
Udo Corts	CDU	01.10.1997–07.04.1999
Edwin Schwarz	CDU	24.06.1999–31.12.2001
Nikolaus Burggraf	CDU	01.01.2002–14.03.2006
Edwin Schwarz	CDU	15.03.2006–30.10.2007
Boris Rhein	CDU	31.10.2007–06.05.2009
Markus Frank	CDU	seit 07.05.2009

Schuldezernenten

Heinrich Seliger	SPD	21.10.1946–30.06.1954
Prof. Dr. Theodor Gläß	SPD	01.07.1954–02.06.1965
Will Cordt	SPD	03.06.1965–09.10.1968
Prof. Dr. Peter Rein	SPD	10.10.1968–19.01.1978
Bernhard Mihm	CDU	20.01.1978–22.05.1989
Prof. Hilmar Hoffmann	SPD	23.05.1989–15.06.1989
Jutta Ebeling	DIE GRÜNEN	16.06.1989–14.03.2012
Sarah Sorge	DIE GRÜNEN	seit 15.03.2012

Stadtverordnetenvorsteher nach 1945

Johannes Rebholz	SPD	1946–1947
Joseph Auth	SPD	1947–1948
Hermann Schaub	SPD	1948–1956
Erwin Höcher	SPD	1956–1960
Heinrich Kraft	SPD	1960–1971
Willi Reiss	SPD	1971–1976
Dr. Frolinde Balser	SPD	1976–1977
Hans Ulrich Korenke	CDU	1977–1981
Dr. Hans Jürgen Hellwig	CDU	1981–1984
Paul Labonté	CDU	1984–1989
Ute Hochgrebe	SPD	1989
Hans Busch	SPD	1989–1993
Petra Roth	CDU	1993–1994
Helmut Reischmann	CDU	1994–1997
Bernhard Mihm	CDU	1997–2001
Karlheinz Bührmann	CDU	2001–2011
Dr. Bernadette Weyland	CDU	seit 2011

Literaturverzeichnis

Unser schönes altes Frankfurt – von Bomben zerstört / Wilhelm Hollbach

Karl Heinz Arnold: Gespräch mit Hilmar Hoffmann am 20. Juni 2011

Frolinde Balser: Aus Trümmern zu einem europäischen Zentrum, Jan Thorbecke Verlag, Sigmaringen 1995

Anthony Beevor: D-Day. Die Schlacht um die Normandie, Bertelsmann Verlag, München 2010

Evelyn Hils-Brockhoff/Tobias Picard: Frankfurt im Bombenkrieg – März 1944, Wartberg Verlag, Gudensberg-Gleichen 2004

André Glucksmann: Am Ende des Tunnels. Das falsche Denken ging dem katastrophalen Handeln voraus. Eine Bilanz des 20. Jahrhunderts, Siedler Verlag, Berlin 1991

Max Frisch: Tagebuch 1946–1949, Suhrkamp Verlag, Frankfurt am Main 1960

Hilmar Hoffmann: Trauerrede auf Marie-Luise Kaschnitz am 14. Oktober 1984 im Kaisersaal des Römers

Hilmar Hoffmann: Der 8. Mai 1945, in: Hans Sarkowicz (Hg.): Als der Krieg zu Ende war, Insel Verlag, Frankfurt am Main 1995

Hilmar Hoffmann: Frankfurts starke Frauen, Societäts-Verlag, Frankfurt am Main 2006

Wilhelm Hollbach: Als die Amerikaner nach Frankfurt kamen, in: Frankfurter Neue Presse, 26. März 1955

Wilhelm Hollbach: Es dämmerte wieder nach längerer Zeit, in: Frankfurter Rundschau, 29. März 1955

Wilhelm Hollbach: Mit nichts fingen wir an, in: Frankfurter Neue Presse, 29. März 1955

hke: Es dämmerte wieder nach langer Nacht, in: Frankfurter Rundschau, 29. März 1955

Lorenz Jäger: Zum Hunger trat der weiße Tod, in: Frankfurter Allgemeine Zeitung, 24. Dezember 2009

Jürgen Jeske (Hg.): Eine bürgerliche Institution: Frankfurter Gesellschaft für Handel, Industrie und Wissenschaft. Festschrift zum 90. Jubiläum, Societäts-Verlag, Frankfurt am Main 2009

Marie Luise Kaschnitz: Orte, Aufzeichnungen, Insel Verlag, Frankfurt am Main 1973

Fred Kickhefel: Viele Lebensmittel gab es nur auf dem Papier, in: Frankfurter Rundschau, 7. Mai 2005

Wolfgang Klötzer (Hg.): Frankfurter Biographie, Bd. 1, A–L, Verlag Waldemar Kramer, Frankfurt am Main 1994

Alexander Kluge: Das fünfte Buch. Neue Lebensläufe, Suhrkamp Verlag, Berlin 2012

Heike Lattka: Retter der kollektiven Erinnerung, in: Frankfurter Allgemeine Zeitung, 18. Januar 2011

Madlen Lorei, Richard Kirn: Frankfurt und die drei wilden Jahre, Verlag Frankfurter Bücher, Frankfurt am Main 1962

Godrian Maugg/Alexander Häusser: Überleben nach dem Krieg, Dokumentarfilm, ARD, 27. Dezember 2009, 21.45 Uhr

Thomas Meyer: Sie führten das Stadtregiment, in: Frankfurter Allgemeine Zeitung, 27. August 1964

Claudia Michels: Elendsgestalten in Lumpen, in: Frankfurter Rundschau, 26. Januar 2008

Günter Mick: Den Frieden gewinnen, Verlag Waldemar Kramer, Frankfurt am Main 1985

Paul Nolte: Freiheit in der Bindung, in: Frankfurter Rundschau, 26. April 2010

Benno Reifenberg: Ein tüchtiger Journalist, in: Frankfurter Allgemeine Zeitung, 12. Dezember 1962

Schweizer Illustrierte Zeitung, 4. Juli 1945

Armin Schmid: Frankfurt im Feuersturm, Societäts-Verlag, Frankfurt am Main 1984

Valentin Senger: Kaiserhofstraße 12, Schöffling & Co., Frankfurt am Main 2010

Bettina Tüffers: Von der Römerkoalition zur Parteienkonkurrenz, Waldemar Kramer Verlag in der marixverlag GmbH, Frankfurt am Main/Wiesbaden 2011

Jürgen Walburg: Die Alliierten ernannten Hollbach und Blaum, in: Frankfurter Neue Presse, 15. Dezember 2008

wb: Wilhelm Hollbach, Mann der ersten Stunde, in: Frankfurter Rundschau, 7. Juli 1970

www.aufbau-ffm.de

www.stadtgeschichte-ffm.de

Dr. Kurt Blaum

Kurt Blaum: Lebenslauf, in: Die Stadt Hanau, der Main- und Kinziggau, Deutscher Kommunal-Verlag, Berlin-Friedenau 1929

Kurt Blaum: Weihnachtsansprache, Verlag Waldemar Kramer, Frankfurt am Main 1945

Kurt Blaum, Wohnungsfrage – Kohlenfrage, in: Frankfurter Neue Presse, 26. Juli 1945

Kurt Blaum: Einigkeit und Selbsthilfe, in: Frankfurter Rundschau, 4. August 1945

Kurt Blaum: Über Kommunalpolitik, in: Das Rathaus. Zeitschrift für Kommunalpolitik, Nr. 6, 1955

Peter Paul Born: Ein Amt, das nur wenige alt werden ließ, in: Frankfurter Neue Presse, August 1986

Erich Helmensdorfer: Das „man" des Oberbürgermeisters war er selbst, in: Frankfurter Allgemeine Zeitung, Nr. 103, 4. Mai 1985

Erich Helmensdorfer, Vom Jahr der schlimmsten Nöte nach Kriegsende, in: Frankfurter Allgemeine Zeitung, Nr. 106, 7. Mai 1985

Hilmar Hoffmann: Frankfurts Stardirigenten, Societäts-Verlag, Frankfurt am Main 2008

Hilmar Hoffmann: 100 Jahre Film. Von Lumière bis Spielberg 1894–1994, Econ Verlag, Düsseldorf 1995

Wilhelm Hollbach: Brief an Walter Kolb vom 14. September 1956, Kolb-Nachlaß des Instituts für Stadtgeschichte

Kurt Kraus: 125 Jahre Polizeipräsidium Frankfurt am Main, Ein Streifzug durch die Frankfurter Polizei- und Justizgeschichte, 2. Aufl., Gackenbach 1993

Madlen Lorei, Richard Kirn: Frankfurt und die drei wilden Jahre, Verlag Frankfurter Bücher, 4. Auflage, Frankfurt am Main 1968

Günter Mick, Ein verdienter Mann der ersten Stunde, in: Frankfurter Allgemeine Zeitung, 27. November 1970

Thomas Meyer: Sie führten das Stadtregiment, in: Frankfurter Allgemeine Zeitung, 27. August 1964

Helmut Müller: Neuer Anfang in Ruinen, in: Herbert Stettner (Hg.): Kino in der Stadt, Eichborn Verlag, Frankfurt am Main 1984

Hans-Otto Schembs: Frankfurt am Main von 1200 bis heute, Etro-Verlag, Bad Soden 1994

Franz Schwarzkopf: Mann der ersten Stunde, in: Frankfurter Neue Presse, 15. April 1971

Bettina Tüffers: Von der Römerkoalition zur Parteienkonkurrenz, Waldemar Kramer Verlag in der marixverlag GmbH, Frankfurt am Main/Wiesbaden 2011

Dr. h.c. Walter Kolb

Theodor W. Adorno, Max Horkheimer: Dialektik der Aufklärung, Suhrkamp Verlag, Frankfurt am Main 1981

Matthias Alexander: Entkrampfung für die Altstadtdebatte, in: Frankfurter Allgemeine Zeitung, 8. September 2010

Rudolf Heinrich Appel: Heißer Boden – Stadtentwicklung und Wohnprobleme, Presse- und Informationsamt der Stadt Frankfurt am Main, Frankfurt am Main 1974

Matthias Arning: Buhlen um Horkheimer, in: Frankfurter Rundschau, 16. Oktober 2009

Matthias Arning: Bad Frankfurt, in: Frankfurter Rundschau, 3. September 2010

Joseph Auth (Hg.): Wille zur Tat. Fünf Ansprachen von Walter Kolb, Frankfurt am Main 1947

Dieter Bartetzko: Sprung in die Moderne: Frankfurt am Main, die Stadt der 50er Jahre, Campus Verlag, Frankfurt/New York 1994

Dieter Bartetzko: Die vielen Häutungen einer Stadt, in: Frankfurter Allgemeine Zeitung, 2. August 2011

Thomas Bauer: Seid einig für unsere Stadt, Verlag Waldemar Kramer, Frankfurt am Main 1996

Franz Wilhelm Beck: Turnvater Walter Kolb, in: Deutsches Turnen, Nr. 2, 20. Januar 1952

Frolinde Balser: Aus Trümmern zu einem europäischen Zentrum, Jan Thorbecke Verlag, Sigmaringen 1995

Stefan Behr: Der OB, der Frankfurt wieder aufbaute, in: Frankfurter Rundschau, 19. September 2006

Dietz Bering: Die Epoche der Intellektuellen, University Press, Berlin 2010

Ekkehard Böhm u.a. (Hg.): Kulturtagebuch, Westermann Verlag, Braunschweig 1984

Klaus Böhme/Walter Mühlhausen (Hg.): Hessische Streiflichter, Eichborn Verlag, Frankfurt am Main 1995

Leo Brandt u.a.: Walter Kolb, Arani Verlags GmbH, Berlin 1953

Heinrich David: Frankfurts Stadtoberhaupt Walter Kolb, in: Die Zeit, 22. April 1954

Walter Dirks: Mut zum Abschied. Zur Wiederherstellung des Frankfurter Goethehauses, in: Frankfurter Hefte, Nr. 7/1947

Margot Felsch: Aus der Chefetage des Römers, Verlag Waldemar Kramer, Frankfurt am Main 1981

Karl Gerold: Unser Walter Kolb, in: Frankfurter Rundschau, 21. September 1956

Manfred Großkinsky: Kunst zur Zeit Walter Kolbs, Vortrag in der Heusenstamm-Stiftung, 17. Februar 2002

Bodo Harenberg (Hg.): Chronik 1948, Chronik Verlag, Dortmund 1987

Erich Helmensdorfer: Frankfurt. Metropole am Main, Econ Verlag, Düsseldorf 1982

Theodor Heuss: Kräfte und Grenzen einer Kulturpolitik, Rainer Wunderlich Verlag, Tübingen/Stuttgart, 1951

Theodor Heuss: Deutsche Gestalten, Rainer Wunderlich Verlag, Stuttgart 1951

Hilmar Hoffmann: 100 Jahre Film. Von Lumière bis Spielberg 1894–1994, Econ Verlag, Düsseldorf 1995

Hilmar Hoffmann: Der Ehrenbürger. Aus dem Leben des Mäzens Bruno H. Schubert, Societäts-Verlag, Frankfurt am Main 2003

Hilmar Hoffmann: Die großen Frankfurter, Societäts-Verlag, 3. Auflage, Frankfurt am Main 2006

Hilmar Hoffmann: Frankfurts Stardirigenten, Societäts-Verlag, Frankfurt am Main 2008

Hilmar Hoffmann: Ästhetik und Ethik waren für Walter Kolb interdependente Größen, in: Dieter Schütz (Hg.): Bildungsumschau, Frankfurt am Main 2009

Wilhelm Hollbach: Schreiben an Walter Kolb vom 4. November 1956, Kolb-Nachlaß des Instituts für Stadtgeschichte

Carl Ludwig Holtferich: Finanzplatz Frankfurt, C.H. Beck Verlag, München 1999

Ernst Holzinger/Hans Mettel: Schreiben vom 9. Juni 1953 an das Amt für Wirtschaft, Kunst und Volksbildung

Friedrich Ludwig Jahn: Die Deutsche Turnkunst, Selbstverlag, Berlin 1816

Jürgen Jeske u.a. (Hg.): Treffpunkt der Bürgergesellschaft. Die Gesellschaft für Handel, Industrie und Wissenschaft. Casinogesellschaft von 1802, Societäts-Verlag, Frankfurt am Main 2010

Fred Kickhefel: Oberbürgermeister Kolbs Ära ist in Stein gemeißelt, in: Frankfurter Allgemeine Zeitung, 27. Juli 1996

Fred Kickhefel: Im Main erholte sich Walter Kolb von seinem Einsatz für den Moloch Frankfurt, in: Frankfurter Rundschau, 21. Januar 2002

Richard Kirn: Die Frankfurter haben Walter Kolb geliebt, Sonderdruck der Frankfurter Neuen Presse, o. J. Richard Kirn: Der Populäre, in: Frankfurter Neue Presse, 15. April 1971

Jürgen Kirschner: Was wird aus dem Theater? Verlag Waldemar Kramer, Frankfurt am Main 1989

Walter Kolb: Der Kampf um den Rhein, in: Jungsozialistische Blätter, 1924

Walter Kolb: Tagebuchblätter, in: Arbeiter-Jugend. Monatsschrift des Verbandes der Sozialistischen Arbeiterjugend Deutschlands, 15. Jahrgang, 1923

Walter Kolb: Frankfurt im Jahre 1947. Neujahrsbotschaft des OB, in: Frankfurter Rundschau, 31. Dezember 1946

Walter Kolb: Wille und Weg, in: Deutscher Republikanischer Studentenbund (Hg.): Unser Weg. Unser Ziel, Frankfurt am Main 1948

Walter Kolb: Wir erfüllen unsere Verpflichtungen, in: Adreßbuch der Stadt Frankfurt, 1956

Walter Kolb: Die Bonner Entscheidung und Frankfurts Zukunftsaufgaben, in: Mitteilungen der Stadtverwaltung Frankfurt am Main, 12. November 1949

Walter Kolb: Ich liebe die Tiere wie meine Brüder, in: Der Tierfreund, 10. Oktober 1956

Walter Kolb: Rückblick, in: Kommunalpolitische Rundschau, September 1956

Salomon Korn: Eine Zuflucht in der Schwere unserer Tage, in: Frankfurter Allgemeine Zeitung, 26. Oktober 2010

Waldemar Kramer (Hg.), Frankfurt-Lexikon, Verlag Waldemar Kramer, Frankfurt am Main 1994

Elisa Johanna Krummrich: Ein Stück Frankfurt! Die Geschichte der SAALBAU von 1859 bis heute, Saalbau GmbH, Frankfurt am Main 1990

Romain Leick, Mathias Schreiber, Hans-Ulrich Stoldt: Auferstanden aus Ruinen, in: Der Spiegel, 17. Mai 2010

Walter Leiske: Frankfurt im Aufbau, Walter Dorn Verlag, Bremen/Frankfurt am Main 1949

Walter Leiske: Frankfurt im Aufstieg, in: Frankfurts Wirtschaft baut auf!,

Wendelin Leweke: Oberbürgermeister Walter Kolb, in: Hessische Senioren-Post, Nr. 7, Juli 1984

Peter Lieser/Roger Keil: Zitadelle und Getto, in: Walter Prigge (Hg.): Das neue Frankfurt, Vervuet Verlag, Frankfurt am Main 1988

Madlen Lorei, Richard Kirn: Frankfurt und die drei wilden Jahre, Verlag Frankfurter Bücher, 4. Auflage, Frankfurt am Main 1968

mak: Ein „Hansdampf in allen Gassen", in: Frankfurter Allgemeine Zeitung, 2. August 1996

Ludwig Marcuse: Der Philosoph und der Diktator, Lothar Blanvalet Verlag, Berlin 1950

Hellmuth Mayr: Vom Tor der Welt zur Paulskirche, in: Frankfurter Neue Presse, 19. Mai 1948

Claudia Michels: Eine sklavische Rekonstruktion wäre einer Kopie gleichgekommen, in: Frankfurter Rundschau, 15. Mai 2002

Claudia Michels: Pazifismus kehrt nach Frankfurt zurück, in: Frankfurter Rundschau, 18. August 2007

Claudia Michels: Freie Sicht in die Landschaft, in: Frankfurter Rundschau, 18. Mai 2010

Günter Mick: Den Frieden gewinnen. Das Beispiel Frankfurts 1945 bis 1951, Verlag Waldemar Kramer, Frankfurt am Main 1985

Günter Mick: Der zerplatzte Traum, nicht mehr nur heimliche Hauptstadt zu sein, in: Frankfurter Allgemeine Zeitung, 3. November 2009

Adolf Miersch: Die gegenwärtigen Verkehrsschwierigkeiten, in: Frankfurts Wirtschaft baut auf!, Verlag Waldemar Kramer, Frankfurt am Main 1952

Albert Richard Mohr: Die Frankfurter Oper, Verlag Waldemar Kramer, Frankfurt am Main 1980

Herbert Neumann: Ein gefürchteter Schwimmer als Glücksfall für die deutsche Turnbewegung, in: Frankfurter Allgemeine Zeitung, 22. Januar 2002

N.N.: Fidelio-Premiere in Frankfurt, in: Frankfurter Rundschau, 11. Dezember 1945

N.N.: Ein unbekannter Volksgenosse, in: Die Tat, 21. Oktober 1950

N.N.: Der Oberbürgermeister und sein Haus, in: Frankfurter Rundschau, 8. November 1950

N.N.: Die Vernichtung Frankfurts, in: Mitteilungen der Stadtverwaltung Frankfurt am Main, Nr. 37/1955

Christian de Nuys-Henkelmann: Alltagskultur. Im milden Licht der Tütenlampe, in: Hilmar Hoffmann/Heinrich Klotz (Hg.) Lexikon Kultur unseres Jahrhunderts, Band 4, Econ Verlag, Düsseldorf 1991

pr.: Er war der erste Diener seiner Stadt, in: Frankfurter Allgemeine Zeitung, 21. September 1956

Edo Reents: Der Mann, der das Grauen angefasst hat, in: Frankfurter Allgemeine Zeitung, 19. Oktober 2010

Hans Riebsamen: Mit den Philosophen heulen, in: Frankfurter Allgemeine Zeitung, 17. September 2009

Jürgen Roth: Z.B. Frankfurt: Die Zerstörung einer Stadt, Bertelsmann Verlag, München 1975

Wolfgang Sandner: Die Szene lebt von ihrem Mythos, in: Frankfurter Allgemeine Zeitung, 19. Januar 2011

Hans Otto Schembs: Frankfurt am Main, Retro-Verlag, Bad Soden 1994

Carlo Schmid: Erinnerungen, S. Hirzel Verlag, Stuttgart 2008

Armin Schmid: Frankfurt im Feuersturm, Societäts-Verlag, Frankfurt am Main 1984

Wolfgang Schmidt-Scharff: Die Wallservitut in Frankfurt, Knauer-Verlag, Frankfurt am Main 1894

Albert Speer: Zum 100. Geburtstag von Walter Kolb, Vortrag am 22. Januar 2002 in der Paulskirche

Wolfgang Stegemann: Brief an Hilmar Hoffmann vom 3. August 2011

Jutta W. Thomasius: Walter Kolb wäre heute 100 Jahre alt geworden, in: Frankfurter Neue Presse, 22. Januar 2002

Jan von Trott: Für eine menschliche Stadt in einer vernünftigen Welt, in: 80 Jahre SPD-Fraktion Frankfurt am Main, Frankfurt am Main 1986

Bettina Tüffers: Von der Römerkoalition zur Parteienkonkurrenz, Waldemar Kramer Verlag in der marixverlag GmbH, Frankfurt am Main/Wiesbaden 2011

Fritz von Unruh: Rede an die Deutschen, Verlag der Frankfurter Hefte, Frankfurt am Main 1948

Björn Wissenbach: Mauern zu Gärten. 200 Jahre Wallanlagen, Societäts-Verlag, Frankfurt am Main 2010

Günter Zühlsdorf (Hg.): Jahrbuch der Stadt Frankfurt am Main 1949, Atharva Verlag, Frankfurt am Main 1949

Dr. h.c. Werner Bockelmann

A.B.: Frankfurt – der stärkste Magnet, in: Frankfurter Neue Presse, 29. Januar 1960

A.B.: 90 Prozent nicht zu stoppen, in: Frankfurter Neue Presse, 13. April 1963

A.B.: Bockelmann in Köln, in: Frankfurter Neue Presse, 28. August 1964

al: Werner Bockelmann, Frankfurts neuer Oberbürgermeister, in: Frankfurter Rundschau, 11. Januar 1957

bt: Bockelmanns Wiederwahl gesichert, in: Frankfurter Allgemeine Zeitung, 16. November 1962

Frolinde Balser: Karl vom Rath, in: Wolfgang Klötzer (Hg.): Frankfurter Biographie, Bd. 2, M–Z, Verlag Waldemar Kramer, Frankfurt am Main 1996

Thomas Bauer: Seid einig für diese Stadt, Verlag Waldemar Kramer, Frankfurt am Main 1996

Werner Bockelmann: Rat und Verwaltung, in: Der Städtetag, Heft 5/1952

Werner Bockelmann: Rede zur Verleihung des Friedenspreises an Hannah Arendt 1958, in: Börsenblatt des Deutschen Buchhandels 1958

Werner Bockelmann: Leitgedanken zur Verkehrsplanung in Frankfurt am Main, in: Der Städtetag, Heft 4/1961

Werner Bockelmann: Stadt- und Regionalplanung in amerikanischer Sicht, in: Der Städtetag, Heft 5/1961

bt: Aus der Erbschaft Bockelmanns, in Frankfurter Allgemeine Zeitung, 17. April 1964

del: Der Oberbürgermeister geht in Pension, in: Frankfurter Allgemeine Zeitung, 10. Juni 1964

Hubert Delvos: Die erste Begegnung mit Werner Bockelmann, in: Frankfurter Allgemeine Zeitung, 5. Januar 1957

Margot Felsch: Ein neues Haus für das Schauspiel, in: Frankfurter Rundschau, 23. Oktober 1953

H.H.: Verwaltungsreform – vordringliche Aufgabe, in: Deutsche Woche, 14. August 1957

Bodo Harenberg (Hg.): Chronik 1922, Chronik Verlag, Dortmund 1986

Horst von Hartlieb: Die Filmwirtschaftsverbände in Frankfurt, in: Herbert Stettner (Hg.): Kino in der Stadt, Eichborn Verlag, Frankfurt am Main 1984

Erich Helmensdorfer: Frankfurt – Metropole am Main, Econ Verlag, Düsseldorf 1982

Dieter Hoffmann: Baufix und Henninger, in: Neue Presse, 1. Mai 1969

Hilmar Hoffmann: Frankfurts Stardirigenten, Societäts-Verlag, Frankfurt am Main 2008

Hilmar Hoffmann: „Vergangenheitsbewältigung" im Film, in: Die Kultur unseres Jahrhunderts, Bd. 4, Econ Verlag, Düsseldorf 1991

Hans-Jürgen Hoyer: Nach sieben Jahren, in: Frankfurter Rundschau, 30. Juni 1964

Norbert Lammert: Rede im Deutschen Bundestag am 30. Juni 2010

Romain Leick, Mathias Schreiber, Hans-Ulrich Stoldt: Auferstanden aus Ruinen, in: Der Spiegel, 17. Mai 2010

Claudia Michels: Büros zu Wohnungen, Frankfurter Rundschau, 16. Juni 2010

Claudia Michels: Wahrheit im Schneckentempo, in: Frankfurter Rundschau, 29. Juli 2010

my: Menzer soll Oberbürgermeister werden, in: Frankfurter Allgemeine Zeitung, 17. April 1964

N.N.: Nicht der Gefangene einer Partei sein, in: Frankfurter Allgemeine Zeitung, 7. Juli 1964

N.N.: Turnen können, in: Der Spiegel, 1. Juli 1964

Ingrid Röseklau: Werner Bockelmann, in: Wolfgang Klötzer (Hg.): Frankfurter Biographie, Bd. 1, A–L, Verlag Waldemar Kramer, Frankfurt am Main 1994

rsch: Stützpunkt für Wochenendpendler, in: Frankfurter Allgemeine Zeitung, 15. Juni 2010

Karl Schlögel: 20 Jahre nach der Wende, in: Frankfurter Rundschau, 12. Juni 2010

Tobias Schmidt: Surreale Idylle im Business-Ghetto, in: Frankfurter Allgemeine Zeitung, 9. April 2002

Walter Schwagenscheidt: Die Nordweststadt, Verlag Karl Krämer, Stuttgart, 1964

stil: Das Land Israel, in: Frankfurter Allgemeine Zeitung, 11. Dezember 1958

Edgar Salin: Werner Bockelmann 1907–1968, in: Der Städtetag, Heft 5/1968

Walter Siebel: Die Zukunft der Städte, in: Aus Politik und Zeitgeschichte, Heft 17, 26. April 2010

Arno Widmann: Die Wut des Gutmenschen, in: Frankfurter Rundschau, 16. Juli 2010

Dieter Vogt: Das macht mir Sorgen, in: Abendpost, 18./19. Mai 1963

Dieter Vogt: Die sieben Jahre mit Werner Bockelmann, in: Frankfurter Allgemeine Zeitung, 29. Juni 1964

Dieter Vogt: Erbe, in: Frankfurter Allgemeine Zeitung, 3. Juli 1964

Prof. Dr. Willi Brundert

ank: Die Bibel soll Maxime sein, in: Frankfurter Neue Presse, 18. November 1966

Frolinde Balser: Aus Trümmern zu einem europäischen Zentrum, Jan Thorbecke Verlag, Sigmaringen 1995

Albert Bechtold: Im Römer, in: Frankfurter Neue Presse, 28. August 1964

Willi Brundert: Föderalismus und Kulturpolitik, in: Die Deutsche Bühne, Heft Juni-Juli-August 1969

Willi Brundert: Frankfurt ist Hessens wirtschaftliches Zentrum, in: Frankfurter Neue Presse, 27. November 1964

Willi Brundert: Es begann im Theater … „Volksjustiz" hinter dem Eisernen Vorhang, J. W. H. Dietz Verlag, Berlin/Hannover 1958

Willi Brundert: Verpflichtung zur Demokratie. Reden und Aufsätze, Verlag für Literatur und Zeitgeschehen, Hannover 1970

Willi Brundert u.a: Die Finanzreform der Gemeinden (Schriftenreihe des Vereins für Kommunalwissenschaften e.V. Berlin, Bd. 14), Kohlhammer Verlag, Stuttgart 1966

Deutscher Städtetag: Im Schnittpunkt unserer Welt: Die Stadt, Kohlhammer Verlag, Stuttgart 1969

Eh: Der Ruf zur Pflicht, in: Frankfurter Neue Presse, 15. April 1971

W.E.: Der Abschied von Brundert, in: Frankfurter Allgemeine Zeitung, 13. Mai 1970

L.F.: Brundert weitere acht Jahre im Amt, in: Frankfurter Neue Presse, 20. März 1970

L.F.: Brundert im Sog der Abneigung, in: Frankfurter Neue Presse, 23. März 1970

Margot Felsch: Oberbürgermeister möchte nach Frankfurt ziehen, in: Frankfurter Rundschau, 31. Dezember 1964

Joachim Fink: Willi Brundert, in: Die Zeit, 15. Mai 1970

W.F.: Verbindlich, aber bestimmt, in: Frankfurter Allgemeine Zeitung, 18. Juni 1964

Hessisches Ministerium der Finanzen: Kleine Anfrage der CDU mit dem Betreff W. Brundert, Wiesbaden, 11. April 1958

hm: Gericht entscheidet gegen Littmann, in: Frankfurter Allgemeine Zeitung, Nr. 45, 23. Februar 1970

Hilmar Hoffmann: Die großen Frankfurter, Societäts-Verlag, 3. Auflage, Frankfurt am Main 2006

Hilmar Hoffmann: Erinnerungen, Suhrkamp Verlag, Frankfurt am Main 2003

Hilmar Hoffmann: Frankfurts Stardirigenten, Societäts-Verlag, Frankfurt am Main 2008

Hilmar Hoffmann: Das Frankfurter Museumsufer, Societäts-Verlag, Frankfurt am Main 2010

Hans-Jürgen Hoyer: Ein schweres Feld für einen Oberbürgermeister, in: Frankfurter Rundschau, 9. Mai 1970

Nils Klawitter: Theater des Grauens, in: Die Woche, 28. April 2000

Wendelin Leweke: Brundert, der große Verbindliche, in: Frankfurter Neue Presse, 11. Juni 1982

Wendelin Leweke: Alte Siedlung erinnert an Willi Brundert, in: Frankfurter Neue Presse, 16. September 1995

Thomas Meyer: Freundlicher Mann im Römer, in: Frankfurter Allgemeine Zeitung, 21. Oktober 1965

Walter Möller: Neue Wege der Verkehrspolitik, in: Frankfurt am Main 1945–1965, Ein 20jähriger Pressebericht, Frankfurt am Main 1965

Herfried Münkler: Maß und Mitte. Der Kampf um die richtige Ordnung, Rowohlt Verlag, Reinbek 2010

my: Dieses Amt kann nicht als Parteiamt aufgefaßt werden, in: Frankfurter Allgemeine Zeitung, 28. August 1964

N.N.: Volles Vertrauen für Brundert, in: Frankfurter Neue Presse, 19. April 1968

Walter Pfuhl: Brunderts Kampf um den Eichenstuhl im Römer, in: Die Welt, 31. Oktober 1964

Karl vom Rath: Der Kulturträger, in: Adam Seide (Hg.): Was da ist. Kunst und Literatur in Frankfurt, Typos Verlag, Frankfurt am Main 1963

Ingrid Röschlau: Brundert, Willi, in: Wolfgang Klötzer (Hg.): Frankfurter Biographie, Bd. 1, A–L, Verlag Waldemar Kramer, Frankfurt am Main 1994

Peter Schneider: 25jähriges Jubiläum der APO, in: Frankfurter Allgemeine Zeitung, 22. März 1993

Christoph Seils: Hauptstadtärger, in: Die Woche, 28. April 2000

Stadtverwaltung der Stadt Frankfurt am Main: Mitteilungen der Stadtverwaltung Frankfurt am Main, Nr. 41, 10. Oktober 1964

b.t.: Brundert baut einen Buhmann auf, in: Frankfurter Allgemeine Zeitung, 7. Juni 1969

Karsten Voigt: Der Rechtstrend ist nicht gottgewollt, in: Frankfurter Rundschau, 19. März 1977

W.: Brundert bleibt fest im Dessauer Schauprozeß, in: Die Welt, 26. April 1950

uw: CDU und SPD entscheiden sich für Brundert, in: Frankfurter Allgemeine Zeitung, Februar 1970

Walter Möller

Rudolf Heinrich Appel: Ein Frankfurter, in: Frankfurter Rundschau, 16. Mai 1970

Rudolf Heinrich Appel: Er gab der Kommunalpolitik neue Impulse, in: Frankfurter Rundschau, 10. November 1971

Rudolf Heinrich Appel: Heißer Boden – Stadtentwicklung und Wohnprobleme, Presse- und Informationsamt der Stadt Frankfurt am Main, Frankfurt am Main 1974

Rudi Arndt (Hg.): Was bleibt. Walter Möller in seinen Reden und Aufsätzen, in: Presse- und Informationsamt der Stadt Frankfurt am Main, Frankfurt am Main 1971

Matthias Arning/Claus-Jürgen Göpfert: Kultur für alle, in: Frankfurt 1969 bis 1990, Sonderheft Geschichte der Frankfurter Rundschau, Dezember 2010

Dieter Bartetzko: Vom Leben und Sterben der Städte, in: Frankfurter Allgemeine Zeitung, 28. September 2011

Frolinde Balser: Aus Trümmern zu einem europäischen Zentrum, Jan Thorbecke Verlag, Sigmaringen 1995

Wolfgang Baumert: Ein OB kann nicht nur am Schreibtisch sitzen, in: Frankfurter Neue Presse, 11. Juni 1971

Wolfgang Baumert: Das Amt, in: Frankfurter Neue Presse, 18. November 1971

Reinhard Brunk: Gespräch mit Walter Möller, in: Stadtwerker, Nr. 11, November 1971

bt: Walter Möller und der heilsame Schrecken, in: Frankfurter Neue Presse, 27. Juni 1970

Wilfried Ehrlich: Gespräch mit Bürgern als erste Amtshandlung, in: Frankfurter Allgemeine Zeitung, 4. September 1971

Wilfried Ehrlich: Der tödliche Stuhl, Frankfurter Allgemeine Zeitung, 20. November 1971

Wilfried Ehrlich: Möller: Osswald soll sich mehr um Frankfurt kümmern, in: Frankfurter Allgemeine Zeitung, 17. Feburar 1971

Wilfried Ehrlich: Nachträglich Ärger mit Möllers einsamen Entscheidungen, in: Frankfurter Allgemeine Zeitung, 5. Juli 1972

faz: Zwischen Rathaus und Parteihaus, in: Frankfurter Allgemeine Zeitung, 22. Mai 1970

Margot Felsch: Hoffmann wurde Dezernent – 54 Ja- und 12 Nein-Stimmen, in: Frankfurter Rundschau, 16. Oktober 1970

Margot Felsch: Auf dem leeren Platz liegen roten und weiße Nelken, in: Frankfurter Rundschau, 10. November 1971

W.F.: Möllers Niederlage in Wiesbaden, in: Frankfurter Allgemeine Zeitung, 23. März 1970 gu: Er spürt, wo er gebraucht wird, in: Frankfurter Rundschau, 9. Juli 1970

Irma Hildebrandt: Tun wir den nächsten Schritt. 18 Frankfurter Frauenporträts, Verlag Diederichs, München 2000

hmf/pal: Tod auf der Heimfahrt, in: Frankfurter Neue Presse, 18. November 1971

Alexander Hoffmann: Auf dem Weg zur menschlichen Stadt, in: Frankfurter Neue Presse, 27. Juni 1970

Hilmar Hoffmann: Fort vom klassischen Kulturbegriff, in: Frankfurter Rundschau, 19. September 1970

Hilmar Hoffmann: Erinnerungen, Suhrkamp Verlag, Frankfurt am Main 2003

Hilmar Hoffmann: Lebensprinzip Kultur, Societäts-Verlag, Frankfurt am Main 2006

Hilmar Hoffmann: Rolle und Bedeutung von Mäzenen, in: Bibliothek im Wandel. Fünfundzwanzig Jahre Freunde der Universitätsbibliothek Frankfurt am Main, Verlag Vittorio Klostermann, Frankfurt am Main 2010

Hans-Jürgen Hoyer: Ein Oberbürgermeister neuer Art, in: Frankfurter Rundschau, 19. November 1971

Detlev Janik: Das allgegenwärtige Schreckgespenst der Regionalstadt, in: Frankfurter Allgemeine Zeitung, 20. Januar 1996

Fred Kickhefel: Dem „Vater der U-Bahn" war nur eine kurze Amtszeit beschieden, in: Frankfurter Rundschau, 16. November 1971

Fred Kickhefel: Eine Stadt frisst ihre Bürgermeister, in: www.frankfurt.frblog.de, 11. Januar 2010

Wolfgang Klötzer (Hg.): Frankfurter Biographie, Bd. 2, M–Z, Verlag Waldemar Kramer, Frankfurt am Main 1996

Claudia Michels: Ein Virus grassiert. Angst vor Vertreibung im Westend, in: Frankfurter Rundschau, 4. Oktober 2011

Rudolf Krämer-Badoni: Hoffmann und sein kulinarischer Agitprop, in: Die Welt, 28. März 1973

Günter Mick: Rückgrat?, in: Frankfurter Allgemeine Zeitung, 27. April 1970

Günter Mick: Der neue Oberbürgermeister?, in: Frankfurter Allgemeine Zeitung, 15. Mai 1970

Günter Mick: Zentrum für zwei Millionen Menschen, in: Frankfurter Allgemeine Zeitung, 20. Juni 1970

Günter Mick: Zum Tode von Walter Möller, in: Frankfurter Allgemeine Zeitung, 17. November 1971

Günter Mick: Der Tod des Oberbürgermeisters, in: Frankfurter Allgemeine Zeitung, 18. November 1971

Günter Mick: Namen!, in: Frankfurter Allgemeine Zeitung, 19. November 1971

Günter Mick: Im Blickpunkt die Stadt des Jahres 2000, in: Frankfurter Allgemeine Zeitung, 10. Juli 1970

N.N.: Walter Möller zum Oberbürgermeister gewählt, in: Mitteilungen der Stadtverwaltung Frankfurt am Main, 20. Juni 1970

N.N.: Walter Möller in sein Amt eingeführt, in: Mitteilungen der Stadt Frankfurt am Main: 10. Juli 1970

Walter Möller: Sozial denken, sozial handeln, in: Der Frankfurter Bürger, Nr. 2, Februar 1961

Walter Möller: Millionen hoffen auf die Schnellbahn, in: Das Parlament, Nr. 39/1967

Walter Möller: Quo vadis, Hessen-Süd?, in: Der Sozialdemokrat, Nr. 5/1970

Walter Möller: Interview mit Eberhard Zamory über ein humanes Bodenrecht, in: Konkret, 8. Oktober 1970

Walter Möller: Interview über Fragen des Sozialismus, in: Wirtschaftswoche, 5. März 1971

Walter Möller: Wissen ist Macht und Bürgermacht Kultur, in: Mitteilungen der Stadtverwaltung Frankfurt am Main, 2. Oktober 1971

Walter Möller: Gemütlich unter der Zeil, in: Frankfurter Rundschau, 11. November 1971

Walter Möller: Bekämpfung der Bodenspekulation, in: Der Sozialdemokrat, Nr. 1/1972

Walter Möller/Fritz Vilmar: Friedenssicherung ist zur Zeit die wichtigste Aufgabe, in: Frankfurter Rundschau, 6. Januar 1972

Walter Möller/Fritz Vilmar: Sozialistische Friedenspolitik für Europa, Rowohlt Verlag, Reinbek 1972

my: Möllers Peitsche, in: Frankfurter Allgemeine Zeitung, 24. Februar 1966

Gabriele Nicol: Kein bequemer Oberbürgermeister, in: Frankfurter Neue Presse, 11. Juni 1970

Gabriele Nicol: Es spürt, wo er gebraucht wird, in: Frankfurter Neue Presse, 9. Juli 1970

Gabriele Nicol: Ein überfüllter Schreibtisch wartet, in: Frankfurter Neue Presse, 15. August 1970

Hans-Joachim Noack: Die unmenschliche Stadt, in: Die Zeit, 26. November 1971

N.N.: Briefe nach Leipzig und Kiew, in: Frankfurter Rundschau, 25. Mai 1971

N.N.: Walter Möller , in: Der Spiegel, 22. November 1971

Christine Pries: Zwei Gesichter – zwischen Abstraktion und Empirismus, in: Frankfurter Rundschau, 12. Oktober 2010

R.R.: Schauerlich!, in: Frankfurter Allgemeine Zeitung, 19. November 1970

Friedrich Franz Sackenheim: Nachruf auf Walter Möller, in: Der Sozialdemokrat, Nr. 12/1971

Robert Schmelzer: Möller und Voigt geben der SPD kein Pardon, in: Höchster Kreisblatt, 13. Mai 1970

Canan Topçu: Mehr als Englisch und Französisch, in: Frankfurter Rundschau, 25. November 2010

uw: Ein halbes Leben im Dienst seiner Partei, in: Frankfurter Allgemeine Zeitung, 23. Mai 1970

uw: Fruchtbare Verbindung liberaler und sozialistischer Vorstellungen, in: Frankfurter Allgemeine Zeitung, 27. Mai 1970

Udo Wiemann: Heißt der neue Oberbürgermeister Möller?, in: Frankfurter Allgemeine Zeitung, 12. Mai 1970

Andreas Zielcke: Wissen ist Macht, in: Süddeutsche Zeitung, 16. Dezember 2010

Rudi Arndt

Matthias Alexander: Der Weg zur neuen Altstadt. Die Politik schweigt, in: Frankfurter Allgenmeine Zeitung, 28. September 2011

Rudolf Heinrich Appel: Arndt fühlt sich vom Parteitag überfahren, in: Frankfurter Rundschau, 1. Oktober 1973

Rudi Arndt: In Frankfurt war vieles stets ein Stück früher dran, in: Die Welt, 14. Januar 1970

Rudi Arndt: Wenn Hessen kippt, ist auch Bonn weg, in: Der Spiegel, 28. März 1972

Rudi Arndt: Mittelpunkt jeder Politik ist der Mensch, in: Mitteilungen der Stadtverwaltung Frankfurt am Main, Sonderdruck, 15. April 1972

Rudi Arndt: Der Sozialismus überwindet die Gewalt. Rede gegen den Vietnam-Krieg, in: Frankfurter Allgemeine Zeitung, 17. Januar 1973

Rudi Arndt: Dankrede zur Verleigung der Ehrenplakette am 1. Dezember 1989

Rudi Arndt: Der Bürger als Kunde der Verwaltung, in: Der Städtetag, Heft 12/1974

Rudi Arndt: Die regierbare Stadt. Warum Menschen ihre Stadt zurückgewinnen müssen, Verlag Bonn aktuell, Stuttgart 1975

Rudi Arndt: Um den Menschen dieser Stadt zu helfen, in: Mitteilungen der Stadtverwaltung Frankfurt am Main, 7. September 1976

Rudi Arndt: Die Legende von Dynamit-Rudi, in: Frankfurter Rundschau, 28. August 2001

Rudi Arndt/Alfred Schubert: Innovative Konzepte vom Land nicht zu erwarten, in: Frankfurter Rundschau, 29. März 2002

Frolinde Balser: Aus Trümmern zu einem europäischen Zentrum, Jan Thorbecke Verlag, Sigmaringen 1995

Alfred Behr: Arndts taktisches Meisterstück, in: Frankfurter Allgemeine Zeitung, 8. September 1975

bi: Schon als Kind große Stimmkraft, in: Frankfurter Neue Presse, 28. August 2006

bhr: Fay als lächelnder Verlierer, in: Frankfurter Allgemeine Zeitung, 7. April 1972

Heinz Bude: Achtundsechzig, in: Étienne François/Hagen Schulze (Hg.): Deutsche Erinnerungsorte, Bd. II, Verlag C.H. Beck, München 2001

Wilfried Ehrlich: Die Stadtverwaltung ist kein Ministerium, in: Frankfurter Allgemeine Zeitung, 4. September 1974

Erika Fischer-Lichte: Dankrede zur Verleihung des FAUST-Preises für ihr Lebenswerk in der Oper Frankfurt am 5. Oktober 2011

fy: Donnernder Applaus für Kampfansage gegen Osswald, in: Frankfurter Allgemeine Zeitung, 9. Dezember 1974

Joachim Geiger: Sie sehen sich vor Gericht, in: Frankfurter Neue Presse, 5. Oktober 2000

Claus Gellersen: Arndt eine Belastung des politischen Klimas, in: Frankfurter Rundschau, 21. Juli 1975

Claus Gellersen: Ein Etikett für alle Zeiten, in: Frankfurter Rundschau, 21. August 1981

Claus-Jürgen Goepfert: Bild der Ohnmacht und der Resignation, in: Frankfurter Rundschau, 30. Dezember 2010

Claus-Jürgen Goepfert: Der Mann, dem wir den Kanzler Schröder verdanken, in: Frankfurter Rundschau, 1. März 2002

Claus-Jürgen Goepfert: Mann aus dem Volk, 15. Mai 2004

Claus-Jürgen Goepfert/Stephan Loichinger: Unsere Stadt trauert um einen unvergesslichen Politiker, in: Frankfurter Rundschau, 15. Mai 2004

Claus-Jürgen Goepfert: Wir sind stolz, dass er einer von uns war, in: Frankfurter Rundschau, 27. Mai 2004

Claus-Jürgen Goepfert: Günter Arndt feiert seinen 85. Geburtstag, in: Frankfurter Rundschau, 24. Dezember 2009

hach: Rudi Arndt beginnt den Drahtseilakt, in: Frankfurter Allgemeine Zeitung, 2. April 1972

hach: Die SPD läßt Arndt links liegen, in: Frankfurter Allgemeine Zeitung, 7. Dezember 1979

Kathrin Hartmann: Dynamit und Demonstranten, in: Frankfurter Rundschau, 18. Oktober 2002

Erich Helmensdorfer: Der gewiefte Oppositionsführer gibt sich gelassen, in: Frankfurter Allgemeine Zeitung, 20. November 1977

Erich Helmensdorfer: Frankfurt – Metropole am Main, Econ Verlag, Düsseldorf, 1982

Alexander Hoffmann: SPD in Frankfurt fühlt sich wie ausgebombt, in: Frankfurter Rundschau, 23. März 1977

Alexander Hoffmann: Frankfurter Träume im Europäischen Parlament, in: Süddeutsche Zeitung, 21. April 1979

hfm: Ohne Netz übers Drahtseil, in: Frankfurter Neue Presse, 7. April 1972

hfm/hjs: Ein linker Haken für Rudi Arndt, in: Frankfurter Neue Presse, 8. Juni 1972

hfm/lf: Arndt warnt vor Linksextremismus, in: Frankfurter Neue Presse, 29. Juni 1973

hjh: IHK-Präsident reibt sich an Stadtrat Hoffmann, in: Frankfurter Rundschau, Nr. 79, 5. April 1972

Hilmar Hoffmann: Das Ende der Intendanten-Allmacht, in: Publik, September 1970

Hilmar Hoffmann (Hg.): Frankfurts Meisterwerke, Societäts-Verlag 2010

Hilmar Hoffmann: Fort vom klassischen Kulturbegriff, in: Frankfurter Rundschau, 19. September 1970

Hilmar Hoffmann: Kulturarbeit ist heute praktische Bildungsarbeit, in: Mitteilungen der Stadtverwaltung Frankfurt am Main, 21. November 1970

Hilmar Hoffmann: 100 Jahre Film. Von Lumière bis Spielberg, Econ Verlag, Düsseldorf 1995

Hilmar Hoffmann: Erinnerungen, Suhrkamp Verlag, Frankfurt am Main 2003

Lorenz Jäger: Die Jahre, die ihr nicht mehr kennt, in: Frankfurter Allgemeine Zeitung, 26. November 2010

Fred Kickhefel: Dynamit-Rudi konnte sanft sein, in: Frankfurter Rundschau, 1. März 2007

Helmut Kohl: Die unentrinnbare Gegenwart der Geschichte, Presseamt der Bundesregierung, Bonn 1988

Karl-Heinz Krumm: Die mißliche Lage des Oberbürgermeisters Arndt, in: Frankfurter Rundschau, 2. April 1973

Hans-Jürgen Krupp: Rudi Arndt, der „politische Mensch", eine immer neue Überraschung?, in: Mitteilungen der Stadtverwaltung Frankfurt am Main, März 1977

J.K.: Arndt fordert von Osswald Klärung der S-Bahn-Finanzierung, in: Frankfurter Allgemeine Zeitung, 16. Mai 1975

Georg Leppert: Chronik, in: Frankfurt 1969 bis 1990, Sonderheft Geschichte der Frankfurter Rundschau, Dezember 2010

Lino Másala u.a. (Hg.): Denkmaltopographie Stadt Frankfurt am Main, Verlag Friedrich Vieweg, Braunschweig 1986

Claudia Michels: Ein Stück Frankfurt, in: Frankfurter Rundschau, 15. Mai 2004

Claudia Michels: Viel Spott für die „Lüge" im historischen Herzen, in: Frankfurter Rundschau, 5. November 2005

Günter Mick: Koalition nicht vor den Wahlen beenden, in: Frankfurter Allgemeine Zeitung, 16. März 1972

Günter Mick: Ein gradliniger Demokrat, in: Frankfurter Allgemeine Zeitung, 15. Mai 2004

Martin Müller-Bialon: Dynamit-Rudi kennt auch die USA, in: Frankfurter Rundschau, 27. Dezember 2003

Hans-Joachim Noack: Zwischen Biedermann und Brandstifter, in: Frankfurter Rundschau, 6. Dezember 1971

Martha C. Nussbaum: Die Grenzen der Gerechtigkeit, Suhrkamp Verlag, Berlin 2010

N.N.: Ich lasse mich nicht vergraulen. Interview mit Rudi Arndt, in: Der Spiegel, 9. April 1973

N.N.: Arndt spricht von Infamie Gebhardts, in: Frankfurter Rundschau, 18. Januar 1974

N.N.: Horoskop für Spitzenpolitiker Rudi Arndt, in: Neue Weltschau, Heft 12/1975

N.N.: Ein „Schlappmaul", das sich diesen Titel alle Tage neu verdient, in: Demokratische Gemeinde, Nr. 4/1987

ptn: Gegen den Strom, in: Frankfurter Allgemeine Zeitung, 15. Mai 2004

pvf: Fesselndes und eine Schelte von Dynamit-Rudi, in: Höchster Kreisblatt, 16. Dezember 2002

Rudolf Reinhardt: Ein Oberbürgermeister auf dem Seil, in: Frankfurter Allgemeine Zeitung, 7. April 1973

Jürgen Roth: Z.B. Frankfurt: Die Zerstörung einer Stadt, Bertelsmann Verlag, München 1975

Robert Schmelzer: Arndt und Osswald, in: Frankfurter Neue Presse, 25. Februar 1975

Thomas J. Schmidt: Frankfurter mit Leib und Seele, in: Frankfurter Neue Presse, 15. Mai 2004

Theo Sommer: Unser Schmidt, Hoffmann und Campe, Hamburg 2010

Klaus Viedebantt: Frankfurts Stadtschreiber heißt Arndt, in: Frankfurter Allgemeine Zeitung, 8. Oktober 1975

Reinhard Voss: Wir könnten viel mehr Geld verbuddeln, in: Frankfurter Rundschau, 3. September 1975

Reinhard Voss: Gespräche in der Herde, in: Frankfurter Rundschau, 23. August 1979

wa: Auferstanden aus Ruinen, in: Frankfurter Neue Presse, 28. August 2006

Matthias Walden: Einige Tage im Leben des Rudi Arndt, ARD, 19. Juni 1974, 20.15 Uhr

Frido Wagener: Stadt-Umland-Verbände, in: Günter Püttner (Hg.): Handbuch der kommunalen Wissenschaft und Praxis. Bd. 2, Springer Verlag, Berlin/Heidelberg 1982

Gerhard Ziegler: Arndts Alarm, in: Die Zeit, 12. März 1976

Dr. Walter Wallmann

Ap: Wallmann zahlt 140.000 Mark an Stadt zurück, in: Frankfurter Neue Presse, 19. Januar 1990

Matthias Alexander: Eine seltene Ehre, in: Frankfurter Allgemeine Zeitung, 25. November 2009

Matthias Alexander: Zehn Einzelkämpfer, in: Frankfurter Allgemeine Zeitung, 2. Mai 2011

Rudolf Heinrich Appel: Dolch im Gewande gegen Umlandverband, in: Frankfurter Rundschau, 27. Dezember 1978

Matthias Arning/Claus-Jürgen Göpfert: Kultur für alle, in: Frankfurt 1969 bis 1990, Sonderheft Geschichte der Frankfurter Rundschau, Dezember 2010

Frolinde Balser: Aus Trümmern zu einem europäischen Zentrum, Jan Thorbecke Verlag, Sigmaringen 1995

Bangert/Jansen/Scholz/Schultes: Die Neubauten zwischen Dom und Römer, in: Das neue Frankfurt 1, Jahrbuch für Architektur 1984, Friedrich Vieweg & Sohn, Braunschweig 1984

Dieter Bartetzko: Der Römerberg, ein deutscher Platz, in: Westermanns Monatshefte, Heft 5/1985

Dieter Bartetzko: Wo ist das Haupt des Kaisers geblieben?, in: Frankfurter Allgemeine Zeitung, 15. Januar 2011

Wolf Berger/Dieter Graber: 4.153 BILD-Leser brachten Wallmann zur Einsicht, in: BILD, 18. Januar 1990

Peter Paul Born: Walter Wallmann auf dem Weg nach Bonn, in: Frankfurter Neue Presse, 29. April 1986

Ignatz Bubis: Juden in Deutschland, Aufbau-Verlag, Berlin 1996

Felix Johannes Enzian: Gott und die Kampfmaschine, in: Frankfurter Allgemeine Zeitung, 23. Dezember 2010

Fritz Ullrich Fack: Von der Vorsicht des Handelns, in: Frankfurter Allgemeine Zeitung, 16. März 1983

Margot Felsch: Aus der Chefetage des Römers. Verlag Waldemar Kramer, Frankfurt am Main 1981

Heiko Flottau: Der einsame Jongleur im Römer, in: Süddeutsche Zeitung, 4. Oktober 1977

Holger Fuß: Manches liest sich platter als es klingt, in: Auftritt – Die Frankfurter Stadtillustrierte, Heft 12/1984

Mark H. Gelber: What Is Literary Antisemitism?, in: Jewish Social Studies, Vol. 47, 1/1985

Hermann Glaser: Wallmanns große Sprünge, in: Nürnberger Nachrichten, 13. Juni 1983

Hermann Glaser: Wohin weht dieser Geist?, in: Die Zeit, Juni 1983

Claus-Jürgen Goepfert: Entstanden aus dem Schutt: Alte Oper, in: Frankfurt 1969 bis 1990, Sonderheft Geschichte der Frankfurter Rundschau, Dezember 2010

Dieter Gräbner: Morddrohung gegen Wallmann, in: Abendpost/Nachtausgabe, 22. Dezember 1983

Walther Gutermuth: Wallmann als Segler gegen den Wind, in: Stuttgarter Zeitung, 7. Juni 1978

Jürgen Habermas: Eine Art Schadensabwicklung, in: Die Zeit, 11. Juli 1986

Volker Hage: Ein anderer Zugang zur Politik, in: Frankfurter Allgemeine Zeitung, 6. März 1985

Andreas Hansert: Bürgerkultur und Kulturpolitik in Frankfurt. Eine historisch-soziologische Rekonstruktion (Studien zur Frankfurter Geschichte, Bd. 33), Verlag Waldemar Kramer, Frankfurt am Main 1992

Erich Helmensdorfer: Frankfurt, Metropole am Main. Geschichte und Zukunft, Econ Verlag, Düsseldorf 1982

Gottfried Herbig: Korruptionsfälle in der Stadtverwaltung Frankfurt, in: Verwaltungsarchiv Nr. 80/1981

Werner Höfer: Im Gespräch mit Walter Wallmann, in: lui, Heft 2/1980

Alexander Hoffmann: „Ich werde stolpern, aber nicht fallen", in: Frankfurter Rundschau, 14. Juni 1977

Hilmar Hoffmann: Kultur für alle, S. Fischer Verlag, 2. Auflage, Frankfurt am Main 1981

Hilmar Hoffmann: Ihr naht euch wieder, schwankende Gestalten, Hoffmann und Campe Verlag, Hamburg 1999

Hilmar Hoffmann: Erinnerungen, Suhrkamp Verlag, Frankfurt am Main 2003

Hilmar Hoffmann: Das Frankfurter Museumsufer, Societäts-Verlag, Frankfurt am Main 2010

Hilmar Hoffmann: Die großen Frankfurter, Societäts-Verlag, 3. Auflage, Frankfurt am Main 2006

Hilmar Hoffmann: Glück am Main, in: Frankfurter Allgemeine Sonntagszeitung, 30. Januar 2011

Reinhart Hoffmeister: Kultur-Offensive, in: Frankfurt am Main. Merian, das Monatsheft für Städte und Landschaften, Hoffmann und Campe Verlag, August 1977

Gunter Hofmann: Ein Mann sieht nicht mehr rot, in: Die Zeit, 23. Dezember 1977

Hüh: Mein Gott Walter, in: Auftritt – Die Frankfurter Stadtillustrierte, Heft 12/1984

Christine Horstkorte: Frankfurt verneigt sich vor Walter Wallmann, in: BILD, 25. September 2009

Stefan Keim: Todeskuss des reichen Juden, in: Frankfurter Rundschau, 5. Oktober 2009

Thomas Kettner/Rudolf Müller: Haushälterin auf Staatskosten, in: Stern, Nr. 3, Januar 1990

Stefan Koldehoff: Frieder Burda, Sammler aus Leidenschaft, Dumont Verlag, Köln 2011

Horst Köpke: Ein Sieger mit halbem Herzen, in: Die Zeit, 25. März 1977

Hans-Helmut Kohl: Operation gelungen – Operateur halbtot, in: Frankfurter Rundschau, 27. September 1983

Dieter Kramer: Von der Freizeitplanung zur Kulturpolitik, Peter Lang Verlag, Frankfurt/Berlin 2011

Waldemar Kramer (Hg.): Frankfurt Chronik, Verlag Waldemar Kramer, Frankfurt am Main 1983

Jochen Kummer: Sein Traum: „Mit 55 steige ich aus", BILD, 27. April 1982

Peter Lückemeier: „Das war überhaupt deine beste Rede", in: Frankfurter Allgemeine Zeitung, 17. April 2009

Niklas Maak: Ein Gewinn für die Kunst der Zukunft, in: Frankfurter Allgemeine Zeitung, 8. Dezember 2010

Richard Meng: Nicht immer so ruhig, wie der Chef es liebt, in: Frankfurter Rundschau, 7. Januar 1991

Richard Meng: Wallmann will nichts zurückzahlen, in: Frankfurter Rundschau, 17. Januar 1990

Claudia Michels: Kampf ums Westend, in: Frankfurt 1969 bis 1990, Sonderheft Geschichte der Frankfurter Rundschau, Dezember 2010

Günter Mick: Friedensstifter für Frankfurt, in: Frankfurter Allgemeine Zeitung, 23. September 2009

Günter Mick: Trotz langer Rede wenig gesagt, in: Frankfurter Allgemeine Zeitung, 21. Januar 1980

Günter Mick: Wallmann hat Kolb den Rang abgelaufen, in: Frankfurter Allgemeine Zeitung, 23. Oktober 1980

Günter Mick: In Frankfurt wird wieder regiert, in: Frankfurter Allgemeine Zeitung, 18. Juni 1982

Günter Mick: Wallmann gibt eidesstattliche Erklärung ab, in: Frankfurter Allgemeine Zeitung, 2. März 1985

Günter Mick: Brück mahnt zur Sachlichkeit, in: Frankfurter Allgemeine Zeitung, 21. August 1986

Hugo Müller-Vogg: In Wallmanns Garten, in: Frankfurter Allgemeine Zeitung, 18. Januar 1990

N.N.: Die großen Unbekannten – Wallmann in Bedrängnis, Der Spiegel, 22. Januar 1990

N.N.: In der Schwebe, in: Der Spiegel, 24. September 1979

N.N.: Eiserner Mann, in: Der Spiegel, 30. Januar 1989

N.N.: Ohne Bestand in der Geschichte, in: Der Spiegel, 9. Juni 1986

N.N.: So'n Gehabe, in: Der Spiegel, 26. Dezember 1983

Jutta Ochs: Teurer Meister Matisse, in: Frankfurter Rundschau, 8. Januar 2011

Joachim Neander: Was ergibt sich aus Wallmann?, in: Die Welt, 28. März 1981

a.p: Wallmann zahlt 140.000 Mark an Stadt zurück, in: Frankfurter Neue Presse, 19. Januar 1990

W.P.: Gartenpflege: Stadt will Wallmann zur Kasse bitten, in: Frankfurter Rundschau, 26. Januar 1990

Werner Petermann: Freie Kunst, aber ..., in: Frankfurter Rundschau, 1. Februar 1978

Werner Petermann: Fremde Federn, in: Frankfurter Rundschau, 4. November 1979

Werner Petermann: Museale Kultur, in: Frankfurter Rundschau, 31. Januar 1978

Peter Rabe: Sicherheit in Ordnung, in: Frankfurter Rundschau, 30. Januar 1978

Horst Reber: Heimat, was heißt das?, in: Abendpost/Nachtausgabe, 1. Dezember 1984

Rz: Was war in Wallmanns Garten los?, in: BILD, 15. Januar 1990

A.S.: Wallmanns Frankfurter Sumpf, in: Der Sozialdemokrat, Heft 1/1990

Jürgen Schenk: Der liberale Lack ist ab, in: Frankfurter Rundschau, 28. Dezember 1978

Frank Schirrmacher: Frau Merkel sagt, es ist alles gesagt, in: Frankfurter Allgemeine Sonntagszeitung, 19. September 2010

Christian Schlüter: Das letzte Aufgebot, in: Frankfurter Rundschau, 22. Dezember 2010

Hermann Schreiber: Daran kann man zerbrechen, in: Der Spiegel, 28. März 1977

Jürgen Schreiber: Wallmann läßt in die Schalthebel der Macht greifen, in: Frankfurter Rundschau, 4. November 1973

Gerhard Spörl: Ein Konservativer mit Gewissensbissen, in: Die Zeit, 3. Dezember 1982

Peter Trawny: Die Autorität des Zeugen, Matthes & Seitz Verlag, Berlin 2009

Bettina Tüffers: Von der Römerkoalition zur Parteienkonkurrenz, Waldemar Kramer Verlag in der marixverlag GmbH, Frankfurt am Main/Wiesbaden 2011

Walter Wallmann: Der Preis des Fortschritts. Beiträge zur politischen Kultur, Deutsche Verlagsanstalt, Stuttgart 1983

Walter Wallmann: Die Gegenwart der Geschichte, Societäts-Verlag, Frankfurt am Main 2001

Walter Wallmann: Im Lichte der Paulskirche: Memoiren eines Politischen, Ch. Goetz Verlag, Potsdam 2002

Max Weber: Politik als Beruf, Verlag Duncker und Humblot, München/Leipzig 1919

Max Weber: Gesammelte Aufsätze zur Soziologie und Sozialpolitik, Mohr Siebeck Verlag, Tübingen 1988

Max Weber: Wirtschaft und Gesellschaft – Die Wirtschaft und die gesellschaftlichen Ordnungen und Mächte (Max-Weber-Gesamtausgabe, Bd. 22), Mohr Siebeck Verlag, Tübingen 2001

Martin Wentz (Hg.): Die kompakte Stadt, Campus Verlag, Frankfurt/New York 2000

Wolfram Brück

Heinz Ludwig Arnold: Wo Hitler seinen Platz fand, in: Frankfurter Allgemeine Sonntagszeitung, 5. März 2011

Patrick Barners: Die Panikmacher. Die deutsche Angst vor dem Islam, Verlag C.H. Beck, München 2011

Frank Berger/Christian Setzepfandt: 101 Unorte in Frankfurt, Societäts-Verlag, Frankfurt am Main 2011

Wolfram Brück: Fragebogen, in: Frankfurter Allgemeine Zeitung Magazin, 3. März 1989

Wolfram Brück: Auch die Industrie hat Verantwortungsgefühl für die Umwelt, in: Frankfurter Allgemeine Zeitung, 29. März 1992

Wolfram Brück: Antrittsrede im Römer am 14. August 1986

Wolfram Brück: Das war sicher eines der interessantesten Jahre meines Lebens, in: Frankfurter Allgemeine Zeitung, 14. August 1987

Wolfram Brück: Laudatio anlässlich des siebzigsten Geburtstags von Walter Wallmann im Jahr 2002

Jan Finkemeier: Brück: Um Mitternacht ist Zapfenstreich, in: BILD, 22. Mai 1989

F.F.: Der Nachrücker aus Andernach, in: Pflasterstrand, 24. November 1988

Claus Gellersen: Brück will alle Mitarbeiter-Beurteilungen sehen, in: Frankfurter Rundschau, 22. Juni 1983

Claus Gellersen: Opposition im Römer vermißt Programm des OB, in: Frankfurter Rundschau, 22. August 1986

Claus Gellersen: Von der Kanzel nur Großes, in: Frankfurter Rundschau, 26. November 1986

Claus Gellersen: Brück schlechter Nachfolger Wallmanns, Frankfurter Rundschau, 21. November 1986

Claus Gellersen: Ministerpräsident ehrt seinen Nachfolger, in: Frankfurter Rundschau, 3. Juli 1988

Claus Gellersen: „Sündenregister" des Dezernenten Brück, in: Frankfurter Rundschau, 26. Juni 1989

Claus-Jürgen Goepfert: Ex-OB sagt sorry, in: Frankfurter Rundschau, 28. Juli 2007

Hilmar Hoffmann: Erinnerungen, Suhrkamp Verlag, Frankfurt am Main 2003

Carl Graf Hohenthal: Irgendwann wäre die Krise sowieso gekommen, in: Frankfurter Allgemeine Zeitung, 4. Oktober 1993

Claudio Isani: Frankfurts Museentempel mit Leben erfüllen, in: Frankfurter Neue Presse, 4. September 1984

Armando Kaczmarczyk: Neue Dimension der Stadtpolitik ist nötig, in: Frankfurter Neue Presse, 27. August 1986

Harald Kaliwoda: Staatsanwalt ermittelt gegen Stadtrat Brück, in: Frankfurter Neue Presse, Februar 1987

Jörg Kauffmann: Die unterschätzte Liebe des Frankfurters zu seiner „Trambahn", in: Frankfurter Allgemeine Zeitung, 24. Juli 1996

Werner Kirchner: Brücks Pläne, Wünsche und Sorgen, in: BILD, 20. August 1986

Ralph Klinkenborg: Schmiergeld-Skandal: Kein Verfahren gegen Brück, in: Abendpost/Nachtausgabe, 12. Juli 1988

Helmut Kohl: Rede zur Eröffnung des Jüdischen Museums Frankfurt am 9. November 1988, in: Helmut Kohl: Die unentrinnbare Gegenwart der Geschichte, Presse- und Informationsamt der Bundesregierung, Bonn 1988.

Peter Lückemeier: Mir würde doch der Kaffee nicht mehr schmecken, in: Frankfurter Allgemeine Zeitung, 10. März 1990

Hartwin Möhrle: Der Brückenkopf wird gehalten, in: Pflasterstrand, 14. Juni 1986

Günter Mick: Frankfurter Gesichter: Wolfram Brück, in: Frankfurter Allgemeine Zeitung, 14. Juni 1980

Günter Mick: Die Ära Brück, in: Frankfurter Allgemeine Zeitung, 22. Mai 1989

Günter Mick: Brück feiert in Köln seinen 60. Geburtstag, in: Frankfurter Allgemeine Zeitung, 26. Februar 1987

Günter Mick: Der neue Oberbürgermeister ermuntert zum Dienst an der Stadt, in: Frankfurter Allgemeine Zeitung, 15. August 1986

François Mitterand: Dankrede anläßlich seiner Ernennung zum Ehrenbürger Frankfurts am 27. Oktober 1986

Hugo Müller-Vogg u.a.: Brück: Kein vernünftiger Grund für einen Wechsel, in: Frankfurter Allgemeine Zeitung, 27. Februar 1989

N.N.: Kreide fressen, in: Der Spiegel, 28. Juli 1986

N.N.: Personalkarussell, in: Frankfurter Allgemeine Zeitung, 15. August 1986

N.N.: Sichtlich hocherregt, in: Der Spiegel, 29. April 1985

Wolfgang Pollack: Musical-Theater für Frankfurt? Immer! Interview mit OB Brück, in: BILD, 20. August 1989

Esther Schapira/Reinhard Mohr: Brückenschlag zurück, in: Pflasterstrand, 23. August 1986

Klaus Viedebantt: Frankfurt fährt vierspännig, in: Frankfurter Allgemeine Zeitung, 19. Februar 1987

Klaus Viedebantt: Jahresbilanz, in: Frankfurter Allgemeine Zeitung, 14. August 1987

Andreas Zielcke: Wissen ist Macht, in: Süddeutsche Zeitung, 16. Dezember 2010

Dr. Volker Hauff

Matthias Arning/Claus-Jürgen Göpfert: Kultur für alle, in: Frankfurt 1969 bis 1990, Sonderheft Geschichte der Frankfurter Rundschau, Dezember 2010

Steffen Ball: Hauff nennt Namen in seinem Buch, in: BILD, 24. Januar 1992

Frolinde Balser: Aus Trümmern zu einem europäischen Zentrum, Jan Thorbecke Verlag, Sigmaringen 1995

Dieter Bartetzko: Wo ist das Haupt des Kaisers geblieben?, in: Frankfurter Allgemeine Zeitung, 15. Januar 2011

Klaus Brill: Die Ethik der Aufklärung als Maßstab fürs Regieren, in: Süddeutsche Zeitung, 21. Juni 1989

Felix Johannes Enzian: Gott und die Kampfmaschine, in: Frankfurter Allgemeine Zeitung, 23. Dezember 2010

Jan Finkemeier: SPD-Parteitag: Hauff sprach, keiner hörte hin, in: BILD, 26. März 1990

Jan Finkemeier: Was machen Sie mit unserer Stadt, Herr Hauff?, in: BILD, 9. April 1990

Jan Finkemeier: Wie Hauff seinen Vize Spießruten laufen läßt, in: BILD, 4. Juli 1990

Heiko Flottau: Der einsame Jongleur im Römer, in: Süddeutsche Zeitung, 4. Oktober 1977

Lutz Fischer u.a.: Der OB wich dem Druck, in: Frankfurter Rundschau, 12. März 1991

Anita Fornoff/Uwe Zumbach: Kein Sonnyboy for Everybody, in: Pflasterstrand, Heft 6/1990

Claus Gellersen: Hauff sieht in Brück eine Belastung für die Stadt, Frankfurter Rundschau, 18. Februar 1988

Claus Gellersen: Sauer aufgestoßen, in: Frankfurter Rundschau, 15. September 1990

Claus Gellersen: Teurer Geburtstag: Moog geht auf Distanz zu Hauff, in: Frankfurter Rundschau, 17. September 1990

Claus Gellersen: Interview mit Volker Hauff, in: Frankfurter Rundschau, 7. März 1991

Claus Gellersen: Elbaflug-Affäre: Ende der Ermittlungen, in: Frankfurter Rundschau, 3. Juli 1991

Claus Gellersen: Schwacher Auftritt, in: Frankfurter Rundschau, 9. März 1992

Claus-Jürgen Göpfert: Ein Mann aus der Defensive, in: Frankfurter Rundschau, 23. März 1990

Claus-Jürgen Göpfert: Hauffs späte Abrechnung, in: Frankfurter Rundschau, 9. März 1992

Claus-Jürgen Göpfert: Der OB, der aus dem Amt geflohen ist, in: Frankfurter Rundschau, 9. August 2000

Claus-Jürgen Göpfert: Entstanden aus dem Schutt: Alte Oper, in: Frankfurt 1969 bis 1990, Sonderheft Geschichte der Frankfurter Rundschau, Dezember 2010

Dieter Gräbner: Frankfurt für Hauff nur zweite Wahl?, in: Abendpost/Nachtausgabe, 19. November 1988

Volker Hauff: Wörterbuch der Datenverarbeitung, Franckh'sche Verlagsbuchhandlung, Stuttgart 1966

Volker Hauff: Politik als Zukunftsgestaltung, Müller Verlag, Karlsruhe 1976

Volker Hauff: Sprachlose Politik, Fischer Taschenbuch Verlag, Frankfurt am Main 1979

Volker Hauff: Energie-Wende, Droemersche Verlagsanstalt Knaur, München 1986

Volker Hauff: Stadt und Lebensstil, Beltz Verlag, Weinheim 1988

Volker Hauff: Es gibt im Rathaus kein Controlling, in: Handelsblatt, 9. November 1988

Volker Hauff: Eine Kultur der Liberalität und Toleranz, in: Frankfurter Rundschau, 16. Juni 1989

Volker Hauff: Hiermit erkläre ich meinen Rücktritt, Fax an die Presse vom 11. März 1991

Volker Hauff: Wie die Betonköpfe in den Hinterzimmern die Fäden zogen, in: Frankfurter Rundschau, 22. Februar 1992

Volker Hauff: Global denken – lokal handeln, Verlag Kiepenheuer & Witsch, Köln 1992

Volker Hauff: Ohne erhobenen Zeigefinger, in: Frankfurter Rundschau, 11. Oktober 2011

Hans Erhard Haverkampf: Frankfurt: Ein Aschenputtel-Mythos?, in: Das neue Frankfurt 1, Jahrbuch für Architektur 1984, Friedrich Vieweg & Sohn, Braunschweig 1984

Eckart Henscheid: Was aber um Himmels willen ist denn eigentlich der Herr Hauff für einer?, in: Titanic, Heft 10/1989

Hilmar Hoffmann: Abschiedsrede im Schauspielhaus Frankfurt, 4. Mai 1990

Hilmar Hoffmann: Einführung in Volker Hauffs neues Buch „Global denken – lokal handeln" in der Buchhandlung Hugendubel am 10. März 1992

Hilmar Hoffmann: Ihr naht euch wieder, schwankende Gestalten, Hoffmann und Campe Verlag, Hamburg 1999

Hilmar Hoffmann: Erinnerungen, Suhrkamp Verlag, Frankfurt am Main 2003

Hilmar Hoffmann: Die großen Frankfurter, Societäts-Verlag, 3. Auflage, Frankfurt am Main 2006

Hilmar Hoffmann: Lebensprinzip Kultur, Societäts-Verlag Frankfurt am Main 2006

Hilmar Hoffmann: Das Frankfurter Museumsufer, Societäts-Verlag, Frankfurt am Main 2010

Hilmar Hoffmann: Glück am Main, in: Frankfurter Allgemeine Sonntagszeitung, 30. Januar 2011

Reinhart Hoffmeister: Kultur-Offensive, in: Frankfurt am Main. Merian, das Monatsheft für Städte und Landschaften, Hoffmann und Campe Verlag, August 1977

jd: An Strukturen „gescheitert", in: Frankfurter Rundschau, 11. März 1992

jg: Hauff wird Repräsentant des Springer-Verlages, in: Frankfurter Rundschau, 20. Februar 1992

Gerhard Kneier: Hauff zwischen Skyline und Straßenfesten, in: Gießener Allgemeine Zeitung, September 1989

lr: Springer-Verlag trennt sich von Berater Hauff, in: Frankfurter Allgemeine Zeitung, 22. November 1994

Peter Lückemeier: „Das war überhaupt deine beste Rede", in: Frankfurter Allgemeine Zeitung, 17. April 2009

Niklas Maak: Ein Gewinn für die Kunst der Zukunft, in: Frankfurter Allgemeine Zeitung, 8. Dezember 2010

Richard Meng: Nicht immer so ruhig, wie der Chef es liebt, in: Frankfurter Rundschau, 7. Januar 1991

Claudia Michels: Kampf ums Westend, in: Frankfurt 1969 bis 1990, Sonderheft Geschichte der Frankfurter Rundschau, Dezember 2010

Günter Mick: Friedensstifter für Frankfurt, in: Frankfurter Allgemeine Zeitung, 23. September 2009

N.N.: In der Schwebe, in: Der Spiegel, 24. September 1979

N.N.: So'n Gehabe, in: Der Spiegel, 26. Dezember 1983

N.N.: Ohne Bestand in der Geschichte, in: Der Spiegel, 9. Juni 1986

N.N.: Matt im Brunnen, in: Der Spiegel, 14. Mai 1990

N.N.: Schwäbelnde Maultasche, in: Der Spiegel, 18. März 1991

N.N.: Eigene Schweine, in: Der Spiegel, 5. Juni 1995

Joachim Neander: Was ergibt sich aus Wallmann?, in: Die Welt, 28. März 1981

Günther Nonnenmacher: Anmerkungen zum politischen Personal, in: Frankfurter Allgemeine Zeitung, 11. März 2011

NP: Volker Hauff tritt zurück, in: Frankfurter Neue Presse, 12. März 1991

t.s.: Allein nach dem Sturm, in: Frankfurter Allgemeine Zeitung, 22. März 2001

Frank Schirrmacher: Frau Merkel sagt, es ist alles gesagt, in: Frankfurter Allgemeine Sonntagszeitung, 19. September 2010

Christian Schlüter: Das letzte Aufgebot, in: Frankfurter Rundschau, 22. Dezember 2010

Jutta W. Thomasius: Volker Hauff denkt mit Grausen an Frankfurt zurück, in: Frankfurter Neue Presse, 8. August 2000

Peter Trawny: Die Autorität des Zeugen, Matthes & Seitz Verlag, Berlin 2009

Andreas Weber: Die Demontage des Dr. Hauff beginnt, in: Frankfurt Magazin Extra, Heft 6/1989

Andreas von Schoeler

ads.: Konzept für Kulturgesellschaft, in: Frankfurter Allgemeine Zeitung, 17. Februar 1994

Chg.: Beide haben stets nach Höherem gestrebt, in: Frankfurter Allgemeine Zeitung, 14. März 1991

CIS: Sozialfall Reisch, in: Frankfurter Neue Presse, 12. Februar 1994

Karin Elvers: Zweiter Neubeginn und ein Hausmannsrezept gegen Höhenflüge, in: Frankfurter Allgemeine Zeitung, 23. März 1991

Peter Fischer: Frankfurts First Lady. Die Petra-Roth-Geschichte, Societäts-Verlag, Frankfurt am Main 2005

Frankfurter Stadtillustrierte: In und mit Frankfurt gewachsen, Nr. 19/1991

Friedrich Karl Fromme: Bonn hat sein Wunderkind, in: Frankfurter Allgemeine Zeitung, 6. Februar 1977

Claus Gellersen: „Man hat auf ständig wachsende Einnahmen gesetzt", in: Frankfurter Rundschau, 8. Mai 1992

Claus Gellersen: Elba-Flugaffäre. Das Ende der Ermittlungen, in: Frankfurter Rundschau, 3. Juli1991

Claus Gellersen: Im Falle meines Wahlsiegs …, in: Frankfurter Rundschau, 31. Dezember 1992

Claus Gellersen: Harsche Kritik von Hilmar Hoffmann, in: Frankfurter Rundschau, 2. Februar 1994

Claus Gellersen: Kulturdezernentin Reisch total demontiert, in: Frankfurter Rundschau, 10. Februar 1994

Claus Gellersen: Der latente Grauschimmer einer regierenden Partei, in: Frankfurter Rundschau, 15. März 1995

Hans-Dietrich Genscher: Erinnerungen. Siedler Verlag, Berlin 1995

Claus-Jürgen Goepfert/Claudia Michels: Ex-OB von Schoeler ruft zu Toleranz auf, in: Frankfurter Rundschau, 26. Januar 1999

Roman Herzog: Freiheit des Geistes. Reden zur Kultur, Hoffmann und Campe Verlag, Hamburg 1999

Michael Hierholzer: Schoelers Kulturbegriff, in: Frankfurter Allgemeine Zeitung, 3. Juni 1995

Hilmar Hoffmann: Frankfurts Stardirigenten, Societäts-Verlag, Frankfurt am Main 2008

Hilmar Hoffmann: Laudatio auf Jack Lang bei der Verleihung des Wartburgpreises am 9. November 1998 auf der Wartburg bei Eisenach

Hilmar Hoffmann: Wer konvertiert die Konvertiten?, in: Süddeutsche Zeitung, 26. Februar 1994

Peter Holle: Frankfurt hat die Wahl, in: Frankfurter Rundschau, 22. Juni 1995

Günter Hollenstein: Hat Andreas von Schoeler Alkem geholfen?, in: Frankfurter Rundschau, 5. Februar 1986

Lothar Juckel (Hg.): Stadtgestalt Frankfurt. Speers Beiträge zur Stadtentwicklung am Main 1964–1995, Deutsche Verlagsanstalt, Stuttgart 1996

Kin: Reisch laviert entschieden weiter, in: Frankfurter Neue Presse, 12. Februar 1994

Norbert Kostede: Die nächste Kurve der Achterbahn, in: Die Zeit, 3. Mai 1991

lat./mp.: Reisch schottet sich völlig ab, in: Frankfurter Allgemeine Zeitung, 10. Februar 1994

Heike Lattka: Der neue Chef kippt das Musical-Theater, in: Frankfurter Neue Presse, 10. Mai 1991

Heike Lattka/Günter Wolf: Da und dort gibt's Korrekturen, in: Frankfurter Neue Presse, 4. Mai 1991

Claudia Michels: „Ich bin mehr als der SPD-Kandidat", in: Frankfurter Rundschau, 2. Juni 1995

Günter Mick: Frankfurter Gesichter: Andreas von Schoeler, in: Frankfurter Allgemeine Zeitung 15. Januar 1977

Günter Mick: „Ich lege schon Wert darauf, mich durchzusetzen", in: Frankfurter Allgemeine Zeitung, 8. Mai 1992

Günter Mick: Schoeler stellt künftigen Kämmerern Ultimatum, in: Frankfurter Allgemeine Zeitung, 7. Mai 1993

Günter Mick: Verlorene Jahre in der Stadt Frankfurt?, in: Frankfurter Allgemeine Zeitung, 8. Februar 1993

Günter Mick: Mobilmachung gegen Schoeler, in: Frankfurter Allgemeine Zeitung, 29. April 1993

Reinhard Mohr: Erfolg als politisches Konzept, in: Journal Frankfurt, Heft 20/1991

Hugo Müller-Vogg: Der Neue in Frankfurt, in: Frankfurter Allgemeine Zeitung, 9. Mai 1991

Hans-Joachim Noack: Ganz schön übermütig!, in: Der Spiegel, 18. Oktober 1993

Hans Riebsamen: Bergerplan für die Alte Oper nicht aufgegangen, in: Frankfurter Allgemeine Zeitung, 5. Februar 1996

Albert Schäfer: Passauer Klagemauer, in: Frankfurter Allgemeine Zeitung, 8. März 2011

Helmut Schmitz: Kultur (Ffm), überlebensfähig?, in: Frankfurter Rundschau, 4. Februar 1994

Andreas von Schoeler: Spielraum für neue kreative Ansätze. Antwort auf Hilmar Hoffmann, in: Frankfurter Rundschau, 2. Februar 1994

Andreas von Schoeler: Politik als Party?, in: Journal Frankfurt, Heft 17/1994

Andreas von Schoeler: Visionen schrittweise verwirklichen, in: Amtsblatt Nr. 21/1991

Andreas von Schoeler: Wir müssen auch auf Besitzstände verzichten, in: Georg Kronawitter (Hg.): Rettet unsere Städte jetzt, Econ Verlag, Düsseldorf 1994

Andreas von Schoeler: „Ich bin bereit zu kämpfen", in: Frankfurter Rundschau, 15. März 1995

Andreas von Schoeler: Für ein europäisches Deutschland, in: Frankfurter Rundschau, 13. April 1995

Peer Steinbrück: Unterm Strich, Hoffmann und Campe Verlag, Hamburg 2010

Martin Steinhoff (Hg.): Aufbrüche. Oper Frankfurt 1987–2002, Oper Frankfurt, Frankfurt am Main 2002

Horst Wolf: Parteitag gegen Heckenschützen, in: Frankfurter Rundschau, 29. September 1993

Zor: „Optimales unter schlechten Bedingungen", in: Frankfurter Allgemeine Zeitung, 30. November 1992

Personenregister

Bildnachweis

Associated Press S. 31, 33, 45, 200

Dieter Buroch S. 411

Alexander Déuss S. 333, 379

Deutsche Presse-Agentur S. 127, 150, 153, 154, 159, 171, 178

Günther Englert S. 131

Frankfurter Allgemeine Zeitung S. 56, 175, 197, 214, 254, 269, 287, 306, 325, 361, 454, 472, 480, 487, 512, 517, 523, 528

Frankfurter Rundschau S. 158

Institut für Stadtgeschichte S. 23, 26, 40, 48, 61, 73, 77, 92, 120, 141, 144, 156, 186, 347, 393, 395, 406, 417, 423, 543

Institut für Stadtgeschichte, Foto: Renate Dabrowski S. 386, 398

Institut für Stadtgeschichte, Foto: Tadeusz Dabrowski S. 28, 234, 244, 247, 250, 328, 374, 390, 434, 445, 457, 502

Institut für Stadtgeschichte, Foto: Fred Kochmann S. 62, 65, 67, 70, 89, 100, 118

Institut für Stadtgeschichte, Foto: Klaus Meier-Ude S. 96, 319, 340, 425, 431, 439, 442, 461, 477, 493, 496, 534, 541

Institut für Stadtgeschichte, Foto: Kurt Röhrig S. 59, 92

Institut für Stadtgeschichte, Foto: Kurt Weiner S. 75, 161, 191, 266

Harald Joppen S. 424

Willi Klar S. 344

Lutz Kleinhans S. 137, 166, 182, 193, 209, 227, 259, 273, 312, 414

Philipp Kerner S. 111, 252

Barbara Klemm S. 351, 403

Dieter Michel S. 474

Hans Rempfer S. 241, 277, 280, 299, 356

Rainer Ruffer S. 484

Josef A. Slominski S. 449

Mandred Tripp S. 232, 240

United Press S. 147

Nicht in allen Fällen war es möglich, Rechtsinhaber der Abbildungen ausfindig zu machen. Berechtigte Ansprüche werden selbstverständlich im Rahmen der üblichen Vereinbarungen abgegolten.